신학 사상에 관한 많은 책들이 있지만, 『신학 논쟁』은 초기 교회 시대부터 현대에 이르기까지 중요한 신학자들의 입장을 대화의 형식으로 비교함으로써, 각 입장의 특징을 분명히 드러내는 아주 독특한 책이다. 특정한 입장을 독자들에게 설득하려 하지 않고, 신학적 사고의 "다름"에 대한 관용의 태도가 바람직한 것임을 이 책은 시사하고 있다. 역자의 말씀대로, 자기가 생각하는 "순수"와 "정통"에 조금이라도 벗어난다고 생각되면, 쉽게 상대방을 "이단"이라 정죄하면서 분리를 거듭하는 한국 신학과 교회에 대해 "다양성 안에서의 일치", "관용 안에서의 일치"를 암시하는 훌륭한 책이 출판된 것을 축하드린다. 널리 읽히기를 바라 마지않는다.

김균진 ∥ 연세대학교 신학과 명예교수

교회와 세상 사람들에게 하나님은 언제나 뜨거운 감자다(God in Dispute). 시대별 해석과 문제 제기 역시 다양하다. 이에 대해 본서는 고대, 중세, 루터파, 개혁파, 웨슬리주의자, 이신론, 계몽주의, 자유주의, 신정통주의, 현대 가톨릭, 보수주의, 해방신학, 포스터모던 등 각 시대와 진영으로부터 40명의 논객이 출정한 초유의 신학 토론 마당을 담고 있다. 각 장은 "배경", "대화", "분석", 그리고 "더 읽기"로 정갈하게 엮여, 교역자들은 물론이고 신학생과 일반 성도까지 망설임 없이 접근할 수 있게 구성되어 있다. 29장에 이르는 분량이지만, 곳곳에 학문적 작업이 알알이 맺히고 그 풍성함이 배어 나와 결코 밋밋하지 않다. 그리스도교의 중요한 주제들을 시대별로 이해하는 데 실질적인 도움을 주는 훌륭한 도서다.

김산덕 ∥ 부산고백교회 목사, 신학연구원 "길" 원장한마디로 도발적이고 흥미로운 책이다! 기독교 사상사를 다룬 두꺼운 책, 게다가 지루하고 어렵기로 악명 높은 신학 논쟁에 관한 책에 어떻게 이런 찬사가 가능한지 의심이 간다면 일단 이 책의 아무 장이나 펴서 읽어보기 바란다. 조직신학과 역사 신학에서 이미 뚜렷한 업적을 남겨온 미국의 신학자 로저 올슨은 『신학 논쟁』에서 자신이 뛰어난 이야기꾼이기까지 함을 증명해냈다. 이천 년 교회사를 주름잡았던 중요한 신학적 사건을 선별하는 그의 혜안은 놀랍고, 케케묵은 논쟁을 생생한 대화로 탈바꿈시키는 상상력은 경이를 불러일으키며, 독자의 눈높이를 맞추면서도 내용의 깊이를 잃지 않는 학자로서의 능력엔 부러움마저 든다. 물론 과거의 텍스트를 살아 있는 대화로 재구성하면서 생긴 오해의 여지는 일차 문헌이나 다른 기독교 사상사 책을 정독하며 풀어나가야 할 필요가 있다. 그럼에도 『신학 논쟁』은 신학이 홀로 책 읽고 글 쓰는 외로운 작업이 아니라, 진리를 찾아가는 이들과 함께하는 대화와 배움의 과정임을 보여준다는 데 무엇보다도 큰 가치가 있다.

김진혁 ‖ 횃불트리니티신학대학원대학교 조직신학 교수

역사신학자인 로저 올슨의 흥미로운 책 한 권이 한국의 독자들을 만나게 된다며 단평 추천사를 부탁받고, 파일을 열어보며 조금 놀랐다. 29가지 신학적 주제와 직접적으로 연관된 주요 사상가를 등장시켜서 그들 사이에 있었던 신학적 논의를 작가적 상상력을 동원하여 대화로 구성한 방식 때문이기도 하고, 선정한 주제의 꼼꼼함과 참신함 때문이기도 하다. 어떤 주제는 우리에게 이미 널리 알려진 것이기도 하고, 어떤 주제는 참신한 선택의 결과임을 확인할 수 있다는 점에서 기존의 책을 단순히 반복하지 않는다. 아마도 신학의 길에 진입하는 학생이나 학식을 존중하는 그리스도인이 이 책을 통하여 기독교 신앙과 관련한 신학적 쟁점을 파악하는 데 상당한 도움을 얻을 수 있지 않을까 싶다. 실제로 올슨은 "도그마"(Dogma)와 "독트린"(Doctrine)과 "오피니언"(Opinion)을 구별하면서 강의하는 것으로 알려져 있다. 도그마는 전체 교회가 함께 공유하는 본질적 신앙고백으로서 삼위일체론이나 기독론 신앙고백을 의미하고, 독트린은 도그마를 공유하지만 교파적인 특색을 반영하여 기독교 신앙을 진술하는 범주의 신앙고백을 의미하며, 오피니언은 교파적 교회 내에서 개인적인 개성이 반영된 신학적 진술을 의미하는 것으로 안다. 이 책은 이런 입장을 고려하면서 저술한 책이지 않나 싶고, 따라서 "God in Dispute"보다는 "Christian Faith in Dispute"가 더 적절하지 않을까 하는 생각을 해본다. 기본적으로는 성서에 근거하여 전체 교회가 공유하는 신앙적인 가치를 중요하게 고려하되, 교파적인 교회의 특징적인 쟁점들을 살펴서 입장을 명확히 하려고 애썼다는 점에서 그렇게 말할 수 있을 것이다. 이런 점에서 열린 독자들에게 상당한 영향을 끼치지 않을까 예상한다.

유태화 ∥ 백석대학교 신학대학원 조직신학 교수

종교개혁 500주년, 한국 교회는 스스로 개혁해야 한다. 루터는 그를 정죄하는 의로운 하나님이 그리스도 안에서 자기를 의롭게 하심을 성서 공부를 통하여 깨닫고 중세로부터 해방되었다. 중세 교회의 아들이었던 루터는 당시 교회의 부패와 타락이 고대교회의 전통에서도 벗어났다고 비판했다. 종교개혁은 교회사의 단절이면서도 새로운 연속이다. 본서는 교회사 책은 아니지만 교회가 시대마다 당면했던 주요 주제들을 중요한 신학자들을 토론자로 등장시켜 독자가 성서를 바로 이해하도록 기획했다. 그들은 이 땅의 독자들에게도 이 주제들로 함께 토론하고 참여하도록 초청한다. 그렇다면 "지금, 여기서" 한국 교회가 질문하고 토론해야 하는 당면한 신학적 주제는 무엇일까? 그 답은 "그들이" 아니라 "우리"가 제시해야 한다. 생각할 줄 아는 "우리 모두"가 본서를 통해 성서를 더 깊이 깨닫고 교회사의 새로운 연속을 이루는 개혁자가 되기를 바란다.

유해무 ‖ 고려신학대학원 교의학 교수

『신학 논쟁』의 저자 로저 올슨은 삼십여 년간의 연구와 강의 경험을 바탕으로, 신학사의 시대별 주요한 쟁점을 사상가들 간의 가상의 대화와 토론으로 실감나게 풀어냈다. 여기서 현대의 독자들은 마치 한 편의 연극을 보는 것처럼 쉽고 재미있게 지난 이천 년간의 기독교 사상사의 기본적인 맥락을 이해하게 될 것이다. 그러나 저자는 논쟁의 가상 무대만을 꾸며낸 것이 아니라, 먼저 배경이 되는 시대와 사상가들의 특징을 소개하며, 각 무대가 끝난 뒤에는 거기서 다루어진 내용을 분석하고 평가함으로써 논쟁을 깔끔하게 정리해준다. 2세기 폴리카르포스와 발렌티누스, 몬타누스가 기독교 비판가 켈수스 앞에서 벌이는 격론으로부터 시작해서, 중세와 종교개혁, 근대와 현대에 이르기까지 아주 다양한 29개의 논쟁을 정리했다.

이오갑 ‖ 케이씨대학교 조직신학 교수

공자의 학문적 태도를 따르는 학풍이 우리나라 학교 교육에 여전히 살아 있다. 신학도 예외는 아니다. 공자는 『논어』에서 "술이부작"(述而不作)이라 했다. "서술하기만 할 뿐 지어내지는 않는다"는 말이다. 옛 성현의 말을 전할 뿐 새로 창작하지는 않겠다는 뜻이니 도대체 어디서 창의력과 상상력이 나오겠는가? 신학은 논쟁이다. 신에 대한 인간의 이야기가 신학(God-talk)이다. 우리는 하나님을 신뢰하지 못해서가 아니라 하나님에 대한 인간의 이야기가 완전하지 않기에 논쟁한다. 그러므로 논쟁은 겸손의 표현이다. 영원하신 하나님에 대한 우리의 이야기가 하나님의 계시가 아니라는 겸양의 자세에서 논쟁이 시작된다. 논쟁과 질문을 교권에 대한 도전으로나 간주하는 한국의 신학계에 이 책은 신선한 기획이다. 기독교 사상사에서 이루어진 핵심적 논쟁을 따라가다 보니 오늘 우리에게 주어진 우리의 신학적 논쟁은 무엇이어야 하는가 깊이 성찰하게 된다. **장윤재** ‖ 이화여자대학교 기독교학과 교수

신학은 하나님의 의미에 대한 당대의 해석과 대화의 산물이다. 하나님에 대한 시대적 해석과 신학적 대화가 어떻게 사상적으로 전개되었는지를 헤아리는 것은 신학의 중요한 기초다. 사실 지난 이천 년의 신학적 논쟁과 토론의 역사적 궤적들을 생생하게 헤아리는 일은 매우 방대하고 고단한 과제다. 『신학 논쟁』은 신학사 전체의 중요 쟁점을 신학 거성들의 가상의 대화와 토론을 통해 독자들에게 즐겁고 생생하게 전달하는 매력을 가지고 있다. 신학사의 치열한 논쟁과 대화의 한복판으로 우리를 흥미롭게 초대하는 이 책은 회색빛 신학의 도그마와 쟁점에 생명력과 상상력을 결합시킨다. 신학은 언제나 역사들 사이의 긴밀한 만남이었고 사유들 사이의 치열한 대화와 논쟁이었다. 신학의 해답만큼 중요한 것은 신학적 대화와 논쟁의 역동적이며 열려진 과정 자체다. 대화와 논쟁은 신학의 소중한 미덕이다. 독자는 『신학 논쟁』을 통해 신학사의 주요 흐름과 전망을 입체적으로 재구성할 수 있을 것이다. 특히 이 매력적인 책은 하나님의 의미를 다차원적으로 구상하는 신학적 사고와 창조적 해석에 큰 도움을 줄 것이다. **전철** ‖ 한신대학교 신학과 조직신학 교수

『신학 논쟁』은 우리 믿음의 역사에 우뚝 선 거인들 사이의 가상적 대화를 보여줌으로써 기독교 교리의 중요 이슈들을 창의적인 방식으로 제시하고 있다. 교수, 학생, 평신도들 모두에게 귀한 교재가 될 것이다.

빈센트 베이코트 Vincent Bacote ‖ 휘튼 칼리지 신학과 교수

역사 신학의 발전 과정을 추적하는 대부분의 교과서는 주요 신학자와 학파들의 위치를 설명함으로써 교재 내용을 제시한다. 올슨의 책도 동일한 작업을 하는 듯하지만 그보다 훨씬 이상을 보여준다. 수많은 이슈에 대해 대화하는 수많은 세대의 기독교 사상가들을 보여줌으로써, 저자는 기독교 전통이 복잡하고 살아 있으며 현재도 진행 중인 논쟁이라는 점을 생생히 각인시킨다. 통상 교과서가 학생을 토론과 멀찍이 떨어진 자리에 두는 것과는 달리, 이 책은 독자를 격렬한 논쟁의 한가운데로 초대한다. 역사 신학을 살아 숨 쉬는 것으로 만들어주는 아주 독특한 책이다.

데니스 오크홀름 Dennis Okholm ‖ 아주사 퍼시픽 대학교 신학과 교수

God in Dispute

Conversations among Great Christian Thinkers

copyright ⓒ 2009 by Roger E. Olson
Originally published in English under the title *God in Dispute* by Baker Academic,
A division of Baker Publishing Group P.O. Box 6287, Grand Rapids, MI 49516, U. S. A.
All rights reserved.

Used and translated by the permission of Baker Publishing Group
through rMaeng2, Seoul, Republic of Korea.

This Korean Edition Copyright ⓒ by Holy Wave Plus Publishing Company, Seoul,
Republic of Korea.

이 한국어판의 저작권은 알맹2 에이전시를 통하여 Baker Academic과 독점 계약한 새물
결플러스에 있습니다. 신저작권법에 의해 한국 내에서 보호받는 저작물이므로 무단 전재
와 무단 복제를 금합니다.

〝신학 논쟁

교회사를 뒤흔든 위대한 사상가들의 대화

로저 E. 올슨 지음

박동식 옮김 〞

새물결플러스

이 "대화들"을 인내하고 즐겨준 내 학생들에게,

그리고 특별히 역사 신학 수업에서 이 역할들을
자발적으로 연기해줄 이들에게 바칩니다.

목차

역자 서문 —17

서론 —21

01 2세기 비평가 켈수스가 폴리카르포스, 발렌티누스, 몬타누스에게
    기독교 분파에 관해 질문하다 —23

02 2세기 비평가 켈수스가 기독교에 관해
    테르툴리아누스, 이레나이우스, 클레멘스를 인터뷰하다 —43

03 2세기와 3세기 지도자 이레나이우스, 테르툴리아누스, 클레멘스가
    참된 그리스도인이 되기에 필요한 믿음에 관해 토론하다 —67

04 2세기와 3세기에 오리게네스와 테르툴리아누스가
    믿음과 이성의 관계성 및 영원한 신성의 본성에 관해 토론하다 —83

05 3세기 카르타고의 키프리아누스 주교가
    교회와 구원에 관해 인터뷰하다 —105

06 4세기 알렉산드리아 출신의 부제 아타나시오스와 사제 아리우스가
    니케아 공의회에 관해 인터뷰하다 —125

07 4세기 카파도키아 교부들,
    삼위일체의 정통 교리를 결정하기 위해 만나다 —147

08	저명한 5세기 사상가인 키릴로스, 아폴리나리우스, 네스토리우스, 유티케스가 예수 그리스도의 인성과 신성에 관해 토론하다 ㅡ 167	
09	5세기에 히포의 주교인 아우구스티누스와 영국의 수도사인 펠라기우스가 죄와 구원에 관해 논쟁하다 ㅡ 189	
10	중세 캔터베리의 대수도원장이자 대주교인 안셀무스와 수도사이자 철학자인 아벨라르가 믿음, 이성, 속죄에 관해 논쟁하다 ㅡ 209	
11	중세 스콜라 철학자이자 신학자인 아퀴나스와 급진적인 환경보호 운동가인 아시시의 프란체스코가 신 인식에 관해 치열한 논쟁을 벌이다 ㅡ 233	
12	16세기에 부처가 루터, 칼슈타트, 에라스무스, 츠빙글리, 그레벨, 칼뱅, 세르베투스를 불러 교회 개혁에 관해 논의하다 ㅡ 255	
13	종교개혁가 루터와 로마 가톨릭 신학자 에크가 구원, 은혜, 신앙, 칭의의 본성에 관해 논쟁하다 ㅡ 279	
14	종교개혁가인 루터, 후브마이어, 츠빙글리, 칼뱅이 성만찬과 세례에 관해 논쟁하다 ㅡ 301	

15	16세기 종교개혁가 칼뱅과 17세기 신학자 아르미니우스가 구원의 다양한 관점들에 관해 논쟁하다 ― 325
16	18세기 복음주의 부흥운동가이자 신학자인 웨슬리와 에드워즈가 구원에 대해 서로 다른 견해를 비교하다 ― 349
17	18세기 아일랜드의 이신론자 톨란드와 영국의 복음전도자 웨슬리가 신앙과 이성, 하나님, 기적에 관해 논쟁하다 ― 369
18	계몽주의 철학자 로크, 칸트, 헤겔이 기독교 신학에서 제기된 쟁점을 다루다 ― 393
19	근대 신학의 아버지 슐라이어마허와 철학자 칸트, 헤겔이 종교와 기독교의 본질에 관해 논쟁하다 ― 413
20	자유주의 신학자 라우셴부쉬와 보수주의 신학자 메이첸이 참된 기독교, 성서, 진화, 교리에 관해 논쟁하다 ― 435
21	20세기의 바르트와 브루너가 19세기의 자유주의자 슐라이어마허와 신학 방법론에 대해 논쟁하다 ― 459
22	바르트와 브루너, 자연 신학과 만인구원설에 관해 논쟁하다 ― 479

| 23 | 20세기 신학의 거장 바르트와 틸리히가 중요한 쟁점들, 그리스도와 문화에 관해 토론하다 —497 |

| 24 | 20세기 윤리학자 라우센부쉬, 니버, 구티에레즈, 요더, 올라스키가 정의의 의미에 관해 논쟁하다 —521 |

| 25 | 20세기 신학자 불트만과 판넨베르크가 신앙, 신화, 예수 부활에 관해 논쟁하다 —543 |

| 26 | 20세기 신학자 헨리와 램이 복음주의 신학, 근대성, 계몽주의에 관해 논쟁하다 —565 |

| 27 | 20세기 로마 가톨릭 신학자 라너가 논쟁적이지만 영향력 있는 이론들에 관해 인터뷰하다 —585 |

| 28 | 세 명의 해방 신학자가 인류에게 일어난 최악의 억압과 미래에 올 해방에 관해 논쟁하다 —603 |

| 29 | 두 명의 포스트모던 신학자가 포스트모던 문화 속에서의 신학의 의미에 관해 논쟁하다 —623 |

결론 —647

역자 서문

2014년 교황이 한국을 방문했다. 그런데 교황의 방문을 두고 말들이 많았다. 한 인간을 왜 신적 권위를 가진 자처럼 접대하는가 등등 비판의 목소리가 있었다. 사실 교황이 뭐 그리 대단한 존재인가? 기독교회사를 보면 교황제도가 가져온 수많은 병폐와 싸움을 볼 수 있지 않은가? 여기에 가톨릭에 대한 다양한 교리 논쟁이 불붙었다. 이런 교리 논쟁은 사실 기독교가 등장한 초기부터 진행되어온 논쟁의 연장선상에 놓여 있다 해도 과언이 아니다. 기독교 역사를 훑어보면, 기독교가 맞선 논쟁이 어디 한두 가지였던가? 영지주의와의 논쟁, 마르키온주의와의 논쟁, 몬타누스주의와의 논쟁, 고백자들과 배교자들 사이의 논쟁, 마니교와의 논쟁이 그렇고, 도나투스주의자들과의 논쟁이 그러하며, 펠라기우스 논쟁도 그렇고, 가까이 우리 한국 개신교 상황을 두고 보더라도 신사참배를 둘러싼 논쟁으로 야기된 고려파 분열(1951)과 성서 해석학 및 신학적 입장 차이로 인한 예장과 기장의 분열(1953), 그리고 WCC를 둘러싼 논쟁으로 인한 통합과 합동의 분열(1959) 등등 기독교는 세포분열 하듯이 분열해왔다.

그런데 이런 논쟁과 분열들을 가만히 들여다보면 분열의 모티브/원인이 되는 공통단어가 보인다. 그것은 "순수" 내지는 "정통"이다. 아니 어떻게 기독교 안에 그런 정통적이지 못한 입장들을 받아들일 수 있는가라는 질문을 제기하다 보니 오로지 순수/정통이 모든 판단의 기준이 되어버렸다. 순수를 고집하니 배교자들을 공동체 안으로 다시 수용할 수 없고, 순수에 집착하다 보니 분열되어 떨어져 나간다. 이 공통단어는 비단 기독교에만 국한된 것이 아니다. 정치적 입장 차이도 여기서 분열이 된다. 정말로 순수란 무엇이며, 정통이란 무엇인가?

이렇게 분열된 기독교를 그럼 어떻게 하나 되게 할 수 있을까라는 과제적 물음이 제기된다. 하나 된다는 것이 무엇을 의미하는가? 개신교로 하나 되어야 하는가? 가톨릭으로 하나 되어야 하는가? 장로교로, 침례교로, 감리교로, 예장으로, 기장으로, 통합으로, 합동으로 하나 되어야 하는가? 우리는 기독교 전체의 그림을 보지 못하고 자신이 속해 있는 교파의 교리가 아닌 다른 것은 무조건 배제하려는 경향이 있다. 하나 된다는 것은 획일화를 의미하지 않는다. 그럴 수도 없다. 관건은 얼마나 다양성 속에서 일치를 추구하느냐일 것이다. 우리는 하나님을 하나의 획일화된 언어로 설명할 수 없고 하나의 단선으로 그릴 수도 없으며 단조로 노래 부를 수도 없다. 하나님은 하나님의 존재 안에 삼위라는 다양성을 품고 있을 뿐만 아니라 자신을 창조세계 안에서 다양한 형태로 계시하신다. 이런 다양한 입장 자체가 하나님에 대한 다양한 목소리를 반증하는 것 아니겠는가? 하나님에 관한 논쟁은 계속되어야 한다. 아니, 주님 오시는 그날까지 계속될 것이다. 어쩔 수 없는 것 아닌가?

사실상 우리 기독교가 정말로 논쟁해야 할 대상이 따로 있다. 무신론자들과의 논쟁이 바로 그것이다. 전투적 무신론의 대표주자인 리처드 도킨스가 『만들어진 신』에서 "종교 없는 세상"을 한번 상상해보라고 권하지 않는가? "종교는 뭐 그리 잘났는가?" "종교는 무슨 그런 특권을 누리고 사는가?" 종교의 이름으로 저질러진 폭력도 전쟁도 없는 세상을 상상해보라는 도킨스의 권면은 우리 기독교가 새겨들어야 할 부분임이 틀림없다. 다양한 종교 가운데서 서로 대화할 줄 모르고 오로지 할 줄 아는 것은 폭력과 전쟁뿐인 종교를 볼 때, 차라리 종교가 없으면 어떨까 하는 상상도 어쩌면 불경스러운 것이 아니라 합리적인 문제 제기 아닌가 생각해본다. 종교가 저지른 병폐가 얼마나 심각하면 이런 도전이 뒤따르겠는가? 도킨스는 로버트 퍼시그의 다음과 같은 견해에 동의하면서 종교를 신랄하게 비판한다. "누군가 망상에 시달리면 정신 이상이라고 한다. 다수가 망상에 시달리면 종교라고 한다."

우리는 이런 무신론자들과의 논쟁에 뛰어들어야 한다. 교파 간의 논쟁에 힘을 소진하기보다는 종교를 사악하다고 여기는 무신론자들과 논쟁하는 데 힘을 쏟아야 하지 않겠는가? 무신론이라는 대상을 앞에 두고 기독교는 다양성 속에서 하나의 목소리를 낼 수 있지 않을까 생각해본다.

이 책을 번역해보라고 권해주신 새물결플러스의 대표 김요한 목사님께 감사드리며, 수고해주신 편집부에게도 감사드린다. 사랑하는 아버지, 어머니 그리고 늘 함께 있어 행복한 아내와 은유, 은철에게 고마움과 사랑을 전한다.

2017년 7월 LA에서
박동식

서론

　이 책은 제가 지난 삼십 년 동안 다양한 역사신학 과목을 가르치면서 사용한 상상력에 바탕을 둔 대화로 만들어졌습니다. 대부분의 학생들은 이런 대화 연습이 즐겁기까지는 않다 하더라도 도움이 된다는 것을 알게 되었습니다. 대개 (하나의 대화 안에 얼마나 많은 배역이 있는지에 따라) 한 명이나 그 이상의 학생들에게 신학자의 역할을 맡기고 드라마틱한 억양을 사용해 강조해줄 것을 부탁합니다. 나는 다른 학생들이 수업 시간에 그런 대화를 듣고 그런 대화를 사용하는 것을 즐거워할 수도 있다고 생각하기 시작했습니다. 저는 신학자나 신학 선생이 아닌 사람들도 이런 대화로부터 도움을 받고 즐길 수 있도록 이 책을 썼습니다.

　저는 몇 세기에 걸쳐 발전된 기독교 사상의 가장 흥미로운 부분들을 보여주기 위해 29개의 대화를 신중히 선택했습니다. 몇몇 중요한 사상가들은 어쩔 수 없이 제외되었지만 아마도 다음 책에서 그들을 다룰 수 있을 겁니다.

　각각의 대화 앞에 "배경"(Setting)이라 불리는 부분이 있습니다. 여기서는 대화 속에 등장하는 사상가들과 가상의 대화가 벌어질 장소에 대한 정보가 제공됩니다. 그런 다음 대화가 이어지며 대화에서 어떤 일이 일어나는지에 대한 "분석"(Analysis)이 뒤따를 겁니다. 마지막으로 각 장은 더 배우기를 원하는 독자들을 돕기 위해 "더 읽을 책"을 제시하면서 끝납니다.

　저는 대화 곳곳에서 꽤 큰 시적 허용을 사용했습니다. 저는 그들의 입을 통해 말을 했습니다. 내용적인 면을 다룰 때는 그들의 사상에 충실할 것이지만, 스타일을 다룰 때는 농담과 조롱, 헐뜯는 말과 따뜻하고 친절한 말로 독자들을 즐겁게 만들 겁니다. 대화에 참가한 이들이 생동감 있고 실제처럼 보였으면 하는 바람입니다.

    이 책을 정독하면 기독교 사상사의 흐름을 간단하게나마 파악할 수 있을 거라고 생각합니다. 각각의 대화에는 대화 참가자들이 기독교 신학에 기여한 가장 중요한 공헌을 포함시키고자 했습니다. 여러분이 관심이 있다면, (책에서 언급된) 대화 참가자의 저술과 ("더 읽을 책" 부분에서 언급된) 그에 관한 이차적인 자료를 읽기 바랍니다.

01

2세기 비평가 켈수스가 폴리카르포스,
발렌티누스, 몬타누스에게
기독교 분파에 관해 질문하다

배경

로마 철학자인 켈수스(Celsus)의 개인적 삶에 관해서는 알려진 것이 거의 없다. 그가 젊었을 때는 그리스도인이었을지 모르지만, 대략 175년 아니면 180년경에 「참된 교리」(*The True Doctrine*)로 흔히 알려진 반기독교 논쟁서를 저술했을 당시 그는 제국 내의 선도적인 기독교 비평가였다. 기독교에 대한 그의 지식은 한계가 있었다. 그가 잘못 알고 있었던 것도 있었지만, 그는 그리스도인들이 무엇을 믿는지 알기 위해 수고를 아끼지 않았던 것으로 보인다. 책에서 그는 그리스도인들이 예수를 하나님으로 경배한다는 것을 명확하게 진술했다. 이것이 켈수스가 그리스도인들을 반대하도록 만든 내용이기도 하다. 정통 기독론은 예수가 완전한 하나님이기도 하고 완전한 인간이기도 하다는 데 대한 믿음이다. 이 교리는 "위격적 연합"(hypostatic union)으로도 알려져 있는데, 현대 비평가들은 이 교리가 반은 그리스도인이자 반은 이교도인 황제 콘스탄티누스의 영향 아래 있던 4세기 기독교 주교들에 의해 "고안"되었다고 주장한다. 그들은 켈수스나 초기 교회 교부들을 읽지 않았음이 분명하다.

켈수스가 초기 기독교 주교이자 순교자인 폴리카르포스(Polycarp)를 만났을 가능성은 거의 없다. 폴리카르포스는 약 155년경 스미르나(Smyrna)에서 화형에 처해졌고 단검에 찔려 죽었다. 그는 (로마 제국의 선도적인 기독교 주교들에 의해 그렇게 간주된) 소위 이교도들인 발렌티누스(Valentinus)와 몬타누스(Montanus, 2세기; 정확한 연대는 알려진 바 없지만)를 만나거나 대화하지 않았던 것으로 보인다. 그들을 반대하는 정통 그리스도인들이 그들에 관해 말한 것 외에는 그들의 개인적 삶이나 심지어 그들의 가르침에 대해서도 알려진 것이 거의 없다. 발렌티누스는 로마에 살았고 영지주의적 그리스도인들의 모임을 이끌었다. 영지주의자들은 물질을 악으로 간주했고 예수의 참된 인성과 그의 육체적 부활을 부인했다.

몬타누스(Montanus)는 소아시아(Asia Minor, 지금의 터키)에서 살았고 "새 예언파"(The New Prophecy) 운동이라 부르는 그리스도인 모임을 이끌었다. 그들은 2세기 중엽의 극단적 성령은사주의자들(charismatics)이었다. 그 모임은 (현대 오순절 교파나 은사주의 교파처럼) 성령의 초자연적인 은사와 성령이 몬타누스를 통해 말씀하셨다고 믿었다. 그들은 그의 말을 사도들 및 그들의 저서와 동등하게 권위 있는 것으로 간주했다.

자주, 기독교 운동의 초창기를 연구하는 학자들은 발렌티누스와 몬타누스가 수많은 순수한 그리스도인들을 잘못된 방향으로 이끈 이단의 원조(archheretics)라고 간주했다. 황제에게 절하지 않고 자신의 삶을 포기한 폴리카르포스는 정통 기독교의 위대한 대표자로 흔히 간주된다. 다른 소위 사도적 교부들처럼, 그도 진짜 사도들 중 적어도 한 명(아마도 요한)은 알았을 가능성이 있다.

이 가상의 대화에서, 켈수스는 로마로 향하는 선상에서 폴리카르포스, 발렌티누스, 몬타누스를 만난다. 그는 그들에게 기독교에 관해 질문하는데, 이것이 「참된 교리」의 집필로 이어지게 된다. 질문에 뒤따르는 논의는 2세기 기독교의 다양성을 반영한다. 켈수스의 세 명의 새로운 지인들은 서로 동의하는 내용이 거의 없다.

어떤 면에서 폴리카르포스, 발렌티누스, 몬타누스는 역사적 기독교 내에서 각자 나름대로의 세 가지 자극(impulses), 즉 신학적 정확성을 위한 정통적 자극, 더 높은 지식과 지혜를 위한 영지주의적 자극, 그리고 변혁적 경험을 위한 열정적 자극을 대표한다.

대화

켈수스 　로마로 가는 배 위에서 이렇게 모두를 만나다니 정말 놀랍군요! 저는 지금 왕국 여기저기에 있는 사교 클럽을 위한 강연을 준비하고 있습니다. 주제는 당신들 그리스도인에 관한 것이며 제가 "참된 교리"라 부르는 것입니다. 우리의 대제국 전역에 퍼져 있는 수준 높고 학식 있는 사람들이 대체로 동의하는 세계관은 플라톤 사상과 스토아 사상에서 형성되었습니다. 이 사상들의 혼합이 바로 "참된 교리"입니다. 그것과 비교하면, 당신들 그리스도인이 가르치는 것은 완전히 미신입니다. 무지한 사람들을 제외하고, 누군가가 그것을 믿을 수 있거나 믿곤 하는 것이 놀라울 따름입니다. 저는 로마 원로원(Roman Senate)의 구성원들이 있는 엘리트 클럽에서 할 연설 초안을 전달하기 위해 지금 로마로 가는 중입니다. 언젠가는 기독교 운동에 관한 책을 쓸 계획인데, 저는 그 책을 통해 그리스도인의 믿음이 틀릴 뿐만 아니라 유해하다는 것을 보여주고자 합니다. 그리스도인의 믿음은 사람들을 우리의 위대한 문화의 기초를 형성하는 참된 철학으로부터 멀어지게 합니다.

폴리카르포스 　로마 원로원이라고 말하셨나요? 그들이 기독교를 유대교로부터 분리된 합법적 종교로 볼 수 있도록, 그리고 우리를 박해하는 것을 멈출 수 있도록 그들을 설득해주시기를 바랍니다. 저는 우리의 믿음에 반대하는 법을 해제할 것을 지도자들에게 촉구하기 위해 로마로 가는 중입니다. 저도 원로원 의원들과 황제의 가족을 만나기를 희망합니다. 저의 고향이자 제가 주교의 신분으로 있는 스미르나는 요즘 엄청난 압박에 시달리고 있습니다. 그런 압박에는 아무런 타당한 이유도 없습니다. 우리는 선량한 시민이며 아기를 먹는다거나 근친상간과 같은 난잡한 일에 참여한다는 소문과는 반대로 어느 누구에게도 해가 되지 않는 사람들입니다. 그런데 제 느낌에, 당신은 우리 편이 되어주실 것 같지 않습니다. 안 그런가요?

몬타누스 실례합니다만, 폴리카르포스 주교님, 어느 누구에게도 해를 끼치지 않는다는 건 무엇을 의미합니까? 주교들은 자신들을 진정한 그리스도인이라 생각하면서, 우리는 진정한 그리스도인이 아닌 것처럼 우리의 새 예언 운동을 계속해서 비판하고 비난하고 있지요. 저는 성령의 대변자입니다. 당신들 주교들은 나와 나의 추종자들을 박해할 어떤 권리도 가지고 있지 않지요. 이는 당신이 말한 것처럼, 제국이 당신과 당신의 제자들을 박해할 어떤 권리도 가지고 있지 않음과 같지요. 저는 새 교회를 세우기 위해 로마로 가는 중입니다. 그 교회는 성령이 오늘 나를 통해 말하는 것을 따를 것입니다. 우리의 새 예언과 교회는 제국 전역에 퍼질 것이며 당신의 무미건조한 죽은 주교들의 교회를 완전히 없애버릴 것입니다.

발렌티누스 켈수스, 이들 중 어느 누구의 말에도 귀 기울이지 마세요! (일부 사람들이 우리를 부르듯이) 우리 영지주의자들은 당신이 참된 교리라 부르는 것과 많은 측면에서 유사한 높은 영적 지혜를 가진 참된 그리스도인입니다. 우리는 주교나 그의 제자들보다 철학적으로 더 뛰어난 자입니다. 그리고 우리는 몬타누스나 그의 동류들처럼 광신적이지 않고 지적입니다. 당신도 우리에 대해 들었을 겁니다! 우리 영지주의자는 이집트, 특히 제국의 위대한 문화적 수도인 알렉산드리아와 그 주변에서 번성하고 있습니다. 많은 부자, 교육받은 자들 그리고 문화적으로 수준 높은 이들이 우리 모임에 참석합니다. 로마 원로원에게 우리를 참된 그리스도인으로 여겨달라고 말해주시기 바랍니다. 아 참, 그나저나, 저는 로마에 있는 우리 모임을 방문하기 위해 로마로 가는 중입니다. 그들은 도시 주변에 있는 여러 마을에서 모임을 가지고 높은 영적 지혜에 대해 공부하면서 묵상도 하고 있습니다.

켈수스   이게 바로 제가 로마와 왕국 주변에 있는 저의 청중에게 말하고자 하는 것의 완벽한 예가 되네요. 당신들 그리스도인은 당신들이 믿는 것에 관해 당신들 안에서조차 서로 동의가 이루어지지 않는군요! 당신들은 여러 분파로 나뉘어 있군요. 당신들이 말하는 소리는 음식을 두고 싸우는 왁자지껄한 동물들의 소음 같습니다! 그러나 왕국을 지탱하는 것은 참된 교리, 즉 자연과 이성에 근거를 둔 윤리적-영적 철학입니다. 그것은 변형이 없는 하나의 참된 교리입니다. 그리고 그것은 모든 종류의 이상하고 신비한 신념 또는 주교의 권위적인 선포를 인정하지 않습니다.

폴리카르포스   아니요. 켈수스, 적어도 기독교의 일치에 관해서는 당신이 틀렸습니다. 그리고 당신이 소중하게 여기는 참된 교리에는 다른 많은 견해들이 있다고 봅니다. 결국 그것은 플라톤과 스토아 철학자들의 가르침의 불안정한 혼합이지요! 우리 그리스도인은 일치한다고 당신의 청중에게 말해주세요. 우리는 같은 것을 믿습니다. 우리는 사도들이 우리에게 가르쳤던 것을 정확히 믿습니다. "가톨릭" 그리고 "정통"이라고 부르는 참된 기독교회의 주교들은 모두 사도들의 후예입니다. 그들이 우리를 지명했죠. 예를 들면, 제가 어렸을 때 저는 기독교 진리를 그리스도의 가장 젊고 가장 사랑받는 제자인 요한으로부터 배웠습니다. 물론 당시 요한은 매우 늙었죠. 그는 제가 자랐던 에베소에 있는 그리스도인들의 주교였습니다. 그로부터 저는 그리스도에 관한 모든 것을 정확히 알게 되었고요.

　소위 다른 그리스도인들은 사도적 계승에 대한 그런 주장을 할 수 없습니다. 요한은 우리에게 발렌티누스나 몬타누스와 같은 거짓 예언자에게 대적하라고 경고했죠. 발렌티누스는 거짓 예언자며 참된 그리스도인이 아닙니다. 이는 그가 하나님이 예수 그리스도 안에서 육신을 입고 오셨음을 부인하기 때문이지요. 몬타누스도 거짓 예언자입니다. 이는 그가 자신을 성령의 독점적 대변인이라 주장하기 때문이며 그의 권위를 사도들의 권위 위에 두기 때문이지요! 사도들은 진리의 전통, 즉 신앙의 규범을 남겨주었습니다. 그것은 참된 그리스도인들이 믿고 가르치는 것의 기초를 형성하지요. 이에 반하는 이들은 침입자이며 거짓 형제입니다. 그들이 말하는 기독교에 귀를 기울이지조차 마세요.

몬타누스　　잠깐만요! 들어보세요! 성령이 하프의 현 위의 산들바람처럼 저의 성대 목청 위에서 움직이는 것이 느껴집니다. 조용히 해보세요. 네…네…들어보세요. "나는 하나님의 영이다. 그리고 나는 이 사람을 통해 말한다. 그의 말을 들으라. 그는 내가 선택한 대변자다.…나의 영을 문자에만 가둬놓음으로써 내 백성을 혼란에 빠뜨린 소위 주교가 아니다. 여기 이제 참된 권고가 있다. 욕망에 사로잡힌 사상이나 관계와 연합하거나 관여하지 마라. 강한 술을 피하라. 그리고 너의 시간의 대부분을 기도와 구원자 예수의 재림을 기다리는 데 쓰라. 무엇보다도, 남자 예언자들과…여자 예언자들의 말을 듣고 순종하라. 너희 가운데 있는 나의 영을 소멸하지 마라. 이는 내가 너희의 주 하나님이기 때문이다!"

　들으셨나요? 켈수스, 로마 원로원들에게 그리스도가 여전히 살아계셔서 저를 통해 말씀하시며 우리의 새 예언파 운동이 참된 기독교라고 말해주세요. 그리고 그들에게 우리는 로마 정부에게 어떤 해도 끼치지 않는다고 전해주세요. 우리는 하나님을 찬양하고 예수가 다시 오심을 기다리기 위해 다양한 장소에 모여 있을 뿐입니다. 만일 그들이 평화를 그리스도인들에게까지 확장하려고 한다면, 로마와 왕국 전역에 있는 우리 회중이 거기에 포함됐는지를 확인해주십시오.

발렌티누스   켈수스, 이런 사람에게 관심을 두지 마세요. 한 명은 허풍쟁이며, 다른 한 명은 종교적 광신주의자입니다. 로마 원로원이나 황제가 그들이나 그들의 추종자들을 합법적이고 정당하게 인식할 가능성은 전혀 없죠. 하지만 우리 영지주의자는 다릅니다. 우리는 폴리카르포스와 다른 주교들처럼 답답하고 교리적이며, 지옥 불과 유황불을 설교하는 설교자가 아닙니다. 우리는 그들처럼 편협하지도 않습니다. 우리는 특별한 영적 통찰과 능력을 가진 사람은 누구든 우리 모임으로 받아들입니다. 영지주의 교사로서 우리가 할 일은 영적 구도자들이 물리적-물질적 영역을 넘어 탐구하게 하는 것이며 그들이 인간의 성전 안에 거하는 순전한 우주적 그리스도의 영을 발견하도록 격려하는 것입니다.

우리가 가르치는 것은 그런 그리스도-지혜(Christ-wisdom)이지, 일련의 교리가 아닙니다. 그리고 우리가 가르치는 것은 당신들의 몇몇 그리스 철학자들의 가르침과 그렇게 다르지 않습니다. 물질은 영-혼(soul-spirit)의 감옥이죠. 참된 지혜는 물질적 영역 위에서 옵니다. 이 지혜는 영-혼의 내적 신성에 대한 지식이지요. 그것은 위에서부터 내려오는 신적 빛과 불의 불꽃입니다. 위의 것을 구하십시오, 그러면 당신은 그것을 마음속에서 찾을 것입니다. 플라톤이 그의 동굴 비유에서 그런 것을 말하지 않았습니까?

켈수스   당신들 모두 제정신이 아닌 것 같군요. 당신들은 모두 우리 철학자들이 어리석다고 여기고 있는 내용에 동의하는군요. 바로 하나님이 전체 왕국 중 가장 시골 지역의 사람으로 나타나셔서, 로마 십자가에 고통 당하시고 죽으셨으며, 그런 다음 다시 사셨고 이제는 전 세계의 구원자시라는 것입니다. 아무리 당신이 그것을 다듬는다 해도, 당신이 "복음"이라 부르는 그 중심적인 기독교 신념은 그리스 철학이라는 우리의 참된 교리와 갈등을 일으킵니다. 그것은 어리석은 신념입니다. 하나님은 죽기는커녕 육체에 들어가거나 시간 안에 나타나거나 고통 당할 수도 없습니다! 그리고 죽은 몸은 살아나지 않습니다. 누가 죽은 이후에도 자신의 몸을 원할까요? 이런 모든 것은 신비일 뿐만 아니라 미신이기도 합니다. 저는 저의 청중에게 이렇게 말하겠습니다.

폴리카르포스   켈수스, 만일 하나님의 영이 당신의 마음과 생각에서 역사하지 않으신다면, 당신의 생각이 변화할 거라고 생각하지 않습니다. 그러나 저는 다음과 같이 말할 겁니다. 당신이 말하는 그리스 철학의 "참된 교리"는 부분적으로 옳습니다. 하나님은 순수한 영이요, 영원하시고 참되시고 모든 면에서 완벽하십니다. 그러나 하나님이 그의 불쌍한 인간 피조물들과 하나 되기 위해, 그리고 그들에게 하나님께 순종하는 법을 가르치기 위해 인간의 형상을 취할 수 없다고 생각할 때, 당신의 교리는 옳지 않게 됩니다. 예수 그리스도는 하나님의 아들입니다. 제가 "입니다"(is)라고 말하는 것은 예수가 여전히 살아 있기 때문이죠. 그러나 예수가 하나님의 존재의 전부는 아닙니다. 당신은 지금 하나님이 육신이 되셨다면, 우주를 주관하는 하나님이 계시지 않을 거라고 생각하시고 있는 것 같네요. 그러나 이는 우리가 믿는 것이 아닙니다. 로고스는 하나님의 말씀이자 하나님의 아들인 예수 안에서 인간이 된 자입니다. 성부는 하늘에 남아 계시며 고통 당하시거나 죽으실 수 없죠.

발렌티누스 음, 켈수스, 당신이 우리 영지주의 그리스도인을 모두 잘못 이해하고 있다고 말해도 될까요? 우리는 하나님이 인간의 육체 속으로 들어오셔서 고통 당하고 죽으셨다는 것을 믿지 않습니다. 그리고 우리는 예수 그리스도의 몸이 죽음으로부터 부활했다는 것도 믿지 않습니다. 우리가 믿는 것은 일부 그리스도의 직속 제자들이 비밀리에 그로부터 배웠고 우리에게 전했던 것입니다. 그리스도는 높은 천상의 하나님이 보내신 영적 메신저입니다. 그 천상의 하나님을 예수는 아버지라 부르셨습니다. 하나님은 순수 영이시며 물질과 직접적으로 접촉하실 수 없습니다. 물질은 부패할 뿐만 아니라 악하기도 합니다.

구원자인 그리스도-영(Christ-spirit)이 예수의 몸을 취할 때 그의 나이가 약 서른 살이었죠. 예수를 통해서, 이 영은 지혜를 가르쳤고 그가 죽기 바로 전에 예수를 떠났습니다. 십자가에서 예수님은 "아버지여, 내 영혼을 아버지의 손에 맡깁니다"라고 말씀하셨는데, 그리스도-영이 그때 예수를 떠나 아버지께로 돌아갔습니다. 그러나 그리스도-영은 소수의 제자들에게 대부분의 인간이 다룰 수 없는 비밀스러운 지혜를 가르치기 위해 다시 돌아오셨습니다. 그 비밀스러운 지혜가 바로 인간 영혼이 하나님의 불꽃이라는 겁니다. 인간 영혼은 우주에서 자신의 길을 잃고 물질에 종속되었죠. 기도와 지식과 묵상을 통해, 우리는 사람들을 도와 물질에서 영혼을 해방시켜 영혼이 천국 집으로 돌아가게 해야 합니다.

몬타누스 그것은 제가 여태껏 들었던 것 중에 가장 사이비 같은 허튼소리네요. 잠깐만요, 잠깐만요.…무언가 일어날 것 같은 느낌인데요.

들어보세요! "나는 이 사람을 통해 말하는 하나님의 영이다. 그의 말을 들으라. 마지막 날에, 많은 거짓 선생들이 나타날 것이고 백성을 진리로부터 멀어지게 할 것이다. 영지주의자들은 그들 중 가장 나쁜 자다. 그들을 피하고 그들의 말을 듣지 마라. 그러나 주교들도 더 낫지 않다. 오직 나의 대변자와 그의 두 여자 예언자의 말을 들으라. 그리스도가 말씀하시기를, 보라, 내가 속히 오리라. 모든 것을 뒤로 미루고 페푸자(Pepuza)로 가서 새 예언파인 내 백성과 더불어 내가 오는 것을 기다리라." 아멘! 당신은 영의 소리를 들었습니다. 발렌티누스와 그의 추종자들은 거짓 교사요 제자들입니다. 그들은 진리를 알지 못합니다.

폴리카르포스　　맙소사! 너무나 많은 이단과 광신도들이 "그리스도인"의 이름을 사용하고 있군요. 켈수스, 들어보세요. 당신은 이런 자들이 사기꾼임을 직접 확인할 수 있습니다. 그들은 예수 그리스도를 가르치는 참된 선생이나 성령의 대변자가 아닙니다. 예수 그리스도의 교회는 사도들이 가르치고 기록했던 것을 정확히 믿습니다. 우리는 그들이 기록한 것을 가지고 있죠. 당신도 알다시피….

몬타누스　　(폴리카르포스의 말을 자르며) 잠깐 멈춰보세요! 영이 다시 말하려고 하네요!

폴리카르포스　　(몬타누스에게 날카롭게) 조용하세요! 내가 당신의 "영"의 주둥이를 치기 전에!

몬타누스　　(폴리카르포스에게 날카롭게) 아, 폴리카르포스 형제여, 당신은 영을 소멸하는 은사를 가진 것 같습니다. 그렇지 않습니까? 저는 사도 바울이 그것에 대해 경고했음을 믿습니다. 성령이 지난 세기에만 그리고 사도들의 저술 속에서만 역사하신다고 생각하시나요? 영이 오늘날에도 여전히 말하고 계신다는 것을 왜 받아들이지 않나요?

폴리카르포스　　영은 오늘날에도 여전히 말하죠. 그러나 오직 사도들이나 그들의 계승자들이 지목한 주교들이 해석한 사도적 가르침을 통해서만 말하십니다. 참된 기독교회는 주교가 있는 곳에 있으니까요.

몬타누스　　틀렸습니다. 참된 기독교회는 영이 있는 곳에 있습니다.

발렌티누스　　두 분 다 진리에 무지하군요. 영의 세계에서 "그리스도"는 우리 위에 계십니다. 그래서 우리의 영과 혼은 그의 영과 혼과 하나 되기 위해 우리 몸을 벗어나서 위로 올라가야 합니다. 그는 우리가 영적인 훈련과 지식을 통해 그와 영적인 일치를 이룰 때마다 "돌아오십니다." "성령"은 인간의 영-혼의 실체이며 모든 사람에게 똑같습니다. 성령은 더 이상 당신을 통해 "말하지" 않습니다. 육신을 떠나 영과 하나가 되려 하는 사람들에게 그런 것처럼 말입니다. 그리고 이는 폴리카르포스 당신에게도 역시 마찬가지입니다.

(폴리카르포스와 몬타누스는 떨어져 서서 발렌티누스를 등지고 "말도 안 돼", "이단", "멍청하군!", "사탄아 물러가라!"와 같은 말을 중얼거린다.)

켈수스　　자자, 충분히 들은 것 같습니다. 저의 책 「참된 교리」가 나올 때, 모든 사람은 당신들 그리스도인이 정말로 무지하다는 것을 알 겁니다. 이제 정신을 차리시고 적어도 당신들이 어떤 것을 믿을 것인지 결정하는 것이 좋을 것 같군요. 당신들이 왕국의 힘 있는 엘리트 가운데서 인기를 얻고자 한다면, 그리스 철학의 참된 교리와 비슷한 것이 더 도움이 될 것 같습니다.

분석

이것이 상상력에 근거한 대화임을 명심하자. 이 대화는 일어나지도 않았고 여기 기록된 그대로 정확히 일어나지도 않았다. 이들이 믿었던 것과 서로에게 말했을지도 모르는 것을 종합적으로 설명해주는 것이 이 대화의 목적이다. 이 대화는 2세기 기독교의 다양성과 기독교를 향한 로마 제국의 교육받은 많은 엘리트들의 태도를 보여준다.

켈수스는 그리스도인들의 박해를 주창하지 않았다. 다만 그는 기독교를 미신과 같다고 조롱했을 뿐이다. 켈수스가 무엇을 썼는지는 오리게네스의 「켈수스 논박」(Contra Celsum)에서 알 수 있다. 「켈수스 논박」은 켈수스가 「참된 교리」를 완성하고 50년에서 75년이 지난 후인 3세기에 쓰였으며 사실상 「참된 교리」의 모든 내용을 다 포함하고 있다. 우리는 오리게네스가 정확히 그것을 인용했음을 신뢰해야만 한다. 그리고 달리 의심할 어떤 이유도 없다. 켈수스는 그 문제를 애써 살펴본 대부분의 교육받은 로마인들만큼 기독교에 대한 정확한 지식을 가졌던 것 같다. 어쩌면 그들보다 더 잘 알았을지도 모른다. 이는 그가 조사를 위해 시간과 수고를 아끼지 않았기 때문이다.

켈수스가 기독교와 그리스 철학을 부정적으로 비교한 결과로, 2, 3세기의 일부 그리스도인들은 그 둘이 양립 가능하다는 것을 보여주려 애썼다. 이들 가운데는 순교자 유스티누스(Justin Martyr)와 같은 소위 기독교 변증가(초기 교회 저술가들의 한 범주)도 있었다. 그는 기독교 선생이자 그리스 철학자였다. 그는 그리스와 로마 지성인들을 위해 두 편의 「변증」(Apologies; 신앙에 대한 옹호)을 썼다. 두 편 모두 (그리스 문화와 사상에 의해 영향을 받았기에) 매우 그리스적이다. 유스티누스가 켈수스를 알지 못하거나 읽지 않았다는 것은 거의 확실하다(유스티누스는 켈수스보다 일찍 태어났다). 하지만 다른 기독교 변증가들은 켈수스에 대응했을 것이다. 오리게네스가 대응한 건 확실하다. 유스티누스는 기독교와 그리스 철학의 최고 사상을 혼합하지 않고 그리스 철학 개념을 사용해 이 둘을 조화시키려고 했다.

발렌티누스는 2세기 영지주의 지도자 중 한 사람이었다. 왕국에는 많은 영지주의 지도자들이 있었다. 우리가 그에 관해 아는 많은 부분은 기독교 주교인 이레나이우스의 「이단 논박서」(*Against Heresies*)라는 다섯 권의 책에서 나온다. 이레나이우스(130년경-202년경)는 영지주의를 공부했고 이 가상의 대화에서 폴리카르포스가 사용했던 몇몇 논증을 사용해서 영지주의를 반박했다. 이레나이우스에 따르면, 그가 소년이었을 때 폴리카르포스 문하에서 공부했기에 사랑받는 자인 사도 요한과 직접적으로 연결될 수 있었다. 만일 예수가 비밀리에 영지주의적 가르침을 선별된 제자들의 모임에 전달했었다면, 이레나이우스는 그것에 대해 알았을 것이다. 폴리카르포스는 요한으로부터 영지주의에 대해 들은 적이 없으며, 이레나이우스도 폴리카르포스로부터 영지주의에 관해 들은 적이 없다고 말했다.

영지주의는 정확히 이해하기가 쉽지 않다. 2세기 영지주의는 사상의 정글과 같았다. 그리고 그것은 「도마 복음」(*Gospel of Thomas*)과 같은 영지주의적 "복음"을 포함해서 엄청난 양의 저술을 낳았다. 이 저술은 영지주의 신념을 지지했던 예수의 발언이라 주장되는 것들을 포함했다. 2세기 영지주의자들은 기독교의 그림자와도 같았고 사라지지도 않았다. 황제 콘스탄티누스와 후기 기독교 정치 지도자들의 통치하에, 그들은 지하로 숨어들었다. 기독교 역사에서 영지주의와 유사한 분파들은 학자들이

"은밀한 기독교"(esoteric Christianity)라 부르는 것을 비밀리에 후대에 전했다. 장미십자회(Rosicrucians; 1484년 그리스도인인 로젠크로이처가 독일에서 창설했다고 전해지는 연금술의 마법을 부리는 비밀 결사회원 – 역주)와 같은 20세기 모임들은 이 전통을 이어가고 있다.

부차적인 차이점에도 불구하고 영지주의자들 모두가 공유했던 핵심 교리(또는 사상)는, 물질은 악하며 어떤 식으로든 악의 원인이라는 것이다. 물질로 구성된 몸은 죄의 자리다. 그러므로 참된 하나님은 물질세계를 창조했을 리가 없다. 물질세계는 미쳤거나 타락한 데미우르고스(demiurge), 즉 하등한 신이 창조했다. 영지주의자들은 이 존재와 야웨를 동일시했고 기독교 안의 모든 유대교적 요소를 거부했다. 물질에 대한 그들의 반감은 그들로 하여금 천상의 구원자가 몸을 취했으며 그가 참으로 완전한 인간이었다는 것을 부인하게 했다. 그들은 그가 인간처럼 보였거나 그의 가르침을 받아들일 수 있는 선택된 소수에게 높은 지혜를 가르치기 위해 인간의 몸을 도구로 사용했을 것이라고 주장한다. 마침내 영지주의자들은 각 사람의 내적 자아나 혼이 하나님의 불꽃이라고 가르쳤다. 이 불꽃은 자신의 신성을 잊고 있으며 따라서 자신의 기원을 상기할 필요가 있다. 그런 것이 영지(gnosis)의 본성 또는 지혜라고 영지주의자들은 가르쳤다.

폴리카르포스는 일반적으로 사도적 교부 중 한 명으로 간주된다. 사도 요한(John the Beloved)을 알았다는 그의 주장은 의심의 여지가 없다. 그는 2세기 중엽의 중요한 기독교 지도자였다. 바로 이것이 그가 155년 스미르나에서 로마 관료에 의해 체포되어 처형당한 이유다. 그의 순교에 관한 이야기인 「폴리카르포스의 순교」(Martyrdom of Polycarp)는 저자 미상이지만 대개 사도적 교부들의 저술로 간주된다. 폴리카르포스의 저술은 지금까지 남아 있는 것이 거의 없다. 그의 「빌립보 사람들에게 보낸 편지」

(*Letter to the Philippians*)만 남아 있다. 우리는 그에 관해 거의 알지 못하지만, 대부분의 기독교 학자는 그를 2세기 정통주의의 표준으로 간주한다.

이 가상의 대화를 읽는 몇몇 학식 있는 독자들은 몬타누스에 대한 묘사에 반대할지도 모른다. 후기 몬타누스주의(몬타누스 이후의 새 예언파 운동)는 그렇게 극단적이지는 않다. 그러나 초기 기독교 자료는 몬타누스 및 그와 함께한 두 여성 예언자를 극단주의자로 묘사한다. 의심할 여지 없이 그는 자기 자신을, **유일한** 신탁(*the* oracle)은 아닐지라도, 하나님의 신탁 중 하나로 간주했으며 자신의 발언을 사도들의 발언과 동등한 권위의 수준으로 격상시켰다. 그는 그리스도나 하나님에 관해서는 어떤 이단 사상도 가르치지 않았던 것으로 보인다. 자신이 권위를 가지고 있다고 주장하고 주교들의 권위를 거부했던 것이 그때나 지금이나 그리스도인들 가운데서 몬타누스가 나쁜 평판을 가지는 이유다. 또한 그는 결혼제도를 거부하고 엄격한 금욕적 삶의 방식을 주장했다. 동시에 그는 그리스도의 재림을 기다리기 위해 그의 추종자들을 소아시아에 있는 페푸자(Pepuza)에 모이도록 불렀다.

기독교 신학의 역사가 진행되는 동안, "몬타누스주의"는 성서에 내용을 더하는 예언에 참여하는 기독교 모임의 이름으로 사용됐다. 어떤 이는 모르몬교(Mormonism)를 근대판 몬타누스주의로 간주한다.

이런 모든 것이 켈수스가 반드시 고려했을 질문을 제기한다. 누가 2세기의 참되고 진정한 그리스도인인가? 명백히 로마 제국 안에 있는 그리스도인들 가운데는 분열과 나뉨이 있었다. 어느 모임이 (신학적으로 옳은) 정통적이고 어느 모임이 (신학적으로 틀린) 이교적인지를 결정할 힘을 지닌 권위가 없었다. 단지 기독교의 진위성에 대한 경쟁적 주장들만이 있었다. 요즘 출판되는 책에서는 곧잘 2세기에는 정통 기독교가 없었다는 주장이

실리곤 한다. 콘스탄티누스가 4세기 초에 기독교를 받아들이고 이를 유일하게 용인되는 종교로 시행할 때까지 정통 기독교는 없었다는 것이다. 이런 학자들에 따르면, 2세기 기독교는 단지 급진적으로 갈라지는 신학적 주장이 왕성하게 와글거리는 혼동의 시기였다.

이 제안에 대한 단순한 답은, 시행하는 힘이 부족하다고 해서 그것이 진리의 상대주의와 같은 것은 아니라는 것이다. 기독교의 진위성을 주장하는 모든 모임이, 우리가 기독교를 민속 종교와 단순한 여론으로 축소하지 않는다면, 다 옳을 리는 없다. 그러나 만일 기독교 신앙이 모든 것과 양립 가능하다면, 엄격히 말해 기독교는 아무것도 아니다. 확실히 기독교의 정신을 다루는 이런 경쟁에서 어떤 이는 다른 이보다 더 옳았다. 보수적인 그리스도인들은 몬타누스주의자와 영지주의자를 배제한 주교들을 항상 정통으로 인정해왔다. 그것은 몬타누스주의자와 영지주의자가 모든 것에 있어서 완전히 틀렸다는 뜻은 아니다. 그것은 진정한 기독교의 담지자가 되려는 그들의 주장이 기껏해야 모호하다는 의미다. 사도들이 그들에게 가르친 전통을 계속적으로 수행하는 데 관한 폴리카르포스와 이레나이우스의 논의에 반대하는 것은 어렵다.

어쩌면 주교의 교회들은 몬타누스주의에 지나치게 과민반응을 보이는 실수를 저질렀을지도 모른다. 그들은 2세기 그리스도인의 영적인 열정을 꺼버리는 경향이 있었다. 따라서 예언과 방언, 그리고 성령의 또 다른 초자연적인 은사들이 점차 사라지게 되었다. 이는 불행한 일이지만 이해할 만도 하다. 근대 최고의 오순절 모임이나 성령은사주의자들의 모임도 영적 열광과 질서 사이를 균형 잡는 일에 어려움을 겪었다. 초기 교회는 영적 열광주의를 해치면서까지 질서 잡는 것을 선택했다. 우리라면 달리 어떻게 했을지, 다만 상상할 수밖에 없다.

이 가상의 대화 배후에는, 갈리아(Gaul; 지금의 프랑스)의 이레나이우스와 같은 기독교 주교들이 영지주의의 주장이 틀렸음을 입증함으로써 기독교 신념을 표준화하려고 무척 애를 쓴 모습이 있다. 페푸자 주변 지역에 있는 주교들은 새 예언파 운동을 배척했다. 새 예언파 운동은 어쨌든 널리 퍼졌지만 주교들이 이끈 교회의 연계망에서는 완전히 받아들여지지 않았다. 비교적 조직적이었던 이 운동은 점차적으로 자취를 감췄다.

우리는 기독교에 대해 혼란스러워 하는 켈수스를 비난하기 어렵다. 우리로서는 그가 폴리카르포스나 그와 같은 누군가의 말을 주의 깊게 오랫동안 듣길 바랄 뿐이다. 아니면 이레나이우스에 귀 기울이길 바랄 뿐이다. 그러나 켈수스가 (아마) 알렉산드리아, 이집트 또는 로마에서 「참된 교리」를 저술하고 있었을 때, 이레나이우스는 그와 멀리 떨어진 갈리아 지방에서 다섯 권짜리 「이단 논박서」를 저술하기에 바빴다.

더 읽을 책

The Apostolic Fathers in English. Translated by Michael W. Holmes. 3rd ed. Grand Rapids: Baker Academic, 2006.

Celsus. *On the True Doctrine*. Translated by R. Joseph Hoffmann. New York: Oxford University Press, 1987.

Jonas, Hans. *The Gnostic Religion*. 3rd ed. Boston: Beacon, 2001.

Osborn, Eric. *Irenaeus of Lyons*. Cambridge: Cambridge University Press, 2001.

02

2세기 비평가 켈수스가 기독교에 관해
테르툴리아누스, 이레나이우스, 클레멘스를
인터뷰하다

배경

이 가상의 대화는 200년경 로마에 있는 원로원 회관에서 이루어진다. 켈수스(1장의 대화를 참고하라)는 기독교를 폭로하는 「참된 교리」라는 제목의 글을 발표하여 기독교 지지자들이 미신적이고 무지하다고 조롱했다. 그는 이 책에서 기독교와 "참된 교리" 사이에는 공통점이 거의 없다고 암시했다. 여기서 "참된 교리"라 함은 플라톤주의와 스토아주의의 측면들을 결합한 그리스 철학의 혼합물이다. 그의 책을 읽고 나면, 우리는 "지적인 그리스도인"의 모습을 거의 상상할 수 없다. 그것은 모순이다.

로마 원로원의 위원회는 유명 작가이자 연설가인 켈수스에게 몇몇의 선도적인 기독교 작가들을 모으도록 했는데 이는 그들의 종교적 신념과, 특히 기독교와 그리스-로마 문화 사이의 관계성에 관한 질문에 대한 답을 듣기 위함이다. 200년경에 로마 제국의 대부분의 지도자들이 소위 참된 교리라고 불리는 켈수스의 철학을 제국을 단결시키는 이데올로기적 접착제로 여겼다는 것을 기억하라. 기독교가 급속도로 확산되자 로마 원로원의 몇몇 의원들은 기독교가 사회의 "도덕"(사회의 공통 규범을 의미한다)을 손상시킨다고 걱정했다.

이와 같은 모임은 사실 전혀 일어나지 않았다. 기독교 교리문답학교(오늘날의 기독교 대학이나 신학교 같은)의 교장이자 알렉산드리아의 교회 교부인 클레멘스(150년경-215년경)는 로마를 방문했다고 알려진 적이 없다. 하지만 그는 여행을 잘 다녔기에 혹 로마를 방문했을 수도 있었을 것이다. 제국 중 두 번째로 크며 경제적·문화적으로 부유한 도시인 알렉산드리아에 있는 학교는 지적인 삶의 위대한 중심으로서 이교도들 가운데서조차 명성이 자자했다. 클레멘스는 기독교를 설명하는 여러 권의 책을 썼는데 거기에는 잘 알려진 「잡기」(Stromata)와 「교사」(Paedagogus)도 포함된다. 그의 논문 「권고」(Protrepticus)는 「그리스인에게 고함」(Exhortation to the Greeks)으로도 알려져 있다. 클레멘스는 그리스 철학의 최고 사상과 기독교 최고의 교리를 조화시키려 했다. 어떤 이들은 그가 기독교 사상 안에 그리스 철학을 지나치게 많이 수용했다고 주장한다.

이레나이우스(202년경 죽음)는 고대 기독교의 가장 영향력 있는 지도자와 사상가들 중 한 명이었다. 그는 한 무리의 그리스도인들과 함께 소아시아 서쪽 해안으로부터 오늘날의 프랑스인 갈리아 지방으로 이주했다. 거기서 그는 리용(Lyons)과 주변에 있는 교회들의 주교가 되었다. 그는 이따금씩 루그두눔(Lugdunum, 지금의 프랑스 리용)의 이레나이우스로 불리지만, 리용의 이레나이우스로 가장 잘 알려져 있다. 2세기 후반부터 그는 다양한 영지주의적 기독교 분파들을 철저히 조사하기 시작했다(영지주의에 관한 정보에 대해서는 1장의 대화를 보라. 그 대화의 참가자인 발렌티누스는 로마의 주도적인 영지주의자였다. 이레나이우스는 그와 그의 추종자들을 특별히 더 반박한 것으로 보인다). 이레나이우스는 대략 175-185년에 다섯 권으로 된 「이단논박서」를 출간했다. 그는 202년경에 그리스도인들에게 가해진 박해로 죽었다.

이레나이우스가 그리스도인들 가운데서 영향력이 있었던 이유는, 그가 사도들과 연결되어 있었기 때문이다. 그의 일생 동안에는 성서(최종적으로 편찬되어 모든 그리스도인들에게 받아들여진 후부터는 신약성서로 불렸다)라는 기독교 경전에 대한 합의점이 없었던 것이 확실하다. 이레나이우스는 폴리카르포스(1장의 대화의 참가자)에게서 믿음을 공부했다. 폴리카르포스는 믿음을 예수의 가장 어리고 가장 오래 살았던 제자였던 사도 요한에게서 공부했다. 그래서 이레나이우스는 요한이 폴라카르포스에게 가르친 것처럼, 그리고 폴리카르포스가 이레나이우스에게 가르친 것처럼 사도적 기독교를 상기시켜 이야기해줄 수 있었다. 이런 유래는 기독교가 잘못된 소문과 비난으로 인해 시달리고 복음의 의미에 관해 분립과 분열이 있었던 시기에 중요했다.

테르툴리아누스(160년경-225년경)는 북아프리카 카르타고(Carthage)의 기독교 사상가요 저술가였다. 그는 비록 교회의 안수받은 성직자가 아니었음에도 불구하고 종종 초기 라틴 교회 교부들 중 가장 위대한 자로 간주된다. 적어도 그는 자신의 관점으로부터 기독교를 로마인들과 다른 사람들에게 설명하려 했던 법률가였다. (카르타고는 대도시였으며 비록 지중해의 반대편에 있었지만 로마의 변두리로 간주되었다.) 테르툴리아누스는 225년경에 알 수 없는 이유로 죽었으며 기독교의 신념 및 삶과 관련된 다양한 주제에 관한 저술들을 남겼다. 때로 그는 초기 기독교 변증가들 중 하나로 간주되는데 이는 그의 저술 중 일부가 기독교에 대한 바른 이해를 로마 지도자들에게 호소했기 때문이다. 그러나 그는 로마인인 마르키온(Marcion)과 프락세아스(Praxeas)와 같은 이단에 반대하는 논문도 썼다.

앞에서 언급했듯이, 이 대화는 완전히 상상에 근거한 것이다. 우리가 아는 한, 참가자들 중 어느 누구도 서로를 만난 적이 없다. 그러나 의심할 여지 없이, 그들은 서로에 대해 알았다. 그리고 만일 켈수스가 세 명의 위대한 당대의 기독교 지도자들을 로마로 데려오려 애썼다면, 그는 다음과 같이 세 명을 선택했을 것이다.

대화

켈수스　　원로원 의원 여러분, 기독교라 불리는 신흥 종교의 가장 중요한 학자 세 분을 여러분께 소개해드리고자 합니다. 기독교는 지금 우리 제국을 휩쓸고 있으며 너무나 많은 경악스러운 일과 문제를 야기하고 있습니다. 저는 제국 전역에 걸쳐 이 세 분을 찾았습니다. 세 분은 참된 학자이자 진정한 지성인이며 그리스도인으로 평판이 자자한 분들입니다. 그러나 저의 「참된 교리」를 보시면 아실 수 있듯이, 그것은 불가능합니다. 누군가가 지적인 동시에 그리스도인일 수 있는지는 사람들의 짐작이지, 그것이 가능하다고 저는 지금까지 생각해본 적이 없습니다. 여러분은 제게 기독교의 신념과 실천, 특히 기독교가 어떻게 평화와 제국의 연합에 위협이 되지 않는지를 설명하도록 여러분 앞에 기독교의 수확물 중 최고를 데려오도록 요구했습니다. 여기, 그들이 있습니다. 제가 그들에게 질문할 것입니다. 여러분 스스로가 그들의 대답이 설득력이 있는지, 그리고 우리의 걱정을 완화시키는지 판단하시기 바랍니다.

　　클레멘스, 당신을 클레멘스 박사님이라 불러야 하나요, 아니면 클레멘스 학장님이라 불러야 하나요? 당신에게 먼저 질문을 던지면서 시작하겠습니다. 당신의 최근 책인 「교사」와 「잡기」에서, 당신은 기독교와 그리스 철학이 실제로 일치한다고 주장합니다. 그런데 이런 주장은 기껏해야 반(反)직관적인 것으로 보입니다. 여기에 대해 조금 설명해주실 수 있으시겠습니까? 그게 무슨 말인지요?

클레멘스　　켈수스, 저를 이 모임에 초대해주셔서 감사합니다. 그리고 우리 세 명 모두에게 오늘 여기 참석한 데 대한 기소를 면제해주신다는 약속을 주셔서 감사합니다. 저는 여러분이 그 약속을 지킬 것을 믿습니다.

제가 우리 기독교 운동의 참된 본성에 대한 이해를 도울 수 있기를 바랍니다. 이 운동은 제국 안에서 많이 오해받고 있습니다. 제가 가르치는 것(기독교가 그리스 철학과 연관되어 있고 그리스 철학의 최고 사상보다 우월하다는 것)과 같은 내용을 가르쳐서 여기 로마에서 처형당했던 우리의 사랑받는 영웅인 순교자 유스티누스처럼, 저는 그리스 철학이 진리의 중요한 부분을 담지하고 있다고 믿습니다. 저는 철학을 우리가 믿고 가르치고 구원받는 그리스도의 복음을 위한 준비물로 봅니다. 그리스 철학은 신적 섭리의 작품이며, 그리스인과 로마인으로 하여금 기독교를 받아들일 준비를 하게 하지요. 하나님이 모세를 사용하셔서 유대인들을 그리스도에게로 인도했듯이, 하나님은 소크라테스와 플라톤을 사용하셔서 이방인들을 그리스도에게로 인도합니다.

그리스 철학자들은 민속 종교의 남신과 여신들이 진짜가 아님을 알았습니다. 그들은 그들의 추종자들에게 신적 근원이 하나이자 영적이며 도덕적인 것으로 생각하도록 가르쳤습니다. 그들은 불멸과 육체의 삶에서 행해진 행동에 대한 죽음 이후의 심판에 관해서도 가르쳤습니다. 그래서 우리는 그리스 철학에서 많은 탁월한 진리를 발견합니다. 우리가 알렉산드리아에서 외치는 모토는 "모든 진리는 하나님의 진리"(All truth is God's truth)입니다. 어디서든지 진리가 발견된다면 그것은 하나님의 진리입니다. 철학자들이 말했던 보편적 로고스는 모든 진리의 원천으로 알려져 있습니다. 로고스는 예수 그리스도 안에서 사람이 되셨으며 그리스도가 유대 종교를 성취했듯이 그리스 철학도 성취했습니다.

따라서 알렉산드리아에 있는 우리 그리스도인은 그리스 철학이 남자와 여자를 그리스도에게로 인도하는 유용한 도구라고 생각합니다. (나는 다른 이들이 여자를 무시하는 곳에서 여자를 언급합니다. 이는 여자가 "참된 지혜"에 있어서 남자만큼 영적으로 유능하기 때문입니다). 또한 철학은 우리 기독교 교리를 정교화하게 하고 여러분과 같은 교육받은 비그리스도인들이 그 교리들을 더 잘 이해할 수 있게 도와줍니다.

켈수스 좋습니다. 테르툴리아누스, 클레멘스가 방금 말한 데 대해 어떻게 생각하시는지요? 어떻게 그리스 철학을 평가하시는가요? 저는 당신이 클레멘스가 언급한 데 동의하지 않으실 거라고 생각합니다. 당신의 모토가 "예루살렘과 아테네가 무슨 상관이 있는가"라고 들었기 때문이죠. 그것이 무엇을 의미하는지, 그리고 기독교와 철학의 관계성에 관한 당신의 입장에 대해 설명해주실 수 있으신지요?

테르툴리아누스 기쁘게 설명해드리겠습니다, 켈수스. 그러나 저도 먼저 제게 원로원 앞에 서서 기독교에 관한 진리를 설명할 수 있는 이런 영광스러운 기회를 주신 데 대해 감사드리고 싶군요. 그러나 여러분이 저만 초대했더라면 더 좋았을 것입니다. 어쩌면 이레나이우스 주교님도 포함해서 말이죠. 그러나 여기 있는 클레멘스는 위험한 인물입니다. 그는 많은 그리스도인에게 복음과 철학의 유독한 혼합물을 먹임으로써 그리스도인을 정도에서 벗어나게 하고 있습니다. 저는 그를 프락세아스나 마르키온처럼 정확히 이단이라 부르지는 않습니다만, 그가 이단의 가능성을 갖추고 있다고 말하고 싶군요. 항상 이단이 철학으로부터, 그리고 계시된 것 밖의 지식을 가지려는 열망으로부터 오기 때문이지요.

자, 저를 오해하지는 마세요. 그리스 철학 안에도 어느 정도의 진리가 있습니다. 저 자신도 스토아 철학을 공부했고 그들의 가르침 속에서 많은 좋은 것을 찾았죠. 그들은 선하고 도덕적인 삶을 격려하며 모든 것이 하나의 신적인 근원에서 나온다고 가르칩니다. 하지만 다른 그리스 철학자들처럼, 그들의 사상도 꽤 복잡합니다. 예를 들면, 그들 중 몇몇은 자연 자체가 신적이며 일어나는 모든 일은 운명에 의한 것이라고 가르칩니다. 그러므로 우리 그리스도인은 그런 철학자들에게 의존할 필요가 없습니다. 왜냐하면 우리는 그리스 철학에서 나온 선하고 옳은 것들의 더욱 순수한 형태를 우리의 신앙 규범 속에서 발견할 수 있기 때문입니다. 대부분의 그리스도인에게 그리스 철학은 영적인 방해물이죠. 그리스 철학은 그리스도인을 알 수 없는 것에 대한 지식을 갈망하게 하며 이단으로 빠져들게 합니다.

자, 당신이 제 모토 "예루살렘과 아테네가 무슨 상관이 있는가"를 설명해달라고 하셨지요. 아테네가 의미하는 것은 철학자들의 가르침입니다. 어찌되었건 플라톤 아카데미가 거기 있지 않습니까? 예루살렘이 의미하는 것은 우리의 신앙 규범 가운데 보존된 그리스도와 사도들의 교리입니다. 그 둘이 어떤 관념들을 모호하게 공유한다 할지라도 실제로는 서로 양립 가능하지 않습니다. 그리스도인이 그리스 철학을 공부하는 유일한 이유는 그것의 오류를 반박하기 위해서입니다. 그리고 나 자신과 같은 성숙한 그리스도인들만이 그렇게 해야 합니다.

켈수스   이레나이우스 주교님, 이 토론에 몇 말씀 보태주실 수 있으신지요? 그리스 철학에 대한 당신의 입장은 무엇인가요?

이레나이우스   먼저, 저도 테르툴리아누스와 클레멘스처럼 참된 기독교 신앙을 당신과 원로원 의원들에게 설명할 기회를 가진 데 대해 감사하고 싶군요. 저는 우리 세 명이 당신의 신념, 즉 그리스도인들이 모두 옥신각신하는 많은 분파로 나뉘어 있다는 것이 사실이 아님을 보여줄 수 있길 바랍니다. 사실 진정한 기독교, 다시 말해 사도적 기독교는 분리될 수 없습니다.

폴리카르포스의 학생으로서 저는 이런 문제에 대한 특별한 통찰력이 제게 있다는 걸 겸허히 주장합니다. 예수의 제자 요한은 진정한 사도적 기독교의 근원입니다. 어떤 더 좋은 근원이 있을 수 있겠습니까? 권위의 직접적 계통이 예수로부터 흘러나와 요한을 거쳐 폴리카르포스에 이어 제게로 왔습니다. 테르툴리아누스와 클레멘스는 안수받은 사제나 성직자조차도 아닌 반면, 저는 교회 주교입니다.

클레멘스는 부분적으로 옳습니다. 테르툴리아누스도 마찬가지고요. 클레멘스가 복음이 일부 그리스 개념을 사용할 수 있다고 진술한 것은 옳습니다. 요한 자신도 그리스 철학으로부터 로고스 사상을 빌려 그것을 하나님의 로고스(하나님과 인간 사이의 중재자)인 우리 구세주 예수 그리스도에게 적용했죠. 그는 하나님의 자기 표현이며 하나님과 동일합니다. 사도 바울도 아테네를 방문했을 때 그리스 철학을 사용했죠. 그는 그리스 시인들을 인용하고 "알지 못하는 신"(Unknown God)을 언급했습니다. 그 신들의 기념비는 아직도 그 자리에 서 있죠.

그러나 클레멘스는 기독교를 지지하는 일에 그리스 철학을 지나치게 많이 사용했습니다. 특히 저는 그가 소크라테스를 "그리스도 이전의 그리스도인"이라 부르는 데 대해 반대합니다. 그리고 그리스 철학을 마치 하나님이 그리스도의 도래와 복음을 위해 준비하신 것처럼 언급하면서 그것을 히브리 예언자들과 비교하는 것도 반대합니다.

위엄 있는 로마 원로원 의원님들 앞에서 이것을 말하는 것이 내키지 않지만, 제 생각에 클레멘스는 그리스 철학을 복음에 더 적합하게 변경시키고 있지, 복음을 그리스 철학에 따라 변경시키지는 않습니다. 그래서 저는 그를 너무 다그치고 싶지 않습니다. 그는 이단이 아닙니다. 그리고 그의 가르침이 반드시 이단으로 인도하는 것만은 아닙니다. 그러나 저는 그의 글을 읽고 그를 따르는 아직 성숙하지 못한 이들 때문에 걱정입니다. 그들 중 일부는 그리스 철학을 복음 자체와 동등한 것으로 간주할 유혹에 빠질 수도 있죠.

테르툴리아누스는, 간단히 말해서, 반대 극단에 가 있다고 생각합니다. 그는 나쁜 것을 없애려다 소중한 것까지 잃으려고 합니다. "아테네"와 "예루살렘"은 서로를 완전히 반대하지 않습니다. 하지만 이 둘이 갈등을 일으킬 때, 우리 그리스도인이 우리의 신앙 규준 안에 내포되어 있는 사도적 가르침으로 하여금 그리스 사상의 최고조차도 이기도록 해야 한다는 점은 옳습니다.

그러나 테르툴리아누스가 그리스 범주와 개념을 곧이곧대로 받아들이는 데 대한 위험을 경고한 것은 옳습니다. 예를 들면, 클레멘스와 다른 알렉산드리아 그리스도인이 기독교를 "참된 영지주의"라고 부르고 하나님을 불가해하고 무신경하다고 말할 때, 그들이 이단적인 생각을 하고 있는 게 아닌지 걱정입니다. 이런 진술에는 진실도 있습니다만 오류도 있습니다. 이스라엘과 교회의 위대한 하나님은 매우 인격적이며 강하십니다. 그는 몸과 지체 또는 정념(passions) 없이 존재하십니다. 그러나 하나님은 비인격적 원리나 세계 너머에 있는 거대 관념이 아닙니다. 하나님은 당대의 그리스 철학에서 다루는 신과 다릅니다. 우리는 여기서 균형을 잡아야 합니다. 한쪽이나 다른 쪽으로 너무 멀리 가지 말아야 할 것입니다.

켈수스   자, 클레멘스, 당신의 주교가 도전장을 던진 걸로 알고 있습니다. 잠시 후에 변론할 기회를 드리겠습니다, 테르툴리아누스. 빨리 변론하고 싶으셔서 안달이 나 보이시네요. 클레멘스, 뭐라고 대답하실 건가요? 당신은 알렉산드리아에서 이단에 가까운 것을 가르치시나요?

클레멘스   절대로 그렇지 않습니다. 제가 말하는 "참된 영지주의"는 발렌티누스나 다른 이단적 분파들의 영지주의와 같지 않습니다. 저는 영지주의의 "지혜"라는 용어를 빌려 쓰고 있습니다. 그리스도인은 하나님의 참된 지혜와 하나여야 하고 또 하나가 될 수 있습니다. 이 참된 지혜는 철학과 계시 모두를 통해 옵니다. 그러나 그것은 영지주의자들이 소유하고 있다고 주장하는 것처럼 어떤 높고 비밀스러운 지식이 아닙니다. 참된 영지주의자는 육체적 즐거움과 욕정에 빠지지 않고 지혜와 지적 능력을 지닌 삶으로 하나님을 진정으로 기쁘게 하려는 그리스도인입니다. 참된 영지주의자는 보다 낮은 본성을 초월하며 보다 높은 본성인 자신 안에 있는 하나님의 형상을 따라 살아갑니다. 하나님 자신처럼, 참된 영지주의자는 고요하고, 합리적인 명상과 자기 통제의 삶을 살아갑니다. 몸은 더 이상 참된 영지주의자를 통제하지 못합니다. 이것이 우리의 선생이신 예수의 경우입니다. 그는 자신 안에 내주하시는 하나님의 로고스의 전적인 다스림을 받았습니다.

테르툴리아누스   (클레멘스의 말에 끼어들며) 잠깐만요, 클레멘스. 말씀 중에 끼어들어서 죄송합니다만, 누군가는 클레멘스가 진정한 기독교에서 얼마나 멀리 벗어나 있는지 지적해야만 합니다. 그는 지금 위험한 땅을 밟고 있습니다. 죄를 대적하시는 하나님의 분노와 심판에 대해서는 어떻게 생각하시는지요? 제가 볼 때, 알렉산드리아의 그리스도인들은 복음을 너무 많이 희석시키는 것 같습니다. 영적인 무아지경 안에서 사람들을 자신과 자신의 문제에만 집중하게 함으로써 당신은 복음을 신비적이고 명상적인 경건으로 전환시키고 있습니다. 절대로 그래서는 안 되죠. 그리스도인의 삶은 전쟁이며, 하나님은 우리의 챔피언입니다. 우리는 하나님의 편이며 그와 더불어 모든 부도덕과 이단과 이교주의에 맞서 싸워야 합니다. 우리의 유일한 무기는 교회가 가지고 있는 신앙의 규범입니다. 이 규범은 그리스 철학이 아니라 예수와 사도들과 기도로부터 나온 것이지요.

당신의 지나치게 감상적인 "참된 영지주의"는 기독교라고 할 수 없을 정도로 알아볼 수 없고 희석된 상태입니다. 그리고 당신이 가르치는 하나님은 플라톤 철학의 가장 높은 존재, 즉 우리 일상의 삶에 전혀 관여하지 않는 위대한 영적 존재와 거의 구별되지 않습니다. 저는 당신의 가르침 안에 내재해 있는 이런 위험에 관한 이레나이우스 주교의 견해에 전적으로 동의합니다.

이레나이우스 (켈수스를 무시하며 끼어든다) 두 분, 실례합니다. 우리의 이교도 청중이 잘못된 인상을 받지 않도록 합시다. 우리 그리스도인은 믿음의 본질에 관해서는 일치합니다. 우리는 그리스 철학을 가장 잘 사용하는 방법과 하나님의 속성의 정확한 의미 같은 상세한 것들에는 동의하지 않을 수 있지만, 영지주의 같은 해로운 이단과 싸우는 한에서는 하나입니다.

그리고 클레멘스, 저는 당신이 생각하는 이상적인 그리스도인을 말할 때 "참된 영지주의"라는 용어를 사용하지 않기를 바랍니다. 그것은 혼돈을 일으킵니다. 영지주의는 나쁜 것입니다. 더 이상 말할 필요가 없습니다. 당신이 새로운 내용으로 그 명칭을 채운다 하더라도 그 명칭을 살릴 수 없습니다. 그러기엔 너무 늦어버렸습니다. 그리고 이상적인 그리스도인에 대한 당신의 기술(記述)도 너무 많은 강조점을 이성과 명상과 금욕적 삶에 두고 있습니다. 그것은 당신의 신학이 영지주의와 정말로 가깝다는 인식만 증가시킬 뿐입니다. 당신은 당신의 가르침을 성서와 사도들의 가르침에 더 둘 필요가 있으며 철학에는 덜 둘 필요가 있습니다.

테르툴리아누스, 저는 당신이 당신의 명석한 두뇌와 재치를 프락세아스와 마르키온 같은 이단들과 싸우는 데 계속 사용하기를 바랍니다. 그리고 좋은 의도를 가졌지만 호도된 클레멘스와 같은 알렉산드리아 그리스도인들에게는 멈추시길 바랍니다. 비록 그들이 때때로 복음을 철학으로 전복하는 듯 보일지라도 그들은 선의를 지니고 있습니다. 중요한 것은 우리 모두가 예수 그리스도와 그의 십자가를 통한 구원을 믿는다는 것이지요. 그리고 우리 모두는 하나님의 아들, 즉 로고스가 인간 예수 안에서 성육신했음을 믿습니다. 우리는 그가 죄 용서를 위해 죽으셨으며 우리에게 새로운 삶을 주시기 위해, 심지어 하나님 안에서 기업이 있게 하도록 그가 부활하셨다는 공통된 신앙을 공유합니다. 그리스 철학은 이런 데 대해 아무것도 모르지요. 그리스도가 죄와 죽음을 멸하셨다는 것을 말해주는 복음에 그리고 우리의 "새 아담" 예수를 통해 받은 불멸이라는 하나님의 선물에 계속해서 초점을 맞추도록 합시다.

켈수스 이레나이우스 주교님, 제가 당신을 정확히 이해했는지 봐주십시오. 당신은 지금 두 종족의 사람이 있다고 말하고 있습니다. 아담에 뿌리를 둔 저와 같은 사람과 "새 아담" 예수가 근원인 당신 같은 그리스도인이 있다는 거지요? 그게 오히려 당신을 편협하게 만들지 않나요? 그 말씀은 그리스도인 외의 모든 사람이 지옥에 간다는 건가요?

이레나이우스　켈수스, 그것이 당신에게 편협하게 들린다면 죄송합니다. 그러나 복음은 사람을 편안하게 만들어주는 것이 아닙니다. 인간의 공통 조상인 아담은 유혹에 빠져 죽었습니다. 그리고 그는 하나님이 정하신 인류의 머리였기 때문에 모든 그의 후손도 그처럼 죽게 되었습니다. 그들은 불멸의 선물을 잃었습니다. 그리스도는 아담과 완전히 똑같은 형상으로 오셨고 하나님께 순종함으로써 죽음의 나락을 뒤집으셨습니다. 그리스도는 유혹을 거부하셨고 그렇게 함으로써 인류에게 새로운 시작과 새로운 원천과 새로운 머리를 주셨습니다. 그리스도를 믿고 교회와 교회의 성례를 통해 그와의 연합 속으로 들어가는 모든 이들은 아담의 타락한 인류가 아닌 그리스도의 새 인류가 됩니다. 우리는 생명과 불멸, 즉 하나님 자신의 본성에 부분적으로 참여합니다. 그래서 맞습니다. 우리는 두 인류, 그리스도의 인류와 첫 아담의 인류가 있음을 믿습니다. 모든 사람은 전자나 후자에 속합니다. 켈수스, 당신은 단순히 우리 그리스도인에게 합류하는 것만으로 생명과 불멸을 얻을 수 있습니다.

테르툴리아누스　(끼어들면서) 네. 비록 제가 우리를 대신하는 그리스도의 구속 사역에 관해 이전에 그런 식으로 생각해본 적이 없지만 이레나이우스의 말에 전적으로 동의합니다. 주교님, 나쁘지 않습니다! 제가 덧붙이고 싶은 것은, 자신을 그리스도인이라 부르는 많은 이가 그리스도의 가족에 참으로 속하지 않는다는 것이지요. 그들은 이교도보다 더 나쁩니다. 이는 그들이 자신을 그리스도인이라고 말은 하지만 우리의 신앙 규칙(당신의 선생이신 폴리카르포스 같은 사람을 통해 전해진 사도적 전승)의 본질적 진리를 부인하기 때문입니다.

　　지금은 로마에 있는 아시아의 프락세아스를 예로 들어보죠. 제 생각에 이 방에 있는 여러분 중 몇 명은 그리스도인이 아닐지라도 그에 관해 들어보셨을 겁니다. 저는 "프락세아스를 예로 든다"고 말했습니다. 참으로 하나님은 그를 지옥으로 보내실 겁니다. 그곳은 여러분이 죽을 때 여러분 모두가 갈 장소입니다. 그는 자신이 한 신성모독으로 인해 여러분과 더불어 지옥의 화염에서 벌을 받을 것입니다.

저는 수년간 이단을 반박해왔습니다. 마치 이레나이우스 당신이 영지주의 이단을 반박하는 데 오랜 시간을 보낸 것처럼 말이죠. 프락세아스는 여기 로마에서 악마의 두 가지 사역을 완수했습니다. 그는 성부 하나님을 십자가에 못 박았으며 성령을 달아나게 만들었습니다. 다른 말로 하면, 그는 우리의 가장 거룩한 삼위일체 교리인 하나님의 삼위일체를 부인하고 있습니다.

켈수스   (끼어들며) 잠깐만요, 테르툴리아누스. 저는 그리스도인이 유대인과 그리스 철학자들의 일부처럼 한 분의 신(神)을 믿는다고 알고 있습니다. 그런데 지금 말씀하시는 하나님의 삼위성(threeness)은 무엇인가요?

테르툴리아누스 (계속하면서) 우리는 하나님이 한 분이심을 믿지만 하나님의 삼위성도 믿습니다. 사도들이 가르치듯이, 우리는 하나님께 구별된 세 "위격들"(persons)이 있음을 믿습니다. 이 위격들은 같은 신적 본질을 공유하기 때문에 한 분의 하나님을 이루십니다. 이를 서술하기 위해 제가 사용하는 문구는 "하나의 신적 실체, 세 구별된 위격들"(una substantia, tres personae)입니다. 제 추종자들 중 한 명은 그걸 듣고 "하나의 '무엇'과 세 '누구들'"(one 'what' and three 'whos')이라고 말했습니다.

어떤 이는 이것이 믿기 힘들 정도로 신비스럽다고 주장했죠. 글쎄요. 그들에게 저는 이렇게 말하겠습니다. "나는 그것을 믿습니다. 왜냐하면 그것은 불가능하기 때문입니다. 나는 그것을 선포합니다. 왜냐하면 그것은 황당무계하기 때문입니다!"(I believe it because it is impossible; I proclaim it because it is absurd)

프락세아스는 성부, 성자, 성령이 세 구별된 위격들이 아니라 단지 하나님이신 한 위격의 현현이라 주장함으로써 하나님의 삼위일체의 신비를 파괴하려 합니다. 그러나 그것은 성부가 십자가에서 피 흘리고 죽으셨다는 것을 의미합니다! 저는 그것을 성부수난설(patripassionism)이라는 이단으로 부릅니다. 누군가는 그것을 양태론(modalism)이라 부르지만 말이 되지 않습니다. 오직 성자, 하나님의 로고스, 하나님의 말씀만이 십자가에 달리셨죠. 예수는 말씀의 성육신이셨고 지금도 말씀의 성육신이신 분입니다.

클레멘스 테르툴리아누스, 삼위일체에 관해서 당신이 옳게 말씀하셨다고 생각합니다. 그러나 저는 그것이 황당무계하다고 생각하지는 않습니다. 사실 꽤 말이 되죠. 생각해보세요. 만일 하나님이 그리스 철학의 대가들이 가르치듯이 모든 면에서 절대적으로 완벽하시다면, 그는 시간과 물질세계에 직접적으로 관여할 수 없습니다. 그런 직접적 관계성은 그의 완벽한 존재에 해를 끼치거나 손상시킬 것입니다. 하나님은 이 부패한 세계에 그렇게 직접적으로 관여하지 않으십니다. 하나님은 절대로 고통 당하실 수 없습니다! 그래서 그는 로고스와 영을 통해 세계와 관계하시고 고통 당하십니다. 하나님이 하나님(신적이며 섭리적 창조주요 모든 것의 통치자)이시기 위해 하나님은 그의 대리인들(agents)을 통해 세상 안에서 일하십니다. 그들은 하나님의 오른손이자 왼손이며 그의 말씀이자 영입니다. 따라서 당신의 삼위일체 가르침은 실제로 좋은 철학입니다. 사실 지혜를 말하는 히브리 예언자들의 저서뿐만 아니라 플라톤과 아리스토텔레스의 저술 속에서도 삼위일체에 관한 많은 힌트가 있습니다.

켈수스 이레나이우스 주교님, 주교님이 마무리해주셨으면 합니다. 시간이 부족합니다. 이 토론에 대해 어떻게 생각하시나요?

테르툴리아누스 (이레나이우스의 첫 말을 가로채면서) 왜 그가 마무리를 하는 거죠? 단지 그가 주교이기 때문인가요? 제가 카르타고에서 참석하고 있는 새 예언파라는 새 교회는 주교를 특별한 사람으로 인식하지 않습니다. 우리는 그들이 사도적 계보에 속한다는 이유만으로 그들을 특별하게 여기지 않습니다. 우리의 지도자들은 성령으로 충만하며 성령의 은사, 특히 예언을 행합니다. 참된 교회는 영이 거주하고 자신을 드러내는 곳이지만 반드시 주교가 다스리는 곳은 아닙니다. 우리는 성직자에게 베푸는 성직 수여를 그렇게 높이 평가하지 않습니다. 따라서 저는 이레나이우스가 여기서 마지막 말을 해야 한다고 생각지 않습니다.

켈수스 (테르툴리아누스에게 직접 말하면서) 그러나 테르툴리아누스, 당신은 여기 담당자가 아닙니다. 신실한 우리 로마인들은 예언자들의 권위보다는 그리스도인을 위한 참대변인으로서의 주교의 권위를 더 받아들이려는 경향이 있습니다. 우리는 위계질서를 통해 질서를 이해합니다. 그러니까 입 닫으시고 앉으시죠.

이레나이우스 (겸손하지만 확고하게) 감사합니다. 켈수스. 질서는 우리 그리스도인에게도 중요합니다. 저는 여기 있는 테르툴리아누스가 몇 년 전 이단 몬타누스에 의해 시작된 광신적 분파에 참여하고 있다는 사실을 몰랐습니다. 왜냐하면 예수의 제자 요한이 간접적으로 저를 통해 말하기 때문이죠. 제게 마지막 말을 할 자격이 있다는 당신 말에 동의합니다. 진리에 대한 예언자들의 주장은 입증할 수 없습니다. 저의 주장은 역사에 뿌리를 두고 있습니다.

저는 테르툴리아누스와 클레멘스가 말한 많은 부분에 동의합니다. 그러나 저는 모든 것을 구원으로 집중시키기를 원합니다. 저는 여기 로마 원로원 의원들이 구원이 우리 기독교의 신앙과 메시지에 있어서 중심적 역할을 한다는 것을 알 수 있게 되길 바랍니다.

알렉산드리아 안과 주변에 있는 클레멘스와 그의 추종자들은, 마치 구원이 배움과 명상을 통해 오는 것처럼 지성에 너무 많은 초점을 맞추고 있습니다. 그들이 세상으로부터 분리하고자 하는 이상이 전적으로 틀리지는 않더라도, 참된 기독교는 세상에 대한 하나님의 구원을 또한 강조합니다. 그리스도는 우리의 선생이십니다. 이는 참입니다. 그러나 그의 가르침은 그의 구속 사역의 한 측면일 뿐 전부는 아니지요. 우리는 지혜나 지식이나 분리에 의해 변혁되지 않습니다. 우리는 위대한 교류(exchange)에 의해 변혁되죠. 하나님은 우리의 육체가 하나님의 불멸을 취할 수 있도록 육신을 입으셨습니다. 이런 신앙과 세례와 성만찬이라는 기독교 성례전을 통해 그리스도의 사역은 우리에게 적용됩니다.

테르툴리아누스에게는 삼위일체에 관해 좋게 말할 수 있는 것들이 많습니다. 그러나 그의 저술들로부터 우리가 받는 인상은, 그에게 구원은 교리를 굳건히 붙잡고 이단을 피하고 엄격하고 도덕적인 삶을 통해 하나님의 호의를 얻는 것이라는 사실이죠. 클레멘스의 신학이 철학적이고 지적인 측면에서 너무 과하다면, 테르툴리아누스의 신학은 율법적이고 도덕적인 측면에서 너무 과합니다. 저는 우리 그리스도인 모두가 참된 복음을 확고하게 붙잡을 수 있기를 바랍니다. 이는 제가 폴리카르포스로부터 받은 것이고 폴리카르포스가 요한으로부터 받은 것이죠. 참된 복음은 교리와 도덕적 삶과 그리고 어쩌면 명상과의 분리도 **포함합니다.** 그러나 참된 복음은 그리스도의 삶과 죽음과 부활 그리고 그의 부활하신 삶에 우리가 신앙과 성례로 참여하는 것을 **중심으로 삼고 있습니다.** 우리의 위대한 주교인 이그나티우스(Ignatius)는 성례를 "불멸의 약"이라고도 불렀습니다.

켈수스   감사합니다, 이레나이우스 주교님. 당신이 하신 말씀 대부분을 이해하지는 못했습니다만 굉장히 흥미롭네요. 특히 팔레스타인이라는 시골 지역에서 살다가 죽은 농부인 예수를 통해 우리가 하나님 자신의 본성에 참여한다는 말도 안 되는 소리는 더 그렇군요.

(원로원 의원들에게) 다음에는 로마 그리스도인인 마르키온과 프락세아스를 인터뷰하도록 하겠습니다. 오늘 여기서 들었던 것과는 다른 버전의 기독교에 대해 들으실 수 있을 거라고 생각합니다.

이레나이우스, 테르툴리아누스, 클레멘스   (함께) 뭐라고요? 안 됩니다. 그런 이단의 말은 듣지 마세요! 그들은 참된 기독교를 대표하지 않습니다!

분석

이 책에 있는 다른 모든 가상의 대화와 마찬가지로, 이 대화도 일어날 수 없다. 이레나이우스, 테르툴리아누스, 클레멘스(또는 그들 중 어느 둘이든)가 직접 만났다는 증거는 거의 없다. 설령 그들이 만났더라도, 그들은 "하나의 '무엇'과 세 '누구들'"과 같은 영어 용어는 사용하지 못했으리라. 그들은 그에 상응하는 그리스어 그리고/또는 라틴어를 사용했을 것이다! 이 대화가 일어났을 것 같지 않은 또 다른 이유는, 테르툴리아누스는 주로 라틴어를 사용했지만 클레멘스와 이레나이우스는 (비록 이레나이우스가 라틴어에 유창했지만) 그리스어를 사용했기 때문이다.

가상의 대화의 인위성에도 불구하고, 이 대화는 교회사 학자인 후스토 곤잘레스(Justo Gonzalez)가 기독교 신학의 세 가지 유형(그의 『기독교 사상사』[CLC 역간]를 보라)이라 부르는 것을 보여주기 위해 쓰였다. 클레멘스는 철학적 유형을 대표한다. 이 유형은 정신의 삶을 강조하며, 신비적이지는 않을지라도 다소 사변적이며 명상적인 경향이 있다. 테르툴리아누스는 법적(legal) 유형을 대표한다. 이 유형은 하나님의 새로운 율법으로 해석되는 기독교에 따른 올바른 삶을 강조한다. 그것은 신비적이기보다는 도덕적인 경향이 있으며 기독교 신학에서는 이성까지는 아니더라도 철학의 사용을 종종 피한다. 이레나이우스는 목회적이며 성서적인 유형을 대표한다. 이 유형은 교회 생활에 신실하게 참여함으로써 전유된(appropriated) 구원을 위한 그리스도의 사역을 강조한다. 이 세 유형은 서로 배제하지 않으며 오히려 서로 겹치고 많은 부분에서 공통된 기반을 공유하고 있다. 그들의 차이점은 실질적인 면보다는 강조점에 있다.

이 대화에서 각 참가자는 참되거나 진정한 기독교의 핵심이라고 생각했던 것들을 드러낸다. 알렉산드리아식 접근을 대표하는 클레멘스에게 기독교는 주로 높은 지식과 지혜를 얻는 데 관한 것이다. 높은 지식과 지혜는 예수 그리스도를 거쳐 이성, 명상, 그리고 상대적인 육체적 쾌락으로부터 벗어나는 것을 통해 신자에게 온다. 겉으로 보기에 이 관점은 영지주의 같다. 그리고 클레멘스는 자신이 생각하는 이상적인 그리스도인을 "참된 영지주의자"라 부르면서 혼돈을 가중시키지만, 그건 일반적으로 이해되는 것과 같은 영지주의는 아니다.

클레멘스는 몸이나 일반적인 물질을 악이나 죄의 자리처럼 생각하지 않았다. 그러나 대부분의 그리스 사상가들처럼, 그는 몸을 영(靈) 위에 있는 일종의 "장애물"(drag)로 간주했다. 그리고 그는 영을 인간의 보다 높은 본성(물리적 몸인 낮은 본성과는 대립하는 것으로서) 및 정신과 동일시하는 경향이 있었다. 게다가 클레멘스는 완전한 영지주의자도 아니었다. 이는 그가 예수의 육체적 부활과 참인성과 참신성을 믿었기 때문이다. 그는 예수를 몸과 세계의 근심과 걱정으로부터 벗어나서 살아가는 방법을 그의 제자들에게 보여주었던 위대한 스승으로 간주했다.

테르툴리아누스는 규범, 법, 그리고 교리를 강조한다. 그리스도인은 대중 가운데서도 두드러진다. 그들은 비기독교적인 문화와 사회를 만들어내는 철학은 거부하지만 사도적 신앙의 규범이나 일련의 교리는 의심이나 질문 없이 받아들인다. 그들은 비록 그것이 불합리할지라도 믿는다. 테르툴리아누스와 이레나이우스 둘 다 그리스도인의 신앙의 규범에 대한 그들 자신만의 버전을 제시했다. 그리고 그들은 이를 부인하는 이단들에게 성서를 언급할 수 있는 어떤 권한도 없다고 주장했는데, 이는 신앙의 규범이 성서의 참된 의미의 실마리이기 때문이다. 그들에게 있어 신앙의 규범은 육신의 몸을 입고 오셨던 하나님으로서의 예수 그리스도의 정체성에 중점을 둔다. 그리고 예수는 그의 인성에서 고통 당하고 죽으셨고 인류에게 새로운 삶을 주기 위해 부활하셨다. 이 사도적 전통 또는 신앙의 규범은 진정한 기독교의 중심을 형성한다. 우리는 그것에 충성하는 자가 그리스도인임을 알 수 있다.

이레나이우스는 바른 교리가 중요하다는 테르툴리아누스의 견해에 동의한다. 그러나 이레나이우스는 그리스도의 삶과 죽음과 부활이 믿음으로 그에게 나아오며 또 교회의 삶에 신실하게 참여하는 사람들을 어떻게 구원하는지에 대한 자신만의 이론을 덧붙였다. 그 이론은 (그리스어로)

아나케팔라이오시스(*anakephalaiosis*), 또는 (라틴어에서 파생된 영어로는) 총괄갱신(recapitulation)으로 알려져 있다. 이레나이우스에게 그리스도는 구원을 이루기 위해 신이자 인간이어야 했다. 왜냐하면 구원은 인류를 새 아담으로서의 예수의 순종적인 삶 속에 "요약"하는 것을 뜻하기 때문이다. 오직 하나님만이 그것을 할 수 있으며, 따라서 오직 한 인간만이 우리를 위해 그것을 할 수 있다.

그러므로 그리스도는 두 번째 아담이 되기 위해서, 그리고 인류에게 새로운 존재의 근원이나 원천을 주기 위해 참인간이 되어야 했다. 그는 아담과 같은 형상을 입어야 했으며 아담이 불순종했던 모든 곳에서 순종해야 했다. 아담이 유혹으로 인해 불순종했기 때문에, 그리스도도 유혹에 직면해야만 했다. 그리고 그는 순종했고 따라서 아담의 범죄를 뒤집었다. 아담이 나무(선과 악의 지식에 대한 나무)에서 불순종했기 때문에, 그리스도도 유혹의 나무(십자가)를 직면하고 순종해야 했다.

이 세 명의 신학자와 그들이 대표하는 신학의 유형들은 모두 정통이다. 비록 테르툴리아누스가 카르타고에 있는 몬타누스주의자들의 교회에 참여했을지라도, 그는 여전히 초기 기독교의 위대한 선생으로 간주된다. 그가 새 예언파 운동에 참여했을 무렵, 새 예언파는 소아시아에서 시작된 광신주의의 특징을 많이 잃었을 수도 있다. 이레나이우스는 최초의 위대한, 체계적인 기독교 사상가로 간주된다. 일부 정통 그리스도인에 따르면, 기독교 신앙의 모든 중요한 교리는 그의 저술들 속에서 발견된다. 정통 그리스도인들 사이에서 클레멘스의 평판은 이레나이우스의 평판만큼 확고하지는 않다. 그의 금욕주의적 성향과 지식을 통한 구원의 강조(비록 그가 의미한 것이 지식을 통한 **성화**일지라도)는 영지주의에 불안할 정도로 가깝다는 의심을 종종 산다. 그러나 이는 부당한 비난이다. 클레멘스를 객관적으로 읽은 독자는 성육신과 부활을 포함해서 바른 교리에 대한 그의 관심과 경건에 감명받지 않을 수 없다.

더 읽을 책

Barnes, Timothy David. *Tertullian: A Historical and Literary Study*. New York: Oxford University Press, 1985.

Osborn, Eric. *Clement of Alexandria*. Cambridge: Cambridge University Press, 2005.

_____. *Irenaeus of Lyons*. Cambridge: Cambridge University Press, 2001.

03

2세기와 3세기 지도자
이레나이우스, 테르툴리아누스, 클레멘스가
참된 그리스도인이 되기에 필요한 믿음에 관해 토론하다

배경

인내심 있는 독자들이 세 명의 초기 교회 교부들 사이에서 한 번 더 있을 가상의 대화에 참을성 있게 대해주기를 바란다. 그들은 기독교 사상의 전체 역사, 특히 초기 교회와 교회의 갈등을 이해함에 있어서 중요하다. 이번 대화는 켈수스가 로마 원로원 앞에서 그들을 인터뷰했던 이전 대화보다 더 간단할 것이다. 만일 여러분이 그 대화를 건너뛰었다면 돌아가서 2장의 "배경"만큼은 읽어보기 바란다. 거기서 각 교회 교부에 관한 정보를 발견할 수 있을 것이다.

대화의 무대는 200년경 로마의 공중목욕탕 안이다. 이 세 명의 기독교 지도자는 기독교 비평가인 켈수스의 간절한 부탁으로 로마에 왔다. 켈수스는 로마 원로원 앞에서 그들을 인터뷰했다. 원로원 의원들의 엄격한 심문 이후, 그들은 목욕탕을 찾았다. 고대 로마에서, 남자들은 수영장과 흡사해 보이는 탕이 있는 대형 공공건물에서 함께 목욕했다. 그들의 관습은 목욕할 때 대화를 나누는 것이다. 우리의 세 교부들은 각자 목욕을 하고 쉬기로 했다. 그러나 그들은 자신들이 다시금 모여 있음을 발견한다. 거기에는 인터뷰하는 사람도, 듣고 있는 위원회도 없다. 그들은 물속에 발을 담근 채 서로 자유로이 가까이에 앉아 그들의 차이점에 관해 토론한다.

대화

이레나이우스   에베소의 공중목욕탕에서 제 멘토인 폴리카르포스가 예수의 제자 요한에 관한 이야기를 종종 해줬습니다만, 로마 공중목욕탕 중 하나인 여기서 기독교 지도자인 당신들을 본다는 것이 낯설군요. 그에 따르면, 한번은 그들이 노인이 된 요한을 들것에 실어 목욕탕에 모셔왔다더군요. 요한은 늘 하던 대로, 손을 들어 축복하며 거기 모인 사람들에게 말했죠. "서로 사랑하라." 하지만 물속으로 들어가기 전 그는 또다시 외쳤습니다. "지붕이 무너지기 전에 여기서 빠져나갑시다! 이단인 케린투스(Cerinthus)가 여기 있습니다!" 여러분도 아시겠지만, 케린투스는 첫 번째 영지주의자 중 하나였습니다. 요한은 영지주의를 경멸했고 영지주의자들을 두려워했죠. 왜냐하면 그는 하나님이 신성 모독을 한 그들을 번개로 치실 것이라고 생각했기 때문이죠.

테르툴리아누스 이레나이우스, 좋은 이야기네요. 이야기의 출처가 불분명하지만 어쨌든 재미있네요. 저 역시 당신들을 여기서 만난 걸 뜻밖이라고 생각합니다. 우리가 원로원 앞에서 너무 오랫동안 켈수스에 의해 심문을 당했기에 이렇게 물 안에서 진정할 필요가 있다고 봅니다.

클레멘스 맞습니다. 그것이 제가 여기 있는 이유죠. 저는 이 목욕탕에서 진행되는 철학에 관한 최근 토론에 대해서도 듣고 싶습니다. 저쪽을 보니 몇몇 스토아 철학자들이 초연함을 이상적인 스토아적 삶이라고 이야기하고 있네요. 제가 볼 때 그들과 제게는 공통점이 있습니다. 그러나 그들에게 가서 그들의 이야기를 듣고 대화에 참여하기 전에, 잠시 동안 당신들과 여기 머물러 원로원 의원들 앞에서 있었던 공청회에 대한 정리를 하고 싶네요. 어떻게 생각하시나요? 저희가 잘한 것 같습니까?

이레나이우스 글쎄요, 저는 우리가 잘했는지에 관해서는 그렇게 관심이 없습니다. 저는 그들이 복음을 더 잘 이해했는지에 대해 관심이 있습니다. 확신이 서지 않네요. 왜냐하면 우리는 각각 다른 버전의 복음을 그들에게 제시했기 때문이지요. 우리는 우리의 공통된 신앙을 더 강조했어야 했습니다.

테르툴리아누스 아마도요. 이레나이우스. 우리에게는 공통점이 많이 있습니다. 그러나 서로 칭찬하는 것보다 논쟁하는 것이 훨씬 더 즐겁습니다. 아시다시피 우리에게는 차이점이 있습니다. 그것이 제가 새 예언파 교회에 참여하는 이유입니다. 당신들의 교회가 영적으로 죽어 있는데도 주교들이 언제나 옳다는 그 생각을 저는 받아들일 수 없습니다. 관용적인 태도에 대해서는 말할 것도 없고, 그리스도인이 세례를 받은 후에는 오직 한 번만 죄지을 수 있다는 신념에는 무슨 일이 생긴 거죠? 저는 여전히 그것을 믿습니다. 여러분은 그렇지 않은가요?

클레멘스 절대로 그렇지 않습니다. 그것은 「헤르마스의 목자」(*Shepherd of Hermas*)의 저자가 미성숙한 그리스도인들이 순종하도록 겁주기 위해 썼던 것이지요. 만일 그것이 사실이라면, 우리는 그들이 죽을 때까지 세례를 베풀지 말아야 합니다!

테르툴리아누스 나쁜 생각은 아닌 것 같습니다. 그러나 제 생각에 우리는 아기와 어린아이에게 세례를 주는 이런 어리석은 관행을 금해야 합니다. 어떤 이들은 벌써 그렇게 하고 있습니다. 그것은 잘못된 것이죠. 어느 아이가 한 번 이상 죄를 짓지 않고 청소년기를 지날 수 있을까요? 그런데 이것은 단순히 그 놀라운 글의 저자가 제기한 어리석은 생각만은 아닙니다. 그것은 참입니다.

이레나이우스 어쨌든 동료들이여, 우리의 차이점들을 잠깐 제쳐놓고 우리 고향에 있는 기독교회들의 상태에 관해 이야기해봅시다. 제가 시작해볼게요. 갈리아 지방의 상태는 실제로 끔찍합니다. 로마인들이 우리를 박해해서 많은 그리스도인이 숨어 지내고 있습니다. 어떤 이들은 믿음을 완전히 부인했습니다. 박해가 자연스레 사라지고 나서 이들이 우리에게 돌아오고 싶어 할 때는 어떻게 해야 할지 모르겠습니다. 어떤 이들은 믿음을 부인하지 않아 죽게 되었죠. 우리는 그들을 "순교자"라 부르며 미래에 그들이 죽은 날을 기념할 것입니다.

그러나 우리가 이교도들로부터 받는 박해보다 더 악한 일은 이단이 우리 교회에 침입하는 일입니다. 가끔 제가 교회에서 설교할 때, 가짜 그리스도인이 양의 탈을 쓴 늑대처럼 신실한 자들 가운데 있는 걸 봅니다. 그들은 양을 삼키기 위해 거기에 있죠. 그들 중 가장 악한 자는 영지주의자들입니다.

테르툴리아누스 네. 카르타고에도 그런 이들이 있습니다. 우리 지역의 영지주의자들은 영이 육의 영향을 받지 않기 때문에 몸으로 죄짓는 것을 괜찮다고 생각합니다. 그들은 그저 자신이 얼마나 영적인지를 증명하기 위해서 죄를 짓습니다! 제가 그리스도인들 가운데서 도덕적 완벽함을 주장하는 데에는 그들의 영향도 있습니다.

삼위일체를 부인하는 자들도 있습니다. 그들은 성부, 성자, 성령이 하나님이 쓰고 있는 가면에 불과하다고 생각합니다. 그들의 오류는 명백합니다. 저는 제 책에서 상세하게 그것을 반박했습니다. 그러나 어떤 이들은 여전히 그것을 고집합니다. 저는 그리스도인이 하나님의 삼위일체성을 이해할 수 있는지 궁금합니다. 언젠가 우리 선생님들 중 한 명이 물의 비유를 들면서 어린 학생들에게 삼위일체를 설명하더군요. 한 본질이 액체, 수증기, 얼음과 같은 세 가지 형태로 나타난다고 말이죠. 저는 성부가 십자가의 고난을 당하셨다는 암시를 한 그를 심하게 꾸짖었습니다. 우리가 진리에 관해 무엇을 말하든지 간에, 양태론(modalism)이라는 이단은 순진한 그리스도인들의 생각을 계속 사로잡고 있는 것 같군요.

클레멘스   당신들 모두 알다시피, 알렉산드리아는 여러 문화, 철학, 종교가 혼합되어 있는 용광로와 같은 곳이죠. 그래서 우리는 그리스도인들을 교리로 훈련시키기 위해 학교를 시작했습니다. 그리고 우리는 그리스도인이 아닌 사람들도 초대해 우리와 함께 기독교와 철학을 공부하도록 합니다. 가장 총명한 학생은 오리게네스(Origen)라는 젊은 그리스도인인데 그는 언젠가 출세할 것이 확실합니다. 그의 유일한 문제는 그가 그리스도인들에 대한 박해가 있을 때마다 계속해서 자신을 죽이려고 한다는 거죠. 그의 아버지가 그렇게 돌아가셨기에 오리게네스는 자신도 죽어야 한다고 생각하고 있습니다. 그의 어머니가 그의 모든 옷을 숨겼기 때문에 그는 밖으로 나가서 자신을 권위에 복종시킬 수가 없게 되었죠. 최근에 그는 자신을 거세하는 데 관해 이야기하고 있습니다. 저는 그가 그렇게 하지 않도록 그를 설득 중입니다.

어쨌든 제 주된 관심사는 너무 많은 그리스도인이 믿음에 대한 지적인 이해를 피하고 있다는 것이죠. 그들은 감정과 경험을 한껏 즐기지만, 정작 지식과 지혜가 어떻게 기독교적 성숙에 작용하는지에 관해서는 생각조차 하지 않습니다. 저는 그리스도인들이 지적으로 성장하고 모든 생각을 그리스도에게 사로잡히게 하려고 애쓰고 있습니다.

테르툴리아누스   그들이 성장해서 모든 생각을 플라톤에게 사로잡히게 하는 것이 아니고요? 오, 죄송합니다. 제가 잊었군요. 논쟁이 아닌 우리 고향에 있는 기독교회에 관해 이야기하기로 한 것을 잊었습니다. 제가 그렇게 할 수 있을지 확신할 수는 없지만 노력해보겠습니다.

클레멘스, 라틴어 번역본으로 된 당신의 작은 책 「잡기」(*Stromata*)

혹은 「잡문집」(*Miscellanies*)이 카르타고에 있는 기독교 서점에서 놀라울 정도로 잘 팔리고 있다는 것을 말해야겠군요. 그러나 저는 그것을 전혀 기뻐하지 않습니다. 왜냐하면 그 책에서 당신은 일종의 영지주의를 주창하고 있는 것처럼 보이기 때문이죠. 그러나 저는 엄격한 삶에 대한 당신의 열정은 존경하고 존중합니다. 그 삶은 다양한 문화가 제공하는 많은 쾌락을 피하게 해주죠.

이레나이우스 우리가 오늘 일찍이 로마 원로원 앞에서 했던 것과 같은 실수를 반복하지 맙시다. 저는 당신들 지역에서 믿음이 번성하고 자라고 있다는 것을 들어서 기쁩니다. 저의 지역에서도 마찬가지입니다. 테르툴리아누스, 저는 당신이 로마 박해자들에게 했던 말을 좋아합니다. "순교자의 피는 교회의 씨앗이다." 오, 당신이 "교회의"라고 말하지 않았음을 압니다. 그러나 그것이 당신이 의미했던 것이 맞죠? 게다가 그 말의 전체 문장은 마차의 범퍼 스티커 문구로 담기엔 너무 깁니다. 어쨌든 당신의 말은 참입니다. 로마인들이 우리를 박해하면 할수록, 우리는 성장하죠.

테르툴리아누스 그리스도인이기 위해 믿어야 할 것이 무엇인지 토론해봅시다. 이것이 우리 모두가 직면하고 있는 핵심 쟁점이 아닌가요? 제 책에서 저는 신앙의 규범이라고 부르는 것을 포함했습니다. 당신은 그것이 뭔지 아실 겁니다. 사도들이 가르쳤고 그리스도인이기 위해 믿어야 할 것에 대한 저의 요약본이지요. 그것에 대한 제 표현의 한 부분을 인용해보겠습니다.

"우리는 오직 한 분 하나님이 계심을 믿습니다. 그는 다름 아닌 세계의 창조주이시며 자신의 말씀을 통해 모든 것을 무로부터 창조하셨습니다. 모든 것의 으뜸이 되신 분이 보냄을 받으셨습니다. 말씀은 그의 아들로 불리고, 하나님이라는 이름으로 족장들에 의해 다양한 방식으로 보여졌고, 예언자들을 통해 늘 들려졌으며, 성령과 성부의 권능에 의해 마침내 동정녀 마리아에게로 내려왔고, 그녀의 자궁에서 잉태되어 그녀에게서 태어났고 예수 그리스도로 이 땅에 오셨습니다. 그런 후에 그는 새로운 율법과 하늘나라의 새로운 약속을 선포했으며 기적을 행하셨습니다. 그는 십자가에 달리신 후에 3일 만에 부활하시고, 하늘에 오르신 후에, 아버지 우편에 앉으셨으며 믿는 이들을 인도하기 위해 자기 자신 대신 성령의 권능을 보내셨습니다. 그는 영광으로 오셔서 성도들을 영생과 천국 약속의 즐거움으로 이끌고, 악한 자들을 영원한 불로 심판하실 것입니다. 이 일들은 이 두 종류의 사람들이 함께 육체의 회복을 입고 부활한 뒤 일어날 것입니다." 저는 이것을 제 책 「이단 처방에 관하여」(*Prescription against Heretics*) 13장에서 썼습니다.

이레나이우스   자랑하신 거군요! 그렇다면 좋습니다. 저 또한 제가 한 요약을 암기했죠. 그것은 「이단 논박서」 3권, 4장 1-2절에 있는 내용입니다. 우리는 "천지와 그 안에 있는 모든 것의 창조주이신 한 분 하나님을 그분의 아들이신 그리스도 예수로 인해 믿습니다. 그는 창조세계를 향한 그의 넘치는 사랑으로 인해 내려오셔서 동정녀의 몸에서 태어나셨고, 자기 자신을 통해 인간을 하나님과 화합하게 하셨고, 본디오 빌라도에게 고난을 받으시고 다시 살아나셔서 영화 가운데 높임을 받으셨습니다. 그는 구원받아야 할 자들의 구원자로, 심판받아야 할 자들의 심판자로서 영광 중에 오실 것이며 진리를 변형시키고 성부와 그의 재림을 경멸하는 자들을 영원한 불 속으로 보낼 것입니다."

테르툴리아누스   제 것이 더 좋네요. 더 상세하고요. 허나 본질은 같군요.

클레멘스   둘 다 좋습니다만 저는 이 전체 교리가 좀 지나치게 취해져도 되는지 궁금하군요. 저는 진정한 그리스도인들이 특정한 것들을 믿어야 한다는 데 동의합니다. 그러나 무지하거나 본질은 같지만 문어나 구어의 테두리 밖에 있는 것들을 믿는 이들에 대해서는 어떻게 생각하지는지요? 철학적으로 학식 있는 유대인이나 이교도는 어떤가요? 그런 자들이 자연을 통해서 그리스도를 발견할 수 있는가요? 만일 고정된 신앙 규범이 의미하는 것이 이런 일들에 대해 알지 못하는 모든 이들과, 이것들의 가장 작은 세부사항까지 아직 다 믿지 않은 자들을 배제하는 것이라면, 저는 당신들처럼 그것에 서명하는 일이 망설여집니다.

이레나이우스   클레멘스, 조만간 당신은 그리스도인이 되고 구원받기 위해 믿어야 하는 것이 무엇인지를 분명히 규정해야 할 것입니다. 우리의 믿음은 지적인 내용이나 말의 고백이 없는 경험이 아닙니다.

테르툴리아누스   아멘입니다!

클레멘스   저는 기독교에 내용이 없다고 말하는 것이 아닙니다. 제 책에서 저는 제가 믿는 것을 분명히 했으며 견문이 넓고 이제 막 신앙생활을 하는 모든 그리스도인이 믿는 것도 분명히 했습니다. 당신들은 "참된 그리스도인" 주변에 원을 그려 다른 사람들이 독실한 신앙을 갖지 못하도록 배제하는 것처럼 보이는데 저는 그 정도로 불안하지는 않습니다. 결국, 제가 전에 말했듯이 소크라테스는 그리스도의 모형이었습니다. 이교도들도 하나님과의 교제 가운데 있을 수 있습니다.

이레나이우스   글쎄요, 아마도 하나님만이 거기에 관해 아시겠죠. 그러나 우리의 신앙 규범은 자신을 그리스도인이라 부르지만 사도적 전승과는 다른 것을 믿는 이단들을 배제해야 합니다. 그들은 심지어 성서를 사용해 그들의 뻔뻔스런 이단을 지지하고 있습니다! 이것에 관해서는 테르툴리아누스가 저에게 동의할 거라고 생각합니다. 오직 우리의 신앙 규범을 지키는 자들만이 성서를 사용할 권리가 있습니다.

테르툴리아누스　확실히 동의합니다. 이레나이우스 주교님. 클레멘스는 여기서 교리에 관해 약간 미온적인 것 같습니다.

클레멘스　　아닙니다. 제발 오해하지 마세요. 교리는 중요합니다. 그러나 지혜로 향하는 영적인 길도 중요합니다. 그리고 지혜는 우리가 모든 것을 아직 다 알지 못한다는 것을 인정하는 것을 포함하죠. 참된 지혜는 우리가 예수 그리스도로 알고 있는 하나님의 로고스가 진리를 세계 전역에 여러 형태로 심어놓았다는 것을 압니다. 어떤 사람이 우리의 신앙 규범의 표현법에 동의하지 않는다고 해서 그 사람에게 참된 지식이나 지혜가 부족하다는 것을 의미하지는 않습니다.

이레나이우스　저는 우리가 의사소통을 하고 있는 건지 잘 모르겠군요. 당신의 쟁점은 우리의 것과 완전히 다른 것 같습니다. 우리는 잘못된 복음과 기독교의 가짜 형태와 싸우는 데 관심이 있는데 당신은 모든 곳에서 진리를 찾는 데 더 관심이 있는 것 같습니다. 우리의 관심사가 배타적이게 보이는 반면, 당신의 관심사는 포용적이군요.

클레멘스　　저는 정확히 모든 곳에 진리가 있다고 말하고 있지는 않습니다. 그러나 진리가 존재하는 곳 어디든, 우리 그리스도인은 그것을 수용해야 하고 활용해야 합니다. 몇몇 악한 신비주의 이교(異敎)에는 진리가 아예 존재하지 않을지도 모릅니다. 그러나 그리스와 로마의 위대한 철학자들 중 일부는 진리에 대해 많은 말을 했습니다. 그들이 우리의 신앙 규범을 고수하지 않는다는 이유로 그들의 말이 가치가 없는 것으로 제대로 고려되지도 않은 채 배제될 수는 없습니다.

테르툴리아누스　흠. 이 토론에 진전이 있는 것처럼 보이지 않네요. 물 안에 계속 있었더니 피부가 말린 자두처럼 쪼글쪼글해지는 느낌입니다. 이제 나가서 방으로 가 저녁을 먹을 준비를 해야겠습니다. 저는 여기 로마에 있는 새 예언파 운동의 동료 추종자들과 함께 식사를 할 겁니다.

이레나이우스 　저는 여전히 클레멘스의 요지에 대해 고심하고 있습니다. 그가 무슨 말을 하려는지 정확히 잘 모르겠습니다. 다른 많은 곳에서 발견되는 모든 종류의 진리에 대한 그의 개방적인 자세가 이단의 가르침에게도 여지를 주고 있어 걱정스럽습니다. 테르툴리아누스, 저는 당신도 그것을 우려하고 있다는 것을 압니다.

　오늘 저녁 저는 인근 지역의 주교직을 두고 경쟁하는 두 경쟁자를 만날 계획입니다. 저는 우리 가톨릭교회와 정통 교회 내에서 싸우고 있는 분파들을 연합시키기 위해 여러 번 이탈리아를 방문했었습니다.

클레멘스 　저는 오늘 저녁 아직은 그리스도인이 아니지만 우리에게 가르칠 많은 것을 가지고 있는 사색하는 철학자 무리와 함께할 계획입니다. 우리는 플라톤주의 철학자와 스토아 철학자들이 쓴 몇몇 글을 읽고 난 다음 성서와 사도들이 쓴 글의 일부분을 읽고 나서 명상할 겁니다. 그다음에는 보편적 진리 안에서 공통의 근거를 어떻게 찾을 수 있을지 토론할 것입니다.

테르툴리아누스 네, 그렇게 하세요, 클레멘스. 저는 당신이 잘 되기를 바랄 수 없습니다. 다만 하나님이 그런 철학자들의 잘못된 가르침으로부터 당신을 보호해주시기를 바랄 뿐입니다.

분석

이 세 명의 대표적 교회 교부들(2장의 대화의 분석에서 설명한 대로 기독교 신학의 세 유형을 대표한다는 의미에서)은 신앙의 규범(regula fidei)에 관해 이야기를 나눈다. 그리스도인이 되고 성서를 해석할 권리를 가지기 위해 무엇을 믿어야만 하는가? 적어도 테르툴리아누스와 이레나이우스는 성서를 가지고 집집마다 돌아다니며 잘못된 교리를 가르치는 이교(cult)를 전파하는 사람들에게는 자신들을 그리스도인이라 부를 권리가 없으며 성서를 사용할 권리도 없다고 믿는다. 그들이 주장하는 것은, 성서는 사도들에 의해 전해진 교리를 믿는 자들에게 속한다는 것이다.

이후, 신앙의 규범은 신조(creeds)라 불리게 되었다. 가장 보편적으로 받아들여진 신조는 325년에 니케아 공의회(Council of Nicaea)에서 기록된 니케아 신조다. 니케아 신조의 최종 형태는 381년 콘스탄티노플 공의회(Council of Constantinople)에서 확정된다. 사도신경은 니케아 신조보다 더 오래된 역사를 가졌지만 니케아 신조의 요약판이다. 그리스도인이 "신조"를 이야기할 때, 그들은 일반적으로 니케아 신조를 의미한다(때로는 그 신조를 기록했던 두 에큐메니칼 공의회의 이름을 따서 이를 니케아-콘스탄티노플 신조라고도 부른다). 비공식적으로, 어떤 사람들은 아무 신앙고백이나 교리 진술에 "신조"라는 단어를 사용한다. 그러나 그것은 바르지 않다. 하지만 이레나이우스와 테르툴리아누스의 신앙의 규범은, 비록 나중에 나온 니케아 신조처럼 보편적으로 받아들여지지는 못했을지라도, 초기 신앙의 진술이었다.

이 대화에서 제기된 질문은 오늘날에도 여전히 적실하다. 기독교의 일부를 부인하는 사람을 자동적으로 거짓 그리스도인이라고 밝혀주는 근본적인 인지적 핵심(fundamental cognitive core)이 기독교에 있는가? 전통주의자들은 "예"라고 대답하며 사람들이 자신들이 원하는 대로 성서를 좌지우지할 수 있다는 것도 언급한다. 기독교 믿음에 경계선을 형성하기 위해 기독교에는 성서의 주요한 교리적 내용이 담긴 공식적 문서가 있어야만 했다. 자유교회나 신도교회(많은 침례교인, 메노파 교인, 복음주의적 자유주의자 등등)에 많이 있는 비신조주의자들(noncreedalists)은 "아니요"라고 말한다. 그들은 교리를 거절하지 않는다. 그리고 그들은 그들만의 신앙 진술서를 가지고 있는지도 모른다. 그러나 이런 진술들은, 초기 기독교 신조처럼, 오직 성서가 말하는 것을 표현해야만 참으로 간주되고 언제나 수정이 가능하다.

테르툴리아누스와 이레나이우스는, 그들의 신앙 규범이 수정에 열려 있다고 생각하지 않았다. 그들은 기독교 진리에 대한 이런 정확한 진술이 사도들로부터 그들에게 전해졌다고 확신했다. 정말로 그런가? 그렇다고 말하기는 어렵다. 요한이 하나를 작성하고 그것이 다른 진술들의 기초를 형성했다는 것은 가능하다. 신약성서의 저자들은 빌립보서 2장에 나타난 것과 같은 간단한 신앙고백(그리스도는 하나님과 동등하다고 생각지 않고 자신을 비워서 종의 형체를 취하셨다)을 종종 보여준다. (이것은 초기 기독교의 찬송가였을지도 모르지만 그렇다 하더라도 그것은 교리의 진술로서 역시 기능한다.)

클레멘스는 바른 교리를 거부하지 않았다. 그러나 그는 테르툴리아누스와 이레나이우스가 기록하고 또 촉진시킨 일종의 닫히고 고정된 엄격한 신앙의 진술을 신중하게 다뤘다. 클레멘스가 신중했던 것은 그가 그들의 교리에 동의하지 않았기 때문이 아니라, 어디서든 발견될지 모르는 진리의 빛에 열려 있었기 때문이다. 더욱이 그는 진정한 기독교의 믿음을 영역의 보호가 아닌 여정으로 간주했다.

　의심할 여지 없이 클레멘스의 저술에 친숙한 누군가는 신앙의 규범처럼 보이는 것을 그 저술 안에서 찾아 그를 지나치게 자유주의적이고 열린 자로 묘사한 나를 비판할 것이다. 나는 그가 적절한 상황에서 일련의 교리를 확증할 것이라는 점을 부인하지는 않는다. 그러나 요지는 그가 고정되고 서면으로 된, 그리고 자신과 반대되는 모든 것을 배제하는 신앙의 요약본들에 대해 매력을 느끼지 않았다는 것이다. 만일 교리가 성서와 이성에 비추어 결함이 있다고 판명된다면, 그는 교리를 언제든지 수정할 것이다. 그는 진리를 발견하기 위한 권위의 위계질서에서 이성에 높은 자리를 부여한다.

　근대의 자유주의적 그리스도인은 근대적 발견에 근거해서 교리를 수정하는 것과 클레멘스처럼 생각하는 것에 종종 개방적인 태도를 가진다. 나는 클레멘스가 이런 그리스도인을 우호적으로 보는지는 모르겠지만, 진리를 기독교 원천 밖에서 찾으려고 하는 개방적인 자세에 대해서는 우호적인 것처럼 보인다. 종종 근대의 근본주의자는 올바른 교리에 관해 요지부동이며 근대성에게 그리스도인의 믿음에 대해 논의할 자격을 주지 않는다. 이런 면은 이교주의와 이단에 반대하는 테르툴리아누스의 입장과 매우 유사하다. 동방 정교회 그리스도인은 이레나이우스를 선호한다. 하지만 많은 개신교인 역시 그를 좋아한다. 그는 성서에 기반을 둔 사변적 정신과 결합된 목회적 마음을 가지고 있는 듯하다.

더 읽을 책

2장의 끝에 열거한, 이 세 명의 교회 교부들에 관한 책을 보라.

04

2세기와 3세기에 오리게네스와 테르툴리아누스가
믿음과 이성의 관계성 및
영원한 신성의 본성에 관해 토론하다

배경

만일 여러분이 2장이나 3장(또는 둘 다)의 "대화"를 읽었다면, 이미 테르툴리아누스에 대해 알 것이다. 오리게네스는 알렉산드리아의 클레멘스의 제자라고 지나가는 말로 언급된 적이 있다. 만일 당신이 이전 두 대화의 "배경"을 다 읽지 않았다면, 다시 돌아가서 테르툴리아누스에 관해 더 읽기를 바란다.

    여기서 북아프리카의 테르툴리아누스(가장 유명한 라틴 교회 교부들 중 하나)는 오리게네스(아마도 가장 총명하고 다작했던 교회 교부)를 만난다. 그들은 신학에 관한 매우 다른 두 가지 기독교 정신을 대표한다. 그들의 입장은 그들의 대화 속에서 명백하게 보일 것이다. 그들이 만났을 가능성은 거의 없다. 그들의 삶의 시기가 비록 겹치지만 서로 서신을 교환했다는 기록은 없다. 오리게네스는 185년경부터 254년경까지 살았고 테르툴리아누스는 155년경부터 225년경까지 살았다. 이 가상적인 만남과 대화는 220년경 지중해의 선상에서 일어난다. 당시 오리게네스는 이집트에 있는 알렉산드리아에서 살고 있었다. 이후 230년경, 그는 팔레스타인에 있는 카이사레아(Caesarea)로 옮겨갔다. 테르툴리아누스는 카르타고에서 태어났고 로마에서 변호사 일을 했다. 193년경에 있었던 회심 이후, 그는 카르타고에 정착했다. 오리게네스는 알렉산드리아 출신이었고 그리스어를 사용했으며 그의 고향의 다문화적이고 국제적인 분위기에 푹 빠져 살았다. 기독교 교리문답(catechetical)학교에서 클레멘스의 학생이었으며 클레멘스의 후계자로서 그 학교의 교장 혹은 학장의 직분을 맡았던 그는 철학 지향적이었다.

오리게네스의 인생 이야기는 놀랍다. 젊은 시절 그는 자신에게 순교의 은사가 있다고 느껴 알렉산드리아와 그 주변에서 그리스도인들을 박해하는 로마 권력에 자신을 던지려 했다. 그가 그렇게 하는 것을 막기 위해, 그의 어머니는 그가 집 밖으로 나가지 못하도록 그의 옷을 숨겼다. 그의 아버지도 비슷한 박해로 죽으셨다고 한다. (어떤 이는 말하기를 벽돌 두 장을 사용해서) 인생 후반에 그는 스스로 거세했다. 이유는 분명하지 않지만 몇몇 학자들은 그가 그리스도인들에 대한 공식적 박해가 없는 가운데서도 최대한 순교자의 모습으로 살고 싶어 그렇게 행한 것이라고 추측한다. 그는 성적 유혹에 시달리지 않는 완벽한 독신의 삶을 원했을 수도 있다. 어쨌든 그의 행위는 주교에게 충격을 주었고 그래서 오리게네스는 알렉산드리아를 떠나 팔레스타인에 있는 카이사레아 그리스도인들 가운데서 피난처를 찾아야만 했다.

에우세비오스에 따르면, 오리게네스는 대량의 편지와 약 2천 편의 뛰어난 논문을 썼다고 전해진다. 어떤 것들은 다른 것들보다 길지만 모두 중대하다. 어떻게 그가 그렇게 할 수 있었을까? 역사는 암브로시우스(Ambrose, 아우구스티누스의 멘토인 밀라노의 후기 주교 암브로시우스와 혼돈하지 않기를 바람)라는 부자 기독교 후원자가 그를 지원했다고 말해주고 있다. 암브로시우스는 오리게네스의 구술을 기록하기 위해 여러 명의 비서에게 비용을 지불했다. 상황은 다음과 같았을 것이다. 오리게네스가 책의 일부를 비서에게 구술하면 비서는 그것을 속기로 기록했고, 남자나 젊은 여자인 필사자가 좋은 서법(penmanship)으로 뜻을 확충했을 것이다. 그리고 오리게네스는 다른 책의 한 부분을 구술하기 위해 다른 비서에게 갔을 것이고 이런 식으로 일이 진행됐을 것이다. 의심의 여지 없이 오리게네스는 천재였고 뛰어난 기억력을 소유해서 한 번에 여러 권의 책을 "쓸" 수 있었다.

오리게네스의 가장 중요한 책은 「원리론」(*De principiis*, 아카넷 역간)과 「켈수스 논박서」(*Contra Celsum*)다. 「켈수스 논박서」에는 기독교를 공격하는 로마 철학자의 책인 「참된 교리」의 내용이 거의 전체로 들어가 있다. 오리게네스는 이를 폭넓게 인용하며 이 책이 기독교 신앙과 그리스도인들을 비평함에 있어서 결점이 있음을 입증한다. 만일 「켈수스 논박서」에 오리게네스의 직접적인 인용이 없었다면, 우리는 켈수스가 쓴 책의 내용을 몰랐을 것이다. 이 논박서는 기독교 신념에 대한 상세한 설명도 포함하고 있다.

「원리론」은 넓은 범위의 기독교 교리를 포함해서 그리스도인의 삶과 세계관에 대한 최초의 포괄적인 강해다. 그것은 매우 철학 지향적이지만 광범위한 성서적 해석도 포함한다. 자신의 선생 클레멘스처럼, 오리게네스는 그리스 철학을 성서의 가르침 및 사도들의 가르침과 결합하려 했다. 후자가 전자보다 우선하지만, 오리게네스는 세계의 기원을 제외하고는 그것들 사이에 어떤 필연적인 갈등도 보지 못했다. 다른 기독교 교부들처럼, 그는 세계가 하나님에 의해 무로부터 창조되었음을 믿었다. 비그리스도인이었던 그리스 사상가들은 일반적으로 세상이 항상 존재했다고 가르치거나 세상이 신성의 대응물로서 신성과 함께 존재할 수 있는 영존하는 물질로 창조되었다고 가르쳤다.

오리게네스는 사변적인 신학자였다. 그는 성서가 답을 하지 못하는 하나님과 세계와 영혼에 관한 질문을 아무런 문제가 없이 답할 수 있다고 봤다. 그는 답을 논리와 사변으로부터 이끌어낼 수 있다고 생각했다. 만일 어떤 것들이 성서와 기독교 교리가 단언한 것처럼 사실이라면, 그것들은 반드시 사실이어야 한다. 그것들은 성서와 사도들의 가르침이 말하거나 직접적으로 함의하는 것과 상당히 요원할지도 모른다. 에서와 야곱이 무엇을 행하기도 전에 왜 하나님이 에서는 미워하고 야곱은 사랑했는지에 관한 오리게네스의 대답이 하나의 예다(롬 9장을 보라). 간단하다. 모든 영혼처럼, 야곱의 영혼과 에서의 영혼은 그들이 태어나기도 전에 존재했다. 그런 선재(preexistence) 가운데서 야곱은 하나님을 기쁘시게 했고 에서는 하나님을 화나게 했다. 오리게네스는 영혼의 선재성에 대한 믿음이, 영혼의 영원성까지는 아니라 하더라도, (플라톤과 플라톤주의자들이 가르쳤던 것처럼) 철학적으로 옳다고 생각했다. 그리고 그것이 성서 속의 난제에 대한 유일한 해결책이라 생각했다.

또한 「원리론」에서 오리게네스는 모든 것의 궁극적 화해, 즉 아포카타스타시스(apokatastasis)를 제안한다. 오리게네스 자신 혹은 그의 저술들을 라틴어로 번역한 후대 번역가 중 한 명이 그런 궁극적 화해에 사탄을 포함했는지에 대한 의문이 제기되고 있다. 그러나 의심할 여지 없이, 오리게네스는 모든 피조물까지는 아닐지라도 모든 인간이 하나님과 화해할 것이며 하늘나라에 들어갈 것이라고 믿었다. 오늘날 우리는 이 견해를 보편주의(universalism)라고 부른다. 오리게네스는 보편주의의 기초를 하나님은 완벽하시다는 논리와 하나님은 사랑이시라는 논리에 두었다. 만일 하나님이 자신의 형상과 모양으로 창조된 피조물들을 하나라도 영원히 잃게 된다면, 하나님은 패배자가 될 것이다. 하나님은 패배할 수 없다. 하나님은 모든 이를 구원하기 원하신다. 따라서 결국 모든 사람은 구원을 받을 것이다. 뿐만 아니라, 하나님이 자신의 모든 인간 피조물들을 너무나도 사랑하셔서 자신의 말씀마저도 그들을 위해 주도록 보내셨다면, 왜 그들을 한 명이라도 포기하겠는가?

오리게네스가 보편구원을 주창한 유일한 교회 교부는 아니었다. 카파도키아 교부들 중 한 명인 후기 교회 교부인 니사의 그레고리오스(Gregory of Nyssa)도 그것을 믿었고 그의 저술에서 이를 조장했다. 훨씬 후대의 동방 교회와 서방 교회가 함께 이 이단에 대해 오리게네스를 비난한 반면, 교회의 위대한 정통 선생으로 여전히 간주되는 그레고리오스는 비난하지 않았다는 것은 아이러니하다. 그레고리오스와 달리, 동방 정교회와 로마 가톨릭 신학자들 사이에서 오리게네스의 명성은 그의 가르침이라고 여겨지는 사탄과 하나님 사이의 최종 화해에 관한 가르침 때문에 수백 년 동안 더럽혀져 있었다.

테르툴리아누스는 다른 신학적 공기를 불어넣었다. 그는 결코 사변적이거나 철학적인 사상가가 아니었다. 그의 주된 목표는 (그런 가르침을 이해했던 대로) 사도들의 가르침인 신앙의 규범에 반대하거나 넘어서는 것을 배제하는 것이었다. (신앙의 규범에 관해서는 이전 대화를 보라.) 테르툴리아누스는 기독교 교리를 탐구하고 해석했다. 그는 그때까지 언급되었던 것 이상의 내용에 대해서 말했지만 결코 사변적 관심이나 경향 때문은 아니었다. 예를 들면, 테르툴리아누스 이전의 어떤 그리스도인도 그렇게 상세하게 삼위일체 교리의 기초를 다지지 않았다. 그는 "본질"과 "인격"의 범주를 그리스 철학에 호소하지 않고 (비록 그가 스토아주의에 간접적으로 빚을 졌다 하더라도) 신학적 토론에 기여했다. 테르툴리아누스는 그리스인과 로마인에게 하나님의 단일성과 다중성에 대한 기독교 관념을 설명하기 위해 이런 범주들을 사용했다. 그러나 이는 오리게네스의 사변적 방법과 현저히 달랐다. 테르툴리아누스는 기독교 교리를 설명하고 표현하기 위해 용어와 개념을 빌렸을 뿐이다. 반대로 오리게네스는 새로운 교리를 창안하기 위해 철학에 깊이 뿌리를 둔 사상의 궤적들을 따라갔다(그러나 그는 모든 사람이 다 그 교리를 믿어야 한다고 제안하지 않았다).

이 두 명의 초기 기독교 신학의 대가들의 가상적인 대화는 지중해를 항해하는 한 선상에서 일어난다. 둘 다 이 바다에 익숙하며 이런 식으로 여행해왔다. 우리는 그들이 어디로 가며 어디로부터 출발했는지를 상상하는 데까지는 가지 않을 것이다. 테르툴리아누스는 라틴어를 말했고 오리게네스는 그리스어를 말했다. 그러나 테르툴리아누스 역시 그리스어를 알았으며 오리게네스도 약간의 라틴어를 알고 있었다. 따라서 대화가 가능할 수 있다. 어찌 되었건, 제국 내에서 그리스어는 보편적인 문화 언어였고 라틴어는 보편적인 법률 언어였다.

대화

테르툴리아누스   실례합니다, 젊은이. 혹시 기독교 교리문답학교 교장이신 알렉산드리아의 오리게네스가 아닌가요? 당신이 기독교에 반대하는 켈수스의 책을 읽는 것을 보았습니다. 읽을 때 메모를 하고 계시더군요. 오리게네스가 켈수스의 「참된 교리」에 대응하는 책을 쓰고 있다는 것을 소문을 통해 들었습니다. 당신의 일을 방해해서 죄송합니다만 잠깐 앉아서 이야기를 나눠도 괜찮겠습니까? 오, 참, 저는 카르타고의 테르툴리아누스입니다. 아마도 저에 대해 들어보셨을 겁니다.

오리게네스   저를 알아봐 주시고 대화할 수 있는지 정중히 물어주셔서 영광입니다. 물론 저도 당신을 압니다. 믿음의 위대한 변론자로서 당신의 명성은 사실 알렉산드리아와 제국의 동부 지역 전역에 있는 모든 그리스도인에게 알려져 있습니다. 당신의 책 중 몇 권은 그리스어로 집필되었더군요. 그 외 다른 책들도 그리스어로 번역되었고요. 여기 앉으시죠. 당신과 대화할 수 있어서 영광입니다.

테르툴리아누스 대화를 나누자는 저의 제안을 친절히 받아주셔서 대단히 감사합니다. 우리 그리스도인은 가장 심각한 문제들에 관해 견해가 일치하지 않을 때조차도 서로 대화하기 위해 시간과 노력을 아끼지 않아야 하죠.

오리게네스 오? 어떤 종류의 문제를 말씀하시는 건가요? 우리가 무엇에 대해 서로 동의하지 않는다고 생각하시나요?

테르툴리아누스 음. 아시다시피…신학에서 철학이 가지는 역할, 뭐 그런 것들 말입니다. 그 주제에 대해 당신의 멘토인 클레멘스와 토론한 적이 한 번 있습니다. 당신이 그에게 동의한다고 생각합니다. 그리고 아마 제가 그에게 동의하지 않는 부분에 있어서는 당신과도 동의하지 않을 것이라고 생각됩니다. 그럼에도 불구하고, 그는 가치 있는 논쟁 상대입니다. 당신이 그보다 더 뛰어나지 않을지라도 당신도 가치 있는 상대가 될 것이라 확신합니다.

오리게네스 논쟁을 즐기시는군요. 그리스도인으로서, 먼저 우리의 공통 신앙에 대해 논의해야 하지 않을까요?

테르툴리아누스 좋습니다. 동의합니다. 그러나 저는 상냥함보다 오히려 논쟁을 더 즐깁니다.

오리게네스 네. 그러나 논쟁은 종종 논의되는 주제에 도움이 되지 못하기도 하죠. 저는 우리가 공통분모를 먼저 찾고 그런 다음 갈라지는 견해들로 나아갔으면 합니다.

테르툴리아누스 저는 확실히 어떤 견해도 가지고 있지 않습니다만 당신은 그렇다고 확신합니다. 제가 가르치는 것은 진리입니다.

오리게네스 테르툴리아누스, 당신은 겸손한 사람이군요. 그러나 우리가 동의하는 것에 관해 먼저 이야기해보죠. 우리 모두 믿고 있다고 제가 확신하는 것은, 예수 그리스도 안에서 하나님이 인간이 되셨다는 것입니다. 그는 죽으셔서 새로운 생명으로 부활하시기 위해 우리와 같은 육신을 입으셨습니다. 그래서 그의 삶, 죽음, 그리고 부활을 통해 우리는 하나님과 함께할 수 있으며 또 불멸이라는 놀라운 선물도 받을 수 있습니다. 사실, 그를 통해 우리는 단순한 인간 이상의 존재가 됩니다. 우리는 신(gods)이 됩니다. 물론 하나님 자신이 되는 것을 뜻하는 것은 아닙니다. 그보다 덜한 존재가 되죠. 하지만 우리는 하나님의 불멸의 삶에 부분적으로 참여하는 자가 됩니다.

테르툴리아누스 반드시 동의하지 않는 것은 아닙니다만, 카르타고에서는 복음을 그렇게 표현하지 않습니다. 제게 있어서 복음은 새로운 법입니다. 이것은 우리의 순종을 이끌어내기 위한 하나님의 뜻의 계시입니다. 이 새로운 법에 순종함으로써, 우리는 예수 그리스도와 더불어 상속자, 특히 그의 은혜와 용서를 포함하는 하나님의 풍성한 복의 보고의 상속자가 되죠.

오리게네스 테르툴리아누스, 저도 그것에 반드시 동의하지 않는 것은 아닙니다. 그러나 저는 복음이 순종에 강조점을 두는 단순한 도덕주의를 넘어선다고 봅니다. 저는 복음이 새로운 법이라기보다는 하나님과의 연합으로 인도하는 계시로 봅니다. 당신은 복음을 정보처럼 생각하시는 것 같군요. 저는 복음을 변혁으로 봅니다.

테르툴리아누스 이미 우리는 우리의 불일치에 대해 이야기하고 있군요. 그렇죠? 이를 피하기는 어렵습니다. 그러나 좋습니다. 우리는 구원이, 그것이 정확하게 무엇을 의미하든, 예수 그리스도를 통해 우리를 하나님께로 인도하는 말씀을 통해 이루어진다는 데에는 동의합니다.

오리게네스 저는 예수 그리스도를 통한 말씀이 하나님을 우리에게 인도

한다고 말하고 싶군요.

테르툴리아누스 그래요, 신비주의적으로 맘대로 생각하세요. 저는 법적 범주들이 제가 사도들의 서신에서 읽은 것들과 더 많이 공명한다고 생각합니다. 우리가 사랑하는 사도 바울로 예를 들자면, 그는 회개와 용서를 통한 하나님과의 화해를 강조했습니다. 그리고 그는 독자들에게 그들 스스로 어떻게 행동해야 하는지에 대해 말하는 것을 결코 지겨워하지 않았습니다. 바울은 위대한 기독교 도덕주의자였죠.

오리게네스 네. 사도들의 서신에는 도덕적 측면이 있습니다. 그러나 그리스도를 믿는 믿음을 통해 우리의 존재가 변화되고 불멸의 삶이 주어진다는 것에 관한 그들의 가르침이 더 풍성하고 인상적이죠.

테르툴리아누스 오리게네스, 제가 볼 때 당신은 당신의 멘토 클레멘스처럼 그리스 철학으로부터 너무 많은 영향을 받으신 것 같습니다. 그리고 당신의 저술에는 신비주의가 적지 않게 들어가 있더군요. 바로 며칠 전 저는 당신의 「원리론」을 힘겹게 읽고 있었습니다. 그 책의 라틴어 번역본은 카르타고에 있는 서점들을 강타했습니다. 그것은 기독교 신학에 대한 해석보다는 철학 교과서와 더 흡사했습니다. 저는 그 책을 읽으면서 "예루살렘과 아테네가 무슨 상관이 있는가"라고 저 자신에게 계속 질문했습니다. 그 책에는 많은 "아테네"가 있었습니다!

오리게네스 책 서두에 제가 그리스 철학의 일부 중요 요점들에 전적으로 동의하지 않는다고 쓴 것을 보지 못하셨나요? 예를 들면, 그리스인들 중 어느 누구도, 세계가 무로부터(*ex nihilo*), 당신의 언어를 사용해서 표현하자면, 창조되었다고 생각하지 않았습니다. 그들은 그 발상을 불쾌하게 생각합니다. 그것이 신비스럽기 때문이죠. 하지만 저는 그리스 철학과 종교의 압도적인 의견 일치에도 불구하고 무로부터의 창조를 가르칩니다. 저는 다른 많은 점에서도 그리스 사상에 동의하지 않습니다.

테르툴리아누스 네, 네. 그러나 저는 당신의 결론보다는 당신의 방법에서 그리스 철학의 지나친 영향을 봅니다. 예를 들면, 「원리론」에서 당신은 성서나 사도적 증언으로 시작하지 않습니다. 당신은 세계에 관한 자명한 진리로 시작하고 거기서부터 성서에서 발견된 것을 연구합니다. 책 전반에 걸쳐 당신은 기독교가 이성을 그리스적으로 이해하게 만들도록 애쓰지요. 예를 들면, 모든 그리스인들은 실체(reality)가 있는 곳에 상응하는 가능성(corresponding possibility)이 반드시 있음을 가정합니다. 당신의 연구는 우리가 경험하는 세상의 실체로부터 시작합니다. 그리고 나서야 사실임이 틀림없는 것들로 가서 그것들을 설명합니다. 가끔씩 당신은 성서와 사도들의 가르침에 호소합니다. 그러나 대개 당신은 관찰, 논리, 사변으로부터 당신의 결론을 이끌어내지요.

오리게네스 테르툴리아누스, 책을 계속 읽어보세요. 제가 그 책의 처음보다는 끝에서 성서를 더욱 긍정적으로 사용한 걸 알게 되실 겁니다. 어쨌든 그 책을 집필할 때 저는 저의 많은 비기독교 학생들을 염두에 두고 있었습니다. 저는 기독교 신앙을 그들이 따르고 이해할 수 있는 방식으로 설명하려 했습니다. 만일 제가 초자연적 계시로 바로 뛰어들어서 자연, 관찰, 경험, 논리를 무시했다면, 저의 비기독교 학생들 대부분은 그 책을 덮고 제 수업을 떠났을 것입니다. 저의 모든 결론이 온전한 기독교 교리와 일치한다는 데 대해 당신도 반드시 동의해야 한다고 생각합니다.

테르툴리아누스 어쩌면요. 보편 화해에 관한 그런 주장들을 제외하면 말이죠. 우리 주 예수 그리스도, 말씀이 그의 안에 거하셨던 분이 지옥에 관해 그렇게 많이 가르치셨는데도 모든 사람이 구원받을 것이라는 것을 당신은 어떻게 믿을 수 있는지요?

오리게네스   저는 지옥을 믿습니다. 다만 지옥이 영원히 하나님과 적대 관계로 있을 것으로 생각하지 않을 뿐이죠. 우리 하나님은 선하심에서뿐만 아니라 힘과 권능에서도 완벽하십니다. 그는 자신의 인간 피조물 중 단 한 명도 영원히 잃은 채로 두실 수 없습니다. 이는 로고스 안에서 우리가 그 자신의 형상과 모양을 소유하기 때문이죠. 하나님은 자신의 일부분이나 심지어 그의 형상조차 영원히 잃도록 하실 수 없습니다. 이는 그의 약점을 보여주는 셈이 됩니다.

테르툴리아누스   보세요! 그게 바로 제가 말하고자 하는 것입니다. 당신은 성서에 반대하는 논리에 호소합니다. 우리 사도들의 저술을 포함해서 성서는 악한 자에 대한 최종 심판과 그들을 지옥의 영원한 처벌에 위탁할 것을 분명히 가르칩니다. 거기에는 저주받은 자들과의 궁극적 화해에 대한 어떤 암시도 없죠. 오리게네스, 당신은 그저 구제불능인 낙관주의자시군요.

오리게네스   아마도요. 그러나 우리 하나님은 피조물들을 사랑하는 좋은 하나님이시기 때문에 제가 낙관적일 수 있는 좋은 근거가 되어주십니다.

테르툴리아누스   그렇다면 영혼의 선재에 대한 당신의 생각은 어떤가요? 이 개념은 굉장히 그리스적입니다! 그것에 관해 밝혀진 것은 아무것도 없습니다.

오리게네스   아마도 없겠죠. 그러나 그 점이 영혼의 선재가 사실이 아니라는 것을 의미하지는 않습니다. 하나님은 모든 것을 드러내지 않으셨을 겁니다. 하나님은 분명히 우리가 하나님이 주신 머리를 사용해 그가 드러냈던 것들로부터 바른 결론을 이끌어낼 것을 기대하고 계실 겁니다.

테르툴리아누스 글쎄요. 아마도요. 그러나 우리는 드러난 것 너머의 진리를 탐구하지 말아야 합니다. 그것은 이단으로 향하는 길입니다. 우리는 하나님의 계시에 만족해야 합니다.

오리게네스 오, 저는 드러난 것에 만족합니다. 그러나 그것이 더 많은 참된 것들을 알기 위해 신적 계시의 궤도를 따라 생각하는 저의 탐구적인 정신을 멈추게 하지는 않습니다. 하나님은 우리가 성서가 답하지 못한 질문에 답할 수 있도록 머리를 사용할 것을 원하십니다. 테르툴리아누스, 당신도 그렇게 하고 있지 않나요? 당신은 심지어 영이 고도로 정교화된 물질로 이루어져 있다고 썼죠. 그것은 스토아적인 사상이지 성서에서 나온 게 아닙니다. 참고로, 저는 그 사상을 받아들이지 않습니다. 물질은 영혼의 감옥이거든요.

테르툴리아누스 저는 당신이 영지주의적일 거라고 항상 생각했습니다! 당신의 입으로부터 그 말이 흘러나왔네요. 물질이 악이라는.

오리게네스 저는 그렇게 말하지 않았습니다. 저는 단지 물질이 영혼 혹은 영을 가둔다고 말했을 뿐입니다. 물질로 구성된 몸은 영의 장애물입니다. 영은 자신의 원천인 하나님께로 되돌아가기를 갈망합니다.

테르툴리아누스 아니요. 영혼이나 영은 하늘이 아닌 창조세계 내에 견고하게 심겨진 고도로 정교화된, 가벼운 물질의 형상입니다.

오리게네스 주제를 바꾸어보겠습니다. 우리의 차이점에도 불구하고 우리가 공통분모를 가지고 우리 구주 예수 그리스도의 본성에 관해 더 탐구해보죠. 그는 누구인가요? 그는 어디로부터 왔나요? 그는 어떤 재료로 만들어졌나요? 이단을 반대하는 당신의 저술 중 일부에서 당신은 이런 질문들을 다루었죠. 어떻게 생각하시는지요?

테르툴리아누스 주님은 하나님의 영이 내재하는 사람입니다. 또한 그는 우리 가운데 사람으로 살기 위해 내려오신 하나님의 로고스며, 하나님 자신의 아들이십니다. 그는 제가 사용하는 라틴어로 표현하자면, "두 본성을 지닌 한 인격"(una persona, duae substantiae)입니다. 그리스어로 그것을 어떻게 말하는지 모르겠네요. 그래서 예수 그리스도는 두 실체나 본성, 즉 신성과 인성을 지닌 한 인격이시죠.

오리게네스 (웃으면서) 아시나요? 그 말은 좀 철학적이고 사변적으로 들리네요! 죄송합니다. 그것만은 말해야겠더군요. 사실, 그 말이 그렇게 나쁘지만은 않습니다. 그러나 개인적으로는, 예수 안에 있는 로고스를 강조하고 싶군요. 예수 그리스도는 성부의 신적 로고스가 성육신한 분이며 창조세계와 하늘 사이의 중재자시죠.

테르툴리아누스 좋습니다. 그것도 나쁘지 않군요. 그러나 로고스는 누구며 무엇입니까? 우리의 사랑하는 사도 요한은 그의 복음서 서두에서 이런 식으로 예수를 언급했습니다.

오리게네스 (말을 끊으면서) 그렇습니다. 그런데 요한은 그 사상을 그리스 철학으로부터 빌려왔죠!

테르툴리아누스 맞습니다. 그러나 그는 새로운 의미로 그 사상을 채웠습니다. 그리고 그것은 유대 사상에서도 발견되죠. 아마도 그게 그의 주된 원천일 겁니다.

오리게네스 제가 무례하게 말을 끊은 것을 용서하십시오. 계속 말씀하시죠.

테르툴리아누스 제가 말했듯이, 요한은 예수 그리스도의 신성을 헬레니즘의 영향을 받은 유대인과 그리스 독자들에게 설명하는 일을 돕기 위해 로고스 개념을 사용했죠. 그러나 당신은 그것보다 더 나아간 것 같습니다.

오리게네스   그렇습니다. 그리고 그것에 대해 사과할 생각이 없습니다. 로고스 개념은 오늘날 우리가 예수 그리스도 안에서 발견한 하나님의 아들을 믿는 것을 전하는 데 있어서 엄청나게 큰 도움이 됩니다. 제가 「원리론」과 다른 책에서도 설명한 대로, 로고스는 영원히 성부로부터 나오는 존재입니다. 즉 로고스는 창조세계를 향한 성부의 유출(emanation)입니다. 성부는 그의 로고스로 모든 것을 창조했고 지금도 모든 것을 구속하고 계십니다. 시간과 부패로부터 벗어나 있는 성부는 세계 속으로 직접 들어갈 수 없습니다. 성부는 그의 로고스를 통해 세상으로 들어옵니다. 로고스는 태양 자체가 아니라 그것의 분지(分枝)인 태양의 광선과 같습니다.

테르툴리아누스 "태양 자체가 아니라"고 말했습니까? 그러면 우리 주의 신성을 부인하는 건가요?

오리게네스   절대로 그렇지 않습니다! 저는 예수 그리스도를 주님과 구세주로, 그리고 우리 가운데 계신 하나님으로 경배합니다. 그러나 "우리 가운데 계신 하나님"이 무엇을 의미하는지 설명하는 것이 신학자로서 우리의 과제입니다. 우리는 이 어구를 통해 모든 불완전과 부패를 초월한 영원한 창조자가 우리 중 하나가 되었다는 것을 의미하지 않습니다. 그것은 죄와 죽음과 부패의 영역으로부터 벗어나 계신 성부의 영광과 위엄에는 적절하지 않죠. 따라서 예수 그리스도의 신성을 주장할 때 우리가 의미하는 것은, 하나님 자신의 로고스가 우리 중 하나가 되시기 위해 내려오셨으며 또 하나님을 우리에게 드러내기 위해 우리 가운데 사신다는 것입니다.

테르툴리아누스 하나님과 관련해서 로고스에 대해 좀 더 말씀해주시죠. 로고스가 실제로 하나님이신가요?

오리게네스　　네. 그러나 성부가 하나님이라는 것과는 같지 않습니다. 태양의 광선은 본질적으로 태양과 하나입니다. 태양으로부터 광선이 나오니까요. 그러나 우리는 광선과 태양을 구별합니다. 이는 광선이 우리의 대기에 들어오고 나서부터 그것의 힘과 광채가 줄어들기 시작하기 때문입니다. 그래서 로고스는 하나님의 주된 분지(分枝)이며, 하나님 밖에 있는 것을 향해 영광 가운데서 영원히 빛을 내고 있습니다. 로고스는 사실상 두 번째 하나님입니다. 로고스는 2호 하나님입니다.

테르툴리아누스　　영리한 말장난이군요. 그러나 한 가지 문제가 남아 있습니다. 당신의 책에서 당신은 가끔 로고스를 하나님과 동등하게 여기기도 하고 또 가끔은 로고스를 성부에 종속적인 것으로 간주하기도 하는 것을 봤습니다. 어째서 그런가요?

오리게네스　　한편으로, 로고스는 영원합니다. 그러므로 로고스는 하나님의 일부입니다. 영원한 것은 그것이 무엇이든 신적이어야 합니다. 그러나 다른 한편으로, 로고스는 영원으로부터 하나님에게서 내려온 것입니다. 로고스와 성부의 차이는 로고스와 세계 사이의 차이보다 더 큽니다.

테르툴리아누스　　매우 종속주의자처럼 들리는군요. 제 말이 무슨 말인지 아시잖습니까? 당신은 로고스, 그러니까 우리 주 예수 그리스도를 하나님보다 하등한 자로, 그리고 그를 하나님과 같은 본질을 소유하지 않은 자처럼 만들고 있습니다. 이게 맞다면, 당신은 그에게 예배하는 것을 즉각 멈춰야 합니다.

오리게네스　　아닙니다. 아니에요. 이해를 못하시는군요. 성자 혹은 로고스는 성부에 종속적이지만, 그 역시 성부와 함께 영원합니다. 그래서 그는 여러 가지 점에서 성부와 동등합니다. 그러나 그의 존재가 성부에 의존해야 한다는 점에 있어서 그들은 동등하지 않습니다. 로고스조차도 생명을 성부로부터 이끌어내며 그로부터 출발합니다. 성부는 천상의 군주이십니다. 그는 그의 오른팔과 왼팔인 말씀과 성령의 군주이시기도 합니다.

테르툴리아누스 그러나 제가 볼 때 당신은 말씀이 성부에 종속한다는 것을 지나치게 강조하는 것 같습니다. 당신이 분명하게 설명하지 않은 것들은 틀림없이 당신의 미래의 추종자들을 혼란에 빠뜨릴 것입니다. 어떻게 로고스가 성부와 동등하며 따라서 예배받을 가치가 있는 것인가요? 제가 예견하는 것은, 멀지 않은 날에 당신의 추종자들은 당신이 만든 성부와 성자 사이의 가느다란 현을 자를 것이며 성자는 완전하거나 참이신 하나님이 아니라고 직설적으로 말할 것입니다. 당신도 그것에 대해 부분적으로 책임을 져야 할 겁니다.

오리게네스 아닙니다. 저는 그것이 일어난다고 해도 어떤 책임도 지지 않을 겁니다. 그렇게 된다면 그들은 저의 가르침을 오해한 것입니다. 말씀, 성자, 로고스는 성부에 종속적이지만 영원히 성부의 위엄과 영광을 공유합니다.

테르툴리아누스 바람이 심해지면서 배를 흔드는군요. 흠, 극악무도한 해적선이 우리에게로 오는 것일지도 모르겠네요. 제 선실로 돌아가 거기서 폭풍이 지나가기를 기다려야겠습니다. 만일 해적들이 우리 배에 올라타면 그들의 눈에 띄지 않도록 해야겠습니다. 당신도 그렇게 하시죠.

오리게네스 저는 켈수스를 읽고 메모를 하면서 조금 더 갑판에 머물겠습니다. 우리의 대화가 우리의 믿음에 대해 어리석은 비난을 하는 켈수스에 대응하기 위해 쓰려고 한 것을 분명하게 하는 데 도움이 되었습니다.

분석

이번 대화에서 토론된 주제, 특히 기독교와 그리스 철학 사이의 관계성은 이전의 두 대화에서 이미 다룬 적이 있다. 그러나 그 주제는 반복해서 다룰 가치가 충분히 있다. 초기 그리스도인들은 그것을 두고 싸웠다. 실제적으로 어느 누구도 복음을 그리스 사상으로 전복하려 하지 않았다. 그러나 몇몇 학자들은 그것이 어쨌든 발생했다고 주장했다. 위대한 독일 교회사가인 아돌프 폰 하르낙(Adolf von Harnack, 1851-1930)은 알렉산드리아의 클레멘스와 오리게네스 같은 초기 그리스도인들이 기독교를 그리스화했다는 이론을 발전시키면서 명성을 쌓았다. 하르낙에 의하면 그들은 복음이 인정받을 수 있게 복음으로 하여금 그리스 사상을 수용하게 했다고 한다.

그러나 이 대화의 주된 주제는 하나님의 로고스 혹은 하나님의 말씀이다("말씀"[Word]은 로고스의 흔한 영어 번역어다). 대부분의 그리스 철학자들은 로고스의 개념을 어떤 식으로든 사용했다. 그리고 요한복음 1장에서, 로고스는 그리스도의 선재와 그와 하나님과의 관계를 표현한다. 알렉산드리아의 유대교 해석자이자 철학자인 필론(Philo)은 예수 그리스도와 동시대 인물이며, 로고스 사상을 세상 안에 있는 하나님의 내재성에 관한 내용을 전달하기 위해 사용했다. 그리고 그는 로고스와 이성을 동일시하곤 했다. 비록 그는 유대인이었지만, 확실한 그리스 사상가이기도 했다. 알렉산드리아의 초기 그리스도인들은 의심할 여지 없이 그의 영향을 받았다.

오리게네스의 로고스 사용은 의도치 않은 결과들을 야기했다. 그리고 위의 대화에서 테르툴리아누스는 그 결과들이 무엇일지 허구적으로 암시한다. 그의 예측은 사실이 되었다. 일어난 일들을 살펴보자면, 오리게네스가 죽은 지 약 100년 후에, 알렉산드리아의 그리스도인들은 성부에 종속되는 로고스를 강조하며 "성자가 없었던 때가 있었다"고 선포했다. 비록 오리게네스가 명백히 로고스의 영속성을 확증했지만 그는 로고스가 성부에 종속한다는 것도 확증했다. 이후의 대화에서 보겠지만, 알렉산드리아 출신인 사제(presbyter) 아리우스와 그의 추종자들은 예수 그리스도가 하나님의 로고스/말씀의 성육신이었지, 하나님의 성육신이 아니었다고 가르쳤다. 그들에게 로고스/말씀은 하나님이 아니라 피조물이며, 하나님의 첫 번째이자 가장 높은 피조물이다.

오리게네스는 아리우스와 그의 추종자들이 예수 그리스도의 신성을 부인했을 때 무덤에서 탄식했을 것이다. 오리게네스의 신학을 편견 없이 읽은 독자들은 반드시 이 결론에 도달한다. 그는 예수 그리스도가 하나님의 로고스/말씀의 성육신이며 또한 하나님의 아들인 것을 분명히 믿었다. 그리고 로고스가 성부 하나님과 영원히 함께한다는 것도 믿었다. 오리게네스가 이렇게 그리스도의 신성을 확증했던 데 대해서는 의심할 여지가 없다. 그러나 어떤 이유에서건 오리게네스는 로고스/말씀이 성부와 완전히 동등하다는 것을 강하게 부인하기도 했다. 그에 따르면, 성부만이 신성의 원천이며, 로고스/말씀 즉 하나님의 아들은 그의 신성을 성부에서부터 영원히 끌어내며 권능과 영광에 있어서 성부에 이어 두 번째라고 주장했다. 그러나 오리게네스에 따르면, 로고스/말씀은 성부의 권능과 영광을 공유한다.

어떤 경우든, 요지는 오리게네스가 삼위일체를 가르치면서도 삼위일체에 관해 약간 혼동한 듯 보였다는 것이다. 우리가 내릴 수 있는 결론은, 오리게네스가 그리스 개념, 즉 모든 것의 원천인 최고의 존재는 창조세계의 불완전에 의해 영향 받지 않아야 하기에 중개적 존재인 로고스를 통해 피조세계와 관계해야만 한다고 믿었다는 것이다. 그렇다면 이것은 로고스가 성부만큼 형이상학적으로 완벽하지 않다는 것을 뜻한다. 예를 들면 성부는 고통을 느낄 수 없는 반면에, 로고스는 예수와 같은 인간의 몸 안에서 그 몸을 통하여 고통 당하실 수 있다는 것이다. 그러나 이것이 의미하는 것은, 오리게네스의 주장에도 불구하고, 로고스가 성부만큼 완벽한 하나님이 아니라는 것이다. 그는 로고스의 상태에 관해 결정을 내릴 수 없었다. 그것은 후에 기독교 신학에서 큰 문제를 야기했다. 삼위일체에 관한 문제를 놓고 니케아에서 일어난 일은 로고스를 향한 오리게네스의 애매모호한 태도에 원인이 있다.

예수 안에 성육신하셨던 존재의 상태에 대한 전체 쟁점은 여전히 그리스도인들 가운데서 큰 혼동의 원천이다. 얼마 전에 여호와의 증인의 선교사가 내 집을 방문한 적이 있었다. 나는 그녀와 예수가 누구였고 또 누구인지에 관한 대화를 했다. 그녀는 자신들이 예수를 하나님으로 믿지 않는다는 것을 인정했다. 그러나 그녀는 "제 여동생의 교회도 그걸 믿지 않아요. 거긴 침례교회인데도 말이에요."라고 말했다. 나는 그것을 믿을 만큼 충분히 오래 그녀와 이야기를 나눴다. 나는 하나님이 그의 아들 로고스의 인격 안에서 성육신하셨다는 사상을 이해하지 못하는 많은 그리스도인들을 만났었다. 그들은 자신들이 고양된 하나님에 대한 관점을 가지고 있다고 생각하며 그것을 오직 성부에게만 부여한다. 그것이 의미하는 것은, 가장 완벽한 하나님, 전능자 하나님 곧 성부는 우리 가운데서 인간으로서의 삶을 실제로 살 수 없다는 것이다. 그래서 예수 그리스도가 되신 분은 성부만큼 하나님일 수가 없다. 앞으로 보겠지만, 4세기의 교회 공의회들은 이 사상을 이단으로 선포했다.

아이러니한 것은 바로 그런 그리스도인들이 삼위일체에 대한 질문을 받았을 때 대개 양태론(modalism)의 견해를 피력한다는 것이다. 양태론은 테르툴리아누스가 성부수난설(patripassionism)이라고 불렀던, 로마의 프락세아스가 취한 이단 사상이다. 그러나 양태론은 성자 예수가 성부보다 다소 낮은 하나님이라는 그들의 신념에 완전히 모순되는 입장이다. 그런 자들은 그들의 민간신앙 형태의 기독교 안에서 종속주의와 양태론을 결합한다. 어쩌면 우리는 그들을 비난할 수 없을지도 모른다. 그들 대부분은 신학 교육을 받지 못했다(다시 말하면 전혀 논리적이지 않다!). 그러나 위대한 천재였던 오리게네스는, 영원한 존재의 관점에서 로고스와 성부를 동등하게 여기는 것, 그리고 신성의 관점에서 성부와 로고스 사이에 큰 거리를 두는 것 이상으로 더 잘 알았어야 했다. 한 세기를 약간 더 지난 시점에서 교회는 이 쟁점 사항에 대해 수십 년간에 걸친 갈등 국면으로 들어가게 된다.

더 읽을 책

테르툴리아누스에 관해 더 읽을 자료는 3장의 끝부분을 보라.

Crouzel, Henri. *Origen*. Translated by A. S. Worrell. San Francisco: Harper & Row, 1989.

05

3세기 카르타고의 키프리아누스 주교가
교회와 구원에 관해 인터뷰하다

배경

카르타고의 키프리아누스 주교는 교회사와 기독교 신학사에 관한 책들에서 그가 마땅히 받아야 할 관심을 받지 못하고 있다. 그는 어려운 시기에 꽤 영향력 있는 교회 지도자였다. 제국 전역에 걸친 첫 번째 박해가 그가 북아프리카 지역의 주교로 있는 동안 일어났다. 키프리아누스는 248/249년에 주교가 되었다. 그는 데키우스(Decius) 황제가 250년에 시작하고 251년부터 그의 후계자들에 의해 낮은 강도로 계속되었던 그리스도인에 대한 끔찍한 박해 기간 동안 주교로 섬기다가 258년에 죽었다. 키프리아누스는 부자였지만 계속해서 안수받는 과정에서 첫 번째는 집사로, 그다음은 사제로, 그다음은 주교로 자신의 부유함을 벗어던지고 그 부를 가난한 자들에게 주었다.

데키우스 황제 아래에서의 박해는, 그것이 제국 전역에 퍼졌다는 점에서 독특했다. 그리스도인이 된다는 것은 불법이었고 그 신앙을 고집하는 것은 종종 죽음을 야기했다. 많은 그리스도인이 고문과 죽음의 위협(그들의 가족에 대한 위협을 포함해서) 아래에서 그리스도를 부인했다. 어떤 이들은 박해하는 정권과 결탁하기까지 하면서 교회 성도들의 명부와 기독교 책들을 제공했다.

키프리아누스는 굉장히 인기 있는 기독교 지도자였다. 특히 가난한 자들에게 더욱 그랬다. 그러나 그가 모든 그리스도인에게 인기가 있던 것은 아니었다. "고백자들"(Confessors)이라 불리는 일련의 무리가 그의 권위에 도전하기 위해 일어섰다. 이들은 로마 박해자들의 손에 끔찍하리만큼 고통을 당했지만 그럼에도 불구하고 자신의 신앙을 지켰던 그리스도인이었다. 그들은 그 박해에서 살아남았고 키프리아누스의 주교 시절 동안에도 생존해 있었다.

고백자들은 교회로 되돌아올 수 있는 배교자(박해를 포함하여 어떤 이유에서든 그리스도를 부인했던 그리스도인)가 누구인지를 결정할 권리가 자신들에게만 있다고 주장했다. 그들은 종종 극도로 엄격했으며 회개하는 배교자들이 용서받기 전에 오랫동안 그리고 심하게 고통 당할 것을 요구했다. (이것은 반드시 육체적 고통만을 뜻하지 않았다. 예배와 기도와 자기부정 가운데 "참회를 행하는 것"[doing penance]을 의미했다.) 일부 배교자들은 용서받지 못하기도 했다.

키프리아누스는 이 문제에 있어서 고백자들과 끝내 대립했다. 그는 오직 주교와 그가 지정한 사제와 같은 대리인들만이 배교 같은 죄를 용서할 수 있다고 주장했다. 이는 "하나님을 대신하여 죄를 용서한다"는 것을 의미했다. 그는 후에 "참회 체계"라고 불리는 제도를 세웠다. 배교자 같은 중대한 죄인은 그것에 의해 기독교 공동체와 성사에 다시 참여할 수 있었다. 그의 요구 사항은 고백자들보다 덜 엄격했다.

이 때문에 많은 고백자들은 주교의 교회를 떠났고, 분리되고 더 엄격하고 "더 순수한" 교회를 세웠다. 교회사에서 도나투스파(Donatists)로 알려진 후기 집단은 많은 고백자들의 피난처가 되었다. 노바티아누스파(novatians)라고 알려진 집단도 제한적이었고 죄를 용서하는 주교들의 권위 역시 부인했다. 주교들이 너무 관대하다고 생각한 것이 부분적인 이유다. 노바티아누스파와 후기 도나투스파는 자신들을 그리스도인이라 주장했지만 키프리아누스 같은 주교의 권위는 거부했다. 그들은 로마와 북아프리카에서 가장 영향력이 강했다. 그들은 중대한 죄인들을 배제하는 순수한 교회를 원했으며 키프리아누스보다 훨씬 더 엄격한 참회와 회복에 대한 요구를 했다. 요컨대, 도나투스파와 고백자들은 교회를 분열시켰다. 이것은 키프리아누스가 일어날 수 없는 일이라고 믿었던 것이다. 다시 말해 키프리아누스는 오직 하나의 참된 교회만 있을 수 있다고 믿었다. 교회에서 이탈한 집단은 자신을 그리스도인이라고 부를 수 있을지 모르지만 실제로는 그렇지 않다고 보았다.

특별히 폭력적이었던 데키우스의 박해 기간 동안, 키프리아누스는 카르타고에서 도망 나와 사막으로 들어가 권력으로부터 몸을 숨겼다. "수배자 현상금"이 있었다고 말하는 것이 적절할 듯싶다. 당시 그는 자신에게 순교의 은사가 있다고 생각하지 않았다. 아니면 적어도 그의 양 떼를 목자 없이 두고 싶지 않았다. 그래서 그는 수많은 논문과 편지를 써서 카르타고로 몰래 보냈고 그리스도인들은 비밀 모임에서 그 편지들을 읽었다. 또한 그는 제국 전역에 있는 다른 기독교 주교들에게도 편지를 썼다.

그의 가장 영향력 있으며 잘 알려진 논문 중 하나는 「가톨릭교회의 통일」(*The Unity of the Catholic Church*)이다. 이 논문에서 그는 교회가 본질상 하나며 분리될 수 없다고 주장했다. 많은 회중으로 구성된 오직 하나의 가시적이고 제도적인 교회만 있을 수 있다. 그리고 교회는 사도적 계승 안에 있는 주교의 지도 체제로 특징지어진다. 교회를 빠져나가 그들 자신의 유사 "교회"를 시작하는 자들은 더 이상 그리스도인이 아니다. 키프리아누스는 다음과 같은 유명한 진술을 했다. "누구든지 교회를 어머니로 모시지 않는 자는 하나님을 아버지로 모실 수 없다"(Whoever does not have the church as mother cannot have God as father). 그는 사실상 분파주의자들은 구원받을 수 없다고 주장하는데, 이는 그들이 하나의 참된 교회 안에 있지 않기 때문이다.

또 다른 중요한 책인 「배교자들」(*The Lapsed*)에서 키프리아누스는 오직 주교만이 누구의 죄가 용서되고 또 어떤 조건하에서 용서되는지 결정할 수 있다고 주장했다. 이 문제 자체와 이것과 관련된 쟁점에서 키프리아누스는 온건함을 아슬아슬하게 유지했다. 고백자들은 그가 너무 관대하다고 생각한 반면에, 로마의 주교인 코르넬리우스(Cornelius)는 그가 너무 엄격하다고 생각했다. 코르넬리우스는 분파주의자와 이단들에게 세례를 베풀 수 있는 권한을 주었다. 키프리아누스는 그것을 거부했다. 그러나 교회로의 복귀에 대해 그가 가진 기준들은 고백자들에게는 너무 관대하게 느껴졌다.

코르넬리우스는 로마의 주교로서 자신이 그런 문제들에 대해 최고의 권위를 가졌다고 주장했다. 그의 말이 다른 모든 인간의 권위 위에 있어야 한다는 것이다. 이는 궁극적으로 황제적인 교황권(imperial papacy)으로 가는 긴 과정의 한 단계였다. 키프리아누스는 이 주장을 거부했으며 로마의 주교를 다른 주교들과 동등한 주교의 "대표"로만 간주했다. 그에게 있어서 로마의 주교 즉 "교황"은 절대적 권위가 없는 명목상의 지도자였다. 논쟁의 최종적인 결정은 지역(논쟁이 벌어지던 곳) 또는 제국(만일 그것이 모든 그리스도인에게 있어서 보편적 쟁점이었다면) 전역에 있는 모든 주교의 동의로 이루어진다.

키프리아누스는 데키우스의 박해 동안에는 죽음을 면했지만 발레리아누스(Valerian)의 박해 기간이었던 258년 카르타고에서 로마 검객의 손에 공개적으로 처형당했다.

이 대화의 배경은 북아프리카 사막의 비밀 은신처다. 시기는 데키우스의 박해 기간이었던 251년경이다. 키프리아누스가 전해들은 카르타고의 소식은 다음과 같다. 몇몇 교회 지도자들이 박해가 끝나면 배교한 그리스도인들의 복귀를 금하고 싶어 한다는 것이다. 또 하나는, 박해 속에서 고통을 당했음에도 불구하고 한결같은 믿음을 지켰던 이들이 그런 문제를 결정하길 원한다는 것이다. 「로마 타임즈」의 조사 전문 기자가 키프리아누스를 찾았다. 그는 그리스도인들의 박해 기간 동안 숨어 지내던 이 인기 많지만 논란도 많은 기독교 지도자에 대한 기사를 게재하길 원하고 있다.

대화

기자   안녕하세요. 키프리아누스 주교님 맞으시죠? 당신을 찾아 북아프리카 전역을 돌아다녔습니다. 당신은 정말로 숨는 방법을 잘 아시는군요!

키프리아누스   우리의 주님이자 구세주이신 예수 그리스도의 이름으로 인사합니다. 로마 군인들이나 제국의 비밀 요원들이 당신을 따라오지 않았기를 바랍니다! 저는 이런 어려운 박해의 시기에 목자 없이 카르타고에 있는 저의 작은 양 떼들을 떠나고 싶지 않습니다.

기자   아니오, 누군가가 따라왔다고 생각하지 않습니다. 만일 그들이 저를 따라오고자 했다면, 그들은 아마도 사막 주변을 뱅뱅 돌며 방황하고 있을 겁니다. 저는 여기에 베두인족의 대형 마차(Bedouin caravan; 아라비아 반도와 북아프리카 사막 등지에서 생활하는 아랍 유목민들인 베두인족이 사용하는 마차-역주)를 타고 왔습니다. 그 마차는 저를 비밀리에 내려주고 갈 길을 계속 가는 중입니다. 그들은 카르타고로 돌아가는 길에 저를 데리러 올 겁니다.

키프리아누스   당신은 정말로 저에 관한 이야기를 담고 싶으신 것이 분명하군요. 영광입니다만 왜죠?

기자　　　　당신도 아마 아시겠지만, 당신에 관한 꽤 많은 논쟁이 그리스도인들과 비그리스도인들 사이에서도 일어나고 있습니다. 로마 당국은 당신을 찾아서 본보기로 벌주기를 원하고 있습니다. 당신이 그리스도인과 주교가 되기 위해 매우 많은 것을 포기했기 때문에 당신의 명성이 널리 알려져 있습니다. 어떤 그리스도인은 그들 중 몇 명이 사자 굴에 던져질 때 당신이 도망간 것 때문에 매우 화가 나 있습니다. 저의 독자들은 당신이 그 일을 어떻게 정당화할 것인지 알고 싶어 합니다.

키프리아누스　아직은 제가 주를 위해 죽을 시간이 아닙니다. 기독교회는 지금 혼동과 소란에 휩싸여 있습니다. 저는 이 끔찍한 시기를 거치면서 하나님의 백성이 견뎌낼 수 있도록 도울 의무가 있습니다. 저는 박해로부터 도망간 것이 아닙니다. 다만 잠깐 동안 숨어 있을 뿐입니다. 곧 저의 공적인 역할인 카르타고와 그 주변에 있는 수많은 그리스도인의 주교 신분으로 돌아갈 겁니다. 그동안에는 비밀 요원들의 도움으로 그들과 연락을 취하고 있습니다. 저는 수많은 편지들을 매주 써서 카르타고에 있는 저의 사제들(presbyters)과―신부들(priests)에 해당하는 우리 쪽 용어죠―부제(副祭)들에게 보냅니다. 그리고 북아프리카 전역에 있는 동료 주교들에게도 편지를 씁니다.

기자　　　　여기 오기 바로 전에, 우리 대제국의 동부 지역인 알렉산드리아와 카이사레아(Caesarea) 지역을 여행했습니다. 거기서 존경할 만한 기독교 철학자 오리게네스를 만났습니다. 그와 그의 저술들에 관해 어떻게 생각하시는지요? 그의 철학적인 형태의 기독교에 찬성하십니까? 제가 그에게 관심을 가지게 된 이유는 그리스도인도 아닌 어떤 한 귀부인이 돈을 지불하면서까지 그에게 철학을 배워서입니다.

키프리아누스   저는 그가 지나치게 플라톤주의자들의 영향을 받았다고 생각합니다. 플라톤주의자라 함은 동방에 있는 수많은 그리스 철학자를 뜻합니다. 저는 영혼의 선재와 보편구원에 관한 그의 가르침에 대해 걱정하고 있습니다. 일반적으로 말해서, 카르타고와 그 주변에 있는 우리는 삼층천(three heavens)이나 칠층천(seven heavens)이 있는지에 관해 숙고하기보다는 교회를 연합시키는 것과 교회의 질서를 보존하는 데 더 관심이 있습니다.

기자   무슨 말씀인지요?

키프리아누스   그냥 하나의 속담입니다. "얼마나 많은 천사들이 바늘귀에서 춤출 수 있는가?" 그것은 철학이나 신학에서 전혀 쓸모없는 사변을 나타냅니다.

기자   좋습니다. 다음 주제로 넘어가죠. 이건 정곡을 찌르는 문제이기도 한데 독립적 그리스도인들에 대해 어떻게 생각하시는지요? 제가 조사한 바로는 그리스도인들이 여러 쟁점 사항에 있어서 깊이 나뉘었다는 것을 발견했습니다. 어떤 사람은 고문하에 그리스도를 부인했던 사람들이 교회로 돌아오는 것을 받아들이려 하지만, 또 다른 사람은 그들을 거부하려고 합니다. 그리스도에 대한 믿음 때문에 고난을 받고 있는 사람들은, 일단 박해가 끝나게 되면 그들이 이 쟁점 사안을 결정할 권위를 가져야 한다고 주장하고 있습니다.

키프리아누스   네. 과거 카르타고에서 그리고 바다 건너 로마에서 로마 당국의 고문에도 불구하고 그리스도를 전혀 부인하지 않고 살아남은 소위 고백자들 중 일부가 우리 주교들의 권한을 빼앗으려 한다는 보고를 들었습니다. 그들에게 쓴 편지에서, 저는 그들이 그들의 영역을 넘어서는 것을 멈추라고 요구했습니다. 오직 주교만이 하나님의 이름으로 죄를 용서할 수 있고 배교한 그리스도인을 완전한 교제 안으로 돌아오게 할 수 있습니다. 우리 주교들은 그 권위를 사제들에게 위임할 수 있습니다. 그러나 고백자들을 포함한 일반 평신도는 그렇게 할 수 없습니다. 절대요. 그들은 그런 중대한 영적 결정을 스스로 내릴 수 없습니다.

기자   그렇다면 도처에서 횡행하는 그리스도인들의 새로운 분파에 대해서는 어떻게 생각하세요? 박해에도 불구하고 그들은 넘쳐납니다. 누가 모든 그리스도인을 대변해서 말하는지, 심지어 누가 참된 그리스도인인지 우리 로마인들이 어떻게 알 수 있을까요?

키프리아누스   참된 그리스도인은 예수 그리스도를 믿는 세례 받은 신자입니다. 신자는 그리스도의 교회의 참된 주교의 지도와 권위 아래에서 예배합니다. 참된 주교는 사도적 승계 안에서 안수받고, 사도들 이래로 항상 배우고 믿었던 것을 가르칩니다. 그는 다른 모든 사도적 주교들과 교제 안에 있습니다. 오직 주교만이 그의 권위로 모든 그리스도인을 대변할 수 있습니다.

기자   그렇다면 다른 그리스도인들은요? 만일 그들이 주교 외의 누군가를 따르거나 주교에 필적하는 자를 자신들만의 주교로 임명하는 많은 분파 중 하나에 참가한다면, 그들은 그리스도인이 아닌가요?

키프리아누스   저의 모토는 "누구든지 교회를 어머니로 모시지 않는 자는 하나님을 아버지로 모실 수 없다!"입니다. 또 다른 모토는 "교회 밖에는 구원이 없다"입니다. 그리고 제가 여기서 "교회"라고 말하는 것은 사도들이 처음 지명한 일련의 주교들이 이끈 원래의, 보편적인, 정통 교회를 의미합니다. 이런 강경한 진리는 우리가 믿는 종교의 일치성과 온전함을 유지하는 데 있어서 필수적입니다. 우리는 신앙의 일치를 가져야 합니다. 그리고 신앙의 일치는 교회의 가시적 일치에 의존하고, 교회의 일치는 주교들에 의존합니다.

기자　　　하지만 다른 그리스도인들이 경쟁 교회를 형성하는 것과 그들 자신의 주교를 세우는 것을 어떻게 저지하실 건가요?

키프리아누스　지금은 방법이 없습니다. 우리 모두가 박해를 받고 있기 때문에 우리에게는 교회를 일치시키고, 이단과 분리주의자들을 배척하고, 그들이 그들의 작은 모임을 "교회"라 부르는 것을 막을 어떤 법적 권위도 갖고 있지 않습니다. 그래서 우리는 설득의 힘에 의존해야 합니다. 그러나 저는 언젠가 그리스도인 황제가 생길 것을 예언합니다. 하나님은 교회를 일치시키고 문제를 일으키는 자들과 가짜 그리스도인들을 배제하기 위해 그를 세울 것입니다.

기자　　　그리스도인 황제요? 말도 안 됩니다. 그런 일은 결코 일어나지 않을 겁니다!

키프리아누스　하나님에게는 모든 것이 가능합니다.

기자　　　그러나 당신은 그것을 진정 원하시나요? 로마 황제가 참된 그리스도인이 될 수 있나요? 당신은 그리스도인들이 칼을 지니는 것조차도 허락하지 않는데 어떻게 황제를 그리스도인으로 생각할 수 있나요?

키프리아누스　저는 그것을 하나님께 맡길 겁니다.

기자　　　좋습니다. 그러면 다른 주제로 넘어가죠. 로마에는 코르넬리우스라는 주교가 있습니다. 그는 교회 조직에 대한 당신의 견해가 소용이 없을 것이라고 주장하고 있습니다. 그는 다른 모든 주교들 위에 한명의 총괄하는 최고 주교가 있어야 한다고 말하고 있습니다. 그리고 그 주교는 반드시 로마의 주교여야 한다는 것인데요, 다시 말하면, 자기 자신입니다. 그것에 대해 어떻게 생각하시는지요?

키프리아누스   우리는 로마의 주교를 주교들 가운데 특별한 영예를 지닌 "대표"로 받아들일 준비가 되어 있습니다. 그러나 그는 주교들을 통치할 수 없습니다. 그의 명령은 우리의 동의가 있어야 가능합니다. 제국 전역에 있는 모든 주교들의 동의가 교회 내에서 궁극적인 실제적 권위입니다.

기자   괜찮으시다면 주제를 살짝 바꿔보겠습니다. 계속 회자되고 있는 논쟁이 하나 있습니다. 그 논쟁은, 그리스도인들 가운데 누가 "구원받는" 것을 결정할 수 있으며, 누가 한 사람이 구원 혹은 용서받을 수 있을지를 결정할 수 있습니까? 당신들 주교들이 보기에 한 사람이 그리스도인이 되고 하나님의 은혜를 입고 그분의 본성에 참여하는 올바른 방법이 무엇이라고 생각하시나요? 이것에 대해 설명해주실 수 있을까요?

키프리아누스   아시다시피 그게 바로 저와 코르넬리우스 주교 사이의 논쟁이 실제적이 되는 지점이죠. 저는 교구를 담당하는 지역주교가 이같은 문제를 결정해야 한다고 생각합니다. 참고로 교구는 기독교회가 있는 지역을 뜻하는 용어입니다. 특히 배교한 그리스도인이 다시 교회에 들어올 수 있는지, 그리고 어떤 조건하에서 그렇게 할 수 있는지 결정할 때는 더욱 그렇게 해야 합니다. 코르넬리우스는 로마의 주교만이 그런 문제의 최종 결정권을 행사할 수 있으며 지역 주교의 결정도 기각할 수 있다고 말합니다. 우리 모두가 확실하게 동의하는 건 오직 하나님만이 죄를 용서하실 수 있다는 것입니다. 쟁점은 지상의 질서에 관한 것이죠. 즉 하나님의 죄 사함 받았음을 선포하는 권위를 누구에게 위임했는가 하는 것입니다.

기자   좋습니다. 그건 쟁점의 정치적 측면이군요. 자, 어떻게 저와 같은 사람이 그리스도인이 될 수 있는지에 대해 정확히 말씀해주시죠.

키프리아누스   그것은 세례 즉 "중생의 씻음"(bath of regeneration)이나 "생수의 대야"(laver of saving water)와 더불어 시작합니다. 그리스도를 믿는 믿음과 죄에 대한 참된 회개를 가지고 세례반(baptismal font, 세례식 때 사용하는 성수를 담는 구조물 – 역주) 앞에 나와 성부와 성자와 성령의 이름으로 물세례를 받을 때, 그 사람은 자동적으로 성령의 사역을 통해 구원받고 그리스도의 가족의 일원이 됩니다. 세례 받는 누구든지 하나님 자신의 신적 존재에 참여하게 됩니다.

기자   그런데 만일 세례 이후에 세례 받은 사람이 당신이 죄라고 여기는 것에 빠지게 된다면 어떻게 되는 건가요?

키프리아누스   그런 다음 주교는 그에게 통회의 기도(acts of contrition)를 지정해줍니다. 이는 보통 주교의 매개자인 사제를 통해 수행됩니다. 우리는 이를 참회라 부르죠. 우리는 이를 통해 그 자가 용서받고 회복되기 원한다는 것을 추정합니다. 주교들은 이에 대한 지침을 기록하기 위해 노력하고 있습니다. 이는 "참회 체계"라고 불릴 것이며 가톨릭교회와 정교회에서 표준화되기를 바라고 있습니다.

기자   예를 들어주시겠습니까? 제가 간음을 행한 세례 받은 그리스도인이라 가정해보죠. 그리고 저는 용서받기를 원합니다.

키프리아누스   저는 당신에게 한 달 동안 하루에 두 번씩 간절한 기도를 드리고 가난한 자들에게 상당한 금액의 자선을 베풀 것을 권하겠습니다. 이 참회 과정에 도움을 줄 수 있는 부제나 사제를 지정해드릴 겁니다. 당신이 그것을 진심으로 수행하고 끝까지 포기하지 않는 한, 당신은 용서받습니다. 하나님은 우리에게 주교를 주셨습니다. 주교는 "하나님 나라의 열쇠"를 가진 자입니다. 그래서 우리가 용서하는 죄는 하늘에서도 용서받죠.

기자　　　　꽤 힘들겠는데요? 제 뜻은, 많은 남자와 몇몇의 여자들이 항시 이렇게 하고 있어야 하지 않나요? 그렇다면 그들은 어떻게 정상적인 삶을 영위할 수 있는가요?

키프리아누스　이건 이단이자 분리주의자인 노바티아누스가 참회하는 죄인들에게 권하는 것과 비교하면 아무것도 아닙니다. 그는 그들 대부분을 배척하거나, 그들이 회복될 수 있기도 전에 그들에게 극도로 가혹하고 엄격한 과제를 줍니다. 그는 우리 주교들이 그런 문제를 결정할 수 있는 권위를 가지고 있지 않다고 생각합니다. 그래서 그의 추종자들은 소위 순전한 자들로만 구성된 가짜 교회를 세우지요.

기자　　　　지금 그 말씀을 들으니 노바티아누스주의자와 같은 분리주의 교회에 관해 질문하고 싶습니다.

키프리아누스　제가 이미 말씀드렸다시피, 참된 교회는 주교가 있는 곳입니다. 하나님의 영은 주교와 함께 계시죠. 교회를 떠나는 자들은 하나님의 영이 함께하지 않습니다. 그들은 교회를 분리하고 떠나려고 함으로써 교회로부터 스스로 자신들을 몰아내지요.

기자　　　　감사합니다. 키프리아누스 주교님. 이제 낙타가 오는 것이 보이네요. 달려가서 마차를 잡아야겠습니다. 이 대화가 출간될 때 「로마 타임즈」를 한 부 보내드리겠습니다. 그럼, 조심히 지내시길 바랍니다.

키프리아누스　하나님이 당신과 동행하길 바라며 당신의 이교도적 삶에 대한 참된 슬픔과 참회를 통해 당신을 하나님께로 이끌어가기 원합니다. 만일 당신이 회개한다면 당신에게 세례를 베풀고 싶군요!

분석

교회의 권위에 관한 키프리아누스의 사상은 완전히 새로운 것은 아니었다. 그러나 긴박한 환경은 그로 하여금 자신의 사상을 체계적으로 정리하고 그것들을 강력하게 주장하도록 만들었다. 3세기 중엽에 있었던 제국 전역에 걸친 박해가 새로운 정책들을 끌어내는 일련의 환경을 만들어 냈다. 키프리아누스는 주교, 용서, 권위에 관한 공통의 개념을 이끌어내고 그것들을 설득적인 방법으로 진술했다. 그리고 그의 개인적인 명성이 그리스도인들로 하여금 그의 사상을 폭넓게 수용하도록 만들었다.

개신교도들이 여기서 주목해야 하는 한 가지는, 교회의 일치에 대한 키프리아누스의 헌신이다. 그는 하나뿐이어야 하는 기독교회가 하나 보다 더 있을 수 있다는 가능성을 그저 고려할 수 없었다. 같은 도시에 두 주교? 결코 그럴 수 없다. 같은 도시에 있는 두 개, 세 개 혹은 네 개의 기독교 회중이 서로 협력하지 않거나 친교를 나누지 않는다? 결코 그럴 수 없다. 그 때문에 몇몇 그리스도인이 그들 자신의 대립 교회를 세우고 그들 자신의 대립 주교를 지명하기 시작했을 때, 키프리아누스는 공포에 휩싸여 하나이고 참된 주교가 있는 교회가 없이는 구원이 없다는 그의 주장과 같은 강경한 규범을 만들었다.

의심할 필요 없이 키프리아누스는 무인도나 동굴 같은 곳에서 떨어져 살아가는 외로운 기독교 개종자에 대해 말하고 있지 않았다. 그가 염두에 두었던 사람은 의도적이고 고의적으로 고향에 있는 자신의 주교의 교회를 버리고 대립 교회를 세우려고 애쓰는 사람이다. 키프리아누스에 따르면, 이런 사람은 그리스도인이 아니다.

그런 생각은 오늘날 특히 개신교에서는 편협하거나 심지어 별난 것처럼 들린다. 개신교는 분열에 익숙해져 있다. 미국에 250개 이상의 개신교 교파가 있다는 사실을 키프리아누스가 알게 되면 기겁을 할지도 모른다. 과거의 그리스도인 대부분도 대경실색할 것이다! 로마 가톨릭교회는 그리스도의 한 몸이라는 가시적이고 제도적인 일치를 여전히 믿는다. 그들은 교회 밖에는 구원이 없다는 데 동의하지 않을 수 있다. 하지만 키프리아누스가 믿는 것과 같이 그들은 구원이 하나의 교회의 삶 내에서 독특하게 베풀어지고 경험될 것을 믿는다. 스스로를 그리스도인이라 부르는 아웃사이더들은 기껏해야 "분리된 형제자매"이다. 그러나 이는 로마 가톨릭교회와의 일종의 신비한 일치로 인해야만 가능하다. 최근 2007년까지만 해도, 교황 베네딕트 16세(Benedict XVI)는 로마 가톨릭에게 개신교 모임을 "교회"로 언급하지 못하도록 명했다. 오직 로마 가톨릭교회만이 참된 교회다. 개신교 모임은 "교회 공동체" 즉 범교회 조직(parachurch organizations)으로 여겨졌다.

가시적이며 제도적인 일치를 높이 평가하는 또 다른 교회는 앵글리칸 교회(Anglican Church)로 알려진 영국 국교회(Church of England)다. 영국 국교회는 스스로를 가톨릭으로 간주한다. 이는 영국의 유일하고 보편적인 기독교회다. 법까지는 아니라 하더라도, 관습상 영국에서는 오직 영국 국교회 회중만이 그들 자신을 "교회"라 부를 수 있다. 나머지 회중은 "예배당" 또는 "모임"으로 불린다. 다른 개신교 공동체들 역시 가시적이며 제도적인 일치를 높이 평가한다. 그러나 이런 공동체와는 정반대편에 있는 침례교파와 같은 공동체도 있다. 침례교파는 북미에서 적어도 57개의 분파로 나뉘어 있지만 분열에 대해 특별히 신경 쓰지 않는다. 그들에게는 각각의 개별 회중이 "교회" 즉 그리스도의 몸이다. 그 너머에는 교회의 가시적이며 제도적인 일치는 없다. 침례교인들과 그 외의 자유교회 개신교인들은 세계 속에 퍼져 있는 그리스도의 몸에 대한 보이지 않는 일치에 관해 이야기한다.

키프리아누스는 자신 이전과 이후의 많은 기독교 지도자들처럼 양립 가능하지 않은 두 가지 이상을 붙잡으려고 필사적으로 애쓴다. 하나는 교회의 가시적이고 제도적인 일치이며, 또 다른 하나는 교회를 이끄는 다수 주교의 동등한 협력 관계다. 로마 주교인 코르넬리우스는 그 안에 내재하는 문제를 보았다. 그래서 그는 자신을 비롯해 자신 이전과 이후의 모든 로마 주교를 그리스도 아래에서 전체 교회를 총괄하는 유일한 최고의 권위로 선포함으로써 교회의 일치를 유지하려 했다. 결국 현재 로마 가톨릭으로 불리는 서방 교회는 일치를 유지하기 위해 코르넬리우스의 모델을 택했고 동방 정교회는 오늘날까지 키프리아누스의 모델을 수용하고 있다. 마찬가지로 영국 국교회도 영국 군주와 캔터베리 대주교가 일치의 상징적인 최고위자임에도 불구하고 키프리아누스의 모델을 수용하고 있다.

키프리아누스는 오늘날의 그리스도인들과 어떻게 관련되어 있는가? 적어도 기독교 일치에 대한 그의 우려는 분열된 개신교에 호소할 수 있다. 어쩌면 개신교는 분열을 향한 자신의 명백한 애정 혹은 안일함에 대해 회개할 수도 있다. 어찌되었건 예수는 요한복음 17장에서 그의 제자들 간의 일치에 대해 기도하셨다. 그리고 그는 자신을 따르는 모든 이들의 일치에 대해서도 기도하셨다. 만일 우리가 그리스도의 제자라면, 어떻게 분열에 만족할 수 있는가? 우리는 키프리아누스처럼 "교회 밖에는 구원이 없다"고 선포하는 데까지 나아갈 필요는 없지만, 교회를 구원의 수단으로 인정할 수는 있다. 강력한 기독교 제자 훈련을 교회 밖에서, 그리고 교회를 떠나서도 받을 수 있다는 전반적인 사상은 근대적이며 미국적인 개념이다.

키프리아누스가 교회사에 기여한 가장 중요한 공헌은 오직 주교만이 누구의 죄가 용서되고 또 어떤 조건하에서 용서되는지 결정할 수 있다는 그의 사상이다. 그는 교회의 위계적인 모형을 강조했지만 그가 이를 고안해내지 않았다는 것은 확실하다. 110년경에 로마에서 순교한 초기 교회 교부인 안디옥의 이그나티우스(Ignatius of Antioch)는, 자신이 주교를 꽤 높은 지위로 승화시켰고 그리스도인들이 그리스도에게 순종하듯이 주교에게 순종할 것을 명하는 편지를 썼다. 키프리아누스는 죄를 용서하는 것, 아니면 적어도 누구의 죄가 용서받았는지를 결정하는 권위 없이는 그런 권위를 가질 수 있는 다른 방법은 없다고 했다. 그렇게 해서 세부적인 참회 제도가 중세시대에 숲처럼 왕성하게 자라기 시작했고, 이에 반대하던 마르틴 루터가 1517년에 참회 제도 특히 면죄부를 구매하는 것에 정면으로 반기를 들고 나섰다.

개신교는 키프리아누스 때로 되돌아가는 로마 가톨릭교회의 참회 제도에 명백한 불편함을 느낀다. 그러나 개신교가 혹시 원치 않은 것을 없애려다 소중한 것까지 잃지 않았는지 묻고 싶다. 개신교가 용서받음을 너무 쉽게 만들어 결국 일반 그리스도인이 자기 자신을 직접 용서하고 있지 않는가? 서로에게 우리의 죄를 고백하라는 성서의 명령은 어떤가? 우리는 종종 어떤 것에 대해 과잉 반응한다. 이 경우에도 우리는 키프리아누스에게 과잉 반응하는 것 같다. 우리에게는 참회 시스템이 필요하지 않지만 그리스도의 몸 안에서 서로를 책임지는 방법을 모색해서 사용하는 건 좋을 것이다.

더 읽을 책

Burns, J. Patout, Jr. *Cyprian the Bishop*. New York: Routledge, 2001.

Von Campenhausen, Hans. *The Fathers of the Western Church*. Translated by Manfred Hoffman. Stanford, CA: Stanford University Press, 1964.

06

4세기 알렉산드리아 출신의
부제 아타나시오스와 사제 아리우스가
니케아 공의회에 관해 인터뷰하다

배경

325년에 자신을 그리스도인이라 불렀던 첫 번째 로마 황제가 제국 전역에 있는 모든 기독교 주교들의 모임을 소집했다. 주교들은 니케아로 와야 했고 그 근처에서 황제는 그의 새로운 수도인 콘스탄티노플을 이미 존재하던 도시인 비잔티움의 터 위에 세우기 시작했다. 겸손하게도 콘스탄티누스는 새 수도를 자신의 이름을 따서 지었다. 그때부터 로마 황제는 그곳에서 살면서 종종 로마로 여행했다. 때로는 두 명의 황제가 있기도 했었다. 한 명은 로마에 있었고 다른 한 명은 콘스탄티노플에 있었다. 로마가 야만족에게 점령되었을 때, 콘스탄티노플은 이미 사실상 제국의 수도였다. "로마" 제국은 무슬림에게 몰락한 1453년까지 콘스탄티노플 주변에서 계속해서 존재했다.

콘스탄티누스 황제는 그의 새 수도가 세워질 때까지 니케아에서 살았다. 그는 알렉산드리아에서부터 시작된 신학적 논쟁이 제국의 그리스도인들을 분열시키고 있다는 소문을 들었다. 이 논쟁은 예수 그리스도 안에서 인간이 되신 하나님의 아들, 로고스, 또는 말씀의 신분에 집중되어 있었다. 다시 말해서 그것은 하나님과 동등한 예수 그리스도의 신분에 관한 것이었다.

318/319년경부터 알렉산드리아에서 아리우스라고 불리는 한 야심만만한 사제가 "아들이 없었던 때가 있었다"는 가르침으로 알렉산드로스 주교의 권위에 도전하기 시작했다. 알렉산드로스 주교는 하나님의 아들의 영속성을 강하게 믿었기에 성육신한 아들인 예수 그리스도의 신성도 믿었다. 아리우스와 알렉산드로스 모두 알렉산드리아의 위대한 신학자인

오리게네스의 신학을 사용해 자신의 주장을 뒷받침할 수 있었다. (성부와 성자/로고스/말씀의 관계성에 대한 오리게네스의 모호한 입장에 대해서는 4장의 대화를 보라).

아리우스는 알렉산드리아에서 추종자들을 모았고 머지않아 다른 지역에 있는 몇몇 주교의 후원도 얻었다. 주교들 사이의 논쟁이 너무 과열되어 콘스탄티누스 황제가 직접 개입해서 문제를 해결하기로 했다. 325년, 황제는 안전한 통행을 약속하면서 모든 기독교 주교들에게 니케아로 올 것을 명령했다. 250명에서 300명 사이의 주교들이 모였다(누군가는 늦게 도착했고 누군가는 일찍 떠나서 의회 동안 참석자의 숫자에 변화가 있다). 이는 첫 번째 에큐메니칼(보편적) 기독교 주교 의회였다. 가톨릭-정교회(catholic-orthodox church)의 주교만이 초대되었고 콘스탄티누스는 누가 그 범주에 속해 있다고 여겨지는지에 관해 할 말이 많았다. 몇몇 경쟁 구도에 있는 주교들은 배제되었다. 맨 처음부터, 황제는 교회의 신학적 안건에 간섭했다.

주교들이 모였고, 콘스탄티누스는 그들보다 높은 곳에 마련된 왕좌에 앉았다. 그는 스스로를 "13번째 사도" 그리고 "모든 주교 중의 주교"라고 선포했다. 그런 다음 누군가가 성자와 성부 사이의 관계성에 관한 선언문을 읽으면서 전자가 후자에게 종속하며 성자는 영원하지 않은 피조물에 불과하다고 선포했다. 그러자 한 주교가 앞으로 나와서 선언문을 읽은 자의 손에서 두루마리를 낚아채 바닥에 던져 짓밟았다. 전해오는 이야기에 따르면, 주교들 사이에서 주먹다짐이 일어났다고 한다. 콘스탄티누스는 질서를 회복했고, 모임은 성자의 신성에 관한 교회의 가르침을 명확하게 보여주는 신앙고백을 작성할 것을 결정함과 동시에 재개되었다. 이 고백문은 교회 안에서 법적 효력을 가지고 있었고 고백문에 서명하지 않은 자들은 배척되었다.

공의회에서 아타나시오스 부제는 알렉산드로스 주교의 조수였다. 오직 주교만이 투표할 수 있었기에 그는 투표할 수 없었다. 논쟁을 부추겼던 아리우스 사제는 주교도 아니었고 주교와 연결되어 있지도 않았기 때문에 회의실에 들어오지도 못했다. 그러나 주교들 중에는 그를 지지하는 자들이 있었다. 당시 아타나시오스는 19살밖에 되지 않았지만 영적이며 신학적인 문제들에 있어서 매우 조숙하다고 널리 알려져 있었다. 이 인터뷰/대화는 순전히 가상적인 것이다. 아리우스와 아타나시오스가 이렇게 일찍 만들지도 않았던 몇몇 진술을 그들의 대화에 포함시켰다. 그들과 그들의 추종자들의 신학적 차이를 드러내기 위해, 역사를 내 나름대로 바꿔 그들이 훨씬 후에 말했거나 썼던 내용을 이 대화에 넣었다.

사람들의 말에 따르면, 아타나시오스는 별로 호감이 가는 사람이 아니었다고 한다. 특히 그의 이단 상대자들에게는 더욱 그랬다. 일부 친구들조차 이단에 반대하는 그의 발언이 도를 지나쳤다고 생각했다. 그러나 우리는 그가 예수 그리스도의 완전한 신성, 즉 기독교 신앙의 핵심을 위해 싸웠다는 것을 기억해야 한다.

대화

기자　　　　아리우스, 당신부터 인터뷰를 시작해보겠습니다.
아리우스　　죄송합니다만, "아리우스 교부"라고 부르셔야 합니다. 아시다시피, 저는 사제입니다.
아타나시오스　지금은 그럴지 모르지만 그 명칭이 오래가지는 않을 겁니다!
아리우스　　조용히 해주셨으면 좋겠네요, 젊은이. 저는 사제지만 당신은 그저 부제일 뿐입니다.

아타나시오스   제가 말했듯이 "지금"은 그렇죠. 우리의 알렉산드로스 주교님은 당신을 이미 한 번 파면했었습니다. 저는 이 공의회가 당신의 영원한 파면 내지는 더 나쁜 결과를 가져다줄 것이라고 확신합니다. 저는 황제가 당신과 당신의 추종자들을 추방으로 벌할 것으로 예상합니다.

기자   (끼어들면서) 실례합니다, 여러분. 제가 몇 가지 질문해도 되겠습니까? 당신들 모두 잘 아시겠지만, 알렉산드리아에 있는 우리 독자들은 여기서 무엇이 벌어지고 있는지에 관해 아주 관심이 많습니다. 이전에는 그리스도인들 사이의 논쟁이 제국의 통치자들의 관심을 전혀 얻지 못했었죠. 이것은 중대한 사건입니다. 그래서 말입니다만, 아타나시오스, 회의실 내에서 어떤 일이 일어나고 있는지 말씀해주시겠습니까?

아타나시오스   여기 아리우스를 지지하는 주교 한 명이 일어서서 우리 주 예수 그리스도에 대해 이단적 주장을 하는 아리우스의 상세한 진술문을 읽었습니다. 그가 그 진술문을 읽을 때, 많은 주교와 그 조수들이 그를 향해 야유를 퍼부었지요. 결국 어느 한 명이 앞으로 나아가 두루마리를 그의 손에서 빼앗아 바닥에 집어 던지고 짓밟았습니다. 전면적인 난투극이 벌어져서 황제가 강제로 군중을 안정시켜야 했습니다.

기자   저런! 볼 만한 광경이었겠네요! 저에게 주교들의 이름을 알려주실 수 있나요? 누가 누구를 공격했나요? 출혈이 있었나요?

아타나시오스   당신 같은 언론인들은 사건을 자극적으로 만들기를 정말 좋아하는 것 같습니다. 그렇지 않나요? 저는 당신을 돕지 않으렵니다. 적절한 예의를 지키지 못한 건 안타깝지만 이단이 드러낸 끔찍한 주장에 비추어보면 이해할 만합니다. 이제부터는, 공의회의 토의가 차분해질 것을 확신합니다.

아리우스　　　그렇게 확신하지 마시길. 진리는 항상 나뉘게 됩니다. 당신도 알다시피 알렉산드리아에서도 그랬죠. 거리에는 폭동이 일어났고 당신과 알렉산드로스 주교의 지지자들은 제 제자들 중 몇 명을 공격했죠.

아타나시오스　　글쎄요. 만일 당신과 당신의 추종자들이 "성자가 없었던 때가 있었다!"와 같은 어리석은 슬로건을 외치면서 거리와 성당 앞을 행진하지 않았더라면 그런 일은 발생하지 않았을지도 모르죠. 당신과 당신의 제자들은 뒤따라 일어난 폭동에 책임이 있습니다.

아리우스　　　전혀요! 저를 사제라는 직제로부터 파면하려 함으로써 거리 폭력을 조장했던 것은 바로 당신과 알렉산드로스 주교였습니다.

아타나시오스　　우리 주교에게는 선택의 여지가 없었습니다. 그는 당신에게 당신의 주장을 철회할 충분한 기회를 주었지만 당신이 거절했죠. 그는 당신을 침묵케 하라는 엄청난 압박을 받고 있었기에 어떤 것이라도 해야만 했습니다.

기자　　　　　음. 실례합니다만, 인터뷰로 돌아가도 될까요? 저는 그런 것들에 대해 이미 다 알고 있습니다. 우리는 「트리뷴 헤럴드」에서 그것에 관한 연속 기획물을 보도했죠. 저는 바로 여기 니케아에서 지금 일어나고 있는 일과 미래에 일어날 가능성이 있는 일에 관한 정보가 필요합니다.

아타나시오스　　좋습니다. 당신이 써야 할 것이 있습니다. 여기 모인 주교들은 신조를 작성하기로 결정했습니다. 이 신조는 세계 전역에 있는 모든 주교가 다 서명해야 하는, 기독교 신앙에 대한 구속력 있는 진술입니다.

기자　　　　　신조요? 그게 뭐죠?

아타나시오스　　신앙의 규범 같은 것입니다. 다만 매우 형식을 차린 공식적이고 구속력 있는 문서라고 할 수 있지요. 한 사람이 그리스도인이 되기 위해 믿어야 하는 모든 것이 그 문서 안에 있을 겁니다.

아리우스　　저는 그게 다소 의심스럽습니다. 너는 말하고 나는 듣는 방식으로만 일이 진행된다면, 그 신조는 예수 그리스도가 되신 로고스, 즉 하나님의 말씀에 관한 진리를 억제할 겁니다.

기자　　좋습니다, 좋아요. 흥미진진하군요. 더 말해보시죠, 아리우스. 당신이 말하는 이 "진리"란 무엇인가요?

아리우스　　제가 여러 해 동안 주장해왔듯이, 로고스 또는 말씀으로 알려진 하나님의 아들이 동정녀 마리아를 통해 예수 그리스도 안에서 인간이 되셨습니다. 그가 아버지로부터 나신 분이라는 사실이 바로 그가 성부와 같은 하나님이 아니라는 것을 증명합니다. 성부는 영원한 하나님이십니다. 성자는 그의 투영이며 하나님의 첫 번째이자 이제껏 만드신 가장 위대한 피조물입니다. "태어나다"는 "만들어졌다"라는 것을 의미합니다. 그래서 하나님의 아들은 과거 어느 시점에서 만들어진 게 분명합니다.

아타나시오스　　신성모독이군요. 하나님의 아들을 피조물이라고 부르다니! 어떻게 피조물이 우리를 구원할 수 있죠? 어떻게 피조물이 인간과 하나님 사이의 참된 중재자가 될 수 있죠? 그리고 어떻게 성부가 말씀을 창조하기도 전에 "아버지"일 수 있는 건가요? 그가 만일 아버지가 되었다면 그건 변화를 의미합니다. 하지만 우리 모두는 하나님은 변할 수 없다는 사실을 알고 있습니다. 하나님의 아들의 "탄생"은 영원한 것일 수밖에 없습니다. 그는 영원토록 아버지로부터 나왔습니다.

아리우스　　그것은 전혀 말이 되지 않습니다, 아타나시오스. 생각해보세요. 만일 그가 성부와 동등한 영원한 하나님이라면, 어떻게 그가 바울이 로마서에서 말하듯이 "많은 아들 가운데 첫째"일 수 있는가요? 그리고 그가 하나님이었다면 어떻게 성자가 삶에 있어서 우리의 본보기가 될 수 있나요? 그랬더라면 그가 우리보다 유리한 입장에 있었을 것이므로 우리는 그를 모방조차 하지 못했을 겁니다. 확실한 건 그는 유혹을 극복했던 피조물이었습니다. 비록 그가 유혹에 항복할 수 있었을지라도 말이죠. 만일 그가 하나님이었다면, 그는 유혹을 받을 수 없었을 것입니다. 그러나 그는 유혹을 받았습니다. 그리고 만약 그가 하나님이었다면, 죄 없음은 성취가 아니라 주어진 것이었겠죠. 만약 이 모든 게 참이라면, 그는 우리를 위한 어떤 본보기도 되지 않습니다.

아타나시오스 당신과 당신의 지지자들, 예컨대 니코메디아의 에우세비오스(Eusebius of Nicomedia) 주교 같은 사람들은 성서를 당신의 이단 주장을 뒷받침하기 위해 사용해야 한다고 주장합니다. 그러나 믿음 안에 있는 우리 교부들이 알고 있었던 것처럼, 성서는 믿는 자들에게 속한 것입니다. 우리는 신앙의 규범을 굳게 지키고 있습니다. 이는 사도들에게서 전해져 내려온 것이며 성서의 해석에 대한 독점적인 권리를 물려받았다는 것을 뜻합니다. 그리고 신앙의 규범은 성육신을 통해 예수가 되었던 성자의 신성을 항상 확증했습니다.

아리우스 잠깐만요, 어린 부제님. 이에 대한 교부들의 신앙의 규범은 당신이 말한 것처럼 분명하지 않았습니다. 우리의 위대한 알렉산드리아의 영웅 오리게네스를 생각해보세요. 그는 성자를 성부에 종속시켰습니다. 그리고 그는 기록된 말씀과 사도들의 저술에 푹 빠져서 지냈습니다. 오리게네스는 알고 있었습니다. 만일 성자가 모든 신성에서 성부와 동등하다면, 우리는 두 하나님을 모시고 있고 하나님은 변할 수 있다는 것을요. 그게 아니라면 우리는 세 현현을 지닌 하나의 신적 인격을 모시고 있다는 것입니다. 이게 바로 이단인 사벨리우스(Sabellius)의 가르침입니다. 하나님의 아들과 성부와 성령은 단지 하나이자 숨겨진 하나님의 현현이라는 것이죠. 보세요. 만일 성자와 성부가 신성에 있어서 동일하다면, 그들은 같은 "물체"이자 같은 본질을 지니고 있습니다. 만일 그렇다면, 그들은 동일합니다. 하지만 그렇게 된다면 성부와 성자의 구분도 무너지게 되겠죠.

아타나시오스 그게 바로 당신과 당신의 지지자들의 논쟁거리이지 않나요? 저는 에우세비오스 주교가 회의장 내부에서 이와 비슷한 말을 하는 것을 들었습니다. 회의 중 쉬는 시간에 그는 다른 주교와 논쟁하면서 만일 공의회가 성자와 성부의 동등성을 확증하게 된다면, 양태론이라는 이단이 창궐할 것이라고 했습니다. 우리는 이에 동의하지 않습니다. 그리스도인들은 하나님을 단 하나의 영광스런 존재, 그리고 경배 받으실 단 한 분으로 항상 믿어왔습니다. 그러나 동시에 그 하나의 신적 존재를 구성하는 세 위격, 즉 성부, 성자, 성령이 있음도 믿습니다. 성자는 영원히 성부로부터 나오고, 성령은 영원히 성부가 불어 내쉬는 숨입니다.

기자 글쎄요, 아타나시오스, 당신은 당신의 주장이 다소 이해하기 어렵다는 것을 인정해야 할 겁니다. 아리우스의 교리가 훨씬 더 이해하기 쉽네요.

아타나시오스 이단의 주장은 항상 단순하지만 진리는 언제나 복잡합니다. 아리우스의 주장에서 나타나는 그 단순함이 바로 그 자신이 이단임을 폭로해주네요. 삼위일체라는 위대한 하나님의 신비가 터져 나온 이유는 삼위일체에 대한 합리적인 그림을 보여주기 위해서입니다. 문제는 아리우스의 관점에는 "삼위일체"가 없다는 것입니다. 만약 아리우스가 옳다면 (그가 옳지 않다는 건 확실합니다만) 오직 성부만이 참하나님이시고 성자와 성령은 피조물입니다. 그 주장은 복음의 핵심을 잘라버린 격입니다. 복음에서 성자는 구세주이셔야 하고 구세주는 참신이자 참 인간이어야 합니다.

아리우스　　역설이네요. 아니, 있는 그대로 말하겠습니다. 그건 순전한 모순입니다! 당신은 이성적인 사람들에게 불가능한 것을 믿도록 요구하고 있군요. 어떻게 하나의 존재가 세 존재일 수 있나요? 아니면 세 명의 신들의 연합을 찬성하기 위해 일신론을 버리시는 건가요?

아타나시오스　　어리석군요! 물론 아닙니다. 우리 정통 그리스도인은 삼위일체가 신비라는 것과 하나님이 한 분이신 동시에 세 분이심을 반드시 고백해야 한다는 주장을 항상 고수해왔습니다.

기자　　어떻게 아닐 수 있죠? 저에게는 모순처럼 들리는데요!

아타나시오스　　좋습니다. 그렇다면 두 분에게 비밀 하나를 알려드리겠습니다. 이건 기록하지 마시죠, 기자님!

기자　　(펜과 노트를 내려놓으며) 네, 알겠습니다. 비록 우리 독자들에게 전해주고 싶긴 하지만 그렇게 하도록 하겠습니다.

아타나시오스　　그러고 싶으시더라도 지금은 불가능하겠죠. 알렉산드로스 주교와 저는 상의를 통해 성자와 성부의 관계를 기술하는 용어를 만들었습니다. 바로 **호모우시온**(*homoousion*)입니다.

기자　　호모 뭐요?

아타나시오스　　그리스어 하시잖아요. 알아내 보세요.

아리우스　　그건 "동일한 본질에서"(of the same substance)를 뜻합니다.

아타나시오스　　맞습니다. 저희는 이 단어가 새 신조에 들어가기를 바라고 있습니다. 이 새 신조는 시대를 막론하고 니케아 신조(Nicene Creed/

Formula of Nicaea)로 알려질 것입니다. 그리고 이 신조는 성자가 성부와 동일본질(*homoousios*)인 동시에 우리와도 동일본질, 즉 성자는 참하나님이신 동시에 참인간이라고 말할 것입니다.

기자　　　오케이, 이해했습니다. 그들이 완전히 동일하다는 거군요.

아리우스　　바로 그거에요! 그게 바로 당신의 새 신조가 가진 문제점이죠, 아타나시오스. 사람들은 당신이 성자와 성부, 더 나아가 성령까지 모든 면에서 하나이자 동일하다고 말하고 있다고 생각할 겁니다.

아타나시오스　그것이 바로 우리가 말하고자 하는 것입니다. 그리고 사람들이 그렇게 이해하기를 바라고 있습니다. 왜냐하면 그게 진리이기 때문입니다.

아리우스　　제가 예언컨대, 만일 당신이 그 단어를 사용한다면, 비록 대부분의 주교들이 거기에 함께한 콘스탄티누스 황제의 위협으로 원치 않은 서명을 했다 하더라도, 후에 지옥이 기다리고 있을 겁니다. 사람들은 이 공의회가 이단을 정통으로 만들었다는 사실을 결국에는 알게 될 겁니다.

아타나시오스　어떤 이단을 말하고 계신가요?

아리우스　　당연히 양태론이죠. 사벨리우스와 프락세아스의 이단 말입니다. 양태론은 성부, 성자, 성령이 한 분이신 하나님이 쓴 가면일 뿐이라고 합니다.

아타나시오스　그러나 그건 우리의 신조가 의미하는 것이 결코 아닙니다! 우리는 단지 성부와 성자가 모든 면에서 동등하다고 말하고 있습니다.

아리우스　　그러나 그들이 같은 것이 아니라면 모든 면에서 동등할 수 없습니다.

아타나시오스　그들은 같은 "것"이지요, 만약 당신이 말한 "것"이 "본질"을 뜻한다면요.

아리우스　　어떤 다른 것을 의미할 수 있겠습니까? 것. 본질. 그게 무엇이든. **호모우시온**은 자동적으로 모든 측면에서의 동일성을 의미합니다.

아타나시오스　　아니요, 그렇지 않습니다. 그것은 존재에 있어서 동등하다는 것을 의미합니다. 그러나 우리가 말하는 것은, 세 구별된 인격—**위격**(*hypostaseis*)이라는 말이 여기서는 바른 단어일 겁니다—이 신적 본성을 동등하게 공유한다는 것이죠.

아리우스　　그렇다면 그들이 어떻게 다르다는 거죠?

아타나시오스　　그들은 다르지 않습니다. 그들은 다름없이 구별됩니다.

기자　　혼란스럽군요. 저의 독자들도 혼란스러울 것 같습니다.

아타나시오스　　기억하세요. 당신은 이걸 아직은 알리면 안 됩니다. 이건 아직 완전히 합의된 게 아니에요.

아리우스　　당신과 당신의 주교, 그리고 당신에게 동의하는 모든 사람들은 기독교를 조롱거리로 만들고 있습니다. 사람들은 삼위일체의 하나님에 대한 믿음을 비웃을 겁니다. 거기엔 혼란만 가득하네요.

아타나시오스　　아니요. 성자가 성부와 동등하지 않다는 당신의 견해야말로 혼란으로 가득하네요. 그렇다면 말해보십시오. 어떤 용어가 더 낫다고 생각하시나요?

아리우스　　흠. 아마도 **호모이우시온**(*homoiousion*)? "비슷하거나" 또는 "유사한 본질"?

아타나시오스　　으악! 그건 성자가 하나님 즉 신이 아니라고 말하는 겁니다.

아리우스　　여전히 이해하지 못하고 계시는군요, 부제님. 저는 성자가 신이 아니라고 말하고 있는 게 아닙니다. 그는 하나님의 첫 번째요, 가장 위대한 피조물입니다. 그래서 그는 하나님만의 영광을 하나님과 함께 누립니다. 예수 그리스도를 통해 우리 모두가 신적 영광에 참여할 거라는 것을 당신은 믿으시죠, 그렇죠? "신성화"(Deification), 기억하나요? 알렉산드리아에서 당신이 성서 공부를 이끈다고 들었습니다. 거기서 당신은 우리가 신이 될 수 있도록 성자가 인간이 되셨다고 했었죠.

아타나시오스   그렇습니다. 우리는 성체를 통해 성육신한 분과 믿음으로 연합이 됩니다. 그런데 만약 그분이 신이 아니라면 어떻게 우리가 신적 본성에 참여하는 사람이 될 수 있나요? 인간이 하나님이 될 수 있도록 하나님이 인간이 되셨다는 위대한 교류(Great exchange)는 성육신하신 하나님의 아들이 하나님이셔야 한다는 점에 달려 있습니다.

아리우스   그러나 만일 그가 하나님이라면 그는 우리와 참으로 하나일 수가 없습니다. 그리고 만일 그가 우리 중 하나가 아니라면 어떻게 하나님의 본성을 우리에게 소통시킬 수 있나요? 우리는 하나님이 고통 당하실 수 없다는 것을 압니다. 그러나 예수, 곧 성자는 고통 당하셨습니다.

아타나시오스   하나님이 고통 당하실 수 없다는 데에는 동의합니다. 그건 신에게 합당하지 않습니다. 그러나 이게 바로 예수가 하나님인 동시에 사람이어야 하는 이유입니다. 그래서 그는 그의 신성에 의해 영광 가운데서 빛나실 수 있고, 그의 인성에 의해 고통을 받으실 수 있습니다.

아리우스   이럴수가! 이 신비는 완전 모순이군요.

아타나시오스   그리스도의 두 본성의 신비에는 어떤 모순도 없습니다. 그는 사람인 동시에 인간의 모습을 취해 육체를 입으시고 몸을 그의 도구로 사용한 하나님의 신성한 아들입니다.

아리우스   그건 동의합니다. 다만 그는 하나님이 아니었고 지금도 아닙니다. 그는 신적 존재, 위대한 천상의 존재임에도 불구하고 피조물입니다.

아타나시오스   그것은 교부들이 우리에게 가르쳤던 것이 아닙니다. 다시 교부들의 가르침을 읽어보세요. 그들 모두 하나님의 아들의 신성을 확증했습니다.

아리우스   저도 그렇습니다, 부제님. 당신은 멍청한 건가요, 아님 도대체 뭔가요?

아타나시오스   전혀요, 전(前) 사제님. 당신은 신비를 문제 삼고 있습니다. 당신은 믿음을 합리화시키고 싶어 합니다. 그런데 그 합리화는 믿음의 중심에 있는 신비, 즉 하나님의 성육신을 부인해야만 이루어질 수 있습니다. 언젠가 제가 쓸 책이 있습니다. 저는 그 책의 개요도 이미 만들어놨지요. 제목은 「성육신에 관하여」(De incarnatione)가 될 겁니다.

기자   그 개요를 잠깐 볼 수 있을까요?

아타나시오스   아니오. 출간되기 전에는 볼 수 없으실 겁니다.

기자   이런.

아리우스   가셔서 출간하세요, 아타나시오스. 그것은 당신의 신학이 어떤지를 드러낼 겁니다. 알아들을 수 없는 말, 허튼소리죠. 이 말이 당신이 "신비"라고 부르는 것에 딱 적합하네요— 허튼소리.

아타나시오스   공의회의 재소집 신호가 들리네요. 제 주교를 위해 회의를 기록하러 가야겠습니다. 어떤 일들이 일어날지 궁금하군요. 두고 보세요. 장담하건대, **호모우시온**이 신조에 기록될 것이고 모든 사람이 이에 서명하게 될 겁니다. 아리우스, 그렇게 되면 당신은 당신을 지지하는 주교들과 함께 교회로부터 쫓겨나고 강제로 추방당할 겁니다.

기자   흥미롭군요. 그러나 무엇을 써야 할지 모르겠네요. 우리의 일반 독자들이 이렇게 깊은 신학적인 사상을 이해할 수 있다고 생각하지 않습니다!

분석

이 대화에서 아리우스는 공의회에서 작성되고 있는 정통 삼위일체 교리에 대한 그의 불만을 표현한다. 318명의 주교들 중 몇 명이 그에게 동의했고 성부, 성자, 성령의 존재의 동등성에는 엄격하게 구분되는 정체성이 함축되어야 한다고 생각했다. 그러나 아타나시오스, 알렉산드로스, 그리고 대다수 주교들은 그렇게 생각하지 않았다. 공의회는 하나님의 아들이 성부와 **호모우시오스**, 즉 동일본질을 가지고 있다고 확증했다. 공의회는 그들의 기원의 관계성을 언급함으로써 세 위격의 구별성을 유지했다. 성부는 기원이 없으며 자존적이다. 성자는 영원히 성부에 의해 나온다. 성령은 영원히 성부로부터 출원한다.

비록 공의회가 이것을 신조에 기록하지는 않았을지라도, 신조에 서명했던 주교들은 아마도 태양, 태양광, 태양열의 유비를 생각했을 것이다. 이 유비는 존재의 동등성과 세 위격의 관계의 구별을 설명하기 위해 후에 사용되었다. 태양은 빛과 열의 원천이지만 태양이 빛과 열 없이 존재했던 적은 결코 없다. 태양의 빛과 열은 비록 태양 그 자체가 아닐지라도 태양으로부터 항상 발산된다. 그러나 태양, 빛, 열은 모두 같은 "것"이다. 따라서 성자와 성령은 영원히 그들의 원천인 성부로부터 나온다. 성부는 "신성의 원천"이다. 공의회는 성부의 왕권을 분명하게 확증한다. 그러나 성자와 성령은 본질적으로 성부의 신성을 공유한다. 우리는 구원을 통해 은혜로 하나님의 신성에 참여한다.

그렇다면 성자와 성령이 대체 어떻게 성부와 다른가? 그들의 존재의 동등성에 대한 이런 확증이 양태론과 어떻게 다른가? 공의회 이후, 이 질문은 교회를 골치 아프게 했을 것이다. 많은 주교들은 자신들이 부지불식간에 양태론을 정통으로 만들었다고 생각하기 시작했다. 그러나 아타나시오스는 그것이 사실이 아님을 그들에게 계속해서 보여주려고 했다. 이후 그의 친구들인 세 명의 카파도키아 교부, 곧 바실리오스(Basil the Great), 니사의 그레고리오스(Gregory of Nyssa), 나지안조스의 그레고리오스(Gregory of Nazianzus)가 **본질**(*ousia*) 또는 **본체**(substance)를 **위격**(*hypostasis*, 영어로는 person[위격]으로 번역됨) 또는 **실체**(subsistence)와 명백하게 구분해줌으로써 문제를 깔끔하게 정리했다. 그러나 공의회의 교부들은 성부, 성자, 성령이 다르지 **않다**는 것을 분명히 했다. 다르지 않다는 것은 서로 마주보고 있는 것을 의미한다. 그들은 어떤 분리나 분열도 없이 하나의 신적 존재와 공동체로서 영원히 존재한다. 그러나 그 완벽한 일치 안에는 차이 없는 구별이 있다. 성부는 어느 누구로부터도 나오지 않는다. 성자는 성부로부터 태어났기에 성부에 의존한다. 성령은 성부로부터 출원하는 영이기에 성자와는 또 다른 방식으로 성부에 의존한다.

통찰력 있는 독자는 현재 서방 교회가 사용하고 있는 니케아 신조에 성령이 성부 **그리고 성자**(and the Son)로부터 나온다고 하는 것을 눈치 챘을 것이다. 그것은 전혀 다른 논쟁이다. 니케아 공의회가 그 표현을 신조에 포함하지 않았다는 것만 지금 말해두자. 이는 이후에 들어온 것으로, 동방 교회를 경악시켰다. 오직 라틴어본 신조만이 **그리고 성자로부터**(*filioque*)를 포함한다.

공의회의 결과로, 아리우스는 이단으로 판결되었다. 새 신조에 서명하기를 거부했던 두 주교들 역시 추방당했다. 비록 몇몇이 꺼림직함을 느꼈지만, 둘을 제외한 모두가 신조에 서명했다. 그 결과로, 오늘날 우리는 이 신조를 니케아 신조로 부른다. 성령에 관한 "세 번째 조항"은 이후 381년 콘스탄티노플 공의회에서 추가되었다. 그래서 엄밀히 따지자면 이 신조는 니케아-콘스탄티노플 신조(Niceno-Constantinopolitan Creed)로 불려야 한다. 그런데 누가 이 이름을 다 쓰고 싶어 하겠는가?

니케아 공의회는 가장 초기의 교회 교부들 이래로 많은 그리스도인이 상정했던 삼위일체 교리를 사실상 공식화하고 결속시켰다. 라틴 교회 교부인 테르툴리아누스는 이미 "하나의 본질, 세 위격들"(*una substantia, tres personae*)이라는 라틴어 진술로 삼위일체를 분명하게 설명했다. 그러나 많은 동방 교회 교인들이(니케아에 있던 주교들 중 반 이상이 동방 교회에 속해 있었다) 라틴어를 읽지 못했기에 테르툴리아누스의 공식은 대체로 잊혔다. 이는 부분적으로 무시되어왔을 수도 있다. 왜냐하면 그가 참석한 새 예언파 교회는 정통 교회의 전형에는 조금 덜 미치는 것으로 간주되었기 때문이다.

그렇다면 오늘날 우리는 니케아 공의회의 삼위일체 교리와 그 신조를 어떻게 이해해야 하는가? 이 질문보다 먼저 물어야 할 질문이 있다. 그것은 이런 공의회가 열렸어야 했는지, 그리고 이런 신조가 기록됐어야 했는지에 대한 질문이다. 일부 그리스도인들은 콘스탄티누스 같은 통치자가 기독교 주교들의 모임을 소집하고 지휘한다는 데 대해 거리낌이 있었다. 그러나 그것이 어떻게 달리 발생할 수 있었을 것인지를 설명하는 것보다 질문하는 것이 차라리 쉽다. 들불처럼 교회 전역에 퍼지는 이 논쟁을 어떤 다른 방식으로 해결할 수 있었을까? 만약 알렉산드로스 주교와 콘스탄티누스 황제와 아타나시오스 부제가 없었더라면, 오늘날 우리는 모두 다 아리우스주의자가 됐을 수도 있다! 그리고 그것이 우리의 믿음에는 어떤 차이점을 가져왔을까?

삼위일체론은 추상적이며 신비스러운 것처럼 보이지만, 그것은 모두 성자인 예수 그리스도와 성부 하나님의 관계성에 대한 쟁점에 초점이 맞춰져 있다. 그들은 하나인가? 하나라면 어떤 의미에서 그런가? 예수는 신인가? 만일 그렇다면 어떻게 그런가? 공의회는 이런 질문에 답하기 위해 그리스어 복합어인 **호모우시온**(*homoousion*, 동일본질)을 선택했다. 이는 성서적인 용어는 아니지만 성서가 예수 그리스도에 관해 말하고자 하는 것을 정확히 표현한다. 예를 들면, 예수는 돌아다니시면서 사람들의 죄를 용서했다. 하나님 외에 누가 죄를 용서할 수 있는가? 그는 "하나님을 대신해서 내가 너를 용서한다"라고 말하지 않았다. 많은 경우에 그가 단순히 선포했던 것은 "너의 죄가 사해졌다"였다. 그것은 함축적으로 신성에 대한 주장이었다. 그것은 참이거나 신성모독이거나 미친 사람의 주장이다.

오늘날 자신을 그리스도인이라 부르는 많은 사람들은, 예수 그리스도의 신성에 대해 의심을 품거나 노골적으로 부인하기도 한다. 그렇다면 그들은 그리스도인인가? 세계 교회 협의회(World Council of Churches)는 이에 소속되기 원하는 회원 조직에게 한 가지를 선언하는 것을 요구한다. 바로 예수 그리스도는 하나님이자 구세주라는 진술이다. 이는 세기에 걸친 교회의 하나의 보편적이며 구속력 있는 진술이다. 왜 그런가? 아타나시오스가 끊임없이 주장했듯이, 만일 예수가 성육신한 하나님이 아니라면, 우리의 죄는 용서받지 못할 것이며 우리는 하나님과 연합하지 못할 것이기 때문이다. 그렇게 될 경우, 구원은 위태롭게 된다.

아리우스주의자와 후기 반(半)아리우스주의자들은 구원을 주로 인간의 성취로 보았다. 그것이 그들이 신적 구세주를 필요로 하지 않았던 이유다. 예수는 하나님을 기쁘시게 하는 삶의 본보기다. 만일 예수가 실패할 수 없었다면, 그는 본보기가 될 수 없었을 것이다. 우리는 이 점을 쉽게 반박할 수 있다. 하지만 이 상황에서 더 중요하게 주목해야 할 지점은, 구원이 인간의 성취가 아니라 하나님의 은혜의 선물인 동시에 우리의 믿음으로 인해 우리 안에서 행하시는 하나님의 역사라는 점이다. 그리스도가 하나님이 아니었다면 이 선물은 가능하지 않았을 것이다. 율법은 실패로 끝났다. 그래서 하나님이 우리 가운데 오셨다. 그분은 우리에게 길을 보여주셨을 뿐 아니라 자신 안에서 우리와 하나님을 연합시키심으로, 그리고 우리의 죗값을 위해 죽으심으로써 이 길을 가능케 하셨다. (부언하자면, 아타나시오스는 속죄에 대한 대속 이론을 분명히 믿었다.)

삼위일체, 특히 예수 그리스도의 신성은 오늘날과 관련이 없는 신비로운 주제가 아니다. 초기의 교회 교부들부터 시작해서 그리스도인들이 이해했던 방식으로, 우리가 구원을 줄곧 이해하지 않았더라면 모를까. 그리고 만일 예수가 신이라면, 하나님 안에는 한 "위격"(person, 이 단어에도 그만의 문제가 있지만 이 단어의 사용을 피할 도리가 없는 듯하다) 이상이 있어야만 한다. 그렇다면 "하나님"은 한 분이신 신성을 설명하는 용어다. 더 좋게 표현하자면, "하나님"은 성부, 성자, 성령이 속한 신적 공동체를 설명하는 용어다. 신적 사랑의 공동체로서 하나님의 세 위격은 모든 삶이 공동체에 관한 것이라는 것을 우리에게 보여준다. 성부, 성자, 성령이 서로 공동체 안에서 영원히 함께하는 것같이, 우리 안에 있는 하나님의 형상은 우리를 공동체의 삶으로 이끄는 부르심이다.

불행하게도, 그리스도의 신성과 삼위일체에 대한 논쟁은 니케아 공의회에서 끝나지 않았다. 이윽고 공의회가 실수를 했다고 판단한 콘스탄티누스 황제는 신조의 미세하지만 중요한 내용을 수정할 것을 요청했다. 아타나시오스는 알렉산드리아의 주교가 되었고 황제가 수정한 내용에 반대하며 열심히 싸웠다. 그는 다섯 번의 추방을 당했으며, 그 기간 동안 사람들은 그의 자리를 공석으로 비워두었다. 아타나시오스가 죽고 얼마 지나지 않아 분쟁의 최종 해결안을 내려준 콘스탄티노플 공의회(381)가 열렸다. 그의 친구인 세 명의 카파도키아 교부, 곧 바실리오스, 니사의 그레고리오스, 나지안조스의 그레고리오스가 그의 사역을 이어서 수행했으며 2차 에큐메니칼 공의회의 결과에 크게 영향을 미쳤다.

더 읽을 책

Anatolios, Khaled. *Athanasius*. Oxford: Routledge, 2004.

Pettersen, Alvyn. *Athanasius*. Harrisburg, PA: Morehouse, 1995.

Williams, Rowan. *Arius: Heresy and Tradition*. Grand Rapids: Eerdmans, 2002.

07

4세기 카파도키아 교부들,
삼위일체의 정통 교리를 결정하기 위해 만나다

배경

이 책에 있는 다른 가상의 대화와는 달리 이번 대화는 실제로 일어났을 가능성이 있다. 세 명의 참가자들은 서로 알고 있었으며 아주 가까웠다. 그들 중 대성(大聖) 바실리오스(Basil the Great)와 니사의 그레고리오스(Gregory of Nissa)는 형제였고, 나지안조스의 그레고리오스(Gregory of Nazianzus)는 그들의 친구였다. 바실리오스는 오늘날 "대성"(the Great)이라 불리지만 그가 살아 있는 동안에는 그렇게 불리지 못했다. 교회사에서는 그를 카이사레아의 바실리오스(Basil of Caesarea)라고도 부른다. 이는 그가 소아시아에 있는 카이사레아의 주교였기 때문이다. (로마 제국에는 여러 카이사레아가 있었다. 이 카이사레아를 팔레스타인에 있는 카이사레아와 혼동하지 말라.)

바실리오스의 동생인 그레고리오스는 니사의 주교였으며 그들의 친구 그레고리오스는 나지안조스 출신이었다. 그는 후에 "새 로마"인 콘스탄티노플의 주교로 잠깐 동안 섬겼지만 그 자리는 그와 맞지 않았다. 이 세 사람은 지금은 터키라 부르는 소아시아 중심 지역인 카파도키아에서 살고 일했기 때문에 카파도키아 교부들이라 불린다. 알렉산드리아의 아타나시오스도 그들의 친구였지만 그는 이 가상의 모임 이전에 죽었다.

이 세 친구들은 초기 기독교 역사에서 가장 뜨거운 논쟁이 있었던 시대를 살았다. 그 논쟁은 4세기에 있었던 반(半)아리우스주의 논쟁이다. 이 논쟁은 알렉산드리아에서 시작했고 325년 니케아 공의회에서 끝마쳐야 했던 삼위일체 논쟁의 연속이었다. 그러나 그 논쟁은 거기서 끝나지 않았다. 자신을 그리스도인이라 간주했던 콘스탄티누스 황제는 니케아 신조의 단어 선택에 대해 갈팡질팡했다. 그는 그의 통치 기간 동안 반(半)아리우스주의자로 불리는 걸 선호했다.

반아리우스주의자들은 아리우스가 멈춘 곳에서부터 시작했다. 아리우스(6장의 대화를 보라)는 하나님의 아들이 존재하지 않았던 때가 있었고 그는 하나님의 첫 번째이자 가장 위대한 피조물이라고 가르쳤다. 사실상 이것은 성자의 신성을 부인하는 것과 동등하며, 예수 그리스도를 하나님의 성육신이 아닌 위대한 천상의 존재의 성육신으로 강등시켰다. 니케아 공의회는 이 견해를 비난했고 하나님의 아들은 언제나 성부와 **동일본질**이라는 것을 확증하는 신조를 썼다. 그러나 공의회 이후 콘스탄티누스는 그 단어를 채택한 것을 후회하며 아리우스를 알렉산드리아의 사제로 복귀시키라는 명령을 내렸다. 아리우스는 그 후 얼마 지나지 않아 죽었다.

아타나시오스(6장의 대화를 보라)는 알렉산드리아의 주교가 되었고 니케아 신조 안에 **호모우시온**(*homoousion*)을 유지하기 위해 열심히 싸웠다. 그러나 콘스탄티누스와 그의 아들 콘스탄티우스는 절충 용어로 일컬어지는 **호모이우시온**(*homoiousion*)을 지지했다. 호모이우시온은 "유사하거나 비슷한 본질"을 뜻한다. 이 주교들은 첫 번째 용어가 실수로 성부와 성자 사이의 구별을 부정했다고 생각했다. 이런 소위 반아리우스주의자들은 유사 본질을 강하게 지지했으며 논쟁은 수십 년 동안 계속해서 일어났다.

반아리우스주의자들은 예수 그리스도로 성육신하게 된 성자가 하나님으로 경배받으실 수 있도록 성부와 성자 사이의 매우 가까운 관계성을 확증하길 원했다. 그러나 아타나시오스가 계속해서 지적했듯이, 만일 그가 성부와 유사하거나 비슷한 본질을 가지고 있다면, 그는 완전한 하나님이 아니다. 반아리우스주의자들이 말하기 원했던 것은, 성자인 예수 그리스도도 "역시 하나님"(God too)이라는 것이다. 그러나 아타나시오스와 그의 친구들인 카파도키아 교부들은 이 말이 예수를 "두 번째 하나님"(God two)로 만든다고 지적했다. 그리고 그들은 두 하나님은 있을 수가 없다는 것도 함께 지적했다. (이것을 읽을지도 모르는 학자들에게 설명을 보탠다. 나는 이 논쟁의 본질을 설명하기 위해 몇 가지 용어를 만들었다. 반아리우스주의자들과 카파도키아 교부들은 정확히 "역시 하나님"이나 "두 번째 하나님"이라고 말하지 않았을 것이다. 이는 그들이 말하고자 하는 것을 쉽게 이해하도록 돕는 장치일 뿐이다.) 그들은 그리스도의 신성을 인정하는 것이 여러 신이 있음을 믿는 다신론을 믿는 것과 같다고 말한 반아리우스주의자들의 주장을 사용해 형세를 역전시켰다. 아타나시오스와 카파도키아 교부들은 반아리우스주의의 입장이 다신론과 동등하다고 주장했고 논쟁은 계속되었다.

세 명의 카파도키아 교부들은 놀랄 만큼 생산적이고 총명한 학자들이었다. 그들은 그들의 시대에 받을 수 있는 최고의 교육을 받았다. 바실리오스와 그레고리오스는 그들의 누이 마크리나(Macrina)에게 공부 지도를 받았다. 그녀는 매우 지적이었으며 학식 있고 사색적인 그리스도인이었다. 니사의 그레고리오스는 초기 교회의 가장 위대한 천재로 널리 간주되었다. 그는 플라톤 철학에 깊이 심취해 있었으며 그 철학을 사용해 기독교를 설명했다.

대성 바실리오스(330-379년경)는 많은 책을 썼다. 그중 「성령론」(The Holy Spirit)이라는 논문은 기독교 저술가가 처음으로 글 전체를 성령이란 주제로 채운 책이다. 그 책은 381년 콘스탄티노플 공의회에서 니케아 신조에 추가된 성령에 관한 세 번째 조항을 작성할 때 결정적인 역할을 했다. 공의회에서 바실리오스는 영-싸움꾼들(the Spirit-fighters, 또는 성령에 반대하는 싸움꾼들)이라 불리는 이단의 무리와 맞서 논쟁하며 성령은 성부와 성자와 동등한 신성의 세 번째 구별된 위격(hypostasis)이라고 했다.

니사의 그레고리오스(335-394년경)도 「아블라비우스에게」(To Ablabius[편지 수령인])로도 알려진 「세 분의 신이 아닌 것에 관해」(On Not Three Gods)를 포함한 많은 논문을 썼다. 거기서 그는 어떻게 한 존재가 세 위격이 될 수 있고 또 그 반대가 가능한지, 자연과 역사로부터 끌어낸 많은 유비를 사용하면서 설명했다.

나지안조스의 그레고리오스(329-389)도 많은 책을 썼다. 그의 「다섯 가지 신학적 웅변들」(Five Theological Orations)은 여기 우리의 목적에 있어서도 중요하고 두드러진 책이다. 그 책에서 그는 콘스탄티노플과 다른 지역에 있는 몇몇 사제들 안에 남아 있는 아리우스주의를 비판했고 삼위일체의 중요한 교리를 주장했다. 결국 삼위일체 교리는 그가 주재한 콘스탄티노플 공의회에서 승리를 거뒀다.

카파도키아 교부들은 개신교도들 사이에 잘 알려져 있지 않은데, 그것은 부끄러운 일이다. 그들은 삼위일체의 정통, 다시 말해 성서적 교리의 최종 승리에 있어서 핵심적인 역할을 감당했다. 그들은 그들의 헌신된 정신을 진리에 기여하는 데 썼고 삼위일체에 대한 믿음을 파괴하는 이단에 반대하며 길고 힘든 싸움을 했다. 역사는, 특히 동방 정교회에서는 바실리오스에게 "대성"이라는 칭호를 부여함으로써 경의를 표했다. 나지안조스의 그레고리오스는 "신학자"(The Theologian)로 알려져 있다.

니사의 그레고리오스는 일반적으로 카파도키아의 세 교부들 중 제일가는 수재로 간주된다. 그의 지성은 그 당시 비길 데가 없었다. 그리고 그는 정통의 발전과 보존에 큰 기여를 했다. 그러나 그가 오리게네스처럼(4장의 대화를 보라) **아포카타스타시스**(apokatastasis) 또는 궁극적 화해(보편주의)를 믿었기 때문에 역사는 그에게 경칭을 부여하지 않았다.

이 가상의 대화는 대콘스탄티노플 공의회가 소집되기 불과 2년 전인 379년 황제의 도시인 콘스탄티노플에서 일어난다. 삼위일체를 신봉하는 황제 테오도시우스(Theodosius)가 마침 제국의 왕위에 올랐다. 바실리오스는 이 해에 죽을 것이지만 그는 이 사실을 아직 알지 못한다.

대화

나지안조스의 그레고리오스(이하 나지안조스) 사랑하는 친구 바실리오스! 이렇게 보게 돼서 반가워. 카이사레아에서 수도에 있는 이 작고 보잘것없는 나의 집까지 먼 거리를 와줘서 고마워. 너도 볼 수 있듯이, 여긴 예배당으로 바뀌었어. 난 여기를 아나스타시아(Anastasia, 부활)라고 부르지. 이곳은 믿음이 회복되는 장소가 될 거야. 여기서 나는 종종 설교하곤 해. 몇 년 전, 너도 알다시피, 한 무리의 아리우스파 사제들이 내가 설교하는 중에 이곳에 침입해서 나를 죽이려 했지. 방문한 주교 한 분이 그 폭동에서 죽었지만, 이제 나는 그 상처로부터 잘 회복되고 있어.

대성 바실리오스(이하 바실리오스) 내 친구, 나도 너를 만나게 돼서 반가워. 나는 네가 그 혹독한 시련으로 인해 죽을까봐 걱정했었어. 그런 일은 다시 일어나지 않을 거야, 정말 다행이지. 우리의 존경하는 황제 테오도시우스가 지금 여기 수도에 있으니까 우리의 승리는 확실해. 아리우스파 사제들은 이미 도망을 갔거나 숨고 있지.

니사의 그레고리오스(이하 니사) 바실리오스 형과 친구 그레고리오스. 형과 친구와 함께 여기 있으니 너무 좋군. 나는 우리의 황제께서 소집하기로 약속한 대공의회 내내 여기 콘스탄티노플에 머물 계획이야. 우리 세 명은 공의회가 우리의 삼위일체에 관한 믿음을 재확증하고 성령에 관한 조항을 신조에 추가하는지 확인하기 위해 협력해서 일해야 해.

나지안조스   좋아, 일을 시작해보자고. 먼저, 기도부터 하자. "성부, 성자, 성령, 가장 거룩하신 삼위일체 하나님, 저희가 이 가장 어려운 과제를 수행함에 있어서 하나님의 도움을 간구합니다. 우리의 적은 강했지만, 당신은 결국 그들을 패주하게 하심으로써 당신의 큰 권능을 보게 하셨습니다. 하나님이 창조하신 힘의 빛을 저희에게 비추어주셔서 그 어느 때보다도 하나님을 더 잘 이해하고 설명할 수 있도록 우리의 생각을 변화시키고 고양시켜주옵소서. 우리를 당신의 인간 아들 예수의 형상처럼 신성하게 해주셔서 우리도 그와 같이 당신의 은혜와 자비로 당신의 본성에 참여하게 하옵소서. 아멘."

바실리오스, 네가 성령을 지키기 위해 성령이단론자들(Pneumatomachians)에 맞서 잘 싸워준 걸 알고 있어. 그들은 성령에 반대하는 사악한 싸움꾼들이지. 나도 이 주제에 대한 나의 의견을 피력했지. 삼위일체를 지키기 위한 최선의 접근 방법은 무엇일까?

바실리오스   내 생각에는 유비가 쉽게 혼동되는 대부분의 사람들을 설득하는 데 제일 도움이 될 것 같아. 그들은 붙잡을 수 있는 구체적인 것을 필요로 해. 그들은 추상적인 것을 잘 이해하지 못해. 추상적 개념은 학식 있는 사람들에게는 유익하지만 교육을 받지 못한 사람들에게는 별 도움이 안 돼. 그들은 그림 언어(word picture)가 필요해.

니사   맞아. 우리도 다 우리의 저서에 그림 언어를 사용했지. 최고의 그림 언어가 무엇인지 결정해보자.

나지안조스   우선, 우리가 알리고자 하는 추상적 개념에 대해 모두가 같은 입장을 가지고 있는지 확인해보자. 이에 대해서는 일치단결하자고 했었지. 그렇지? 자, 그럼 보자. **본질**(*ousia*)은 일체(一體)이신 하나님을 기술하고 **위격**(*hypostasis*)은 하나님이신 세 분을 각각 기술하고 있어. 맞지? 내 기억이 옳다면, 우리의 공식은 "한 **본질**, 세 **위격**"(one *ousia*, three *hypostaseis*)이야.

바실리오스   그렇지. 온갖 문제에도 불구하고, 그것이 우리가 할 수 있는 최선이야. 하나님에 대한 완벽한 용어는 있을 수 없어.

니사   동의해. 내가 여러 해 동안 내 책에서 강조했지만, 우리는 하나님의 본성을 말로 표현할 수 없고 이해할 수 없지. 인간의 생각은 무한한 자를 파악할 수 없어. 하나님은 앎의 영역을 넘어 계시지. 그러나 그렇다고 해서 우리가 침묵할 수는 없어. 우리는 우리의 철학과 언어가 제공하는 최고의 개념과 언어를 사용해서 간결하고 정확하게, 계시가 하나님에 대해 말해주는 것을 말해야 하지. 우리의 개념과 언어가 모두 부적절함에도 불구하고 우리가 할 수 있는 최선의 표현은 **본질**과 **위격**이야.

나지안조스   좋아. 그러면 우린 서로 동의한 거야. 하지만 불가피한 질문에 대해서도 준비해야 할 것 같다. 예를 들면, 어떤 라틴어 단어가 *ousia*(본질)에 적합할까? 라틴어를 사용하는 사람들은 이 단어를 다양하게 번역해. 그런데 그중 어떤 단어는 우리에게 도움이 되지 않아. *hypostasis*(위격)는 번역하기가 정말 어려워. 왜냐하면 그리스어를 읽고 번역하는 라틴 사람들에게 *hypostasis*는 *ousia*와 동의어가 될 수 있기 때문이지. 그렇게 되면 우리는 사실상 그들에게 "한 본질이자 세 본질"(one substance and three substances)이라고 말하고 있는 거야. 우리는 말도 안 되는 것을 말하는 사람처럼 보이고 싶지 않아.

바실리오스　　하지만 약간의 모호함은 피할 수 없지. 우리는 그저 우리의 용어에 설명을 잔뜩 추가할 수밖에 없을 것 같아. 특별히 그림 언어도 넣어 우리가 뜻하는 것을 설명하면서 우리가 뜻하지 않는 것도 명확하게 밝히도록 하자.

니사　　형 말이 맞아. 그럼 라틴어를 말하는 친구들에게 편지를 보내서 설명하자. 우리가 말한 그리스 단어들이, 적어도 우리가 사용할 때는 반드시 그들이 생각하고 있는 그런 용어가 아닐 수도 있다는 것을 설명해주자. 따라서 *ousia*는 물리적 실체나 개별 사물을 의미하지 않지. 우리의 정의에 따르면 *ousia*는 여러 개인에게 공유될 수 있는 어떤 본성이나 본질을 의미해. 마치 인간의 본성처럼 말이야. 사람들은 인간의 본질을 공유하지. 그리고 *hypostasis*는 이 경우에 본질을 뜻하지 않아. 그것은 하나의 실체에 대한 하나의 개별적 예, 예시화(an instantiation)를 의미하지. 그것은 실체(subsistence)를 의미해. 이건 라틴어로 *persona*(위격)가 되어야 해. 물론 이 단어 역시 문제를 가지고 있지만 말이야.

나지안조스　　이렇게 깊이 파고들지 않았더라면, 그리고 성서 외의 용어를 사용하지 않아도 되었더라면 좋았을 텐데.

바실리오스　　그건 우리 잘못이 아니야, 친구. 이건 성서의 간단한 단어들을 왜곡해서 우리에게 이런 과업을 떠맡긴 이단들의 잘못이야. 우리의 용어가 성서 외적일 수는 있지만 비성서적인 것은 아니지. 우리의 용어는 성서가 분명하게 의미하는 바를 다르게 표현하고 있을 뿐이야. 성서는 분명하게 한 분이신 하나님을 말하고 있지만 성자와 성령의 신성에 대해서도 언급하고 있어.

니사　　내가 볼 땐 철학은 신학의 위대한 도구야. 우리는 철학을 빌리는 데 대해 전혀 미안해하지 않아도 돼. 그러나 철학적 개념을 기독교적으로 사용할 때는 분명히 할 필요가 있어. 이교도적인 것을 가져와서 기독교적인 것으로 만들면 돼. 그런 과정 속에서 이교도적인 것들은 탈바꿈할 거야.

나지안조스   좋은 방법이군. 우리에게 정통을 발전시키고 수호하는 지도력을 기대하는 사람들이 우리처럼 생각하기를 바라. 그들 중 일부는 신학에 추상적 철학 개념을 적용하는 것을 매우 반대하고 있지.

바실리오스   좋아. 먼저 우리의 용어를 살펴본 뒤 우리의 그림 언어를 살펴보도록 하지. 이제 우리가 다 동의했으니 다음 공의회에 가서 공의회가 성부와 성자는 하나의 본질이라고 말해주는 **동일본질**을 마음 편히 재확증해도 된다는 걸 말해주자. 왜냐하면 이 경우에, 항상은 아니더라도, **본질**은 엄격한 동일성이 아닌 공유된 본성 내지는 본질을 의미하기 때문이야. 그것은 개체화(individuation)와 양립 가능해. 우린 성령에 관한 조항을 제외하고는 어떤 것도 신조에 추가하지 않을 거야. 하지만 그래도 주교들, 신학자들, 그리고 황제에게 이 경우에 **위격**은 본질이 아닌 하나의 본질에 대한 개별적 사례를 의미하는 것이고, 라틴어로는 *persona*가 그나마 제일 적합한 번역인 것 같다고 설명해줘야겠지.

니사   그리고 이것도 말해주자. 우리가 원하기 때문이 아니라 다른 대안이 없기 때문에 "삼위"(three persons)라고 말한다고 말이야. 우리가 우연 중에라도 다신론을 뜻하지 않기 위해 삼위의 일체성을 강조하는 것을 잊지 말자.

나지안조스   어쩌면 **페리코레시스**(*perichoresis*) 개념이 그것을 설명하는 데 도움이 될 거야. 우리는 그것이 상호내재성(coinherence), 즉 하나의 어떤 것 안에 이상의 것이 내재하고 있는 것을 의미한다고 설명할 거야. "페리코레시스"는 상호의존성(interdependence)을 의미하기도 하지. 하나님의 삼위는 서로 안에 내재하고 상호의존적이지. 그들의 삶은 하나이지 셋이 아니야. 그러나 그들은 세 가지 뚜렷한 정체성을 지니지.

바실리오스   "세 가지 뚜렷한 정체성"같은 걸 말할 땐 정말 조심해야 해. 우리가 삼신론(tritheism)을 인정하는 사람처럼 보이고 싶지 않으니까!

니사   양태론을 인정하는 사람처럼 오해받는 것도 원치 않지. 삼위가 무엇이든지 간에, 만약 우리가 삼위의 일체를 지나치게 강조하면 이런 오해는 쉽게 발생할 거야.

나지안조스   "삼위가 무엇이든지 간에?" 삼위에 대한 정확한 용어를 찾기는 정말 힘들군. 그렇지 않아? 그냥 결과가 어찌되건 **위격**이란 단어를 고집하면서 우리가 할 수 있을 만큼 우리가 뜻하는 바를 설명할까?

바실리오스   동의해. 어느 쪽으로든 치우치지 않도록 조심하자. 우리는 쉽게 일체 아니면 삼위만 지나치게 강조할 수 있어. 사실 둘 다 똑같이 중요하지. 그러나 신적 계시, 특히 사도들의 저술은 일체가 아닌 삼위로 시작한다는 것을 또한 기억하자. 우리는 실제로 성부, 성자, 성령을 알고 경험하지. 하지만 우리는 그들을 결속하는 본질을 경험하지 못할 뿐 아니라 알 수도 없어. 그러나 그 본질이 그들을 결합시킨다는 것은 알고 있지.

니사   (다소 풍자적으로) 이제 모든 것이 정리되었군! 알지 모르겠지만, 그냥 이단이 되는 게 훨씬 쉬울 거 같아.

나지안조스   물론이지. 너무 쉽다는 게 바로 이단이 하나님에 관한 개념을 정할 때 나타내는 거야. 우리는 하나님에 대한 말들이 복잡하고 적절치 않을 것이라는 걸 알고 있어야 해. 우리는 앎의 영역을 넘어 계시는 어떤 것, 내 말은, 어떤 분에 관해 말하려 하고 있지.

니사   그러면 침묵이 최고겠네.

바실리오스   동생, 너는 항상 신비주의적인 성향을 가지고 있었어. 그렇지?

나지안조스   비록 이에 대한 약간의 거북함이 느껴진다 해도 계속해야만 해. 유일한 대안은 침묵이야. 하지만 그게 교회와 이단을 상대하는 것에 도움이 될 수는 없어. 자, 그럼 어떤 그림 언어가 우리의 공식인 "하나의 **본질**과 세 **위격**"을 설명하는 데 가장 도움이 될까?

바실리오스   우리 모두는 다 태양, 그리고 태양의 발산 혹은 광선 그리고 태양의 열기에 대한 유비를 사용한 적이 있지. 태양이 가지고 있는 본질은 하나야. 하지만 그것의 세 가지 실체는 분리될 수 없이 결합되어 있지.

니사   그 유비가 삼위를 적절하게 묘사했을까? 인류의 첫 번째 세 사람인 아담, 하와, 셋에 대한 묘사는 어때? 아니면 예수의 세 제자인 베드로, 야고보, 요한은 어때? 바실리오스 형, 형도 이 유비를 사용하지 않았나? 각각의 경우, 우리는 하나의 본질, 즉 인간 그리고 세 명의 구별된 사람을 보게 되지.

나지안조스   글쎄, 그건 세 명의 신을 믿는 삼신론과 지나치게 비슷하지 않니? 우린 사람들이 "삼위일체"를 떠올릴 때 그런 이미지를 떠올리는 걸 원치 않아.

바실리오스   그러면 동생, 금화 무더기에 관한 너의 설명은 어때? 금화 무더기를 상상해봐. 그리고 그것 모두가 하나의 본질, 곧 금이라고 생각해 봐. 하지만 그것들은 동시에 동전이기도 해. 마찬가지로, 삼위일체는 하나의 신성을 동등하게 공유하는 세 존재로 구성된 하나의 신성이지.

니사   고마워, 형. 그 설명 좋네. 나는 그걸 우리 누이 마크리나에게서 배웠어. 마크리나는 신학에 매우 재능이 있지. 누이가 여자가 아니었다면 이 모임에 참여할 수 있었을 텐데. 마크리나가 우리 모두보다 더 훌륭할지도 몰라! 그러나 유감스럽게도 누이는 수녀의 명상적 삶을 더 선호하지.

나지안조스   대단한 누이를 두었군, 친구들. 언젠가는 그녀 같은 여자들이 신학에 관한 글을 쓰고 공개적으로 하나님에 대해 이야기할 수 있는 날이 올 거야. 지금이 그날이라면 훨씬 더 좋을 텐데 말이지.

바실리오스   네 말이 맞아. 하지만 그녀는 우리를 통해 말하고 있지. 우리 둘 다 누이로부터 많은 것을 배웠고 계속해서 배우고 있어. 누이는 우리의 첫 번째 인간 교사지. 마크리나는 우리의 사상에서 우리가 인정받는 만큼 인정받아야 해.

니사   (못 믿겠다는 듯이) 인정? 인정? 형은 우리가 인정받을 거라고 기대해? 하! 우리는 막대와 돌을 맞으면서 콘스탄티노플에서 쫓겨날 가능성이 더 많아. 사람들은 "너희들은 우리를 너무 혼란스럽게 했어"라고 말할 거야.

나지안조스   하지만 황제가 우리 편이니까 우리를 보호해줄 거야. 결국 우리는 대부분의 사제들과 평신도들을 설득할 수 있을 거야. 그러나 그레고리오스 네가 맞아. 콘스탄티노플의 평신도들과 사제들은 모두 삼위일체 문제로 흥분해 있어. 적어도 그들은 신학에 관심이 있거든! 언젠가 시내에 목욕하러 갔는데 나에게 수건을 건네준 사람이 "성자는 성부와 동등하지 않아"라고 말하더군. 나는 그가 나를 알아봤다고 생각하지 않아!

바실리오스   내가 시내를 통해서 이곳으로 올 때, 빵을 사려고 빵집에 잠시

들렸어. 그런데 주인이 "성부는 성자보다 더 크지 않아"라고 말하더군. 나는 미묘한 신학적 이슈에 대한 그런 대중적 관심을 이전에 접해본 적이 없어.

니사 하지만 대부분은 자신들이 무얼 말하고 있는지도 모를 거야.

나지안조스 (빈정대듯이) 우리는 아니?

니사 우리도 모르지. 하지만 우리가 하나님이 무엇이 아니라는 것을 말할 때만은 아니야. 나는 이런 걸 부정신학(apophatic theology)이라고 불러. 하나님에 관한 우리의 최고의 언어는 부정적이야. 이는 하나님이 아닌 것을 말하는 걸 뜻해. 하나님은 유한하지 않아, 따라서 하나님은 무한하셔. 하나님은 고통 당하실 수 없어, 따라서 하나님은 무감각해, 등등.

바실리오스 그럼 하나님의 전능하심과 전지하심은? 우린 확실하게 하나님이 전능하시고 전지하다고 말할 수 있어, 그렇지 않아?

나지안조스 우린 지금 주제에서 벗어나고 있어. 다시 돌아가자. 부정 신학에 관해서는 너희 형제들끼리 나중에 논의하렴.

니사 좋아, 하지만 형이 비꼬는 듯이 던진 질문에 답을 해주고 싶어. 형이 진지하게 물어본 게 아니라는 걸 알아. 형도 내 말에 동의하고 있어. 단지 우리의 비평가들이 말하는 것을 흉내 내고 있을 뿐이지.

바실리오스 네 말에 거의 동의하지만 내가 볼 땐 네가 부정신학의 스타일을 지나치게 받아들이고 있는 것 같아. 이것에 대해서는 나중에 토론해보자. 지금은 삼위일체로 돌아가자.

나지안조스 그래서, 아까 말한 유비에 관해서는 어떻게 생각해? 그런 것들이 삼위일체를 많은 사람에게 전달하는 데 있어서 실제로 도움이 될까?

니사 다른 선택이라도 있어? 우린 유비를 꼭 사용해야 해. 그러나 우리는 그것들이 단순히 유비일 뿐 하나님의 내적인 삶을 기술하는 건 아니라는 것 역시 설명해야겠지. 유비가 말할 수 있는 전부는 어떻게 한 개의 사물이 세 개의 사물, 그리고 세 개의 사물이 한 개의 사물이 될 수 있는가라는 거야. 하지만 "사물"도 정확한 단어는 아니지.

바실리오스   맞아. 우리는 **본질**과 **위격**을 고수할 필요가 있어. 제발. 하나님은 "사물"이 아니야. 이런 단어는 하나님을 물건으로 만들어버리지. 우리는 그보다 더 잘 알고 있어. 하나님은 그 모든 것 너머에 계시지. 하나님은 우주 안에 있는 하나의 사물이 아니야. 하나님은 모든 생명의 살아 있는 원천이며 모든 것 속에 내주하시지. 물건은 다른 것에 의해 결정되는 것이지만 하나님은 스스로 결정하시지.

나지안조스   전략을 세워보자. 다음은 뭐지? 비록 나는 황제의 지지를 확신하지만 다가오는 공의회가 약간 걱정이 되긴 해. 내가 그 공의회의 의장이 될 거라는 얘기를 들었어. 정말 두렵다. 나는 정치와 그 비슷한 것들에 소질이 없어.

니사   견뎌봐 친구. 잘할 거야. 너에게 힘이 되라고 우리도 거기에 있을 거야.

분석

기독교 신학의 역사에서 가장 독창적이었고 논란이 많았던 돌파구 중 하나는, 카파도키아 교부들이 삼위일체의 일체와 삼위를 표현하기 위해 **본질**(*ousia*)과 **위격**(*hypostasis*)을 구별한 것이다. 이 두 단어는 꽤 넓은 범위의 의미를 지닌 그리스어 단어이며 다양한 것을 뜻할 수 있다. 그러나 이 논쟁에 있어서 카파도키아 교부들은 *ousia*는 본질, *hypostasis*는 실체, 즉 한 실체의 개별적 예시화(individual instantiation of a substance)를 의미한다는 것을 분명히 했다. *hypostasis*는 영어로 person이다. 하지만 이 단어는 자칫 오해를 불러일으킬 소지가 있다.

삼위일체를 서술하는 흔한 문구는 "한 본질, 세 위격"(one substance, three persons)이다. 그러나 카파도키아 교부들과 다른 교회 교부들의 글을 신중히 읽어보면, 그들이 사용한 *hypostasis*는 근대 미국인들(그리고 많은 다른 사람들)이 말하는 "person"(인격)을 의미하지 않는다는 것이 분명하다. 근대부터 탈근대적인 미국 문화에서 인격은 구별된 개인을 뜻하며 의식과 의지의 중심이 되어 타인과 대립한다. 그래서 사람들은 "세 위격"이란 말을 들을 때 자동적으로 위원회와 같은 이미지를 떠올리게 된다. 그러나 카파도키아 교부들은 위원회 비유를 좋아하지 않을 것이다. 우리 모두가 알다시피, 위원회는 일을 해결하기 위해 모이고 타협한다. 위원으로 일한다는 것은 대부분 즐겁지만은 않은 일이다.

삼위일체는 성부를 의장으로, 성자와 성령을 그의 부하로 두는 3인 체제의 위원회가 아니다. 그리고 세 개의 가면 혹은 외형을 가지고 있는 한 인격도 아니다. 삼위일체는 카파도키아 교부들이 매우 신중하게 다뤘던 주제였다. 그들은 콘스탄티노플 공의회에서 삼위일체를 명확히 하기 위해 열심히 연구했다.

그들의 저술과 가르침은 공의회라는 무대를 마련해주었다. 아리우스주의를 지지했던 황제의 자리를 뒤이은 테오도시우스 황제는 카파도키아 교부들의 사상을 선호했다. 그는 자신이 무엇을 원하는지를 충분히 알고 있었기 때문에 나지안조스의 그레고리오스를 그 모임의 의장으로 지명했다. 테오도시우스는 친절한 황제는 아니었다. 한때, 그는 7000명의 그리스인들을 처형하기도 했는데 그 이유는 그들이 그에 반대해 공개적으로 반역을 행했기 때문이다. 황제는 스포츠 경기를 미끼로 그들을 데살로니가의 원형 경기장으로 유인한 다음, 군대에 지시를 내려 그들을 무자비하게 살육하도록 했다. 테오도시우스는 몇 달 동안 밀라노에 머문 적이 있었다. 그곳의 영향력 있는 주교 암브로시우스(Ambrose)는 테오도시우스가 공개적으로 뉘우칠 때까지 그가 성찬에 참여하는 것을 금했다. 그리고 그는 뉘우쳤다. 그의 의심스러운 믿음과 성격에도 불구하고, 황제는 니케아 신조와 정통 교리를 지지했고 마침내 **유사본질**(*homoiousios*) 사상을 지닌 아리우스주의자들과 반아리우스주의자들을 완패시켰다.

바실리오스는 379년에 죽었기 때문에 381년에 있었던 콘스탄티노플 공의회에 참석하지 못했다. 공의회는 성자와 성부의 관계성을 기술하는 **동일본질**(*homoousion*)을 주장하는 니케아 신조를 확증하고 성령에 관한 "세 번째 조항"을 신조에 추가했다. 이리하여 삼위일체 교리가 완성되고 공식화되었다. 테오도시우스는 그것을 따르지 않는 주교나 교회 지도자들의 직분을 박탈할 것을 명했다. 아리우스주의와 반아리우스주의는 로마 제국에서 거의 사라진 것과 다름없었지만 북쪽에 있는 소위 야만족들 가운데서 번성했다. 야만족들은 서구 제국을 전복시켜 로마를 차지하고 점진적으로 정통 기독교로 개종했다.

니케아 신조(공식적으로는 니케아-콘스탄티노플 신조)는 모든 그리스도인이 무엇을 믿어야 하는지를 말해주는 공식적인 기독교 신앙 선언문이 되었다. 니케아 신조는 천 년 넘게 실질적인 전 세계적 기독교 신앙 선언문으로 남아 있다. 기원이 알려지지 않은 사도신경은 대개 니케아 신조의 골격 형태로 여겨진다. 혹은 니케아 신조가 사도신경에 살을 붙인 형태라고도 말할 수 있다.

이것이 카파도키아 교부들이 성취한 전부가 아니었다. 그러나 의심할 여지 없이 이는 그들의 주된 성취이자 기독교에 기여한 주된 공헌이다. 또 다른 공헌의 예는, 나지안조스의 그레고리오스가 아폴리나리우스(Apollinaris)라고 불리는 기독교 선생을 이단으로 폭로한 사건이다. 아폴리나리우스는 콘스탄티노플에 거주했다. 거기서 그는 그리스도인들에게 예수 그리스도는 영원하고 신적인 하나님의 말씀의 성육신이며, 성부와 동등한 하나님의 아들이지만 완전한 인간은 아니라고 가르쳤다. 그는 로고스, 말씀, 하나님의 아들의 인격이 예수 그리스도 안에 있는 이성(혹은 정신)의 자리를 차지했다고 믿었다. 그래서 예수 그리스도는 인간의 몸과 영혼을 가졌지만, 인간의 이성에 근거한 혼이나 정신은 가지지 못했다. 그의 이성, 정신 또는 **프시케**(*psyche*)는 신적인 것이지 결코 인간의 것이 아니다. 이에 대한 것은 8장의 대화에서 분명해질 것이다.

나지안조스의 그레고리오스는 "성자가 맡지 않은 것은 구원받지 못한다"라고 선언함으로써 대응했다. 다시 말해서, 만일 하나님의 아들이 성육신 가운데 인간의 이성을 취하지 않으셨다면, 인간의 그 부분은 새로워지지 않는다. 그레고리오스와 모든 동방 그리스도인에게는 성육신 자체가 구제를 뜻한다. 성육신은 십자가와 부활을 포함하지만, 십자가와 부활은 성육신을 소진하지는 못한다. 하나님의 아들은 단순히 인성을 취함으로써 인간에게 은혜를 불어넣었다. 그 결과, 믿음으로 그를 받아들이는 모두는 신성화에 의해 변화되기 시작한다. 그래서 만일 하나님의 아들이 인간의 어떤 한 부분을 취하지 않으셨다면, 그 부분은 성육신에 의해 변화될 수 없다.

나지안조스의 그레고리오스는 훌륭하고 효과적으로 이 지나치게 단순한 이단과 맞서 싸웠다. 근대의 익살꾼은 이를 "몸을 가진 하나님을 주장하는 이단"(God-in-a-bod heresy)이라고 부른다. 누가복음 2:52의 말씀을 생각해보자. 예수는 지혜와 키가 자라가며 하나님과 사람에게 더욱 사랑스러워갔다. 인간의 생각을 가지지 못한 사람에게 어떻게 지혜가 자랄 수 있는가? 다른 방식으로 질문해보자. 어떻게 신의 생각이 지혜로 자랄 수 있는가? 그렇다면 여러 가지 이유로 봤을 때 예수 그리스도가 단지 부분적으로만 인간이 아닌 온전한 인간이었고 또 온전한 인간임을 믿는 것은 중요하다.

더 읽을 책

Meredith, Anthony. *The Cappadocians*. Crestwood, NY: St. Vladimir's Seminary Press, 1995.

Payne, Robert. *Holy Fire: The Story of the Fathers of the Eastern Church*. Crestwood, NY: St. Vladimir's Seminary Press, 1957, 1997.

08

저명한 5세기 사상가인
키릴로스, 아폴리나리우스, 네스토리우스, 유티케스가
예수 그리스도의 인성과 신성에 관해 토론하다

배경

이 네 명의 중요한 기독교 사상가들의 모임은 불가능했을 것이다. 아폴리나리우스는 390년에 죽었다. 다른 세 명은 거의 동시대에 살았다. 그래서 그들 사이의 모임은 있음 직하긴 했지만 일어나지는 않았을 것이다. 아폴리나리우스를 따르는 자들은 콘스탄티노플에 있었다. 그때 키릴로스, 네스토리우스, 유티케스는 살아서 활동하고 있었다. 그래서 나는 여기서 아폴리나리우스를 그의 추종자들의 대변인으로 삼았다. 만일 이런 모임이 실제로 있었더라면 그들 중 한 명은 나머지 세 명과 만났을지도 모른다.

5세기 전반부의 콘스탄티노플은 훨씬 축소된 로마 제국의 수도였다. 북쪽으로부터 온 야만족들은 제국의 서쪽 반을 침략해서 정복했는데 거기에는 로마도 포함되어 있었다. 콘스탄티노플의 총대주교(감독주교처럼)가 누구였든지 간에 그는 막강한 권력을 휘둘렀고 제국 전체에 영향력을 미쳤다. 안디옥과 알렉산드리아 같은 도시들은 콘스탄티노플의 부와 힘을 부러워했고 그곳에서 영향력을 행사하려고 경쟁하고 다투었다. 각 도시는 자기 도시 출신의 사람이 수도의 총대주교가 되거나 최소한 총대주교와 연관이 있기를 바라고 있었다. 안디옥과 알렉산드리아는 그리스도인들 사이에서조차도 경쟁 상대였다.

예수의 추종자들이 처음으로 그리스도인이라고 불리던 시리아의 안디옥은 여러 면에서 알렉산드리아와 달랐다. 성서 해석에 있어서 안디옥은 더 역사적인 접근법을, 알렉산드리아는 풍유적인 접근법을 강조했다. 안디옥인들이 예수 그리스도의 인성을 강조한 반면, 알렉산드리아인들은 그의 신성을 강조했다. 이 비교는 그때의 상황을 지나치게 단순화하고는 있지만 이렇게 일반화된 비교에는 타당성이 있다.

아폴리나리우스(390년 죽음)는 시리아에 있는 라오디케아(Laodicea)의 주교였다. 콘스탄티노플 공의회가 열리기 얼마 전에, 그는 어떻게 한 인격이 신인 동시에 인간일 수 있는지에 대한 난제의 해답을 제시했다. 카파도키아 교부들인 바실리오스와 두 명의 그레고리오스(7장의 대화를 보라)를 포함하는 정통주의 진영과 더불어, 아폴리나리우스는 예수 그리스도의 참신성과 참인성을 확증했다. 그는 그리스도의 신성을 부인했던 아리우스주의자들에 반대하는 삼위일체론자였다. 그러나 삼위일체에 대한 논쟁의 마지막 단계에서 아폴리나리우스는 예수 그리스도의 인성과 신성을 설명하려는 과제에 뛰어들었다. 당시 대부분의 사람들은 여전히 예수가 참으로 신인지에 관해 논쟁하고 있었다.

아폴리나리우스에 따르면, 인간은 몸, 동물적 혼(생명력?), 이성(생각?), 이 세 가지로 구성되어 있다. 그는 인간을 구성하는 이런 삼중적 견해를 플라톤주의자들로부터 빌려왔다. 예수 그리스도 안에서 성자 하나님의 성육신은 인간의 이성을 로고스로 대체했으며 로고스는 예수의 몸을 도구로 사용했다. 그러나 하나님의 아들인 로고스는 인간의 자연적인 발달을 포함하는 참된 인간적 삶을 살아간다는 의미에서, 실제로 인간이 되었다는 것은 결코 아니다. 아폴리나리우스가 이렇게 주장하는 이유는 대화에서 분명해질 것이다. 그의 그리스도론은 381년 콘스탄티노플 공의회에서 이단으로 정죄받았다.

키릴로스(378-444)는 이집트에 있는 알렉산드리아의 주교였다. 그는 콘스탄티노플에서 영향력을 행사하기를 원했다. 그의 경쟁자요 안디옥 학파를 대표했던 네스토리우스가 콘스탄티노플의 총대주교로 올라갔을 때, 키릴로스는 격노했다. 그래서 그들의 차이점은 본질상 신학적일 뿐만 아니라 정치적인 면도 있었다. 그러나 여기서 우리의 주된 관심사는 신학이다. 키릴로스는 예수 그리스도가 하나의 본성만 가졌다는 교리를 믿었으며 또한 가르쳤는데, 이 교리는 알렉산드리아에서 일반적인 것이었다. 대부분의 알렉산드리아인들은 예수 그리스도의 인격이 하나라면 그의 본성도 반드시 하나여야 한다고 믿었다.

네스토리우스(386년경-451년경)를 포함해서 안디옥인들은 예수 그리스도의 두 본성을 믿었다. 그들은 알렉산드리아인들과 같은 논리를 따랐다. 만약 예수 그리스도의 본성이 두 개라면, 그는 어떤 의미에서 두 인격을 가지고 있는 게 틀림없다. (비록 "두 인격"이라는 표현이 드물게 사용되었을지라도, 안디옥 신학자들은 자주 이 표현을 언급했다. 네스토리우스의 대화에서도 자주 보일 것이다.) 네스토리우스가 콘스탄티노플의 총대주교가 되었을 때 키릴로스는 크게 실망했다. 네스토리우스는 사람들이 마리아를 **테오토코스**(*Theotokos*), 즉 "하나님을 낳은 자"(God-bearer)로 부르는 것을 멈춰야 한다고 설교했다. 왜냐하면 하나님은 태어날 수 없기 때문이다. 그는 사람들에게 마리아를 **크리스토토코스**(*Christotokos*), 즉 "그리스도를 낳은 자"(Christ-bearer)로 부르도록 했다. 예수 그리스도의 인성은 태어날 수 있기 때문이다.

이런 모든 논쟁은 합리적인 신학적 관심사로부터, 즉 예수 그리스도의 인격을 보호하기 위해(알렉산드리아), 그리고 신성과 인성 사이의 구별을 보호하기 위해(안디옥) 일어났다. 키릴로스 같은 알렉산드리아인들이 두려워한 것은, 예수 그리스도의 두 본성에 대한 담론이 그를 두 인격으로 나누어 결국 성육신을 무효로 만들 수 있다는 것이다. 네스토리우스 같은 안디옥인들이 두려워한 것은, 한 본성에 대한 담론이 그리스도의 인성을 소멸시킬 수 있으며 출생할 수도, 죽을 수도 없는 하나님의 초월성을 축소시킬 수 있다는 것이다.

키릴로스가 마리아를 **테오토코스**로 부르는 데 반대하는 네스토리우스의 설교를 들었을 때, 그는 강한 신학적 주장을 밝힐 시간이 다가왔다는 것을 알았다. 더불어 이를 콘스탄티노플에서 세력을 얻을 기회로 생각했다. 그는 네스토리우스가 이단이라고 확신했다. 이는 그가 예수를 두 인격, 즉 하나는 인간(예수), 그리고 다른 하나는 신(로고스)으로 구분함으로써 예수 그리스도의 신성을 부인했기 때문이다. 키릴로스는 네스토리우스에게 총공격을 개시해서 그를 해임하기에 이르렀다. 어느 모로 보나, 네스토리우스는 정치적으로든 신학적으로든 자신을 방어함에 있어서 별로 능숙하지 못했다.

뒤이어 일어난 논쟁은 수십 년 동안 지속되었다. 431년에 제3차 보편 공의회가 에베소(Ephesus)에서 소집되었다. 그곳에 모인 주교들은 예수 그리스도의 두 본성에 관한 네스토리우스의 가르침을 비난했다. 이는 그 가르침이 그리스도를 거의 두 인격으로 나눌 정도로 극단적이었기 때문이다. 이는 이어지는 대화에서 분명해질 것이다. 몇몇 주교들은 네스토리우스를 비난하기를 주저했고 키릴로스는 네스토리우스를 비난한 대가로 예수 그리스도의 "두 본성"이란 표현을 공식에 추가하는 데 동의해야 했다. 그는 마지못해 동의했고, 후에 고향에서 이에 대한 혹독한 비판을 받아야 했다. 공의회가 열린 지 이 년 후에 합의문(Formula of Reunion)에 서명을 하면서 키릴로스는 분명 등 뒤에서 손가락을 꼬고 있었을 것이다(어쩔 수 없이 하는 거짓말이 들통나지 않고 잘 넘어가길 바라는 마음을 의미함—편집자 주).

네스토리우스가 비난받고 교회 직제로부터 물러나자, 그들의 옹호자인 키릴로스가 예수 그리스도의 인격과 예수 안의 하나님의 성육신에 대해서는 두 본성이라는 용어를 사용해야 한다는 압력에 굴복한 것만 제외하면, 논쟁의 승리는 알렉산드리아인에게로 돌아간 것처럼 보였다. 그 후 20년 동안, 키릴로스는 한 인격 안에 있는 두 본성의 연합을 말하는 "위격적 연합"(hypostatic union)을 주장함으로써 성육신에 대한 그의 사상을 더욱 발전시켰다. 그에게 예수 그리스도의 인격은 하나님의 영원한 아들, 신적 로고스, 삼위일체의 제2위격이다. 마리아를 통해, 예수는 인간의 인격(human person) 없는 인간의 본성(human nature)을 취했다. 다시 말하면, 예수 그리스도의 인성은 성자 하나님의 인격과 본성에 "첨부"되었다. 그러나 예수는 완전한 인간의 본성을 가졌고 하나님의 아들의 체현이다.

한편, 콘스탄티노플에는 유티케스(Eutyches, 380년경-456년경)라는 수도사가 있었다. 그는 예수 그리스도 안에 오직 하나의 본성만 있다고 선포했다. 그는 자신의 그런 행동이 키릴로스와 알렉산드리아의 기독론을 옹호하는 것이라고 생각했다. 그리스도의 인성은 그의 신성의 바다에서 포도주 한 방울처럼 삼켜져버렸다. 그의 비평가들은 이것을 그리스도의 참된 인성에 대한 부인으로 간주했다. 키릴로스는 유티케스에 대한 논쟁이 최고조에 다다랐을 때 죽었다. 그리고 이야기하기에도 부끄러운 일련의 불행한 정치적 사건들이 뒤따랐다. 논쟁의 양쪽에 서 있던 그리스도인들은 나쁘게 행동했다. 마침내 제4차 에큐메니칼 공의회가 예수 그리스도의 인성에 대한 논쟁을 해결하기 위해 소집되었다. 공의회는 451년 콘스탄티노플 근처에 있는 칼케돈에서 열렸고 (또다시) 네스토리우스와 유티케스를 규탄했다. 예수 그리스도에 대한 키릴로스의 위격적 연합과 같은 교리들은, 새로운 신조라기보다는 니케아 신조에 대한 해석으로 간주될 수 있는 하나의 정의(定義)로 받아들여지고 간직되었다.

예수 그리스도의 인격에 대한 칼케돈 정의(Chalcedonian Definition)는 교리의 보호를 위해 4중 울타리를 설치했다. 이 정의는 예수의 두 본성이

"혼동 없이, 변화 없이, 분열 없이, 분리 없이" 연합되었다고 말한다. 첫 번째 두 "없음"은 유티케스주의자들에 대한 것인데, 그들은 그리스도의 두 본성을 혼동하고 구별하지 않았다고 평가받았다. 칼케돈의 주교들과 신학자들은 유티케스가 그리스도의 인성과 신성을 혼합했다고 보았다. 그러나 신성은 변할 수 없기에 혼합은 불가능하다. 유티케스주의는 참인간이자 참신이신 그리스도에 대한 니케아 교리에도 모순된다. 유티케스와 그의 추종자들에게 그리스도는 둘 다 아니었다. 두 번째 두 "없음"은 네스토리우스주의자들과 그 동조자들에 대한 것이다. 그들은 두 본성을 지나치게 강조함으로써 마치 두 본성이 서로 경쟁관계에 있는 것처럼 그리스도의 인격을 나누고 분리했다는 평가를 받았다.

이 가상의 대화는 기독론 논쟁에서 주된 역할을 감당했던 네 명, 아폴리나리우스(죽었지만 그렇지 않은 것으로 설정할 것이다), 키릴로스, 네스토리우스, 유티케스를 포함한다. 키릴로스는 에베소 공의회(431)와 칼케돈 공의회(451) 사이의 대략 중간 시기인 444년에 죽었다. 그래서 우리의 가상적 대화는 440년 콘스탄티노플에서 일어난다. 네스토리우스는 대주교의 자리에서 쫓겨났지만, 다른 세 명을 비밀리에 만나기 위해 몰래 수도로 들어왔다. 키릴로스는 다른 이들의 생각을 바로잡기 위해 알렉산드리아로부터 먼 길을 왔다. 유티케스는 자신이 키릴로스의 추종자라고 생각한다. 하지만 키릴로스가 그리스도가 두 본성을 가진다는 표현을 포함했던 합의문(Formula of Reunion)에 서명한 것에는 반대했다. 오직 유티케스만 콘스탄티노플에 살고 있고 나머지는 이 도시를 방문하고 있다. 그들 모두 몇 년 안에 새 에큐메니칼 공의회를 소집할 것이 확실한 황제에게 영향력을 미치고 싶어 한다.

대화

네스토리우스   자 자. 이처럼 우리 네 명이 함께 모였다는 것을 상상해보세요! 믿기 힘들죠. 제 생각에는 오직 황제만이 우리를 한 방에 몰아넣어서 우리 구세주 예수 그리스도의 성육신과 인격에 관한 우리의 차이점을 해결하도록 할 수 있을 것 같군요. 우리가 중요한 일치점에 도달할 것 같지는 않지만 시도해보는 것도 나쁘지 않을 것 같습니다. 저는 여전히 제 결백이 주교들이 모인 다른 공의회에서 밝혀지길 바라고 있습니다. 431년에 있었던 지난 공의회는 저에게 힘난했습니다. 저는 제가 받았던 그런 취급을 받아야 한다고 생각지 않습니다. 제가 그런 취급을 받은 건 키릴로스 주교님 당신 때문입니다.

키릴로스   네스토리우스 주교님, 우리 사이에 일치가 이루어질 가능성이 거의 없다는 데 대해 저도 동의합니다. 어쨌든 신자들에게 마리아를 **테오토코스**, "하나님을 낳은 자"라 부르는 것을 공개적으로 금지함으로써 이런 소란을 시작하게 한 것은 바로 당신입니다. 그런 식으로 사람들의 신앙심을 방해하면서 돌아다니면 안 됩니다. 게다가 당신의 신학적 견해는 명백하게 틀렸습니다. 그걸 인정하고 철회한다면, 아마도 사제직에 복직될 수도 있을 겁니다. 그러나 당신이 한때 차지했던 높은 대주교직으로는 결코 돌아가지 못할 겁니다. 당신은 마리아가 하나님을 낳았다는 것을 공개적으로 인정해야 합니다. 그렇지 않다고 말하는 것은, 당신이 예전에도 그랬고 지금도 그리하는 것처럼, 예수 그리스도의 신성을 부인하는 것입니다. 이 쟁점은 지난 세기 니케아-콘스탄티노플 공의회에서 해결되었죠.

네스토리우스   아니요, 키릴로스, 틀렸습니다. 제가 이 소란을 시작하지 않았습니다. 여기 있는 우리의 친구 아폴리나리우스가 시작했지요. 그는 예수 그리스도가 반은 하나님이고 반은 인간이라고 주장했습니다. 저는 그저 그가 탁하게 만든 기독론의 수질을 맑게 하려고 노력했을 뿐입니다. 저는 콘스탄티노플의 선한 그리스도인들에게 마리아를 **테오토코스**로 칭하는 것을 멈추라고 했습니다. 이는 그 칭호가 많은 사람에게 혼란을 주기 때문입니다. 이런 칭호는 사람들로 하여금 하나님이 출생하실 수 있다고 생각하게 만들죠. 우리는 잘 알고 있습니다! 하나님은 변하지 않으시고 고통도 느끼실 수 없습니다. 이는 우리의 믿음의 선조들도 잘 알고 있었던 사실입니다. 하나님은 출생하실 수 없습니다. 저는 사람들에게 마리아를 **크리스토토코스** 즉 "그리스도를 낳은 자"라고 부르라고 했습니다. 이는 사람 예수는 출생할 수 있기 때문입니다. 그리고 그는 그리스도라고 불립니다. 그러나 그의 신성은 출생할 수 없습니다.

아폴리나리우스   잠깐만요, 네스토리우스. 저는 그저 우리의 위대한 교회 교부이신 아타나시오스 주교가 예수 그리스도의 인성과 신성에 관해 믿었던 것을 설명하려고 하는 것뿐입니다. 최근에 그의 저서를 읽어보신 적이 있으신가요? 저는 당신이 주장하듯 어떤 새로운 이단을 만들어낸 것이 아닙니다. 사람들은 공의회가 말했던 것처럼 어떻게 한 인격인 예수 그리스도가 동시에 하나님이자 사람이 될 수 있는지를 알고 싶어 했죠. 그래서 제가 그들에게 설명했습니다. 예수 그리스도는 신적 정신 혹은 이성적 영혼을 소유했던 인간의 몸이자 영혼이었습니다. 이 신적 정신 혹은 이성적 영혼이 바로 로고스, 영원한 하나님의 아들입니다.

이는 성육신에 관한 모든 것을 설명합니다. 성육신은 실제로 그렇게 신비롭지 않습니다. 몸은 변하고 고통을 겪습니다. 예수의 몸은 인간이었음이 틀림없어요. 그러나 정신이나 지성은 변화, 감정, 부패가 없는 순전한 사고(pure thought)입니다. 예수의 정신은 신적이었죠.

유티케스 죄송합니다만, 제가 참견해도 괜찮을까요? 아폴리나리우스, 당신의 주장이 아주 잘못된 것 같지는 않네요. 당신의 유일한 문제점은, 예수 그리스도의 인격을 두 개의 뚜렷하고 분리할 수 있는 부분들로 나누었다는 데 있죠. 당신은 예수를 "몸을 가진 하나님"(God in a bod)처럼 만들었네요. 저의 제안은 예수를 부분으로 나누지 않으면서 그의 완전하고 참된 신성을 보존합니다. 그는 신성과 인성의 혼합체입니다. 우리 모두는 농업에 혼합물이 있다는 것을 압니다. 두 종(種)을 취해서 결합시키면 그것은 새로운 종(種), 즉 제삼의 어떤 것이 되죠. 나귀는 노새와 말의 혼종입니다. 예수 그리스도도 하나님 자신의 본성과 우리의 본성으로 혼합된 분이지만 그럼에도 불구하고 참으로 한 인격이십니다.

키릴로스 음, 유티케스, 당신 같은 독실한 수도사에게 이런 말을 하고 싶진 않지만 적어도 신학에 있어서 당신의 의지가 조금 약한 것은 아닌지 걱정입니다. 저는 당신이 아폴리나리우스와 네스토리우스의 가르침을 바로잡으려 했다는 것을 압니다. 그들은 자신만의 방식으로 그리스도의 인격을 나누려고 했지요. 그리고 당신은 제가 신학에 기여한 위격적 연합의 교리를 기반으로 당신의 주장을 더욱 발전시키려고 합니다. 그러나 아셔야 할 것은 신과 인간은 혼합되거나 섞일 수가 없습니다. 물과 기름을 항아리에 붓고 흔들어본 적이 있나요? 무슨 일이 벌어지나요? 그들은 혼합되거나 섞이지 않고 항아리 안에서 분리됩니다. 전자의 속성은 후자의 속성과 양립 가능하지 않습니다. 인성과 신성도 그렇습니다. 하나님은 변하지 않으시고 고통도 느끼실 수 없습니다. 하지만 인간은 본성상 변할 수 있고 고통 당할 수 있지요.

얼마 전에 누군가가 당신에게 이 주제에 관해 추궁한 적이 있다고 들었습니다. 당신은 이렇게 대답했다고 하지요. 예수의 인성은 한 방울의 포도주처럼 그의 신성의 바다에 삼켜져 버렸다. 결국 당신도 예수가 부분적 신이자 부분적 인간이라고 말하고 있는 거네요. 비록 그의 인성은 무의미하게 되었지만 말이지요. 당신 입장에서는 용감한 시도였네요. 그리고 적어도 네스토리우스와 그의 추종자들에 맞서 예수 그리스도의 한 인격을 주장하는 데 대해선 당신을 존경합니다. 그러나 당신의 설명이 거의 그의 설명만큼 나쁘다는 것이 걱정이네요.

네스토리우스 잠깐만요! 무엇보다도 아폴리나리우스와 저에게는 공통점이 전혀 없습니다. 그는 실제로 예수 그리스도를 세 가지 분리할 수 있는 부분들로 나누죠. 그리고 그중 한 부분만 신적입니다! 그의 예수는 참인간이거나 참신이 아니지만, 저의 예수는 참인간이자 참신입니다. 그러니 우리 둘을 함께 엮지 마세요. 그리고 유티케스 당신은 그저 키릴로스의 기독론을 취해 논리적인 결론을 내고 있군요. 어쨌던, 키릴로스는 우리의 성육신한 신인(神人)이자 구세주인 예수 그리스도가 "두 본성으로부터 연합된 한 본성"(out of two natures, one)이라고 말했습니다. 이 말은 당신의 주장처럼 끔찍하게 들리는데, 그는 왜 그렇게 당신에게 화가 나 있는 거죠? 키릴로스는 황제와 대주교들로부터 온 엄청난 압박하에서만 예수 그리스도가 두 뚜렷한 본성, 즉 인성과 신성을 소유하고 있다는 것을 고백했습니다. 그러나 그건 그를 저와 같은 상황에 몰아넣었습니다. 그렇다면 그는 왜 면직되거나 저와 함께 추방되지 않는 건가요? 이 모든 게 정치적인 것이군요.

지난 세기에 있었던 위대한 공의회는, 예수 그리스도를 참인간이요 참신으로, 즉 성부와 같은 본질을 가짐과 동시에 우리와 같은 본질을 가지는 분으로 고백하는 신조를 기록했습니다. 그럼 인격 없는 본질 혹은 본성은 무엇인가요? 공의회에 참석한 교부들은 예수 그리스도가 혼합된 "인격", 합체한 사람, 모든 것 안에 함께 조화롭게 일하는 둘이라고 말했죠. 그게 바로 제가 가르쳤던 것인데 왜 제가 여기 콘스탄티노플에서 환영받지 못하는 자로 대우를 받고 있는지 이해가 안 됩니다. 당신들을 만나는 것뿐인데 왜 제가 이 도시에 몰래 들어와야 하는 건가요?

키릴로스　　잠깐만요. 네스토리우스. 먼저, 여기 유티케스는 예수 그리스도의 인격에 대한 저의 견해를 가르치고 있지 않습니다. 아폴리나리우스도 믿음 안에 있는 우리의 위대한 아타나시오스 교부가 한 세기 전에 가르쳤던 것을 가르치고 있지 않지요. 한때, 제가 예수 그리스도가 "두 본성으로부터 연합된 한 본성"이라고 가르친 것은 사실입니다. 그러나 그것은 그의 인간성의 온전함을 주장하기 위함이었습니다. 안디옥에 있는 당신과 당신의 친구들은 본성에 인격이 없다면 그것은 아무것도 아니라고 믿고 있습니다. 그래서 저는 예수 그리스도가 한 인격이지 둘이 아니라는 것을 명확히 하고 싶었습니다. 저는 합의문을 통해 예수가 두 본성을 소유하고 있음을 인정했습니다. 하지만 그 두 본성 중의 하나인 인성(人性)에는 인격이 덧붙여지지 않았음을 분명히 했습니다. 이는 **안휘포스타시스**(*anhypostasis*), 즉 하나님의 아들의 인격 말고는 다른 인격이 없다는 것입니다. 그는 자신 안에서 인성을 취하고 그것을 인격화했습니다.

네스토리우스, 당신의 문제점은 당신이 안디옥의 두 본성 교리를 지나치게 극단적으로 다뤘다는 것입니다. 당신은 두 본성이 인격에 각각 덧붙여졌기 때문에 예수 그리스도는 두 본성과 두 인격의 연합이라고 말했습니다. 어떻게 그것이 성육신인가요? 그건 성육신이 아닙니다! 듣고자 하는 모든 이에게 제가 설교했듯이, 당신의 견해는 근사한 최신판 양자론(adoptionism)과 다를 게 없어요. 당신은 그저 하나님의 아들이 한 인간을 택해 그와의 특별한 관계를 가지는 것으로 설명하고 있어요. 그건 예수를 하나님으로 만들지 못합니다! 그건 그저 예수를 하나님과의 특별한 관계 속에 있는 사람으로 만들 뿐입니다. 그게 이단입니다!

아폴리나리우스 여기서 잠시 끼어들어 제 입장을 변호해야겠습니다. 저는 예수 그리스도의 인격을 나누지 않습니다. 저는 예수의 인격이 전체적이고 완전하다고 봅니다. "인격"은 한 사람의 합리적 영혼 또는 정신입니다. 예수 그리스도에 대한 저의 설명은 결코 네스토리우스의 견해와 유사하지 않습니다.

키릴로스 글쎄요, 아폴리나리우스, 당신의 견해는 이미 비난을 받았죠. 그래서 당신의 변호는 아무 소용이 없습니다. 네스토리우스, 당신도 만찬가지죠. 콘스탄티노플 공의회는 아폴리나리우스의 몸을 가진 하나님을 주장하는 이단을 비난했고, 에베소 공의회도 같은 이유로 당신을 규탄했습니다. 당신들 중 어느 누구도 예수의 참신성과 인성에 대한 진리를 이해하지 못하는군요. 아폴리나리우스, 당신은 그의 참인성을 부인합니다. 인간에게, 당신이 부르듯이 인간의 합리적 영혼이 없다면, 혹은 제가 부르듯이, 인간의 정신이 없다면 인간은 무엇인가요? 우리의 위대한 신앙의 교부인 나지안조스의 그레고리오스가 "예수 그리스도가 인간의 정신을 가지고 있음을 부인하는 누구든지 제정신이 아니다"라고 말한 게 옳았습니다.

결국 그레고리오스가 지적했듯이 로고스가 성육신에서 취하지 않았던 것은 그게 무엇이 됐건 구원받지 못합니다. 만일 예수 그리스도가 인간의 정신을 가지지 않았다면, 우리의 정신은 구원받을 어떤 희망도 없죠. 네스토리우스, 당신은 예수 그리스도가 인간의 정신은 가지고 있음은 인정하지만, 그의 인성을 그의 신성과 분리하고 있습니다. 당신은 하나님의 아들이 인간의 어떤 한 부분도 취하지 않았다고 성육신을 설명하고 있어요. 당신은 그저 예수를 사람과의 친밀한 우정을 가진 자로 인식하고 있습니다. 당신이 그것을 어떻게 성육신으로 설명할 수 있는지 저로서는 알 도리가 없군요.

네스토리우스 그건 쉽습니다. 키릴로스, 저처럼 생각해보도록 해보세요. 그리스도의 신성과 인성은 두 아들을 뜻합니다. 하나는 하나님의 아들이고, 하나는 다윗의 아들입니다. 그러나 그들은 매우 조화롭게 함께 일하기 때문에, 모든 의도와 목적에 있어서 그들은 하나입니다. 완벽한 결혼을 생각해보세요. 성서는 둘이 한 몸이 될 것이라 말합니다. 그리고 요한복음 17장에서 예수가 제자들을 위해 성부 하나님께 드린 기도를 생각해보세요. "아버지와 제가 하나이듯이 그들로 하나 되게 하소서." 두 사람이 하나가 될 수 있듯이 예수 안에 있는 사람과 하나님은 하나입니다. 더 가깝게 될 뿐이죠. 하나님의 아들이 사람을 통제하기에 불일치나 경쟁이나 갈등의 어떤 가능성도 없지요. 어떻게 둘이 하나처럼 일할 수 있냐고요? 두 눈이 어떻게 보는지를 생각해보세요!

유티케스 그건 말도 안 되는 이단 사상이군요, 네스토리우스. 당신의 추종자들 중 일부는 여전히 콘스탄티노플 주변을 돌아다니며 그 사상을 지껄이고 있어요. 두 눈이 협력해서 보긴 하지만, 여전히 눈은 두 개입니다. 한 눈이 없다면 우린 다른 한 눈으로도 볼 수 있습니다. 그러나 그리스도에게 인성과 신성이 없다면 우리는 구원을 얻을 수 없습니다. 구원은 성육신에 달려 있습니다. 그리스도의 두 본성에 관해 이야기하는 한, 성육신은 있을 수 없습니다. 우리의 구원에 관한 모든 것은 예수가 하나님 되심에 달려 있습니다.

키릴로스 (끼어들며) 그리고 그의 사람 되심에 있습니다! 잊지 마세요, 유티케스. 당신이 의미하는 것을 잘 압니다. 그러나 당신은 예수의 신성을 지나치게 주장하고 있습니다. 구원은 그리스도의 신성에 의존할 뿐 아니라 그의 완전하고 참된 인성에도 의존하지요.

유티케스 그러나 키릴로스, 심지어 당신도 **속성의 교류**(communicatio idiomatum) 개념에 의존해서 어떻게 두 본성이—아, 당신은 결코 이걸 인정하지 말았어야 했습니다!—한 사람 안에 함께 존재해서 참된 성육신이 되는지에 대해 설명해야 했습니다. 그리고 당신은 신성과 신적 인격이 신적 속성을 인성에 전달하는 것이지 그 반대는 아니라 말합니다. 그게 제가 말하는 것과 어떻게 다른가요? 제가 보기엔 당신은 그저 타협함으로써 안디옥 사람들에게 굴복하고 있는 것 같습니다.

네스토리우스 키릴로스, 저도 유티케스의 말에 동의해야겠습니다. 당신은 그리스도의 두 본성에 관해 말만 앞세웠지, 결국 그 둘을 하나로 만들었습니다. 유티케스처럼, 당신은 신성으로 하여금 인성을 압도하게 만들었어요. 오직 저의 견해만이 두 본성 사이의 구분과 두 본성의 완전성을 지켜주고 있습니다.

키릴로스 글쎄요, 아직 주교인 사람은 여기서 저밖에 없군요. 유티케스, 당신은 그저 수도사일 뿐입니다. 그것도 의지박약한 수도사이죠. 더 이상의 지지자도 없는 아폴리나리우스의 견해는 심각하게 받아들여질 수조차 없겠군요. 그러나 그 방향으로 생각하는 평신도들에게는, 그들이 따로 가르침을 받지 않는 이상, 여전히 위험합니다. 네스토리우스의 견해는 에베소 공의회에 따르면 이단입니다. 그의 주장이 일종의 양자론에 해당하기 때문입니다. 유티케스의 견해는 일종의 가현설(docetism)이며 몇 년 안에 또 다른 공의회에서 불가피하게 이단으로 규탄받을 것입니다.

교회를 분열시키는 이 논쟁을 넘어설 수 있는 우리의 유일한 희망은 타협입니다. 그리고 저만이 그 일을 기꺼이 하고자 합니다. 알렉산드리아와 안디옥은 여기 콘스탄티노플에서 힘을 합쳐야 합니다. 예수 그리스도의 인격에 대한 저의 위격적 연합 교리는 각 도시의 관심사를 결합하고 있습니다. 예수 그리스도는 나눔이 없는 완전한 인격을 가지고 계신 분이십니다. 그는 혼동이나 섞임 없이 두 개의 뚜렷한 본성을 소유하고 있지요. 이 견해가 바로 과거에 교회의 위대한 교사들이 취한 견해였습니다. 그리고 이 견해가 미래에 당신의 이단을 이길 겁니다. 저는 그것을 확신합니다.

분석

혼란스럽다. 이는 많은 사람이 5세기의 논쟁을 설명할 때 사용하는 표현이다. 이 논쟁을 명확하게 할 수 있는지를 살펴보자. 4세기 내내 삼위일체에 대한 논쟁이 로마 제국의 교회 전체에 걸쳐 들끓었다. 심지어 황제조차도 그 논쟁에 참여하게 되었다. 그러나 그 논쟁은 사실 하나님 및 인간과 관련된 예수 그리스도의 신분에 관한 것이었다. 어떤 이들은 만일 예수가 세상의 구세주라면, 그는 실제로 인간일 수 없다고 한다. 인간에게는 죄가 있기 때문이다. 어떻게 구세주에게 죄가 있을 수 있는가? 게다가 인간은 피조물이다. 어떻게 구세주가 피조물일 수 있는가?

다른 사람들은 세상의 구세주는 완전히 신적일 수 없다고 한다. 그렇게 될 경우, 예수는 우리 나머지보다 더 유리한 위치에 있게 될 것이기 때문이다. 이런 사람들에게 있어 예수의 주된 임무는 어떻게 우리가 우리의 삶으로 하나님을 기쁘시게 하는지에 대한 본보기를 제시하는 것이었다. 그러므로 그의 죄 없음은 필연적 결론이 아니라 인간의 성취여야 한다. 왜냐하면 만일 그가 하나님이라면 그의 죄 없음은 필연적 결론이 되기 때문이다.

또 다른 사람들은 (그리고 처음 두 집단의 일부는) 삼위일체를 전혀 이해할 수 없었다. 어떻게 한 존재가 세 존재일 수 있는가? 어떻게 아들이 자신의 아버지와 동등할 수 있는가?

4세기에 있었던 니케아 공의회와 콘스탄티노플 공의회는 성자가 그의 신성을 성부에게서 영원히 받는다는 것만은 제외하고 하나님의 아들과 성부의 완전한 동등성을 확증했다. 그리고 성령 역시 성부 및 성자와 동등하다고 확증했다. 두 공의회는 성자가 성부 및 우리와 동등하다는 것을 기술하기 위해 **동일본질**(*homoousion*)이라는 용어를 채택했다. 즉 성자가 성부 및 우리와 "같은 본질을 지닌다"는 것이다.

이는 극도의 흥분을 일으키는 질문을 제기했다. 어떻게 한 존재인 예수 그리스도가 하나님 및 피조물과 같은 본질을 가질 수 있는가 하는 것이었다. 아폴리나리우스는 이에 대한 답을 하려고 시도했던 사람들 중 하나다. 우리가 보았듯이, 그의 대답은 기껏해야 불충분했으며 최악의 경우에는 이단적이었다. 이는 그의 대답이 예수의 완전하고 참된 인성을 부인했기 때문이다. 만약 아폴리나리우스가 옳다면, 예수는 우리와 같은 본질을 가지고 있지 않다.

그런 다음, 네스토리우스가 등장했다. 그는 예수가 하나님과 우리와 같은 본질을 가지고 있다는 사상을 받아들였다. 하지만 그는 신성과 인성이라는 두 본성 교리에 호소함으로써 이를 설명하려 했다. 이런 시도는 키릴로스와 알렉산드리아 사람들을 자극했다. 그들은 네스토리우스가 예수 그리스도를 분리된 인격, 즉 함께 행동하지만 실제로는 두 인격을 가진 자로 여기고 있다고 생각했다. 네스토리우스가 설명하려고 하면 할수록, 그는 자신이 들어가 있는 구멍을 더 깊이 파는 꼴이 되었다. 결국 그는 예수 그리스도를 "두 아들"이라 부르게 되었고 키릴로스와 알렉산드리아 학파가 염려했던 최악의 상황을 현실로 만들었다. 그렇게 네스토리우스주의자들은 그리스도의 온전한 인격을 희생해서 그의 두 본성 혹은 본질을 보존했다.

키릴로스는 그리스도의 두 본성에 관한 담론을 피했다. 그는 알렉산드리아인들이 성육신을 묘사하는 "두 본성으로부터 연합된 한 본성" 같은 표현을 선호했다. 이것은 그리스도의 인격의 일치를 보존하는 키릴로스와 알렉산드리아 학파의 방식이었다. 하지만 이는 그리스도의 두 본성의 완전성을 희생시켰다. 이 공식을 지지한 유티케스는 예수를 한 본성을 가진 자로 주장하면서 그의 인성을 허구로 만들려고 했다. 키릴로스는 그렇게까지 극단으로 가지 않았지만 안디옥 사람들과(하지만 네스토리우스와는 아니다) 타협하면서 두 본성이란 표현을 사용했다. 그는 결국 그리스도의 위격적 연합 교리(한 인격 안에 분리될 수 없이 연합된 두 본성)를 주장하게 된다.

키릴로스는 451년에 열린 칼케돈 공의회 이전에 죽었다. 로마의 레오 주교(Leo, 400-461)는 콘스탄티노플의 플라비아누스(Flavian, 449년에 죽음) 주교에게 그리스도의 인격에 대한 정통 교리가 무엇이어야 하는지에 대한 자신의 생각을 편지로 써서 보냈다. 이 편지는 교회사에서 가장 중요한 자료 중 하나이며 칼케돈 공의회는 용어의 정의에 있어서 이 편지의 표현을 많이 채택했다. 레오 주교의 기독론은 키릴로스의 기독론과 크게 다르지 않았다. 만일 그가 오래 살았더라면, 그는 키릴로스의 주장을 받아들였을지도 모른다. 교회사에서 「레오의 책」(Leo's Tome)으로 알려진 그 편지는, 예수 그리스도의 인격을 두 본성 즉 신성과 인성을 지닌 한 인격으로 설명한다.

그렇다면 누가 "한 인격"을 가진 자인가? 의심할 여지 없이 성부와 동등한 영원한 하나님의 아들이다. 두 본성은 무엇인가? 의심할 여지 없이 신성과 인성이다. 공의회는 키릴로스의 위격적 연합을 정통이라 선포했고, 도처에 있는 모든 그리스도인에게 이를 믿어야 한다고 명했다. 그러나 일부 알렉산드리아 신학자들은 매우 못마땅해했다. 왜냐하면 공의회가 유티케스와 그의 기독론, 즉 예수는 하나의 본성을 가진 신인(神人)이라는 주장을 비난했기 때문이다.

칼케돈에 있는 주교들은 성육신의 핵심에 있는 신비를 인식했다. 그들은 정의를 내려 신비를 "설명"하려고 하지 않았다. 그들은 그저 어떤 용어가 이 신비를 설명할 때 사용되어야 하는지를 결정했을 뿐이었다. 그들은 타협을 통해 용어를 결정했다. 알렉산드리아 학파는 **한 인격**을 강조했고, 안디옥 학파는 **두 본성**을 강조했다. 한 인격이 어떻게 두 본성을 가질 수 있는지는 결코 설명되지 않았다. 바로 그것이 신비다. 이를 탐구하고 더 자세히 설명하는 일은 후대 신학자들의 몫이다. 그들이 칼케돈이 세운 4중 울타리 안에 머무는 한(이 장의 "배경"을 보라), 그들은 정통 기독교 안에 있다.

더 읽을 책

Grillmeier, Aloys. *Christ in Christian Tradition*. Vol. 1, *From the Apostolic Age to Chalcedon* (451). Translated by John Bowden. Atlanta: John Knox, 1965.

Need, Stephen W. *Truly Divine and Truly Human: The Story of Christ and the Seven Ecumenical Councils*. Peabody, MA: Hendrickson, 2008.

09

5세기에 히포의 주교인 아우구스티누스와
영국의 수도사인 펠라기우스가
죄와 구원에 관해 논쟁하다

배경

공중목욕탕은 로마에서 낯선 사람들을 만날 가능성이 가장 큰 곳이다. 남자들은 자주 이곳에 들려 목욕을 했고, 목욕탕도 해롭거나 성적이지 않았다. 로마 제국 내에서 자신의 집에 개인 목욕탕을 마련할 만큼 여유가 있는 사람은 거의 없었다. 그럴 수 있는 여력이 있었더라도, 그들은 최신 소식을 주고받고 정치를 논하고 아니면 그냥 뉴스를 듣기 위해 공중목욕탕 이용을 선호했다. 적어도 때때로는 선호했을 것이다. 공중목욕탕은 실내 수영장과 비슷했다. 다만 카르타고 같은 북아프리카 도시에서는 목욕탕이 실외에 있었을 것이다.

이 가상의 대화는 카르타고에 있는 한 공중목욕탕에서 일어난다. 5세기 초, 카르타고는 알렉산드리아를 제외한 북아프리카에서 제일 큰 도시였다. 히포의 주교 아우구스티누스(354-430)는 당대 매우 영향력 있는 교회 지도자였고 역대 기독교 사상가들 중에서도 가장 중요한 인물 중 하나다. 우리의 가상적 대화 속에서, 아우구스티누스는 자신의 고향 도시인 카르타고에 있는 그리스도인들에게 강연하기 위해 그곳을 방문한다. 그가 공중목욕탕에서 쉬고 있을 때, 그의 주적이었던 영국의 수도사 펠라기우스(354-440년경)가 들어온다. 둘은 수건을 걸치고 발을 따뜻한 물속에 담근 채 가깝게 앉아 있다.

아우구스티누스의 삶의 이야기는 잘 알려져 있다. 이는 부분적으로 그의 영적인 자서전 「고백록」(*Confessions*) 때문이기도 하다. 이 책은 전 세계의 학생들이 문학과 철학 수업 시간에 여전히 읽고 공부하는 교재이기도 하다. 이 책은 초기 심리학의 대작으로도 간주된다. 이는 아우구스티누스가 어린 시절부터 성인기에 이르기까지의 추진력과 동기에 대한 자신의 잠재의식의 세계를 탐구하고 있기 때문이다. 그는 기독교 신자인 어머니 모니카와 이교도인 아버지 밑에서 자랐다. 아우구스티누스는 이탈리아에서 수사학을 공부하고 가르치기 위해 교회를 떠났다. 밀라노에 있는 동안, 그는 위대한 주교이자 설교가인 암브로시우스(Ambrose)의 영향하에서 유명한 회심을 경험했다. 그는 자신의 의지와는 반대로 교회로 다시 돌아갔고 북아프리카에 있는 히포의 주교가 되었다. 사람들이 이를 요구했다.

아우구스티누스는 철학과 신학에 관한 많은 책을 썼다. 그는 신플라톤주의라고 불리는 상대적으로 새로운 철학을 기독교와 통합하려고 애썼다. 아우구스티누스는 북아프리카에서 기독교의 경쟁 종교였던 마니교, 그리고 분리주의적인 기독교 분파였던 도나투스주의자들과 과열된 신학적·정치적 갈등 관계에 있었다. 그러나 기독교 신학에서 그가 남긴 영구적 유산은 펠라기우스와의 논쟁에서 비롯됐다. 둘은 아마도 서로를 전혀 만나지 못했을 것이다(이에 대한 약간의 의문은 있다). 비록 둘은 만나지 못했지만, 둘 다 서로에 반대하는 신학적 논문을 썼고 그 대부분은 죄 및 구원의 본성과 관련된다.

영국 출신의 펠라기우스는 5세기 초엽에 로마에 도착했다. 그곳에 있는 그리스도인들은 그가 부도덕하다고 여기는 삶을 살아가고 있었다. 그는 그 모습을 보고 곧바로 신물이 났다. 그가 영국에서 지켰던 기독교의 형태는 도덕적으로 매우 엄격했다. 로마에 있는 동안, 그는 그리스도인들이 도덕적으로 개의치 않는 삶을 살아가는 데 대한 부분적 이유가 아우구스티누스의 영향 때문이라고 확신하게 되었다. "오 하나님, 당신이 명하는 것을 주옵시고, 당신이 바라는 것을 명하옵소서"라는 아우구스티누스의 기도는 로마에서 인기였다. 아우구스티누스는 만일 죄 많은 인간이 순결하고자 한다면, 하나님이 그 사람에게 순결의 선물을 주셔야만 가능하다고 했다. 아우구스티누스는 자신이 카르타고에서 대학생으로 있을 때 이렇게 기도했다고 한다. "오 하나님, 저에게 순결의 선물을 주옵소서. 그러나 아직은 아닙니다." 이것이 그의 초기 기도 중 하나다. 그리스도인으로서 그는 사람들의 죄가 너무 크기에 하나님께서 주시는 초자연적인 도움의 은혜가 없이는 죄를 멈출 수 없다고 믿었다.

펠라기우스는 죄와 구원에 관해 반대되는 메시지를 가르치기 시작했다. 그는 모든 인간이 도덕적으로 중립적이며 타락 이전의 아담과 같은 상태로 태어났기 때문에 죄를 지을 수도, 그렇지 않을 수도 있다고 가르쳤다. 그는 사람이 하나님의 뜻에 따라 살 수 없게 만드는 타락이라는 선천적인 조건을 부인했다. 모든 사람은 아담과 하와가 직면했던 같은 유혹, 즉 하나님께 순종할 것인가, 말 것인가에 직면한다. 대부분의 혹은 모든 사람들이 그런 치명적인 불순종을 반복하는 이유는 그들 주변에 있는 나쁜 영향 때문이다. 그렇다면 원죄는 단순히 사회 안에 깊이 뿌리박혀 있는 불순종의 습관이다. 원죄는 부모, 친구, 이웃에게서 옮은 사회적 병이다. 그것은 생물학과 전혀 관계가 없고 영적인 운명과도 관계가 없다. 죄 짓는 것을 선택한 자는, 자신 주변에 있는 죄인들을 모방하는 일을 선택한 것뿐이다. 따라서 그런 행동에는 책임이 따르며 유죄다. 펠라기우스에 따르면, 우리는 달리 행할 수 있었다.

뒤따르는 가상의 대화에서 볼 수 있듯이, 아우구스티누스는 펠라기우스의 죄론과 구원론을 맹렬히 비난했다. 아우구스티누스는 로마 제국 사방에서 펠라기우스를 추적했고, 그가 알고 있었던 모든 주교와 영향력 있는 지도자들에게 편지를 써서 펠라기우스를 비난해야 한다고 주장했다.

펠라기우스가 그리스어가 지배적이었던 제국의 동쪽 지역으로 도망갔을 때, 그리스어를 충분하게 습득하지 못한 아우구스티누스는 라틴어를 할 줄 아는 그의 친구 히에로니무스(Jerome)에게 편지를 썼다. 당시 히에로니무스는 예수가 태어나셨다고 추정되는 베들레헴에서 그리스어 성서를 라틴어로 번역하고 있었다. 그는 동방에서 펠라기우스에 반대하는 아우구스티누스의 운동을 이어받았다. 결국 펠라기우스는 431년에 열린 에베소 공의회에서 이단으로 정죄받았다.

아우구스티누스는 기독교 주교와 신학자로 있었던 초기에는 자유의지를 믿었다. 그는 죄와 악이 물질에서 파생한다고 믿었던 마니교도들을 반박할 때 자유의지의 개념을 사용했다. 대신에, 아우구스티누스는 죄가 자유의지라는 하나님의 선한 선물을 잘못 사용하는 것에서부터 발생한다고 주장했다. 펠라기우스와의 논쟁이 그의 생각을 바꾸었다. 아우구스티누스는 말년에 의지의 자유를 부인하고 죄에 대한 의지의 속박 사상을 선호했다. 이는 초자연적인 도움의 은혜로 사람들이 회심을 경험하기 이전의 상태 혹은 그 은혜로부터 떨어져 있는 상태를 말한다. 아우구스티누스에 따르면, 타락 이전의 아담은 "죄짓지 않는 것이 가능"했다. 타락 후에 아담과 우리 모두는 "죄짓지 않는 것이 가능하지 않게" 되었다. 오직 성령만이 죄짓지 않는 것이 가능한 상태로 우리를 회복시킬 수 있다. 자유의지에 대한 펠라기우스의 강조는, 아우구스티누스를 무조건적 예정을 믿고 가르치는 지점까지 몰아갔다. 만일 한 사람이 하나님에 의해 구원을 받는다면, 그것은 하나님이 그 사람을 선택했기 때문이다. 주저하던 젊은 회심자로서 아우구스티누스는 그 사실을 경험했다.

「자연에 관하여」(On Nature)는 펠라기우스가 죄, 자유의지, 구원에 관한 자신의 견해를 가장 잘 설명한 저술이다. 아우구스티누스는 그의 가장 중요하며 영향력 있는 신학 논문 중 하나인 「자연과 은혜에 관하여」(Nature and Grace)로 펠라기우스에 대응했다. 분명한 건, 펠라기우스는 논쟁이 주로 자유의지에 관한 것이었다고 생각한 반면에, 아우구스티누스는 구원 안에 있는 하나님의 은혜에 관한 것이라고 생각했다는 점이다.

이어지는 대화는 아우구스티누스와 펠라기우스가, 만일 420년경 카르타고에 있는 공중목욕탕에서 예기치 않게 만났다면, 서로에게 말했을 법한 내용을 내 상상에 기초해 쓴 것이다.

대화

펠라기우스   아우구스티누스 아니신가요? 그려진 초상화만 봤지 직접 뵙기는 처음이네요. 여기 카르타고에서 혹시나 당신을 만나지 않을까 했습니다. 히포의 위대한 주교까지 방문하신 걸 보니 공중목욕탕이 그렇게 미천한 곳이 아니군요.

아우구스티누스   그렇다면 당신은 누굴까요? 근래에 죄와 구원에 관한 주제로 로마의 그리스도인들을 괴롭힌 영국 출신의 펠라기우스인가요? 당신이 카르타고에 있는지 몰랐습니다. 그럴 줄 알았더라면 진작 거리를 뒀을 텐데 말입니다. 적어도 이 공중목욕탕에서라도 말입니다!

펠라기우스   자 자, 존경하는 아우구스티누스, 화내지 마십시오. 당신이 저의 신학에 찬성하지 않는다는 것을 압니다. 하지만 공중목욕탕의 따뜻한 목욕물을 이단과 나눠 쓴다고 해서 당신에게 해가 되지는 않을 겁니다. 제가 이단이라고 고백하고 있는 건 아닙니다. 저는 사실 당신의 신학이 제 것보다 더 이단에 가깝다고 생각합니다!

아우구스티누스 제가 동방을 포함한 제국 전역에 있는 주교들과 사제들, 그리고 베들레헴에 있는 제 사랑하는 친구 히에로니무스와 같은 신학자들에게 당신의 이단적 가르침을 경고하는 편지를 보내고 있는 것을 당신도 알 겁니다. 조만간 당신을 받아주고 싶어 하는 그리스도인들이 남아 있을지 궁금하네요. 아시다시피, 주교들의 공의회가 당신과 당신의 가르침을 비난하기 위해 2년 전 여기 카르타고에서 열렸었지요.

펠라기우스 그에 대해서는 유감입니다. 당신은 제 신념을 전혀 이해하지 못하는 것 같군요. "오 주님, 당신이 명하는 것을 주시고, 당신이 바라는 것을 명하소서"라고 하는 당신의 기도는 어떤가요? 만일 그것이 이단적이지 않다면, 무엇이 이단적인지 모르겠네요. 만약 사람들이 하나님이 그들에게 순종의 은사를 주실 때까지 하나님의 법에 순종하기를 기다린다면, 그들은 결코 순종하지 않을 겁니다. 하나님은 우리가 하나님에게서 받은 자유의지와 도덕력을 사용해 그분께 순종하기를 원하십니다. 만일 우리가 그것들을 지킬 수 없다면 성서의 명령의 요지가 무엇인가요?

아우구스티누스 그 안에 당신의 이단적인 주장이 있습니다, 펠라기우스. 당신은 인간이 얼마나 타락했는지 알지 못하는군요. 우리의 영을 새롭게 하고 우리의 의지를 죄의 속박으로부터 자유롭게 하는 은혜의 도움이 특별히 주입되지 않는 한, 우리는 하나님께 순종하거나 하나님을 기쁘게 할 수 없습니다. 성서에 있는 하나님의 명령은 우리가 하나님의 은혜를 떠나면 하나님께 순종하는 데 있어서 얼마나 무력해지는지 보여줍니다. 그리고 일단 우리가 그의 은혜를 받으면, 하나님의 명령은 우리에게 어떻게 그 은혜를 사용해 하나님을 기쁘시게 하는지 보여줍니다. 그런데 왜 내가 이 모든 것을 당신에게 설명하고 있는 거죠? 당신은 이 모든 것을 잘 압니다. 당신은 그저 논쟁할 기회를 엿보고 있습니다.

펠라기우스 　논쟁할 기회를 기다린다고 하시니 드리는 말씀인데, 논쟁은 당신이 하고 싶어 하는 것 같습니다. 당신은 마니교도와 도나투스파, 그리고 이제는 저와 논쟁하는군요. 제 생각에 당신은 논쟁을 즐기시는 것 같습니다! 당신이 말하는 전적인 타락은 말이 되지 않습니다. 만일 당신이 주장하는 대로라면, 왜 예수가 하늘에 계신 우리 아버지가 온전하신 것처럼 우리도 온전하라고 명했을까요? 그리고 왜 간음하다 붙잡힌 여인에게 "가서 다시는 죄짓지 마라"고 명하셨을까요? 성서 도처에서 예언자들과 사도들은 사람들에게 죄를 피하고 하나님께 순종하라고 거듭 명하고 있습니다. 의(義)는 하나님의 은혜의 도우심으로 성취할 수 있는 것입니다.

아우구스티누스 　아하! 당신은 방금 "하나님의 은혜의 도우심으로"라고 말했습니다. 맞습니다! 그게 저의 요지입니다. 오직 하나님의 특별하고 초자연적이고 새롭게 하시는 은혜의 도움이 있어야 우리가 죄를 피할 수 있습니다. 그러니까 우리 스스로는 죄를 피할 수 없다는 걸 인정하시는 건가요?

펠라기우스 　저의 요지는 우리는 결코 "우리 스스로" 하지 않는다는 데 있습니다. 하나님은 우리 각자에게 양심과 하나님 자신의 법을 주셨죠. 은혜는 이 안에 보편적으로 있습니다. 모든 사람은 하나님의 뜻을 모방하려는 모습을 가지고 있어요. 그리고 그것은 하나님의 은혜로 말미암은 것이죠. 하나님은 아무도 제 마음대로 하게 내버려두지 않습니다. 오히려 양심의 명령에 따르고 하나님의 율법에 순종하는 모든 이들에게 의(義)를 주십니다.

아우구스티누스 　잠깐만요! 그렇다면 당신이 말하는 "은혜"는 전혀 특별하거나 초자연적이지 않은 건가요? 은혜가 그저 인간의 타고난 소양 중 하나란 말인가요? 그렇다면 그것이 어떻게 은혜일 수 있나요?

펠라기우스 우리가 죄를 지어야 그것이 특별하고 초자연적인 은혜가 됩니다. 그래서 우리는 용서받기 위해 하나님의 특별한 은혜를 필요로 합니다. 하지만 우리가 죄를 짓지 않는다면, 혹은 죄를 지을 때까지, 우리는 자연과 법의 은혜만 필요합니다. 이것도 은혜입니다. 이는 그것이 하나님으로부터 온 선물이기 때문이지요. 하나님은 자신의 율법이나 그것을 지킬 만한 능력을 우리에게 주실 필요가 없었습니다.

아우구스티누스 그렇다면 당신은 사람이 삶의 시작부터 죽음에 이르기까지 초자연적인 도움의 은혜의 어떤 개입도 없이 하나님께 순종하는 것이 가능하다고 믿는 건가요?

펠라기우스 당연하죠! 그렇지 않다면 왜 우리가 순종에 대한 책임을 져야 하며 불순종하면 죄인이 되어야 하나요? 하나님의 명령은 우리가 순종하고자 한다면 순종할 수 있음을 함의하고 있습니다. 대부분의 사람들이 하나님의 명령에 불순종하고 그들에게 용서의 은혜가 필요하다는 것은 그 명령에 순종하려는 가능성과 전혀 관계가 없습니다. 우리에게는 자유의지가 있습니다. 그리고 하나님은 우리가 그것을 바르게 사용하기를 원하십니다. 그래서 우리는 죄를 지으면 정죄를 받습니다. 왜냐하면 우리는 달리 행할 수 있었기 때문입니다!

아우구스티누스 당신의 주장이 얼마나 비난받아 마땅한지 표현할 길이 없네요! 당신의 가르침이 복음을 더럽히지 않게 당신을 교회에서 쫓아내야겠다는 저의 결심은 어느 때보다 더 확고해졌습니다. 당신은 하나님의 은혜를 가치 없고 공허한 것으로 만들었고 그리스도의 십자가도 무의미하게 만들었습니다. 성서는 모두가 죄인이기에 하나님의 영광에 이르지 못한다고 분명히 말하고 있습니다! 심지어 갓난아기도 "아담 안에서" 죄가 있습니다. 우리 모두가 아담 안에서 죄를 지었다고 분명히 말하는 바울의 로마서를 당신은 읽지 않았나요?

펠라기우스   저는 그게 성서가 가르치는 것이라고 생각하지 않습니다. 성서는 그저 모두가 죄를 지었기 때문에 죽음이 모두에게 전해졌다고 말하고 있지요. 게다가 우리가 여기서 논의하고 있는 것은 원죄가 아니라 실제적인 죄입니다. 원죄는 타락한 세상에 태어난 우리의 불행입니다. 우리 모두는 죄를 짓는 경향이 있습니다. 이는 유혹의 끌어당기는 힘이 너무 크고 우리의 모든 본보기들에게도 죄가 있기 때문이죠. 하지만 그렇다고 죄를 지어야 한다는 것은 아닙니다. 우리가 유혹에 저항한다면, 우리는 죄 없는 자가 될 수 있습니다.

아우구스티누스 믿을 수 없군요! 당신이 한 말은 복음을 파괴합니다. 복음은 우리 모두가 다 정죄받은 죄인이기 때문에 그리스도가 우리 모두를 위해 죽으셨다고 말하고 있습니다. "의인은 없나니 하나도 없다." 로마서를 읽어보세요, 선생님! 우리는 아담의 반역으로 인해 더럽혀진 죄인으로 태어났습니다. 그것을 말끔히 씻어내기 위해서는 세례의 은혜가 필요합니다. 그리고 우리는 우리의 의지를 강화시켜주는 초자연적인 은혜의 개입이 필요합니다. 그래야 세례 후에 계속해서 죄를 짓지 않게 되죠.

펠라기우스   저는 아담의 죄를 물려받는다거나 그의 타락을 전해 받는다는 당신의 의견에 동의하지 않습니다. 우리는 모두 아담이 창조되었던 것과 같은 상태, 즉 죄에 관하여는 순수하고 중립적인 모습으로 태어납니다. 우리 주변에 많은 악한 본보기가 있다는 걸 제외하면, 우리는 아담이 타락하기 전에 가졌던 것과 같은 인간의 조건을 가지고 있습니다. 그리고 우리에게는 우리를 지도해줄 예수 그리스도라는 훌륭한 본보기가 있습니다. 하지만 타락하기 전의 아담처럼, 우리는 죄를 지을 수도 있고 죄를 짓지 않을 수도 있습니다. 이는 전적으로 우리에게 달려 있습니다. 그렇지 않다면 우리가 죄에 대한 책임을 지기는 어렵다고 봅니다.

아우구스티누스 아니요, 펠라기우스. 하나님은 우리가 아담 안에 있다고 보시기 때문에 우리에게도 책임이 있다고 하십니다. 아담은 우리의 원천이요, 우리의 대표자요, 우리의 "머리"입니다. 그가 반역함으로써 죽음과 정죄함 속으로 떨어졌을 때, 우리 모두도 그와 함께 떨어졌습니다. 아담은 타락하기 전에 죄를 짓지 않을 능력을 가졌었지만, 타락 후에는 그 능력을 상실했습니다. 우리는 아담이 타락한 후에 아담의 상태, 즉 죄짓지 않을 수 없는 상태에서 태어나죠. 그리고 모든 인류는 아담으로 인해 "저주의 무리"가 되었습니다. 단, 세례와 믿음으로 그리스도 안에 있는 자들은 제외입니다.

펠라기우스 이 가르침은 사람들을 영적으로 그리고 도덕적으로 게으르게 만듭니다. 사람들은 자신의 죄를 그들의 타락한 본성과 아담 탓으로 돌립니다. 이에 대한 책임은 당신에게 있습니다. 아담의 죄가 우리의 죄가 된다는 가르침은 어디서 찾으셨나요? 신약성서는 세상의 죄와 그에 대한 우리의 협력이 우리를 불행하게 만든다고 합니다. 그러나 그건 불가피한 것이 아닙니다. 우리가 바른 선택을 한다면 우리는 죄를 짓지 않을 겁니다.

아우구스티누스 그러나 우리의 의지는 타락하고 부패했습니다. 우리가 "허물과 죄로 죽었다"라는 로마서의 말씀을 읽지 않았나요?

펠라기우스 하지만 그건 분명히 비유입니다. 우리는 실제로 죽지 않았습니다. 지금 당신이 공중목욕탕의 물속에 앉아 있는 것처럼, 당신은 살아 있습니다. 그러니까 바울은 사방에 있는 세상의 죄로 인해 우리가 비참한 상태에 있다는 걸 의미했음이 틀림없습니다. 풍성한 생명으로 가는 길을 우리에게 보여주는 양심과 하나님의 율법을 떠난다면, 우리는 가장 비참해질 것입니다.

아우구스티누스 펠라기우스, 당신은 성서를 왜곡하고 있습니다. 분명 예언자들과 사도들은 선을 행하는 자가 아무도 없다고, 단 한 사람도 없다고 가르쳤죠! 예수 그리스도 말고, 완벽하게 순종을 한 사람이 있다면 저에게 보여주시죠!

펠라기우스 완벽하게 순종하는 삶을 산 사람이 없다고 해서 그게 불가능하다는 것은 아닙니다. 제 주장은, 초자연적으로 돕는 은혜의 개입을 제외하고도 순종이 가능하다는 것입니다. 저는 지금 누군가가 실제로 그렇게 살고 있다고 주장하는 것이 아닙니다. 하지만 그렇게 살 수 있습니다.

아우구스티누스 요점이 뭔가요?

펠라기우스 제가 하고 싶은 이야기는 이것입니다. 만일 우리가 은혜라는 초자연적 선물 없이는 하나님을 기쁘시게 할 수 없다고 가르친다면, 사람들은 선물을 받을 때까지 기다렸다가 순종할 것입니다. 하나님은 그들이 지금 당장 당신에게 순종하기를 원하십니다. 하나님은 우리가 양심과 하나님의 율법 외의 것인 위로부터 주어지는 선물만 기다리는 것을 원치 않으십니다. 전적 타락과 아담으로부터 전해 내려온 죄를 강조하는 당신의 신학은, 많은 그리스도인들이 영적으로 게으르고 비도덕적인 이유를 말해주죠.

아우구스티누스 그렇다면 당신의 신학은 사람들로 하여금 그리스도만을 신뢰하기보다는 자신의 선한 사역을 신뢰하게 만들겠네요. 당신의 신학은 많은 사람을 절망으로 이끌 것입니다. 그들은 순종하는 삶을 스스로 살 수 없다는 것을 깨달을 것입니다. 우리의 모든 선함이 우리에게서가 아닌 하나님께로부터 나온다는 것이 복음입니다. 사도 바울은 고린도 교인들에게 이렇게 물었습니다. "여러분이 가진 것 중 받지 않은 것이 무엇인가요?"

펠라기우스   저도 모든 선함이 하나님께로부터 온다는 데 동의합니다. 양심, 자연법, 하나님의 율법은 모두 하나님께로부터 주어지는 선한 선물이죠.

아우구스티누스   당신과 논쟁한다고 물속에 오래 앉아 있었더니 피부가 말린 자두처럼 쪼글쪼글해진 것 같습니다. 하나님이 번개를 보내셔서 이 건물과 이 안에 있는 당신을 멸하기 전에 여기서 나가야겠습니다. 당신이 말하는 복음은 유대적이거나 스토아적인 도덕주의에 지나지 않습니다. 그건 예수 그리스도의 복음이 아닙니다.

분석

아우구스티누스와 펠라기우스 사이의 논쟁 이전에, 그리스도인들 사이에서 가장 신학적이었던 논쟁은 예수 그리스도의 본성과 관련되었다. 그가 참인간인가? 그가 성부 하나님과 동등한 참신인가? 그는 한 인격인가 아니면 본성과 인격의 일치 안에 서로 혼합된 두 인격인가? 그는 단일 본성을 가지는가 아니면 두 본성을 가지는가? 이런 질문들은 삼위일체에 관한 질문들과 분리될 수 없다. 하나님 안에 세 가지 동등한 인격이 있는가, 아니면 단지 세 가지 방식으로 자신을 드러내는 한 인격이 있는가? 어떻게 세 인격이 한 존재일 수 있는가? 기독교 신학은 아우구스티누스와 펠라기우스 사이의 논쟁으로 인해 새로운 국면을 맞이했다. 특히 동방에 있는 많은 그리스도인은, 비록 인간의 타락에 있어서는 펠라기우스보다 더 확고한 이해를 가졌을지 모르지만 대개 펠라기우스와 비슷한 생각을 가지고 있었다. 그래서 펠라기우스가 마침내 동방에 다다랐을 때, 그는 환영을 받았다. 적어도 처음에는 그랬다.

다른 많은 그리스도인은 죄, 은혜, 구원에 있어서는 아우구스티누스처럼 생각했다. 하지만 예정에 관해서는 아우구스티누스처럼 생각하는 사람이 거의 없었다. 예정 교리는 이 가상의 대화가 일어났을 수도 있는 시기 이후에 생겨난 견해이며, 구원에 있어서 인간이 어떤 결정적인 역할도 하지 못하도록 한 것의 직접적인 결과다. 아우구스티누스의 추종자들 중 많은 이는 원죄와 예정이라는 그의 극단적 교리로 인해 충격을 받았다. 이들은 아우구스티누스가 후에 자유의지를 부인한 데 대해, 그리고 사람들의 자유로운 결정이나 선택을 떠나 무조건적인 하나님의 주권에 의해 구원받을 자가 선택된다는 그의 강조에 반발했다. 그러나 그들은 펠라기우스가 원죄를 부인하는 것 또한 참을 수 없었다. 그들은 교회사에서 반(半)펠라기우스주의자(semi-Pelagians)라고 이름 붙여졌다. 그러나 그들은 반(半)아우구스티누스주의자라고도 불릴 수 있다.

이 논쟁에서 우리가 보는 것은 두 극단이다. 그러나 전반적으로 봤을 때는 아우구스티누스가 이겼다. 그의 후기 교리의 예정론만은 제외하고 말이다. 이 예정론은 정교회나 가톨릭교회에서 공식적으로 받아들여진 적이 없지만 장 칼뱅 같은 16세기의 몇몇 개신교 종교개혁가들 사이에서는 받아들여졌다. 동방 정교회는 아우구스티누스의 원죄 교리를 완전히 받아들인 적이 전혀 없다. 그들은 보편적인 인간의 타락을 믿지만, 이를 정죄함보다는 죽음과 동일시하는 경향이 있다. 따라서 구원은 하나님의 형상으로의 회복이며 영생의 선물이다.

아우구스티누스는 서구 기독교 사상을 위한 유형을 만들었는데, 그것은 정죄, 용서, 화해 등과 같은 율법적 측면에 더 초점을 맞추고 있다. 대부분의 서방 그리스도인은 아기들이 아담의 죄로 인해 정죄받는 것까지는 아닐지라도 전적으로 부패하고 타락한 모습으로 태어나 죄를 짓지 않을 수 없다는 아우구스티누스의 견해에 동의한다. 그들이 죄를 짓지 않는 것은 불가능하다.

그래서 만일 아기들이 타락한 상태뿐만 아니라 정죄받은 상태로도 태어난다면, 그들이 죽을 때 어떤 일이 발생하는가? 아우구스티누스는 세례 받은 아기들은 죽으면 천국으로 간다고 주장했다. 세례 받지 않은 아기들은 아우구스티누스가 림보(limbo)라고 부르는 곳으로 가게 된다. 림보는 천국과 지옥 사이에 있는 가사 상태(suspended animation)를 말한다. 그것은 고통의 자리는 아니지만, 그렇다고 구원받은 사람들이 천국에서 경험하는 하나님에 대한 지복직관(beatific vision, 천국에서 하나님을 직접 보는 것 – 역주) 역시 아니다. 그리고 왜 어떤 사람들은 세례 받아 구원받는데 반해 다른 사람들은 그러지 못하는가? 아우구스티누스는 하나님의 주권적 선택에 호소한다. 그에게 있어 하나님의 주권적 선택은 하나님을 향한 죄인의 선한 의지의 실행과는 전혀 관계가 없다. 왜냐하면 중생시키는 은혜가 없이는 구원이 불가능하기 때문이다.

인간과 하나님에 대한 아우구스티누스의 설명은 구원받지 못한 자들에게는 가혹한 듯 보인다. 그의 설명은 구원받은 자들에게 위안이 되며 심지어 편안함까지 느끼게 한다. 결국 모든 것이 하나님에게 달려 있다.

그러나 아우구스티누스는 그리스도인들에게는 사랑의 삶으로 하나님을 기쁘시게 하는 책임과 능력이 있다고 믿었다. 그의 모토 중 하나는 "사랑하라, 그리고 그대가 하고 싶은 대로 하라"(Love and do as you please)였다. 펠라기우스는 이 말도 싫어했을 것이다! 여기서 아우구스티누스가 말하고자 한 것은, 하나님과 자신의 이웃을 정말로 사랑하는 자는 항상 바른 일을 하리라는 것이다.

인간과 하나님에 대한 펠라기우스의 설명은 그의 실제적인 주장, 즉 사람들이 하나님께 완전히 순종할 수 있고 또 하나님이 그들이 그렇게 할 것을 기대하신다는 것을 제외하고는, 밝고 낙관적인 듯하다. 선을 행하기에 우리가 무력하다는 것이 희망적일 수 있는가? 그리고 그것이 현실적인가? 누가 하나님의 특별하고 초자연적인 도움 없이 하나님께 순종하거나 순종하기를 결정할 수 있는가? 아우구스티누스는 인간 본성에 관해서는 지나치게 비관적이었다면, 은혜에 관해서는 매우 낙관적이었다. 펠라기우스는 인간 본성에 관해서는 지나치게 낙관적이었다면, 한 인격을 변혁시키는 그리스도와 성령의 능력에 관해서는 매우 비관적이었다. 그리스도와 성령의 능력으로 변화된 사람은 하나님을 기쁘시게 하는 방법에 대해 당부받을 필요가 없다. 그들은 사랑의 마음으로 그렇게 한다. 펠라기우스는 율법주의자였다.

많은 이들이 아우구스티누스와 펠라기우스 사이에 중간 지대가 있는지 궁금해한다. 아우구스티누스의 생애 동안, 그를 존경한다고 주장하는 누군가가 반펠라기우스주의라 불리게 되는 사상을 발전시켰다. 정확히 그것이 무엇인가? 그것은 인간이 비록 타락하고 죄 많은 상태에 있을지라도, 인간은 하나님을 향한 선의를 행사함으로써 하나님과의 관계를 시작할 충분한 도덕적 능력을 가지고 있다는 견해다. 하나님은 우리의 그런 모습을 기다리시며 그다음 구원의 은혜로 응답하신다. 펠라기우스와 반대로, 인간은 스스로를 구원할 수 없다. 그러나 아우구스티누스와 반대로, 그들은 하나님을 향한 첫걸음을 내딛을 수 있다. 그리고 그것이 실로 하나님이 기대하시는 것이다. 하나님이 우리 안에서 시작되는 선의를 볼 때, 그는 한 사람이 구원을 받기 위해 필요한 모든 것을 주심으로써 응답해주신다.

그렇다면 반펠라기우스주의를 아우구스티누스와 펠라기우스 사이의 적절한 중간 지대라고 할 수 있는가? 529년에 있었던 제2차 오랑주 공의회(Second Council of Orange)에 모인 주교들은 그렇게 생각하지 않았다. 그들은 아우구스티누스의 강한 예정론을 지지하지 않고 반펠라기우스주의자들을 이단으로 비난했다. 그래서 펠라기우스주의와 반펠라기우스주의는 기독교 역사에서 이단으로 간주된다. 그러나 이 둘 다 오늘날 기독교 민속신앙에 만연해 있다. 반펠라기우스주의는 대부분의 평신도와 많은 목사들의 기본 신학(default theology)인 것처럼 보인다. 그럼에도 불구하고, 반펠라기우스주의는 어느 누구도 하나님을 구하지 않고 선한 어떤 것도 하지 않는다(롬 3:10-18)는 성서적 확증을 무시한다. 하나님을 향한 선의의 첫 실행조차도 하나님의 선물이어야 하는데도 말이다.

이후, 개신교 개혁주의로부터 하나의 신학이 나왔는데, 이 신학이 아우구스티누스와 펠라기우스가 존립 가능한 중간 지대를 만들어주었을지도 모른다. 이는 네덜란드 신학자 야코부스 아르미니우스(Jacob Arminius, 1609에 죽음)에 의해 만들어졌고 아르미니우스주의(Arminianism)라고 불린다. 이 견해에 따르면, 하나님은 죄인들에게 하나님을 향한 선의를 행사하도록 충분한 "선행적 은혜"(prevenient grace, 구원에 앞서는 그리고 그것을 준비하는 은혜)를 주신다. 그러나 주도권은 하나님에게 있지 사람에게 있지 않다. 사람에게는 하나님의 부르심, 확신, 계시, 그리고 가능하게 하심(선재적 은혜)에 응답하기 위한 자유의지가 있지만 그 자유의지조차도 하나님의 선물이다. 하나님의 은혜는 "앞서 가서" 우리를 위한 무대를 마련해준다. 말하자면, 사람이 행하는 어떤 선한 일에서든지 말이다. 따라서 사람은 자랑할 수 없다. 모든 영광은 하나님께로만 돌아가야 한다. 그러나 사람은 은혜와 협력하여 그것이 자신의 삶에서 변혁을 이루도록 해야 한다. 그리고 사람은 신앙과 회개를 통해 은혜에 응답해야 한다. 그렇게 할 수 있는 능력이 하나님의 선물이다.

나는 아르미니우스주의가 많은 사람들이 찾고 있는 아우구스티누스와 펠라기우스 사이의 중간 지대라고 믿는다. 아르미니우스주의는 아르미니우스가 온전히 고안해낸 것이 아니었다. 그는 16세기의 가톨릭 개혁가인 데시데리우스 에라스무스(Desiderius Erasmus)를 포함한 그 이전의 많은 이들의 사상 위에 자신의 사상을 세웠다. 어떤 학자들은 아르미니우스가 단순히 아우구스티누스 이전의 초기 교회 교부들이 찾은 죄와 구원에 관한 고대의 합의점들을 재발견했고 재표현했다고 주장한다. 다른 비평가들은 아르미니우스가 반펠라기우스주의자라고 비난하지만 이는 전혀 정확하지 않다. 왜냐하면 아르미니우스와 그의 추종자들은, 구원에 있어서의 신적 주도권을 강하게 강조하는 것은 물론, 하나님을 향한 선의의 실천을 시작할 때조차도 하나님의 초자연적·선행적 은혜가 필요하다고 주장하고 있기 때문이다.

누군가는 펠라기우스를 "마지못한 이단"(reluctant heretic)이라 이름 붙였다. 그는 결코 복음을 파괴하려 하지 않았다. 어떤 면에서 그의 신학은 아우구스티누스 신학의 일부 측면보다 낫다. (예를 들면, 아우구스티누스는 죄와 타락과 같은 원죄가 성행위를 통해 세대를 거쳐 전해진다고 믿었다.) 이러나저러나, 펠라기우스의 인간의 도덕적 능력 교리는 성서가 죄, 은혜, 예수 그리스도, 속죄, 그리고 다른 많은 것에 관해 말하는 내용과 모순된다. 비록 펠라기우스가 그의 교리로 복음을 훼손시키려는 의도가 없었다고 할지라도, 그런 결과를 야기했다. 아우구스티누스가 지칠 줄 모르고 지적했던 것처럼, 만일 펠라기우스가 옳다면, 십자가는 반드시 있어야 하는 것이 아니다. 그러나 복음은 십자가가 하나님에게 순종하지 않은 자들을 위해서뿐만 아니라 전 세계의 죄를 위한 것이라고 말한다. 그리스도가 모든 이를 위해 죽으셔야만 했다는 사실은, 모든 이가 죄인이라는 것을 증명한다.

더 읽을 책

Rees, B. R. *Pelagius: A Reluctant Heretic*. Rochester, NY: Boydell & Brewer, 1988.

Scott, T. Kermit. *Augustine: His Thought in Context*. Mahwah, NJ: Paulist Press, 1995.

10

중세 캔터베리의 대수도원장이자 대주교인 안셀무스와

수도사이자 철학자인 아벨라르가

믿음, 이성, 속죄에 관해 논쟁하다

배경

캔터베리의 안셀무스(Anselm of Canterbury, 베크[Bec]의 안셀무스로도 알려져 있다. 베크는 안셀무스가 있었던 프랑스의 한 수도원 이름이다)와 파리의 피에르 아벨라르(Peter Abelard)는 가장 유명하고 가장 영향력 있는 중세 신학자들 중 두 사람이다. 또한 그들은 기독교 철학자들이었다. 그들의 평생 동안, 신학과 철학은 유럽의 학파 및 대학과 불가분의 관계에 있었다. 여러 면에서 그들은 완전히 다른 중세 기독교 사상의 입장을 대표한다.

안셀무스는 1033년 이탈리아 북부 알프스 지역의 아오스타(Aosta, Alpine Italy)에서 태어났고 지금의 프랑스인 노르망디(Normandy)에서 교육받았다. 그는 베크에 있는 수도원의 대수도원장이었고 영국을 정복한 윌리엄 왕의 뒤를 따라 영국으로 들어간 노르만족의 일원이기도 했다. 안셀무스가 1093년 캔터베리의 대주교로 지명되었을 때, 그는 영국의 가톨릭 지도자가 되었다. 그는 성직자로서 그리고 신앙의 지적인 변호자로서 눈부신 활약을 한 후 1109년에 죽었다. 안셀무스는 고전 기독교 신념이 인기가 있기 오래전부터 그 신념에 대한 반대를 예상했으며 이성을 사용해 기독교 교리를 변호하는 책들을 썼다.

1079년에 태어난 피에르 아벨라르는 떠들썩한 삶을 살다가 1142년에 죽었다. 세속적인 영화 중 적어도 한 편 이상이 그의 인생과 아름다운 엘로이즈(Héloïse)와의 사랑에 대한 내용을 바탕으로 만들어졌다. 아벨라르는 엘로이즈의 후견인의 바람과는 반대로 그녀와 비밀리에 결혼했다. (실제로 그녀의 삼촌이 아벨라르와 그들의 결혼에 대해 가진 태도에 관해서는 논쟁의 여지가 있다.) 그녀의 삼촌은 폭력배들을 고용했고 그들은 이 철학자의 거처에 침입해 그를 거세했다. 얼마 후, 아벨라르는 수도원으로 들어갔고 엘로이즈 역시 수녀가 되었다. 그녀는 그에게 수많은 연애편지를 썼고 그중 일부는 중세 문학의 모범으로 여전히 읽히고 있다.

안셀무스가 죽었을 때 아벨라르는 서른 살이었다. 그들은 만나지 못했던 것이 거의 확실하다. 그러나 그들이 안셀무스가 서거하기 얼마 전인 1109년에 만나는 것은 상상이 가능하다. 이 가상의 대화에서 종교재판을 피해 도망친 아벨라르는 영국으로 건너간다. 그리고 캔터베리의 대주교를 만나 그의 지지와 어쩌면 보호를 얻기 위해 애쓴다. 아벨라르는 그 당시 가장 영향력 있는 그리스도인이었던 대가톨릭 수도승이자 십자군을 지지하는 설교가인 클레르보의 베르나르(Bernard of Clairvaux)의 분노를 피해 도망치고 있었다. 베르나르는 아벨라르가 중세 정통주의가 확립한 답에 감히 이의를 제기한 것으로 인해 그를 경멸했다. 결국 아벨라르는 교황에게 호소하러 로마로 가는 길에서 죽었다. 만일 그가 로마에 도착했더라면 화형에 처해졌을 것이 거의 확실하다.

안셀무스는 기독교 신앙에 대해 대단히 정통적이고 합리적인 접근법을 보여준다. 여기서 "합리주의자"는 "오직 증명될 수 있는 것만을 믿는다"는 것을 의미하지 않는다. 이는 그 용어에 대한 근대적 정의다. 오히려 안셀무스에게 이성은 신앙을 도와주는 도구다. 그의 모토 중 하나는 "나는 이해하기 위해 믿는다"(I believe in order that I may understand)였다. 어떤 이는 그것을 "이해를 추구하는 신앙"(faith seeking understanding)으로 줄여서 쓰며 그것을 신학의 정의 중 하나로 삼았다.

신학에서 안셀무스의 합리주의를 설명하는 가장 좋은 방법은, 하나님의 존재에 대한 존재론적 증명에 있다. 안셀무스는 증명이 필수적이라고 생각하지 않았다. 하나님에 대한 믿음은 비록 그것이 믿음에 기초한다 할지라도 증명에 의해 지지될 수 있다. 안셀무스에 따르면, 하나님은 "아무도 상상할 수 없는 존재보다 더 큰 분"(the being greater than which none can be conceived)이다. 만일 당신이 하나님이라고 불리는 자보다 더 큰 존재를 생각할 수 있다면, 그 더 큰 존재가 하나님일 것이다. 만일 하나님이 아무도 상상할 수 없는 존재보다 더 큰 분이라면, 그는 존재하는 것으로 생각되어야 한다. 왜냐하면 존재한다는 것은 존재하지 않는 것보다 더 크기 때문이다. (후기 철학자들이 이 전제에 이의를 제기할 것이지만 안셀무스는 이를 자명한 것으로 간주했다.)

하나님을 상정하지만 하나님의 존재를 믿지는 않는다고 주장하는 이들은 자기모순의 죄를 범한다고 안셀무스는 주장한다. 사람이 가지고 있는 하나님에 대한 개념은 반드시 그의 존재를 포함해야 한다. 그렇지 않으면 상상했던 자보다 더 큰 존재, 즉 그 개념과 유사하면서 실제로 존재하는 자가 있을지도 모른다. 요컨대 안셀무스는 하나님의 존재를 하나님에 대한 정의의 중요한 한 부분으로 간주했다.

수세기에 걸쳐 안셀무스의 주장은 많은 논란을 불러일으켰다. 그러나 그의 주장은 그의 "이해를 추구하는 신앙" 접근법을 설명한다. 우리는 하나님을 믿는 신앙과 함께 시작한다. 그런 다음 우리는 신앙에 이성을 더하려 한다. 안셀무스는 기독교 신앙의 모든 주요 교리가 합리적으로 증명할 수 있는 것이라고 믿었다. 이것이 그를 합리주의자로 만들었다.

아벨라르는 이성이 신학에서 그렇게 멀리 다다를 수 있는지 확신하지 못했다. 그는 기독교의 주된 신학적 신념들이 증명을 넘어서 있다고 주장했다. 그것이 바로 그들이 진리라는 표시다. 그 신념들은 무한하고 초월적인 하나님의 흔적이다. 하나님의 존재를 의심할 수 있는 것은 우리의 지성이 하나님의 것과 너무 멀리 떨어져 있기 때문이다. 아벨라르는 과감하고 창의적이었기 때문에 파리에서 매우 인기 있는 신학 교수였다. 그는 중세 기독교 사상의 이른바 정착된 방법들과 결론들에 과감히 이의를 제기했다. 그리고 삼위일체 같은 오래된 교리를 새로운 방식으로 보려고 노력했다.

아벨라르를 클레르보의 베르나르와 같은 보수적인 성직자들의 눈 밖으로 나게 한 책은 「예와 아니오」(Sic et Non)다. 아벨라르는 신학의 전통적인 대답을 정하고 그 대답을 더욱 명확하게 하는 노력이 필요하다는 것을 보여주었다. 합리적인 그리스도인은 기독교 신앙의 모든 주요 교리를 살펴보면서 "예"와 "아니오"라고 말할 수 있다. 다시 말하면, 그는 신학 연구에는 끝이 없다는 것을 말해주려고 했다. 어떤 교리도 최종적이지 않다. 당시 신학을 가르치는 한 가지 대중적인 방법은, 학생들에게 교리의 전통적 주장인 명제집(the Sentences)을 공부하고 암기하게 하는 것이었다. 이런 방법은 탐구와는 거리가 멀다. 아벨라르는 이에 반발했고 신학을 가르침에 있어서 더 개방적이고 변증법적인 방법을 세우려고 애썼다. 이로 인해 그는 베르나르를 위시해서 전통을 옹호하는 많은 사람들로부터 끝없이 미움을 샀다.

안셀무스의 가장 유명하고 가장 영향력 있는 저술은 「프로스로기온」(Proslogium)과 「모노로기온」(Monologium)이다. 전자는 하나님께 드리는 기도문으로 쓰였고, 후자는 논리적 삼단논법(logical syllogisms)에 관한 것이다. 이 책은 이성과 하나님에게 초점을 맞추고 있기 때문에 그의 철학적 논문으로 종종 간주된다. 위에서 언급한 책들만큼 기독교 신학에서 중요한 책은 「왜 하나님은 인간이 되셨는가?」(Cur Deus Homo?)다. 이 책에서 안셀무스는 이성을 사용해 속죄와 성육신하신 예수 그리스도의 인격 교리를 설명하려고 했다. 그는 예수 그리스도의 십자가와 어떻게 십자가가 죄인들을 구원할 수 있는지에 관한 천 년의 생각을 뒤집었으며 그 자리에 그 교리에 대한 새롭고 더 합리적인 설명을 위치시켰다. 안셀무스 이전에, 거의 모든 그리스도인은 그리스도가 인류를 해방시키기 위해 죽었다고 생각했다. 그리스도는 하나님이 사탄에게 지불한 속전이었다. 안셀무스와 아벨라르 모두 이 사상이 하나님의 위엄을 떨어뜨린다고 간주했다. 하지만 속죄에 대한 옛 모델을 교체하기 위해 그들 각자가 제시한 모델들은 서로 너무나도 달랐다.

만일 아벨라르가 대가톨릭 성직자인 캔터베리의 안셀무스에게 접견을 요구하고 그 접견을 허락받았다면 어떻게 되었을까? 그들은 상대에게 무엇을 말했을까? 이어지는 대화는 그런 모습을 상상한 나의 최선의 시도다.

대화

안셀무스 젊은이, 그대가 지도와 조언을 구하러 내게 왔나 보군요. 그런가요? 어쩌면 신변 보호를 위해서? 그대가 프랑스에서 몇몇 강력한 적들을 만들었다고 알고 있습니다. 무얼 도와드릴까요?

아벨라르 저를 만나주셔서 정말로 감사드립니다. 성하님.

안셀무스 달콤한 말로 저를 추켜올리지 마세요. 당신이 원래 그러지 않는다는 것을 압니다. 무례하다는 평판이 자자하던데요.

아벨라르 좋습니다. 그럼 솔직하게 말씀드리겠습니다. 대주교님의 조언과 보호를 구하러 여기 왔습니다. 제 교회의 지도자들이 프랑스 전역에서 저를 추적하고 있습니다. 그들은 저를 오해하고 있습니다. 저는 반역자나 이단이 아닙니다. 저는 다만 다른 사람들이 감히 묻지 않는 질문을 했을 뿐입니다.

안셀무스 그렇다면 당신은 아마도 덜 과감해지셔야 할 것 같습니다. 파리에서 당신이 당신을 존경하는 학생들에게 했던 강의 내용이 소동을 일으켰더군요. 당신은 거기에 대한 책임을 져야 합니다. 그리고 성당 참사회원의 질녀와의 작은 사건도 있더군요. 그것은 성직자로서 매우 부적절한 일이지요!

아벨라르 음, 저는 성직자가 아니라 철학자입니다.

안셀무스 그런 차이가 있는 날이 오지 않기를! 철학은 항상 성직자가 가르쳐왔습니다. 당신이 철학을 가르치기 때문에, 당신은 안수 여부와 상관없이 자동적으로 성직자가 됩니다. 당신은 독신으로 남았어야 했습니다.

아벨라르 하지만 교회법은 그것을 요구하지 않아요.

안셀무스 관습은 그걸 요구하죠. 당신은 여기서 실패했습니다. 당신은 교회와 사회의 관습을 비웃고 있죠.

아벨라르 그 특정한 관습에 대해서는 이미 충분히 배웠다고 생각합니다. 이제 저는 더 이상 온전한 남자가 아닙니다!

안셀무스 그 일에 대해서는 안타깝게 생각하지만, 그건 당신이 자초한 일입니다. 소문에 의하면, 당신은 비밀리에 결혼을 했을 뿐만 아니라, 당신 아내를 버리려고 했다고 하더군요!

아벨라르 사실이 아닙니다. 저는 그런 생각을 한 적이 없습니다. 우리는 소문을 피하기 위해 잠깐 떨어져 있었을 뿐입니다.

안셀무스 하지만 그 행동이 더 많은 소문만 만들어냈지요! 자, 이제 당신이 여기에 온 이유로 돌아갑시다.

아벨라르   안셀무스, 당신은 위대한 철학자입니다. 오랫동안 당신의 철학을 존경해왔습니다.

안셀무스   (끼어들며) 잠깐! 저는 당신의 말을 못 믿겠습니다. 단도직입적으로 말하시죠.

아벨라르   좋습니다. 좋아요. 우리에게는 차이점이 있습니다. 그러나 당신은 매우 현명한 분이죠. 그리고 당신은 유럽 전역에 펼쳐져 있는 교회와 잘 연결되어 있으시고요. 당신이 저의 이야기를 끝까지 듣고 가능하시면 저를 위해 몇 통의 편지를 써주셨으면 합니다.

안셀무스   가능하면 그렇게 하죠. 당신이 이단이 아니라고 저를 납득시킨다면 그렇게 하겠습니다.

아벨라르   지금 저는 제가 이단이 아님을 증명할 몇 권의 책을 쓰고 있는 중입니다. 이 책 중 한 권에서 저는 삼위일체론이 합리적임을 보여줄 겁니다.

안셀무스   그렇다면 왜 당신에 대한 논란이 그렇게 많은가요? 당신이 쓰고 있다는 다른 책이, 당신이 신학 강의에서 명제집(the Sentences)을 어떻게 취급했는지를 보여주기 때문인가요?

아벨라르   네. 그런 것 같습니다. 저는 그 책의 제목을 「예와 아니오」(Sic et Non)로 지으려고 합니다.

안셀무스   「예와 아니오」? 신학 책으로는 굉장히 이상한 제목 같군요. 왜 "아니오"인지요? 이단을 겨냥한 건가요?

아벨라르   정확히는 아닙니다. 제가 우려하는 것은, 수도원과 대학에서 철학과 신학을 가르치시는 많은 선생님이 성서가 분명하게 말하고 있지 않는 주제에서조차 교리를 마치 돌에 새겨진 것처럼 다루고 있다는 것입니다. 이성이 먼저고 전통이 다음입니다. 학생들에게 질문도 하지 않고 단순히 명제집을 암기하고 논평하게 하는 우리의 방법은 이성의 정신과 반대됩니다.

안셀무스　계속해보시죠.「예와 아니오」가 왜 그리 논쟁적인 거죠?

아벨라르　저는 신학의 전통적인 명제를 정해 그것들이 예와 아니요 를 다 받아들일 수 있다는 것을 보여줍니다. 각각을 위한 증명거리는 많습니다. 그러나 그것들의 현재 설명이 최선인지는 의심할 만한 이유가 있습니다. 저의 의도는, 신학에서 해야 할 것이 항상 더 있으며, 신학을 배운다는 것은 전통적인 진부한 표현들을 암기하고 찬양하는 것만이 아님을 보여주고자 하는 것입니다.

안셀무스　진부한 표현이라고요? 당신은 우리의 명제를 진부한 표현으로 축소하시나요? 당신이 뭔데 그런 소리를 하시나요?

아벨라르　별거 아닌 사람입니다. 그러나 적어도 때로는 누군가가 진실을 말해야 합니다. 제가 말하고자 하는 것은, 명제 중 어떤 것은 심각한 결점이 있기에 다시 고려하고 형성해야 할 필요가 있다는 겁니다. 신학은 방어해야 할 요새가 아니라 즐겨야 할 순례가 되어야 합니다.

안셀무스　그렇다면 이런 성스러운 교리 중에 당신이 과감하게 이의를 제기하는 교리는 무엇인가요?

아벨라르　그리스도의 죽음과 속죄에 대한 전통적 교리에 검토가 필요합니다. 가능하다면 갱신도 필요합니다.

안셀무스　흠. 저도 그렇게 생각합니다. 그런데 왜 저는 그것을 갱신하는 당신의 방법이 저와 다를 것 같다고 생각되죠?

아벨라르　잘 모르겠습니다. 그러나 당신이 그리스도의 속죄에 대한 우리의 전통적 사고와 가르침에 문제가 있다는 데 동의하신다는 걸 알게 되어 기쁩니다.

안셀무스　　그러면 젊은이, 당신이 제안하는 속죄에 대한 교리가 무엇인지 말해주세요. 그리고 어떻게 그것이 천 년 동안 모든 신실한 자들이 믿었던 것보다 더 나은지에 대해서도 말이오.

아벨라르　　음. 전통 교리는, 하나님이 그의 아들을 사탄에게 대속물로 주셔서 사탄이 죄 많은 인류를 자유하게 했다고 말하죠.

안셀무스　　그게 뭐가 잘못됐나요? 어찌되었건, 신약성서는 그리스도를 "대속물"로 부르고 있잖아요.

아벨라르　　그러나 신약성서는 "사탄에게"라고 말하지 않았습니다. 이게 문제 중 하나입니다. 확실히 "대속물"은 비유입니다. 왜 하나님이 사탄과 그런 식으로 거래를 해야 하죠? 이 교리는 하나님을 사탄의 경쟁 상대로 만들어버립니다. 그는 악마와 거래를 해야만 합니다. 하지만 우리의 하나님은 그렇게 굽실거릴 필요가 없으십니다!

안셀무스　　계속해보세요.

아벨라르　　더군다나 신약성서 어디에도 그리스도가 악마에게 지불된 속전이었다고 말하지 않습니다. 그건 추측일 뿐입니다. 더욱이 그 교리는 하나님이 사탄을 속이셨다는 발상까지 포함하고 있습니다. 사탄은 하나님의 아들의 영광과 능력 때문에 자신이 하나님의 아들을 잡아두지 못한다는 것을 알지 못했습니다. 그래서 사탄은 하나님의 아들을 속전으로 받고 죄 많은 인류를 하나님에게 넘겼지만 후에 성자마저 잃었습니다. 이 교리는 사탄의 계략을 비웃는 하나님의 모습을 묘사하고 있습니다.

안셀무스　　악마를 속이는 게 뭐가 잘못인가요?

아벨라르　　만일 속이는 쪽이 우리라면 아무런 문제도 없을 것입니다. 그러나 하나님이 속이신다고요? 왜 하나님이 악마를 속여야 하죠? 이 교리

전체가 하나님을 비하하고 있어요. 그리고 이 교리는 십자가가 우리에게 미친 영향을 설명하지 못합니다. 분명 성자는 우리를 내적으로 변혁시키기 위해 오셨지 악마를 속이기만을 위해 오시지 않았습니다.

안셀무스　하나님에게 미치는 십자가의 영향이 더 중요하다고 생각지 않으세요? 속죄에 대한 전통적 대속 교리가 지니는 문제점은, 왜 하나님이 사람이 되어야 하고 죽어야 하는지, 그리고 어떻게 그 죽음이 우리를 하나님과 화해시키는지를 설명하지 못한다는 데 있습니다. 십자가를 이해하기 위한 열쇠는 화해입니다. 십자가는 하나님의 희생인데, 그것으로 말미암아 하나님이 우리를 받아들일 수 있습니다. 속전에 대한 견해는 이런 쟁점을 건드리지도 않습니다.

아벨라르　맞습니다. 맞습니다. 동의합니다. 그러나 더 중요한 것은, 십자가는 하나님이 당신의 사랑을 우리에게 보여주시는 구체적 실례라는 것입니다. 십자가는 하나님이 우리를 얼마나 사랑하시는지 보여줌으로써 우리를 변화시킵니다. 우리는 하나님의 사랑에 무지했기 때문에 죄인입니다. 그리스도는 자신의 생명을 내려놓으셨습니다. 그렇게 함으로써 그리스도는 우리에게 서로를 사랑하고 하나님을 사랑하는 본보기를 주셨습니다. 우리가 십자가의 메시지를 듣고 우리의 목전에서 십자가에 달리신 그리스도를 볼 때, 우리는 무관심할 수 없습니다. 우리는 회개해야 하고 우리 자신을 하나님의 자비에 던져야 하며 그의 한결같은 사랑을 신뢰해야 합니다.

안셀무스　그것이 진리라고 확신합니다. 그러나 속죄가 하는 역할이 그게 전부인가요? 그저 하나님의 사랑에 대한 예시일 뿐인가요?

아벨라르　무엇이 더 있어야 하나요? 속전 교리가 아니라면, 무엇이 있나요?

안셀무스　그리스도의 죽음이 우리가 하나님에게 진 빚을 갚아주었습니다. 예수가 우리를 대신해서 그 빚을 갚아주셨습니다. 그 빚은 하나님의 명예가 되었습니다. 우리는 죄를 지음으로써 하나님을 명예롭지 못하게 했습니다. 마치 하인이 주인을 명예롭지 못하게 할 때 죽어 마땅하듯이, 우리도 죽어 마땅합니다. 그러나 하나님이 우리를 사랑하기 때문에, 자신의 아들을 주셔서 우리 대신 벌 받고 죗값을 지불하게 하셨습니다. 하나님의 영광은 그것으로 인해 회복되고, 하나님은 우리가 회개할 때 우리를 용서하실 수 있습니다.

아벨라르 그렇다면 당신의 말은, 하나님은 그리스도의 죽음이라는 잔혹한 희생 없이는 우리를 용서하실 수 없다는 건가요?

안셀무스 맞습니다. 하나님의 명예가 걸려 있습니다. 우리의 죄가 그의 명예를 손상시켰습니다. 하나님의 명예는 반드시 충족되어야 하고 충족함에는 값이 있습니다. 하나님에게는 자신의 명예를 지키고 회복시킬 수 있는 단 두 가지 선택만 있습니다. 하나는 우리로 하여금 그로부터의 영원한 분리라는 우리가 마땅히 받아야 할 운명으로 인해 고통당하게 하는 겁니다. 이 방법을 통해 하나님은 자신이 죄를 얼마나 심각하게 생각하시는지, 그리고 자신의 명예를 얼마나 중하게 생각하시는지 보여줍니다. 하나님의 또 다른 선택은 하나님 자신이 우리의 죗값을 치러 자신의 명예를 회복하시는 것입니다. 그러나 두 번째 선택의 대가는 그의 아들의 생명입니다.

아벨라르 당신이 속죄에 관한 이런 관점을 설명하는 책을 쓰실 계획이 있다고 들었습니다.

안셀무스 네. 제가 수년 동안 했던 강의와 설교의 내용을 기반으로 삼아 쓸 겁니다. 제목 때문에 책이 잘 팔릴 겁니다. 제목은 「왜 하나님은 인간이 되셨는가?」(*Cur Deus Homo?*)입니다. 제가 설명한 대로, 속죄는 십자가를 완벽하게 합리적으로 이해할 수 있도록 합니다. 누구나 다 왜 그리스도가 죽어야만 했는지를 이해할 수 있습니다. 게다가 속죄의 교리는 왜 우리 주님이 하나님인 동시에 사람이어야 하는지를 보여줍니다. 오직 하나님만이 자신에게 빚진 자들의 값을 지불해주실 수 있습니다. 이는 하나님에게는 죄가 없으시기 때문입니다. 그러나 인간은 반드시 값을 지불해야 합니다. 이는 불순종과 불명예가 인간의 것이기 때문이죠.

아벨라르 굉장히 영리하시군요, 안셀무스 대주교님. 그러나 문제가 보이네요.

안셀무스 놀랄 일도 아니군요.

아벨라르 네. 설명드리겠습니다. 예수 그리스도가 하나님이자 인간이어야 한다는 데 동의합니다. 예수는 하나님의 사랑을 보여주기 위해 반드시 하나님이어야만 합니다. 그러나 예수는 죽어 하나님의 사랑의 깊이를 보여주는 인간이기도 해야 합니다. 속죄에 대한 당신의 견해는 하나님을 자신의 영광을 위해 1파운드의 살(셰익스피어의 표현으로 "터무니없는 요구"를 의미－역주)을 요구하는 피에 굶주린 폭군처럼 보이게 하는군요. 당신의 견해는 하나님을 우리의 영주처럼 옹졸해 보이게 합니다. 십자가의 주된 동기는 명예가 아니라 사랑입니다.

안셀무스 요지를 놓치셨어요. 십자가는 하나님의 사랑을 입증하죠. 성자의 인격 안에서, 하나님은 자신의 명예를 충족시키기 위해 값을 지불하셨고 또 우리를 사랑하는 마음으로 그렇게 하셨습니다.

아벨라르 그러나 당신은 지금 하나님이 마음속으로는 죄인들과 아직 화해하지 않은 것처럼 보이게 하고 있어요. 만일 하나님이 사랑이시라면, 화해 아닌 다른 어떤 일을 하실 수 있을까요? 화해가 필요한 것은 우리지 하나님이 아닙니다. 하나님과 화해하기 위해 필요한 것은 회개입니다. 회개를 보신 하나님은 즉각적으로 용서하십니다. 그러나 우리는 하나님을 두려워하기 때문에 회개하지 않으려고 하죠. 그래서 그리스도가, 하나님이 우리를 사랑하시고 이미 그 마음속에 우리와 화목하셨다는 것을 보여주기 위해 죽으십니다. 이런 신적 사랑의 위대한 본보기는 사랑 안에서 그리고 우리 죄에 대한 깊은 슬픔과 함께 우리를 하나님에게로 끌어당깁니다.

안셀무스   듣기 좋은 말이군요. 하지만 그것만으로는 안 됩니다. 당신은 두 가지를 외면하고 있습니다. 죄에 대한 하나님의 분노와 우리의 타락 말입니다. 우리가 매우 타락했기 때문에 하나님의 사랑에 대한 구체적 실례는 우리에게 전혀 소용이 없을 겁니다. 십자가는 하나님과 우리의 관계를 변화시켜 하나님이 우리에게 회개와 그와의 화목을 호소하실 수 있게 합니다. 십자가의 희생이 없었다면 하나님은 우리를 지켜보지도 못하셨을 겁니다. 십자가의 가장 깊은 동기가 사랑인 반면에, 죄에 대한 하나님의 진노도 있습니다. 속죄에 대한 당신의 견해는 이를 전혀 설명하지 못하고 있습니다. 저의 견해는 사랑과 분노 둘 다 받아들입니다.

아벨라르   하지만 무엇을 위해서 그렇게 하시는 건가요? 당신은 하나님을 피의 희생 없이는 용서하지 못하는 분으로 만들고 있습니다. 그 자체가 하나님을 망신시키고 있어요! 하나님은 누구든지 그가 원하시는 때에 용서하실 수 있어요. 당신의 견해는 하나님을 화내고 복수심에 불타는 분으로 묘사하고 있습니다. 당신의 하나님은 구약의 하나님이지만, 저의 하나님은 우리 주 예수 그리스도의 사랑의 아버지입니다.

안셀무스   여기에 제 동의와 도움을 구하러 오시지 않았나요? 스스로 무덤을 파시는군요. 저는 그리스도의 대속적 죽음에 대한 당신의 교리를 이단으로 간주합니다.

아벨라르 저런, 유감이군요. 당신의 지지를 받는 대가로 저의 양심을 버려야 한다면 저는 당신의 지지를 받아들일 수 없습니다. 저는 반드시 진리를 말해야 합니다.

안셀무스 우리의 차이점은 단순히 이것보다 더 깊다고 봅니다. 우리는 십자가에 대해 다른 견해를 가지고 있습니다. 비록 제 견해가 단순한 의견만은 아니지만 말입니다. 그러나 드러나지 않은 이면에는 신앙과 이성을 향한 상이한 태도가 있습니다. 속죄에 대한 저의 교리는 철저하게 합리적입니다. 그것은 십자가를 믿는 우리의 믿음을 지적이게 만듭니다. 심지어 무슬림들에게도 말이죠. 당신의 교리는 감상적이며 거의 신비주의적이라고 할 수 있습니다.

아벨라르 인정합니다! 저의 교리는 사랑의 하나님을 믿는 믿음에 근거합니다. 반면에 당신의 교리는 모든 신념을 논리적으로 만들려는 강박관념에 근거하는군요. 믿음은 분명 이성보다 더 깊이 들어갑니다. 믿음은 이성에 반대하지 않습니다. 그렇다고 그게 반드시 이성적이어야만 하는 것도 아니지요. 제 학생 중 한 명이 우리가 믿는 것은 초이성적이라고 하더군요. 저는 그에게 동의합니다.

안셀무스 왜 그런가요?

아벨라르 예언자 이사야가 말한 것처럼, 하나님의 길이 우리 길보다 훨씬 높고 그의 생각이 우리 생각보다 훨씬 높기 때문이죠. 우리는 하나님을 우리의 논리의 틀에다 끼워 맞출 수 없습니다. 그렇게 한다면 우리는 하나님을 우리의 죄수로 만들게 됩니다. 게다가 당신은 실재에 대한 합리적인 질서를 가정하고 있는 것 같습니다. 당신은 하나님과 인간이 똑같은 논리까지는 아닐지라도 비슷한 논리를 공유하고 있다고 주장하고 있습니다.

안셀무스 과연 그렇습니다! 우리가 믿는 것이 참이라는 것을 어떻게 달리 알 수 있겠습니까?

아벨라르 거기에 문제가 있습니다. 당신은 믿음에 충분히 의존하지 않는군요. 믿음으로 시작했을 수 있겠지만, 그러고 나서는 믿음이 이성을 따르게 하고 있습니다. 그리고 하나님과 인간 둘 다 주제가 되는 실재에는 논리의 패턴이 없습니다. 당신은 어떤 것이 선하고 바르기 때문에 하나님이 그것을 명하신다고 생각하시는 것 같습니다. 하지만 저는 하나님이 그것을 행하거나 명하시기 때문에 그것이 선하고 바르다고 말하고 있습니다. 당신이 실재와 이성에 대해 가지는 견해는, 하나님을 진·선·미와 같은 일련의 우주적 보편자(universals)에 종속시키고 있습니다. 저는 하나님이 어떤 것에도 사로잡혀 있지 않다고 믿습니다. 그는 행하고자 하는 바를 자유롭게 하실 수 있습니다. 하나님은 어떤 이유나 충족성 없이 자유롭게 용서하실 수 있으십니다. 당신은 하나님이 그냥 용서하실 수만은 없고 우주적인 정의가 충족되어야만 용서하실 수 있다고 말씀하고 계신군요.

안셀무스 그러나 당신은 정의를 키메라(사자의 머리, 염소의 몸, 뱀의 꼬리를 가진 괴수—편집자 주), 즉 망상, 환각으로 만들고 있습니다. 그리고 하나님의 방법을 완전히 추적할 수 없게 만들고 있지요.

아벨라르 오직 믿음만은 제외하고요.

안셀무스 그러나 젊은이여, 이것에 대해 말해보세요. 당신의 말이 옳다 치고 하나님이 어떤 것에도 묶여 있지 않으시고, 어떤 우주적 질서에도 자신을 결속하지 않으신다고 해봅시다. 그렇다면 우리는 어떻게 하나님이 그의 약속에 신실하고자 하시는지를 확신할 수 있는가요? 만약 당신이 옳다면, 하나님은 회개가 그분이 약속하신 영원한 삶이 아닌 영원한 죽음의 원인이라고 막무가내로 결정하고 선포하실 수 있다는 거네요.

아벨라르   아! 믿음이 이때 등장합니다. 만일 당신이 옳다면, 우리는 믿음을 가질 필요가 거의 없습니다. 믿음은 하나님이 신실하시리라는 것을 신뢰하는 것입니다. 이것이 제 견해입니다.

안셀무스   당신은 믿음을 위태롭게 하고 있습니다.

아벨라르   그게 믿음의 본성 아닌가요? 위태롭게? 우리는 하나님의 신실하심에 목숨을 걸고 있습니다.

안셀무스   하나님이 자신의 마음을 바꿔 우리를 사랑하시기보다는 미워하실 수 있다는 것을 내내 알고 있으면서 말이죠.

아벨라르   그러나 하나님은 선하시기 때문에 그러지 않으실 겁니다.

안셀무스   만일 하나님에게 자신의 약속을 지켜야 할 의무가 없다면, 무엇이 그의 선함일까요?

아벨라르   신실하리라는 그의 결정입니다.

안셀무스   우리는 이 대화에서 아무런 성과도 얻지 못한 것 같습니다. 내게는 온종일 여기에 앉아 이단과 논쟁하는 것보다 할 일이 많습니다. 젊은이, 그대 또한 그대 길을 가시죠. 프랑스로 돌아가서 종교재판의 손에 달려 있는 당신의 운명에 직면하세요. 저는 당신을 도울 수 없을 것 같습니다.

아벨라르   슬프네요. 당신을 이치가 통하는 사람이라 생각했거든요. 역시, 당신은 합리성에 너무 빠져 계시군요.

분석

우리는 이 두 중세 기독교 사상의 거두들이 만나 이야기하는 것을 상상만 할 수 있다. 위의 대화는 단지 추측이지만, 그들의 차이점을 드러내준다. 그들의 가장 기본적인 차이점은 대화의 끝 무렵에 나타난다. 아벨라르는 유명론(nominalism)이라 불리는 철학의 첫 번째 지지자겸 해설자 중 한 명으로 종종 간주된다. (어떤 학자들은 그의 견해를 개념론[conceptualism]이라고 부르기도 한다.) 유명론은 아벨라르처럼 종교재판으로부터 도망쳐야 했던 신학자이자 철학자인 윌리엄 오컴(William of Ockham, 1288년경-1348년경)에 의해 대중에게 널리 알려지게 되었고 후에 논쟁의 대상이 되기도 했다.

유명론은 실재론(realism)과 대결 구도에 있다. 여기서 "실재론"은 구체적이고 전문적인 의미를 지닌다. 여기서 말하는 실재론은 우리 모두가 실재론이라고 말하는 길들여진 형태의 비관주의(pessimism)를 의미하지 않는다. 중세 철학의 맥락에서 실재론은, 진·선·미와 같은 보편자(universals)가 일종의 실제적 존재를 가진다고 한다. 보편자는 단순히 용어나 개념이 아니라, 개별적인 사물이나 행동을 어느 정도 참되고 선하고 아름답게 만드는 초월적 실재다. 우리는 이런 보편자에 대한 어느 정도의 암묵적 지식을 지니고 있다. 최선을 다해 설명해보자면, 우리는 "이것이 저것보다 더 아름답다"고 말할 수 있다. 왜냐하면 "이것"이 "저것"보다 보편적인 "아름다움"에 더욱 부합하기 때문이다. 당신은 아름다움이 보는 사람의 눈에 달려 있다는 말을 들어봤을 것이다. 철학적 실재론자는 그것을 거부한다. 아름다움은 주관적이지 않다. 진리도 주관적이지 않고 정의도 주관적이지 않다. 이런 것들은 객관적인 존재를 가지고 있으며 사물을 판단하는 양식을 제공해준다.

안셀무스는 분명히 실재론자였다. 유명론자의 입장에서, 아벨라르는 보편자를 그저 용어나 개념으로만 생각했다. 우리는 보편자들과 함께 우리 주변의 세계를 조직화한다. 우리는 공통점이 있는 여러 사물을 보고 그 공통점을 "아름다움"이나 "정의"라고 부른다. 그러나 "아름다움"이나 "정의"에 대한 어떤 초월적 실재도 없다.

아벨라르가 유명론을 얼마만큼 받아들였고 또 얼마나 일관되게 그 이론을 취했는지는 말하기가 어렵다. 그러나 그가 어떤 종류의 유명론을 얼마만큼 취했는지는 그의 신학적 연구에서 추정할 수 있다. 안셀무스 같은 실재론자는 유명론을 유해한 것으로 보곤 했다. 이는 유명론이 우주적 질서와 그것을 추적하기 위해 이성을 사용하는 우리의 능력을 훼손하기 때문이다. 그리고 유명론은 하나님이 어떤 "신성"도 가지고 있지 않기 때문에, 인간도 어떤 "인성"을 가지고 있지 않다는 것을 의미한다. 실재론자에 따르면, 이는 하나님이 제멋대로 결정하고 행동하신다는 것을 의미한다. 하나님은 순전한 의지이자 힘이며 어떤 제한이나 체계 없이 그가 하고자 하는 것은 무엇이든 할 수 있으시다. 아벨라르 같은 유명론자는, 하나님의 그런 모습을 유명론의 장점으로 간주할지도 모른다. 그러나 실재론자는 그것을 두려워한다. 이는 그런 모습이 하나님이 신실하다고 믿는 우리의 믿음에 의문을 제기하기 때문이다.

따라서 이 두 대립자들 사이의 가장 기본적인 철학적 차이점은, 보편자와 연관된 실재론 대 유명론 사이의 차이점일 수 있다. 유명론에 대한 논쟁은 중세를 거쳐 종교개혁 때까지 계속되었다. 16세기의 많은 개신교인이 그랬던 것처럼, 마르틴 루터는 유명론자였다. 급기야 로마 가톨릭교회는 유명론을 이단이라고 비난했다. 이는 유명론이 교회와 성만찬(주의 만찬)에 관한 전통적인 가톨릭 교리를 훼손했기 때문이다. 그러나 어쩌면 유명론이 가진 주된 문제점은 상대주의로 재빨리 갈아입으려는 경향일 수도 있다. 만일 보편자가 우리의 생각 밖에서 실재하지 않는다면, 우리가 어떻게 절대자에 대한 믿음을 지지할 수 있을까? 유일한 선택은 신적 명령에 호소하는 것이다. 그러나 영원한 본성이나 인격도 없는 하나님이 자신의 명령을 바꾸기로 결정한다면 어떻게 되는가? 하나님의 법령이 그의 본성과 인격에 영원히 그리고 절대적으로 뿌리를 두고 있지 않다면, 그의 법령을 절대적이라고 할 수 있는가?

안셀무스와 아벨라르의 속죄 교리는 서로 완전한 대조를 이루고 있다. 그러나 아벨라르를 읽는 사람들은, 그가 때때로 속죄의 객관적 요소의 영향을 허용하는 것을 볼 수 있을 것이다. 그는 예수가 십자가에서 순종적으로 죽음으로써 성부 앞에서 우리를 위한 공로를 쌓았다는 것은 인정했다. 그러나 그는 대체로 속죄를 도덕적 모범이라고 주장했다. 이것은 종종 속죄에 대한 주관적 이론이라고 불린다. 이 이론은 특히 20세기와 21세기에 자유주의적 개신교 신학자들 사이에서 인기가 있었다. 알려진 대로, 종교개혁 때 장 칼뱅은 안셀무스의 만족설(satisfaction theory)을 선택해 약간의 수정을 거친 뒤 사용했다. 칼뱅이 만든 이론은 형벌 대속 교리(penal substitutionary theory)라고 불리게 되었다. 그리스도가 성부의 명예를 위해 지불했던 "값"은, 그리스도가 신적 정의를 만족시키기 위해 고통 당했던 형벌로 변경되었다. 이것이 보수 개신교인들 사이에서 가장 인기 있는 속죄 교리다. 가톨릭교회는 여전히 공식적으로 안셀무스의 교리와 비슷한 것을 지키고 있다.

안셀무스 대 아벨라르의 논쟁은 오늘날 얼마나 적절한가? 한편으로,

아벨라르는 대단한 자유사상가였다. 특히 신학에서 자유사상을 가진 자를 화형에 처할 수도 있었던 시대라는 것을 감안하면 말이다. 열린 사고를 가졌다고 생각하는 그리스도인들은 그를 영웅으로 여긴다. 하지만 아벨라르는 주관적이고 상대주의적인 교리로 불가피하게 이끄는 미끄러운 경사면에 자신의 발을 내디뎠는가? 다른 한편으로, 안셀무스는 종종 지나치게 객관적이고 절대주의적이며 전통적인 그리스도인들에 의해 영웅으로 간주된다. 하지만 그는 성서의 관점으로 교리를 보는 새로운 방식에도 마음을 닫았는가? 그는 아벨라르의 접근법과 같은 새로운 접근법은 모조리 거절한 전통적 신앙의 충실한 변호자였는가? 글쎄, 전적으로 그렇지는 않았을 것이다. 안셀무스를 존경하는 보수주의자들은 속죄 교리에서 그가 일으킨 혁명을 생각해보는 게 좋을 것이다. 그의 교리는 오늘날 보수적인 것으로 보일 수 있지만 당대에는 급진적인 것이었다. 이는 그의 교리가 그리스도의 죽음과 그 죽음이 인간 구원에 미치는 영향에 관한 천년의 기독교 신앙을 뒤집었기 때문이다.

안셀무스와 아벨라르의 결합이 흥미로울 것 같지 않은가? 우리는 이를 열린-정신의 전통주의(open-minded traditionalism)라고 부를 수 있다. 이는 형상에 대한 플라톤적 이상주의(고대 그리스 철학에서는 플라톤이 고안한 보편자들)가 없는 온건한 실재론이다. 이는 속죄에 대한 객관적-주관적 견해며 여기서 그리스도의 죽음은 실제로 하나님에게 영향을 미칠 뿐만 아니라 인간에 대한 본보기로서 작용한다.

더 읽을 책

Brower, Jeffrey E., and Kevin Guilfoy. *The Cambridge Companion to Abelard*. Cambridge: Cambridge University Press, 2004.

Evans, G. R. *Anselm of Canterbury*. Reprint, New York: Continuum, 2005.

11

중세 스콜라 철학자이자 신학자인 아퀴나스와
급진적인 환경보호 운동가인 아시시의 프란체스코가
신 인식에 관해 치열한 논쟁을 벌이다

배경

아시시의 프란체스코는 1181년 또는 1182년 이탈리아에서 태어나서 1226년 이탈리아에서 죽었다. 토마스 아퀴나스는 아시시의 프란체스코가 죽기 일 년 전인 1225년 시칠리아에서 태어나 1274년에 죽었다. 그러므로 그들은 살아 있는 동안 만났을 가능성이 없다. 따라서 이 가상의 대화는 프란체스코가 죽고 난 뒤 몇 년 후에 프란체스코가 토마스에게 영의 모습으로 나타나는 형식을 띤다. 이렇게 죽은 자가 산 자에게 나타나는 건 미증유의 일이 아니다. 믿을 만한 예들이 있다. 성서는 사울 왕이 엔돌의 신접한 여인을 찾아갔을 때, 예언자 사무엘이 사울 왕에게 나타났다고 이야기한다. 모세와 엘리야는 변화산에서 예수에게 나타났다. 근대에는, 성서 번역가인 J. B. 필립스(Phillips)가 C. S. 루이스(Lewis)의 영이 육체적 서거 이후에 자신에게 찾아와 격려했다고 이야기한다.

그러나 프란체스코의 영이 살아 있는 토마스와 그런 만남을 가졌었는지에 대한 증거는 없다. 이는 루이스가 필립스에게 나타난 이야기에 기초한 하나의 문학 장치다. 여기서 토마스는 알프스에 있는 수도원에 있으면서 유럽 가톨릭 대학교에서 그가 야기했던 논쟁에 대해 곰곰이 생각하고 있다. (필립스는 자신의 신약성서 번역 작업이 왜 일시적인 불능에 빠졌는지에 대해 생각하고 있었다.) 신(新)아리스토텔레스 철학이 유럽 대학을 휩쓸고 있었고, 토마스는 이를 기독교 신학과 통합하려 하고 있었다.

천 년이 넘도록 플라톤 철학은 신학의 주요 대화 상대였다. 몇몇 기독교 지도자들은 토마스가 신앙과 이성의 전통적 질서를 완전히 뒤집는 토대를 마련하고 있지 않을까 염려했다. 신학의 "이성" 부분은 아리스토텔레스의 철학으로 돌아가고 있었다. 1100년부터 1270년까지 라틴어로 번역된 그의 저술은 스페인에 있는 무슬림을 통해 유럽에 들어갔다. 적어도 몇몇 비평가들에 따르면, 토마스는 기독교 신학에 대한 새로운 접근법을 제시하고 있었다. 그 접근법에서, 그는 오성(철학)이 신앙이 알 수 있고 믿을 수 있는 것을 결정하는 것만큼 신앙이 오성을 추구하지는 않는다고 주장했다.

그럼에도 불구하고 토마스는 자연 신학을 위해 여지를 마련했다. 자연 신학은 대체로 아리스토텔레스의 철학으로부터 가져온 것이지, 계시 신학과는 관계가 없다. 예를 들면, 토마스에 따르면 가장 죄 많은 사람조차도 자신의 이성을 사용해 하나님이 존재하는지, 영혼이 불멸하는지, 도덕의 기본 법칙이 온건한지를 알 수 있다. 우리는 이런 것들을 알기 위해 그리스도인이 될 필요는 없다. 이런 것들은 세상에 대한 경험으로부터 나온 하나님의 존재에 대한 증명이다. 토마스의 증명은 부분적으로 아리스토텔레스로부터 가져왔다. 그러나 아리스토텔레스의 하나님은 아브라함과 이삭과 야곱의 하나님과는 거리가 멀다. 만일 토마스가 이 사실을 눈치 챘더라면, 이는 그의 평론가들이 원했던 만큼 그의 신학에 영향을 미치지 않았을 것이다.

살아생전에 토마스는 논쟁적인 인물이었을지도 모른다. 그러나 이후, 그는 가톨릭 위계제(hierarchy)에 의해 천사 박사(Angelic Doctor)라고 불리게 되었고, 그의 신학은 모든 가톨릭 사상에 있어서 규범이 되었다. 가톨릭교회에서 평판이 좋은 가톨릭 신학자들은 모두 일종의 토마스주의자다. 가톨릭 사상가들은 토마스를 해석하기 위해 상당한 힘을 쏟았다. 토마스는 신학적 저술에 있어 아우구스티누스 다음으로 다작했다.

토마스는 비교적 새롭게 만들어진 도미니크 수도회(Dominican order)

의 수사(friar, 수도원에 살지 않음—역주)였다. 이런 수사들은 "가난한 설교가"라고 불렸는데 이는 그들이 탁발수도사로서 기부를 받으며 살았고 설교에 있어 특별했기 때문이었다. 그들은 종종 도심에서 함께 살았다. 어떤 면에서 수사와 수도회는 수도승(monks, 수도원 생활을 함—역주) 및 수도원과 비슷하지만 다른 면도 다소 있다. 많은 부유한 유럽인처럼, 토마스의 가족도 도미니크 수도회를 광신적 종교집단으로 간주했다. 토마스가 처음 그 수도회에 들어갔을 때, 그의 가족은 그를 납치해 그곳을 떠나도록 그를 설득했다. 그는 거절했고 결국 파리에서 도미니크 수도회 사람들과 더불어 살았다. 그리고 거기에 있는 대학에서 가르쳤다.

프란체스코는 작은 형제단(Little Brothers)이라 불리는 자신의 수도회를 시작했다. 이후 그들은 프란체스코회 수사들로 알려지게 되었다. 그들은 도미니크 수도회처럼 여전히 영향력 있는 수도회로 세계 전역에 남아 있다. 프란체스코 수사들은 가난을 서약했고 그들의 기독교 신학에의 접근은 도미니크 수사들과 매우 달랐다. 수세기 동안 이 두 수도회는 긴장 관계 속에 있었으며 때때로 갈등도 있었다. 그러나 프란체스코와 토마스의 생애 동안에는 그렇지 않았다.

프란체스코 역시 이탈리아의 부유한 가정에서 태어났지만, 그는 모든 부(富)뿐만 아니라 살아가기에 필요한 것 이상의 물질적 소유조차도 거부했다. 그는 광야에 작은 예배당을 지어놓고 거기서 살았다. 그는 시인이었고 가난과 순박함과 영성의 설교자였다. 얼마 안 있어, 한 무리의 추종자들이 그의 주변에 모여들었고, 그의 수도회는 교황에 의해 공적인 지위를 부여받았다. 그러나 그가 죽을 즈음에는 수도회가 크고 번성해서 초창기에 가졌던 가난함과 순박함의 정신을 잃어버리게 되었다. 프란체스코는 그의 추종자들이 나아가는 방향에 다소 환멸을 느끼며 죽었다.

의심할 여지 없이, 토마스와 프란체스코는 기독교 역사에서 가장 잘 알려지고 가장 사랑받는 인물이다. 토마스는 지적인 면에서 그렇고, 프란체스코는 특별히 동물을 포함한 자연에 대한 그의 사랑에서 그렇다. 20세기 후반기에 두 사람에 대한 관심이 부활했다. "성 프란체스코"(Brother Sun, Sister Moon, 1972)라는 제목의 장편영화는 프란체스코의 삶에 기반을 두고 있다. 프란체스코 동상은 세계 전역의 수많은 정원을 장식했다. 그의 송시들은 영성의 고전으로 널리 읽히고 회자되고 있다. 토마스와 프란체스코는 중세 기독교의 유명한 본보기이지만 여러 면에서 완전히 반대다. 토마스가 지적이고 거의 현실과 동떨어져 있는 사상가의 모델이었다면, 프란체스코는 신비주의자이자 영성 실천가였다.

이 가상의 대화는 알프스에 있는 수도원에서 이루어진다. 그곳은 아시시에 있는 프란체스코의 집과 파리에 있는 토마스의 집의 중간 지점이다. 때는 1274년. 프란체스코가 죽은 지 48년 후이기도 한 이 해 초, 토마스가 죽었다.

대화

프란체스코　축복합니다. 토마스 형제님. 기운이 없으신 것 같네요, 왜죠?

토마스　(놀라며) 네? 누구시지요? 이 작은 방에 저 혼자 있다고 생각했는데, 놀랐습니다. 여기는 어떻게 들어오셨나요?

프란체스코　친애하는 토마스 형제님. 형제님이 제 초상화를 보신 적이 있을 거라고 생각합니다. 비록 저는 제 초상화가 그려지는 걸 원치 않았지만요. 하나님이 당신에게 힘을 보태주라고 저를 천국에서 여기로 보내주셨습니다. 그리고 당신이 정정해야 하는 것들이 무엇인지도 말해 주도록 하셨습니다. 저는 아시시의 프란체스코입니다.

토마스   당연히 당신에 관해 들어본 적이 있습니다. 빛이 약간 더 밝아지니까, 초상화에서 봤던 모습이 보이는군요. 환상이 항상 그렇듯이, 지금의 당신 모습은 예전보다 확실히 더 좋아 보입니다! 활기도 넘쳐 보이고요.

프란체스코   천국에서는 다들 활기가 넘치죠, 토마스 형제님. 언젠가, 아마도 곧, 당신도 그럴 겁니다.

토마스   곧이요? 그게 무슨 뜻이죠?

프란체스코   아이쿠. 이걸 말하면 안되는데. 저는 수동적으로라도 거짓말을 하지 않으려 애쓰고 있습니다. 그것이 지상에서 사람들이 저를 "성인"이라고 부르는 부분적인 이유인 것 같습니다.

토마스   당신이 여기 나타나서 깜짝 놀랐습니다. 유령에 대해 들어본 적은 있지만 한 번도 경험해본 적이 없습니다. 당신은 실재입니까?

프란체스코   당신이 실재인 만큼 저도 실재입니다. 아니, 그 이상입니다!

토마스   당신 말이 맞습니다. 저는 낙심 가운데 있습니다. 저는 저의 생애 대부분을 교회를 도우면서 보냈습니다. 교회가 어떻게 무슬림 세계에서 넘쳐 들어오는 새로운 지식에 맞서야 하는지 가르치면서 말이죠. 하지만 그들은 계속해서 저를 비난합니다. 한두 명의 주교가, 어쩌면 대주교도 제가 종교재판을 받기를 원한다는 소문이 있어요. 무엇을 위해서죠? 제가 뭘 했기에 그런 취급을 받아야 하나요?

프란체스코   저 역시 교회로부터 박해를 당했습니다. 구약의 이스라엘처럼, 교회는 예언자들이 살아 있는 동안 그들을 소중하게 여기지 않았습니다. 그러나 제가 천국으로 옮겨진 이래로, 대부분의 교회 지도자들은 저를 존경하게 되었죠. 저를 따르는 일부가 지나치게 급진적으로 변해 왕궁과 교회를 태우는 데까지 이르렀다고 들었습니다. 그러나 저는 그들에게 그렇게 가르친 적이 없습니다! 어쨌든, 저는 저 자신에 관해 말하기 위해서가 아니라 당신과 말하기 위해 여기 있지요. 당신이 혼자가 아니라는 것을 아셨으면 합니다. 비판받는 것은 당신이 옳은지 그른지에 관해 어떤 것도 말하지 않죠.

토마스   압니다. 알아요. 그래도 속상하네요. 그냥 저를 내버려두고 제 일을 하게 했으면 하는 바람이에요.

프란체스코   그렇다면 당신의 가장 중요한 일은 무엇이죠, 토마스 형제님?

토마스   신학과 변증학에 관한 책을 쓰는 거예요. 이것들이 뭔지 아실 거라고 생각합니다. 저는 그런 주제로 많은 책을 썼어요. 제 삶의 과제는, 학문과 신앙 사이의 양립 가능성을 보여주고자 하는 거예요. 신학은 동일한 것으로 영원히 머물러서는 안 됩니다. 신학은 새로운 지식을 헤아려야 할 필요가 있습니다. 그리고 지금 우리가 적응해야 할 새로운 지식은 오랫동안 잊혔던 아리스토텔레스의 철학입니다. 그의 철학은 신학의 놀라운 하녀입니다.

프란체스코   아하. 그렇죠. 신학의 하녀인 철학. 우리는 그것을 "학문의 여왕"이라고 부릅니다. 신학이 하나의 학문이라고요? 신학은 학문보다 예술에 더 가깝다고 봅니다.

토마스   제가 신학이 학문이라고 말할 때, 저는 질서정연하고 합리적인 지식을 습득하는 방법적 측면에서의 "학문"을 말합니다. 그리고 습득된 질서는 체계적이고 정합적이지요. 저는 일생 동안 이를 추구해 왔습니다. 다시 말하면, 조각들이 다른 조각들과 맞아 떨어져서 일관적이고 서로 맞물리는 전체를 구성하는 그런 완전히 정합적인 신학 말입니다.

프란체스코   우리의 위대한 고딕 성당들 중 하나처럼 말이죠. 그렇죠?

토마스   정확히 그렇습니다! 좋은 비유네요.

프란체스코   그러나 영혼과 자연 안에 내재해 계시는 하나님의 인격적 현존은 어떤가요? 그것이 하나님에 대한 지적인 이해보다 더 중요하지는 않을지라도 그만큼 중요하다고 생각하지 않으세요?

토마스   중요하지요. 하지만 그건 저의 은사가 아닙니다. 오늘날에는 신앙에 대한 지적인 이해가 절실히 필요합니다. 이교도인 스페인의 무슬림들은 유럽 전역에 있는 우리 교회에 압력을 행사하고 있습니다. 그들은 모든 종류의 지식을 탐구할 수 있는 웅장한 대학을 가지고 있습니다. 만일 우리가 그들의 수준에서 그들과 경쟁하지 않는다면, 기독교는 지적인 이해에 있어서 더 빈약해질 것입니다.

프란체스코   맞습니다. 맞아요. 그러나 하나님이 저에게 당신의 머리에도 마음을 더하라고 말할 것을 당부하셨습니다. 다시 말하면, 자연 안에서 얻는 하나님에 대한 묵상을 당신의 인지적 사변에도 적용하라는 것이죠.

토마스   이상하네요. 저는 자연에 대한 관찰로부터 하나님의 존재와 속성을 증명하려고 열심히 연구했습니다. 자연 신학에 관한 저의 연구는, 믿을 만한 이유가 필요한 사람들에게서 열매를 맺고 있습니다.

프란체스코   그것도 괜찮기는 하네요. 그러나 당신은 자연을 철학과 신학을 위한 도구로 사용하고 있습니다. 그냥 자연을 벗삼으면서 당신의 영혼과 자연에 내재해 있는 영혼들 사이의 교감 속에서 하나님을 발견하는 건 어떤지요?

토마스   당신의 말씀이 무엇을 의미하는지 잘 모르겠네요.

프란체스코   저는 모든 동물과 식물이 어떤 의미에서 영혼을 가지고 있다고 믿습니다. 그들은 단지 물질, 즉 도구처럼 사용되는 대상이 아니지요. 우리는 그들 안에서 그들의 삶과 우리 삶의 원천으로서의 하나님을 발견할 수 있고 또 발견해야 합니다. 새와 대화를 시도해보신 적이 있으신가요?

토마스   당신이 새에게 설교한다고 들었습니다. 생경하네요! 그것에 관해 아는 것이 없어 유감입니다.

프란체스코   그들은 저에게 화답합니다. 그것은 말이 없는 소통입니다. 즉 일종의 인식 이상의 교감이죠.

토마스   무엇을 위해서죠?

프란체스코   사랑이죠. 우리를 포함한 모든 자연을 향한 하나님의 사랑에 대한 것입니다. 우리 역시 자연의 일부입니다. 모든 것을 향한 하나님의 사랑을 느낄 때, 우리의 사랑도 증가합니다. 저는 그것을 광야에 홀로 있을 때 발견했습니다. 그저 앉아 제 오감으로 하나님의 창조세계를 받아들이면서 말이죠.

토마스   그러면 새들에게 설교할 때 무엇을 말씀하셨습니까?

프란체스코   하나님이 얼마나 그들을 사랑하시는지 말했습니다. 하지만 말은 사용하지 않았습니다.

토마스   말 없는 설교라! 참신하지만 이해가 되지 않습니다.

프란체스코   나중에 명상하면서 약간의 실습을 해보죠. 모든 창문을 열고 자연의 냄새와 소리가 방 전체에 퍼지게 할 겁니다. 그동안 우리는 앉아서 모든 것에 대한 하나님의 위대한 사랑을 묵상할 것이고요.

토마스   좋습니다. 나중에 해보죠. 하지만 제가 그것을 잘할 수 있을 것 같지는 않습니다.

프란체스코 그러나 먼저, 당신의 저술에 대한 논쟁을 이야기해보죠. 당신은 당신의 신학을 반영하는 두 저서, 「신학대전」(Summa theologiae)과 「대이교도대전」(Summa contra gentiles)을 출간했습니다. 「신학대전」이 체계적으로 정리된 모든 신학적 지식의 요약본이라면, 「대이교도대전」은 믿지 않는 자들을 반박하는 주장의 요약본이지요. 하나님은 당신이 여기에 쏟은 노력을 인정하십니다. 그러나 당신은 이성으로부터 시작해서 믿음으로 나아간다고 하는 비평이 꽤 타당하다고 생각하시지 않나요? 어떻게 믿음이 없는 사람이 하나님이 누구신지, 그리고 하나님이 우리에게 기대하는 것이 무엇인지를 알 수 있나요?

토마스 프란체스코 주교님, 자연에 관해 많이 이야기하시는군요. 제가 자연과 은혜에 대해 말씀드리죠. 저는 우리의 인간 본성과 추론 능력을 포함한 자연이 아담의 타락에도 불구하고 심각하게 손상을 입지 않았다고 생각합니다. 우리는 원죄를 가지고 태어났지만 자연 안에 계시된 하나님에 관한 진리를 파악할 수 있는 지성을 가지고 태어났습니다. 예를 들어, 심지어 부패한 죄인들도 하나님이 존재하시는지 알 수 있고 하나님의 본성에 대해서도 파악할 수 있죠. 하나님에 대한 그런 자연적 지식은, 말하자면, 초자연적으로 계시된 지식의 성소로 연결하는 통로가 됩니다. 그리고 우리는 믿음을 통해서만 이 계시된 지식을 얻을 수 있죠.

예를 들면, 하나님이 존재한다는 것은 이성을 통해 증명 가능합니다. 모든 것에는 제일원인이 분명히 있습니다. 그렇지 않으면 어떤 것도 존재하지 않았을 것입니다. 존재하지 않을 수 있는 것에게(모든 피조물은 여기에 해당합니다) 자존적 원인(uncaused cause)이 없다면 그것들은 주어진 시간 안에 존재하기를 멈출 것입니다. 그래서 세계의 존재와 세계의 질서를 설명하기 위해, 위대한 우주적 제일원인과 부동의 원동자(unmoved mover)가 있어야만 합니다. 은혜는 이것을 증명할 필요가 없습니다. 그러나 하나님은 그의 은혜로 성부, 성자, 성령으로서의 하나님이 어떤 분이신지 보여주십니다.

이성으로만 이것을 발견할 수 없습니다. 이는 믿음을 요구합니다. 그러나 우리가 이성을 통해 하나님을 아는 것과 믿음을 통해 하나님을 아는 것은 서로 모순되지 않습니다. 자연 위의 영역인 은혜는 자연과 모순 관계에 있지 않으며 오히려 자연을 향상시키고 성취합니다. 우주의 제일운동자(prime mover)는, 우리가 이성에 믿음을 더할 때, 복된 삼위일체로 불리게 됩니다.

프란체스코　그러나 그 도식에는 문제가 있습니다, 토마스 형제님. 당신이 하나님에 대한 참된 지식을 은혜로부터 분리하여 자연에게로만 넘기는 순간, 그 지식은 믿음과 교회의 가르침을 떠나 자체만의 방식을 가지게 되는 위험이 있을 수 있습니다. 자연 신학에서 하나님에 대한 당신의 주장이 아리스토텔레스의 논리학과 형이상학에 의해 너무 통제를 받은 나머지, 성서 안에 나타나는 하나님에 대한 당신의 주장도, 통제까지는 아닐지라도, 그 철학에 의해 지도를 받는 것처럼 보이네요.

아브라함과 이삭과 야곱의 하나님, 새와 나무의 하나님이 삼단논법으로 증명되기에는 그리고 강의에서 해부되기에는 너무 인격적이라고 생각지 않으세요? 어떻게 성부, 성자, 성령을 철학의 제약을 따르는 방식으로 알 수 있을까요?

토마스　당신은 제가 철학을 신학의 시녀 이상으로 허용한다고 생각하시나요? 지금 저의 자연 신학이 초자연적으로 계시된 진리를 통제하고 있다고 주장하시는 건가요?

프란체스코   음, 네. 이제야 그걸 이해하신 것 같군요. 그러나 그것보다 더 한 것은, "자연적"인 것과 "초자연적"인 것 사이를 나누는 당신의 구분이 모호하다는 것입니다. 하나님의 선한 창조 안에 있는 어떤 것이라도 그저 자연적으로 생기거나, 하나님의 초자연적인 임재 밖에 있는 것이 있나요? 하나님의 기적 중 어느 하나라도 자연 너머나 밖에 있는 것이 있나요? 그렇게 하면 하나님을 자연 안으로 들어가지 못하면서, 자연을 하나님이 부재한 자율적인 실재의 영역으로 만들 위험이 있지 않나요?

토마스   저는 그런 식으로 말하지 않을 것 같습니다. 저, 그리고 유럽 대학에 있는 많은 제 동료들은 "자연"을 관찰할 수 있는 물리적인 실재로 지칭합니다. 하나님은 자연으로부터 부재하지 않습니다. 그러나 자연의 작용은 언제 어디서나 같습니다. "초자연"은 자연 너머의 실재를 지칭합니다. 그곳은 하나님이 그의 영광과 권능 중에 계시는 곳입니다. 그리고 그곳은 인간의 정신이 초자연적인 도움이나 높이심 없이 갈 수 없는 곳입니다. 설명하자면, 저는 하나님의 존재를 정상적인 정신적 능력과 오감을 가지고 있는 누구에게나 증명할 수 있습니다. 그러나 저는 이 하나님이 삼위일체라는 것은 증명할 수 없습니다. 이를 알기 위해서는 초자연적인 계시와 믿음이 있어야 합니다.

프란체스코   그 도식 안에는 평범한 것과 평범하지 않은 것, 그리고 자연과 은혜 사이의 너무나도 큰 분열이 숨겨져 있네요. 자연은 하나님의 영광으로 가득 차 있습니다. 심지어 자연도, 당신의 용어를 빌리자면, 초자연적이죠. 전 세계는 하나의 위대한 기적입니다. 모든 것은 자연적이면서 초자연적이지요. 그래서 그런 범주들은 실제로 도움이 되지 않습니다.

토마스　　글쎄요, 반론을 제기해보죠. 당신의 견해에는 범신론(pantheism)의 위험이 있지 않나요? 하나님과 자연이 서로 너무 섞여 하나가 됐다는 주장 말입니다.

프란체스코　　아니요. 하지만 차라리 범신론이 자연을 하나님으로부터 독립된 영역으로 여기는 것보다는 낫지요. 독립된 영역에서 하나님이 일하시려면, 하나님은 밖에서부터 그 영역을 깨고 들어오셔야 합니다.

토마스　　아하, 그러나 만일 우리가 자연을 신으로 대하면, 우리의 대학들에서 싹트기 시작한 학문은 결코 만개하지 않을 겁니다. 우리가 자연을 공부하고자 하고 그것을 이성적으로 다루고자 한다면, 우리는 자연을 비신성화해야 합니다. 당신의 신비적이며 거의 범신론적인 자연관이 만연하는 한, 학문은 결코 진보하지 못할 것입니다.

프란체스코　　그렇다면 제가 당신을 정확히 이해하고 있는지 한번 봅시다. 당신이 말하는 것은, 신학에 있어 자연이 가지는 유일한 실제 가치는 제일원인, 즉 제일운동자로서 하나님의 존재에 대한 증명을 제공하는 것이라는 겁니다. 그 자연은 기계와 너무 비슷하기에 인간 정신은 도움이 없이도 자연을 공부할 수 있으며 그 자연으로부터 하나님이 자연의 창조자라는 결론도 내릴 수 있습니다. 그러나 자연은 하나님의 성전이거나 하나님의 개인적인 활동이 아닙니다. 그리고 만일 우리가 하나님을 인격적 아버지와 구세주로 알기 원한다면, 우리는 자연이 아닌 초자연적 계시로 선회해야 하며 믿음을 가져야만 합니다.

토마스　　좋습니다! 이제 이해하셨군요. 아주 옳습니다. 그것이 오늘날 사람들에게 필요한 것이지요. 그들은 이성에 먼저 호소한 뒤 믿음으로 갈 필요가 있습니다.

프란체스코　　당신의 이성의 계보를 따르는 사람들이 언젠가 "만일 하나님에 대한 자연적 지식이 초자연적 계시나 믿음 없이도 가질 수 있는 것이라면, 하나님에 대한 자연적 지식으로 그저 만족하자"고 말할까 두렵지 않으신가요? 그들은 당신이 은혜와 믿음의 영역에 둔 모든 것을 취해 그것을 사적인 의견으로 강등시킬 것입니다.

토마스   그렇다면 당신의 대안은 뭔가요?

프란체스코 우리는 자연 속에 있는 하나님의 임재와 그의 피조물과의 교제를 통해 알게 되는 인격적 하나님을 믿는 믿음에서부터 시작해야 합니다. 그런 다음 계시를 통해 이 하나님에 대한 더 큰 이해를 가지기 위해 계속해서 나아가야죠. 이해를 추구하는 신앙 말입니다. 저는 이해하기 위해 믿습니다. 당신은 우리가 믿음을 가지기 위해서는 반드시 이해가 필요하다는 것을 함축하고 있습니다. 당신은 자립적인 이성과 하나님의 인격적 임재가 없는 자연을 당신의 신학에서 지나치게 내세우고 계시군요. 우리에게는 계시가 있는데 왜 자연으로부터 시작하는 거죠?

토마스   왜냐하면 우리에게는 기독교 신앙을 위한 기초를 이성 안에 세워야 할 필요가 있기 때문입니다. 그래서 합리적 회의가 일어날 때, 우리는 우리가 알고 있고 경배드리는 하나님이 증명될 수 있음을 보여줄 수 있게 준비를 해야 합니다.

프란체스코 그러나 우리가 알고 경배하는 하나님은 성부, 성자, 성령이시죠. 당신이 가지고 있는 모든 증거는 우리가 알고 경배드리는 하나님에 대한 어떤 참된 지식도 주지 못합니다. 그렇지 않나요? 그렇다면 어떻게 그것이 회의주의자로 하여금 참된 하나님을 알도록 도와줄까요? 당신은 그저 그에게 우상을 증명하는 꼴이 됩니다.

토마스   그렇지 않습니다. 왜냐하면 저는 이성을 통해서만 우리 하나님, 즉 그 존재가 증명이 된 분이 성서의 하나님이심을 회의주의자들에게 보여주기 때문입니다. 그는 불변하시고 전능하시며 고통 당하실 수 없고 순전하시며 본질에 혼합이 없습니다. 이런 속성들은 성서적인 동시에 합리적이지요.

프란체스코   "순전하시며 본질에 혼합이 없다"고 하셨나요? 성서 어디에 그런 표현이 있나요? 당신이 옳을 수도 있습니다. 그러나 당신의 표현은 성서적이거나 영적이기보다 하나님에 대한 철학적 기술에 더 가까운 것 같습니다. 당신의 하나님은 가능태(potentiality)가 없는 아리스토텔레스의 순수 현실태(*Actus Purus*)와 무척 비슷한 것 같습니다.

토마스   맞습니다! 우리 하나님은 아리스토텔레스의 철학이 증명하기로 목표로 삼았던 그 하나님이십니다. 하나님은 완전하십니다. 완전함은 변화할 수 없습니다. 변화는 더 좋게 되거나 더 나쁘게 되는 것이어야 합니다. 그러나 하나님은 이미 완전하기에 발전하거나 쇠퇴하실 수 없지요. 이미 완전한 것은 변할 수 없습니다. 그러므로 하나님은 가능태가 없는 순수 현실태이며 불변하시고 고통을 느끼지 않으시지요.

프란체스코   삼단논법치곤 괜찮게 들리는군요. 그런데 이 불변하고 고통을 느끼지 않으시는 하나님이 예수 그리스도의 하나님과 성서의 하나님과 어떤 관계가 있죠? 저는 당신에게 경고하러 왔습니다, 토마스. 당신이 하나님을 위해 이 땅에서 많은 선한 일을 했을지라도, 철학에 대한 당신의 사랑과 당신이 철학에 부여한 권위는 위험합니다.

토마스   이런. 하나님이 그것을 말하라고 당신을 저에게 보내셨나요? 지금이 아마도 당신이 앞서 언급했던 그 명상을 실습할 때 같군요.

프란체스코   네. 시간이 되었습니다. 모든 창문을 열고 여기에 앉아 침묵의 명상을 합시다. 당신의 마음을 자연에 대한 사랑으로 채워달라고, 그리고 만물 가운데 계신 그분의 임재를 당신에게 보여달라고 간구해 보세요.

(새들의 지저귐과 산들바람에 나뭇잎들이 바스락거리는 소리가 창문을 통해 실려온다.)

프란체스코　토마스 형제님, 그래서 이제 무슨 말을 하시겠습니까?
토마스　　제게 계시된 것들을 보니 제가 저술했던 모든 것이 지푸라기처럼 보입니다.
프란체스코　좋습니다! 그러면 저의 역할은 여기서 끝이군요. 평화를 빕니다!

분석

이 가상의 대화에서 토마스 아퀴나스의 마지막 말은 지어낸 것이 아니다. 이는 그가 만년에 실제로 언급했던 말이다. 어느 누구도 그가 무엇을 의미했는지 확실히 알지 못한다. 그가 겪은 모종의 하나님에 대한 신비적인 경험과 그 안에서 계시된 것들은 그의 모든 신학적 업적을 퇴색시킬 만큼 강렬했다. 의심의 여지 없이 아시시의 프란체스코는 박수를 보냈을 것이다.

이 가상적 대화의 어떤 부분에서도, 토마스 아퀴나스가 하나님에 대한 인격적이고 신비적인 경험을, 심지어 자연 안에서의 경험을 반대한다고 말하지 않는다. 또한 프란체스코가 지성을 사용해 하나님을 섬기는 일을 반대하는 것처럼 해석하지도 말아야 한다. 결코 그렇지 않다. 그러나 이 대화에서 각 상대방은 자신의 삶의 강조점을 서로 다른 곳에 두었다. 토마스는 그의 부르심과 사명을 주로 지적이고 철학적인 것으로 이해했다. 기독교 세계인 유럽에서 새로이 발견되고 갓 번역된 아리스토텔레스 철학의 우세함은 기독교 사상에 도전을 제시했다. 토마스는 이 둘을 화해시키는 데 전력을 다했다. 그의 비평가들 중 일부는 그 노력을 경시했고 심지어 어떤 이들은 그것을 이단이라고 배제했다.

예를 들면, 그의 추론에서 토마스는 세계(우주를 의미함)가 언제나 존재해왔다고 생각할 수 있다는 아리스토텔레스의 주장에 동의했다. 그는 기독교적 의미에서조차 창조가 시간적 시작(temporal beginning)에 의존한다고 생각하지 않았다. 이런 생각은 그가 인과 관계를 사용해 하나님의 존재를 확증하려는 시도를 했을 때부터 시작됐다. 만일 누군가가 우주에는 확실한 시작이 없다고 아리스토텔레스와 더불어 주장한다면, 토마스는 자신의 논지가 허물어질 수 있다는 것을 깨달았다. 그래서 그는 그것이 사실이라고 가정하고 우주의 비시간적 궁극 원인(nontemporal ultimate causation)에 대한 주장을 구성하기 시작했다. 다시 말해서, 우주 전체는 유한하기 때문에 그 자체를 설명하지 못한다. 우주에 대한 설명은 시간적인 것은 아닐지라도 존재론적인 제일원인을 요구한다. 유한하고 원인이 있는(caused) 우주가 있으려면 원인 없는(uncaused) 존재가 반드시 있어야 한다. 그러나 그의 비평가들 중 어떤 이들은, 그가 세계에 시작이 없을 수도 있다는 데 동의한 것만으로도 그를 이단이라고 비판했다.

프란체스코는 일생 동안 그리고 사후에도 논란이 많았다. 왜냐하면 그가 교회의 부와 지상의 권력에 도전했기 때문이다. 그는 권력과 부에 사로잡히지 않고 완전히 영적이며 권위 있는 그리스도인의 삶을 보여주었다. 그의 본보기는 교회 성직자들의 지나친 사치와 권력과는 매우 대조적이었다. 그래서 처음에는 교회 관계자들이 그를 주변으로 밀어내거나 파면하려 했다. 그런 다음 그들은 가난한 형제들로 이루어진 수도회를 교회의 체계 안으로 영입함으로써 그를 끌어들이려고 시도했다.

프란체스코는 참된 영적인 사람은 예수가 살았던 것처럼 (세상의 소유와 권력과 떨어져서) 살아야 한다고 가르쳤다. 그는 18세기 후반과 19세기 초에 있었던 낭만주의 운동이 있기 오래전부터 이미 낭만주의자였다. 그에게서 선한 삶이란, 동물과 식물 그리고 소수의 마음 맞는 그리스도인 친구들과 함께하며 기도와 명상으로 살아가는 것이다. 오늘날로 하면, 그는 급진적인 기독교 환경보호 운동가(tree-Hugger)였다.

이런 대화가 실제로 있었다면, 토마스와 프란체스코는 매우 많은 것을 이야기했을 것이다. 여기서 나는 그들이 서로 동의하지 않을 가능성이 있는 주된 문제점에 초점을 맞추었다. 그들은 가톨릭 신앙을 공유했다. 어느 누구도 기독교 정통주의의 주된 교리를 거부하거나 문제 삼지 않았다 (심지어 세계가 영원할 수도 있다는 주장을 했을 때조차, 토마스는 무로부터의 창조[*creatio ex nihilo*]를 고백했다). 그러나 토마스는 기독교 철학과 신학에서 새로운 전환점을 취했다. 그에 앞선 어느 누구도 자연과 은혜라는 상보적인 두 영역을 그처럼 나누지 못했다.

그렇다. 믿음은 은혜가 자연 위에 있으며, 자연에 의해 강요되지 못한다는 것을 항상 확증했다. 은혜는 하나님이 주시는 순전한 선물이다. 그러나 토마스는 지식을 두 개의 구별된 영역들로 나눔으로써 초자연적(supernatural, 은혜의 근대적 용어)이라고 불리는 개념을 소개했다. 이 두 영역은 이성과 자연만으로 얻게 되는 하나님에 대한 지식, 그리고 믿음과 초자연적 계시에 의해 얻게 되는 하나님에 대한 지식이다. 그에 앞서 있었던 유일한 견해는 이해를 추구하는 신앙의 유형이었다. 토마스는 그것의 방향을 신앙을 추구하는 이해(understanding seeking faith)로 전환했다.

창조와 믿음의 은혜 안에서 자연과 이성의 영역은 이를테면 그것의 전통적인 기초 지식에서부터 표류하기 시작했다.

토마스 신학에 대한 한 가지 비판이 개신교인들 사이에서 자주 제기되었다. 그에 대한 질타는 토마스가 자연을 하나님으로부터 상대적으로 독립적인 것으로 만듦으로써, 그리고 자연을 믿음을 제외한 이성으로 알 수 있는 것으로 만듦으로써 세속주의가 도래하는 무대를 마련했다는 것이다. 그는 자연을 비신성화했다. 또한 그것은 근대 물리과학이 취했던 방법이기도 했다. 다시 말해, 자연은 점차적으로 믿음을 제외한 이성에 의해 발견될 수 있는 신뢰할 만한 법칙의 영역이 되었다. 그것도 좋긴 하지만, 신학에서 그것은 의도치 않은 부정적인 결과를 가져올 수 있다.

자연 신학, 즉 자연만을 통해서(자연 "안에서"가 아니라 자연을 "통해서") 이성으로만 하나님을 알려는 시도는 실패할 수 있다. 왜냐하면 자연법칙에 대한 과학의 발견이 광범위하기 때문이다. 또한 자연 신학은 물리적 환경을 통해서뿐만 아니라 문화를 통해서도 하나님을 발견하는 문을 열어준다. 20세기 독일 나치당원들은 그들의 운동이 하나님이 독일 문화에 주신 새로운 계시라고 독일에 있는 그리스도인들을 설득했다.

프란체스코에 대한 비평은 훨씬 더 단순하다. 그는 하나님의 임재가 자연 만물에 스며들어 있으며 하나님에 대한 직접적인 경험이 합리적 증명이나 주장보다 훨씬 월등하다고 생각한다. 자연 신학은 자연을 하나의 대상으로 전환시킨다. 자연은 살아 있다. 자연은 예배 장소이지 실험실이나 강의실이 아니며 하나님을 가장 잘 알 수 있는 방법은 직접적인 신비적 체험이다.

토마스는 기독교의 지적이고 합리적인 측면을 대표하는 반면에, 프란체스코는 기독교의 명상적이고 신비적인 측면을 대표한다. 안셀무스와 아벨라르(10장의 대화를 보라)처럼, 이 둘의 혼합도 흥미롭고 어쩌면 유익하지 않을까?

더 읽을 책

Davies, Brian. *The Thought of Thomas Aquinas*. Oxford: Oxford University Press, 1993.

House, Adrian. *Francis of Assisi: A Revolutionary Life*. New York: HiddenSpring, 2001.

12

16세기에 부처가 루터, 칼슈타트, 에라스무스,
츠빙글리, 그레벨, 칼뱅, 세르베투스를 불러
교회 개혁에 관해 논의하다

배경

16세기에 일어난 종교개혁은 다양하면서도 잡다한 성직자와 신학자의 무리에 의해 수행되었다. 이 가상의 대화에서, 7명의 주요 지도자들은 기독교 국가 또는 기독교회를 개혁하기 위한 최고의 방법을 토론하기 위해 모인다. 이 7명은 종교개혁 시기의 모든 주요 분파인 루터교, 급진주의자, 가톨릭, 개혁주의, 재세례파, 반삼위일체적 합리주의자를 대표한다.

마르틴 부처(Martin Bucer)는 스트라스부르(Strasbourg)의 개혁주의 신학자였다. 스트라스부르는 지금의 프랑스에 있으며, 라인 강 바로 건너편에 독일이 있다. 파란만장한 역사 속에서 이곳은 때로는 프랑스, 때로는 독일이 되었다. 부처는 개신교인들 사이의 분열로 인해 실망했으며, 위대한 개신교 개혁가인 루터와 츠빙글리가 그들의 차이점을 수습하고 개신교를 통합하기를 바랐다. 그러나 그것은 이루어지지 않았다. 루터와 츠빙글리가 그들 사이의 주된 분쟁의 원인인 주의 만찬에 관한 합의점을 찾으려고 마르부르크(Marburg)에서 회동했을 때, 사태는 더 악화되었을 뿐이다.

이 가상의 대화에서 부처는 7명의 개혁가들을 스트라스부르 근처의 라인 강변에 있는 저택으로 불렀다. 대화가 보여주겠지만, 이는 일어날 수 없는 일이다. 그러나 이런 가상의 대화의 많은 경우처럼 독자는 이 대화를 맹신하지 않아야 무언가를 배우고 즐길 수 있을 것이다.

이제 참가자들에 대해 설명하겠다. 마르틴 루터는 1483년 지금의 독일인 작센(Saxony)에서 태어나 1546년에 죽었다. 잠깐 동안 그는 수사이자 비텐베르크 대학교에서 신약성서와 신학을 가르치는 교수였다. 1517년 그는 논쟁을 위한 명제들인 95개조 반박문을 비텐베르크 성당 문에 못

박음으로써 교회 개혁가로서의 공적 경력을 시작했다. 이는 수십 년 동안 지속된 파문을 일으켰다. 그는 1521년 교황에 의해 출교당했다. 하지만 중부 유럽 전역의 많은 교회도 루터와 함께 로마 가톨릭교회를 떠났다.

루터의 이야기는 너무 익숙해서 여기서 상술할 필요가 없다. 그의 이야기에 친숙하지 않은 독자들은 영화 "루터"(Luther, 2003)를 찾아보기 바라며 그의 생애에 관한 많은 책 중 한 권을 읽기 바란다. 루터의 삶을 깊이 다루고 있는 믿을 만한 웹사이트도 많이 있다.

루터는 거친 논쟁 상대일 수도 있다. 깊이 관심을 가지는 주제들(그런 주제는 많았다)에 있어서, 그는 동료 개혁가들(가톨릭과 회의주의자에 대해서는 말할 것도 없다)의 어떤 불일치도 용납하지 않았다. 그가 신학적 적수를 지칭할 때 선호하는 용어 중 하나는 "돼지 신학자"(pig theologian)였다. 그러나 그렇게 부르는 것은 당대에는 흔한 일이었다. 루터의 좌우명 중 하나는 "가능한 한 평화를, 그러나 어떤 값을 치르더라도 진리를"(Peace if possible, but truth at any cost)이었다. 그는 자신의 신념에 관해 그리고 기독교 국가를 개혁하기 위한 바른 방법에 관해 타협하지 않았다.

안드레아스 칼슈타트(Andreas Karlstadt, 1486-1541)는 루터가 비텐베르크 대학교의 학생이었을 때 그의 교수였다. 그는 존경받는 저명한 신학자였다. 그리고 그는 그 젊은 개혁가가 동료가 된 후부터 그와 운명을 같이했다. 하지만 루터가 자신을 체포하고 죽일지도 모르는 황제로부터 숨어 있는 동안, 칼슈타트는 작센에서 종교개혁을 지도하면서 그것을 급진적인 방향으로 몰아갔다. 그는 옛 가톨릭 수도회에 남아 있는 모든 자들을 파멸시키기 원했으며 영주에 대항해서 피의 혁명을 일으킨 농부들마저도 지원했다. 루터는 그를 비난했고 그들은 서로 가자 다른 길을 갔다. 일반적으로 칼슈타트는 16세기의 급진적 종교개혁가들 중 가장 탁월하고 영향력 있는 인물로 간주된다.

로테르담의 에라스무스로도 알려진 데시데리우스 에라스무스(Desiderius Erasmus, 1466-1536)는 가톨릭 종교개혁가였다. 그는 교회 지도자들이 그를 거칠게 비판하며 위협했을 때조차도 교회로부터 도망치지 않았다. 그는 장년기 동안 유럽에서 가장 존경받는 학자로 널리 간주되었다. 루터는 그가 개신교를 거부했다는 이유로 그를 매도했지만, 에라스무스는 개신교 종교개혁을 어느 정도 정신적으로 지원했다. 루터와 에라스무스는 예정과 자유의지의 쟁점 사항을 가지고 논쟁했는데, 루터가 예정을 열렬히 변론한 반면에, 에라스무스는 자유의지를 열정적으로 변론했다.

울리히 츠빙글리(Ulrich Zwingli, 1484-1531)는 스위스 종교개혁에서 루터에 대응하는 인물이었다. 오늘날까지 많은 스위스 개신교인들은 그를 개신교 운동의 실제적인 촉매로 간주한다. 그는 취리히 교회가 가지고 있던 가톨릭 요소들을 없애고 미사를 금했다. 츠빙글리와 루터는 주의 만찬에서 그리스도가 어떻게 임재하시는지에 대해 논쟁했으며 그 주제와 다른 주제에 있어서 각자의 길을 갔다. 츠빙글리는 스위스 개신교 군대의 군목이었고 가톨릭의 침략으로부터 취리히를 방어하는 전투에서 죽었다. 츠빙글리가 죽었다는 소식에 루터는 거칠게 반응했다. "사제로서 전투에 칼을 지참한 것과 주의 만찬에 대한 잘못된 견해를 갖고 있는 것에 대한 자업자득이다."

콘라트 그레벨(Conrad Grebel, 1498-1526)은 취리히에 있던 츠빙글리의 제자 중 하나였다. 그러나 그는 종교개혁이 더 나아가기를 원했다. 츠빙글리는 시의회가 계속해서 자신의 편에 서도록 천천히 움직였으나, 그레벨과 그의 친구 펠릭스 만츠(Felix Manz)는 공식적인 개혁에서 벗어날 것과 유아세례를 폐지할 것을 결의했다. 그들은 신자로서 자신들에게 세례를 (부음으로써) 베풀고 그들의 추종자들에게 유아세례를 거부하도록 가르쳤다. 그들은 모든 가톨릭적 요소들이 스위스 교회에서 사라지고 신약성서의 교회가 가지고 있던 순전성이 회복되기를 원했다. 그들은 국교회에 반대했다는 이유로 종종 과격한 종교개혁가들과 같은 취급을 받기도 했다. 사실상 그들은 첫 번째 재세례파였으며 칼을 사용하는 것을 금했다.

장 칼뱅(John Calvin, 1509-1564)은 프랑스에서 태어나 스위스에서 활동한 가장 유명한 개신교 개혁가다. 그는 대개 장로교를 포함해서 개신교의 개혁교회 줄기의 진정한 아버지로 간주된다. 그는 (라틴어로, 그런 다음에는 모국어인 프랑스어로) 첫 번째 개신교 조직신학인『기독교 강요』(*Institutes of the Christian Religion*, 1536, 최종판은 1559)를 썼다. 그 책은 여전히 널리 읽히고 논의되고 있다. 칼뱅은 대부분의 개혁교회 개신교인들에 의해 존경받고 있으며 그들 중 많은 이들은 자신을 "칼뱅주의자"(Calvinists)라고 부른다. 그는 꽤 급진적인 방식으로 하나님의 주권을 강조했다. 각 개인을 천국 혹은 지옥으로 향하게 하는 무조건적 작정(foreordination) 혹은 예정(predestination)이 여기 포함된다. 칼뱅은 루터와 츠빙글리에게서 찾을 수 없는 것들을 행하거나 믿지 않았다. 그러나 영어권 개신교인들에게 있어 그의 영향력은 가늠할 수 없을 정도다. 그는 스위스의 프랑스어 지역인 제네바의 수석목사였다.

미카엘 세르베투스(Michael Servetus, 1511-1553)는 스페인 출신의 반삼위일체적인 급진적 종교개혁가였다. 그는 칼뱅이 이단으로 간주하는 자신의 신념이 진리임을 칼뱅에게 계속해서 설득하려 했다. 칼뱅은 그에게 제네바로 오지 말 것을 경고했지만 그럼에도 불구하고 그는 제네바로 갔다. 그를 본 칼뱅은 시의회로 하여금 그를 체포하도록 했다. 세르베투스는 화형 선고를 받았다. 칼뱅은 그 선고를 참수로 바꿔달라고 의회를 설득했지만 헛수고였다. 제네바에서의 세르베투스의 사형 집행은, 종교개혁에 있어서 최악의 오점 중 하나로 간주된다. 그러나 칼뱅과 다른 종교개혁가들은 (가톨릭에 대해서는 말할 것도 없이!) 세르베투스를 경멸했고 그의 영향력을 유해한 것으로 간주했다. 그에게 일어난 일에 대해서는 어떤 변명의 여지도 없다. 그러나 우리는 이것이 당대의 관습이었음을 기억해야 한다. 개신교 지도자들은 그리스도의 신성을 부인하는 것을 포함해서 그의 이단적 주장으로 인해 모든 개신교인이 비난받을 수도 있다고 우려했다.

그래서 여기 7명의 종교개혁가들이 있다. 이 가상의 대화에서 그들의 입을 통해 그들 각자의 구별된 사상을 배워보자.

대화

루터　　신사 여러분…자, 저는 그 용어를 막연히 사용합니다.…우리는 우리의 친구이자 동료 개혁가인 스트라스부르의 마르틴 부처로 인해 함께 모였습니다. 부처는 우리의 종교개혁 운동을 연합시키려고 항상 애쓰고 있지요. 우리 모두 이 모임에 관해 비밀을 지킨다고 서약했음을 기억해주십시오. 부처와 우리 7명 외에 어느 누구도 지금 우리가 어디에 있는지 알지 못합니다. 어느 누구도 우리가 이처럼 만나고 있다는 것을 믿지 못할 겁니다. 저는 한 번 더 여러분 모두가 저의 복음의 회복, 즉 제가 우리의 "복음주의" 운동이라 부르는 것에 참여하시도록 권면드리고자 여기 있습니다. 이 운동은 로마 가톨릭이 아닌 범기독교적(catholic) 운동입니다.

칼슈타트　　마르틴, 나는 평화를 사랑하는 우리의 친구인 부처의 요청에 따라 여기에 왔네. 나는 자네가 자네의 개혁 방법에 오류가 있다는 것을 알아차리고 나와 내 동료인 급진적 개혁주의자들과 함께 개혁의 길로 나아가기를 바라는 바일세. 우리는 자네가 인정사정없이, 마치 해충인 것처럼, 광신자들(die Schwärmer)이라 부르는 사람들일세.

에라스무스 잠시 끼어들어 거기에 말을 덧붙이고자 합니다. 루터, 일단 교회가 분리되면, 칼슈타트와 그와 비슷한 사람들이 도모하는 전체 사회 질서에 대한 일종의 혁명적이고 반역적인 전복이 불가피하게 됩니다. 맞습니다, 로마 교회는 개혁이 필요합니다. 그러나 개혁은 반드시 교회의 범위 내에서 이루어져야 하는 것이지 그리스도의 몸을 분리하거나 전체 사회의 질서를 파괴하면서 하는 것이 아닙니다.

츠빙글리 신사 여러분, 예의 바르게 서로를 존중하면서 대화하는 건 어떨까요? 그렇지 않으면 어떤 것도 여기서 이루어지지 않을 겁니다. 루터, 제가 감히 당신을 비판하자면, 당신은 매우 급진적인 동시에 매우 보수적입니다. 저는 그것을 가장 건설적인 방식으로 말하고 있습니다. 제 의견으로는, 당신이 작센과 독일의 다른 지역에서 행한 개혁은, 비록 그것이 교회를 분리시킨다고 해도, 옳고 좋습니다. 하지만 저와 당신에게 공감하고 당신을 지도자로 우러러보는 다른 개혁가들을 향한 당신의 거친 말은 개신교를 폄하시키기만 할 뿐입니다. 당신에게 감히 동의하지 않은 이들을 "돼지 신학자"라 부르는 것은 전적으로 부당하군요. 당신의 수사법은 지나치게 고약합니다.

그런데 개혁에 있어서 당신은 충분히 가지 못했군요. 당신은 여전히 그리스도가 주의 만찬에 육신으로 임재한다고 믿고 있습니다. 그리고 그것을 아직도 성찬(Eucharist)이라 부르고 있어요! 그리고 당신은 비성서적인 전통이 예배 가운데 계속되게 하고 있습니다. 제가 말하고

자 하는 바는 이것입니다. 신약성서에서 명하지 않는 의식이나 상징은 치워버리세요!

그레벨 츠빙글리 신부님, 그건 똥 묻은 개가 겨 묻은 개를 나무라고 있는 격이군요. 끝까지 신약성서의 교회를 회복시켜야 한다는 것을 거절한 이유를 이야기해보시지요! 당신은 교회 내에서 성서 외의 전통을 거부해야 한다고 주장하지만 유아세례는 주장하고 있습니다. 그리고 취리히의 시의회로 하여금 교회의 개혁 과정을 통제하게 했습니다. 왜 당신의 주장에 일관되지 않게 완전히 비성서적인 유아세례를 배척하지 않으시는 거죠? 의식적인 회개와 성숙한 신앙을 가지고 자발적으로 그리스도께 회심하는 자들에게만 세례를 베풀어야 하는 것 아닌가요?

세르베투스 그럼 그레벨 주교님, 당신과 당신의 재세례파 형제자매들은 어떤가요? 당신은 교회 개혁을 철저히 하고 계십니까? 아니요. 그렇게 하고 있지 않으십니다. 당신과 여기 있는 개혁가 지망생들은 그리스 철학 용어와 개념으로 가득 차 있는 니케아 신조를 믿고 있습니다. 당신은 끔찍한 삼위일체론, 예수 그리스도의 독특한 신성과 대속 교리를 설교하려고 합니다. 우리 교회 개혁가들은 성서 못지않게 이성을 따라야 합니다. 예수가 설교했던 순전한 복음 주변에 쌓여왔던 인간의 전통을 잘라내면서 말이죠.

칼뱅 세르베투스, 만일 당신이 제네바에 오고자 하신다면, 가면을 쓰시는 것이 좋겠군요. 만일 저나 다른 목사나 시의회 의원이 당신을 우리의 신성한 도시에서 보게 된다면, 당신은 붙잡혀서 화형 당할 겁니다! 당신은 참개혁가가 아닙니다. 당신은 복음의 모든 위엄과 신비를 빼앗음으로써 복음을 파괴하는 합리주의자입니다. 당신은 그리스도인도 아닙니다. 폴란드로 가시지 그러셨어요? 그곳은 급진적 개혁가인 파우스투스 소키누스(Faustus Socinus)가 유니테리언 교회(Unitarian church)를 세운 곳이죠. 우리 모두는 그 교회를 거짓 교회로 간주합니다. 당신은 그곳에 속합니다. 언젠가 당신과 그들은 개신교와 가톨릭의 도움을 받은 황제에 의해 죽임을 당할 것입니다!

칼슈타트 자, 자, 칼뱅 형제님! 진정하시고요. 네, 세르베투스는 이단이며 교회의 문제꾼이지만, 그와 모든 다른 이단들도 교회나 국가의 방해 없이 그들의 관점을 자유롭게 주장할 수 있어야 합니다. 어쨌든 우리 제국의 많은 이들도 당신을 이단으로 간주하죠! 당신이 가톨릭 종교재판을 진행한 사람들과 어떻게 다른가요? 그들이 당신에게 손을 뻗는다면 당신도 화형을 당할 수 있습니다.

우리 모두는 하나님이 보시기에 동등합니다. 그러나 그것이 모든 의견이 동등하다는 뜻은 아닙니다. 모든 사람은 간섭 없이 자신만의 방식으로 예배드릴 평등권을 가져야 하죠. 저는 참된 개혁이, 오직 교회와 국가가 철저히 분리될 때, 그리고 국가가 부자와 권세 있는 자에 의해서가 아니라 가난한 자에 의해 운영될 때 온다고 믿습니다.

칼뱅 칼슈타트, 당신 역시 제네바에 가까이 오지 않는 게 좋을 겁니다. 당신의 급진적 개혁 동료들 중 적잖은 수가 이미 우리 시에 있는 감옥에 갇혀 있습니다.

루터 여러분, 그만 싸우시죠. 당신들 모두가 저에게 동의하는 것이야말로 정말 필요하고 도움이 되는 일입니다! 제가 특별한 사람이기 때문이 아닙니다. 하나님이 로마 기독교의 폐허로부터 당신의 교회를 일으키시기 위해 저를 부르셨기 때문입니다. 제국의 군주들은 지와 지의 개혁 방법을 지지하고 있습니다. 당신들 모두가 옥신각신 하고 싸우는 한, 어떤 연합된 개신교 운동도 없을 것입니다. 결국 우리는 분열될 것이며 로마의 반그리스도주의자이자 거짓 예언가인 황제라는 큰 짐승에 의해 짓밟히게 될 것입니다.

에라스무스　그렇다면 루터, 누가 당신을 독재자로 지명했나요? 오, 실례합니다. 당신의 하나님은 모든 것을 결정하시고, 모든 것을 통제하시는 우주의 독재자십니다. 그는 심지어 죄와 악조차도 야기하시는 "감추어진 하나님"(hidden God)으로 불리기도 하지요. 이 "감추어진 하나님"은 자신의 피조물이 자신에게 반대하지 못하도록 그들에게 아주 조금의 자유의지도 주지 않으셨습니다. 그래서 지금 당신도 당신 안에 당신의 "하나님"의 형상을 만들어 그 하나님처럼 모든 반대를 짓밟을 수 있다고 생각하시나요? 당신들 모두에게 이것을 말하고자 합니다. 기독교의 사소한 사항에 대한 언쟁을 멈추시길 바랍니다. 그리고 저와 함께 제가 "그리스도의 철학"이라 부르는 것에 따라 교회를 개혁하시기 바랍니다. 이 철학은 모든 삶의 상황에서 예수가 했을 만한 일들을 순전히 행하는 것을 말하고 있지요.

만일 모든 그리스도인이 성유물과 교황을 신뢰하는 것을 멈추고, 또 얼마나 많은 천사들이 바늘귀 위에서 춤출 수 있는지와 같은 추상적인 교리와 머리만 큰 신학적 논쟁에 관한 싸움을 멈추고, 그리스도가 우리를 사랑하시듯이 그들의 이웃 사랑하기를 시작한다면, 교회와 제국은 참개혁을 경험할 것입니다.

츠빙글리　아, 에라스무스, 당신의 인본주의가 머리를 치켜들고 있군요. 우리 모두는 당신에게 큰 감사의 빚을 지고 있습니다. 당신이 우리에게 권위 있는 그리스어판 신약성서를 제공했기에 우리는 우리 각자의 언어로 신약성서를 정확하게 번역할 수 있게 되었죠. 그러나 예수처럼 되도록 노력하라는 가장 낮은 공통분모로 교리를 희석시키는 것에 대해서는 치하할 수 없네요. 네, 그것도 좋고 옳습니다만, 기독교에는 그것보다 더 많은 것이 있습니다.

우리는 하나님의 섭리적 주권이 모든 것을 다스린다는 것과 같은, 즉 하나님이 모든 것을 통제하신다는 것을 포함해서 그분에 관한 바른 사고를 해야 합니다. 우리는 당신이 제안한 것처럼 "독재자"가 되기 위해 이런 말을 하지 않습니다. 철학과 성서가 이것을 가르치기 때문에 우리는 말합니다. 만일 하나님이 모든 것을 통제하지 않으신다면, 그는 하나님일 수 없죠.

그레벨   츠빙글리, 에라스무스에 대한 당신의 대답이 옳기도 하고 그르기도 하군요. 먼저, 우리 모두는 에라스무스의 지도력에 대해 크게 감사해야 합니다. 누군가가 말했듯이, 에라스무스는 알을 낳고, 루터와 나머지 우리들은 그 알을 부화시켰죠. 루터가 95개조 반박문을 비텐베르크 성당 문에 못 박기 오래전부터 그는 성유물과 면죄부를 비난하고 조롱했습니다. 에라스무스가 정확한 교리에 대한 관심이 부족하다고 의문을 제기한 것은 옳습니다. 그러나 정확한 교리에 모든 것을 결정하시는 하나님의 주권을 반드시 포함해야 한다는 당신의 주장은 틀렸습니다. 우리 하나님은 어떤 위대한 우주적 황제거나 꼭두각시 조정사가 아닙니다. 그는 우리를 사랑하는 은혜롭고 자비로우신 성부 하나님이십니다. 그리고 그 성부 하나님은 우리의 친구이자 형제인 예수 안에서 그의 사랑의 마음을 우리에게 보여주십니다.

그리고 에라스무스, 삶에서 정말로 중요한 것은 예수를 따르고 모방하는 일이라고 말한 것은 옳습니다. 그러나 그것이 무엇을 수반하는지에 대한 당신의 사상에는 결점이 있습니다. 우리 재세례파는 죽을 때까지 그의 제자들이 될 것입니다. 예수가 고통 당한 것처럼, 우리 역시 적들로부터 오는 박해를 기꺼이 당합니다. 그리스도의 제자가 된다는 것은 다른 제자들과의 친밀한 교제 속에서, 그리고 초기 교회에서처럼 모든 것을 공동으로 소유하면서 값비싼 은총(costly grace)의 길을 걷는다는 것을 의미하죠.

세르베투스   네, 그레벨. 이 문제에 관해서는 당신과 저의 견해가 확실히 일치하는군요. 우리 둘 중 누구도, 기독교 국가의 추상적 교리와 신조 또는 소위 그리스도인 황제의 통치를 중요하게 생각하지 않습니다. 중요한 것은 죽기까지 그리스도의 제자가 되는 것이지요. 순교, 그것은 우리 모두가 진리를 위해 받을 수 있는 "피의 세례"(baptism of blood)입니다. 우리는 세례에 관해서도 동의합니다. 이성적 능력이 없는 사람은 세례를 받지 않아야 합니다. 그들이 무엇을 하고 있는지 그들이 어떻게 알 수 있습니까? 그러나 그레벨, 당신과 당신의 재세례파 형제자매들은 너무 소심하군요. 전통적 기독교 교리와 실천에 대한 비판을 전보다 더 하셔야 합니다. 루터, 츠빙글리, 칼뱅이 만든 하나님처럼, 하나님은 우주적 독재자가 아닙니다. 그리고 삼위일체에 관한 전통 교리가 말하는 것처럼, 그는 머리가 세 개 달린 괴물도 아닙니다. 재세례파 사람들은 그것을 아직도 떨쳐내지 못했습니다!

칼뱅   오, 미친개가 계속 짖는 것을 듣고 있자니 미칠 것 같군요! 신앙의 위대한 교리를 향해 계속해서 으르렁거리며 짖는다고 해서 복음이나 신조의 한 말씀이라도 뒤집을 수 있을 거라고 생각하지 마세요. 제가 보기에는 이렇습니다. 칼슈타트, 그레벨, 에라스무스, 세르베투스, 이 네 사람은 모두 다 르네상스 인문주의의 우물물을 지나치게 많이 길어 마셨습니다! 당신들은 개인의 자유를 위해 권위를 전복시킵니다. 그리고 인간의 전적인 타락을 심각하게 여기지 않습니다. 말씀과 성령의 초자연적 능력 없이, 우리 인간은 하나님에 대해 어떤 것도 참으로 알 수 없습니다. 믿음을 떠난 인간 정신은 우상을 제조하는 공장일 뿐입니다!

"믿음"이라 함은 하나님의 말씀인 성서에 순종하는 것을 뜻합니다. 성서는 명백하게 선포합니다. 만일 우리가 하나님이 선택한 이들이 아니며, 우리 위에 두신 권위, 특히 우리 도시의 수석목사들을 포함한 권위에 복종함으로써 하나님의 말씀을 정확하게 해석하도록 돕는 하나님의 영을 받지 못한다면 우리는 쓸모없는 놈에 지나지 않는다는 것입니다.

루터 잘 말씀하셨습니다. 칼뱅 거장님! 단, 당신이 제네바를 독립된 도시-국가로 세움으로써 하나님이 지명하신 지도자로부터 갈라섰던 일만은 제외하겠습니다. 당신은 주교군주를 몰아내셨습니다. 그것도 하나님이 세우신 질서에 대한 반역 아닌가요?

칼슈타트 그렇습니다. 칼뱅 선생님. 그리고 평신도들의 사제직에 대해서는 어떻게 생각하시나요? 당신은 제네바를 마치 당신의 사유지처럼 다스리는군요! 시의회는 당신이 그 웅장한 설교단에서 고함지르며 전한 메시지에 웅크립니다. 그곳이 한때는 로마 가톨릭 성당이었다지요? 스테인드글라스, 드높은 설교단, 소위 이단에 대한 박해를 포함해서 모든 우상을 허물어버리세요. 모든 그리스도인은 교회에서뿐만 아니라 국가에서도 평등합니다!

에라스무스 칼뱅, 당신은 여기에 모인 이들 가운데서 최악이군요. 저는 여러 해 동안 스위스에서 망명생활을 했습니다. 제가 있는 곳이 당신이 있는 제네바의 중세 도시가 아니라 다행이라고 생각합니다. 주일에는 카드놀이도 못 하고 심지어 웃지도 못하는 곳이 제네바라죠? 당신이 진정으로 말씀과 영과 이성과 참된 기독교 경건을 믿었다면, 당신은 당신이 살고 있는 도시와 당신이 목회하는 교회에서 적극적인 반대 의견과 논쟁을 격려했을 것입니다. 그러나 로마 교황처럼, 당신은 그것이 시작되기도 전에 그것을 억누릅니다. 그리고 비평가들에게 답할 수 없을 때, 그들을 "짖는 개"라 부르며 대화를 그만두죠. 당신은 죄와 타락으로 인간이 추락하는 것을 예정하시고 확정하시는 하나님이 어떻게 의롭고 선하실 수 있는지에 대한 그들의 질문에 답조차 하려 들지 않습니다!

그레벨 자, 순서대로 돌아가는 걸 보니 제 차례군요. 개인적으로, 저는 칼슈타트와 어쩌면 세르베투스를 제외한 당신들 모두 다 힘 있는 사회 지배 계층의 하인이라 생각합니다. 당신들은 개혁에 대해 그럴듯한 말을 하지만, 사회의 전통과 질서를 지키느라고 신약성서는 뒷전으로 밀려났습니다. 그리고 당신들 중 몇 명은 사회의 시민 지도자들에게 당신들의 의견을 따를 것을 강요하고 당신들에게 동의하지 않는 이들을 박해하도록 했습니다. 칼뱅과 나머지 권위 있는 종교개혁가들은 예복을 벗으시고 설교단에서 내려와 그리스도 당대의 제자들처럼 원형으로 앉으십시오. 그리고 평범하고 소박한 사람들의 목소리를 통해 그리스도로부터 배우십시오. 에라스무스, 우리 재세례파가 당신에게서 정중함과 평화에 대해 배웠던 만큼(참고로, 모든 전쟁이 부당하다고 하신 비난은 옳습니다) 당신은 여전히 거만한 언행을 일삼고 계시며 여전히 부패한 교회와 제국을 변호하고 계십니다.

세르베투스 비록 그레벨이 저의 지지를 원하지 않을지라도, 저는 그가 말한 모든 것에 동의합니다. 그러나 진정한 개혁은, 칼뱅 같은 사람들이 진리가 무엇인지 결정할 때, 말씀과 성령과 이성을 나란히 의지할 때에만 올 것입니다. 하나님이 자신의 영광을 위해 지옥 갈 사람을 미리 정하신다는 이 총체적 개념은 도덕적으로 불쾌할 뿐만 아니라 어리석습니다. 그런 하나님은 어떤 하나님일까요? 그 하나님과 악마 사이의 차이점을 어떻게 알 수 있을까요? 로마서 9장과 같은 성서 본문들의 의미가 무엇이든, 그 본문들은 이런 신적 잔인함을 의미할 수 없습니다. 이성이 그렇게 말합니다. 그리고 우리는 항상 이성에 복종해야 합니다.

칼뱅   지금 당장 여기를 떠나 제네바의 집으로 갈까 생각합니다. 하지만 스트라스부르에 잠깐 들러서 제 친구이자 멘토인 부처에게 이 대화가 실패로 끝났다고 이야기해야겠군요. 그가 실망할 것을 압니다만, 저는 이미 그에게 이렇게 다른 신념을 가지고 있는 사람들은 같은 길을 걸을 수 없다고 경고했었습니다. 루터, 주교를 두는 것과 성만찬에서 주님의 육신의 임재를 믿는 것만 제외하면 저는 당신과 함께 가면서 당신의 모든 면을 지지할 수 있습니다. 그리스도는 지금 하늘에 계시지, 세계 도처에 있는 빵과 포도주 안에 동시에 계시지 않습니다. 당신은 화체설(transubstantiation)보다는 약한 대안인 공재설(consubstantiation)을 주장함으로써 그리스도의 인성의 실재를 축소합니다. 그는 여전히 인간입니다. 따라서 그는 하늘에 국한되어 있으며 당신이 주장하는 대로 모든 곳에 계시지는 않습니다. 어디에나 있는 인간은 어떤 모습일까요?

츠빙글리, 오늘 우리 모두가 쉽게 간과하고 있는 한 가지는, 당신이 여기 우리 가운데 유령으로 앉아 있다는 겁니다. 부처가 어떻게 이 일을 성사시켰는지 모르겠지만 사무엘이 죽은 후에도 사울에게 나타날 수 있었다면, 하나님은 당신을 죽음에서부터 되살려 이곳에 참석하게 해 우리에게 도움이 되게 하실 수 있습니다. 저는 당신의 신학에 대해 비판할 게 없습니다. 다만, 가톨릭과 루터의 가르침과는 거리가 먼 당신의 주장, 즉 주의 만찬에는 그리스도의 임재가 없다는 주장은 제외합니다. 성찬은 그리스도의 죽음을 상기시키는 기념이나 상징보다 훨씬 더 중요한 의미를 지닙니다. 그것은 진정한 성례며, 그 속에서 성령은 우리의 영혼에 영양분을 공급하지요.

나머지 당신들은, 글쎄요, 더 이상 당신들과 같은 방에 있기조차 원치 않습니다. 안녕히 계십시오. 행운을 빕니다. 그러나 "하나님과 동행하라"고는 말 못하겠네요. 왜냐하면 당신들은 거짓된 형제며 진정한 그리스도인이 전혀 아니기 때문이죠. 제네바에 오지 마세요! 어떤 운명이 거기서 당신들을 기다리는지 아실 겁니다!

에라스무스   이거 참, 굉장히 건방진 퇴장이군요! 그러나 놀랍지 않습니다. 칼뱅은 자신의 의견이 옳다는 것을 확신하기 때문에, 자신의 의견에 감히 질문하는 자들과 함께 있는 것조차 참지 못하죠. 태양이 지기 시작하네요. 우리는 이 밤을 지새울 정도로 충분한 양의 초를 가지고 있지 않습니다. 이제 정리하죠. 유감이지만 칼뱅의 말이 맞는 것 같습니다. 우리는 교회를 개혁하는 방법에 동의하지 않을 것이며, 로마에 맞서는 연합 전선을 형성할 어떤 희망도 없습니다. 저는 이곳에 있는 유일한 가톨릭 신자입니다. 그래서 자신들을 개신교도라고 간주하는 당신들이 왜 연합할 수 없는지에 대해 알고 싶습니다. 저는 당신들이 논쟁하는 일부를 들었습니다. 겉으로 보기엔 차이점이 사소해 보이는데, 그 기저에 실제로 무엇이 있는 건가요?

루터   명백하지 않나요? 이 모든 개혁가 지망생들은 로마 가톨릭이란 이단을 버리기 위해 전통도 함께 버리려고 합니다. 그렇게 할 필요가 전혀 없는데 말이죠. 로마에 맞서는 일에 군주들의 지지를 원한다면, 우리는 전체 사회질서나 교회의 전체 구조를 위협하지 말아야 합니다. 그리고 우리는 반드시, 기필코! 믿음과 결합된 세례와 성찬의 성례전적 은혜를 담지해야만 합니다. 위대한 신조들과 성례전은 우리 신앙의 주춧돌입니다. 이것들은 중세 기독교 국가의 버팀목의 잔해들과 함께 버려지면 안 됩니다.

칼슈타트   마르틴 형제, 나는 자네가 달리 말했던 때를 기억하네. 자네가 비텐베르크 대학교에서 내 학생이었을 때, 자네는 학생들 중 가장 급진적이었지. 그러나 자네는 농부들이 영주들에 대항해서 혁명을 일으켰을 때 변했지. 자네는 영주 편이 되었고 해방되기 위해 자네를 의지했던 가난한 자들을 배신했네. 참된 개혁은 교회와 사회 안에서 계속되어야 하며 끝없이 일어나야 한다네. 하나님의 나라가 도래할 때까지, 우리는 전통과 권세와 인간의 권위라는 요새를 허무는 것을 결코 그만두지 않을 것이네.

츠빙글리   자, 비록 제가 여기서는 그저 유령일지라도, 여전히 제 목소리를 낼 수 있습니다. 루터는 교회를 개혁함에 있어서 충분히 나아가지 못한 반면, 칼슈타트는 지나치게 앞서 나갔습니다. 그러나 무엇보다 중요한 것은, 루터가 예전 가톨릭 성례전 체계의 잔재들을 여전히 지킬 것을 주장하기에 우리가 일치할 수 없다는 것입니다. 그는 주의 만찬에서 우리가 실제로 그리스도의 몸을 먹고 그리스도의 피를 마신다고 믿습니다. 그것은 미신이며 성서와는 완전히 반대되는 것입니다.

그레벨   지금쯤 제 입장이 분명해졌을 거라 생각합니다. 성만찬에 관해서는 츠빙글리에 동의하지만, 세례에 관해서는 동의하지 않습니다.

루터가 그의 개혁에 있어 충분히 나아가지 못했다고 츠빙글리가 생각하는 것처럼, 저도 츠빙글리가 충분히 나아가지 못했다고 생각합니다. 아기는 믿음을 가질 수 없습니다. 그리고 세례를 옛 언약 아래에서의 할례와 비교하는 것은 어리석습니다. 교회는 헌신한 제자들이 모인 모임이어야 합니다. 성인인 그들은 자각하며 받는 물세례를 통해 자신의 믿음을 세상에 선포하는 자들입니다. 유아세례를 받은 자들을 교회의 일부라고 여기는 한, 교회는 충분히 개혁되지 않을 겁니다.

세르베투스 당신들은 다 너무 소심하군요. 주의 만찬은 단지 상징일 뿐입니다. 네, 그렇고말고요. 세례는 오직 성인에게만 주어져야 합니다. 네, 그렇습니다. 그러나 삼위일체와 한 인격 안에 있는 예수 그리스도의 두 본성과 같은 고대 교리들은 이성에 위배되죠. 세례에는 구원에 대한 이성적인 이해가 필요하기 때문에 오직 성인만이 세례를 받아야 한다고 하면서 어떻게 삼위일체와 같은 그런 비이성적인 교리를 수용하기 위해 사람들에게 자신들의 지성을 희생하라고 주장할 수 있는가요?

에라스무스 제가 무슨 생각을 하는지 아시나요? 제가 볼 땐, 당신들은 다 유명론자입니다. 각자의 방식을 가진 유명론자 말입니다. 그리고 유명론은 병입니다. 그것은 결국에는 완전한 상대주의, 즉 모든 그리스도인이 자기 자신의 교회가 되는 상황을 야기할 겁니다. 루터, 당신의 유명론은 명백합니다. 당신은 하나님이 악도 행하실 수 있다고 생각합니다. 칼슈타트, 당신의 유명론은 모든 질서에 대한 당신의 반대와 모든 그리스도인을 동등하게 만드는 당신의 극단적 개인주의에서 나타나는군요.

츠빙글리, 왜 내가 유령에게 말을 하고 있지? 당신의 유명론은 당신의 신관에 나타나는군요. 마치 루터처럼 말이죠. 당신은 마치 하나님이 옳고 그름과 상관없이 원하시는 것은 무엇이든지 하실 수 있는 것처럼, 순전한 자유와 권능의 관점에서 하나님을 생각하는군요. 당신의 하나님은 그의 마음을 바꿔 내일 당장 선택받은 자들이 사실은 버림받은 자들이라고, 그리고 구원은 믿음으로가 아닌 행함으로 인한 것이라고 말할 수 있는 하나님입니다. 당신은 루터가 감추어진 하나님에 대해 말하는 것처럼 말은 하지 않을 수도 있지만, 당신의 하나님은 그의 하나님만큼 무섭군요! 변하지 않고 변할 수 없는 본성과 품성이 없는 하나님을 우리가 어떻게 신뢰할 수 있나요?

그레벨, 당신의 유명론은 칼슈타트의 것과 유사합니다. 당신은 교회를 그저 사람들의 집합으로만 생각하지 그 사람들을 제외한 어떤 실재적인 것이 있다고 생각하지 않습니다. 결과적으로 칼슈타트의 유명론이 제국 내에서 무질서 상태를 야기한 것처럼, 당신의 유명론도 교회 내에서 무질서 상태를 야기할 겁니다.

그리고 세르베투스, 당신의 유명론이 저속하다는 것을 제외하고는 무엇을 말해야 할지조차 모르겠네요. 당신은 항상 이성에 관해 지껄이지만 당신의 글은 이해 불가능합니다. 그러나 칼슈타트와 그레벨처럼, 당신은 교회를 개인들로, 심지어 한 개인으로까지 축소했기에, 당신의 유명론은 명백합니다. 당신들은 그저 독립적이고 분리된, 삶과 종교의 위대한 신비를 스스로 알아내려고 애쓰는 한 무리의 고립된 모나드("1"또는 "단위"를 뜻하는 그리스어 *monas*에서 유래한 말로, 모든 존재의 기본 실체로서 단순하고 불가분한 것을 뜻한다-편집자 주)일 뿐입니다. 제가 예언컨대, 당신의 접근법이 결국에는 모든 다른 접근법을 설득시킬 겁니다. 왜냐구요? 오늘날 사회의 흐름이, 대체로 루터로 인해 권위와 전통에 맞서는 방향으로 흘러가고 있기 때문이죠. 그가 말한 것과 상관없이 말입니다.

지금부터 400년 후, 더 일찍은 아닐지라도, 교회는 거의 존재하지 않을 겁니다. 모든 사람은 그들 자신의 "이성"에 따라서 그들 자신의 교회가 될 겁니다. 교회와 사회를 함께 엮는 보편적 기독교 국가의 총체적 관념은 사라질 겁니다. 그 결과는 혼돈과 무질서의 상태일 것입니다.

분석

위대한 16세기의 종교개혁은 결코 일치된 운동이 아니었다. 이 가상의 대화에 등장한 7명의 참가자들은 당시 교회의 주된 분열을 대표한다. 가톨릭(에라스무스), 루터교(루터), 개혁파(츠빙글리와 칼뱅), 삼위일체적 급진주의(칼슈타트), 재세례파(그레벨), 그리고 반삼위일체적 합리주의자(세르베투스). "급진적 종교개혁"이라는 범주는 종종 관에 의해 주도되지 않은 모든 개신교를 포함한다. "관 주도적"(magisterial)이라는 말이 국가와의 협력을 가리키는 반면에, "관 주도적이지 않은"(nonmagisterial)이라는 말은 교회에 관해서는 국가와의 협력을 거부한다는 것을 가리킨다.

16세기 중엽의 가톨릭 종교개혁(또는 반종교개혁[Counter-Reformation])을 일으키는 데 영향을 미친 에라스무스 같은 가톨릭 종교개혁가들은 교회의 분열을 참지 못했다. 가톨릭교회의 잘못과 결점이 무엇일지라도, 그들에게 가톨릭교회는 하나의 참된 교회며 분리될 수 없는 것이다. 새로운 교회를 시작하기 위해 교회를 떠나는 자는 누구든지, 참된 교회를 뒤에 남겨 두게 된다. "새로운 교회"는 결코 진정한 교회가 아니다. 교회의 하나

됨이라는 로마 가톨릭 교리를 이해하지 못하는 개신교도들은 루터와 개신교 전체 운동에 대한 가톨릭의 반감을 이해하지 못할 것이다. 또한 대화에서 드러나듯이, 가톨릭은 파편화된 개신교를 유명론의 불가피한 결과로 본다. (유명론에 관한 더 많은 정보를 얻으려면, 10장의 "배경"과 결론인 "분석"을 보라.)

모든 비가톨릭 종교개혁가들은 몇 가지 기본적인 신념만 서로 공유했다. 즉 구원은 행위가 아닌 은혜로 인한 믿음을 통해서만 얻고 성서는 교회의 모든 전통을 초월한다는 것, 모든 참된 그리스도인은 하나님의 제사장이며 하나님과의 교제에는 어떤 인간 중재자도 요구되지 않는다는 것이다. 그러나 개신교도들과 급진적 종교개혁가들은 이런 기본적 원칙마저도 서로 동의하지 않았다. 예를 들면, 재세례파 사람들은 루터, 츠빙글리, 칼뱅과 같은 관 주도적 종교개혁가들이 성서를 교회 전통만큼 진지하게 받아들이지 않았다고 생각했다. 이는 그들이 신약교회의 뒤를 이어 교회의 몇몇 신학과 예배의 발전을 유지했기 때문이다. 예컨대 츠빙글리는 유아세례를 믿지 않았지만 취리히 시의회의 비위를 맞춰주기 위해 유아세례를 유지했다.

중요한 변화가 16세기 종교개혁과 더불어 유럽의 기독교를 휩쓸었다. 어떤 것도 다시는 전과 같지 않으리라. 교회와 국가의 중세적 통합은 끝났다. 기독교의 일치도 산산이 깨지고 권위에 대한 급진적인 거부가 시작됐다. 문화적·사회적·정치적 혁명이 신학적 변화를 뒤따랐다.

오늘날에도 이 대화에 등장한 7명의 개혁가들을 추종하는 사람들이 있다. 그러나 그들 중 많은 이들은 자신들이 이 개혁가들의 사상과 실천을 반복하고 있다는 것을 전혀 알지 못하고 있다. 그럼에도 불구하고 루터교 신도들은 모두 루터가 누구인지 알고 있으며 그를 성인까지는 아닐지라도 위대한 영웅으로 존경한다. 그러나 오늘날 자신의 이름을 따르는 많은 교회에 대해 루터가 어떻게 생각할지는 궁금증으로 남는다. 츠빙글리와 칼뱅은 세계개혁교회연맹(World Alliance of Reformed Churches)을 통해 세계 전역에 추종자를 두고 있다. 이 연맹은 스위스 종교개혁가들을 종교개혁의 위대한 영웅으로 간주하는 다수의 교파들의 산하단체다.

가지각색의 해방 신학자들과 급진적 그리스도인들은 칼슈타트를 신학에만 머무르지 않는 진정한 개혁의 모범이라고 여긴다. 이 개혁은 사회적이고 정치적인 실천으로 확대되며 동등한 권위와 권한을 사람들에게 준다. 교회와 국가의 분리를 높이 평가하는 자유교회(free churches)와 회원 자격을 참된 신자에게만 제한하는 신도교회(believers churches)는 그레벨과 재세례파 사람들을 존경한다. 유니테리언들과 자유주의 개신교도들은 종종 세르베투스를 이성적 종교를 위한 순교자로 간주한다. 그러나 상당히 많은 평신도들은 과거의 전통을 답습하고 있으면서도 과거에 이런 영웅들이 있었다는 것을 알지 못하고 있다.

더 읽을 책

George, Timothy. *Theology of the Reformers*. Nashville: Broadman, 1988.

Lindberg, Carter, ed. *The Reformation Theologians*. Oxford: Blackwell, 2002.

13

종교개혁가 루터와 로마 가톨릭 신학자 에크가
구원, 은혜, 신앙, 칭의의 본성에 관해 논쟁하다

배경

루터(그에 대한 정보는 12장을 보라)는 많은 논적을 만났지만, 어느 누구도 그의 가톨릭 강적인 잉골슈타트의 요한 에크(Johann Eck of Ingolstadt)만큼 위협적이지 않았다. 에크는 많은 직책을 지녔다. 그는 신학 교수이기도 했고, 잉골슈타트 대학교의 총장이기도 했으며, 아이히슈타트(Eichstadt)의 참사회원이기도 했다. 종교개혁 기간 동안 그는 근본적 가톨릭주의(ultracatholicism)의 최고 옹호자 및 개신교의 적대자로 간주되었다.

에크는 1486년에 태어나서 1543년에 죽었다. 그는 널리 여행했으며 교황과 황제에게도 유명 인사였다. 에크는 다작하는 저술가요, 강사요, 전문 논객이었다. 그는 12살에 대학에 들어갔으며 어느 모로 보나 신동이었다. 에크는 총명한 논객까지는 아니었을지라도 집요했다. 그의 비평가들에 따르면, 그는 개신교 특히 루터를 물리치는 데 집착했다. 그리고 그는 공격할 때 욕설을 사용하는 것을 주저하지 않았다. 바꾸어 말하면, 그는 루터와 필적할 만한 상대였다.

에크를 가리켜 마당발이라고 해도 전혀 지나치지 않다. 그는 교황과 황제와 개인적으로 아는 사이였을 뿐만 아니라(교황과 황제는 그에게 명성을 부여했다), 많은 개신교 지도자들도 알고 있었다. 그는 미래의 재세례파 지도자인 발타자르 후브마이어(Balthasar Hubmaier)의 대학생 시절 멘토였지만 후에 그의 전(前) 제자를 이단으로 매정하게 공격했다. 그는 라이프치히(Leipzig)에서 루터와 공개적으로 논쟁했으며 칼슈타트, 츠빙글리(12장을 보라) 그리고 루터의 심복 멜란히톤(Melanchthon)과 논쟁했다. 에크는 에라스무스(12장을 보라)에게, 그리고 사실상 다른 모든 르네상스 인문주의자, 종교개혁가, 그리고 가톨릭교회가 이단으로 의심했던 누구에게든 비판적이었다.

가톨릭 종교재판의 일원으로서 에크의 직무 중 하나는, 유럽 전역을 돌아다니며 가톨릭 전통에 어떤 식으로든 위협이 되는 교회 지도자들과 사람들을 찾아다니는 것이었다. 그럼에도 그 자신 역시 종교개혁가였다. 그는 개혁적인 트리엔트공의회(Council of Trent)의 기초를 놓는 데 있어서 핵심적인 역할을 감당했다. 그러나 그의 개혁은 신학과는 상관이 없었고 다만 교회로부터 부패를 제거하는 것에만 목표를 두었다.

의심의 여지 없이 에크는 종교개혁 기간 동안 선도적인 가톨릭 신학자들 중 한 명이었는데, 그중에서도 어쩌면 대표격이었을 것이다. 그리고 그는 근본적 가톨릭 신도였다. 그는 교회의 가장 보수적이고 전통적인 입장을 변론하려고 애썼다. 그의 생애 동안 많은 가톨릭 신도들은 공의회 우위설(Conciliarism), 즉 교황에게 제약 없는 권위를 부여하는 것이 아닌 공의회가 교회를 다스리도록 하는 관습을 선호했다. 그는 이와 싸우면서 교황의 우위성을 옹호했다.

에크는 수많은 신학 논문을 썼다. 그중 우리의 목적에 있어 가장 중요한 것은 「루터를 반박하며」(Opera contra Ludderum, 1530-1535)이다. 이는 4권으로 된 책으로, 루터를 반박하기 위해 집필되었다.

에크의 반(反)루터 운동은 그와 루터가 1519년 라이프치히 대학교에서 23일 동안 논쟁했을 때 정점을 찍었다. 그것은 여러 날 동안 지속되었던 칼슈타트와의 논쟁을 뒤이은 것이기도 했다. 그 이후, 이 가톨릭 변증가는 교황과 황제를 비롯한 다른 이들에게 루터를 출교시키고 불법자로 대하자고 로비를 했다. 어떤 이들은 에크가 논쟁에서 루터의 승리에 굴욕감을 느낀 나머지 루터에 대한 개인적 원한을 품었다고 추측한다. 다른 이들은 에크를 옹호하며, 에크의 반루터 운동이 개인적인 것이 아니라 순전히 신학적인 것이라고 주장한다. 그러나 루터에 대한 그의 공격이 너무 악의적이어서, 그 운동이 철저하게 전문적이지는 않은 것 같아 보인다.

에크를 위해 변론하자면, 그는 인생의 끝을 향하면서 자신의 반개신교주의를 다소 완화시켰던 것 같다. 적어도 멜란히톤과 다른 개신교 지도자들과 더불어 개신교-가톨릭의 타협 가능성에 관한 대화에 참여할 만큼은 완화되었다. 그러나 이 대화는 전혀 도움이 되지 않았다. 그 결과 가톨릭 영토와 개신교 영토 사이의 전쟁이 제국 안에서 발발했다.

에크와 루터 사이의 이 가상의 대화는, 아우크스부르크(Augsburg)와 코부르크(Coburg) 사이에 있는 한 작은 마을의 선술집 뒷방에서 시작된다. 아우크스부르크는 1530년 제국 의회(Imperial Diet)가 가톨릭-개신교 논쟁을 해결하기 위해 모인 곳이다. 코부르크는 루터가 황제와 가톨릭 대공들에 맞서던 개신교도들을 지휘했던 곳이다. 루터는 아우크스부르크에 들어갈 수 없었다. 이는 황제가 그를 반역자로 선포했기 때문이다. 그는 개신교 대공의 보호를 받을 수 있는 곳에만 갈 수 있었다. 이론적으로, 에크는 어디에든 갈 수 있었다. 하지만 그는 대부분의 개신교 영토에서 환영받지 못했다.

대화

루터   에크 참사회원님, 제가 즐겨 찾는 이 작은 선술집에 오신 것을 환영합니다. "안녕하세요"라고 말하고 싶지만, 이 인사말은 호의를 함의하고 있네요. 저는 당신이 잘 지내기를 바랄 수 없습니다. 당신이 종교재판관으로 지명된 후부터 당신은 유럽 전역에 있는 우리 형제자매들을 박해하고 있습니다. 부끄럽지 않으신가요?

에크   그것보다 더 잘 아셔야 한다고 생각하는데요, 신앙의 파괴자님. 저는 당신과 만나기 위해 여기에 왔습니다. 황제께서는 이 논쟁이 해결되어 제국 안에서 내전이 일어나는 것을 막고자 하는 막연한 희망을 가지고 계십니다. 당신의 한마디가 평화를 향해 한 걸음 더 나아가게 할 겁니다.

루터   제가 항상 하는 말이지만, "가능하면 평화를 추구하십시오, 그러나 어떤 값을 치르더라도 진리에 거하십시오."

에크   자, 잡담은 그만하고 곧바로 본론으로 들어가 보죠. 이 질문은 당신을 여전히 거북하게 만들 겁니다. 당신이 누구라고 생각하기에 천 년 이상 된 교회의 가르침과 질서에 반대하며 하나님이 로마 제국에 지명하신 영적이고 세속적인 권위들에 도전하는 건가요?

루터   먼저, 이 제국은 거룩하지도 않고 심지어 로마도 제국이 아님을 분명히 합시다! 이 제국은 300개의 공국(principalities, 대공이 다스리는 곳―역주)과 유권자, 공작들, 그리고 자유도시로 이루어진 조각보와 같죠. 하나의 제국이라 하셨나요? 제발 그런 말은 하지 마세요! 작센(Saxony)이 사보이(Savoy)와 무슨 관계가 있죠? 둘째, 독일에 있는 그리스도인들이 이탈리아에 있는 교회의 폭군에 의해 다스림을 받아야 한다는 것은 말이 되지 않지요. 셋째, 전통은 하나님의 말씀과 이성에 저항할 수 없습니다. 당신이 옹호하는 교회는 더 이상 예수 그리스도의 교회가 아닙니다. 이는 당신의 교회가 예수 그리스도보다 인간의 전통을 더 중하게 여기기 때문입니다.

에크   당신이 어떤 전통을 말하고 있는지 이미 알고 있지만 좀 더 설명해주시죠.

루터 최악은 무엇보다도 구원이 선한 행위에 근거한다는 전통입니다. 그것은 신약성서에서 바울이 설교했던 복음과는 완전히 모순됩니다. 신약성서는 구원이 선물이지 행위에 의해 얻는 것이 아니라고 합니다. 에베소서 2:8-9을 보세요.

에크 그러나 루터, 당신은 이걸 잊고 계시군요. 바로 예수 자신이 하나님 나라의 열쇠를 베드로에게 주셔서, 오직 그의 계승자들인 로마의 주교들만이 성서를 해석할 권리를 가지고 있다는 것 말입니다. 천 년 넘게 그들은 구원이 믿음에 의해서뿐만 아니라 선한 행위에 의해서도 받을 수 있는 선물이라고 해석했습니다. 최근에 야고보서를 읽어보지 않으셨나요?

루터 야고보서. 야고보서. 네…야고보서가 신약성서 안에 있습니다만, 지푸라기 서신이죠. 그 안에는 어떤 영적인 영양분도 없습니다.

에크 그럼 야고보서를 성서로부터 제외할 건가요? 당신이 외경(Apocrypha)이라고 부르는 구약의 13권의 책을 제외한 것처럼 말입니다.

루터 아니요. 야고보가 예수의 동생이기 때문에 그렇게 하지는 않을 겁니다. 하지만 야고보서를 설교하지는 않습니다. 야고보서는 바울과 모순됩니다. 그리고 바울은 로마서에서 특히 그리스도를 내세우고 있죠.

에크 루터, 당신은 교회가 성서를 취사선택해서 경전화했다는 것을 계속 잊고 계시군요. 그 과정도 전통의 한 부분입니다. 우리의 초기 교회 교부들이 그 시절의 이단들에게 선언한 것처럼, 성서는 교회에 속하지, 이단에 속하지 않습니다. 당신은 성서를 신망 있는 교회의 전통 위에 둠으로써 스스로 모순을 범하고 있습니다. 왜냐하면 성서는 전통으로부터 나오기 때문입니다.

루터　틀렸습니다. 성서는 하나님에 의해 영감을 받은 책입니다. 교회 교부들이 한 일은 단지 성서가 영감을 받은 저술이라는 걸 인정한 것뿐입니다. 그런 다음, 그 영감 받은 저술 아래에 자신들과 우리를 위치시켰습니다. 결코 진정한 교회가 아닌 당신의 로마 교회는 스스로를 성서보다 높게 생각하며 성서를 당신들의 구미에 맞도록 마음대로 왜곡하고 있습니다.

에크　완전히 틀렸습니다, 루터. 당신은 예수 그리스도의 교회와 교회의 전통에 관해 전혀 관심이 없는 게 분명합니다. 바울 자신도 그를 따르는 이들에게 그가 전했던 전통을 지키라고 말했죠. 그래서 그들은 그들을 따르는 이들에게 전통을 전했고 그렇게 전해진 것이 오늘까지 전해 내려왔습니다. 이런 믿음이 교회를 연합시키는 유일한 방법입니다. 당신은 그 연합과 더불어 그리스도의 몸도 파괴하고 있습니다. 그러면서 당신 자신을 성서와 교회의 전통 모두 위에 두고 있군요. 모든 것 위에 있는 한 사람이 바로 당신입니다. 저런 교만하셔라!

루터　아니요. 그저 "모든 것 위의 한 사람"이 아닙니다. 하나님의 말씀과 이성만이 모든 것 위에 있습니다. 저는 전통이 하나님의 말씀을 따르는 한, 그것을 경멸하거나 거부하지 않습니다. 그러나 매우 많은 가톨릭 전통들은 그렇지 않더군요. 따라서 그 전통들은 거부되어야만 합니다. 이미 한 가지 예를 언급했지요. 더 많은 예를 원하신다면, 95개를 나열해드릴 수 있습니다.

에크　재치 있으시군요. 그러나 루터, 들어보십시오. 당신이 광신자, 재세례파, 기타 급진주의자라고 부르는 자들은, 당신이 유아세례와 같은 비성서적인 전통을 계속해서 지키는 것으로 인해 당신을 비난하고 있습니다. 지금 일관성 있게 행동하고 계신 건가요? 당신은 당신이 좋아하지 않는 전통은 거부하면서 당신이 좋아하는 전통은 담지하고 주장하고 있습니다.

루터 전혀 그렇지 않습니다, 에크. 저는 광신자들을 상대로 제가 옹호하는 전통의 모든 측면에 대한 강한 성서적 지지를 제시할 수 있습니다. 유아세례는 할례라는 성서적 관습에 근거를 두고 있으며 또 어린아이들이 자신에게 오는 것을 금하지 말고 허락하라는 예수 자신의 훈계에 근거를 두고 있죠. 유아세례가 지닌 유일한 잘못은 아이가 믿음과는 상관없이 구원을 받을 수 있다는 당신들 가톨릭의 신념입니다. 믿음 없이는 구원도 없습니다.

에크 그러면 아이는 어떻게 믿음을 가질 수 있는 건가요?

루터 아이가 믿음을 가질 수 없다는 것을 저에게 증명해보세요! 하! 게다가, 우리가 믿듯이, 만일 믿음이 신뢰라면 누가 아이보다 더 잘 신뢰할 수 있나요? 뿐만 아니라, 부모의 믿음은 아이가 입교에 이를 때 까지 아이의 믿음을 대신하죠.

에크 그렇다면 저도 가톨릭 전통의 모든 측면에 대해 이와 비슷한 성서적 지지를 제시할 수 있습니다. 유아세례가 성서의 명백한 가르침은 아니지만 그럼에도 불구하고 성서적인 것처럼, 교황의 권위도 성서적입니다. 예수는 베드로에게 하나님 나라의 열쇠를 주셨으며 베드로 위에 자신의 교회를 세우시겠다고 말씀하셨죠.

루터 그건 예수가 의미했던 바가 결코 아닙니다. 예수가 자신의 교회를 세우겠다던 그 "반석"은 그리스도를 하나님의 아들이라고 한 베드로의 고백을 말합니다.

에크 알다시피 그리스도인들은 많은 것에 있어서 불일치합니다. 그리고 사람들은 성서로 하여금 그들이 말하고 싶은 무엇이든 말하게 만들 수 있습니다. 반삼위일체적 종교개혁가들을 보십시오. 성서를 해석할 권위 있는 교권이 없다면 교회 내에는 혼돈과 무질서가 있을 것입니다. 모든 사람은 그들 자신의 교황일 겁니다.

루터   성서의 명백한 의미에 반대되고 비이성적인 성서 해석을 하는 한 사람이 로마에서 사람들에게 자신의 해석에 동의하라고 강요하는 것보다는 낫지요. 게다가 성서는 스스로를 해석합니다. 우리는 성서를 해석하기 위해 어떤 특별한 영적 권위가 필요하지 않습니다. 성서의 의미는 분명합니다.

에크   루터, 당신은 스스로를 속이고 있군요. 당신은 그저 교황이 되고 싶어 합니다. 그러나 그렇게 될 수 없으니까 당신의 해석을 다른 사람에게 강요하는 거군요. 결국 당신도 독일의 개신교 대공들을 설득해 당신이 광신도라고 부르는 자들을 뒤쫓고 체포하도록 했습니다.

루터   자, 우리는 이 대화에서 아무런 성과도 얻지 못하고 있습니다. 우리가 서로 불일치하는 핵심을 살펴보죠. 구원은 행위 없이 오직 은혜에 의해서만, 오직 믿음을 통해서만 받는 것입니다. 바로 그것이 복음입니다. 당신 교회의 소위 복음은 거짓 복음입니다. 당신의 교회는 그들에게 무거운 짐을 지우면서 그들에게 구원을 행위로 얻으라고 말하고 있기 때문입니다. 그것은 전체 신약성서에 공공연히 위배됩니다. 바울에 따르면, 칭의는 아브라함처럼 하나님을 신뢰하는 자들에게 하나님의 은혜만으로 거저 주어지는 것이죠.

에크   루터, 당신은 이 부분에 대해서도 틀렸습니다. 성서 어디에서도 구원이 "믿음만으로" 얻어진다고 말하는 곳은 없습니다. 믿음으로, 맞습니다. 그러나 "믿음만으로"는 아니죠.

루터   그러나 "행위로가 아니라"는 말은 하고 있죠! 그렇다면 믿음 외에

뭐가 남겠습니까?

에크   바울은 율법의 행위를 지칭했지, 구원에 요구되는 사랑의 선한 행위를 지칭한 것은 아닙니다.

루터   차이점이 뭔가요? 당신은 은혜와 믿음에 "사랑의 행위"를 덧붙임으로써 복음을 새로운 율법으로 만들었습니다. 당신은 심지어 그들에게 구원을 받기 위해서는 공로(merit)를 쌓아야 한다고 하고 있습니다. 그것이 율법의 행위로 구원을 얻는 것이 아니라면 도대체 무엇인가요?

에크   당신은 우리가 사용하는 "공로"라는 말의 의미를 이해하지 못한 게 분명합니다. 당신은 수도사이고 가톨릭 신학 교수인데 어찌 그걸 모르시나요?

루터   저는 가톨릭 신학 교수였던 적이 결코 없습니다. 저는 성서와 진리를 가르치는 교수였지요.

에크   아무래도 좋습니다. 당신은 "공로"라는 것이 한 사람 안에 있는 하나님의 선물을 의미한다는 것을 아실 겁니다. 이 선물은 우리로 하여금 하나님을 기쁘시게 하는 선한 행위를 하게 합니다. 선한 행위를 포함한 우리가 가진 모든 선한 것은 다 하나님으로부터 온 것이지요.

루터   그건 당신 말이고요. 그러나 당신은 실제로 사람들이 그들의 죄로 인해 고통 받을 것을 요구함으로써 하나님의 선물을 부인합니다. 당신은 사람들이 반드시 고통, 즉 속죄를 통해 공로를 받아야만 한다고 말함으로써 예수 그리스도의 십자가의 공로를 빼앗습니다.

에크   그렇다면 당신은 사람들에게 소위 신앙이라는 마법의 지팡이를 흔들기만 하면 죄에 대한 고통을 피할 수 있다고 말하면서 하나님의 위대한 구원을 값싸게 만들고 있습니다.

루터   당신이 말한 그 마법의 지팡이를 흔드는 것은 사람이 아니라 하나님입니다. 하나님은 당신 마음대로 그가 용서하기를 원하는 자를 용서하실 수 있습니다. 하나님은 고통과 행위를 요구하지 않으시고 그리스도로 인해 용서하신다고 말씀하셨습니다. 돌아가서 로마서를 읽으시죠. 각 장마다 어떤 식으로든 그것을 말하고 있습니다.

에크   그러나 로마서는 성서 전체의 맥락 속에서 읽히고 해석되어야 합니다. 거기서 바울은 구원받기 위해 유대 율법을 지켜야만 한다는 많은 그리스도인의 잘못된 생각을 고치려 했습니다. 할례와 토요일을 안식일로 지켜야 한다는 것이 그런 일들이죠. 그리고 유대교 율법에 따른 정결한 음식 준비도 마찬가지이고요.

루터   당신이 속한 가톨릭교회의 세밀하고 실행 불가능한 회개 시스템이 자신의 죄를 고백하는 자들에게 얼마만큼 다르거나 더 나은 건가요? 당신은 사람들로 하여금 그들이 감당할 수 없는 순례를 떠나게 하며 성당까지의 거리를 무릎으로 가게 하고 며칠 동안 금식하게 합니다.

에크   오직 그들 자신의 영적 증진을 위해서죠.

루터   아니요. 당신은 복음을 실제로 믿지 않기 때문에 회개의 행위를 요구합니다. 그러나 하나님과의 관계에서는 믿음만이 중요합니다. 그리고 믿음조차도 하나님의 선물입니다. 우리 죄인들은 하나님께 바쳐 그를 기쁘시게 할 어떤 것도 가지고 있지 않습니다. 하나님의 유일한 기쁨은 우리를 위한 그리스도의 죽음에 있습니다. 그것은 그리스도가 아버지께 행한 순종입니다. 우리가 의롭다는 모든 주장으로부터 우리 자신을 비울 때, 그리고 하나님께 드릴 것이 오직 그리스도밖에 없다는 것을 인정할 때, 하나님은 그 은혜 가운데로 우리를 자비롭게 그리고 기꺼이 포함하십니다.

에크   인정하세요, 루터! 당신은 반율법주의자(antinomian)입니다! 율법의 적이자 무정부주의자 말입니다. 당신은 사람이 부끄러움이나 처벌도 없는 끔직하고 죄 많은 삶을 사는 것을 용인하고 있습니다. 당신이 바로 바울이 조롱조로 말한, 은혜를 더 풍성하게 하려고 죄를 더 짓는 그런 류의 사람이군요. 당신은 죄짓는 것을 권장하지는 않을지라도 그것을 허락하고 있습니다.

루터   틀렸습니다, 에크. 당신은 "두 종류의 의"(Two kinds of Righteousness)에 관한 저의 설교를 읽어보시지 않으셨나요? 우리가 믿음을 가질 때, 하나님은 그리스도로 인해 기꺼이 우리를 의롭게 여기실 뿐만 아니라 우리를 내적으로도 변화시켜주십니다. 그 결과 우리는 쓸모없는 회개를 함으로써가 아니라, 우리 이웃을 우리 자신처럼 사랑하는 삶으로써 하나님을 기쁘시게 하길 원하게 됩니다.

에크   그렇다면 우리가 사랑하지 않는 경우는요?

루터   그건 우리가 의롭게 되지 않았음을 증명하는 것이지요.

에크   어떻게 그것이 우리가 말하는 것과 다른가요?

루터   당신은 칭의, 즉 우리의 존재가 하나님에 의해 의롭다고 여김을 받는 것이 우리의 선한 행위로 인한다고 말하고 있습니다. 저는 우리의 선한 행위, 즉 우리의 사랑의 행위는 우리의 공로를 쌓아주지 않으며 그리스도가 하신 일에 대한 감사의 마음에서 기꺼이 흘러나온다고 말하고 있습니다.

에크   당신은 선한 행위를 불필요하게 만드는군요.

루터   네. 구원에 있어서는 불필요하지만, 칭의의 증거로서는 필요합니다. 반대로 당신은 믿음을 불필요하게 만드는군요. 당신들의 교리는 구원이 사효적(*ex opere operato*)으로, 즉 믿음이 있든지 없든지 상관없이 단순히 성례전적 행위를 행함을 통해 올 때까지, 세례와 주의 만찬의 성례가 은혜를 자동적으로 전달한다고 하지요.

에크   성례의 효력을 믿음에 좌우되게 하는 것도 믿음을 행위로 만드는 것 아닌가요?

루터   당신은 "제가 졌습니다"라고 말하기를 기대하시는 것 같은데, 저는 절대로 그렇게 하지 않을 겁니다. 당신이 저와 너무 다르기에 저는 당신을 이해시키는 일에 절망을 느낍니다. 아니요, 믿음은 결코 행위가 아닙니다. 믿음은 행위 없이 하나님의 은혜를 단순히 받아들이는 것입니다. 그러나 믿음이 필수적인 이유는 믿음 없이는 은혜를 받을 수 없기 때문입니다.

에크   그렇다면 어쨌든 당신은 자유의지를 믿는 거네요. 그렇지 않나요? 당신이 인문학자인 에라스무스와의 논쟁에서 무조건적 예정을 지지함으로써 자유의지를 거부하신 걸로 알고 있습니다. 지금 당신은 마치 은혜가 믿음에 의해 대가 없이 받아들여야 한다는 것처럼 말씀하시네요.

루터   아닙니다. 다시 말씀드리지만 당신은 복음에 대한 이해가 전혀 없으시군요. 믿음 자체는 하나님이 죄인들에게 무조건적으로 부여하시는 선물입니다. 대개 세례 시에 주시죠.

에크   어떤 죄인 말이죠? 모든 죄인 말입니까, 아니면 몇몇 죄인 말인가요? 하나님은 어떻게 결정하시죠?

루터   지금 당신은 하나님의 마음의 신비를 들여다보려 하는군요. 우리는 하나님이 누굴 선택하실지를 어떻게 결정하시는지 알 수 없습니다. 우리가 알 수 있는 것은 택함을 받는 것이 하나님의 주권적 선택에 있으며, 그분이 무엇을 하시든지 그분은 의로우며 선하시다는 겁니다.

에크   그렇다면 누가 택함을 받는지는 어떻게 결정하는 건가요?

루터　처음에는 세례가 가장 확실한 징표입니다. 그리고 신자들이 그리스도인다운 삶, 즉 하나님과 이웃에 대한 사랑을 살아내는 삶을 보고 결정합니다.

에크　그래서 당신은 우리가 어떤 자유의지도 가지고 있지 않다고 생각하시는 건가요? 자유의지가 없다면 어떻게 자신의 죄에 대해 책임을 질 수 있나요?

루터　사람들은 영적인 일만 제외하고 모든 종류의 사소한 일에서 자유의지를 가지죠. 그리스도를 위해 살도록 그리스도가 우리를 자유롭게 할 때까지, 우리 모두는 죄에 얽매여 있습니다. 죄인들은 죄짓기 원하기 때문에 그들의 죄에 대해 책임이 있습니다.

에크　그들이 달리할 수 있나요?

루터　없습니다.

에크　말도 안 됩니다. 가장 악랄한 죄인조차도 여전히 선한 일을 할 수 있습니다.

루터　아니요. 복음은 우리의 모든 선한 행위도 하나님이 보시기에는 더러운 누더기와 같다고 합니다. 왜냐하면 우리의 선한 행위가 그리스도의 완벽함에 한참 못 미치기 때문입니다.

에크　그렇다면 야생마에 치일 뻔한 작은 노파를 구하는 사람도 죄를 짓는 건가요?

루터　그렇고말고요.

에크　"터무니없다"라는 말을 제외하고 이에 대해 뭐라고 할 수 있을까!

루터　에크, 당신의 구원론 전체가 펠라기우스적(Pelagian)입니다. 당신은 구원을 하나님을 향해 자유롭게 방향을 잡은 죄인의 선한 의지와 하나님의 자비 사이의 협력 관계로 만드는군요. 성서는 어느 누구도, 단 한 사람도 선을 행하지 않는다고 말하고 있습니다.

에크 다시 말씀드리지만, 당신은 성서의 맥락을 무시하고 있습니다.

루터 또 틀렸습니다. 당신은 의로운 행위라는 어둠 속에서 완전히 길을 잃었군요. 하나님이 제가 비텐베르크 탑에서 로마서를 공부하고 있을 때 제 마음과 정신을 변화시켜주신 것처럼 당신의 마음과 정신을 사로잡아 변화시켜주시지 않는다면 저는 당신을 도울 수가 없습니다. 제가 당신에게 내릴 수 있는 처방은, 열린 마음을 가지고 로마서를 공부하는 것과 그것을 통해 하나님이 당신에게 말씀하시도록 하는 것입니다.

에크 그리고 제가 당신에게 내릴 수 있는 처방은, 열린 마음을 가지고 야고보서를 읽는 것과 그것을 통해 하나님이 당신에게 말씀하시도록 하는 것입니다!

분석

고백하자면, 나는 에크와 루터의 말을 제멋대로 바꿔 사용했다. 내가 시도한 것은, 그들이 한 말 그대로를 전달하는 것보다 그들 특유의 목소리를 내주는 것이다. 이 책의 모든 가상의 대화에는 이런 시도가 어느 정도 있다. 여기서 에크는 특히 종교개혁 기간 동안의 가톨릭의 표준적인 주장과 관점을 어느 정도 대신한다. 21세기인 오늘날, 가톨릭과 개신교는 종교개혁 때는 생각할 수도 없었던 특정한 합의에 이르렀다. 예를 들어, 에크와 루터 둘 다 선한 행위와 믿음을 중요시했다는 데 주목하라. 비록 이에 대한 합의에는 이르지 못했지만 말이다. 그들은 공통분모를 찾기보다 오히려 그들의 차이점만 확대했다. 불행히도 이는 신학 논쟁에서 너무나 흔히 있는 일이기도 하다.

그러나 에크가 말하는 "믿음"은 무엇을 의미하며 루터가 말하는 "선한 행위"는 무엇을 의미하는가? 에크에게 믿음은 교회의 전통과 사랑의 행위(자선 베풀기, 회개하기 등등)에 있어서 "신실함"을 의미한다. 이는 루터에게는 의로움을 얻기 위한 행위처럼 보였다. 루터에게 "선한 행위"는 하나님의 변혁적 은혜로 인해, 그리고 칭의의 결과로서 신자를 통해 이뤄지는 사랑의 행위를 의미한다. 에크에게 이것은 율법에 반대하며 자신이 옳다고 생각하는 무엇이든 행하는 반율법주의처럼 들렸을 것이다.

에크가 공로를 언급할 때마다, 루터는 에크에게도 공로가 성례전과 같은 하나님의 선물이 있기 때문에 가능하다는 사실을 간과한다. 공로는 자신의 구원을 "얻음"을 의미하지 않는다. 그렇다면 왜 공로라는 단어를 사용하는가? 그 단어는 무엇을 얻는다는 것을 항상 자동적으로 의미하고 있지 않는가? 이건 아마도 루터가 물었던 질문이었을 것이다. 루터가 믿음만을 언급할 때마다, 에크는 루터가 구원에는 사랑의 행위가 전적으로 없음을 의미한다고 가정했다. 그러나 루터와 그의 모든 추종자들은 구원이 행위와는 별개로(apart from works) 온다는 말과 구원은 행위 없이(without works) 온다는 말에는 차이가 있다고 한다. 행위는 하나님의 인정을 받기 위한 어떤 기초도 형성해주지 않는다. 하나님의 인정은 그리스도로 인해, 그리고 순전한 신뢰 안에서 그리스도를 받아들임으로 인해 받는 것이다. 그러나 진정한 믿음, 즉 하나님의 은혜를 받게 하는 순전한 신뢰에는 항상 사랑의 행위가 수반된다. 이런 믿음이 행위를 낳는 것이지, 행위가 믿음을 낳지 않는다.

20세기 후반 내내(제2차 바티칸 공의회의 결과로서) 그리고 21세기에 들어서면서, 가톨릭은 대체로 에크의 정신을 버렸다. 그들은 이해하려는 열린 정신을 가지고 자비의 해석학으로 개신교의 관심을 사로잡으려 했다. 많은 개신교인들이 이에 화답했다. 이는 영적 교감까지는 미치지 못했지만, 그럼에도 불구하고 엄청난 에큐메니칼 일치라는 결과를 가져왔다. 독일의 가톨릭 주교들은 전 세계의 모든 루터교도들의 기본적인 신앙 진술문인 아우크스부르크 신앙고백(Augsburg Confession)이 정통적이라는 데 동의했다. 독일의 루터교 주교들은 최선의 측면에서 본 가톨릭 칭의론이 성서적이며 다른 복음이 아니라고 동의했다. 칭의에 관한 여러 가지 합의문이 가톨릭과 심지어 복음주의적 개신교 그리스도인들에 의해 유럽과 미국에서 간행되었다.

만일 에크와 루터가 서로의 말을 더 관대하게 들었더라면, 어떤 결과가 발생했을지 궁금하지 않을 수 없다. 그러나 그 시대의 행로는 이에 역행했다. 그 간행물들은 순전히 신학적이지 않았고 정치도 종교적 논의와 논쟁에서 한몫을 했다. 교황과 황제가 이끈 가톨릭교회는 이 비천한 독일 수도사가 교회를 바로잡는 것을 두고 볼 수 없었다. 교회가 이미 쇠퇴해가던 때라, 이는 교회의 나약함을 보여주는 꼴이었다. 루터를 지지했던 독일 대공들은, 로마와 황제의 압제에 종속될 위험 부담을 감수하지 않고선 그들과 타협할 수 없었다. 그들은 교회와 황제가 부과한 세금을 면제받기 원했으며 루터는 그들이 로마 가톨릭이 되지 않고도 그리스도인이 되는 방법을 제공했다.

오늘날 에크와 루터의 차이점은 그때만큼 중요해 보이지 않을지도 모른다. 그러나 차이점은 여전히 존재하며, 여전히 중요하다. 간격은 더 좁혀졌을 수 있지만 여전히 존재한다. 종교적 권위와 구원, 이 두 원칙은 가장 에큐메니칼 지향적인 가톨릭과 가장 에큐메니칼 지향적인 개신교조차 분리하고 있다. 가톨릭 신자들에게 교황과 의회의 교리 선포를 포함한 성서 외의 전통은 여전히 모든 참된 그리스도인에게 권위적인 것이다. 많은 이들이 그것들을 참으로 간주하지 않는다고 하더라도, 그것들의 진리와 권위는 전혀 축소되지 않는다. 모든 선한 그리스도인은 근대에 가톨릭교회가 공포한 마리아가 원죄 없이 태어났다는 교리를 믿어야 했다. 그래서 그 교리는 신실한 자들에 의해 늘 믿어져 왔던 것으로 알려져 있다. 개신교인들은 성서가 명확히 함의하지 않는 교리는 거부한다. 그리고 개신교인들은 성서에는 오직 단 하나의 옳은 해석만 있다고 모든 그리스도인에게 강요하는 어떤 특별하게 영적인 사람이 있다는 것도 인정하지 않는다.

개신교인들은 (그들이 어떻게 처신한다고 해도) 구원은 얻을 수 있는 것이 아니라고 여전히 믿는다. 그들은 자유의지(가톨릭 교도들이 믿는 것)에 관해서도 그들 사이에서 일치점을 갖고 있지 않다. 그러나 그들 모두 선한 사역이 은혜를 불러오지 않는다는 데에는 동의한다. 은혜는 살 수 있거나, 얻을 수 있거나, 받을 만한 것이 아니다. 은혜는 하나님의 아낌없는 선물이며, 받을 자격이 없음에도 불구하고 그리스도로 인해 주시는 하나님의 호의다. 은혜의 단 한 가지 조건은 믿음인데, 이 믿음에는 구원을 위한 회개와 그리스도를 믿는 믿음이 포함된다. 의는 전해지는 것이면서도 전가되는 것이다. 다시 말하면, 하나님이 사람 안에 의를 심어놓으셨다고 할지라도, 사람의 구원의 기초를 형성하는 의는 그리스도로 인해 하나님으로부터 주어지는 것이다. 따라서 그것은 늘 "외부에서 온 의"(alien righteousness, 루터의 용어)며 사람이 당연하게 소유할 수 있는 것이 결코 아니다.

가톨릭은 이 교리를 받아들임에 있어 여전히 큰 곤란을 겪고 있다. 이는 그들이 그 교리를 법적 의제(legal fiction)로 보기 때문이다. 만약 하나님이 전혀 의롭지 않은 누군가를 의롭다고 선포하신다면 하나님은 정직

하지 못한 분일 것이다. 오히려 가톨릭 신학에 따르면 하나님은 누군가를 참으로 의롭게 만드시며(적어도 부분적으로는) 그런 다음 그들이 실제로 의로운 만큼만 의롭다고 선포하신다. 그 과정은 연옥에서도 계속되는데, 이는 대부분의 사람들이 아직 내적으로 의롭게 되지 않은 채로 죽으며 따라서 천국에 적합하지 않기 때문이다.

이런 차이점들이 여전히 문제가 되는가? 그렇다. 개신교의 관점에서 보면, 전통과 구원에 대한 가톨릭의 교리는 엄청난 어려움을 야기한다. 예를 들면, 성서를 해석하고 믿음과 실천을 지시하는 교회의 위계질서가 부패했다면 어떻게 해야 할까? 만일 당신이 면죄부 판매를 공개적으로 비난했던 루터처럼 교회의 위계질서에 저항한다면, 당신은 자동적으로 배교를 하게 된다. 신약성서에서 바울은 안디옥에서 이방인들과 함께 식사하는 것을 거부한 베드로에 맞서 그를 비판했다(갈 2장). 이는 모든 후대 그리스도인을 위한 전례가 된다. 아무리 존경받는 지도자라고 할지라도, 진리에 복종해야 한다. 그리고 기독교 진리는 하나님의 말씀인 성서로부터 나온다.

그리고 개신교의 관점에서 보는 가톨릭의 구원론은 우리가 반드시 선한 행위를 통해 구원을 얻어야 한다는 것을 부분적으로 불가피하게 함의한다. 아무리 많은 양의 설명도 인간 구원과 관련해서 (그리스도의 공로 외의) "공로"의 사용을 정당화할 수 없다. 왜냐하면 공로는 그럴 만한 자격을 가져 무언가를 얻었다는 것을 자동적으로 의미하기 때문이다. 칭의를 점진적이고 진행형으로 만드는 것은, 칭의가 단순한 소홀로 인해 상실될 수 있다는 것을 함의한다. 그게 신약성서의 주장인가? 그 어떤 것도 그리스도 예수 안에 있는 하나님의 사랑으로부터 우리를 분리할 수 없지 않는가?

에크와 루터의 대화 끝부분에 일어났어야 했던 일은, 서로 악수하고 서로 불일치한다는 데 사랑으로 동의하며 그들 각자의 교회로 돌아가는 것이다. 그런 다음, 하나님 나라를 위해 그들이 협력할 수 있었던 방법을 찾아보았어야 했다. 예를 들어, 가난한 자들을 돕는 일 같은 것들이다. 그것이 오늘날의 가톨릭과 개신교가 해야 할 일이다. 그렇게 되기를 바란다.

더 읽을 책

Pelikan, Jaroslav. *The Christian Tradition*. Vol. 4, *Reformation of Church and Dogma*. Chicago: University of Chicago Press, 1984.

14

종교개혁가인 루터, 후브마이어, 츠빙글리, 칼뱅이
성만찬과 세례에 관해 논쟁하다

배경

이전 대화들을 읽은 독자는 마르틴 루터, 울리히 츠빙글리, 장 칼뱅(특히 12장을 보라)과 이미 친숙할 것이다. 이 대화와 연관된 앞 대화나 그 "배경"을 읽지 않은 이들을 위해, 이들에 대한 간략한 설명을 하고자 한다.

의심할 바 없이, 루터는 16세기 개신교 종교개혁에서 주된 촉매제 역할을 감당했다. 그는 지금의 독일에서 1483년에 태어나 1546년에 죽었다. 그는 수도사이자 비텐베르크 대학교의 신학 교수였다. 1517년 10월 31일, 그는 비텐베르크 성당 문에 95개조 반박문을 붙이고 학자들 사이의 논의를 요구했다. 이 행위가 개신교 종교개혁을 시작하게 했다. 그는 1521년에 교황에 의해 출교당했으며, 죽을 때까지 신성 로마 제국의 개신교회를 이끌었다. 루터는 사람들, 특히 그가 반기를 들었던 전통적 가톨릭 신학의 옹호자들과, 그리고 그가 동의하지 않았던 다른 종교개혁가들과 항상 잘 지낸 것은 아니었다.

울리히 츠빙글리(1484-1531)는 스위스 취리히의 종교개혁가다. 그는 루터가 독일에서 행했던 것만큼 많은 종교개혁을 수행했으며 가톨릭 침략자들에 대항해서 취리히를 방어하는 전투에서 죽었다. 종종 그는 개신교 개혁파의 창설자로 간주된다. 이 분야의 가장 잘 알려진 신학자는 제네바의 젊은 장 칼뱅이다. 개혁파 개신교(Reformed Protestantism)는 하나님의 주권을 강조했으며 가톨릭 전통을 루터교보다 더 강하게 거부했다. 루터처럼, 츠빙글리도 성례전 같은 것들에 관해 그에게 동의하지 않았던 개신교 종교개혁가들을 거의 인정하지 않았다. 그는 신중한 종교개혁가여서 항상 시의회가 받아들일 만한 보조에 맞춰 교회를 개혁했다. 유아세례를 가톨릭교회의 유물로 여기며 이를 거부했던 첫 번째 재세례파 신자들은 츠빙글리의 급진적 추종자들이었다. 츠빙글리는 시의회가 그들을 체포하고 고문하고 처형할 것을 권할 정도로 그들에게 거칠게 대응했다.

장 칼뱅(1509-1564)은 제네바의 수석목사였다. 그는 제네바를 가톨릭의 과거로부터 벗어나게 하고 개신교의 미래로 이끌어주었다. 그는 츠빙글리보다 훨씬 더 알려져 있지만, 츠빙글리의 가르침보다 새로운 것을 더 많이 가르치지는 않았다. 그는 주의 만찬에 관해서는 츠빙글리에 동의하지 않았다. 칼뱅은 개신교 개혁주의의 줄기에 첫 번째이자 지속되는 신학 체계를 제공했는데, 바로 그것이 『기독교 강요』(Institutes of the Christian Religion, 1536, 마지막 편집, 1559)였다. 츠빙글리처럼 그도 재세례파 신도들 같은 급진적 종교개혁가들을 거칠게 박해했으며, 심지어 급진적 종교개혁가인 미카엘 세르베투스를 화형에 처하는 것도 용인했다. 칼뱅의 유산은 특히 개혁주의 개신교 사이에서 건재하다. 대부분은 아닐지라도 영어권 세계에 있는 많은 개혁주의 개신교인들은 그들 자신을 칼뱅주의자라 부른다.

발타자르 후브마이어(Balthasar Hubmaier)는 가상의 대화에 아직 나타난 적이 없다. 그는 1480년경에 태어나서 1528년에 죽었다. 그는 비엔나에서 가톨릭 권력에 의해 유난히 끔찍한 죽음을 당했다. 거기서 그는 재세례파 지도자로서의 자신의 경력을 끝마쳤다. 후브마이어는 가톨릭 학자와 성직자로 높이 평가받았으며 독일에 있는 레겐스부르크(Regensburg) 성당의 수석신부로 섬겼었다.

1521년경에 후브마이어는 레겐스부르크를 떠나 브라이스가우(Breisgau)에 있는 발트슈트(Waldshut)로 갔다. 브라이스가우는 라인 강의 여울이 있는 곳에 위치해 있으며 스위스에 인접해 있다. 그 마을은 합스부르크 가(Hapsburg, 오스트리아 왕실 가문, 가톨릭) 영토에 속해 있었으며 지금은 독일에 속해 있다. 거기서 그는 먼저 루터교인이 된 다음 재세례파가 되었다. 그는 자신의 가톨릭 회중에게 신앙을 고백하는 자만 침례를 받아야 한다고 가르쳤다. 후브마이어는 아이들에게 세례를 베풀지 말고 아이들이 성례를 이해할 정도의 나이가 되었을 때 자신이 세례를 받을 것인지를 결정하도록 권했다.

후브마이어는 세례에 관해 츠빙글리와 논쟁하기 위해 취리히로 갔다. 거기서 그는 체포되었고 고문당했다. 그는 츠빙글리의 명령에 따라 세례에 관한 그의 주장을 철회했다가 나중에 자신의 철회를 철회했다. 이후 그와 그의 아내는 수년 동안 가톨릭과 개신교 권력 모두를 피해 다녔다. 그들은 모라비아(Moravia, 오늘날의 체코 공화국)의 니콜스부르크(Nikolsburg)에서 잠시 정착했다. 그곳에는 루터의 종교개혁에 앞서 존재했던 개신교회가 있었다. 그 교회는 종교개혁가인 얀 후스(Jan Hus)를 따르던 이들이 세웠지만, 얀 후스는 1415년에 화형 당했다. 체코 형제단(Czech Brethren)은 여전히 존재하며 가장 오래된 개신교 교파라는 정당한 주장을 제기할 수도 있다. 루터의 적들은 루터를 "작센의 후스"(Saxon Hus)라고 불렀다. 이는 그가 모라비아 사상의 많은 부분을 전했기 때문이다.

니콜스부르크에서 후브마이어와 그의 부인, 그리고 그들을 따르는 이들은 박해로부터의 관용과 자유를 얻을 수 있는 방법을 찾았다. 그 지역은 재세례파인들을 위한 피난처가 되었다. 전 유럽에서 온 만이천 명이나 될 만큼 많은 이들이 그곳에 정착했다. 니콜스부르크에 머무는 동안, 후브마이어는 재세례파의 신념과 실천을 설명하고 옹호하는 많은 논문을 썼다. 그는 재세례파 운동의 주도적인 지지자로서 유럽 전역에 널리 알려지게 되었다.

재세례파 운동은 1525년경 취리히에서 유아세례 및 교회와 국가 사이의 동맹을 거부했던 츠빙글리를 따르던 이들에 의해 시작됐다. "재세례파"라는 명칭은 "다시 세례 받은 자들"(rebaptizers)이라는 의미이며, 그들의 반대자들이 그들에게 붙인 이름이다. 마침내 그들 스스로도 그 명칭을 받아들이게 되었다. 가장 이른 명칭 중 하나는 스위스 형제단(Swiss Brethren)이다. 재세례파는 행위를 제외한 믿음만으로 칭의에 이르는 것에 관해 대체로 루터, 츠빙글리, 칼뱅에 동의한다. 그러나 그들은 물질적 소유에 집착하지 않는 것을 포함해서 제자도에 더 많은 강조점을 두었다. 그들은 아동을 학대하는 자들로 간주되었는데, 이는 그들이 유아세례를 철회했기 때문이다.

마침내 메노 시몬스(Menno Simons, 1496-1561)라는 자가 등장했다. 그는 유럽에 있는 대부분의 재세례파 사람들의 유일한 지도자였고 주로 네덜란드 밖에서 활동했다. 그를 따르는 자들은 메노파(Mennonites)라고 불리며, 오늘날 전 세계에 있는 재세례파 단체들 중에서 가장 크다.

후브마이어와 그의 아내는 발트슈트로 돌아갔다가 체포되어 비엔나로 이송되었다. 그리고 거기서 이단으로 재판을 받았다. 그는 고문대에서 고문을 당한 후 화형에 처해졌고, 그의 아내는 목에 돌이 묶인 채 수장되었다. 수장(또 하나의 세례?)은 재세례파교인들에게 적절한 처벌로 간주되었다. 그러나 그 둘이 정확히 대응하는 것은 아니다. 이는 재세례파교인들이 침례(immersion)보다는 물을 부음으로써 세례를 베풀었기 때문이다. 침례에 의한 세례는 17세기 영국 세례주의자들과 함께 나중에 등장했다.

16세기 동안, 유럽의 개신교인들은 깊이 분열되었다. 논쟁의 주된 골자 중 하나는 성례전이었다. 그들은 세례나 주의 만찬의 의미에 동의할 수 없었다. 오늘날까지 이런 불일치가 개신교 분열의 주된 원인으로 남아있다.

이 가상의 대화는 1528년, 후브마이어가 죽은 해에 마르부르크

(Marburg)에서 일어난다. 1529년, 헤센(Hesse)의 필립(Philipp) 대공이 루터, 츠빙글리, 그리고 많은 다른 개신교 종교개혁가들을 마르부르크에 있는 자신의 성에 초대해 그들이 차이를 해결하도록 했다. 소위 마르부르크 대담(Marburg Colloquy)은 주의 만찬의 본질에 대한 루터와 츠빙글리 사이의 논쟁으로 변질되었다. 둘 다 화해하지 않고 화난 채로 떠났다. 여기서 우리는 루터, 츠빙글리, 후브마이어, 그리고 꽤 젊은 칼뱅이 마르부르크에 한 해 일찍 모여서 성례전에 관해 토론한다고 가정할 것이다. 필립은 더욱 공식적인 토론을 위해 루터와 츠빙글리에게 일 년 후에 돌아올 것을 요청했다.

후브마이어는 그런 모임에 초대되었을 것 같지도 않다. 그래서 우리는 그가 이런 모임이 있다는 것을 듣고 신학생들과 사제들로 구성된 소규모의 청중 사이에 변장한 채 나타나는 것으로 상상하려 한다. 그는 세례에 대한 재세례파 관점이 토론되는지 그리고 잘 표현되고 있는지를 확인하기 위해 왔다.

이 가상적인 대화의 배경의 또 하나의 어려움은 장 칼뱅이 어리다는 사실이다. 1528년에 그는 19살일 뿐이었다. 그는 프랑스에서 공부를 했는데, 먼저 파리에서 신학을 공부하고 그다음 오를레앙(Orleans)에서 법학을 공부했다. 그러나 그는 어느 모로 보나 신동이었고, 그때에도 나이 든 종교개혁가들과 이런 대화를 할 수 있는 능력이 있었을 것이다. 우리는 그가 열아홉 살 때, 공개적으로는 아닐지라도, 그의 마음과 정신으로 개신교 운동에 이미 참여했으리라고 가정해야 한다. 19살의 칼뱅이 이런 토론에 초대받지 못했을 것은 확실하다. 그 역시 루터와 츠빙글리의 토론을 듣는 청중 가운데 앉아 있다가 세례와 주의 만찬에 대한 대안적 관점을 제안하면서 대화에 참여한다.

대화

루터　　　츠빙글리 선생님, 마침내 우리가 만나는군요. 이 일이 성사된 건 우리 모두의 친구인 스트라스부르의 마르틴 부처와 우리가 만날 수 있도록 이 성을 제공해주신 헤센의 필립 대공 덕분입니다. 당신을 환영합니다. 그리고 당신이 세례와 성찬이라는 복된 성례전에 관해 깨달음을 얻을 수 있길 기도합니다. 우리의 복음주의 교회들이 서로 간에 충만한 교제를 맺을 수 있도록 우리가 일치하는 것이 중요합니다.

츠빙글리　　　루터 형제님, 저 역시 당신을 마침내 만나게 되어서 반갑습니다. 그리고 신학생들과 사제들로 구성된 이 소규모의 청중도 만나게 되어 반갑네요. 제가 바라고 기도하기는, 그들이 제가 성례전에 관해 말한 것을 하나님의 진리로 인식하고 이 교리들을 그들의 교회에서 시행하는 것입니다.

루터　　　울리히, 당신의 말이 가능성 있는 말처럼 들리지 않네요. 다른 사람들을 통해 올 수 있는 진리에 대해 닫힌 마음을 갖고 계신 건가요?

츠빙글리　　　마르틴, 당신보다 더할까요? 아니요, 전혀 그렇지 않습니다. 저의 마음은 하나님의 말씀에 완전히 열려 있고 또 따르고 있지요. 그러나 저는 유럽 전역에 퍼져 있는 당신의 대단한 평판 때문에 당신의 신학으로 기울지는 않을 겁니다. 알다시피, 당신이 작센에서 교회를 개혁하는 일을 막 시작했을 때, 저는 취리히와 그 주변의 교회를 이미 개혁하고 있었죠.

루터　　　오, 정말로요? 당신은 1525년에서야 취리히에서 미사를 폐지시켰어요. 그때 저는 이미 비텐베르크와 작센 전역 그리고 우리 제국의 다른 지역에 있는 교회들을 충분히 개혁시켰습니다. 혹시 저의 저작 가운데 「교회의 바빌론 유수」(The Babylonian Captivity of the Church)라는 논문처럼 이 문제를 다룬 작품을 읽어보셨습니까? 거기서 저는 미사와 왜 그것이 가증스러운 것인지를 다루었죠.

츠빙글리　　아니요, 전혀요. 제 말은, 그러니까, 나중에 읽어보긴 했습니다. 그러나 저에게 준 영향은 없었습니다. 제가 하고 있던 일에 더 확신을 준 것 외에는 말입니다.

루터　　(빈정대는 소리를 내면서) 흥! 어쨌든 의심스럽군요. 당신은 제가 한 개혁을 형편없이 모방하고 있습니다. 특히 주의 만찬에 관해서 말입니다. 당신은 제게서 가톨릭 미사가 얼마나 악한지를 배웠지만 그걸 너무 극단으로 몰아갔습니다. 당신은 중요한 것을 중요하지 않은 것과 함께 버렸으며 성례전 안에 계신 그리스도의 실제적 임재를 그리스도의 실제적 부재로 대체해버렸지요.

츠빙글리　　마르틴, 저는 당신이 잘 알고 계신 건지를 확신할 수 없네요. 제가 여기에 온 한 가지 이유는, 저의 성례전 교리에 관한 당신의 생각을 바로잡아주기 위해서입니다. 그리고 당신이 계속해서 교회를 개혁할 때 성례전에 남아 있는 모든 가톨릭 요소를 버리도록 설득하기 위해서입니다. 당신은 여전히 세례와 주의 만찬에 있어서 가톨릭 개념을 고수하고 있습니다. 그런 반쪽 개혁이 어디 있나요?

루터　　그렇지 않습니다. 그렇지 않아요! 저를 오해하고 계시군요, 울리히. 이제 주의 깊게 듣고 배우도록 하세요. 먼저, 세례를 말해볼까요? 신약성서는 분명 유아세례를 지지합니다. 이는 신약성서가 우리 주님이 "어린아이들이 내게 오도록 허락하라. 그들을 막지 말라. 이는 천국이 이런 자들의 것이기 때문이다"라고 말씀하신 걸 기록했기 때문입니다. 당신도 이에 동의하실 거라 생각합니다.

후브마이어　(조용히 청중석에서 중얼거리며) 아니지. 아니지. 아니지. 전혀 그렇지 않지. 그건 옳지 않아. 틀렸어. 틀렸어. 틀렸어!

루터　뭐라고요? 청중 가운데서 중얼거리는 자가 누구죠? 자. 보세요. 당신은 이 토론에 기여하기 위해서가 아니라 그저 듣고 배우기 위해서 여기 있는 거예요. 그러니 그 입 다무세요!

후브마이어　(청중석에서 한 발짝 앞으로 나가 루터와 츠빙글리가 앉아 있는 테이블로 다가서며) 실례합니다, 마르틴 그리고 울리히. 제가 가면을 벗으면 저를 알아보실 수 있을 겁니다.

루터와 츠빙글리 (한 목소리로) 후브마이어!

츠빙글리　여기서 뭐하시는 거죠? 저는 당신이 나머지 이단과 광신도들과 더불어 모라비아에 숨어 있다고 생각했어요.

루터　당신을 대범하다고 말해야겠네요, 발타자르! 당신은 우리의 후원자인 필립 대공이 얼마나 평화를 사랑하는지 알고 있습니다. 그래서 그가 이 지역 주위에 있는 많은 재세례파 무리로 인해 당신을 체포하지 않을 것이라는 기회를 잡아 여기에 오신 것 같군요.

츠빙글리　후브마이어, 다시는 취리히에 오지 않는 게 좋을 거예요. 그렇지 않으면, 당신은 지난번과 같은 취급을 받거나 아니면 더 심한 취급을 받을 겁니다! 당신은 세례에 관한 당신의 이단적인 신념을 철회했지요. 그런 다음, 겁쟁이처럼, 당신의 철회를 번복했지요.

후브마이어　당신들 모두 세례에 관해서뿐만 아니라, 반대 신념을 갖고 있다는 이유로 선한 그리스도인들을 박해하는 교회와 국가의 권리에 관해서도 그릇된 견해를 가지고 계시군요. 하나님은 교회나 국가에게 사람들이 자기와 다른 신념을 가졌다는 이유로 그들을 처벌할 칼을 주지 않았습니다. 당신들은 소위 이단을 추적해서 고문하고 죽입니다. 그런데 가톨릭 당국이 당신을 잡을 수만 있다면 당신에게도 똑같은 짓을 할 것을 당신도 잘 안다는 것이 참 역설적이지 않습니까?

루터   틀렸습니다. 하나님은 선한 백성을 곧바로 지옥으로 인도하는 이단을 치기 위해 이 세상의 관료들에게 칼을 주셨지요.

후브마이어   그렇다면 당신은 하나님 나라가 폭력으로 일어날 수 있다고 생각하세요? 예수는 그런 허튼소리를 조롱하셨죠.

루터   아니요. 하나님 나라는 그렇게 오지 않습니다. 하나님은 선량한 자들을 악한 자들로부터 보호하기 위해 이 세상의 왕국을 세우셨습니다. 그리고 하나님은 여기 필립과 같은 대공들에게 칼을 주셔서 바른 교리를 포함한 사회질서를 지키도록 하셨습니다.

츠빙글리   필립 대공에게는 죄송하지만, 대공들에게도 그런 권한을 주셨는지는 잘 모르겠네요. 그러나 질서를 유지하기 위해 하나님은 확실히 취리히에 있는 우리의 시의회를 통해 일하고 계십니다. 로마서 13장을 읽어보지 않으셨나요?

후브마이어   당신은 그 본문을 완전히 왜곡하고 있어요. 그 본문은 국가에 복종하는 것이 아닌 자발적으로 자신을 국가에 종속시키는 것에 관한 본문입니다. 그러나 국가는 하나님 나라가 아니기에 그리스도를 따르는 우리는 무엇보다 먼저 하나님 나라의 시민이어야 합니다. 당신들은 자신을 그리스도인이라 주장하지만, 산상수훈에서 예수의 가르침인 "화평케 하는 자는 복이 있나니…"라는 말씀을 무시하는군요.

루터   우리의 후원자이신 필립 왕자가 당신을 이 토론에 포함시키기를 원하시네요. 울리히가 허락하면, 그렇게 할까 합니다. 자리에 앉고 예의를 지키시길 바랍니다. 바라건대 우리의 말이 당신을 충분히 이해시켜 광신적 이단을 주장하는 당신을 뉘우치게 하길 원합니다.

츠빙글리　　(루터에게) 그래서, 당신이 매우 무례하게 방해받기 전에 말하고 있었던 것처럼, 유아세례는 하나님이 정하신 것이며 복음도 그것을 지지하고 있습니다. 저도 동의합니다.

후브마이어　　글쎄요, 저는 동의하지 않습니다. 두 분 다 구원에는 믿음이 필수라고 주장하고 있습니다. 세례가 아이에게 어떤 이득을 줄 수 있나요? 갓난아기는 믿음을 가질 수도 없고 또 세례 시에 행해지는 것이 무엇인지 깨닫지도 못하죠. 세례는 은혜의 수단이 아니라 헌신의 행위입니다. 당신들 중 어느 누구도 믿음을 충분히 심각하게 생각하지 않고 있습니다. 당신들은 입에 발린 말만 하다가 세례와 관련해서는 당신들의 신념으로 돌아가죠. 아기에게 세례를 베푸는 것은, 포도가 수확이 되기도 전에 "좋은 포도주가 있습니다"라고 알리는 선술집과 같습니다! 그건 주제넘은 일입니다.

루터　　말도 안 됩니다. 유아들로부터 세례를 보류하는 것은 세례로부터 율법 조항을 만드는 것입니다. 세례가 구원을 얻게 하는 것은 그것이 인간의 일이 아닌 하나님의 선물이기 때문입니다. 만일 구원이 선한 행위에 대한 보상이 전혀 아닌 전적인 하나님의 선물이라면, 유아보다 더 세례를 받아야 할 이가 누구겠습니까? 덧붙여서, 아이보다 더 믿음이 있는 사람이 있을까요? 아이는 신뢰합니다. 이 신뢰가 바로 믿음이 무엇인지 말해줍니다. 게다가 부모의 믿음과 교회가 아이가 나중에 자신의 믿음을 가지고 세례를 확정할 때까지 아이의 믿음을 대신합니다.

츠빙글리　　루터 말이 맞습니다, 발타자르. 저는 이 문제에 관해 루터에게 동의합니다. 이스라엘이 하나님의 언약 백성 안에 유아들도 포함된다는 것을 알리기 위해 아기에게 할례를 행했던 것처럼, 교회도 하나님의 새 백성 안에 유아들이 포함된다는 것을 알리기 위해 그들에게 세례를 베풉니다. 세례를 받지 못한다면, 아이는 교회와 사회로부터 배제됩니다. 아이들은 하나님의 자비하심으로 구원을 받을 수 있지만, 자라면서 하나님의 가족 안에 온전히 있음으로부터 오는 위대한 은혜의 선물은 받지 못할 것입니다.

후브마이어 무슨 소리를 하고 계십니까? 아이들은 아직 죄를 짓지 않았기 때문에 자동적으로 하나님의 가족 안에 있습니다. 하나님은 그리스도로 인해 아이에게 죄를 전가하지는 않습니다. 로마서 5장을 읽어보세요. 거기서 바울은 그리스도가 모든 사람을 위한 그의 죽음으로 아담이 저지른 죄에 대한 책임을 무효화하셨다고 분명히 말하고 있습니다. 아이가 그의 이마에 뿌려지는 소량의 물로부터 어떤 유익도 얻지 못하듯이 입안에 들어가는 소량의 포도주로도 유익을 얻지 못합니다. 당신은 세례 받은 아이에게 성찬의 포도주를 주지 않습니다. 그렇죠? 안 주지요. 왜냐하면 그들이 그것을 깨달을 수 없기 때문이죠. 그리고 그들은 그것이 필요치 않습니다. 그러나 당신들은 너무 일관적이지 않습니다. 만일 아기가 이해하지도 못함에도 불구하고 세례로부터 유익을 얻을 수 있다면, 왜 동방 교회가 하듯이 성만찬을 그들에게 베풀지 않는가요?

루터 발타자르, 당신은 아동 학대자입니다. 아이들에게 세례의 성례를 베푸는 것을 거부함으로써, 당신은 아이들에게 제국의 시민권뿐만이 아닌 그리스도의 몸에 속한 구성원으로서의 유익도 부정하시는군요. 당신은 유아세례를 거절함으로써 아이에게 지옥에 가는 원인을 제공하고 있습니다. 하나님이 세례를 받지 않은 아이들에게도 자비를 베푸실 것을 우리가 믿을지라도, 아이들에게 세례를 베푸는 것이 더 안전합니다.

츠빙글리   자, 마르틴, 당신의 관점에는 일관성이 없군요. 여기서 발타자르의 편을 들고 싶지 않지만, 그가 발트슈트에서 처음으로 그리스도인이 되었을 때, 그는 실제로 저에게서 이런 것들을 배웠습니다. 세례 받지 않은 아기들이 지옥에 갈 수 없다는 그의 말은 옳습니다. 당신이 그런 사상을 어디서 습득했는지 상상조차 못하겠군요. 그런 사상은 완전히 중세적입니다.

후브마이어   (중얼거리며) 사돈 남 말 하시는군요!

츠빙글리   (후브마이어를 애써 무시하며) 모든 유아들은 그리스도의 사역으로 용서받은 상태로 태어납니다. 죽은 어느 누구도 지옥에 가지 않죠. 그렇다고 그것이 그들의 세례를 부정할 이유가 되지 않습니다! 세례는 구원하지 않지만, 하나님이 그의 백성과 함께하신다는 언약 속으로 아이를 밀어 넣습니다.

후브마이어   그러면 밖으로 나가 유대인 아기들을 포함해서 눈에 보이는 모든 아기들을 잡고 세례를 베풀어주지 그러셨어요. 마르틴, 당신에 의하면 아이들은 죽으면 천국에 갈 가능성이 더 많다는 말이군요. 울리히, 당신에 의하면 그들은 언약에 의해 축복을 받을 것이라는 거군요.

루터   터무니없는 말입니다, 발타자르. 오직 그리스도인들의 아이만 세례를 받을 수 있습니다.

츠빙글리   그러나 왜죠, 마르틴? 당신은 대답을 못하지만, 저는 할 수 있습니다. 당신의 관점은, 모든 아이에게 세례를 베풀어 그들이 지옥의 불을 면하게 해야 한다는 것입니다. 제 관점은, 오직 그리스도인들의 아이만 세례를 받아야 한다는 것입니다. 왜냐하면 하나님은 그의 언약을 가족과 세우시기 때문입니다.

루터　　　　저는 모든 세례 받지 않은 아이들이 지옥에 간다고 말하지 않았습니다.

후브마이어　　그러나 그것을 함의하고 있습니다. 그리고 울리히, 당신도 일관적이지 않네요. 만일 세례가 할례의 기독교적 형태라면, 왜 여자 아기들에게도 세례를 베푸는 건가요? 평행이 깨어지는군요.

츠빙글리　　시간이 없습니다. 곧 우리의 대공께서 베푸실 만찬이 준비될 것이기 때문에 주의 만찬에 관해 토론하는 것이 좋을 것 같습니다. 루터, 주의 만찬에 대한 당신의 견해를 들으니 당신은 반쪽짜리 개혁만 한 것 같습니다. 우상숭배로 가득 찬 교리인 화체설(transubstantiation)에 있어서 당신은 가톨릭에 동의하는 것 같습니다.

루터　　　　아니요, 저는 그런 끔찍한 가톨릭 교리를 믿지 않습니다. 포도주와 빵은 포도주와 빵 그 상태 그대로 있습니다. 그것들은 마술처럼 그리스도의 몸과 피로 변하지 않습니다. 가톨릭교회가 그것을 가르치는 이유는, 그들은 미사가 드려질 때마다 그리스도가 다시 희생당하신다고 믿기 때문입니다. 이는 그리스도가 우리를 위해 단번에 죽었다는 사실을 부인하는 것입니다.

츠빙글리　　그러나 당신도 우리가 실제로 그리스도의 몸과 피를 씹고 삼킨다고 믿지 않습니까?

루터　　　　네. 의심할 여지 없이요. 그것은 그리스도 자신이 최후의 만찬에서 말씀하셨던 것이죠. 이것은 내 몸이며 이것은 내 피다.

츠빙글리　　그러나 그건 문자 그대로의 의미가 아닐 겁니다! 왜냐하면 그는 바로 그들 앞에 서 있었거든요.

루터   그건 향후에 지킬 만찬에 관한 말씀이었습니다. 그는 빵과 포도주의 성분 안에, 함께, 아래에 있으며 그들과 함께합니다.

츠빙글리   아이고 끔찍해라! 역겹군요! 당신은 우리를 그리스도를 먹는 식인종으로 만드실 작정이군요!

루터   당신은 그리스도를 성만찬으로부터 부재하게 함으로써, 주의 만찬이 주는 모든 유익을 없애고 있습니다.

후브마이어   마르틴, 저는 할 수 없이 저를 괴롭히는 자를 위해 변호해야겠습니다. 이렇게 하는 것이 저를 괴롭게 하는 만큼, 울리히가 옳습니다. 당신은 가톨릭 교리의 모든 흔적을 버려야 합니다. 성례전 안에 그리스도의 실제적이고 육체적인 임재가 있다는 교리를 포함해서 말입니다. 당신은 때때로 성서를 지나치게 문자적으로 받아들입니다.

츠빙글리   이단자, 저는 당신의 도움이 필요하지 않습니다. 원치도 않고요. 그건 그렇고, 여기서 뭐하고 계신 건가요? 마르틴, 그리스도의 몸이 모든 곳에 동시에 있을 수 있다는 건 잘못된 생각입니다. 그리스도의 몸이 성만찬의 성분 안에, 함께, 아래에 있다는 가르침이 그가 모든 곳에 동시에 있을 수 있다는 생각을 함의하고 있습니다. 당신은 그리스도의 몸을 편재하게 만듦으로써 부활하신 그의 인성을 소멸시켰습니다. 예수 그리스도는 천국에서 성부 하나님 우편에 앉아 계십니다. 그는 그의 영을 통해 우리와 함께하시지, 육신으로 함께하시지 않습니다.

칼뱅   (청중석에서 일어서서) 죄송합니다, 츠빙글리! 방해하기 싫지만, 그것에 관해 한 말씀 드릴까 합니다. 그리스도의 몸이 하늘에 있다는 당신의 말은 옳습니다. 그러나 우리가 빵과 포도주를 먹을 때, 하나님의 영이 그리스도를 여기 우리 가운데로 데려오실 수 있지 않나요? 성찬에서 그리스도의 육신의 임재를 과도하게 제거하는 것은 성례전이 가지는 신비를 없애는 위험이 있지 않나요?

루터   젊은이, 당신이 누군지 모르겠지만, 지금 바른 방향으로 가고 있습니다. 계속해서 그렇게 생각하세요. 그렇게 하면 당신은 이 주제에서 제가 무엇을 주장하는지 알게 될 겁니다.

칼뱅   아니요. 비록 제가 루터 당신을 매우 존경할지라도, 저는 그리스도가 빵과 포도주의 성분 안에, 함께, 아래에 있다는 당신의 말에 동의하지 않습니다. 당신은 성례전을 지나치게 물리적이고 마술적으로 만듭니다. 그러나 저는 츠빙글리에게도 동의하지 않습니다. 그는 성례전을 지나치게 평범하고 세속적으로 만듭니다. 주의 만찬에는 신비가 있습니다. 그리스도는 그의 영으로 임재하죠. 그러나 그리스도는 중보자를 통해서만 오시지 않고 육신으로도 임하십니다.

츠빙글리   (칼뱅에게) 그런데, 당신은 누구신가요?

칼뱅   제 이름은 장 칼뱅이고 프랑스 출신입니다. 저는 유럽 전역에서 일어나고 있는 교회 개혁에 참여하기를 간절히 원하고 있습니다. 우리는 프랑스에 가해진 가톨릭교회의 속박을 풀어 그곳의 교회를 당신들이 독일과 스위스에서 하는 것처럼 개혁하길 바라고 있습니다.

루터   건방진 젊은이로군요. 청중석에서 일어나 우리를 방해하는 것을 보니. 자리에 앉아서 듣기나 하시죠.

츠빙글리   아니에요. 아니에요. 제가 볼 때 이 청년에게는 뭔가 도움이 될 만한 것이 있어요. 그런데 제가 이해가 안 되는 건 그리스도가 여전히 성육신하신 상태에서 육신으로 여러 장소에 동시에 계실 수 있다는 주장입니다. 젊은이, 그것이 어떻게 가능한가요?

칼뱅   저는 그것을 설명할 수 없습니다. 그리고 저는 루터가 주장하듯이, 그리스도의 몸이 동시에 편재하다는 것을 믿지 않습니다.

루터　　　　보세요! 당신은 젊어서 저를 이해하지 못합니다. 저는 그리스도의 몸이 동시에 편재한다고 말하지 않았습니다. 제가 말한 것은, 그리스도의 몸이 어디든 있을 수 있다는 것입니다. 이는 우리의 교회 교부인 알렉산드리아의 키릴로스가 가르쳤던 속성들의 교류(communication of attributes) 때문에 가능하죠. 그리스도의 몸은 그의 부활과 영화로 인해 공간의 제약을 받지 않습니다.

칼뱅　　　　글쎄요, 그것도 지나치다고 봅니다. 예수는 인간입니다. 인간은 두 장소에 동시에 있을 수 없습니다. 성령이 기적적으로 그리스도를 우리 가운데 여기저기 임재하게 하시는 것을 제외하면 말입니다. 이게 바로 우리가 믿음으로 주의 만찬을 먹을 때 일어나는 일입니다.

후브마이어　아하! "믿음으로." 그렇죠. 오늘 오후 여기서 언급된 것들 중에 가장 중요한 것이 바로 믿음입니다. 세례와 주의 만찬 모두 믿음을 요구합니다. 그건 마술을 믿는 믿음이 아닌 우리를 위한 그리스도의 희생을 믿는 믿음입니다. 우리가 믿음으로 주의 만찬을 먹을 때, 우리는 신비롭게 그리스도와 연합하며, 성령에 의해 그와 하나가 됩니다. 그렇지만 마술적이거나 신비스러운 일은 일어나지 않습니다. 성령은 우리의 영을 천국으로 올려 살아 계신 그리스도와 조우하도록 합니다.

츠빙글리　　아니요, 아니요, 아니요! 주의 만찬은 기념하기 위한 것입니다. 물속에서 세례를 받는 것이 그리스도와 함께 죽는 것을 상징하듯이 주의 만찬은 그리스도의 죽음을 상징합니다.

후브마이어　그러나, 그러나….

츠빙글리　　조용하시죠, 발타자르. 지금 당신이 표지(sign)가 실재를 뒤따라야 한다고 말하려는 것을 알고 있습니다. 저는 그것에 동의하지 않습니다. 세례의 표지는 그것이 상징하는 실재에 앞서 올 수 있습니다. 왜 안 되겠습니까?

후브마이어   왜냐하면 상징해야 할 것이 아직 아무것도 없기 때문이죠. 만일 우리가 중생하지 않은 아이들에게 세례를 베푼다면, 그들은 자신들이 이미 세례로 거듭났다고 생각하면서 자랄 수 있습니다. 그렇게 되면 그들은 결코 회개하지 않을 것이며 그리스도를 믿는 믿음을 고백하지 않을 수도 있습니다.

루터   아까 아이들은 이미 구원을 받았다고 하지 않았나요? 왜 지금은 그들을 "거듭나지 않은 자"로 부르시는 건가요?

후브마이어   보세요. 이 점이 바로 당신, 츠빙글리, 그리고 제가 이 젊은 칼뱅 학생이 잘못 알고 있다고 생각하는 부분입니다. 순진무구한 것과 거듭나는 것에는 차이가 있습니다. 아기는 그리스도로 인해 어떤 죄도 없이 태어납니다. 왜냐하면 그리스도의 죽음이 아담의 죄로부터 인류의 죄책을 면제했기 때문입니다. 그러나 아기는 아직 거듭나지 않은 상태에 있습니다. 거듭남은 사람이 죄를 회개하고 그리스도를 믿는 믿음을 가지고 하나님의 영의 능력으로 자신의 발을 새로운 삶의 길 위에 내딛을 때 일어나지요. 아기는 그렇게 할 수 없습니다.

츠빙글리   아기는 거듭날 수 없다는 당신의 말에 동의합니다. 저는 거듭남이 아이들이 자라면서 믿음이 뭔지 이해하기 시작할 때인 견진성사(confirmation) 시에 일어난다고 생각합니다.

루터   저는 세례 시에 일어난다고 생각합니다. 사람들은 세례 시에 물과 말씀으로 거듭납니다.

후브마이어   그러나 저는 당신이 비텐베르크 탑에 계실 때 바울의 로마서를 읽으면서 "거듭남"을 느꼈다고 쓰신 걸로 알고 있습니다. 세례 받으셨을 때 이미 "거듭나"셨지 않으셨나요?

츠빙글리 하! 이단에 의해 모순에 걸려들다니! 꼴좋습니다, 마르틴!

루터 음, 이제 거의 저녁 시간이네요. 우리 아래에 있는 부엌에서 사슴고기 굽는 냄새가 나는군요. 독한 맥주 한 잔이 간절합니다. 칼뱅 젊은이, 마을에 있는 선술집으로 내려가 예정론에 관해 이야기하며 저와 한 잔 하는 건 어떤가요? 츠빙글리, 당신이 깨달음을 얻어 내년까지는 성례에 관한 생각이 달라져 있길 바랍니다. 내년에 우리는 공식 대담을 위해 이곳에 다시 모일 겁니다.

분석

어느 모로 보나 루터는 맥주를 정말 좋아했고 이단과 광신자는 아주 싫어했다. 그는 자신에게 동의하지 않는 모든 이들에게 욕설을 하는 경향도 있었다. 그러나 이는 그 시대의 흐름이었다. 오늘날 우리는 이단은 말할 것도 없고, 극악에 직면하면서도 예의를 갖추기를 원한다!

16세기에는 성례라는 주제가 개신교 전체를 뒤덮고 있었다. 그들 모두가 회피했던 관점은 가톨릭의 화체설이었다. 화체설은 미사에서 빵과 포도주가 실제로 그리스도의 살과 피의 본질(substance)로 변하는 반면에, 빵과 포도주의 "우연들"(accidents)이나 외적 형태(appearance)는 유지하고 있다는 사상이다. 화체설에 있어서 루터는 자신의 감각을 과도하게 신뢰했으나, 그리스도가 말하는 "내 살을 먹고 내 피를 마시는 자는 내 안에 거하고 나도 그의 안에 거하나니"(요 6:56)라는 신약성서의 본문은 문자적으로 받아들이기를 원했다. 그래서 그는 주의 만찬에서 공재설

(consubstantiation)로 불리게 되는 견해를 발전시켰고 전 세계 대부분의 루터교 신도들은 이를 따르고 있다. 이 관점은 그리스도의 부활하시고 영화롭게 된 몸이 문자 그대로 주의 만찬에 있는 빵과 포도주 안에, 함께, 아래에 있다고 한다. 그래서 믿는 자들은 실제로 그 성분과 함께 그리스도의 살을 먹고 그의 피를 마신다. 이것이 성만찬에서 그리스도의 실재적 임재에 대한 루터의 견해다.

츠빙글리는 루터의 이런 이해가 가톨릭 교리와 거의 차이가 없다고 간주했다. 그리고 그는 그런 이해가 성육신과 모순된다는 이유로 거부했다. 만일 그리스도가 정말 성육신이고 그러기에 인간이라면, 그의 몸은 하늘 어딘가에 국한되어 있다. 우리는 그것이 무엇을 의미하는지 또는 그가 어디에 있는지 정확히 알지 못하지만(대부분의 근대인들은 이를 "차원"[dimension]이라 부른다), 그리스도가 육신으로 모든 곳에 동시에 계시지 않다는 것은 확신할 수 있다. 그것은 인간으로서는 완전히 불가능한 일이다. 그래서 주의 만찬에 대한 츠빙글리와 루터 사이의 논의는 사실상 기독론에 관한 것이다.

츠빙글리에 의하면, 주의 만찬은 우리로 하여금 그리스도의 희생을 기억하게 하고 그의 재림을 선포하게 하는 강력한 기념비적 음식이다. 이 음식에는 그리스도의 어떤 육체적 임재도 없으며, 신자들은 어떤 의미로도 그리스도를 먹지 않는다. 이를 주의 만찬에 관한 츠빙글리적 견해라고 불렀으며, 그의 견해는 침례교를 포함한 대부분의 자유교회의 교리가 되었다. 자연스럽게, 츠빙글리는 요한복음 6:56과 이와 비슷한 구절들을 비유적으로 해석했다.

후브마이어는 성만찬에 관해, 오늘날의 모든 재세례파교인들이 그러하듯이, 츠빙글리에 동의했다. 그러나 칼뱅은 성례에 대한 루터의 해석이나 츠빙글리의 해석에 만족하지 못했다. 그는 그리스도가 사람들 사이에 그리고 믿음으로 먹는 성례의 성분 속에 실제로 임재한다는 데 있어서 성서를 신중하게 다루기를 원했다. 그러나 그는 루터에 반대하는 츠빙글리의 견해, 즉 그리스도의 몸은 천국에 국한되어 있으며 편재하지 않다는 주장에 동의했기 때문에 신비에 호소해야만 했다. 그에게는 성령이 주의 만찬에 임하시는 그리스도의 실제적 임재에 대한 열쇠다. 성령은 신자들이 믿음으로 성찬에 참여할 때, 그들을 그리스도와 연합케 한다. 성령의 권능과 임재로 일어나는 실제적인 연합이 있다.

그리고 신자들이 빵과 포도주의 성분을 취할 때 우리는 그들이 어떤 신비스런 방식으로 그리스도를 먹는다고 말할 수 있다. 그러나 이는 영적으로 먹는 것이지, 육체적으로 먹는 것이 아니다. 누가 자신들의 머리를 긁으며 이것이 무엇을 의미하는지 궁금해하는 비평가들을 비난할 수 있겠는가? 그러나 칼뱅과 그의 추종자들은 그저 "그것은 신비"라고 말하며, 사람들이 이를 합리적으로 이해하지 않아야 한다고 요구할 것이다.

루터는 세례를 아이가 믿음을 가질 때 중생을 가져다주는 실제 성례로 간주했다. 그것은 가톨릭 신학이 주장하는 것처럼 믿음 없이 작용하지 않는다. 그러나 그의 비평가들이 아기의 믿음에 관해 그를 몰아붙일 때, 그는 전통에 의지해야 했다. 루터는 1500년 동안 내려왔던 세례에 관한 기독교의 가르침을 그저 내던져버리고 싶지 않았다. 그의 비평가들은 성례에 있어서 그의 개혁이 일관적이지 못한 반쪽짜리 개혁이라고 비판했다.

오히려 츠빙글리와 칼뱅은 세례에 관해 동의한 점이 더 많았다. 그들에게 그리고 전체 개혁주의 개신교 전통에서, 세례는 할례에 상응한다. 세례는 새 언약을 표시하고, 할례는 옛 언약을 표시한다. 그러나 둘 다 아이를 하나님이 자기 백성과 맺으신 언약 속으로 안내한다. 비록 하나님만

누가 선택되는지 확실히 알지라도, 세례 받은 아이는 자동적으로 구원받은 것으로 간주된다.

후브마이어와 모든 재세례파 교인들은 신자들의 세례를 찬성했기에 유아세례를 거부했다. 그들은 관 주도적(magisterial) 종교개혁가들이 유아세례를 단단히 붙잡고 있는 것이 바로 가톨릭주의의 죽지 않은 유산이 아직도 그들 사이에 남아 있다는 확실한 증거라고 간주했다. 관 주도적 지도자들은 유아세례를 지킴으로써 교회를 반만 개혁했다. 그러나 후브마이어가 유아세례를 거부하는 이유를 더 깊게 파보면 그것이 인격적 구원에 대한 그의 교리 때문인 것을 알게 된다. 인격적 구원은 회개하고 삶을 고치고, 자기 자신을 그리스도에게 전적으로 헌신하는 인격적이고 의식적인 결정을 요구한다. 유아 때 세례 받은 아이들은 자라는 동안 그들이 구원을 소유하고 있다고 생각하기에 믿거나 회개해야 할 필요를 결코 느끼지 못한다. 이것이 바로 교회에서 자란 불신자들이 관 주도적 개신교회에 많은 이유다. 후브마이어는 참된 기독교 신자와 그리스도의 제자들로만 구성된 교회를 원했다.

그에게 있어 신자세례는 교회 훈련의 기초며, 훈련 없이 참된 교회는 없다. 사람들이 세례를 받는 데 동의하는 것은, 죄를 범했을 때 교회의 훈련에 따를 것을 동의하는 것이다. 후브마이어는 죄짓는 그리스도인들에게 금지령을 내릴 것을 주창했다. 금지령이 내려지면 다른 그리스도인들, 심지어 가족까지도 그들이 회개할 때까지 그들과 대화할 수 없다.

비록 16세기의 격정이 대체로 잦아들었다 할지라도, 개신교는 여전히 이런 쟁점들로 인해 분열되어 있다. 이 차이점들의 기저에는 서로 상충하는 매우 진지한 신학적 헌신들이 있다. 주의 만찬에 그리스도가 임재하는지 아닌지에 관해, 누가 세례를 받아야 하는지 아닌지에 관해 믿는 것은 우리가 성육신과 구원에 관해 무엇을 믿느냐에 달려 있다.

더 읽을 책

Mabry, Eddie. *Balthasar Hubmaier's Understanding of Faith*. Lanham, MD: University Press of America, 1998.

McGrath, Alister. *Reformation Thought: An Introduction*. London: Blackwell, 1999.

Pipkin, H. Wayne, and John Howard Yoder, trans. and eds. *Balthasar Hubmaier: Theologian of Anabaptism*. Scottdale, PA: Herald Press, 1989.

Wallace, Ronald S. *Calvin's Doctrine of Word and Sacrament*. Grand Rapids: Eerdmans, 1957.

15

16세기 종교개혁가 칼뱅과
17세기 신학자 아르미니우스가
구원의 다양한 관점들에 관해 논쟁하다

배경

제네바의 위대한 종교개혁가이자 개신교 개혁교회 흐름의 선두적인 신학자인 장 칼뱅이 태어난 지 정확히 한 세기 후인 1609년, 폐결핵으로 죽은 뒤 낙원에서 깨어난 야코부스 아르미니우스(Jacob Arminius)가 칼뱅과 만나는 장면을 상상해보라. 칼뱅은 1564년에 죽었으며 아르미니우스는 칼뱅이 죽기 불과 4년 전에 태어났다. 그래서 그들을 동시대 인물이라고 하기는 힘들다. 그러나 아르미니우스는 그 당시 네덜란드에서 칼뱅주의에 반대한 가장 유명한 인물이었다. 그럼에도 불구하고 그는 만난 적이 전혀 없는 이 제네바 출신 종교개혁가에 대해 큰 감사를 표했다.

칼뱅에게 익숙하지 않은 독자들은 12장의 "배경"에 기록된 정보를 읽기 바란다. 칼뱅이 주요한 개신교 종교개혁가들 중 한 명이었고 개혁주의 교회 내 개신교인들에 의해 가장 위대한 종교개혁가로 간주된다고만 해도 그에 대한 소개는 충분한 것 같다. 그는 사람들을 천국 아니면 지옥으로 향하게 하는 무조건적 예정을 포함해서, 하나님의 절대 주권을 강하게 강조한 것으로 가장 잘 알려져 있다.

야코부스 아르미니우스는 제네바에서 칼뱅의 후계자인 테오도루스 베자(Theodore Beza, 1519-1605) 문하에서 신학을 공부했다. 베자는 칼뱅의 신학을 스콜라적 관점에서 체계화했는데, 몇몇 비평가들은 그것이 그의 선생의 접근과는 일관하지 않는다고 주장했다. 다시 말하면, 베자는 칼뱅이 답하지 않고 남겨둔 질문들에 답하려 애썼다. 아마도 그 질문들은 칼뱅이 신비의 영역에 귀속시키고자 했던 쟁점에 관해서였을 것이다. 아르미니우스는 베자의 신학을 모두 받아들이지는 않았다. 하지만 그는 베자가 그를 암스테르담에 있는 선도적인 개혁교회의 종무국(宗務局)에 추천할 만큼 좋은 학생이었다. 아르미니우스는 그 교회에서 목사가 되었다.

이후 아르미니우스는 개혁주의 라이덴 대학교(Reformed University of Leiden)에서 신학 교수가 되었고 거기서 다른 신학 교수인 프란키스쿠스 고마루스(Franciscus Gomarus, 1563-1641)와 논쟁을 펼쳤다. 고마루스는 아르미니우스가 무조건적 선택을 믿지 않았기 때문에 그가 이단을 가르친다고 비난했다. 아르미니우스는 자유의지를 믿었고, 구원받기 위해서는 하나님의 은총과 협력해야 한다고 가르쳤다. 그러나 그가 말한 협력은, 고마루스가 비판한 것처럼, 선한 행위로 구원에 기여해야 한다는 뜻이 아니었다. 만약 그랬더라면 그의 주장은 명백한 펠라기우스주의(9장을 보라)까지는 아닐지라도 반펠라기우스주의(semi-Pelagianism)였을 것이다.

아르미니우스는 많은 신학 논문을 썼다. 대부분은 자신의 신학에 대한 잘못된 비난(예를 들면, 그의 신학이 로마 가톨릭의 구원론과 동등하다는 비난)을 변론하고 또 모든 대화 상대자에게 그것을 설명하는 내용이었다. 그의 가장 잘 알려진 그리고 아마도 자신의 신학에 대해 가장 분명하게 설명한 저서는 『감정 선언』(*Declaration of Sentiments*, 1608년)이다. 그 논문은 그의 다른 논문들과 함께 세 권으로 편찬된 『제임스 아르미니우스의 저술들』(*Works of James Arminius*, Baker Books, 1999)에 실려 있다("제임스"는 야코부스의 영국식 표현이다). 이 저서와 다른 저서에서 이 네덜란드 성직자이자 신학자는 구원에 대한 비(非)칼뱅주의적 개혁주의 신학을 발전시켰다. 그의 구원론은 전적 타락뿐만 아닌 선행적 은총(prevenient grace)도 포함하고 있다. 이런 개념들과 그것들이 그의 신학에서 차지한 자리는 대화를 통해 분명해질 것이다.

아르미니우스는 그의 신학에 대한 논쟁이 한창일 때 죽었다. 그를 따르는 무리는 그들의 신학의 주된 교의를 나타내는 문서를 쓰고 그것을 항변서(Remonstrance)라고 불렀다. 그들은 항변파(Remonstrants)로 알려지게 되었는데, 이는 개신교도(Protestants)를 말하는 또 다른 용어다. 그들은 당대 네덜란드의 고 칼뱅주의(high Calvinism)에 반대하는 항의자들이었다. 항변파는 1618/19년에 연합 주(United Provinces, 그 당시 네덜란드의 공식 이름)의 개혁교회들에 의해 재판에 회부되었다. 그들을 이단으로 선고했던 공의회는 도르트 총회(Synod of Dort)로 알려져 있는데, 이는 공의회가 도르트레흐트(Dordrecht, 영어로는 Dordt/Dort) 시에서 열렸기 때문이다.

연합 주(州)의 정치 지도자는 칼뱅파를 선호하는 나소의 모리스 대공(Prince Maurice of Nassau)이었다. 칼뱅주의 신학자들이 총회에 참석하기 위해 전 유럽에서 왔다. 항변파들은 그들 자신을 변호할 수 없어 이단으로 규탄받았으며, 성직자와 신학자로서의 지위도 박탈당했다. 몇 명은 강제 추방당했으며 적어도 한 명은 참수당했다.

1625년에 모리스 왕자가 죽자, 반대 의견을 지닌 종교집단에 더 호의적이었던 새로운 통치자가 항변파들이 연합 주로 돌아오는 것을 허락했다. 그들은 항변파 신학교(Remonstrant seminary)를 설립했으며 이 학교는 오늘날까지 암스테르담에 남아 있다. 항변파 형제단(The Remonstrant Brotherhood)이라 불리는 네덜란드 교파는 세계 개혁교회 연맹(the World Alliance of Reformed Churches, 특히 미국에 있는 보수적 칼뱅주의자들에게는 유감스러운 일이다. 그들은 아르미니우스주의를 여전히 신학적으로 개혁되지 않았다고 본다)의 창립 정회원이다.

이 가상의 대화는 칼뱅과 아르미니우스 사이의 주된 차이점을 보여주려 한다. 그들의 삶이 단지 4년만 겹치기 때문에, 우리는 그들이 천국에서 만나는 것으로 상상하고자 한다. 이 만남을 가능하게 만들기 위해 독자들이 고지식함을 버리길 바란다. 그런데 누가 이런 식으로 대화가 일어날 수 없다고 말할 수 있겠는가?

대화

아르미니우스   여보세요! 여기가 어디죠? 매우 아름다운 곳이네요. 제 조국 네덜란드의 멋진 튤립 벌판을 생각나게 하는군요. 그런데 어딘가가 다른 것 같네요….

칼뱅   존경하는 아르미니우스 박사님, 당신은 꿈꾸거나 잠에서 깨어난 것이 아니라 천국에 있습니다. 이게 당신이 기대했던 것 아닌가요?

아르미니우스   오, 제가 폐결핵으로 죽었죠, 그렇죠? 지금은 많이 나아진 것 같습니다. 숨 쉬기가 훨씬 편하네요. 그런데 당신이 누구신지 말씀해주시겠어요? 매우 친숙해 보입니다. 제가 스위스 제네바에서 공부할 때, 그곳에서 당신의 초상화를 본 것 같아요. 혹시…?

칼뱅   맞습니다. 아르미니우스. 저는 장 칼뱅입니다. 제네바에서 당신은 제가 후임자로 직접 뽑았던 수석목사와 우리의 신학교인 제네바 아카데미의 교장이었던 제 제자 아래서 공부하셨습니다. 그의 이름은 테오도루스 베자입니다. 그를 기억하시죠, 그렇죠?

아르미니우스   물론이죠. 물론이죠. 그를 기억하다 말고요. 강의실과 베자의 사무실에 당신의 대형 초상화가 걸려 있던 게 이제 기억나네요. 그런데 당신은 제가 죽기 오래전에 죽었어요. 왜 천국 문 안쪽에서 저를 맞이하시는 건가요?

칼뱅   이건 제 아이디어가 아닙니다! 당신이 제 가르침과 당신의 스승인 저의 제자 그리고 모든 개혁주의 교수들의 가르침에 어떻게 반대하는지에 대해 들었을 때 저는 충격과 공포에 휩싸였습니다.

아르미니우스　당신이 이 위에서 지상에서 벌어진 일들을 알고 있다는 게 놀랍네요! 저기 아래의 대다수 사람들은, 여기 위에 계신 분들이 우리에게 관심을 가진다고 생각하지 않습니다. 그러나 당신이 보고 계셨다는 것을 이제 알게 되었으니, 혹시 제 글과 가르침이 당신의 사상의 어떤 부분이라도 다시금 고려하게 한 부분이 있나요? 예를 들면, 예정에 관한 당신의 사상 말입니다.

칼뱅　　그것에 관해서는 잠시 후에 이야기해보죠. 우선은 왜 우리가 이런 예상치 못한 어색한 만남을 가졌는지에 대해 설명하고자 합니다. 얼마 전, 저는 당신의 이단 사상이 많은 우리 개혁주의 사람들을 엇나가게 만든다고 들었으며 그것으로 인해 괴로웠습니다. 곧이어 저는 자신의 목적을 이루기 위해 실수도 사용하는 하나님의 놀라운 방법을 찬양했습니다. 제가 하나님을 찬양하던 그때, 하나님은 저에게 당신이 여기에 도착하자마자 당신과 함께 이야기하라고 명하셨습니다. 말하자면, 저는 당신에게 천국으로 향하는 밧줄을 보여주려 합니다. 그리고 당신과 우리의 신학적 차이점에 관해서도 대화하려 합니다. 하나님은 왜 이렇게 해야 하는지 설명하지 않으셨습니다. 그저 그렇게 하라고 말씀하셨죠.

아르미니우스　음, 하나님은 당신이 저로부터 무언가 배울 게 있다고 생각하시나 봅니다.

칼뱅　　그게 사실이라면 저는 대단히 놀랄 것입니다. 그러나 수년 전 제가 여기에 도착한 이래로, 저는 놀라는 데 익숙해졌습니다. 그러나 여기서 일어나는 일은 제가 예상했던 것과는 달랐습니다. 예를 들면, 저는 천사가 이단의 괴수인 세르베투스에게 삼위일체에 관해 가르치는 것을 보았습니다. 그는 제가 그를 보고 놀라는 만큼 저를 보고 놀라는 것처럼 보였습니다. 결국 천사가 우리를 화해시켜줬고 우리는 화해했죠. 저는 그가 화형에 처해진 데 있어 제가 기여한 부분에 대해 사과했습니다.

아르미니우스   그렇다면 심지어 세르베투스도 하나님이 선택하신 자들 중 하나군요! 놀랍습니다. 저는 하나님의 자비로우심이 우리 개신교 신학자들 대부분이 생각했던 것보다 훨씬 더 넓지 않을까 항상 생각했었습니다. 저는 정말 그러기를 바랐습니다. 저를 위해 그걸 확인해주셔서 감사합니다.

칼뱅   당신의 오랜 강적인 프란키스쿠스 고마루스(Franciscus Gomarus)가 숨을 거두면 여기로 오도록 되어 있다는 것을 알면 놀라실 겁니다. 그는 일전에 당신의 무덤 위에서 춤을 췄었죠. 당신은 그가 그리스도인이라고 생각하지 않는 것 같습니다.

아르미니우스   결코 그렇게 말하지 않았습니다! 다만 저는 그에게 동의하지 않았던 우리를 향한 그의 행동이 적절하지 않았다는 것과 예정에 대한 그의 견해가 극단적이라는 것을 말했을 뿐입니다. 저는 그가 교리적으로 주장했던 것들을 당신의 저술에서 찾을 수 없었습니다. 그럼에도 불구하고 그는 당신의 추종자라고 주장하지요.

칼뱅   네, 네. 저도 그의 극단적 견해와 그가 그런 견해를 표현하는 방식에 약간 실망했습니다. 그러나 그건 제가 여기서 더 큰 진리를 배웠기 때문입니다. 의심의 여지 없이 고마루스가 도착하면, 그도 우리가 지상에서 가졌던 하나님에 대한 개념과 그분이 일하는 방식에 대해 우리가 가지고 있던 지식이 얼마나 작고 보잘것없는지 배울 겁니다.

당신이 알고 싶어 할 것 같아 말씀드리는 건데, 소문에 의하면, 하나님이 당신을 천국 문에서 그를 맞이하는 사람으로 지목하실 거라고 합니다. 저와 세르베투스처럼, 둘 다 진리의 일부만 알고 있다는 것과 둘 다 자신이 가르쳤던 것이 부분적으로만 옳다는 걸 알게 된다면, 당신과 고마루스도 사이좋게 지내는 법을 배우게 될 겁니다.

아르미니우스　그와의 만남을 기대하고 있다고 말할 수 없군요. 라이덴 대학교에서 그는 저에 관한 매우 나쁜 거짓말을 해 저를 신학 교수의 자리로부터 직위해제 하려고 했습니다. 그는 정말 비열했습니다.

칼뱅　　　글쎄요. 당신도 그에게 대응할 때 그렇게 친절하지 않으셨잖아요! 당신은 그의 하나님과 저의 하나님이 모든 죄인들 중에 가장 악한 죄인일 뿐만 아니라 유일한 죄인이라고 쓰셨죠!

아르미니우스　그러나 그건 제가 상황을 어떻게 보았는지에 대해 말해주는 것일 뿐입니다. 어쨌든, 만일 그와 당신이 옳다면 죄와 악은 하나님이 계획하시고 행하신 것이 됩니다. 하나님은 죄와 악을 창조하신 분이 되고요. 하나님을 여기서 빠져나오게 할 방법은 없을 겁니다. 만일 당신의 신학이 옳다면, 하나님은 세계에 있는 모든 악과 고통에 대해 책임을 지셔야 합니다. 왜냐하면 그는 모든 것을 결정하는 실재이기 때문이죠.

칼뱅　　　절대로 그렇지 않습니다! 만일 당신이 제 저서를 신중히 읽었더라면, 하나님이 죄와 악에 대한 책임이 있다는 것을 제가 반복적으로 부인했음을 알게 될 겁니다. 하나님이 그들로 하여금 죄를 짓도록 하여 그들이 불순종했다고 해도, 오직 죄인들에게만 죄가 있습니다.

아르미니우스　그건 말이 안 돼요. 당신과 당신의 모든 추종자들은 그렇게 말하고 있지만, 그건 불가능합니다. 어떻게 하나님이 죄인들을 불순종하게 만들 수 있으며 또 그렇게 함에도 불구하고 어떻게 그것에 대한 책임에서 벗어날 수 있는지, 그리고 어떻게 죄인들에게만 책임이 있는 건지 알고 싶네요.

칼뱅   당신은 이에 대한 대답을 알고 있다고 생각합니다. 베자의 말에 따르면 당신은 훌륭한 학생이었더군요. 당신은 우리가 하나님이 미리 정하시고 확실하게 하신 어떤 행위가 죄일 수도 있고 아닐 수도 있다고 주장하고 있는 것을 알고 있습니다. 미리 정하시고 그것을 확실하게 하신 하나님에게는 죄가 없지만 그 행위를 범함 사람에게는 죄가 있습니다. 그 사람이 달리 할 수 없다고 할지라도 말입니다. 왜냐고요? 죄는 항상 주로 갈망과 동기와 의도에 있지, 물리적이거나 정신적인 행동 그 자체에 있는 것이 아니기 때문이죠. 모든 일은 하나님의 기쁨과 영광을 위해 하나님이 미리 정하신 것이지요. 모든 것은 그 자체보다 더 높고 큰 목적에 기여합니다.

죄인은 이기심이나 증오 같은, 죄가 되는 동기로 인해 악행을 저지릅니다. 그게 일을 잘못되게 만듭니다. 하나님은 어떤 행위를 미리 정하시고 그 행위를 확실하게 만드십니다. 왜냐하면 이는 하나님 자신의 영광을 최대한으로 나타내기 위해 필요한 것이기 때문입니다. 예를 들면, 피조물에게 살인은 잘못된 행위입니다. 왜냐하면 하나님이 그것을 잘못이라고 선포하셨기 때문입니다. 그리고 살인은 언제나 어떤 악한 동기로부터 자행되기 때문입니다. 그러나 하나님은 그가 미리 정하신 살인의 죄에 의해 오점이 생기지 않습니다. 왜냐하면 그는 어느 법에도 종속되지 않기 때문이고 또 그는 그 행위로부터 선을 이끌어낼 수 있기 때문입니다.

아르미니우스   그래서 당신이 쓰고 가정한 것이, 하나님이 창조주이자 모든 것의 섭리적 통치자이시기에 어떤 것도 그의 예정 없이 일어나지 않으며 일어나는 모든 일은 그의 영광을 위해 미리 정해졌다는 거군요. 제 말이 맞나요? 우리의 교회 교부인 아우구스티누스가 말했듯이, 유일하게 악한 것은 악한 의지뿐이기에, 악은 마음의 의도와 동기에만 있지 결코 정신적 결정과 물리적 행동에 있지 않습니다. 하나님은 죄와 악을 창조하지 않으셨습니다. 비록 하나님이 모든 정신적, 물리적 행위 그리고 죄 있는 사람들도 미리 정하시고 이를 확정하시지만, 죄를 만드시지는 않았습니다. 왜냐하면 죄는 피조물 마음에 있는 악한 의도 속에 있기 때문입니다. 정신적이며 물리적인 행위 자체는 선합니다. 왜냐하면 그런 행위가 하나님을 영화롭게 하는 하나님의 높은 목적에 기여하기 때문입니다.

칼뱅　　　네. 그건 확실히 옳습니다.

아르미니우스　그렇다면 최초의 악한 의도가 어디로부터 왔나요? 만일 당신이 "피조물의 자아로부터"라고 말한다면, 당신은 하나님의 모든 것을 결정하시는 힘과 모든 것을 다스리심에 예외가 있다는 것을 허락하는 것입니다. 그건 피조물이 자율적이라는 것을 의미하게 되는데, 이게 바로 당신이 피하려고 애쓰는 것이죠. 그러나 만일 당신이 "하나님으로부터"라고 말한다면, 하나님을 죄와 악의 근원으로부터 해방시켜 주려는 당신의 시도가 무너지게 됩니다. 만일 악한 의도가 하나님에게서 오는 것이라면, 우린 다시 하나님을 궁극적이고 어쩌면 유일한 죄인으로 만들어버리는 주제로 돌아가게 됩니다.

칼뱅　　　우리는 어떤 것은 그저 신비로 남겨두어야 합니다. 최초의 악한 의도의 기원은 우리에게는 숨겨진 신비입니다. 확실한 건, 그 기원은 하나님으로부터 나온 것이 아니라는 것입니다. 그러나 그렇다고 해서 그 기원이 하나님의 의지와 힘으로부터 완전히 떨어져 있는 것도 아닙니다. 그래서 남겨진 모든 것은 신비입니다.

아르미니우스 그렇게 하시면 안 되는 걸로 알고 있습니다, 칼뱅. 그건 신비 이상의 것 같아 보입니다. 당신의 말이 저에게는 완전한 모순 같이 들리네요! 당신은 하나님을 모든 것을 통치하는 힘이라고 하셨어요. 그리고 하나님이 예정하시지 않거나 또 어떤 의미에서 하나님에 의해 야기되지 않은 존재는 없다고 말씀하셨습니다. 그렇게 말하면서 당신은 악한 의지와 의도를 예외로 두고 계시군요. 악한 의지와 의도는 존재하지 않는 것인가요? 그렇다면 그들은 하나님으로부터 필연적으로 나온 것이 아닌가요?

칼뱅 당신은 우리의 위대한 교회 교부이신 아우구스티누스가 우리에게 악은 어떤 대단한 것이 아닌 선의 부재라고 가르쳤던 것을 잊고 계시군요. 따라서 아닙니다. 악한 의지와 의도는 일반적인 의미에서 "존재하지" 않습니다. 그들은 사물이 아니며 어떤 존재도 가지고 있지 않지요. 그들은 선의 결여입니다.

아르미니우스 그러나 그건 악이 어디서 나오는가에 대한 제 질문에 답이 되지 않습니다. 선의 결여조차도 어디선가 그리고 어떤 것과 더불어 시작해야 합니다. 하나님이 악한 의도를 미리 정하시고 그걸 확실하게 만드셨을까요? 아니면 아닌가요? 그게 제 질문입니다. 이 질문은 당신이 악을 선의 부재라고 정의한다고 해도 여전히 남아 있습니다. 심지어 부재조차도 존재합니다. 예를 들어, 어둠을 생각해보세요. 그것은 단지 빛의 부재일 뿐이지만 빛의 부재로서 존재하고 있습니다.

칼뱅 지금 고집을 부리시는군요. 당신도 당신 자신의 질문에 답할 수 없을 것 같습니다. 악이 어디서 온다고 생각하나요?

아르미니우스   피조물이 자유의지를 잘못 사용하는 데서 옵니다.

칼뱅   그렇다면 당신은 하나님을 모든 것을 결정하는 힘이자 모든 것 위에 계신 주권적 통치자로 생각하지 않는다는 것을 인정하시는 건가요?

아르미니우스   저는 하나님이 자신의 주권 위의 주권을 갖고 계시며 자신의 통치권 위에서 통치하고 계신다고 믿습니다. 하나님은 피조물에게 자유를 주시기 위해 자신을 제한할 수 있으시며, 그들에게 자신의 완벽한 뜻에 반대할 수 있을 정도의 자유분방함도 주십니다.

칼뱅   그럼 당신은 하나님이 자신 외의 다른 창조자, 즉 스스로 결정하는 피조물을 창조하실 수 있다고 말하는 거군요.

아르미니우스   절대로 그렇지 않습니다. 자유의지라는 선물은 하나님으로부터 옵니다. 하나님의 허락 없이 피조물은 그것을 올바르게 혹은 잘못 사용할 수 없습니다. 그러나 하나님은 죄나 악을 예정하지 않으셨고 피조물에게 불순종을 강요하지도 않으십니다.

칼뱅   그렇게 고안함으로써 하나님을 빠져나오게 만들었다고 생각하는 것 같은데, 실은 당신 역시 하나님의 허락에 호소함으로써 하나님이 죄와 악에 대해 책임지도록 만들고 있습니다.

아르미니우스   만일 선생이 학생의 실패를 허락했다면, 선생도 그에 대한 책임을 질 수밖에 없습니다.

칼뱅   그러나 만일 선생이 그 학생이 실패하는 것을 막을 수 있음에도 불구하고 막지 않는다면, 어떻게 되나요?

아르미니우스   학생이 실패하지 않을 것임을 선생이 보증할 수 있는 유일한 방법은, 그에게 과도한 도움을 주어 그가 합격하는 것 외에는 어떤 대안도 가지지 않게 하는 것입니다. 이렇게 되면 선생은 정답을 학생에게 말해주어야 하는데, 그건 부당한 일입니다.

칼뱅   그래서 당신은 하나님을 멀리서 우리가 최선을 다하는지 보기만 하고 우리를 도와주지 않는 그런 신이라고 믿나요?

아르미니우스   절대로 그렇지 않습니다! 하나님은 좋은 부모와 같습니다. 지속적으로 아이들이 최선을 다하도록 돕지만, 그들이 실수를 하는 것도 허락합니다. 특히, 그들이 성숙해지면서 더 많은 자기신뢰와 책임을 질 때는 더 그러합니다. 하나님은 좋은 선생님과도 같습니다. 도전과 지지를 다 주지만 학생을 대신해서 배움을 수행하지는 않습니다.

칼뱅   글쎄요. 결국 당신의 하나님은 너무 작다는 것밖에 할 말이 없군요. 그는 그의 뜻이 승리하는 것도 보장할 수 없습니다. 그는 그다지 영광스럽지 않군요. "제 의견으로는"이라고 말하려고 했지만 제가 말하는 것은 성서적으로 참입니다. 이건 의견 차이에 대한 문제가 아닙니다. 당신은 그야말로 하나님과 성서를 영예롭게 하고 있지 않습니다. 인간의 자율성과 인간이 하나님의 뜻을 뒤엎을 수 있다는 데 대한 당신의 가르침으로 말입니다.

아르미니우스   하나님의 섭리에 관해 영원히 논의할 수도 있지만, 관련 주제인 예정으로 넘어가 봅시다. 당신도 알다시피, 저는 당신이 가르치는 것과 당신을 따르는 이들이 가르치는 것에 반대하게 되었습니다. 어떤 이들은 하나님의 무조건적 선택으로 인해 구원을 받지만 다른 이들은 유기로 인해 영원한 저주를 받는다는 가르침 말입니다. 예수 그리스도의 하나님은 그렇게 하지 않으실 겁니다. 그는 사랑의 하나님이지, 증오의 하나님이 아니시거든요.

칼뱅   당연하죠. 그는 사랑의 하나님이지, 증오의 하나님이 아니십니다. 그는 선택된 자를 사랑하십니다. 그러나 동시에 그는 정의의 하나님이십니다. 그는 유기된 자들이 받아 마땅한 저주를 받도록 내버려 두시죠. 하나님은 어느 누구도 구원해야 할 의무가 없으십니다! 타락한 인류인 지옥의 무리로부터 일부를 구원하시는 하나님은 얼마나 자비로우신지요.

아르미니우스　그러나 잠깐만요! 일찍이 『기독교 강요』에서 당신은 인류가 아담과 더불어 타락한 것도 모든 것을 결정하고 예정하시는 하나님의 뜻과 능력 안에 있다고 쓰시지 않으셨나요? 그러니 만일 하나님이 타락을 예정하고 확정하셨다면, "지옥의 무리"는 저주받아 "마땅하지" 않습니다. 어쩔 수 없이 행한 것에 대해 누가 저주받아 마땅한가요? 어떤 하나님이 저주받을 죄로 그의 피조물의 타락을 예정하시나요? 그리고 어떤 하나님이 그들에게 책임을 물고 유죄판결을 내려 그들이 지옥의 영원한 고통을 받아 마땅하다고 주장하시나요? 그리고 당신이 확언하듯이, 만일 하나님이 사랑과 정의의 하나님이라면, 그리고 모든 사람을 구원할 수 있다면, 왜 그렇게 하시지 않겠습니까? 거기에다 베드로후서는 하나님이 "아무도 멸망하지 아니하고 다 회개하기에 이르기를 원하신다"고 우리에게 말하고 있지 않나요?

칼뱅　아, 당신은 하나님의 숨은 뜻의 깊은 곳까지 들여다보고 계시군요. 그렇습니다. 하나님은 모든 사람이 구원받기를 원하십니다. 그러나 그의 충만한 영광이 드러나려면, 그건 가능하지 않습니다. 진노를 통해 죄인을 향한 하나님의 공의도 분명하게 나타나야 합니다. 지옥은 하나님의 충만한 영광을 위해 필요합니다. 저의 신실한 제자 중 한 명(베자였나요?)이 말했듯이, "지옥 불에서 영원히 고통 당하는 이들은, 적어도 그들이 하나님의 더 위대한 영광을 위해 거기 있다는 사실로 인해 위안을 얻을 수 있습니다." 네, 지옥을 만드시고 누군가를 거기에 있도록 미리 정하신 하나님의 법령은 가혹합니다. 그러나 그렇지 않다고 하는 것은 하나님의 완전한 영광을 빼앗는 것이 되며 사람들이 더 좋은 대우를 받을 만하다는 것을 함의합니다.

아르미니우스　당신은 하나님의 선하심과 사랑을 믿지 않으시나요? 당신의 하나님은 가혹하고 이기적인 하나님으로 들리는군요. 그에게 연민의 마음이 있긴 하나요?

칼뱅　　　저는 하나님이 선하시다고 믿습니다. 그는 선하심의 표준 그 자체죠! 피조세계 가운데 있는 선함은 하나님의 완벽하신 선함의 희미한 반영일 뿐입니다. 그러나 하나님의 선하심은 우리의 선함과 같지 않습니다. 그리고 하나님이 하시는 것은 무엇이든지 선합니다. 가장 높으시고 가장 위대하신 존재가 행하는 것이 어떻게 선보다 못한 것일 수 있겠습니까?

아르미니우스　하나님의 "선하심"에 대한 당신의 설명은 그 용어의 의미를 퇴색시킵니다. 우리가 선함에 대해 가진 이해와 하나님의 선하심 사이에는 어떤 유사성도 없습니다. 그렇다면 그것을 "선함"이라고 하는 이유는 뭔가요?

칼뱅　　　하나님의 영이 우리에게 가르쳐주신 말씀 안에 있는 하나님 자신에 대한 계시로 거슬러 올라가야 합니다. 우리가 이해할 수 없을 때조차도, 우리는 계시된 것을 믿어야 합니다. 그리고 성령은 우리를 돕습니다. 오직 성령의 내적 증거를 통해서만, 우리는 참으로 하나님의 선하심을 이해할 수 있습니다. 인간의 관점에서 하나님이 완벽하게 선하게 보이지 않는다면, 그건 사람들이 우리의 선함을 하나님에게 투사하기 때문입니다. 우리는 하나님 자신으로부터 그의 선하심이 무엇을 의미하는지 배워야 합니다. 그리고 말씀과 성령이 우리에게 가르치는 것은, 하나님이 하시는 것은 무엇이든지 선하시다는 것이지요.

아르미니우스 　글쎄요, 하나님에 대한 당신의 신념은 그를 전혀 이해할 수 없는 분으로 만들었습니다. 기록된 말씀은 이해될 수 있어야 합니다. 그러니까 아무도 이해하지 못할 정도로 신비스러우면 안 된다는 것입니다! 우리는 성령에 의해 성서가 하나님의 말씀이라는 것을 알며, 성령 없이 성서를 참으로 이해할 수 없다는 것에 동의합니다. 그러나 만일 성령의 도우심에도 불구하고 두 사람이 "선함"과 "사랑" 같은 단순한 단어가 의미하는 것에 동의할 수 없다면, 모든 것은 모호하게 됩니다.

칼뱅 　저는 성령이 당신을 돕기 위해 당신 안에 계신지조차 확신치 못하겠네요! 하지만 저는 당신을 판단할 수 없습니다. 오직 하나님만이 하실 수 있으십니다. 그러나 저는 당신의 신학을 판단할 수는 있습니다. 당신의 신학에는 악취가 나네요! 격식을 갖추지 않고 한 말에 대해 사과합니다만, 저는 『기독교 강요』에서조차 강한 언어를 때때로 사용해 회의주의자들을 바로잡아야 했습니다.

아르미니우스 　네, 알고 있습니다. 당신은 하나님의 공의에 대한 당신의 설명에 집요하게 질문하는 사람들을 짖는 개와 같다고 말했죠.

칼뱅 　그래서…?

아르미니우스 　하나님의 섭리에 대해 이야기할 때처럼, 구원에 이르는 하나님의 예정에 관한 토론에서도 진전이 없군요.

칼뱅 　그러나 당신은 그 중요한 교리에 관해 무엇을 믿는지에 대해 설명도 하지 않으셨습니다. 저는 당신의 관점이 무엇인지 알 것 같습니다만, 당신으로부터 직접 듣고 싶군요. 때로는 말로 하는 것이 그것이 지니고 있는 내적 모순을 드러내기도 하죠.

아르미니우스 　하나님은 선택하시는 하나님이십니다. 그 선택은 분명히 예정과 동일한 것입니다. 하나님은 무엇보다도 먼저 예수 그리스도가 하나님과 인간 사이의 중재자가 되시도록 선택하셨습니다. 두 번째, 하나님은 이스라엘을 선택하셨듯이 교회를 선택하십니다. 하나님은 그의 이름으로 부름 받을 백성을 택하십니다. 세 번째, 선택 혹은 예정은 신자들에 대한 하나님의 예지(foreknowledge)를 가리킵니다. 하나님은 구원받는다고 믿는 사람들과 하나님이 선택하신 백성의 일부가 된다고 믿는 모든 사람을 예정하십니다. 하나님은 누가 자유롭게 하나님의 선택하신 백성의 일부가 될 것을 선택할 것인지 미리 알고 계십니다. 마지막으로, 이 모든 것에 있어서 하나님의 목적은 은혜와 자비를 통해 그의 사랑을 보여주는 것입니다.

칼뱅 재밌네요. 하지만 그건 선택과 예정에 대한 감상적인 개념입니다. 그것은 하나님의 영광이나 인간의 죄성을 공정하게 다룬 것이라고 보기 어렵습니다. 그리고 하나님이 우리의 선택에 의해 좌우된다는 것을 함의하고 있습니다. 당신의 관점은 인간을 하나님 위에 두고 있습니다. 그리고 그건 우리가 전적으로 타락한 것이 아님을 함의하는데, 이는 바울이 로마서 3장에서 한 말과 모순됩니다. 거기서 사도 바울은 어느 누구도 하나님을 찾지 않는다고 말하고 있습니다. 만일 하나님이 무조건적으로 선택하지 않으시고 불가항력적으로 인간을 부르지 않으신다면, 그들은 회개하고 구원받을 어떤 기회도 가지지 못합니다. 이는 사도 바울이 말한 것처럼, 그들이 허물과 죄로 인해 죽었기 때문입니다.

아르미니우스 어느 누구도 스스로 하나님을 찾지 않는다는 데 동의합니다. 그러나 하나님은 사람들에게 선행적 은혜(prevenient grace)를 주셔서 그들을 도우십니다. 선행적 은혜는 자유의지를 가능케 하지만 저항도 가능하게 합니다.

칼뱅　　　　선행적 은혜라는 이런 성서 외적인 개념의 요지가 무엇이죠?

아르미니우스　　비록 성서가 그걸 명칭으로 부르고 있지 않지만 성서 도처에서는 그것을 말하고 있습니다. 한편으로, 성서는 하나님 홀로 구원하신다고 말합니다. 타락한 인간은 그들 자신의 구원을 시작할 어떤 영적인 힘조차 없습니다. 저는 반(半)펠라기우스주의 이단을 거부합니다. 인간이 아니라, 하나님이 구원을 시작하십니다. 다른 한편으로, 성서는 사람들로 하여금 하나님의 부르심에 응답하는 데 대해 결정하도록 하며 그들의 선택에 책임지도록 합니다.

만일 그들이 자유롭지 않다면 어떻게 책임을 질 수 있겠습니까? 왜 하나님은 자유롭게 응답할 수 없는 사람들을 부르시나요? "선행적 은혜"는 성서적 개념입니다. 비록 이 문구가 성서에 나오지 않더라도 말입니다. 삼위일체의 개념도 성서에서 언급되지 않지만, 이 교리만이 성서가 하나님에 관해 말하는 모든 것을 이치에 맞게 설명합니다. 마찬가지로, 선행적 은혜라는 말도 성서에는 나타나지 않지만, 그것이 없다면 성서는 말이 되지 않습니다.

칼뱅　　　　글쎄요, 저와 저를 따르는 이들 역시 선행적 은혜를 믿습니다. 비록 우리는 그것을 선행적 은혜라고 부르지는 않지만요. 그러나 우리는 성서를 따라 그것이 불가항력적이라고 믿습니다. 하나님이 한 사람을 내적으로 불러 구원에 이르도록 하실 때, 그 사람은 틀림없이 구원을 받습니다. 외적 부르심은 많은 사람들을 부르지만, 선행적 은혜의 한 부분인 내적 부르심은 오직 택하심을 받은 자들에게만 주어집니다. 그리고 그들은 하나님의 부르심에 "네"라고 합니다. 하나님은 그들이 하나님의 구원하시는 은혜에 따르도록 그들을 은혜롭게 설득하십니다.

아르미니우스　　칼뱅, 그럼 이걸 답해보시죠. 만일 하나님이 모든 사람을 구원하실 수 있는데도 그렇게 하지 않으신다면, 그 하나님은 어떤 하나님이신가요? 당신의 신학은 구원이 무조건적이며 저항할 수 없기 때문에 하나님이 모든 사람을 구원하실 수 있다고 말합니다. 그렇다면 이런 사랑의 하나님은 일부가 아닌 모두를 구하려고 하지 않으실까요?

칼뱅　　그 질문은 이미 부분적으로 다루었다고 생각합니다. 하나님의 창조의 주된 목적은 자신을 영화롭게 하는 것이죠. 그리고 그의 충만한 영광은, 그의 모든 속성이 나타나야만 성취되고 드러날 것입니다. 그의 충만한 영광을 위해 죄와 죄인에 대한 하나님의 진노는 불가피합니다.

아르미니우스　　그렇다면 당신은 십자가의 능력을 훼손하고 있습니다. 십자가가 죄에 대한 하나님의 진노의 충분한 계시가 아니었나요? 무엇이 더 필요한가요?

칼뱅　　음, 그것만으로는 충분하지 않았으니까요.

아르미니우스　　아하! 칼뱅, 당신 신학에도 취약점이 있군요. 그 말은 십자가가 하나님의 진노의 불완전하고 불충분한 계시라는 걸 함의하고 있습니다. 사실은 그렇지 않은데 말이죠. 모든 사람의 죄에 대한 정당한 처벌은 그리스도의 어깨 위에 놓였습니다. 하나님이 그의 공의와 진노를 드러내기 위해 하실 수 있는 것이 다른 무엇이 더 있을까요?

칼뱅　　그러면 지옥은 어떻게 설명하실 건가요? 만일 십자가가 하나님의 영광을 충분히 드러냈다면, 그리고 사람들이 받아야 할 처벌이 예수에게 전가되었다면, 왜 지옥이 필요한가요? 그렇게 되면 지옥은 필요가 없습니다! 아르미니우스, 당신의 견해는 불가피하게 보편구원

(universalism)으로 향하게 됩니다. 보편구원은 모두가 구원을 받을 것이라는 이단적인 주장입니다.

아르미니우스   아니요, 당신의 신학이야말로 불가피하게 보편구원으로 인도하고 있습니다. 만일 우리가 하나님의 선하심을 실제로 믿는다면 말이죠. 정말로 선하신 하나님이라면 모든 사람을 택해 구원을 받게 하실 겁니다! 그리고 지옥은 전혀 필요하지 않습니다. 지옥이 있다는 것은 참으로 비극적인 일입니다. 왜냐하면 그것은 불필요한 것이기 때문입니다. 십자가는 모든 죄인을 위한 보편사면(universal amnesty)을 선언했습니다. 그러나 죄인들은 그것을 받아들여야 천국을 상속받을 수 있습니다. 많은 이들이 그렇게 하지 않고 대신 지옥을 선택합니다. 그렇다면 지옥은 하나님이 그의 은총을 거부하는 악한 사람이 가도록 허락하는 곳입니다.

칼뱅   글쎄요, 아르미니우스, 저는 우리가 서로에게서 배운 것이 있는지 모르겠군요. 역사와 구원에 대한 하나님의 주권에 관해 우리의 견해는 양립할 수 없는 것 같습니다. 그러나 하나님이 저를 지명하셔서 당신과 이야기하라고 하셨을 때 해주셨던 말씀이 있습니다. 만일 우리가 일치를 보지 못한다면, 천사장을 지명해 우리를 가르치게 할 것이라고 하셨습니다. 가서 그 천사장을 찾아보도록 하죠.

분석

칼뱅과 아르미니우스의 신학 사이에는 이런 간단한 대화가 다룰 수 있는 것보다 훨씬 더 많은 차이점이 있다. 그러나 칼뱅주의자와 아르미니우스주의자에게는 의외이겠지만, 그 두 신학자는 많은 공통된 신학적 근거도 공유한다. 예를 들면, 이 대화와 글에서 분명하게 드러나는 것처럼, 아르미니우스는 전적 타락을 믿었다. 전적 타락은 예수 그리스도를 제외하고 이 세상에 태어난 모든 사람은, 하나님의 초자연적이며 선행적 은혜가 없이는 영적으로 선한 것을 하거나 선한 의지를 실행하기에 완전히 무력하다는 것이다.

칼뱅과 아르미니우스는 선행적 은혜가 가항력적인지 아니면 불가항력적인지에 관해 견해가 다르다. 칼뱅과 그의 모든 추종자들은 그것이 불가항력적이라고 생각했다. 반면, 아르미니우스는 그것이 가항력적이라고 생각했다. 아르미니우스는 사람들이 구원에 관해서는 "자유의지"를 갖고 있지 않지만, 성령이 선행적 은혜를 통해 그들에게 "자유의지"라는 선물을 주신다고 주장한다. 이것이 은혜다. 이 은혜가 복음을 들은 죄인들을 깨닫게 하고, 부르고, 계몽하고, 도와서 회개와 믿음에 이르게 한다. 은혜가 없다면 그들은 믿음으로 하나님에게 결코 응답하지 못할 것이다.

아르미니우스는 하나님의 주권도 믿었다. 그러나 그는 하나님을 죄나 악의 원인으로 만들지도 모르는 신적 섭리에 관한 어떤 설명도 거부했다. 그에게 있어 죄와 악은 하나님의 계획이나 목적의 일부가 아니다. 죄가 세상에 있음에도 불구하고 하나님은 선을 위해 일하신다. 아르미니우스는 칼뱅주의가 하나님을 죄와 악을 만든 분으로 만들까봐 염려했다. 그리고 그는 그것을 참지 못했다. 아르미니우스와, 칼뱅 자신은 아닐지라도, 그 시대의 칼뱅주의자들 사이의 주된 논쟁점은 하나님의 성품에 관한 것이었다. 아르미니우스는 사랑이 충만하고 자비롭고 자애로우신 하나님의 선한 성품을 보존하고 보호하는 게 전부라고 생각했다. 그는 죄와 악을 예정하는 것을 포함해 모든 것을 결정하시는 하나님이 어떻게 그런 성품을 가질 수 있는지 이해할 수 없었다.

아르미니우스는 예정도 믿었다. 사실, 그것은 좋은 성서적 용어다! 그러나 그는 예정을 누가 믿음으로 복음에 응답할 것인지에 대한 하나님의 예지로 규정했다.

아르미니우스를 따르는 자들과 칼뱅을 따르는 자들 사이의 논쟁은 수년간 왕성하다가 시들기를 거듭했다. 18세기의 부흥운동가이자 감리교의 창시자인 존 웨슬리(John Wesley, 1703-1791)는 열정적인 아르미니우스주의자였다. 반면에 그의 친구이자 동료인 대각성(Great Awakening) 부흥운동가인 조지 휘트필드(George Whitefield, 1714-1770)는 똑같은 열정을 지닌 칼뱅주의자였다. 그 둘은 결국 그들의 신학적 차이로 인해 사이가 틀어졌지만 다시 화해했다. 그리고 웨슬리는 휘트필드의 장례식에서 그에게 찬사를 보내는 설교를 했다.

아르미니우스주의자와 칼뱅주의자의 논쟁은, 19세기 후반기와 20세기 전반기 동안에 다소 약화되었다. 이는 복음주의자들이 그들의 교파 내에 있는 자유주의에 대항하기 위해 함께 뭉쳤기 때문이다. 그들은 그들을 지켜보고 있는 세계에 맞서 연합전선을 펴기 위해 예정과 자유의지에 대한(사실은 하나님의 성품에 대한) 그들의 차이점을 옆으로 제쳐두었다. 그렇지만 20세기 말과 21세기에 들어서면서, 이 논쟁의 또 다른 라운드가 복음주의 개신교도들 사이에서 벌어지고 있다.

이런 차이점들이 중요한가? 이것들은 그것들이 실제로 받고 있는 것만큼 주목받을 만한 것들인가? 분리된 양쪽의 지식인들은 "예"라고 답할 것이다. 왜냐하면 이는 자유의지와 같은 이차적인 사안이라기보다 하나님의 성품에 관한 것이기 때문이다. 칼뱅주의자들은 주로 하나님의 주권과 권능을 그의 영광으로 본다. 아르미니우스주의자들은 하나님의 사랑을 그의 영광으로 본다. 둘 다 분명히 진리를 품고 있다. 차이점은 하나님의 본성과 성품의 각각이 어떻게 강조되는지에 있다. 칼뱅주의자들은 하나님의 사랑을 부인하지는 않지만 그것에 제한을 둔다. 예를 들면, 그들 중 일부는 이렇게 말한다. 하나님은 모든 사람에게 사랑의 일부를 주시지만, 일부 사람에게는 그의 모든 사랑을 주신다. 아르미니우스주의자들은 하나님의 주권과 권능을 부인하지 않지만 그것에 제한을 둔다. 예를 들면, 그들 중 일부는 이렇게 말한다. 하나님은 자신을 제한하셔서 자유로운 피조물들이 그들의 결정을 내릴 때까지 자유의지로 무엇을 할지조차 알지 못하신다(open theism[열린 유신론]). 양쪽에 있는 극단주의자들은 논의와 논쟁에 불을 지피려고 하는 경향이 있다.

더 읽을 책

Bangs, Carl. *Arminius: A Study in the Dutch Reformation*. Nashville: Abingdon, 1973.

Klooster, Fred H. *Calvin's Doctrine of Predestination*. Grand Rapids: Baker Academic, 1977.

Olson, Roger. *Arminian Theology: Myths and Realities*. Downers Grove, IL: InterVarsity, 2006.

16

18세기 복음주의 부흥운동가이자 신학자인
웨슬리와 에드워즈가
구원에 대해 서로 다른 견해를 비교하다

배경

독자들도 알 수 있겠지만, 나는 위대한 기독교 사상가들이 천국에서 서로 대화하는 모습을 상상하는 것이 재미있다. 그래서 대화 상대자들이 지상에 사는 동안 만날 가능성이 전혀 없었던 경우에는, 이런 장치를 사용하고자 한다. 여러 해 동안, 내 학생들도 나와 함께 천국 배경을 상상하는 것을 즐겨 했다. 독자들이 이런 배경을 자주 사용하는 나를 용서해주기를 바랄 뿐이다. 그리고 둘 혹은 그 이상의 사람들이 죽기 전에 만날 수 없었던 경우에는 다른 가상적 배경을 생각해내는 것이 어렵다는 점을 이해해주길 바란다.

존 웨슬리(John Wesley)와 조나단 에드워즈(Jonathan Edwards)는 같은 해인 1703년에 태어났다. 에드워즈는 1758년에 뉴저지 대학(College of New Jersey, 지금의 프린스턴 대학교)의 총장이 된 후 얼마 지나지 않아 천연두에 감염되어 죽었다. 웨슬리는 훨씬 더 오래 살다가 1791년에 죽었다. 둘 다 그들의 생애 동안 그리고 그들 각자의 나라에서 저명한 종교 지도자들이었다.

존 웨슬리는 영국에서 일어났던 대각성 운동의 두 명의 지도자 중 한 명이었다. 다른 한 명은 그의 친구 조지 휘트필드(George Whitefield, 1714-1770)였다. 둘 다 주로 야외에서 큰 회중을 상대로 설교했다. 위엄 있는 영국 국교회(Church of England) 비평가들은 그들을 광신도로 간주했다. 그때 사용했던 조롱 섞인 용어는 "열광주의자"(enthusiast)였다. 그들 중 어느 누구도 의도적으로 감정을 불러일으키려 하지 않았지만 그들이 설교하는 동안 감정적 폭발이 종종 일어났다.

웨슬리는 비밀집회(소규모 종교 모임들)를 마련했으며, 그 구성원들은 후에 감리교도들(Methodists)로 알려지게 되었다. 웨슬리가 시작한 이 운동은 기존 교회 내의 부흥을 위해 고안되었으나 그의 의도와는 상관없이 이 운동은 영국 국교회로부터 분리된 한 교파가 되어버렸다. 이 운동은 특히 미국에서 더욱 그러했고, 혁명전쟁과 더불어 시작했다. 따라서 웨슬리는 성결교(Holiness churches)와 오순절교회(Pentecostal churches)를 포함하는 많은 분파를 둔 세계적인 감리교 운동의 창시자였다.

이 감리교 창시자는 수많은 설교와 주석과 논문을 썼지만 신학 체계에 대해서는 결코 쓰지 않았다. 그는 자신을 신학적으로 아르미니우스주의자(15장을 보라)라고 인정했다. 그리고 인간의 자유의지는 하나님의 선행적 은혜의 선물이라고 믿었다. 반면, 그의 친구이자 동료 복음주의자인 휘트필드는 열렬한 칼뱅주의자였다. 조나단 에드워즈도 마찬가지로 칼뱅주의자였다.

에드워즈는 매사추세츠(Massachusetts)에 있는 노샘프턴(Northampton) 회중교회에서 목사로 섬겼다. 그는 설교단에서 1730년대와 1740년대 뉴잉글랜드의 대각성 운동을 이끌었고 그 운동에 대해 기술한 『하나님의 놀라운 사역에 관한 이야기』(*A Faithful Narrative of a Surprising Work of God*, 1737)를 썼다. 종종 그는 자신만의 청교도 칼뱅주의(Puritan Calvinism)를 알리는 수많은 설교, 수필, 논문을 썼다.

에드워즈는 어떤 교파나 운동도 세우지 않았다. 그러나 미국을 여러 번 방문했던 휘트필드의 설교와 더불어 그의 설교는 회중교회, 장로교회, 그리고 놀랍게도 침례교회를 포함한 많은 교회를 회복시키고 활기 넘치게 했다. 미국의 대각성 기간 동안 많은 사람은 침례교인이 되었고 이는 침례교가 미국의 가장 큰 교파로 자라게 하는 데 일조했다.

대부분의 사람들은 에드워즈를 단지 『진노한 하나님의 손에 붙들린 죄인들』(*Sinners in the Hands of an Angry God*, 1741; 생명의 말씀사 역간)이라는 설교의 지옥 불을 연상케 하는 청교도 설교자로서만 알고 있다. 이 설교는 미국의 많은 고등학교와 대학교 교과서에도 수록되어 있다. 그러나 에드워즈는 설교자이자 신학자뿐만 아닌 철학자이기도 했다. 그는 당대 최신 철학적·과학적 운동의 흐름 안에서 고등교육을 받았으며, 존 로크(Jone Locke, 1632-1704)의 경험론의 영향을 받았다. 종합하건대, 그의 설교는 감정적이지 않은 방식으로 전달되었지만 "죄인들"을 포함한 청중에게는 감정적인 영향을 주었다.

웨슬리와 에드워즈는 만난 적이 없지만 서로의 친구인 휘트필드와 그들 각자의 부흥운동에 대한 신문 기사를 통해 상대를 알고 있었다. 그들은 "큰 연못"이라 불리는 대서양에 의해 나뉘어 있었다. 이는 서로를 이름으로만 알고 있는 사람들에게는 큰 장애물이었다. 웨슬리는 목회 초기(1736-1737)에 조지아(Georgia)에서 영국 국교회의 사제(Anglican pastor)로 섬긴 적이 있었지만 다시 미국으로 돌아가지는 않았다. 에드워즈는 비록 영국 국민이었음에도 영국으로 여행하지 않았다. (북미 식민지는 그의 생애 동안 여전히 영국의 통치 아래 있었다.) 지리적으로 매우 멀리 떨어져 있었음에도 불구하고, 이 둘은 종종 함께 엮인 채로 영국과 미국 교회의 역사 속 복음주의 운동의 두 대부로 소개되고 있다. 영국과 미국에서 많은 이들이 복음주의라 부르는 것은, 수많은 영혼의 감정적 회심을 일으킨 대각성 운동으로부터 시작했다.

미국 복음주의가 많이 나뉘어 있는 것은 대각성 운동을 일으킨 두 대부의 다른 신학적 스타일의 결과물이다. 둘 다 급진적 회심과 예수 그리스도와의 인격적 관계를 믿었을지라도, 하나님의 주권과 같은 주제에 있어서는 견해를 달리했다. 에드워즈는 일어나는 것이 무엇이든지, 하나님이 그것을 예정하시고 그의 영광을 위해 그것을 확실한 상태로 만드신다고 믿었다. 심지어 죄와 악도 하나님이 예정하신 것이지만 하나님이 죄와 악을 만들지는 않으셨다고 주장했다. (이 이중적 주장은 에드워즈의 아르미니우스주의 비평가들에게는 모순처럼 들렸다.)

에드워즈보다 하나님의 영광과 권능과 통제에 더 사로잡혀 있는 기독교 사상가를 상상하기는 어려울 것이다. 그의 저서 중 적어도 한 곳에서 그는 하나님이 매 순간 무로부터 전 세계를 창조하신다고 주장했다. 따라서 일어나는 것이 무엇이든, 그것은 하나님이 의도하신 것이자 그의 영광을 위한 것이다.

웨슬리에 따르면, 하나님은 사람들에게 자유의지를 주신다. 예를 들어 죄와 같은 세상에서 일어나는 많은 일들은, 하나님이 미리 정하신 계획이나 목적에 의한 것이 아니다. 도덕적 악과 어쩌면 세상 속에 있는 자연적 악의 많은 부분은, 아담과 하와의 타락의 결과이자 우리 자신의 삶에서 그들의 불복종을 따라한 결과이기도 하다. 하나님은 사랑과 자비의 하나님이며 구원을 모든 이에게 제공한다. 에드워즈는 여기에 동의하지 않았다. 신실한 칼뱅주의자로서 그는 그리스도가 오직 선택된 자를 위해서만 죽었고, 다른 사람들은 구원받을 어떤 기회도 갖지 못한다고 믿었다. 웨슬리는 칼뱅의 예정 교리를 몹시도 싫어했으며 예정을 신랄하게 비판하는 『신중하게 숙고한 예정』(*Predestination Calmly Considered*, 1752)을 집필했다. 그 책은 전혀 신중하지 않았다. 그 책으로 인해 친구였던 웨슬리와 휘트필드 사이에는 잠깐 동안 불화가 있었다.

우리는 에드워즈와 웨슬리가 천국에서 서로에게 말했을 것 같은 내용을 다만 상상할 뿐이다. 여기서 나는 내 지식에 근거한 추측을 최선을 다해 제시하겠다.

대화

웨슬리　(혼돈스러워하며) 음, 제가 지금 어디 있는 거죠? 제 기억으론 제가 저기 침대 위에 누워서 고통스러워하고 있었어요. 가족과 친구들이 곁에 있었고요. 그다음에, 여기서 깨어났네요. 여기가 병원인가요? 아님 어딘가요? 잠깐만요! 이곳을 병원이라고 하기에는 너무나 아름답군요. 무슨 일이 일어났던 거죠? 제가 죽었나요? 여기가 낙원인가요?

에드워즈　웨슬리 형제. 당신은 죽었고 이곳은 낙원입니다. 환영합니다! 당신이 지금 어떤 기분인지 저는 압니다. 정말입니다. 저는 뉴저지에 있는 프린스턴 대학교의 총장으로 일하기 위해 그 지역으로 막 옮겼을 때 천연두에 걸렸습니다. 저는 사람들이 백신이라 부르는 신문물로 인해 천연두에 감염되었습니다. 백신은 천연두를 막아주는 것이어야 하는데, 오히려 저를 그 병에 걸리도록 만들었습니다! 저도 당신처럼 고통 중에 있었는데 갑자기 모든 고통이 다 사라지고 아름다운 정원과 (비록 태양은 없더라도) 밝은 빛과 대저택이 있는 곳에 있었습니다.

웨슬리　아니, 당신은 뉴잉글랜드 사람 조나단 에드워즈임이 틀림없군요. 제 친구 조지 휘트필드가 당신에 대해 매주 극찬을 했죠. 저는 대서양을 건너 전해진 당신의 죽음에 대한 소식을 들었습니다. 비극적인 소식이었죠. 그렇지만, 여기 당신이 있고 또 제가 있네요. 이곳은 런던이나 프린스턴보다 훨씬 더 좋은 곳인 것 같습니다. 그렇지 않나요?

에드워즈　네. 네. 그러나 저는 당신의 아르미니우스적 이단 주장 때문에, 천사가 당신이 여기 오고 있다는 것을 말했을 때 약간 놀랐습니다. 저는 당신의 그런 믿음이 당신을 하나님의 선택된 백성 중 하나가 되지 못하도록 만들까봐 걱정했죠. 자유의지에 관한 당신의 지독한 어리석음과 복음의 복사본이었던 우리 개혁주의 신학에 대한 신성모독에 가까운 비난에도 불구하고 하나님은 그의 위대한 계획 안에서 자신을 영화롭게 할 목적을 가지고 계신 것 같습니다.

웨슬리   "지독한 어리석음"이요? 모든 이에게 값없이 주시는 하나님의 은혜에 관한 위대한 진리를 말씀하시는 건가요? 저는 당신과 휘트필드가 제 아르미니우스주의를 오해하고 있다는 생각을 항상 해왔습니다. 다른 많은 청교도들처럼, 당신도 아르미니우스주의를 아리우스주의(Arianism) 및 다른 모든 끔찍한 이단의 주장과 혼동하고 있습니다. 아르미니우스주의는 절대로 이단이 아닙니다. 그것은 그야말로 복음의 진리입니다. 당신의 칼뱅주의가 더 이단에 가깝습니다. 실제로, 칼뱅주의는 하나님의 선한 성품에 의문을 제기함으로써 신성모독과 비슷합니다. 어떤 하나님이 죄인들을 만들 것이며, 그들이 그가 예정하신 일을 했다는 이유로 화난 채로 그들을 지옥의 깊은 심연에 빠뜨리겠다는 협박을 하나요?

에드워즈   웨슬리, 당신은 저의 신론을 왜곡하고 있습니다. 저도 모든 선한 칼뱅주의자처럼 하나님의 사랑을 가르쳤습니다. 하나님은 본성상 모든 존재에게 자비로우시지만, 하나님 자신에게 제일 먼저 그러하십니다. 그의 영광은 하나님 자신과 다른 모든 존재들의 가장 높은 목적입니다.

웨슬리   당신이 가르친다고 주장하는 하나님의 사랑은 간담을 서늘하게 만드는 그런 사랑이네요. 사랑이 어떻게 하나님의 형상으로 창조된 인간을 지옥 가운데의 영원한 고통 속으로 예정하실 수 있나요?

에드워즈   그것은 이해하기 쉽습니다. 하나님의 사랑은 무엇보다도 그 자신의 영광을 위한 사랑입니다.

웨슬리   그렇다면 저는 그런 영광이 우리를 오싹하게 만든다고 하겠습니다!

에드워즈   저는 곧 우리에게 청중 한 분이 생길 거라고 알고 있습니다. 바로 전능자 하나님 자신이십니다. 그리고 그는 우리 사이의 논쟁을 정리하실 겁니다. 저는 천사들이 이렇게 속삭이는 것을 들었습니다. 바로 하나님이 칼뱅주의자도, 아르미니우스주의자도 아니라는 것과, 황홀한 낙원의 기쁨 속으로 우리를 들어가게 하시기 전, 이것에 대해 과열해서 싸우고 있는 우리 둘 다를 꾸짖으시리라는 것을 말입니다. 이건 연옥설에 근거가 있다는 걸 뜻하는 것 같습니다. 저는 여기서 당신을 수십 년 동안 기다려왔습니다. 그것을 불쾌했다고 말할 수는 없지만 딱히 천국의 지복을 충만하게 누렸다고 할 수도 없네요.

웨슬리   예정과 자유의지를 다루는 이 논쟁에 관한 올바른 진리는 하나님으로부터 바로 배울 것이니까, 다른 주제에 대해 토론하면서 시간을 보내는 건 어떨까요? 당신의 글이 영국 철학자들 사이에서 꽤 많이 읽히고 있는 것 같습니다. 휘트필드는 당신이 존 로크와 아이작 뉴턴 같은 사람들의 책을 계속해서 읽었다고 하더군요. 제 자신도 이성에 가치가 있다는 것을 발견했지만, 그런 경험주의자들은 우리 그리스도인의 노력에 많은 도움을 주지 않았습니다. 그렇지 않나요?

에드워즈   실은, 저는 그들이 뉴잉글랜드에서 일어나고 있는 아르미니우스주의의 흐름에 반대하고 있는 큰 동맹이라는 것을 알게 되었습니다. 다른 이들이 "자유의지"라 부르는 그것은, 원인이 없는 것이며 경험된 것이 전혀 아닙니다. 그것은 성서와 근대 철학의 가장 뛰어난 사상, 이 둘 모두와 전혀 양립 가능하지 않습니다.

웨슬리　　글쎄요. 저는 로크가 그 부분에 있어서 당신에게 동의하리라고 생각지 않습니다. 그는 개인의 자유를 확고히 믿는 자였죠. 자자, 이런 토론은 어떤가요? 각자 교회의 전통의 개혁가로서, 우리가 믿고 가르쳤던 것의 기초에 대해 이야기해볼까요? 당신은 글을 쓰고 가르칠 때 어떤 권위에 호소합니까? 당신도 아마 알다시피, 저는 경험을 우리 영국성공회의 삼중적(trilateral) 권위, 즉 성서, 전통, 이성에 추가했습니다. 이것을 "사변형원리"(quadrilateral)라고 부를 수도 있습니다. 저희 감리교 목사들과 교사들이 이 네 개의 원리와 규범을 올바르게 사용하는 사람이라면 누구든지 신학적으로 잘될 것이라고 했습니다. 물론 하나님의 도움도 있어야겠죠.

에드워즈　　저는 이성이 저의 신학에 어느 정도 도움이 된다는 걸 알고 있습니다. 특히 이단과 거짓 종교의 요새를 무너뜨리는 데 있어서 말이죠. 그러나 모든 믿음과 실천에 있어서 저의 유일한 권위는 성서입니다. 성서는 성령의 감동으로 인해 쓰였으며 같은 하나님의 영이 우리의 이해를 돕습니다. 전통은 기껏해야 성서를 해석하는 도구입니다. 저는 우리의 웨스트민스터 신앙고백(Westminster Confession of Faith)과 웨스트민스터 소요리문답(Westminster Shorter Catechism)이 견신례 수업에 큰 도움이 된다고 항상 생각했습니다.

　　경험은 사람이 자기 마음대로 왜곡할 수 있는 것입니다. 저는 그것을 신뢰하지 않습니다. 그러나 종교적 정서(religious affections)는 경험이 아닙니다. 사람의 정서는 그들이 사랑하는 것을 향하게 되어 있습니다. 하나님은 정서를 통해 우리의 능력을 다스리십니다. 오직 자신의 정서가 하나님의 영에 의해 다스림을 받는 자만이 하나님을 알고 그를 기쁘시게 할 수 있습니다.

웨슬리　　그것에 동의하지 않을 수가 없습니다. 그러나 저는 교회 교부들에게로 거슬러 올라가는 기독교 가르침의 위대한 전통이 성서를 바르게 해석하기 위해 없어서는 안 된다고 생각합니다. 이성도 마찬가지입니다. 제가 말하는 이성은 논리와 경험을 뜻합니다. "경험"은 교회가 드리는 신실하고 성령으로 충만한 예배를 의미합니다. 저희 감리교 속회에서 드리는 것같이 말입니다.

에드워즈　　웨슬리 형제, 당신이 여기 낙원에 있기 때문에 이제 당신을 형제라 부를 수 있군요. 저는 늘 당신의 신학에 대해 질문하고 싶은 것이 있었습니다. 당신은 어떻게 그리스도인이 죽기 전에 "죄 없는 완전함"(sinless perfection)의 상태에 도달한다고 믿을 수 있나요? 위대한 사도 바울조차도 자신에게 죄가 없다거나 완전하다고 주장하지 않았습니다. 로마서 7장을 읽어보지 않으셨나요? 당신은 지상에 있을 때 완전함에 도달했다고 생각하시나요? 저는 택함을 받은 사람들 가운데 서조차도 완전함에 도달했다는 사람을 만나본 적이 전혀 없습니다.

웨슬리　　에드워즈 형제, 저는 제가 뜻한 바를 설명하려고 무지 애를 썼습니다. 그리고 저는 "그리스도인의 완전함"(Christian perfection)을 의미한 것이 아니었습니다. 제가 한 설명에 대해 전혀 들은 바가 없으시군요. 그랬더라면 저는 우리의 친구 휘트필드가 당신에게 제 말의 진정한 의미를 전달해줬을 것이라고 생각했을 것입니다. 저는 그리스도를 제외한 어느 누구도 이생에서 절대적인 완전함을 이룬다고 말한 적이 없습니다. 그러나 제가 말했고 여전히 믿고 있는 것은, 우리는 거룩함으로 부르심을 받았고 우리 하늘 아버지가 완전하신 것처럼 우리도 하나님에 의해 완전하게 되리라는 것입니다. 예수도 그의 산상 설교에서 그렇게 말씀하셨습니다. 우리 안에 내주하시는 하나님의 영에 의해, 낙원에 오기 이전에도 우리는 더 이상 매일 육체에 맞서 싸우지 않아도 되며 항상 자동적으로 사랑으로 행할 수 있는 상태에 도달할 수 있습니다. 전적으로 성화된 사람조차도 판단의 실수를 합니다. 하지만 그건 죄와 같은 것이 아닙니다.

에드워즈   웨슬리 형제, 이 견해 역시 당신의 아르미니우스주의 신학처럼 어리석은 냄새가 나는군요. 이 견해는 정통 기독교보다는 로마 가톨릭 교리에 더 가깝습니다. 누가 여전히 육체 안에 있으면서, 그리고 지상에 거하면서 완전할 수 있나요?

웨슬리   예수는 완전하셨습니다. 아담과 하와도 타락하기 전에는 완전했습니다. 옛날 에녹도 "하나님과 동행했다"고 알려져 있습니다. 에드워즈 형제, 당신은 성령을 충분히 신뢰하고 있지 않습니다. 하나님의 영은 사람들의 마음을 거듭나게 하여 그들로 하여금 그들이 땅의 장막에 머무는 동안에도 육체에 사로잡히지 않고 성령 안에서의 풍성한 삶을 얻게 하십니다. 당신은 거듭남이 한 사람을 완전히 변혁시키는 하나님의 은혜의 초자연적 사역이라고 믿습니다. 어떻게 이를 믿으면서도 마음이 완전해질 수 있다는 것을 부인할 수 있는지 저로서는 이해할 수 없습니다. 당신이 시인한 것처럼, 만일 이런 변혁을 행하실 수 있는 유일한 분이 하나님이라면, 하나님에게는 모든 죄와 악을 한 사람의 삶에서 근절하기 위해 그 사람을 새롭게 하거나 변혁시켜주시지 않을 이유가 없습니다.

에드워즈   음, 아마 전능자는 이것에 관해서도 가르침을 주실 것 같습니다. 전능자의 보좌로 이어지는 문이 우리를 위해 열려 우리가 그 안으로 들어갈 때, 그분에게 물어볼 것들에 대한 목록을 만들어보죠. 그러나 저는 하나님이 저에게 동의할 거라 확신합니다.

웨슬리　　우리의 부흥 집회에서 회개한 많은 사람을 압도한 낯선 현상들에 대해서도 물어봅시다. 그게…휘트필드가 말해주었습니다. 그런 현상이 그가 설교하는 동안, 그리고 당신이 설교하는 동안에도 일어났다고 말입니다. 사람들은 그들의 죄로 인한 영혼의 슬픔과 고뇌 가운데 바닥에 쓰러져 몸부림쳤습니다. 어떤 이들은 울부짖고 심지어 개처럼 짖었죠. 다른 이들은 깊은 황홀경에 빠지거나 의식을 잃기도 했습니다. 어떻게 된 일일까요? 저는 그것을 결코 이해하지 못했습니다.

에드워즈　　아, 맞습니다. 저 역시 그런 현상들에 대해 어떻게 생각해야 할지 알고 싶습니다. 그런 부흥운동에 관해 두 권의 책을 썼는데, 그중 하나인 『신앙감정론』(Religious Affections, 부흥과개혁사 역간)에서 저는 하나님으로부터 오는 참된 감정적 현상과 하나님으로부터 오는 것이 아닌 거짓 현상을 구별하는 적절한 기준을 분석했습니다. 감정이 모든 존재(하나님과 특히 다른 사람들)를 향한 자비를 초래하지 않는다면 그 감정은 거짓입니다. 저는 회중에게 바닥에서 일어나 그들이 인디언들로부터 빼앗은 땅의 값을 지불하라고 했습니다. 그들은 그렇게 하기를 거부했고 심지어 저를 설교단에서 쫓아냄으로써 그들의 감정이 거짓이라는 것을 증명했습니다.

웨슬리　　사랑 안에서 나타나는 변화된 행동이 참된 감정을 결정하는 잣대라고 저 역시 선포했습니다. 영국 전역에 있는 제 개종자들은 프랑스가 경험한 피의 혁명과 같은 격변으로부터 왕국을 지키기 위해 노력했습니다. 그들은 사회적 환경에 굴하지 않고, 자신의 삶에서 하나님의 역사하심을 보여주고, 하나님과 그들의 이웃을 위해 열심히 일함으로써 이 일을 해냈습니다.

에드워즈　　웨슬리 형제, 마지막 질문입니다. 우리 주를 만나러 지성소에 들어가기 전에, 당신이 우리의 주요 교리인 칭의론, 즉 오직 믿음과 은혜를 통해 오는 의를 진정으로 믿었는지 물어봐도 될까요? 심지어 휘트필드 형제조차도 그 점에 있어서 당신의 정통성을 의심한 것으로 알려져 있습니다. 그리고 당신도 알다시피, 위대한 영국인 찬송가 작사가인 오거스터스 토플래디(Augustus Toplady)가 당신이 진정으로 구원을 받았는지 의심했고, 영국에 있는 형제단의 다른 많은 이도 그렇게 의심했습니다. 당신은 그들 일부가 말한 것처럼, 행위에 의한 구원을 가르쳤나요?

웨슬리   사람들이 그 질문과 다른 질문들로 제 정통성을 의심하고 있다는 걸 들으니 슬픕니다. 저는 참으로 하나님만이 우리를 구원하신다는 것과 그 구원이 믿음을 통해 받는 은혜의 선물에 의해서만 가능하다고 가르쳤습니다.

그러나 저는 아직도 "외부에서 온 의"(alien righteousness) 개념에 대해 의문을 품고 있습니다. 이 개념은 우리가 그리스도인의 삶을 사는 내내 언제나 죄인인 동시에 의인이라는 걸 가르칩니다. 저는 이렇게 믿습니다. 하나님은 죄인들이 그리스도를 믿는 믿음을 가질 때, 그들을 의롭다 하십니다. 그는 그들의 죄를 용서하시고 더 이상 어떤 행위도 요구하지 않으십니다. 그리스도는 우리를 위해 모든 일을 해주셨습니다. 그러나! 그는 그들을 육체 가운데 홀로 내버려두지 않으시고 또 의를 천국에 있는 그들의 장부에 그저 "전가"하지 않으십니다. 절대 그렇게 하지 않으십니다. 하나님은 용서받은 사람들에게 그리스도를 주십니다. 그는 성령으로 그들을 채우시고 그들을 내적으로 새롭게 하심으로써 그들을 새로운 정서를 가진 새로운 피조물로 만드십니다. 그들은 더 이상 죄짓기를 원치 않으며 사랑의 행위로 하나님을 기쁘시게 해드리기만을 원합니다.

저는 오직 믿음을 통한 은혜로 의롭다 하심을 받는다고 믿고 가르쳤습니다. 율법의 행위로 의롭게 되는 건 아니지만 행함이 없이는 안 됩니다. "행함 없이"(without works)라는 표현은 마치 하나님이 우리를 하나님의 기쁨이 되길 원하는 사람들로 변혁시켜주시지 않는 것처럼 들리게 하는군요. 그래서 당신의 질문에 간략하게 대답해드리자면, 저는 성화를 칭의만큼이나 열렬히 가르쳤습니다. 그게 몇몇 개혁주의 학자들과 루터교 학자들이 개신교인으로서의 제 자격을 의심했던 이유입니다.

에드워즈   우리 주님에게 물어볼 또 다른 질문입니다. 적으시죠. "의인이자 죄인"(simul justus et peccator)이라는 루터의 관점이 옳은 건가요? 하나님의 은혜에 의해 구원받은 그리스도인은 항상 "의인인 동시에 죄인"인 건가요? 아니면 그들을 용서해주는 은혜에 의해 그들이 의로운 사람으로 변화되는 건가요? 저는 항상 루터의 견해를 고수했습니다. 동시에 저는 선택된 자들이 그들 삶 속에 있는 은혜의 표지, 예를 들어 모든 존재를 향한 자비에 의해 확인될 수 있다고 설교했습니다. 어쩌면 우리의 관점은 제가 생각했던 것만큼 동떨어져 있지 않은 것 같네요. 완전함에 관한 관점을 제외하고는 말이죠.

웨슬리   여기 전능자에게 물어볼 질문 목록이 있습니다. 지금 천사가 우리에게 손짓하는 것이 보이네요. 하나님의 임재 속으로 들어가는 건가요? 자, 가서 우리의 질문에 대한 답변을 들어볼까요?

에드워즈   네. 좋습니다. 가시죠.

분석

에드워즈와 웨슬리 같은 위대한 기독교 사상가들이 대화를 나눴더라면 그 대화는 확실히 이보다 훨씬 더 길고 심도 있었을 것이다! 내가 그들의 대화에 혹시나 부당한 내용을 넣지는 않았는지 떨리는 마음이다. 둘 다 대단한 영적 성숙함과 신학적 통찰력을 지닌 사람들이다. 비록 대부분의 사람들은 그들을 잊어버렸지만, 둘 다 그들 문화에 여전한 반향을 불러일으키는 영향을 끼쳤다. 에드워즈는 칼뱅주의자였는지도 모른다. 그러나 의도치 않게, 그는 그리스도와 성령을 제외한 어떤 중재도 필요로 하지 않는 살아 계신 하나님과 개인의 만남을 지나치게 강조함으로써 미국식 개인주의에 기여했던 것 같다. 에드워즈가 (합리주의적 회의주의에 반대하며) 미국의 가장 영향력 있는 설교자이자 변증가였음을 알렸던 대각성 운동은, 미국 기독교에 지울 수 없는 흔적을 남겼다. 부흥운동은 미국 기독교의 자연스런 일부가 되었다.

웨슬리는 대브리튼과 특히 잉글랜드 사회를 강력한 방식으로 형성했다. 그로 인해 회심한 사람들은 거의 매번 가난으로부터 벗어나 중산층의 반열에 올라섰다. 몇몇 역사학자들은 그가 50년이 넘도록 영국에서 수행한 목회가 영국을 프랑스 혁명과 같은 피의 숙청으로부터 보호했다고 주장했다. 그를 따르던 이들은 사람들이 하나님과 관계함에 있어서 영국 국교회와 같은 어떤 영적인 위계질서도 필요치 않다는 사상을 받아들였다. 비록 교육받지 못하고 가난한 사람일지라도 하나님의 사랑을 경험할 수 있으며, 더 잘 이해하지는 못할지라도, 그도 주교들만큼 하나님의 말씀을 이해할 수 있다는 것이다.

초기 근대 개신교 기독교의 이 두 거물은 상당히 많은 공통점을 공유했다. 그러나 웨슬리는 (1) 오직 믿음을 통해 오며 오직 은혜에 의해 의롭다 함을 받는다는 칭의 교리와, (2) 오직 성서(*sola scriptura*) 교리, 즉 성서는 그리스도인의 믿음의 권위적인 출처(source)와 규범으로 다른 모든 것 위에 있다는 교리를 거부한 이유로 종종 비난을 받았다. 그가 받은 비난은 악랄했고 지금도 그러하다. 웨슬리의 설교와 논문을 공정하게 읽어보면 그가 그 두 교리의 극단을 피하려 애쓰는 반면에 그 교리들을 몹시 소중히 여겼다는 것을 알게 된다.

두 사람 모두 광신도와 선동가 같은 비평가들에게 괴롭힘을 당했다. 에드워즈는 특히 그들에게 맞서 그들이 틀렸음을 증명했다. 그는 보스턴에 가만히 앉아 대각성 운동을 욕했던 그의 모든 비평가들보다 더 뛰어난 지성을 보여주었다. 그의 논문 『자유의지』(*Freedom of the Will*, 1754, 새물결플러스 역간)와 『하나님이 세상을 창조하신 목적』(*The End for Which God Created the World*, 1765)은 기독교 학계에서 두각을 나타내고 있지만 그의 비평가들의 글은 대부분 잊힌 지 오래다.

대부분의 사람들이 『진노한 하나님의 손에 붙들린 죄인들』로만 에드워즈를 안다는 것은 유감스러운 일이다. 보스턴 지역 비평가들의 지적·영적 후손들이 에드워즈의 명성에 흠집을 내기 위해 이 설교를 골라 학생들에게 읽게 한 건 아닌지 의구심이 든다. 그의 가장 위대한 철학적 저술 중 하나로 간주되는 『참된 덕의 본성』(*The Nature of True Virtue*, 1765)을 학생들에게 읽게 했더라면 더 좋았을 것이다.

에드워즈의 유산은 여러 방식으로 생생히 남아 있다. 그러나 몇몇 21세기 초 개혁주의 설교가들과 작가들의 저술보다 그의 유산이 더 분명하게 나타나는 곳도 없다. 한 유명한 침례교 설교가이자 작가는 에드워즈의 스타일을 따르면서 그가 에드워즈의 신학을 현대 청중을 위해 재진술하고 있다고 말하는 것을 자랑스러워한다. 그 설교가의 책은 수천수만에 이르는 젊은 독자들을 사로잡았으며, 독자들은 알지도 못하는 사이 상당 부분 에드워즈의 신적 결정론을 받아들이고 있다.

그럼에도 불구하고 하나님의 대한 에드워즈의 놀랄 만큼 학구적인 사상에는 약간의 결점이 있다. 하나는 그가 자유의지론적 자유(libertarian freedom, 행하는 것과 달리 행할 수 있는 능력)를 비합리적인 것으로 철저히 부인했던 것이다. 이것이 그가 아르미니우스주의를 반대하는 논지 중 하나였다. 에드워즈는 그런 자유 결정은 원인이 없으며 원인 없는 결과는 논리적이지 않다고 주장했다. 문제는 그가 하나님을 확고한 분이 아닌 자유로운 분이시라고 믿는 것이다. 그러나 만일 달리 행동할 자유가 논리적이지 않다면, 하나님조차도 자유를 소유하신다고 말할 수 없다. 에드워즈는 여기에 동의할 것이다. 그는 이것이 어떻게 모순이 아닌지에 대해 결코 적절하게 설명한 적이 없다.

웨슬리 신학의 맥은 대체로 감리교도들에 의해 이어지고 있다. 그러나 19세기 동안, 그들 중 어떤 이들은 웨슬리의 부흥의 본래 열정과 열의가 감리교 안에서 꺼져가고 있다고 말했다. 그래서 그들은 감정과 성화를 강조한 종교 운동들을 시작했다. 나사렛 교회(Church of the Nazarene) 같은 소위 "미국 성결교회"들은 자신들이 주류 감리교회 내에 있는 많은 교회보다 웨슬리 신학에 더 충실하다고 주장한다. 그들은 전적 성화나 "그리스도인의 완전함"을 여전히 믿는다. 그러나 웨슬리처럼, 그들도 완전함의 의미를 제한해 가장 성화된 사람차도 끊임없이 사로잡는 태만이라는 실수와 죄에 대한 해명을 할 수 있게 한다.

에드워즈는 하나님의 사랑을 희생하여 하나님의 영광을 강조한 반면,

웨슬리는 하나님의 영광을 희생하여 하나님의 사랑을 강조했다. 적어도 그들의 비평가들은 그렇게 말한다. 이런 주장에는 어느 정도 진리가 있을 수 있다. 이는 "영광"이 무엇을 의미하는지에 크게 달려 있다. 웨슬리는 하나님이 가능한 한 많은 사람을 구원하심으로써 자신을 영화롭게 하신다고 믿었다. 그의 사랑은 그의 영광이다. 그의 사랑은 단연코 자기 사랑이 아닌 타자를 위한 사랑이다.

이 두 학자는 광범위한 영역에서 일치함에도 불구하고 그들이 설교하는 하나님은 꽤 다른 듯하다. 한 익살꾼은 에드워즈의 하나님과 악마의 차이점을 말하는 것이 사실상 불가능하다고 말했다. 에드워즈 하나님은 단 **몇** 사람만 (그의 영광을 위해) 지옥에 가기를 원하시지만, 악마는 **모든 사람**이 지옥에 가기를 원한다는 점만 제외하고 말이다. 에드워즈의 옹호자들은 에드워즈의 신학이 그런 공격을 받는 것을 불쾌하게 여긴다. 그들에게 지옥은 하나님의 충만한 자기 영광을 위해 필수적이다. 이는 하나님의 모든 속성이 어느 누구에게도 편견 없이 드러나야만 하기 때문이다. 지옥은 하나님의 공의와 진노의 표시로서 필수적이다. 웨슬리의 추종자들은 예수의 십자가가 죄 위에 부어진 하나님의 공의와 진노의 충분한 표시였다고 말한다. 지옥은 엄격하게 말해서 필수적인 것이 아니다. 하지만 그곳은 하나님의 자비를 거절하는 자들을 위해 하나님이 준비해두신 "고통스러운 피난처"다.

어떻게 하나님에 대한 그런 두 개의 다른 설명이 같은 믿음을 지닌 가족 안에서 공존할 수 있는가? 쉽지 않다고 말할 수밖에 없다. 복음주의 기독교 내에 있는 많은 갈등은 이 운동의 가장 초창기에 있었던 이런 깊은 분열에서 유래한다고 할 수 있다.

더 읽을 책

Cherry, Conrad. *The Theology of Jonathan Edwards*. Bloomington: Indiana University Press, 1966.

Collins, Kenneth J. *The Theology of John Wesley: Holy Love and the Shape of Grace*. Nashville: Abingdon, 2007.

17

18세기 아일랜드의 이신론자 톨란드와

영국의 복음전도자 웨슬리가

신앙과 이성, 하나님, 기적에 관해 논쟁하다

배경

이 가상의 대화에 등장하는 두 역사적 인물은, 비록 그들이 같은 나라에서 살았고 그들의 생애가 몇 년 겹침에도 불구하고, 아마도 만난 적이 전혀 없을 것이다. 몇몇 독자들은 왜 내가 초자연적인 방문이라는 장치를 대화의 배경으로 사용하는지 의아해할 수도 있을 것이다. 그러나 이런 경우는 몇 안 되는 가능성만이 있을 때다. 가끔씩 나는 등장인물들을 천국(혹은 낙원)에서 대화하게 한다. 이 대화와 다른 몇몇 대화에서 나는 등장인물 중 하나를 유령이나 환영으로 만들어 상대 인물을 만나게 했다. "유령"이라 함은, 죽은 사람이 다른 이에게 나타나는 현상을 의미한다. 이것에 대한 성서적 전례도 있는 듯하다.

사울 왕이 "엔돌의 신접한 여인"(실제로는 영매)을 찾아 상담했을 때, 죽은 예언자 사무엘의 영이 사울 왕에게 나타났다. 모세와 엘리야도 변화산에서 예수와 함께 나타났다. 11장에서도 언급했듯이, C. S. 루이스도 죽은 뒤에 성서 번역자인 J. B. 필립스에게 나타났다. 그러기에, 여기서 나도 죽은 철학자 존 톨란드(John Toland)와 살아 있는 복음전도자 존 웨슬리의 대화를 성사시키기 위해 이 장치를 사용했다. 이런 방식이 몇몇 독자들의 상상의 나래를 펼쳐줄지 모르겠지만, 나는 그저 독자들이 이런 장치에 동조해주기만을 바랄 뿐이다. 어쨌든 이건 가상의 대화일 뿐이다.

존 톨란드는 1670년부터 1722까지 생존했던 유명한 아일랜드 철학자였다. 그의 일부 견해가 심히 논쟁적이었기에, 더블린(Dublin)의 공개 교수형 집행인은 아일랜드 의회의 명령에 따라 그의 책 중 하나의 복사본들을 불태웠다. 그는 저명한 지식인이었으며 비합리적 신념과 미신적 관습이라 여겼던 것에 도전하기를 좋아했던 인습타파주의자였다. 가톨릭에서 개신교로 개종한 그는, 자신이 부조리하다고 간주하는 신념에 굴욕적인 항복을 하는 종파라면 그 종파가 어디에 속하든 간에 이를 경멸했다.

톨란드의 가장 유명하면서도 논쟁적인 저서는 『신비하지 않은 기독교』(Christianity not Mysterious)이며 그 부제는 "복음에는 이성에 반대하거나 그것 너머에 있는 어떤 것도 없으며 어떤 기독교 교리도 신비라고 불리기에 적절하지 않다는 것을 보여주는 논고"(*A treatise showing that there is nothing in the gospel contrary to reason nor above it and that no Christian doctrine can be properly call'd a mystery*)다. 이 책은 1696년에 출간되었고 1697년 더블린에서 공개적으로 소각되었다. 많은 학자들은 그 책을 18세기 내내 대영제국을 흔들었던 대단한 이신론 논쟁의 제1차 공격으로 간주한다. 톨란드의 추종자인 매튜 틴달(Matthew Tindal, 1657-1733)은 그의 스승이 『창조만큼 오래된 기독교』(*Christianity as Old as the Creation*, 1730)에서 중단한 부분부터 집필을 시작했다. 틴달은 조직화된 기독교를 비판하고 타당한 종교적 신념의 범위를 자연적이고 합리적인 것에 제한함에 있어서 톨란드보다 훨씬 더 나아갔다. 톨란드와 틴달 모두 미국 공화국의 창립자들에게 깊은 영향을 끼친 가운데 특별히 토마스 제퍼슨(Thomas Jefferson)에게 가장 깊은 영향을 미쳤다.

이신론(deism)은 대개 부재지주 하나님이나 시계공 하나님에 대한 믿음으로 간주된다. 시계공 하나님은 우주를 창조하셨고 그 안에 자연법칙도 세우셨지만, 그 후 자신의 창조를 떠나 그것을 방해하지 않고 멀리서 지켜보기만 하는 신을 말한다. 이것이 고등학교 교육 과정에 포함된 이신론에 대한 캐리커처다. 모든 캐리커처처럼, 이것도 일부 진리를 담지하고 있다. 그러나 톨란드나 틴달 혹은 18세기의 다른 어느 주도적 이신론자도 하나님이 세상에 관여하지 않은 채 완전히 동떨어져 있다고 믿지 않았다. 사실 어떤 학자들은 이신론이 가지는 하나님에 대한 견해가 이신론의 대중적인 이미지와는 달리 범신론(pantheism)에 더 근접하다고 주장한다.

내가 이 대화에서 톨란드를 선택한 이유는, 그가 존 웨슬리의 복음주의적 기독교와 흥미로운 대조를 이루고 있기 때문이다. (웨슬리에 관해서는 16장을 보라.) 웨슬리는 톨란드가 죽었을 때 겨우 19살이었으며 옥스퍼드 대학교에서 공부를 막 시작하고 있었다. 의심할 여지 없이 그는 톨란드에 관해 들어보았으며 어쩌면『신비하지 않은 기독교』도 읽어봤을지 모른다. 그러나 어느 누구도 그들이 실제로 만났다고 믿지 않는다. 하지만 18세기의 가장 영향력 있는 두 사람이 서로에게 하는 이야기를 상상하는 것은 흥미진진하다. 두 사람 다 영국과 미국의 종교 및 사회에 엄청난 영향을 미쳤으며, 그로 인해 전 세계에도 영향을 미쳤다.

톨란드는 계몽주의자였다. 그는 믿음을 위한 기준으로서 이성을 그 가능한 가장 높은 위치로 승격시켰다. 그는 이성을 사용해서 교회와 사회를 개혁하려 했다. 톨란드는 이성의 사용이 공통적으로 주장되는 어떤 신념을 비판하고 조롱하기 위해서 필수적임을 알게 되었다. 그는 기독교가 신비적이거나 이성에 반대하지 않는다고 말했는데, 그 말은 기독교를 변증하는 근대 복음주의적 변증가가 의미하는 것과는 다른 의미를 가지고 있다. 그는 기독교가 세속적인 이성에 따르도록 만드는 것에만 관심이 있었다.

따라서 톨란드는 합리주의자였다. 그러나 그는 어떤 이들이 주장하듯이 무신론자나 불가지론자가 아니었다. 그는 하나님을 믿었고 자기 자신을 그리스도인이라고 간주했다. 그는 로마 가톨릭교회에서 세례를 받았고 나중에 개신교로 개종했다. 그러나 그는 참된 기독교와 이성 혹은 자연법칙 사이에는 어떤 갈등도 없다고 봤다. 실제로 그는 비합리적 전통과 교리를 지키는 것이, 점차적으로 과학과 철학에 의해 다스려지는 세계에서 기독교가 패배할 운명을 맞는 가장 확실한 방법이라고 생각했다.

그러나 그는 보수적 기독교 변증가와는 달리, 삼위일체와 같은 교리들을 포함한 전통적 기독교에 대한 믿음으로부터 시작하지 않았고, 이성이 어떻게 그 믿음을 뒷받침하는 데 사용될 수 있는지를 보여주려고도 하지 않았다. 대신에 그는 이성 안에 있는 믿음에서부터 시작했으며, 그런 다음 이성과 일관성 있는 것만이 참된 기독교로 간주되어야 함을 보여주기 위해 힘썼다. 그렇다면 기독교의 "본질"은, 그게 무엇이 됐던, 톨란드가 이해한 것처럼 이성과 갈등 관계에 있지 않는 것들이다.

톨란드의 생애 동안 대영제국에는 신성모독을 금하는 법이 있었다. 톨란드의 책이 출간되기 불과 몇 년 전에, 19살이었던 대학생 한 명이 공개적으로 하나님의 존재에 이의를 제기했다는 이유로 교수형에 처해졌다. 독자는 톨란드를 읽는 동안 이런 사실을 명심해야 한다. 그는 화체설이 비합리적이라며 가톨릭 교리를 공격했다. 그는 그렇게 했음에도 안전했다. 왜냐하면 영국 법에서 말하는 신성모독은 가톨릭 신념에 대한 비판이나 거부를 포함하고 있지 않았기 때문이다. 아마 그는 기민한 독자들이 화체설에 대한 그의 비판과 일부 개신교 교리 사이에 선을 명백하게 그어주길 기대하고 있었을 것이다. 비록 그가 삼위일체론을 명시적으로 다룬 적은 없지만, 그가 삼위일체론에 대해 어떻게 생각했는지 궁금해할 사람도 분명히 있을 것이다.

톨란드는 신비에 대한 믿음을 공격했다. 신비스럽고 이성에 반대된다거나 심지어 이성 위에 있다고 주장되는 교리는 그게 어떤 교리든 톨란드의 의심의 대상이었다. 그는 자신이 "신비"라고 부르는 것을 규정하는 데 신중했다. 그의 책 중 상당수는 그 주제에 전념한다. 적어도, 교회나 사회가 신비적이라고 인식되는 것에 대한 신념을 고집한다면, 톨란드는 그것에 반대했다. 만일 그것이 실제로 신비적이지 않다는 것을 증명할 수 있다면, 좋다. 그러나 교리가 실제로 신비적이고 이치에 맞지 않는다면, 그것은 믿을 수 없다. 따라서 기독교 신앙의 많은 소중한 교리와 신조가 쓸데없게 되었다. 적어도 톨란드와 특히 그의 추종자들은 그렇게 생각했다. 그들은 신성모독 법의 위협을 덜 받았는데, 이는 그 법이 18세기 유럽의 계몽주의 기간 동안 서서히 고대의 유물과 같은 상태로 쇠퇴해갔기 때문이다.

웨슬리는 톨란드와는 매우 다른 종류의 사람이었다. 이 아일랜드 철학자처럼 웨슬리도 이성을 높이 평가했지만, 이성이 구속복(straightjacket, 폭력적 행동으로 다루기 힘든 사람을 제압하기 위해 입히는 옷-역주)이고 이 속에 신의 계시를 구겨 넣어야 한다고는 생각하지 않았다. 성서에 대한 합리적인 해석은 좋다. 하지만 이성으로 시작한 다음 성서를 잘라내는 것은 웨슬리에게 저주와 같은 일이었다. 웨슬리는 톨란드가 그랬다고 확신했다. 웨슬리에게 있어서, 이성은 기껏해야 믿음을 위해 사용되는 도구일 뿐이다. 톨란드에게 있어서, 이성은 무엇을 믿어야 하는지를 결정해주는 규범이다. 웨슬리는 신비나 기적에 열중하지 않았지만 그렇다고 그것들을 버리지도 않았다. 톨란드는 기적에 대해 매우 회의적이었고 신비를 거부했다.

둘 다 같은 교회, 즉 영국 국교회에 속한다고 주장했다. 그들은 18세기와 그 후 영국 국교회의 두 진영인 합리주의와 자유주의적 진영 및 복음주의적 진영을 대표한다. 톨란드의 추종자들 중 상당수는 18세기 후반에 런던에서 창립된 새로운 유니테리언 운동(new Unitarian movement)으로 인해 영국 국교회를 떠났다. 웨슬리의 추종자들 중 상당수는 영국 국교회를 떠나 감리교회와 미국의 부흥주의 교회(revivalist churches)를 시작했다.

이 가상의 대화의 배경은 런던에 있는 웨슬리의 삼층 집에 있는 그의 침실이다. 이날은 웨슬리가 죽기 1년 전인 1790년의 한 어둡고 폭풍우가 몰아치던 밤이었다(이런 설정을 하지 않을 수가 없다). 사람들의 말에 따르면, 웨슬리는 말년에 우울했고 환멸을 느꼈다고 한다. 그의 결혼은 실패했다. 영국 국교회 내에서 감리교 운동을 유지하려는 그의 노력은 갈수록 허사가 되었다. 교회와 사회를 완전히 개혁하려던 그의 큰 포부의 많은 부분이 산산이 부서져 가고 있었다.

이 시기 동안 그는 친구에게 그가 결코 하나님을 믿은 적이 없다고 편지했다. 이것은 하나님에 대한 절대적인 믿음이 부족하다는 그의 고백이었지, 무신론에 대한 표현이 아니다. 웨슬리는 자신과 다른 이들을 위해 인간에게 가능한 기준보다 더 높은 기준을 정했다. 언젠가 웨슬리는 매일 아침 4시에 일어나지 않고 2시간 동안 기도하지 않는 사람이 어떻게 자신을 그리스도인이라고 주장할 수 있는지 모르겠다고 쓴 적이 있다.

웨슬리가 뒤척거리며 자려고 애쓰고 있는데, 갑자기 방안에 낯선 빛이 비춘다. 그건 벽난로부터 나오는 빛이 아니었다. 그는 자리에 앉아서 눈을 비비며 주변을 살펴본다. 그러고는 침실 구석의 팔걸이의자에 앉아 있는 유령 같은 인물을 보게 된다.

대화

웨슬리　　누구시죠? 이 밤에 제 침실에서 뭐하시는 건가요? 어떻게 들어오셨나요? 뒤로 물러서세요! 저는 이제 곧 침대에서 일어날 겁니다. 그리고 창문을 열고, 야경꾼을 불러 당신을 쫓아내버릴 겁니다!

톨란드   그럴 필요 없습니다, 웨슬리. 그는 저를 보지도 못할 겁니다. 오직 당신만이 저를 볼 수 있죠. 저는 다른 세계의 전능자의 사명을 감당하기 위해 여기에 왔습니다. 그는 저를 여기에 보내 너무 늦기 전에 당신을 정신 차리게 해야 한다고 하셨습니다.

웨슬리   (눈을 더 세게 비빈다. 그 사람을 더 잘 보기 위해 눈을 가늘게 뜨면서) 당신은…? 맞아. 당신의 초상화를 본 적이 있어요. 그리고 여러 번 그것을 부수었죠. 존 톨란드, 당신인가요? 제가 꿈꾸고 있는 건가요?

톨란드   아니요. 웨슬리, 저는 당신의 상상 속 허구가 아닙니다. 저는 실제로 여기에 있습니다. 유령의 모습으로 여기에 왔다고 합시다. 저는 당신에게 희망과 격려를 주기 위해 내세에서 왔습니다.

웨슬리   당신이 정말로 존 톨란드인가요? 아니면 그를 닮은 사람인가요? 잠깐만! 가서 『신비하지 않은 기독교』를 가져올게요. 표지에 그의 사진이 있거든요.

톨란드   그럴 필요 없습니다. 네. 저 맞습니다.

웨슬리   그런데 왜 여기 있죠? 당신이 저를 격려하는 게 어떻게 가능한가요? 우리에게는 공통점이 없는걸요.

톨란드   아, 그건 사실이 아닙니다. 당신은 이성에 대해 높이 평가합니다. 철학도 소중히 여기십니다. 당신은 과학과 철학의 최근 발견에 관해 부흥가치고는 박식하며 견문이 넓습니다. 보세요. 당신의 서재에는 제 책도 있습니다. 생각해보세요! 공개 교수형 집행인이 도시 광장에서 그 책을 소각했습니다. 그런데 존 웨슬리에게 그 책의 복사본이 있다니!

웨슬리   음, 저는 키케로(Cicero)와 플로티노스(Plotinus), 심지어 이단의 대부인 파우스투스 소키누스(Faustus Socinus)의 책도 갖고 있습니다.

사탄이 무슨 짓을 벌이고 있는지 알고 싶군요. 사탄이 날 조롱하라고 오늘 밤 여기로 당신을 보낸 건가요? 이건 연기 냄새인가요?

톨란드   그건 벽난로 불씨에서 나는 냄새입니다, 웨슬리. 아니에요. 아니에요. 아니에요. 당신을 조롱하기 위해서가 아니라 당신을 가르치기 위해 여기 왔습니다. 저를 보낸 분이 누구든 상관없습니다. 진리는 진리입니다. 그것의 출처가 무엇이든 진리입니다. 그리고 이성은 그것의 측정 기준이고요. 오세요. 함께 토론해보죠.

웨슬리   저는 당신이 실제 존 톨란드인지 확신할 수 없네요. 저는 한 번도 혼령이 땅에서부터 올라와 선한 그리스도인을 괴롭힌다는 이야기를 들어본 적이 없습니다. 제가 볼 땐 당신은 사역마(familiar spirit) 같습니다. 죽은 사람의 영인 체하는 악령 말이죠. 성서 이야기 속에 나오는 엔돌의 마녀는 자신과 사울 왕 앞에 예언자 사무엘이 나타남을 보고 놀랍니다. 왜냐하면 그녀는 그녀의 사역마 중 하나가 나타날 거라고 생각했거든요. 어떤 마녀가 당신을 심연으로부터 불렀나요?

톨란드   자, 자, 제가 "아래로부터" 왔다고 누가 말하나요? 그리고 당신이 "선한 그리스도인"이라고 누가 말하나요? 최근, 그것에 관해 다소 의문스럽다고 여긴 적이 없나요? 그건 그렇다 치고, 저는 사역마가 아닙니다. 저는 진짜 존 톨란드입니다.

웨슬리   글쎄요, 저는 여전히 당신을 제가 지난밤 먹었던 상한 물고기 한 점에 불과하다고 생각합니다. 그것 때문에 지금까지도 속이 좋지 않습니다. 하지만 당신이 떠날 생각이 없어 보이니, 같이 놀아드리겠습니다. 저에게 말하고 싶은 것이 무엇인가요?

톨란드   매우 좋습니다! 들으실 준비가 되었군요. 제 스승님과 저는 당신에게 매우 큰 기대를 걸고 있습니다. 저는 당신을 설득하러 왔습니다. 당신과 당신의 모든 추종자들은 이성에 의해 인도받아야 합니다. 이성은 모든 사고의 규범입니다. 특히 우리 계몽주의 시대에는 더욱 그러하죠. 종교도 예외가 아닙니다. 죽음이나 추방의 시련 아래서 강요되고 전통에 근거한 신비적인 교리에 대한 믿음에서부터 일어난 모든 전쟁과 순교를 생각해보세요. 당신은 수천수만의 추종자들을 두고 있습니다. 그리고 이곳에서 있을 시간이 별로 남지 않았습니다. 제가 당신에게 간청드리고 싶은 것은, 제가 당신에게 말하는 데 유념하고 당신의 추종자들을 가르쳐 하나님이 그들에게 주신 이성을 사용해 진리를 판단하라는 것입니다.

웨슬리　그러나 저는 제가 이성적인 것처럼 그들도 이성적으로 생각할 것을 강조하고 있습니다. 저는 미신이나 맹신을 받아들이거나 장려한 적이 결코 없습니다. 이성은 신학적 이해를 위한 저의 네 가지 출처와 규범 중 하나입니다. 신적 계시, 전통, 이성, 경험이 그 네 가지죠.

톨란드　네. 네. 압니다. 그러나 실제로 당신은 이성을 계시에 대한 믿음과 전통에 대한 사랑보다 아래에 두고 있습니다. 그리고 경험은 당신과 당신의 제자들에게 있어서 이성만큼 권위가 있습니다. 이제 이성을 첫 순위에 두세요. 저는 당신에게 계시나 전통을 버리라고 요구하는 게 아닙니다. 그러나 그중에 동의할 만한 것이 무엇인지 구별하기 위해서는 이성을 사용해야 합니다.

웨슬리　저는 프랑스의 위대한 철학자이자 수학자인 파스칼을 인용하면서 대답하고자 합니다. "마음은 자신만의 이유를 가지지만 이성은 그것에 대해 아무것도 알지 못합니다.…당신이 당신 자신을 사랑하는 것은 이성에 의한 것인가요?"

톨란드　아, 파스칼, 불쌍한 사람! 종교적인 문제만 제외하면 매우 이성적인 사람이었죠. 그도 종교적 문제에서 신비를 수용하려고 했습니다.

웨슬리　　선한 그리스도인이라면 다 그렇게 해야 합니다. 신비는 우리의 믿음의 핵심에 있습니다.

톨란드　　아니요, 아니요, 아니요, 나의 좋은 친구여! 신비는 오류의 확실한 징표입니다. 우리 기독교 믿음의 참된 교리에는 어떤 신비스러운 것도 없습니다. 정말로 신비스러운 교리들은 우리의 참된 기독교 믿음의 일부가 될 수 없습니다.

웨슬리　　그렇게 말하는 것은 모든 초자연적이고 독특한 것에 대한 우리의 믿음을 허무하게 만듭니다. 당신은 우리의 믿음의 심장부를 잘라낸 겁니다. 그것을 죽이는 겁니다.

톨란드　　틀렸습니다, 웨슬리. 오히려 **당신이** 믿음을 신비적으로 만듦으로써 그것을 죽입니다. 신비적으로 만든다는 건 그것을 사실이 아닌 것으로 만드는 것과 같습니다. 적어도 우리가 아는 한 말입니다. 정확히 말하자면, 신비는 알 수 없는 것입니다.

웨슬리　　지금 우리가 서로를 이해하고 있는 것 같지 않습니다. 당신이 말하는 "신비"는 무엇을 의미하나요? 저에게 신비는 진리를 의미합니다. 이 진리는 하나님으로부터 오는 초자연적 계시가 아니라면 절대 알 수 없거나 짐작조차도 할 수 없는 것입니다. 예를 들면, 삼위일체는 신비입니다. 왜냐하면 철학과 과학이 그것을 전달하거나 증명하거나 반증할 수 없기 때문입니다. 그것이 드러난 진리입니다.

톨란드　　아니요, 아니요, 아니요! 그건 신비가 의미하는 바가 아닙니다. 신비는 이해할 수 없는 것이며 권위의 명령에 의해 믿어진 것입니다. 실제로 신비는 모든 이성에 반하거나 이성 위에 있습니다.

웨슬리　　잠깐만요! "이성에 반하다"와 "이성 위에 있다"에는 차이점이 있습니다. 삼위일체는 이성 위에 있지만 이성에 반하지는 않습니다.

톨란드 어떻게 차이점이 있을 수 있나요? 무엇이든지 "이성 위에" 있다면 그것은 당연히 이성에 반하는 것입니다.

웨슬리 그렇다면 당신이 의미하는 "이성"은 무엇인가요? 증명? 어떻게 삼위일체가 증명되거나 반증될 수 있나요? 만일 당신이 말하는 이성이 곧 증명이라면, 종교는 죽었습니다.

톨란드 자연종교는 예외입니다.

웨슬리 좋습니다. 자연종교는 예외라고 합시다. 그러나 철학을 제외하면 당신의 자연종교는 가치가 없습니다. 어떻게 순수하게 자연적인 것을 경배할 수 있습니까?

톨란드 자연종교는 모든 이성적 인간이 지니고 있는 일련의 신념입니다. 그것의 교리는 자연과 이성에 기초를 두고 있지, 계시에 두고 있지 않습니다.

웨슬리 신비로 다시 돌아가죠. 그래서 "신비"가 무엇이라고요?

톨란드 "신비"에는 두 가지 의미가 있습니다. 하나는 계시 없이 알 수 없으며 아직 계시되지 않은 것을 의미합니다. 또 하나는 계시되었지만 이성에 반대되는 것을 의미합니다. 어느 것도 우리 근대 기독교에서 자리를 차지하지 못합니다.

웨슬리 예를 들어주시죠.

톨란드 음, 첫 번째 신비의 의미에 대해서는 예를 들어드릴 수 없네요. 왜냐하면 그것은 아직 드러나지 않았기 때문입니다. 그러나 폐렴을 위한 가상의 치료제를 상상해보도록 하죠. 치료제는 아직 나타나지 않았습니다. 그렇기에 여전히 신비입니다. 가상 치료제는 과학에서 설 자리가 없습니다. 그저 하나의 희망이며 연구를 위한 자극이 될 뿐입니다. 이번엔 종교 분야로 가서, 아직 드러나지 않은 하나님의 속성에 대해 상상해보도록 하죠. 그것은 신비입니다. 그렇기에 그것은 종교에서 설 자리가 없습니다. 신비에 대한 두 번째 의미의 예를 봅시다. 가톨릭 교리인 화체설은 어떤가요? 그것은 드러난 것으로 추정되지만, 확실히 이해할 수 없는 것입니다. 그것은 더없는 모순입니다. 빵은 정말로 그리스도의 몸이어야 하며, 포도주도 정말로 그리스도의 피가 되어야 합니다. 근데 이건 정말 말이 되지 않지요.

웨슬리   화체설이 이해할 수 없는 것이란 점에는 동의합니다. 가톨릭 교도들은 항상 신비에 대해 이야기합니다. 당신은 그들의 신비에만 반대하시는 건가요?

톨란드   저는 제 생애 동안 그들에 대한 공개 비판을 자제해야만 했습니다. 그렇지 않았더라면 저는 제가 방금 도착했던 그 장소에 훨씬 더 빨리 도착했을 겁니다. 이제는 공개처형을 두려워하지 않아도 되니까 말할 수 있습니다. 저는 몇몇 개신교 교리도 그 교리가 신비적이라면 반대합니다.

웨슬리   예를 부탁드립니다.

톨란드   글쎄요, 삼위일체는 어떤가요? 그것을 설명할 수 있나요? 그것을 이해할 수 있게 하실 수 있나요? 그것은 모순을 수반하지 않나요? 그리고 비논리적이지 않나요? 만일 그렇다면, 그것은 두 번째 의미로서의 신비입니다. 따라서 믿으면 안 됩니다.

웨슬리   아하! 저는 항상 당신이 그런 불신앙을 품고 있다고 의심했습니다.

톨란드   그러면 당신의 변론은 무엇인가요? 어떻게 그것이 믿을 만한 것인가요?

웨슬리   하나님이 그것을 하나님의 말씀 안에 계시하셨습니다. 그러므로 믿음은 그것이 이해할 수 없는 것처럼 보이더라도 그것을 받아들임입니다. 하지만 솔직히 말하자면, 삼위일체는 이성의 희생을 요구하지 않습니다. 그것은 이성에 반하는 것이 아니라 이성 위에 있습니다.

톨란드   오, 안 돼. 또 이런 억지를. "이성 위에?" 그게 대체 무슨 뜻인가요? 저는 제 대표 저서에서 다음과 같이 말했습니다. "무엇이든 드러내는 누구든지, 그러니까 우리가 전에 알지 못했던 것을 우리에게 말해 주는 자가 누구든지, 그의 말은 반드시 이해할 수 있는 것이어야 하며, 그가 말한 일은 반드시 가능한 일이어야 한다. 이 규칙은 유효하다. 하나님이나 사람이 계시자가 되어야 한다." 바로 이것이 제 필생의 업적의 논지입니다. "이성 위에" 있다는 건 단지 "이해할 수 없는" 것과 "불가능한" 것의 다른 표현입니다.

웨슬리   그렇다고 해도 저는 당신이 가지고 있는 믿음과 이성에 대한 접근법을 거부합니다. 삼위일체와 다른 계시된 교리를 믿는 일에는 이성의 희생이 요구되지 않습니다. 우리에게 요구되는 건 의심과 불신과 회의를 멈추고 그런 교리들을 이성 그 자체가 결코 알 수도 없고 짐작할 수도 없는 참된 것으로 받아들이는 것입니다.

톨란드   말도 안 되는 소리입니다. 그러나 이제 종교 안에 있는 감정의 승화에 관해 이야기해보죠. 당신은 당신이 믿는 것의 대부분의 기반을 당신의 머리보다 "따뜻한 마음"에 두고 있습니다. 그렇지 않나요?

웨슬리   제 마음이 이상하게 따뜻해졌다는 건 참입니다. 1738년 5월 24일 저녁, 올더스게이트 가(Aldersgate Street)에 있는 예배당에서, 저는 처음으로 저의 죄가 용서받았고 하나님이 저의 구세주이심을 알게 되었습니다. 하나님이 제 마음에 말씀하신 그 경험이 없었다면, 저는 살아 있는 신앙에 결코 이르지 못했을 겁니다.

톨란드　그러나 따뜻한 마음은 따뜻한 정신을 대체할 수 없습니다. 그렇지 않나요? 이 계몽주의 시대에, 종교는 반드시 감정보다 정신적 지식에 더 기초를 두어야 합니다. 제가 예언하건대, 당신이 주창하는 운동의 기반을 감정에서 이성으로 옮기지 않는 한, 그 운동은 없어질 수밖에 없는 운명을 맞을 것입니다.

웨슬리　감정과 이성 사이에는 어떤 필연적 갈등도 없습니다. 그러나 신앙은 이해를 추구하며 그 반대는 아닙니다. 마차를 말 앞에 두는 것같이 당신은 믿음을 이성의 종으로 만들었습니다. 타락한 인간 정신은 죄로 말미암아 부패했습니다. 오직 하나님의 영만이 정신을 이기심의 족쇄와 하나님에 대한 불순종으로부터 자유롭게 할 수 있으며 하나님이 주신 진리를 이해하게 합니다. 비록 그런 진리들이 이성을 초월할지라도 이성과는 모순되지 않습니다.

톨란드　다시 그 주제로 돌아왔군요. 그렇죠? 초이성적(Suprarational) 신념 말입니다. 그건 그저 미신과 마술의 다른 용어일 뿐입니다.

웨슬리　당신에게는 그렇겠죠, 아마도. 그런데 그건 당신에게 하나님의 영이 없기 때문입니다. 지금 이 방에서 저와 함께 무릎 꿇으시겠어요? 하나님이 그의 영으로 당신의 정신을 계몽시켜주셔서 당신이 하나님의 말씀을 분별하고 구원받을 수 있도록 기도하실까요?

톨란드　구원? 구원요? 무슨 말인가요? 당신은 매우 낙관적인 사람이군요, 웨슬리. 당신은 사람이 죽은 후에도 구원받을 수 있다고 믿으시나요? 그리고 무엇이 당신으로 하여금 제가 구원받지 않았다고 생각하게 만들었나요?

웨슬리　당신의 마음은 따뜻하지 않습니다. 당신은 신에 대한 어떤 지각도 없어요. 당신은 제가 타락한 이성을 사용하도록 저를 설득해서 하나님의 말씀에 대한 믿음을 허물 것입니다. 그리고 맞습니다. 저는 하나님이 항상 누군가를 구원하시고자 한다는 것을 믿습니다.

톨란드　또 틀렸습니다, 웨슬리. 저는 "타락한 이성"을 사용해 하나님의 말씀을 훼손시키길 원치 않습니다. 제가 당신에게 원하는 것은, 예를 들자면, 어떻게 삼위일체에 대한 믿음이 합리적인지를 저에게 보여달라는 것뿐입니다. 만일 당신이 그것의 합리성을 저에게 보여줄 수 있다면 저는 그것을 받아들일 겁니다.

웨슬리　그러나 당신이 말하는 "합리성"과 제가 말하는 합리성은 같은 것이 아닙니다. 저에게는 하나님의 영이 주신 내적 증언이 있습니다. 이 증언은 저의 이성을 고양시켜 삼위일체와 같은 신비를 받아들이게 합니다. 저는 삼위일체 교리에서 어떤 모순도 보지 못했습니다. 당신은 당신이 가지고 있는 반발심 때문에 모순이 보이는 겁니다.

톨란드　보세요, 이성은 이성이고 논리는 논리입니다. "일자(一者) 안의 셋 그리고 셋 안의 일자"(Three-in-one and one-in-three)는 말도 안 되는 소리입니다. 그것은 모순입니다. 믿을 만한 것이 전혀 아닙니다.

웨슬리　제가 보기에 당신은 삼위일체 교리를 전혀 이해하지 못하시는 것 같습니다. 그것은 단지 "일자 안의 셋 그리고 셋 안의 일자"에 대한 믿음만을 말하는 게 아닙니다. 그것은 성부, 성자, 성령을 하나의 신적 존재 안에 있는 세 구별된 위격으로 믿는 걸 말합니다.

톨란드　같은 말이네요. 그건 여전히 신비입니다. 우리가 경험하는 자연에는 그것에 대한 어떤 예도 없습니다.

웨슬리　꼭 있어야 할 필요도 없습니다. 하나님은 하나님이시지, 자연의 일부가 아니십니다. 하나님은 자연을 초월하십니다. 그러나 "하나의 본질과 세 위격"(one substance and three persons)에는 어떤 논리적 모순도 없습니다.

톨란드   흠, 이 주제에 대해 아무런 진척이 없네요. 안타깝습니다. 제가 여기서 성취한 것이 얼마나 보잘것없는지를 제 스승님께 보고할 때 그가 뭐라고 하실지 궁금하네요.

웨슬리   당신의 스승이 누군가요?

톨란드   그의 이름을 말하면 안 됩니다.

웨슬리   그러시겠죠!

톨란드   마지막으로 기적에 관해 이야기해보죠. 당신은 기적을 믿죠? 그렇죠?

웨슬리   "기적"을 뭐라고 생각하십니까?

톨란드   모든 사람이 의미하는 바와 같습니다. 주지의 자연법을 위반하며 자연적으로 설명할 수 없는 사건을 말합니다.

웨슬리   정신과 의지의 자유 결정과 같은 건가요?

톨란드   뭐라고요?

웨슬리   음, 당신이 자유롭게 결정을 하고 당신의 의지를 자유롭게 행사할 때마다, 당신은 자연적인 요인이 없는 것을 실행하고 있는 겁니다. 그렇지 않다면 그건 자유가 아니죠, 그렇지 않나요?

톨란드   하지만 그건 대부분의 사람들이 말하는 "기적"이 아닙니다.

웨슬리   언제부터 대부분의 사람들이 어떻게 생각하는지에 대해 관심을 가졌다고 그러시나요?

톨란드   어쨌든 당신은 죽은 몸이 다시 살 수 있다는 것을 믿으시죠? 그렇죠?

웨슬리   하나님의 말씀이 그렇게 말한다면, 그렇습니다.

톨란드   그러나 아이작 뉴턴 경 덕에, 이제 우리는 수학적으로 설명 가능한 법칙들이 모든 것을 다스린다는 것을 알게 되었습니다. 그건 확실히 기적을 배제합니다.

웨슬리   아니요. 그렇지 않습니다. 아이작 경은 기적을 믿었죠.

톨란드   글쎄, 그는 그가 발견한 것의 모든 분지까지 다 검토하지는 않았습니다.

웨슬리   저는 당신이 기적이라고 규정하는 전체 틀을 거부합니다. 기적은 정상적인 것에 반하는 하나님의 독특하고 놀라운 행위입니다. 하나님은 자연의 저자이시며, 초자연적인 일을 행하시기 위해 자연의 정상적 작동을 쉽게 멈출 수 있는 분입니다. 저는 당신이 어떻게 하나님은 믿으면서 기적은 믿지 않는지 알 수가 없네요. 기적을 행할 수 없는 하나님은 하나님이라 불릴 가치가 없습니다.

톨란드   만약 하나님과 자연이 공존한다고 하면 어떻게 될까요? 그래서 자연이 장갑이며 하나님이 손이라고 하면 어떨까요? 그렇게 하면 자연이라는 하나의 위대한 기적만 제외하고 기적은 더 이상 필요하지 않을 겁니다.

웨슬리   그러나 그건 우리의 신앙의 토대인 예수 그리스도의 부활을 빼앗는 격이 될 겁니다. 당신의 장갑 안에 있는 손(hand-in-the-glove) 비유는 그리스도의 부활을 설명할 수 없습니다. 절대 못 합니다. 자연은 하나님의 작품이지 그의 장갑이 아닙니다. 그러나 그는 자신이 원하는 대로 자연 안에서, 주변에서 혹은 자연에 반하여 일하실 수 있습니다.

톨란드   그런 태도는 당신이 주창하는 운동을 망하게 만들 겁니다, 웨슬리. 계몽주의가 그것에 반대합니다. 과학은 자연의 획일성에 의존합니다. 기적은 과학에 반합니다.

웨슬리　　결코 그렇지 않습니다. 종교가 자연법의 지배를 받지 않은 몇몇 실제 경우들을 분간하는 동안, 과학은 자연법과 자연법의 지배를 받는 경우들을 공부하면 됩니다. 종교와 과학이 서로의 범위만 잘 지킨다면 그 둘은 충동할 필요가 없습니다. 그러나 당신은 종교를 과학의 노예로 만들고 있습니다.

톨란드　　음, 그건 제가 말하고자 하는 것이 정확히 아닙니다. 그러나 그 둘은 협력해야 합니다. 그리고 그 협력은 종교가 과학의 정신에 반대되는 것들에 대한 믿음을 포기하지 않는 이상 결코 일어나지 않을 겁니다.

웨슬리　　그래요. 그만 됐습니다. 침대에 돌아가 자야겠네요. 당신이 저를 바르게 격려해주신 것 같습니다. 이제 보니 제가 감정에서 찾은 믿음의 길이 바른 걸 알겠네요. 만일 당신의 길이 유일한 대안이라면, 사람들은 그 대안으로부터 도망쳐 하나님의 말씀에 대한 믿음이라는 안전지대로 갈 것입니다. 당신이 오셨던 곳으로 돌아가세요.

톨란드　　(필사적으로 애원하며) 아니요. 제발, 여기가 훨씬 좋습니다. 여기는 시원하고 그리고….

분석

어떤 독자들은 내가 톨란드를 너무 가혹하게 평가했다고 생각할지 모른다. 그의 내세에 관해 내가 전혀 모른다는 점을 독자들에게 분명히 밝힌다. 내가 그로 하여금 사탄이나 지옥을 언급하지 않게 했음에 주목하라. 그러나 만일 톨란드가 정말 유령의 모습으로 웨슬리에게 나타났다면, 웨슬리는 톨란드가 천국에서 내려오지 않았을 것이라고 생각했으리라고 본다.

만일 독자들이 톨란드와 웨슬리가 정말로 서로 의견이 맞지 않았는지에 대해 궁금해한다 해도 비난받지 않을 것이다. 무엇보다 톨란드는 삼위일체나 예수의 부활 또는 믿음에 대한 다른 교리에 대해 단 한 번도 솔직하게 말한 적이 없으며 또 그것들을 거부한 적도 없다. 그러나 그는 그런 것들에 대해 질문하며 그것들을 믿어야 하는 이유에 대해 묻는다. 그는 이해 가능성을 요구하는 만큼 증명을 요구하고 있지 않다. 그는 계시에 기초를 둔 것은 기꺼이 믿으려 했다(아니면 그럴 것이라고 말했다). 그러나 만일 그것들이 이해할 수 없는 것이거나, 혹은 논리에 반대해 모순을 수반하는 것이라면 믿지 않았다.

심지어 웨슬리도 자신과 톨란드가 모든 것에 있어서 정말로 다 동의하지 않는지에 관해 확신하지 못한다. 그들 모두 이성을 가치 있게 여긴다. 그들 모두 어떤 의미에서는 신비를 받아들인다. 톨란드는 신비를 거부하는 것처럼 보이지만, 신비가 비논리적이거나 터무니없는 것에 대한 믿음을 요구하는 것만 아니라면 거부하지 않았다. 그러나 그가 가톨릭 교리인 화체설에 대한 예를 제시할 때, 우리는 의문을 제기해야 한다. 그 교리가 정말로 논리적으로 불합리한가? 글쎄, 만일 화체설의 기반이 되는 아리스토텔레스의 형이상학을 받아들였다면 화체설은 절대로 논리적으로 불합리적이지 않다.

아리스토텔레스는 "우유성"(偶有性, accidents) 또는 사물의 외적 속성과 그것의 "본질" 또는 종종 관찰되지 않는 내적 실재를 구별한다. 화체설은 빵과 포도주의 내적 본질만이 미사에서 변화된다고 말한다. 오감에 의해 감지되는 우유성이나 외적 속성은 그대로 남아 있다. 이게 논리적 모순인가? 그렇지 않다. 우리는 톨란드가 그것을 알았다고 믿어야 한다. 그래서 톨란드가 불가능한 신비에 대한 전형적인 예로서 화체설을 제시했을 때, 우리는 그가 정말로 비논리적인 신념만이 거부되어야 한다는 것을 의미했는지에 대해 의문을 가져야 한다.

톨란드와 웨슬리의 가장 깊은 차이점은 아마도 진리를 파악하는 인간의 능력에 대한 입장에 있을 것이다. 톨란드는 믿음이나 감정을 완전히 거부하지 않고 이성을 다른 무엇보다도 높이 평가했다. 웨슬리는 이성을 거부하지 않고 마음을 다른 무엇보다도 높이 평가했다. 종교적 신념에 대한 웨슬리의 접근은 고전적 아우구스티누스주의자의 "이해를 추구하는 신앙"의 한 형태다. 성령의 내적 증거에 기초하는 믿음이 최우선이다. 그런 다음 이성은 믿음으로 믿어진 것에 대한 이해를 추구하거나 그것을 이해할 수 있게 만든다. 문제는 가지각색의 많은 종교 신자들이 감정에 기초를 둔 믿음을 맹목적으로 가진다는 것이다. 웨슬리도 그것을 알았다. 그래서 그는 계시와 감정뿐만 아닌 전통과 이성에도 호소했다. 그에게 있어서, 네 개의 출처와 규범은 서로 협력하여 올바른 기독교 신앙을 만들어낸다. 그러나 웨슬리에게 있어서 이 사변형(quadrilateral, 계시/성서, 전통, 이성, 경험)은 등변형(equilateral)이 아니다. 성서는 전통, 이성, 경험 위에 있다.

아마도 톨란드는 사변형을 받아들였을 것이다(경험이 감정을 뜻하는 한, 그는 경험에 동의하지 않을 수도 있다). 그러나 그는 이성을 성서와 전통 위에, 그리고 틀림없이 경험 위에 두었을 것이다. 비록 톨란드가 자연종교의 방향으로 확실히 나아갔을지라도, 이성 자체는 모든 종교적 지식을 만들어내지 않는다. 이성은 모든 종교적 진리 주장의 판단 기준이다. 우리는 이성을 넘어서거나 거기에 반하거나, 이성 위에서 계시나 성서나 전통이나 경험에 호소하면 안 된다.

미국 종교는 톨란드와 웨슬리의 영향을 깊이 받았다. 공화제의 여러 설립자들은 톨란드류(Toland's stripe)의 이신론자이거나 이신론의 영향을 강하게 받은 자들이었다. 토마스 제퍼슨은 확실히 톨란드와 매튜 틴달의 제자였다. 그는 자신만의 이성을 사용해 신약성서를 여러 조각으로 나눈 뒤 그가 합리적이라고 고려했던 부분들을 모아 후에 『제퍼슨 성경』(The Jefferson Bible)이라고 불리는 『나사렛 예수의 생애와 윤리』(The Life and Morals of Jesus of Nazareth)라는 책을 만들었다. 책은 1819년도에 완성되었고 제퍼슨은 1826년에 죽었다. 그 책은 그가 죽은 지 오랜 후인 1903년과 1904년에 처음으로 출간되었다.

오늘날에도 미국의 시민 종교는 이신론의 형태를 취한다. 미국인들은 그들의 정치 지도자가 하나님을 두려워하는 남자와 여자이기를 원하지만, 그들의 공적 신앙은 일반적이고 이성적이길 원한다. 우리는 광신도가 백악관에 있길 원치 않는다. 그러나 일반 대중의 층위에서 보면, 모든 교파는 부흥주의까지는 아니라 하더라도 경건주의의 경향을 가진다(그렇게 되지 않도록 열심을 내지 않는 이상 말이다).

톨란드의 정신은 비록 그 안에 상당한 양의 감정이 포함되어 있음에도 불구하고 여전히 자유주의 개신교 사상 안에서 건재하다. 그러나 이성은 개신교 자유주의 진영에서는 최고의 지도 기제(prime guidance mechanism)다. 톨란드의 경우에 이성은 논리적인 것뿐만 아니라 계몽주의 철학도 의미한다. 이는 대부분의 자유주의 개신교에게도 마찬가지다. 그러나 몇몇 보수 기독교 집단조차도 톨란드와 이신론의 영향을 받았다. 그들 중 많은 이들은 "성서 시대"나 "선교지" 외에서 벌어지는 기적은 피한다. 이는 계몽주의와의 타협을 의미한다.

웨슬리의 정신은 비록 그 안에 상당한 양의 이성이 포함되어 있음에도 불구하고 여전히 복음주의 개신교 사상 안에서 건재하다. 보통의 복음주의 그리스도인은 종교 문제에 있어서 가슴이 머리를 이끌어야 한다고 확신한다. 그러나 복음주의 학자들 사이에서도 많은 합리주의적 변증가들이 있다.

톨란드와 웨슬리에 대한 공부는 미국인들의 종교 생활에 존재하는 이런 혼합을 이해할 수 있게 도와준다. 톨란드와 웨슬리가 다른 만큼, 그들의 유산은 여전히 건재하며 때때로 같은 성도석에 불편할 정도로 가까이 앉아 있기도 한다.

더 읽을 책

Daniel, Stephen Hartley. *John Toland: His Methods, Manners, and Mind*. Montreal: McGill-Queens University Press, 1984.

Rack, Henry D. *Reasonable Enthusiast: John Wesley and the Rise of Methodism*. Nashville: Abingdon 1989.

18

계몽주의 철학자 로크, 칸트, 헤겔이
기독교 신학에서 제기된 쟁점을 다루다

배경

몇몇 독자들은 존 로크(John Locke), 임마누엘 칸트(Immanuel Kant), 게오르크 헤겔(Georg W. F. Hegel)이 실제로 (이 책의 영어 부제처럼) "위대한 기독교 사상가들"인지 궁금해할 수도 있다. 그들의 철학이 근대 신학에 끼치는 영향력은 그럼에도 불구하고 지대하다. 그리고 그들 모두 자신을 그리스도인이라 주장했으며 기독교회의 구성원이었다.

또 어떤 이들은 칸트와 헤겔을 "계몽주의" 사상가로 간주해야 하는지에 대해 궁금해할 수도 있다. 로크는 계몽주의 사상가가 확실하다. 하지만 칸트와 헤겔은? 글쎄, 그것은 우리가 "계몽주의"를 어떻게 규정하는가에 따라 많이 달라질 수 있다. 계몽주의는 과학과 철학의 진보가 이끈 문화 운동이었다. 서구 세계를 변혁시킨 이 운동은 1650년경에 시작했으며 18세기에 특히 번성했다. 계몽주의가 언제 끝났는가에 대해서는 많은 논쟁이 있다. 그러나 여기서 우리의 목적에 더 부합한 사실은 계몽주의가 사실상 근대성과 동일선상에 있으며, 근대성이 탈근대성의 도전에도 불구하고 계속해서 존재하고 있다는 것이다.

계몽주의의 특징은 전통보다 이성을 신뢰하는 데 있다. 확실히 이런 경향은 죽지 않았다. 칸트는 종교를 포함하는 모든 사상의 주된 출처와 규범으로서의 이성을 어떤 식으로든 버리지 않고 이성의 한계에 대해 질문했다. 그의 책 『이성의 한계 안에서의 종교』(*Religion within the Limits of Reason Alone*, 1783, 아카넷 역간)는 계몽주의 종교철학의 고전이다. 그리고 그의 논문 『계몽주의란 무엇인가?』(*What is Enlightenment?*, 1784)는 근대와 계몽주의의 영감을 받은 사상의 본보기로 대학 수업에서 여전히 읽히고 있다.

헤겔이 계몽주의자인가 하고 도전하는 이들은 그럴 만한 충분한 사유를 가지고 있다. 그러나 헤겔은 논리로 해석된 이성을 그의 종교철학에서 가장 높은 권위의 단계로 확실히 승화시켰다.

세 명의 철학자 모두 19세기와 20세기 동안 기독교, 특히 개신교 신학에 영향을 미쳤다. 로크는 이신론의 기폭제 역할을 했다. 아마도 가장 위대한 기독교 이신론자였던 존 톨란드(17장을 보라)도 매튜 틴달과 토마스 제퍼슨과 함께 로크의 어깨 위에 서 있다. 비록 칸트의 사상과 주장의 많은 부분이 전통적 기독교 신앙을 약화시켰지만, 칸트는 개신교 철학자라고 불려왔다. 그가 19세기 자유주의 개신교 신학에 끼친 영향과 20세기 신정통주의(바르트 신학) 신학에 미친 영향은 헤아릴 수 없다. 헤겔이 개신교 신학과 특히 자유주의 신학에 미친 영향은 막대하다. 과정신학은 하나님에 관한 헤겔의 사변적 관념 위에 세워진 신학 유형의 한 예다.

존 로크는 1632년에 태어나서 1704년에 죽었다. 정치적 음모에 연루되어 네덜란드로 도망가서 살았던 몇 년을 제외하면, 그는 삶의 대부분을 영국에서 보냈다. 그는 수많은 글을 쓴 유명한 철학자이자 의사였다. 그의 글 중에는 초기 계몽주의 철학의 대작으로 간주되는 『인간오성론』(*An Essay concerning Human Understanding*, 1689)이 있다. 이 책과 다른 곳에서, 그는 경험론(empiricism)이라고 불리게 되는 관념을 발전시켰다. 경험론은 모든 지식이 오감을 통해 오며 어떤 본유적 관념도 없다는 사상이다. 이는 근대 과학의 발흥에 있어서 주된 추진력이 되었다. 또한 그는 인간의 기본 권리와 개인의 자유를 강조하는 고전적 자유주의를 주창했던 정치 사상가였다. 그의 책 『기독교의 합리성』(*The Reasonableness of Christianity*, 1695)은 이신론의 전신이자 특히 톨란드의 저서의 전신으로 간주된다.

임마누엘 칸트는 1724년 동프로이센(지금의 러시아의 칼리닌그라드[Kaliningrad])의 수도인 쾨니히스베르크(Königsberg)에서 태어났다. 그는 로크가 죽은 지 한 세기 후인 1804년에 자신이 태어난 곳에서 죽었다. 그는 고향 도시에서 100마일 이상 더 멀리 나갔던 적이 한 번도 없었다. 어느 모로 보나 칸트는 강박 신경증을 앓고 있던 괴짜 대학 교수였다. 그의 대표작은 『순수이성비판』(*A Critique of Pure Reason*, 1781, 2판은 1787; 아카넷 역간)이다. 이 책에서 그는 인간 정신은 오감을 통해 얻은 정보를 형성함에 있어서 적극적이라고 말한다. 따라서 그가 주장하는 것은, 우리는 사물 자체에 대한 어떤 지식도 가질 수 없으며 다만 사물이 나타나는 대로의 지식만을 가질 수 있다는 것이다. 칸트는 믿음을 위한 공간을 만들기 위해서 (종교 안에 있는) 이성을 파괴하는 것이 필수적이라고 말했다. 전통적인 신 존재 증명에 대한 그의 비판은 종종 결정적인 것으로 간주된다.

헤겔(G. W. F. Hegel)은 1770년에 태어나서 1831년에 죽었다. 베를린 대학교에서 교수 경력을 마치기 전 그는 여러 독일 대학에서 철학을 가르쳤다. 베를린 대학교에서 그는 국가를 위해 세운 공로로 인해 프로이센 왕에게서 훈장을 받았다. 헤겔은 프로이센 국가가 "역사의 끝"이었다고 생각했다. 그가 뜻하는 "역사의 끝"은 역사의 모든 갈등의 정점과 사회질서에 있어서 가능한 한 가장 높은 성취를 말한다.

우리의 목적에 있어서 더 중요한 것은, 헤겔이 집필한 대량의 『종교철학 강의』(*Lectures on the Philosophy of Religion*, 1832, 1827년도 강의도 포함)에서 저자가 자신의 사상을 종교에 적용했다는 것이다. 그 사상은 역사의 역동적인 힘으로서의 절대정신(Absolute Spirit)에 관해서였다. 헤겔은 하나님이 인간의 역사 안에 내재하시며 어떤 의미에서 인간 문화와 더불어

진화한다고 믿었다. 그는 칸트의 앎과 존재의 구별을 받아들이지 않았다. 모든 것 중 가장 높은 존재인 하나님은 인간이 발견한 하나님의 모습을 통해 자기실현을 하게 된다고 헤겔은 가르쳤다.

이렇게 간략한 개요로는 이 세 명의 위대한 철학자들의 공헌을 제대로 다룰 수 없다. 그들이 아니었더라면 근대 신학은 지금과 같은 모습이 아니었을 거라고만 말해두자. 초기의 플라톤과 아리스토텔레스처럼, 이 세 명의 철학자는 좋든 싫든 근대 신학의 주요 대화 상대자들이 되었다.

독자들은 내가 연옥을 믿는지 궁금해할지도 모르겠다. 여기서 연옥은 그저 하나의 문학적 장치일 뿐이다. 가톨릭 신학에서, 연옥은 천국으로 가는 연결 통로이자 사람들이 하나님의 임재 속으로 들어갈 준비가 될 때까지 계속해서 그들을 영적으로 성장하게 하는 곳이다. 적어도 근대 가톨릭 사상에서의 연옥은 불과 유황 혹은 처벌로 묘사되지 않는다. 일부 가톨릭 사상가들은 연옥을 일종의 학교나 치료법으로 묘사하는 걸 선호한다. 연옥 사상에 대한 이런 변화는 나와 다른 많은 개신교인들로 하여금 그 사상을 더 쉽게 받아들이게 만들어준다. 적어도 일부 사람들이 가지고 있는 하나님에 대한 생각은 아주 잘못되었기에, 이를테면, 그들도 천국을 즐길 수 있도록 그들의 생각이 [연옥에서] 다시 새로워져야 한다는 것은 이해가 될 만하다. 나는 연옥에 대한 어떤 사상도 받아들일 준비가 되어 있지 않지만, 연옥은 이 세 기독교 사상가들 사이의 가상의 만남에 있어서 유용한 장치라고 생각한다.

대화

칸트　이런, 이런, 두 분을 여기서 만나다니! 존 로크! 저보다 더 오래 여기에 계셨군요! 그리고 게오르크 헤겔, 당신은 우리보다 더 오래 여기에 계실 겁니다. 이 자리를 빌려 죽음 이후의 보상과 처벌에 관해 제가 옳았다는 것이 얼마나 자랑스러운지 말하겠습니다. 이건 제가 기대했던 것과 정확히 같은 것은 아닙니다만, 저는 윤리가 객관적이기 위해서는, 자신의 본분을 다한 자들이 행복을 보상으로 받는 장소가 있어야 한다고 주장했습니다. 그 장소가 지상에 있는 물리적 세계가 아님은 확실합니다!

헤겔　임마누엘, 당신은 언제나 상당히 거만했어요. 그러나 저도 여기에 끼어들어 저도 어떤 측면에 있어서는 옳았다는 것을 자랑하고자 합니다. 음, 사실은 많은 것에 관해 옳았습니다. 하지만 여기서는 그저 하나님과의 위대한 연합이 우리를 기다리고 있다고만 말하겠습니다. 그 연합은 우리가 여기 연옥에서 신실하게 기다리면서 배울 때 일어날 것입니다. 우리는 이미 하나님과 연합되어 있지만 그것을 깨닫지 못합니다. 언젠가 우리 모두는 절대정신(Absolute Spirit)이 더 위대한 조화를 향해 행진하는 인간의 역사라는 걸 깨닫게 될 겁니다.

로크　글쎄요, 게오르크 헤겔. 그건 두고 봐야 알 수 있는 것이겠죠. 저는 당신이 어디서 하나님과 세계에 관한 이 모든 형이상학적이며 뜻도 알 수 없는 이상한 이야기를 가져오는지 모르겠습니다. 그리고 우리는 아직 천국이 어떤 곳인지 정확히 알지 못합니다. 저는 우리가 절대정신 또는 하나님과 우리의 하나 됨을 과연 "깨달을" 수 있는지 의심스럽습니다. 우리의 오감으로 그 하나 됨을 경험할 때까지, 우리는 그것에 관해 알 수 있는 게 아무것도 없습니다.

칸트   로크, 당신이 말하는 오직 오감으로만 얻는 지식의 경험론은 너무 제한적입니다. 당신의 추종자 데이비드 흄(David Hume)은 우리의 감각이 우리를 속일 수도 있고 종종 우리를 속이기도 한다고 주장했습니다. 예를 들어, 그의 주장에 따르면 우리는 우리의 감각으로 원인과 결과를 경험할 수 없기 때문에 그것들이 실재인지 알 수 없습니다. 우리가 할 수 있는 것이라고는 원인과 결과를 가정하는 것입니다. 그러나 지금 우리는 계몽주의 시대에 살고 있기에 그것을 실제 지식으로 간주하지 않습니다. 그렇지 않나요?

헤겔   신사 양반들! 싸우지 맙시다. 우리에게는 공통점이 매우 많습니다. 사실, 우리는 다 계몽주의 사상가입니다. "전통이 진리"라고 하는 것은 이제 그만! 그러나 로크, 저도 당신의 지식 이론이 너무 제한적이라는 칸트의 말에 동의합니다. 우리가 알아야 할 것이 많습니다. 그리고 우리의 감각 경험을 넘어서 알 수 있는 것도 매우 많습니다.

칸트   그렇고말고요. 헤겔 선생! 그럼 우리는 로크의 주장에 반대하며 오감을 넘어서는 지식이 있다는 데 동의하는 겁니다.

로크   그래서, 당신들 둘이 이제 저를 두고 단결하시겠다는 건가요? 저의 철학이 근대 과학의 기초가 되었다는 것만은 기억하십시오. 그리고 제 철학은 보다 합리적인, 즉 신비스럽지 않은 기독교로 나아가는 문을 열어주었습니다. 두 분 다 이걸 놓치신 것 같은데, 저는 "지식"에 감각 경험으로부터 오는 필연적인 연역(necessary deduction)을 포함시켰습니다. 감각 경험에 의해 어떤 관념이 요구되는 경우, 그 관념 역시 지식으로 간주됩니다. 그러나 그 관념은 반드시 감각 경험에 뿌리를 두어야만 하며 합리적이어야 합니다.

헤겔   음, 그래도 그건 너무 제한적입니다. 그리고 그것은 인식 주체와 알려진 객체 사이의 너무나도 큰 차이점에 근거하고 있습니다. 우리가 주체/객체의 차이를 극복하지 않는 한, 그리고 모든 실재를 어떤 의미에서 하나의 큰 주제 즉 하나님으로 생각하지 않는 한, 우리는 영과 하나님과 같은 제일 중요한 주제들에 대한 참된 지식을 결코 얻을 수 없습니다.

칸트   헤겔, 당신의 형이상학적인 허튼소리가 또다시 시작되었군요. 그리고 로크, 당신의 지식 이론이 비록 바른 방향으로 커다란 도약을 했다고 해도 여전히 문제가 많습니다. 바른 방향으로 도약했다고 함은 그것이 전통의 족쇄로부터 과학과 종교를 해방시켰기 때문입니다. 만일 우리의 감각 경험이 교회에서 항상 배워왔던 것과 모순된다면, 우리는 항상 배워왔던 것을 믿는 것을 멈추고 우리의 감각 경험과 그 경험으로부터 나올 수 있는 것을 받아들여야 합니다.

로크   고맙습니다, 칸트 선생. 적어도 제가 계몽주의에 기여한 큰 공로를 인정해주셨으니 말입니다.

칸트   그러나! 흄은 당신의 지식 이론을 완전히 망가뜨렸습니다. 감각 경험으로는 사물 자체 안에 있는 지식을 결코 얻을 수 없습니다. 우리는 사물을 경험하면서 그것에 대한 지식을 얻습니다. 저는 흄으로부터 그 차이점을 알게 되었고 그것이 참이지만 중요하지 않다는 것도 보여주었습니다. 우리가 정말로 알아야 할 전부는 우리에게 나타나는 대로의 사물입니다. 우리는 사물 자체에도 관심을 두지 말아야 합니다. 하지만! 당신이 무엇을 생각하고 있는지 알고 있습니다, 로크. 만일 우리가 사물이 나타나는 대로 사물을 알도록 제한되어 있다면, 경험을 벗어나서는 어떤 지식을 얻을 수 있나요? 제가 주장했듯이, 우리는 우리의 정신이 우리의 오감에 의해 알게 된 것들을 통합하고 연합시킨다는 것을 알 수 있습니다.

예를 들면, 인과관계는 사물 자체의 세계 안에서는 실재가 아닐 수도 있습니다. 그러나 우리는 우리의 경험 안에서 인과관계가 "실재"라는 것을 확신할 수 있습니다. 왜냐하면 "인과관계"라고 불리는 오성의 범주가 사물을 구조화시켜 사물로 하여금 원인과 결과의 관계성을 갖도록 하고 있기 때문입니다. 그렇기에 우리는 사물 자체로 그것을 알 수 없습니다. 이는 우리의 정신이 오감을 통해 오는 모든 신호를 형성하고 구조화시키고 있기 때문입니다. 그러나 우리는 우리의 오감을 통해 경험하는 것 이상을 알 수 있습니다. 우리는 원인, 결과, 시간과 같은, 우리의 감각 경험을 형성하는 오성의 범주를 알 수 있습니다. 그러나 이것들은 우리의 정신 안에만 있을지도 모릅니다.

헤겔　말도 안 되는 소리입니다! 만일 우리가 사물 자체로 그것을 알지 못한다면 삶의 궁극적인 질문에 대한 답은 어떻게 알 수 있을까요? 정신의 모든 영역은 우리의 감각 경험 너머에 있습니다. 그리고 하나님은 보이는 대로의 사물일 수가 없습니다. 하나님은 오직 자신이 사물 자체일 때만 하나님입니다. 당신의 인식론은 하나님에 대한 지식을 불가능한 것으로 만들고 있습니다.

칸트　자, 그것이 제가 "나는 믿음에 여지를 주기 위해 이성을 파괴했다"고 말한 이유입니다. 그러나 저는 다만 그것을 종교에만 적용하고자 했습니다. 우리가 하나님에 대한 "지식"을 가질 수 없다는 당신의 말은 옳습니다. 그러나 우리는 하나님에 대한 믿음은 가질 수 있습니다.

로크　그러나 그것의 함의를 생각해보세요! 당신은 "믿음"과 "지식" 사이에 거대한 벽을 하나 세우고 있습니다. 그것이 불가피하게 이끄는 곳이 어디라고 생각하시는지요? 세속주의, 바로 그것입니다.

헤겔　칸트, 저도 로크에 동의합니다. 우리는 믿음을 이성으로부터 분리할 수 없습니다. 우리에게는 맹목적인 믿음에 의존하지 않는 합리적인 종교가 있어야 합니다.

칸트　헤겔 선생, 적어도 당신은 제가 동의할 거라는 것을 아셔야죠. 저는 『이성의 한계 안에서의 종교』라는 책을 썼습니다. 아시죠? 거기서 저는 참된 종교는 어떤 보이지 않는 영적 실재에 대한 것이 아니라고 설명했습니다. 참된 종교는 윤리, 즉 자신의 의무를 행하는 일에 관한 것입니다. 예수는 윤리적인 삶에 있어서 우리의 인도자입니다. 이게 바로 우리가 그를 높이 존중해야 하는 이유입니다. 우리가 그를 더 이상 성육신한 하나님으로 간주하지 않을지라도 말입니다.

헤겔　그건 중요한 종교적 삶을 지탱해줄 정도로 충분하지 않습니다. 우리는 하나님 자신 그 자체를 알아야 하는 것이지, 하나님이 우리에게 나타나신 대로의 모습으로만 알면 안 됩니다. 그게 바로 제가 당신의 지식 이론을 정정하고 당신에게 실제적인 주체-객체의 차이가 없다는 것을 보여준 이유입니다. 이성은 자신의 최상의 상태에 있을 때 절대정신, "세계영혼"(world soul), 그것의 부분의 합보다 더 큰 완전체로서 우리를 하나님께로 인도합니다.

로크　실례합니다, 신사 양반들. 그런데 두 분 다 사태를 너무 너무 복잡하게 만들고 있습니다. 종교는 실로 윤리에 관한 것입니다. 그러나 그건 우리가 하나님에 대한 어떤 지식도 없다는 걸 의미하지는 않습니다. 우리의 오감은 세계를 설명해줄 수 있는 하나님이 반드시 있다는 걸 말해주고 있습니다. 하나님은 세계의 창조자며 지탱자이십니다. 이성은 그것은 우리에게 말해줄 수 있습니다. 다른 많은 것은 아닐지라도 적어도 그것은 말입니다.

칸트   우리의 오감은 종종 우리를 속입니다. 그리고 우리가 경험하고 있는 것이 객관적인 실재인지 확실하게 알 길도 없습니다. 사물은 그 자체의 모습으로 우리에게 나타납니다. 따라서 우리의 경험은 사물이 우리에게 나타나 보이는 모습에만 의지합니다. 그러나 걱정할 필요는 없습니다. 우리는 사물이 우리에게 나타나는 대로 그것을 아는 것만으로도 만족할 수 있습니다. 사물 자체는 알 수 없는 것이며 중요하지도 않습니다.

헤겔   "그것은 모두 무의미하다!" 당신에게 하는 말입니다, 로크. 당신은 말도 안 되는 말을 하고 있군요. 종교에서 제일 중요한 건 하나님을 지적으로 그리고 영적으로 아는 것입니다. 우리의 이성은 우리를 "즉자적 하나님"(in and for himself)이시며 동시에 "대자적 하나님"(in and for us)이신 하나님께로 연결시켜줍니다. 역사를 전체적으로 관찰하는 이성적인 사람은 어떤 정신, 즉 절대정신이 인간 문화를 통해 전개한다는 것과 그 정신이 모든 것 안에 내재한다는 결론에 이르게 될 것입니다. 정신은 양극, 즉 정과 반의 합입니다. 정신의 목적은 통일과 조화입니다.

로크   저의 단순하고 간단한 경험론에 무슨 짓을 하신 거죠? 두 분은 그것을 파괴했습니다. 저는 자연종교를 확립하려 했으며 바르게 해석된 기독교가 하나님에 대한 인간 탐구의 정점이라는 것을 보여주려고 했습니다. 교회의 전통을 건너뛰고 우리에게는 계시나 영감으로 된 책이 필요하지 않다는 것을 보여주는 것이야말로 제가 하고 싶었던 일입니다. 우리에게는 오감과 논리만 필요합니다.

칸트   음, 로크, 순진하군요. 저는 이성 비판을 제시했습니다. 당신의 것과 같은 이성을 제시했죠. 이성, 즉 지식은 오로지 현상의 영역 안에 존재할 뿐이며 표현 불가능성의 영역에 존재하는 것이 아닙니다. 그러므로 종교는 사물 자체에 대한 모든 형이상학적 허튼소리로부터 벗어나야 하며, 그것의 정말 중요한 부분인 윤리만 남기고 축소되어야 합니다.

헤겔   칸트, 만일 로크가 순진하다면, 당신은 제정신이 아니네요! 인간 정신은 하나님과의 연합을 갈망합니다. 그리고 논리는 우리가 이미 하나님과 연합되어 있다는 것을 보여주죠. 우리는 그저 그것을 깨달으면 됩니다. 종교는 보편 역사 안에서 그리고 그것을 통해서 절대정신인 하나님의 역동적이고 진화하는 현존을 알아가는 일에 관한 것입니다. 우리가 사물 자체를 알 수 없는 이유는 그 자체 안에 어떤 것도 없기 때문입니다. 모든 것들은 서로 연결되어 있습니다. 이성이 그것을 보여줍니다.

로크   우리의 논의가 제자리를 맴돌고 있는 것 같네요, 여러분. 예수 그리스도에 관해서는 어떻게 생각하세요? 당신들, 그리스도인이 맞죠? 예수 그리스도에 관해 이야기해보죠. 저는 그를 메시아로 생각합니다. 메시야라 함은 인간의 모범이자 진리의 궁극적인 선생을 뜻합니다.

칸트   저는 그를 자신의 의무의 궁극적 행위자, 즉 우리에게 이상적인 윤리적 삶을 보여주신 분으로 봅니다.

헤겔   저는 그를 "신인"(Godmanhood)이라는 궁극적 진리의 이상적인 재현으로 봅니다. "신인"은 하나님과 인간의 연합을 말하는 겁니다.

분석

혼란스러운가? 혼란스러운 이가 혼자라고 생각하지 마라. 이 세 명의 위대한 사상가가 나눈 대화를 듣는 누구든 혼란을 느낄 것이다. 이런 식으로 생각해보라. 계몽주의가 일어난 원인 중 하나는 "지식"을 구성하는 것이 무엇인지를 규정하기 위함이었다. 전통도 지식으로 간주되는 것인가? 만일 그렇다면, 왜 전통은 그렇게 자주 틀린 것으로 판명이 나는가? 이는 갈릴레이가 교회의 지구-중심의 태양계에 대한 전통적 믿음이 틀렸음을 증명한 후에 생긴 특별한 문제였다. 교회 권위자들은 그에게 침묵을 강요하려고 했다. 그러나 결국 교회의 신뢰성이 심각한 타격을 입었다. 그런 다음 다른 많은 것들이 문제가 되었다. 그래서 계몽주의는 지식에 관해 질문을 제기했다. 지식을 구성하기 위해서는 무엇이 있어야 하는가?

이 질문에 답하는 두 개의 주된 계몽주의 접근법이 있다. 합리주의와 경험론이다. 합리주의를 주창한 선두적인 인물은 프랑스의 철학자 르네 데카르트(René Descartes, 1596-1650)였다. 그는 인간이 본유 관념을 소유하고 있으며 지식은 본유 관념에 대한 발견이자 탐구라고 상정했다. 그러나 더 중요한 것은, 그가 지식은 선험적이며 감각 경험을 앞선다고 주장한 것이다. 지식은 정신이 믿음을 가질 때 필수적인 것이며 논리에 기반을 둔다. 그리고 지식은 의심과 더불어 시작한다. 모든 것을 의심해보고 의심할 수 없는 것들이 무엇인지 보라. 의심할 수 없는 것이 있다면, 그것은 지식으로 간주된다. 데카르트는 "나는 생각한다, 고로 나는 존재한다"(Cogito, ergo sum)라는 유명한 말을 남겼다. 그는 자신의 존재를 의심할 수 없었다. 의심할 수 없는 자신의 존재에서 데카르트는 하나님의 존재와 더 많은 것들을 추론했다. 그러니까, 합리주의는 지식에서 논리의 역할을 강조하며 감각 경험을 불확실한 것으로 간주하려고 하는 계몽주의적 사고의 계통이다.

　로크는 경험론의 주도적인 주창자였다. 경험론은 본유 관념의 존재를 부인했고 지식에 있어서 감각 경험에 의존했다. 그러나 어떤 감각 경험도 지식으로 간주되지 않는다. 왜냐하면 우리는 우리의 감각이 우리를 속일 수 있다는 것을 다 알고 있기 때문이다. 그러나 어떤 감각 경험은 신뢰할 수 있다. 감각 경험들이 타인에 의해 복제될 수 있을 때는 특히 그러하다.

　합리주의자와 경험주의자 모두 동의한 것은, 전통은 지식으로 간주되지 않는다는 것이다. 무언가가 항상 믿어져왔다고 해서 그것이 지식이 되지는 않기 때문이다. 전통은 기껏해야 의견이나 믿음일 수 있지만 지식은 아니다. 최악의 경우, 전통은 미신을 구체화할 수도 있다. 합리주의자와 경험주의자는 자아 밖의 권위에 대한 호소를 거부했다. 신학자나 사제나 교황이나 왕이 무엇을 선포한다고 해서 그 무엇이 참이 되지는 않는다. 그것은 시험을 거쳐야 한다. 데카르트와 그의 추종자들에게 의심할 수 있는 진리는 진리가 아니다. 만일 타인이 당신의 진리 주장을 지식으로 받아들이기를 원한다면, 당신의 주장에는 당신 자신의 존재와 같은 이성의 선험적 진리의 필수적인 뒷받침이 있다는 것을 보여주어야 한다.

　경험주의자는 감각 경험에서 어떤 경험적 근거도 없는 진리 주장을 지식으로 받아들이지 않는다. 그리고 감각 경험은 몇몇 특별한 사람들에 의해서만 감지되는 비밀스러운 것일 수 없다. 그것은 보편적으로 가능해야 하며 타자에 대한 경험의 복제를 통해서만 보여질 수 있다.

　데카르트 같은 합리주의자들은 하나님의 존재를 존재론적 논의를 통해 증명하려 했다. 이 증명 방법을 처음으로 제시한 자는 중세 신학자인 캔터베리의 안셀무스(10장을 보라)다. 하나님의 존재는 의심될 수 없다. 왜냐하면 우리가 가진 하나님에 대한 개념은 그보다 더 위대한 자를 생각할 수 없는 분 또는 가장 완벽한 존재인데, 이 개념은 반드시 하나님의 존재를 포함하기 때문이다. 존재하는 존재는 존재하지 않는 존재보다 크다. 그렇기에 그보다 더 위대한 자를 생각할 수 없는 존재는 반드시 존재하는 것으로 인식되어야 한다.

로크와 같은 경험주의자들은 하나님의 존재를 우주론적이거나 목적론적 논의를 통해서 증명하려 했다. 하나님의 존재는 우리가 세계를 경험하면서 세계를 설명할 때 필수적이다. 우주는 유한하기에 제일원인이 필요하다. 제일원인은 그 자체 외에는 다른 원인이 없다고 말하는 것이다. 또 우주는 질서 정연하다. 따라서 우주는 전능한 정신에 의해 설계되었음이 틀림없다. 이런 식으로 증명은 계속 나아간다.

스코틀랜드의 회의주의 철학자인 데이비드 흄(1711-1776)은 하나님을 지식의 한 항목으로 간주하지 않았다. 왜냐하면 그는 소위 하나님의 존재 증명에는 결점이 있다고 주장했기 때문이다. 칸트도 이에 관해 동의했지만 하나님에 대한 믿음은 지식으로 간주된다고 주장했다. 왜냐하면 하나님은 보편 도덕과 윤리 경험을 설명함에 있어서 필수적이기 때문이다. 그러나 칸트가 지식의 한 항목으로 간주했던 "하나님"은 하나님 그 자체(God-in-himself)가 아니라 우리의 도덕 경험 안에서 우리에게 나타나는 하나님일 뿐이다. 그는 종교를 도덕성과 윤리로 축소했다.

헤겔은 하나님이 알려져 있다고 논증함으로써 종교를 계몽주의의 유린으로부터 구하려고 결심했다. 그러나 헤겔의 하나님은 어떤 점으로든 의자나 행성과 같은 어떤 대상이 아니다. 하나님이 알려져 있는 것은 그가 바로 모든 앎의 지평이기 때문이다. 인간 지식 자체는 절대정신이라 불리는 궁극적 통일을 전제한다. 절대정신은 필수적인 정반대 극(정[thesis]과 반[antithesis])을 지양하거나 초월한다. 그러나 하나님에 대한 지식은 삼단논법이나 논의의 결과가 아니다. 그것은 이미 모든 앎 속에 존재한다. 그리고 우리가 자기실현을 통해 절대정신으로서의 하나님에 대한 지식을 발견할 때 하나님은 우리의 자기인식이 된다. 헤겔은 그에 앞서 있었던 대부분의 계몽주의 사상가들이 가정했던 주체-객체 이원론 전체를 지우려고 애썼다. 그러나 그에 대한 대가는, 문화의 역사를 거쳐온 인간 정신의 위대한 행진과 구별될 수 없는 비인격적이고 내재적인 하나님의 나타남이다.

여전히 혼란스러운가? 걱정하지 마라. 어떤 학자들은 헤겔이 이해의 영역을 넘어서 있다고 생각한다. 칸트는 그보다 약간 덜 어려울 뿐이며, 로크는 꽤 쉬운 편이다. 그러나 그것이 문제다. 그의 철학은 너무 쉽다.

그래서 이 세 명의 철학자들과 오늘날 그리스도인의 삶 및 사상에는 어떤 관련성이 있는가? 그들은 특히 서구 개신교 사상에서 꽤 영향력이 있는 편이다. 칸트를 예로 들어보자. 그의 주된 공헌 중 하나는(그걸 공헌이라고 부를 수 있다면) 사실과 가치 또는 지식과 신앙 사이의 분리다. 우리는 종종 사람들이 다음과 같이 말하는 것을 듣는다. "당신에게는 사실이 있지만 나에게는 믿음이 있어." "나의 믿음은 사실의 영향을 받지 않아." 기독교는 종종 옳고 그름의 가치를 통해 이해되는 믿음으로 축소되곤 한다. 좋은 그리스도인은 그가 무엇에 대해 믿는지 상관없이 선한 삶을 살아가는 자다. 그리고 종교적 신념은 사실이 아닌 의견으로 취급된다.

신앙과 사실 사이 또는 가치와 지식 사이의 이런 이분법은 많은 기독교 대학이나 교회와 관련된 대학에 편재해 있다. 신앙과 배움을 통합하려는 통전적 관념은 많은 학문 분야에 있는 칸트주의 교수들의 저항을 불러일으킨다. 그들은 자신들의 기독교 신앙이 실험실이나 교실로부터 벗어나기를 원하며, 자신들의 탐구 결과가 그들의 신앙생활과 교회생활로부터도 벗어나기를 원한다.

로크, 칸트, 헤겔 같은 일단의 계몽주의 철학자들이 자유주의 개신교도들에게만 영향을 미쳤다고 말하고 싶은 유혹을 느낀다. 확실히 이 철학자들은 자유주의자들에 의해 받아들여졌으며, 심지어 어떤 이들은 이 철학자들을 근대 기독교의 구조자로 간주했다. 그들은 지적으로 성취된 그리스도인이 되는 일을 가능하게 했다. 그러나 그에 대한 대가는 무엇인가? 대개 근대성과 협상하고 (조화하는) 그런 "기독교"는 기독교로 인식될 수 없을 정도다. 그러나 자유주의 개신교도들만 이들의 영향을 받은 것은 아니다. 오늘날에도 정말 기적이 일어난다고 믿는 보수주의 개신교회들이 얼마나 남아 있는가? "오, 기적은 근대 이전의 일이다"라는 말을 들을지도 모른다. 전통적인 신념을 유지하는 동시에 근대성을 수용하는 인기 있는 방법은 기적을 "성서 시대" 아니 어쩌면 "선교지"로 밀쳐버리는 것이다.

누군가는 오순절 그리스도인들이 계몽주의의 영향을 받은 마지막 집단이라고 생각할지도 모른다. (나는 오순절주의 안에서 자라고 교육받은 직접적 경험을 통해 이것을 안다.) 오순절파의 특징적 신념은 성령 충만의 "초기 물리적 증거"로 방언을 말하는 것이다. 왜 "초기 물리적 증거"가 있어야만 하는가? 관찰 가능한 경험에서 얻은 지식에 대한 계몽주의의 집착이 이 증거의 배후에 있지 않을까?

특히 보수적 복음주의 그리스도인들은 자신들이 로크, 칸트, 헤겔 같은 계몽주의적 인물의 영향에 대해 면역되어 있다고 생각하지만 사실은 그렇지 않다. 그들은 우리가 살아가고 움직이고 존재하는 문화적이고 철학적인 환경을 형성했다. 현실을 회피하면서 우리가 그것에 의해 영향을 받지 않은 척하는 것보다, 소문에 기초를 두지 않고 그것에 대한 실제적 지식에 근거를 두면서 그것을 인지하고 그것에 관해 무엇을 할지 결정하는 것이 더 낫다.

더 읽을 책

Byrne, James M. *Religion and Enlightenment*. Louisville: Westminster John Knox, 1997.

Kolb, David, ed. *New Perspectives on Hegel's Philosophy of Religion*. Stony Brook: State University of New York Press, 1992.

Reardon, Bernard M. G. *Kant as Philosophical Theologian*. Totowa, NJ: Barnes & Noble, 1988.

Yolton, John, ed. *John Locke: Problems and Perspectives*. Cambridge: Cambridge University Press, 1969.

19

근대 신학의 아버지 슐라이어마허와
철학자 칸트, 헤겔이
종교와 기독교의 본질에 관해 논쟁하다

배경

이 세 명의 위대한 기독교 사상가가 한자리에 모일 수 있도록 독자들의 상상의 나래를 펼치게 해야겠다는 필요를 다시 한번 느꼈다. 18장의 "대화"를 읽은 독자는 철학자 칸트와 헤겔에 익숙할 것이다. 그들은 연옥에서 계몽주의 사상가 존 로크와 신학에 대한 토론을 했다. 로크의 자리에 슐라이어마허를 넣자. 로크는 연옥에서의 시간이 만기가 되어 천국으로 들어갔다. 그가 다른 사람들보다 한 세기 전에 죽었으니 당연한 일이기도 하다. 혹여 이런 장난기 어린 설정으로 인해 불편함을 느낄 독자들에게 미리 사과한다. 나는 이들이 죽은 뒤에 어디로 갔는지, 그리고 지금 어디에 있는지에 대해 어떤 지식도 가지고 있지 않다. 여기서 연옥은 단지 하나의 문학적 장치일 뿐이다. 그들이 죽은 뒤 서로를 만나 무엇을 말했을지 나와 함께 상상해보자.

철학자 칸트와 헤겔은 18장에 등장한 세 명의 대화 상대자 중 두 명이다. 그들에 관한 정보는 "배경"에서 찾아보기 바란다. 여기서는 그들이 후기 계몽주의 사상가들이었다는 것과, 근대 사상과 문화의 관점에서 개정한 고전 기독교 문서를 포함해서 종교철학 저서들을 남겼다는 것으로 충분할 것 같다. 칸트에게 참된 종교와 진정한 기독교란 자신의 의무를 행하는 데 있다. 그는 종교를 윤리학으로 축소했다. 객관적인 옳음과 그름을 위해 하나님의 존재를 상정하는 것이 필요하지만 하나님은 앎을 넘어선 존재이시다. 헤겔은 칸트에 반발했다. 헤겔은 칸트가 기독교를 부식시키는 근대성으로부터 기독교를 구하기 위한 과정에서 너무 많은 것을 희생시켰다고 믿었다. 헤겔은 하나님을 "절대정신" 혹은 (랄프 왈도 에머슨[Ralph

Waldo Emerson]의 표현을 사용하자면) 인간 문화의 진화 안에서, 그리고 그 진화를 통해 자신을 실현하는 우주의 "대영혼"(Oversoul)이라고 보았다. 그에게 종교는 정반합의 변증법적 과정을 통해 하나님과의 연합을 이루는 것이다. 위대한 사상은 그것의 반대 사상을 불러일으킨다. 그런 다음 이 두 사상은 그것들을 흡수하고 동시에 승격시키는 더 높은 합 안에서 조화를 이룬다.

철학자인 칸트나 헤겔과 달리, 프리드리히 슐라이어마허(Friedrich Schleiermacher)는 철학자가 아니고 신학자였다. 그러나 그는 대체로 상당히 철학적인 신학자로 여겨진다. 칸트와 헤겔은 상당히 신학적인 철학자들이었다. 슐라이어마허는 1768년에 슐레지엔(Silesia, 당시는 프로이센 영토였지만 지금은 폴란드의 브로츨라프[Wroclaw])에 있는 브레슬라우(Breslau)에서 태어났고 1834년에 베를린에서 죽었다. 자신의 생애 동안, 슐라이어마허는 여러 가지 성취로 인해 명성을 얻었다. 그는 플라톤의 저서를 독일어로 번역했다. 그는 사교계의 명사였으며 독일 예술과 문화 안에 있는 낭만주의 운동을 장려했다.

슐라이어마허는 베를린 대학교의 설립자였으며 같은 도시에 있는 큰 교회에서 여러 해 동안 목회했다. 그는 위대한 설교가로 인정받았으며 수많은 철학 책과 신학 책을 출간했다. 그중 제일 유명한 두 권은 『종교론: 종교를 멸시하는 교양인을 위한 강연』(On Religion: Speeches to Its Cultured Despisers, 대한기독교서회 역간)과 『기독교 신앙』(The Christian Faith, 한길사 역간)이다. 『기독교 신앙』은 대개 장 칼뱅의 『기독교 강요』와 토마스 아퀴나스의 『신학대전』과 같은 범주로 분류되며 기독교 사상사에서 획기적인 책 중 하나가 되었다.

그는 경건주의(Pietism)에 깊이 젖어 있는 매우 종교적인 가정에서 자랐다. 경건주의는 독일에 있는 루터교와 개혁교회 내에서 일어난 운동이었다. 이 운동은 감정을 종교 안으로 다시 도입하려고 했다. 경건주의는 독일에서부터 시작해 유럽 지역과 북미, 그다음으로는 전 세계로 퍼져나갔다. 젊은 슐라이어마허는 할레 대학교(University of Halle)를 다녔는데 그 무렵 학교는 경건주의를 버리고 합리적 정신을 받아들였다. 거기서 그는 칸트의 철학을 읽었고 그가 가정에서 받은 종교 교육의 보수주의에 반발하기 시작했다. 그의 아버지는 그의 결정에 반대했다. 그러자 그는 아버지에게 한 통의 편지를 써 자신은 여전히 경건주의자지만, 다만 "더 높은 수준"의 경건주의자라는 유명한 말을 남겼다.

슐라이어마허는 독일 문화 안에서 일어나고 있는 낭만주의 운동에 매력을 느꼈다. 낭만주의는 계몽주의에서 합리주의를 취해 그것을 감정에 대한 강조와 균형을 이루게 하려는 운동이다. 낭만주의와 그가 받은 경건주의 가정교육 사이에 연관성이 있다는 것은 분명하다. 하지만 낭만주의적 감정이 반드시 종교적인 것은 아니었다. 베를린에서 슐라이어마허는 신학을 가르쳤고 목회를 했으며 사교모임에도 자주 참석했다. 사교모임에 참석하는 낭만주의자들은 교양 있는 대화를 나누면서 무미건조한 교리와 전통, 의식이 있는 종교를 경멸했다. 경건주의자들은 "죽은 정통"을 증오했다. 낭만주의자들은 죽은 이단을 증오했다. 그러나 죽은 이단에 대한 그들의 증오는 그들을 정통주의로나 어떤 종교적인 것으로도 이끌지 못했다.

그는 자신의 낭만주의 친구들을 설득하기 위해『종교론: 종교를 멸시하는 교양인을 위한 강연』(1799)을 집필했다. 이 책에서 그는 그들이 이 사실을 알든 알지 못하든 그들은 이미 종교적이라고 했다. 슐라이어마허는 종교가 교리나 사상의 체계나 의식이나 전통에 대한 것이 아니라고 주장했다. 종교는 감정에 관한 것이다. 이 감정은 슐라이어마허가 "게 퓔"(Gefühl)이라 불렀던 특별한 종류의 감정이다. 이 독일어 단어를 정확히 표현할 수 있는 영어 단어는 없다. 흔히 영어로는 감정(feeling), 정서(emotion)로 옮겨지는데 "놀라움"(wonder) 또는 "경외"(awe) 같은 단어가 더 적합하다. 그것은 등골을 오싹하게 만드는 것과 같은 감각이 아니다. 그것은 성령 충만한 믿음이나 예배 안에서 생기는 감정도 아니다. 그 감정은 우리가 아름다운 석양을 바라볼 때 생기는 "감정"과 비슷하며 예쁜 여자나 잘생긴 남자를 볼 때 느끼는 아름다움을 넘어서는, 어떤 특별한 방법으로 아름다움을 느끼는 것이다.

슐라이어마허에 따르면, 종교의 본질은 무한한 어떤 것이나 누군가에 대한 "절대 의존의 감정"이다. 이를 의식적으로 자각하지 못한다 할지라도 모든 이들은 이런 감정을 가지고 있다. 절대 의존의 감정은 인간적 방식에서 인격적이 되거나, 인격적 방식에서 인간이 되는 필수적인 조건이다. 우리가 이런 감정으로 인해 어떤 조직화된 종교의 일원이 되지 않는다고 해도, 이런 감정은 신에 대한 본유적 감각이다. 슐라이어마허에게 있어서 모든 개념은 종교에 대해 이질적이다. 하지만 개념은 불가피하게 절대 의존의 감정으로부터 일어난다. 예컨대 교회와 같은 종교적인 형식의 삶도 그렇다. 그러나 기껏해야 이런 것들은 감정 또는 "신-의식"(God-consciousness)에 대해 부차적인 것일 뿐이다.

이후에 슐라이어마허는 대표작인 『기독교 신앙』(전2권, 1821-1822)을 썼다. 그 책에서 그는 기독교의 본질과 절대 의존의 보편적인 감정 사이의 밀접한 관계를 보여주려고 했다. 그에게 있어서 기독교는 신-의식의 최고의 표현이다. 그리고 그 능력은 하나님에 대한 의식을 온전하게 소유했던 예수 그리스도에 의해 그리스도인들에게 전해진다. 예수는 다른 사람들과 달리 신-의식이 완전했으며 그의 삶도 통제했다는 점에서 유일무이하다. 슐라이어마허에 따르면, 그의 신성이 바로 그의 신-의식의 힘이었다. 그리고 그 신-의식은 예수 안에서 진정한 하나님의 존재를 구성했다. 그러나 이 자유주의적 독일 교수에 따르면, 그리스도는 선재하지 않았다. 또한 그는 삼위일체론을 경시했으며 그 교리에서 신-의식과의 관계성을 발견하지 못했다는 이유로 삼위일체론을 그의 신학 체계의 부록처럼 다뤘다.

슐라이어마허는 흔히 첫 번째 진정한 자유주의 기독교 신학자로 간주된다. 그전에도 자유주의 개신교인들이 있었지만 그들 대부분은 18세기 후반과 19세기 초반에 있었던 유니테리언 교회 운동(Unitarian church movement)에 합류했다. 슐라이어마허가 보여주려고 했던 것은, 사람들은 어느 쪽도 희생시키지 않으면서 기독교 신앙의 본질을 지킬 수 있으며 근대성과 더불어 그 신앙에 참여할 수 있다는 것이다. 이 과정에서 그는 시대에 뒤쳐졌다고 간주했던 교리적 공식을 기꺼이 놓아주었다. 그에게 있어서 모든 교리는 그것의 문화적 배경과 연관되어 있으며 언제나 정정될 수 있었다.

이 대화에서 슐라이어마허는 칸트와 헤겔을 연옥에서 만난다. 로크가 그들을 남기고 천국으로 떠난 직후다.

대화

헤겔　　　　이런, 이런, 당신은 프리드리히 에른스트 다니엘 슐라이어마허(Friedrich Ernst Daniel Schleiermacher)가 아닌가요? 이리로 와서 앉으세요. 제게는 신학에 대해 당신을 깨우칠 만한 것이 많습니다. 당신은 제가 베를린 대학교에서 철학과 교수로 있는 동안 거기서 신학을 가르치고 있었죠. 우리는 거의 마주칠 일이 없었어요. 그러나 마침내 이렇게 만났네요. 제가 말할 테니 들으시죠.

칸트　　　슐라이어마허인가요? 종교에 관한 그 끔찍한 강의를 한 그 저자 말인가요? 제가 죽기 몇 년 전에 읽었는데, 제목이…그러니까…아, 맞아요, 『종교론: 종교를 멸시하는 교양인을 위한 강연』이었어요. 저도 『이성의 한계 안에서의 종교』라는 작은 책 한 권을 썼습니다. 우리는 동의하는 게 거의 없는 것 같더군요. 저도 이 대화에 참여해 당신을 가르치고 싶네요, 슐라이어마허. 헤겔, 혼자만 말하지 마세요.

슐라이어마허　자, 자, 여러분! 제 소개를 하겠습니다, 칸트 선생. 네. 제가 바로 『종교론: 종교를 멸시하는 교양인을 위한 강연』의 저자입니다. 당신이 저의 종교론 강의를 좋아하지 않으셨다니 유감입니다. 하지만 당신이 우리의 낭만주의 운동을 완전히 이해했다거나 인정한다고 생각지 않습니다. 헤겔 선생, 우린 베를린에서 만난 적이 있습니다. 길에서 여러 번 엇갈렸지요. 제 기억에 교수진들이 대학에서부터 성당으로 행진하고 있었고 우린 학교 예복을 입고 나란히 서 있었어요. 그때 당신이 작은 목소리로 저에게 중얼거리셨죠. 뭐였죠? 이렇게 말씀하셨던 것 같은데. "만일 당신이 말한 것처럼 종교가 절대 의존의 감정이라면, 제가 키우는 개가 이 세상에서 가장 종교적인 존재일 것입니다."

헤겔　　　네. 제가 그렇게 말했지요. 재밌지 않았나요? 오, 여전히 그게 재미있다고 생각하지 않으시는 것 같군요. 친구여. 우리는 여기서 스스로를 비웃는 법을 배워야 합니다. 달리 할 것이 있나요?

칸트　　　달리 할 것이 있느냐가 무슨 뜻인가요? 적어도 저는 제 수업에 가서 제 철학의 무엇이 잘못됐는지 배우고 있습니다. 당신은 계속 당신의 수업을 빼먹고 있지만요. 그게 당신이 여기에 오래 있게 될 이유입니다.

슐라이어마허   헤겔 선생, 저는 그때나 지금이나 당신의 빈정거리는 말투에서 재미를 느끼지 못했습니다. 신-의식에는 재미있을 만한 것이 없습니다. 그리고 잘 아시다시피 개는 신-의식을 가질 수 없습니다. 그건 인간에게만 있는 독특한 능력이며 우리 안에 있는 하나님의 형상의 큰 부분으로서 동물과 인간을 구별해줍니다. 게다가 만약 제가 "절대정신"이 오직 당신의 생각 속에서만 절대적이라고 한다면 당신은 딱히 그걸 고마워하지 않을 겁니다.

헤겔   하나도 안 웃겨요. 잘 들어요, 젊은 친구.

슐라이어마허   (말을 끊으면서) "젊은 친구"라니 무슨 뜻이죠? 당신이나 나나 거의 같은 나이인데요.

헤겔   네. 그러나 저는 여기서 3년 더 있었습니다. 당신이 방금 도착했으니 여기서 당신은 그저 "젊은 친구"지요. 어쨌든 제가 무례하게 방해받기 전에 말하고자 했듯이, 절대정신은 웃음거리가 되는 주제가 아닙니다. 그것에 관한 농담은 신성모독에 가깝습니다. 절대정신은 하나님이십니다. 당신도 아시다시피 말입니다.

슐라이어마허   아니요. 그건 당신이 만들어낸 우상에 더 가깝습니다. 저도 하나님을 절대정신이라 부를 수 있지만 당신이 말하는 의미로서는 아닙니다. 당신은 하나님을 어떤 진화하는 위대한 개념으로 축소하고 있습니다. 이는 인간이 역사 속에서 스스로를 발견하면서 만들어낸 표현입니다. 당신은 하나님을 거의 역사로 축소하고 있습니다.

칸트   신사 여러분! 건설적인 것에 관해 이야기해보죠. 기본적인 것은 어떤지요? 우리 각자는 우리 당대의 지성인들에게 연설했고 그리스도인이 되는 참된 본질에 대해 설명하려 했습니다. 유럽의 많은 계몽된 사람들은 기독교를 과거의 것, 즉 역사의 쓰레기통 속으로 버려야 할 것으로 생각했습니다. 프랑스 철학자 볼테르(Voltaire)를 생각해보세요. 저는 그가 기독교를 정말로 이해한 적이 없다고 생각합니다. 왜냐하면 그는 기독교를 당시 프랑스 성직자들이 한 터무니없는 말과 혼동했기 때문입니다. 슐라이어마허, 당신부터 시작해보죠. 이곳에 갓 도착한 사람으로서, 당신은 기독교의 참된 내적 본질에 대해 우리를 가르칠 특권을 가지고 있습니다.

헤겔 　왜 그가 먼저 시작해야 하나요? 신학은 학문도 아닙니다! 그리고 그는 철학으로 먹고 살았어요. 제가 먼저 해야 합니다. 왜냐하면 저의 철학이 바로 모든 철학의 정점이자 종점이기 때문입니다. 저는 이 모두를 종합해 인간의 지적인 삶의 끝에 종지부를 찍었습니다.

칸트 　오, 이런. 제정신이십니까? 황당한 소리군요. 제 학생들은 이렇게 말했을 겁니다. 너 요즘 뭘 피우고 다녔길래 그러니?

헤겔 　프로이센 국가가 역사의 끝이라는 저의 말에 동의하셔야 할 겁니다. 문화, 정치, 사회의 모든 갈등과 모순은 그 안에서 해결됩니다. 제 철학이 프로이센을 단단하게 뒷받침하고 있습니다. 우리의 존경하는 왕 프리드리히 빌헬름 3세(King Friedrich Wilhelm III)도 제 천재성을 인정했으며 프로이센 국가에 대한 저의 공헌을 인정하는 상도 주셨지요.

슐라이어마허 　음, 우리 중 가장 연장자이신 분이 하신 제안을 받아들여 제가 먼저 말하도록 하겠습니다. 프리드리히 빌헬름은 저도 많이 좋아해주셨습니다. 제가 평생 동안 프로이센에 기여한 공헌에 대한 상도 주셨지요. 나폴레옹이 우리의 사랑하는 조국을 침략했을 때 저는 국가적인 차원에서 그에게 저항해야 한다고 권고했습니다. 당신도 알다시피, 저의 아버지는 프로이센 군대의 군목이셨지요. 어쨌든, 저는 기독교의 본질이 껍질 안에 있는 낟알과 같다고 생각합니다. 껍질은 반드시 벗겨져야 합니다. 그래야 그것 안에 숨겨진 영양가 있는 낟알을 발견할 수 있습니다. 제 과제는 어떻게 그렇게 많은 과거의 교리적 공식이 마른 껍질과 같았는지를 설명하는 것이었습니다. 그 껍질은 벗겨져야 하고 그 안에 있는 진리의 핵심이 드러나야 합니다.

칸트　　　그래요, 그래요, 젊은이. 진리의 핵심이 무엇이죠?

슐라이어마허　　제가 쓴 종교론을 읽으셨다면 이미 아실 겁니다. 핵심은 "Gefühl"(감정)입니다.

헤겔　　　(조롱조로 방해하면서) 집이 따뜻해지도록 벽난로에 넣는 연료를 말하시는 건가요? "Fuel"(연료)!

슐라이어마허　　부탁합니다. 계속하도록 해주세요. 당신 차례가 올 겁니다. 당신은 "Gefühl"이 무엇인지 잘 압니다. 그건 우리가 무한자에 절대적으로 의존하고 있다는 것을 말해주는 우리 영혼 안에 있는 깊은 감각입니다. 어떤 신비주의자들은 그것을 "우주적 경외"(cosmic awe)라고도 부릅니다. 이 우주적 경외는 말로 완전히 표현될 수 없는 것이며, 우리는 전체의 작은 일부이며 전체는 부분의 합 그 이상이라는 것에 대한 인식입니다. 모든 종교는 그런 감정에 의존합니다. 기독교는 구속, 즉 신-의식의 치유가 완전한 신-의식인 예수 그리스도에 의해 개인에게 전해지는 종교입니다. 그래서 기독교의 본질은 신-의식이 구세주이신 예수의 중재를 통해 구속받고 완전하게 되는 것입니다.

칸트　　　그게 끝인가요? 정말로요? 제발! 슐라이어마허, 당신의 체계 속에 의무는 어디 있나요? 윤리는 또 어떻고요? 예수는 무엇보다도 윤리 선생이었습니다. 그는 제자들과 우리에게 선한 삶을 사는 방법을 보여주셨습니다. 선한 삶을 사는 것은 의무입니다.

헤겔 (칸트의 말을 칸트에게 되풀이하면서) 그게 끝인가요? 정말로요? 종교는 의무에 관한 것인가요? 당신은 종교의 모든 생기를 빨아 없애고 있습니다, 임마누엘. 당신은 종교를 짐으로 만들었어요. 특히 원하지 않을 때도 옳은 일을 하는 것이 의무라고 규정했을 때 말입니다. 만일 당신이 원하는 것을 한다면, 그것은 칭찬할 만한 것이 아니군요. 그런가요? 이런, 당신의 종교철학은 통탄할 만하군요! 설상가상으로, 당신은 하나님을 "신비"의 영역에 둠으로써 하나님에 대한 지식을 불가능하게 만들었습니다.

슐라이어마허 칸트, 저는 헤겔에 동의해야겠습니다. 물론 그렇게 하는 것이 저를 괴롭게 하기는 하지만 말입니다. 당신이 흄을 읽고 교리적 잠으로부터 깨어났듯이, 저도 할레 대학교에서 당신의 저서를 읽고 경건주의의 잠으로부터 깨어났습니다. 그러나 결국 당신의 철학이 기껏해야 불완전하다는 것을 깨닫게 되었습니다. 종교, 특히 기독교를 윤리나 도덕으로 축소하면 안 됩니다. 당신의 종교는 모호한 도덕적 유신론입니다. 그것은 마지못해 자신의 의무를 정언명령(categorical imperative), 즉 "모든 타자를 그 자체로 목적으로 대하고 목적에 대한 수단으로 대하지 마라"에 따라 행하는 데 중심을 둡니다. 이는 "모든 일에 있어서 타인이 당신에게 해주기를 원하는 대로 타인에게 행하라"는 기독교의 황금률에 어긋납니다.

칸트 큰 차이점을 모르겠네요. 모든 타자를 그 자체로 목적으로 대하고 목적에 대한 수단으로 대하지 않는 누구든지 황금률을 성취하게 됩니다. 게다가, 당신도 잘 아시다시피, 그 공식은 저의 정언명령의 유일하거나 최고의 공식조차도 아닙니다. 저는 "보편화되도록 바라는 원칙에 따라 행하라"는 공식이 제일 좋습니다. 그것만이 합리적인 삶의 원칙입니다. 모든 사람이 이를 따라 행했다면, 세계는 유토피아가 되었을 것입니다. 이게 바로 그리스도가 그의 황금률을 사용해 우리에게 가르쳤던 것입니다. 이 황금률은 그야말로 저의 정언명령의 한 유형일 뿐입니다.

헤겔   칸트, 제가 앞서 말했듯이 당신은 종교를 윤리로 축소함으로써 종교의 생기를 빨아 없애고 있습니다. 그리고 슐라이어마허, 당신은 종교를 감정에 관한 것으로만 만듦으로써 종교를 부풀리고 있습니다. 우리 시대의 종교는 합리적이어야 합니다. "실재하는 것이 합리적인 것이요, 합리적인 것이 실재하는 것이다"가 저의 기본 원칙입니다. 이 원칙이 바로 실재하는 것을 알 수 있는 유일한 방법입니다. 만일 실재하는 것이 합리적인 것이라면 말이죠. 그리고 실재, 궁극적인 실재에 대한 우리의 최고의 단서는 이성의 유형, 즉 인간의 사고방식입니다. 실재하는 것, 즉 합리적은 것은 정과 반의 필수적인 지양입니다.

종교를 포함한 인간 사고에는 위대한 개념이 일어납니다. 그 개념은 항상 그 반대와 마주칩니다. 이 둘은 세 번째 개념이 일어날 때까지 충돌합니다. 이 세 번째 개념은 이 둘의 최고를 취하고 이 둘의 최악은 버립니다. 이 세 번째 개념이 바로 합, 즉 반대의 연합입니다. 이 변증법적 과정은 실재하며 합리적입니다. 비합리적인 것처럼 보이는 것은 실재하는 것이 아닙니다. 그래서 전개되는 사고의 필수적 유형은 존재 그 자체입니다. 참으로 알려진 것과 실재하는 것은 분리될 수 없습니다. 지식이 생기려면, 주체와 객체는 하나가 되어야 합니다. 종교는 이 과정 안에서 철학적 진리를 표현하는 일련의 신화일 뿐입니다.

슐라이어마허　보세요! 헤겔, 당신은 우리 중 어느 누구보다 더한 환원주의자입니다. 당신은 종교를 철학으로 축소했습니다! 바로 그게 제가 반대하는 것입니다. 당신의 방식대로 했더라면, 대학교 안에 있는 신학과는 철학과의 한 분과가 되었을 것입니다. 그리고 교회는 사람들이 철학적 개념의 상징적 표현을 기념하기 위해 모이는 곳이 되었을 것입니다.

칸트　슐라이어마허가 옳아요, 헤겔. 종교는 철학 이상의 것입니다. 그리고 "실재"하는 것은 앎을 넘어 있습니다. 우리가 접근할 수 있는 것이라고는 우리에게 보이는 사물 그대로의 모습뿐입니다. 우리는 사물 자체에 대한 어떤 지식도 없습니다. 종교에 있어서, 저는 믿음에 여지를 주기 위해 지식을 파괴해야만 했습니다. 믿음과 지식은 두 개의 다른 것입니다. 그 둘을 이어주는 유일한 것이 바로 윤리입니다. 우리는 우리의 도덕적 경험으로부터 옳고 그름에 절대성이 있다는 것을 배웁니다. 이성은 우리가 반드시 선한 삶을 살아야 한다는 정언명령을 전달해줍니다. 그리고 믿음은 동기, 즉 정언명령에 따라 살아가라는 추진력을 우리에게 줍니다.

헤겔　칸트, 제가 듣기에 당신 역시 종교를 철학으로 축소하고 있는 것 같습니다. 그런데 그게 문제가 되나요? 우리 둘 다 종교가 철학적 진리의 상징이라는 대부분의 당대 지성인들의 주장에 동의하고 있습니다. 성육신을 예로 들어보죠. 두 본성의 연합을 통해 하나님이 인간이 되셨다는 것은 그저 상반되는 것들의 연합이라는 철학적 진리를 표현하는 상징적 방식입니다. 하나님과 인간은 궁극적으로 분리되거나 대립할 수 없습니다. 기저에서 그들은 이미 항상 연합되어 있습니다. 성육신의 교리는 이런 진리를 그저 종교적인 방식으로 표현한 것

뿐입니다.

　　마찬가지로, 예수 그리스도의 십자가와 성 금요일을 예로 들어 보겠습니다. 저는 성 금요일의 십자가가 제가 "사변적 성 금요일"(speculative Good Friday)이라고 부르는 철학적 진리의 종교적이며 상징적인 표현임을 보여드렸습니다. "사변적 성 금요일"은 하나님이 세계라는 십자가 위에 못 박힘을 말합니다. 그곳에서 무한이 유한 속으로 들어갑니다.

슐라이어마허　　보세요! 헤겔, 당신은 종교와 기독교조차도 철학으로 축소합니다. 그것도 나쁜 철학으로 말입니다! 당신의 "하나님"은 경배할 가치가 없습니다. 그 혹은 그것은 초월적이거나 인격적이거나 주권적이지도 않습니다. 당신의 하나님은 하나의 거대한 우주적 개념입니다. 그게 어떻게 기독교적이죠? 제가 볼 때 그건 범신론이나 이교와 더 비슷한 것 같습니다.

칸트　　헤겔, 저는 이 젊은 목회자 친구에게 동의해야겠습니다. 당신의 하나님은 비인격적이고 모호합니다.

헤겔　　잠깐만요, 칸트. 지금 그건 똥 묻은 개가 겨 묻은 개를 나무라는 격이지 않나요? 당신의 하나님은 너무 초월적이셔서 알 수가 없는 분이 되었습니다. 당신이 하나님을 믿는지조차도 확신하지 못하겠네요. 객관적 도덕성을 설명하기 위해 하나님에 대한 개념을 상정해야 한다고 하신 게 바로 방금 전이었습니다. 당신의 "하나님"은 저의 하나님 이상으로 개념에 더 가깝습니다.

슐라이어마허　　문제는 신학을 하려는 철학자들에게 있습니다. 계시 없이 신학, 특히 기독교 신학은 할 수 없습니다. 두 분 다 자연스럽게 계시를 무시하는군요. 철학은 계시가 필요하지 않습니다. 그러나 기독교는 계시에 기초를 두고 있습니다. 예수 그리스도 안에 있는 하나님의 계시가 바로 기독교의 정신입니다.

칸트   하지만, 젊은이! 계시? 마치 초자연주의자처럼 말씀하는군요. 저는 당신이 기독교를 근대 과학과 이성에 순응하도록 만들려고 한다고 생각했습니다.

헤겔   슐라이어마허, 당신은 정말 광신도처럼 말씀하는군요. 제가 보니, 당신의 경건주의 배경이 표면 위로 떠오르고 있음이 틀림없습니다.

슐라이어마허   잠깐만요! 두 분 다 우리가 어디에 있는지 잊으신 건가요? 두 분 다 죽었지만 살아났습니다. 이게 초자연적이고 계시적인 것이 아니라면 무엇인가요?

칸트   좋은 점을 지적했군요, 젊은이. 그러나 지금까지 우리는 여기서 어떤 맹목적인 계시도 받은 적이 없습니다.

슐라이어마허   받으실 겁니다. 당신이 왜 여기에 있다고 생각하십니까?

헤겔   저 스스로도 그것을 궁금해하고 있는 중입니다.

칸트   저는 죽음 이후에도 삶이 있다고 항상 말했습니다. 저는 단지 지상에서의 맹목적인 계시나 기적을 믿지 않았을 뿐입니다. 세계는 엄격한 자연의 법칙에 의해 지배를 받고 있습니다. 그러나 우리가 다음으로 확실히 가게 될 천국은, 지상에서의 선행이 행복으로 보상받는 곳입니다. 단, 우리가 우리의 수업을 통과하게 된다면 말이죠. 지상에서는 행복이 자신의 의무를 행하는 도덕적인 삶을 사는 것과 연결되어 있지 않습니다.

슐라이어마허   글쎄요, 당신들에 관해서는 모르겠습니다만 저는 여기 아니면 여기 이후인 낙원에서 제 구세주 예수 그리스도를 만날 것을 기대합니다. 그는 제가 살아 있을 때 제 구세주셨습니다. 그래서 이제 저는 그에게 저의 신-의식을 보여줬으면 합니다. 왜냐하면 그가 바로 저의 신-의식의 원천이기 때문입니다.

헤겔　　　당신 귀에서 그걸 끄집어내시려고요?

칸트　　　(헤겔에게) 그만 좀 빈정거리세요!

슐라이어마허　아니요, 저는 지상에서 제가 성취한 것으로 인해 보상받은 것, 무엇이 됐던 그것은 그리스도께 드릴 겁니다. 왜냐하면 제가 행한 모든 선은 다 그분으로 인해 가능했기 때문입니다.

헤겔　　　만일 당신이 예수, 부연하자면 지상에서의 그의 생애 동안 위대한 철학자였던 그 사람을 실제로 만난다면, 그는 아마도 당신의 이단적인 생각을 책망할 것입니다. 지상에 있는 모든 전통적인 기독교 신학자들은 당신을 "베일의 창조자"(maker of veils)라고 비난하고 있습니다. 그게 당신의 이름의 뜻이기도 하지요. 당신은 진리를 당신의 화려한 이단적인 주장의 베일 뒤에 가렸습니다.

칸트　　　저 역시 예수를 만나기를 고대하고 있습니다. 지상에서 있었던 교회 예배에서는 그를 만나지 못했습니다. 그 예배들은 얼마나 지겹고 지루하고 구식이었던지. 저는 교회에 거의 가지 않았지요. 진정한 교회는 작은 노파가 길을 건너는 걸 돕고 있었습니다. 특히 제가 점심 약속에 늦어서 그녀를 돕기 원치 않았을 때 말입니다. 예수를 만나게 되면, 저는 그가 도덕적 의무에 따라 사는 완벽한 본보기가 되시고 우리에게 인간이 되는 최선의 길을 가르쳐 주신 데 대해 감사할 겁니다. 어느 누구도 그를 능가할 수 없습니다.

슐라이어마허　저는 지금 제 수업 시간표를 보고 있는 중입니다. "언약 모임"에 갈 시간이군요. 그게 뭔지는 모르겠지만요. 제 느낌에는 일종의 경건주의 비밀 집회 같은 느낌이 드네요. 언약 모임이 끝나면 "정통주의 개론" 수업이 있군요. 흠. 어떤 수업인지 궁금합니다.

분석

이 책의 모든 대화처럼, 이번 대화도 조롱조로 말한 부분이 상당히 많다. 연옥에서 헤겔이 재미를 선사했거나 풍자적이었는지는 모르는 일이다. 하지만 그가 실제로 다음과 같이 말했다는 건 사실이다. 만일 슐라이어마허가 종교를 절대 의존의 감정이라고 한 것이 옳다면, 자신이 키우는 개가 지상에서 가장 독실한 존재라는 조롱 말이다. 헤겔이 이를 비꼬는 방식으로 말해 오히려 더 웃기게 들린다. 그러나 나는 독자들이 이 가벼운 농담 속에 숨어 있는 의도들을 감지하길 바란다.

자유주의 개신교 신학은 슐라이어마허에 의해 시작됐다. 슐라이어마허는 기독교와 근대성, 그리고 근대성과 기독교를 의식적으로 화해시키려는 사람들 중 처음으로 교수로 채용되었다. 그는 기독교를 갱신함에 있어서 근대성을 문화적 콘텍스트 그 이상으로 적용함으로써 자유주의자가 되었다. 그에게 있어서 근대성은 기독교를 바로잡기 위한 진리의 기준이었다. 그가 기독교를 바로잡는 방식은 기독교라는 종교 안에 있는 진리의 핵심을 발견하는 것이었다. 그리고 그 핵심은 기독교의 영구적인 본질을 형성한다. 놀랄 것도 없이, 그 진리의 핵심은 근대 과학이 건드릴 수 없는 것으로 드러난다. 어떤 과학적 발견도 감정(Gefühl)을 손상시킬 수 없다. 그것은 근대성의 신랄함에도 면역되어 있다. 다른 것들은 사라져도 되지만, 신-의식은 과학이 뭐라고 하든 상관없이 온전한 모습으로 남는다.

슐라이어마허와 함께 시작한 개신교 신학의 자유주의 운동은 전통 기독교를 과학이 반박하거나 건드릴 수도 없는 것으로 다듬으려는 시도였다. 갈릴레이를 시작으로, 전통적인 기독교 정통주의는 과학과 관련된 모든 싸움에서 계속해서 지고 있었다. 19세기 초의 많은 사람들은 과학이 기독교를 포함해서 종교를 크게 파괴하고 있다고 생각했다.

칸트는 기독교를 윤리로 축소함으로써 기독교를 구하려고 했다. 기독교는 당위에 관한 것이지 본질에 관한 것이 결코 아니다. 따라서 과학은 기독교를 건드릴 수 없다. 슐라이어마허는 기독교를 감정으로 축소함으로써 기독교를 구하려 했다. 기독교는 일종의 신비적 경험에 관한 것이다. 과학이 그것을 건드릴 수 없다. 헤겔은 기독교를 철학적 진리를 표방하는 일련의 상징으로 축소함으로써 기독교를 구하려 했다. 기독교는 실제로 철학적 관념론의 위대한 사상에 관한 것이다. 과학은 그것을 건드릴 수 없다. 그러나 칸트와 헤겔은 철학자였다. 그들은 자신이 원하는 무엇이든 말할 수 있었지만 그것이 반드시 교회에 영향을 미친 것은 아니었다.

반대로, 슐라이어마허는 "교회의 왕자"였다. 그는 유명한 설교자였고, 문화의 영웅이었으며 신학 선생이었다. 그는 자연과학이 기독교의 핵심을 건드릴 수 없다는 발언으로 많은 적을 얻었다. 왜? 왜냐하면 그런 생각은 기독교를 객관성의 영역에서 주관성의 영역으로 옮겨주는 것처럼 보였기 때문이다. 이는 현실 세계에서 기독교의 중요성을 축소하는 것처럼 보였다.

자유주의 신학에 대해 비평가들은 두 가지를 비판했다. 첫째, 자유주의 신학은 근대성이 자신을 도랑 속으로 차 넣지 않기를 극심하게 바란 나머지, 차이는 고통을 피하기 위해 오히려 자신이 먼저 도랑 속으로 뛰어들었다. 다시 말해, 자유주의 신학은 기독교가 가지고 있는 독특한 점을 다 제거하고 이를 무시하기 쉬운 것으로 축소했다. 그리스도인들이 보편적 경건에 관한 신비체험에 대해 명상에 잠겨 있을 동안 문화는 자신이 기뻐하는 길을 갈 수 있었다.

둘째, 자유주의 신학이 교리를 너무 많이 주관화하고 상대화한 탓에 객관적 인지 내용이 기독교에서 사라지게 되었다. 이는 슐라이어마허가 의도한 것이 분명 아니었지만, 비평가들은 이를 그의 전체 연구 과제의 의도하지 않은 결과였다고 말한다. 삼위일체 교리는 어떻게 됐는가? 삼위일체 교리가 신-의식에 기반을 둘 수 없었기에, 슐라이어마허는 이를 그의 신학에서 부록처럼 취급했다.

슐라이어마허로부터 시작된 자유주의 개신교 신학은 현실 세계의 과학·정치·문화와 단절된 일종의 주관적·상대적·개별적 기독교로 향하는 문을 열었다. 그러나 자유주의 개신교 목회자와 신학자들은 여전히 때때로 정치의 영역 속으로 뛰어든다. 월터 라우셴부쉬(Walter Rauschenbusch)가 참여한 대화에서도 보겠지만, 그는 사회 복음 운동에 참여한 20세기 초의 선도적인 자유주의 개신교 신학자였다. 그러나 그들이 서 있어야 하는 견고한 기반은 어디에 있는가? 성서가 초자연적인 권위를 상실한 윤리 교과서로 축소된다면, 그들의 기초는 무엇인가?

보수주의 그리스도인들은 근대 기독교 신학의 잘못된 부분에 대해 슐라이어마허를 비난한다. 그러나 우리는 그의 경건한 의도를 간과해서는 안 된다. 그는 자신만의 방식으로 하나님을 두려워하고, 예수를 사랑하고, 성서를 믿는 그리스도인이었다. 그는 기도하면서 성찬식을 갖는 도중 죽었다. 그의 그리스도-중심적 설교는 베를린에서 행해지는 미사에 영향을 미쳤다. 그의 제자들이 그의 신학에 대해 한 일이야말로 통찰력 있는 비평가들을 우려하게 만들고 있다.

슐라이어마허가 죽은 지 1세기 후, 위대한 스위스 신학자이자 이후 대화에서 슐라이어마허의 대화 상대자가 될 칼 바르트는 슐라이어마허가 큰 목소리로 인간에 관해 이야기함으로써 하나님에 관해 이야기하는 것이 가능하다고 생각한 데 대해 빈정거렸다. 슐라이어마허는 신학을 신의 계시인 "위로부터"가 아닌 인간의 경험인 "아래로부터" 시작하는 경향을 선도했다. 그는 계시를 버리지 않았다. 오히려 계시를 인간 경험 너머로부터 오는 초자연적인 말씀 안에서가 아닌 인간 안에서 찾았다.

더 읽을 책

칸트와 헤겔에 관해서는 18장의 "더 읽을 책"을 보라.

Gerrish, Brian. *A Prince of the Church: Schleiermacher and the Beginnings of Modern Theology*. Eugene, OR: Wipf & Stock, 2001.

20

자유주의 신학자 라우셴부쉬와

보수주의 신학자 메이첸이

참된 기독교, 성서, 진화, 교리에 관해 논쟁하다

배경

20세기 초 미국의 가장 영향력 있는 기독교 사상가 겸 교수이자 작가 중 두 명은 침례교인인 월터 라우셴부쉬(Walter Rauschenbusch)와 장로교인인 존 그레셤 메이첸(John Gresham Machen)이다. 이 두 사람은 서로 그렇게 다를 수가 없다. 라우셴부쉬가 미국의 자유주의 개신교 신학 운동의 선구자였던 반면, 메이첸은 교파와 신학교 안에서 퍼져가던 자유주의에 반발하는 보수주의자와 근본주의자들의 지도자였다.

시작하기 전, "자유주의자"와 "근본주의자"에 대한 고정관념을 없애는 것이 중요하다. 이 용어들은 20세기 후반과 21세기 초에 새로운 의미를 얻게 되었다. 이 용어들의 잦은 오용으로 인해 지금은 이것들이 원래 가지고 있던 의미를 다 잃었다고까지 말할 수 있다. 라우셴부쉬는 급진적 회의주의자나 인습타파주의자가 결코 아니었다. 그는 미국 교회가 사회적으로 더 깨어 있고 진보적일 수 있도록 개혁하는 데 관심이 있었다. 개인적 삶에 있어서 그는 무엇보다도 경건하고, 하나님을 두려워하고, 성서를 믿고, 예수를 사랑하는 침례교인이었다. 어떤 이들은 그가 성서를 믿는다는 부분을 가지고 논쟁할 수 있지만, 그 자신은 확실히 성서를 믿는다고 생각했다. 단지 그는 메이첸과 같은 이들이 그랬던 것만큼 성서를 문자적으로 받아들이지 않았을 뿐이다.

메이첸은 전형적인 근본주의자와는 거리가 멀었다. 근본주의 운동은 20세기 초반에 자유주의 신학과 성서 고등비평에 대한 반동으로 막 시작되려던 참이었다. 메이첸은 독일에서 최고의 성서학과 신학 교수들 밑에서 공부했던 진정한 학자였다. 그는 프린스턴 신학교에서 신약학을 가르쳤고 성서와 신학에 관련된 다양한 주제에 관한 학문적인 책을 썼다. 그는 담배를 피웠고 셰리주(sherry, 남스페인산의 독한 황갈색 포도주—역주)를 마셨다. 메이첸은 지적이었다. 그는 자유주의 신학 및 라우셴부쉬의 신학과 비슷한 신학이 교회를 망각 속으로 사라지게 만든다고 믿었다.

라우셴부쉬는 1861년 독일에서 이민 온 목사 가정에서 태어났다. 그의 아버지는 루터교 목사였지만 미국에 도착하자마자 침례교 목사가 되었다. 그와 그의 아들 모두 침례교와 연관된 로체스터 신학교(Rochester Theological Seminary)의 독일어 학과에서 신학을 가르쳤다. 19세기 후반, 뉴욕 주에 위치한 로체스터는 미국 내의 사회 변화를 위한 진보 운동의 온상이었다. 많은 운동가 중 한 명인 수잔 앤서니(Susan B. Anthony)도 그 도시에서 살았다.

젊은 시절 라우셴부쉬는 뉴욕 시의 우범지역에 위치한 한 침례교회에서 목회했다. 그곳을 떠날 때 그는 교회가 가난한 자들을 돌보는 데 실패했다는 것을 확신했다. 로체스터 신학교 교수로서 그는 미국의 자유방임적 자본주의(laissez-faire capitalism)를 폐지하고 부의 재분배를 제도화하려는 캠페인을 시작했다. 그는 『사회질서의 기독교화』(*Christianizing the Social Order*, 1912)와 『사회 복음을 위한 신학』(*Theology for the Social Gospel*, 1917; 명동 역간)을 포함한 많은 인기 서적을 썼으며 미국에서 진보적 사회 복음 운동을 선도하는 목소리로 인정받았다.

메이첸은 1881년 볼티모어(Baltimore)의 부유한 가정에서 태어났고 교회를 위한 신학자로서 눈부신 활동을 한 후, 1937년에 죽었다. 그는 프린스턴에서 신약을 가르쳤고 성서의 문자적 해석을 고무하는 많은 책과 논문을 썼다. 그리고 그리스도의 동정녀 탄생과 같은 논쟁적인 교리를 옹호했으며 자유주의 신학을 공격했다. 결국 그는 프린스턴과 주류 장로교회를 떠나서 자신의 보수적 신학교와 교파를 설립했다. 필라델피아의 웨스트민스터 신학교(Westminster Theological Seminary, 1929)와 미국 장로교(Presbyterian Church in America, 1936; 1939년에 정통 개신교회[Orthodox Presbyterian Church]로 개명)가 그것이다.

20세기 초, 메이첸은 미국에서 싹트는 근본주의 운동을 선도하는 목소리로 널리 알려졌다. 그는 다른 근본주의 지도자들과 잘 어울리지 못했다. 그러나 개신교 신학교와 교파에서 "신앙의 근본주의"에 대한 믿음을 옹호하고 강화하기 위해 그들은 함께 일했다. 근본주의 교리들 가운데 동정녀 탄생과 예수의 육체적 부활은 몇몇 자유주의자들에 의해 공격을 받는 교리였다.

1923년 메이첸은 유명한 책 『기독교와 자유주의』(*Christianity and Liberalism*)를 출간했다. 거기서 그는 자유주의 개신교는 기독교가 아니라고 주장했다. 인기 있던 세속 칼럼니스트인 월터 리프만(Walter Lippmann)도 메이첸에게 동의하며 자유주의 개신교인들이 자신들의 종교와 신학을 "기독교"라 부르는 것을 멈춰야 한다고 말했다.

이 가상의 대화에서, 라우셴부쉬와 메이첸은 라우셴부쉬가 죽기 한 해 전인 1917년 뉴욕 시에 있는 펜 역(Penn Station)에서 우연히 만난다. 그들은 함께 기차에 탑승했다. 라우셴부쉬는 귀머거리가 되어가고 있었고 위암을 앓고 있었지만 그때까지는 그것을 알지 못했다. 그의 책 『사회 복음을 위한 신학』이 갓 출간되었고 메이첸도 그 책을 읽었다. 라우셴부쉬는 확성기를 보청기처럼 귀에 대고 있었고 메이첸은 소리를 지르면서 말을 해야 했다.

대화

라우셴부쉬   안녕하세요! 프린스턴 신학교의 메이첸 교수님 아니신가요? 당신을 뵙게 되어 반갑습니다. 혹시 저의 가장 최근 책을 읽어보셨는지요?

메이첸   물론이지요. 읽었습니다.

라우셴부쉬   뭐라고요? 요즘 잘 안 들려서요. 당신의 대답을 완전히 이해하지 못했습니다. 크게 말씀해주시겠어요?

메이첸   음, 『사회 복음을 위한 신학』을 말씀하시는 거죠? 그것을 읽었다고 말했습니다. 매우 흥미롭더군요. 그러나 죄송하게도 많이 공감하지는 않습니다.

라우셴부쉬   그래요, 그래요,…놀랍지 않네요. 전통에 대한 재작업을 다소 급진적으로 행한 책입니다. 그렇지 않나요?

메이첸   그 책을 그렇게 부를 수 있는지 잘 모르겠네요. 전통에 대한 재작업 그 이상이었습니다. 제가 볼 땐, 전통을 완전히 재구성한 것에 더 가깝더군요.

라우셴부쉬   오, 그 말이 맞는지는 모르겠군요. 제가 당당하게 나서서 기독교 신앙의 중요한 교리를 부인한 것도 아니고요. 물론 그렇게 하려고 의도하지도 않았습니다.

메이첸   그건 아니지요. 그러나 당신은 분명히 전통적인 기독교 교의와 교리를 경시했고 그것을 당신의 사회주의적 이데올로기를 위해 사용했습니다. 신학 책인데도 불구하고 기독교 신앙의 위대한 주제와 교리에 대해 말한 것이 거의 없습니다. 당신이 다루고 있는 것은 당신이 한 재구성으로 인해 신학이라고 말할 수 없는 정도가 되었습니다. 당신의 책은 유럽인들이 "교의의 도덕화"(The Moralizing of Dogma)라고 부르는 것의 전형적인 예라고 생각합니다.

라우센부쉬   그건 좋은 일 아닌가요? 당신은 교의가 윤리적이길 원치 않나요?

메이첸   음, 교의는 윤리적이어야 합니다만 당신은 그것의 윤리적 관련성을 보여주는 것 이상으로 많은 일을 했습니다. 당신은 교의를 완전히 재형성해 그것들이 당신의 사회적 의제와 일치하도록 만들었지요. 당신은 말 앞에 수레를 달았습니다. 계시된 진리가 윤리를 인도하게 하지 않고 윤리가 교리적 진리의 형성을 결정하게 했습니다.

라우센부쉬   당신이 그렇게 말씀해서 유감스럽게 생각합니다. 제 의도는 그게 아니었습니다. 저는 단지 하나님 나라로 향하는 사회적 변혁에 대한 우리의 경험이 어떻게 교리에 대한 이해를 돕는지 보여주고자 했을 뿐입니다. 제가 잘못 다뤘다고 생각하는 교리 하나만 말씀해주실 수 있나요?

메이첸   음, 거의 모든 교리가 다 잘못 다뤄졌습니다. 그러나 원죄를 예로 들어보죠. 당신은 죄를 무지로 환원했습니다. 그리고 그것을 전달하는 것이 재현(reproduction)보다는 전형(example)에 의해서라고 하셨지요. 제가 볼 때, 원죄에 대한 당신의 교리와 펠라기우스의 가르침 사이에는 차이점이 별로 없어 보입니다.

라우센부쉬   오, 이런! 참 냉정한 비평이네요. 세계 안에서 죄를 영속시키는 "악의 왕국"과 "악의 초인격적인 세력"에 대해 제가 어떻게 썼는지 보셨나요? 저는 절대로 악을 무지로 환원하지 않았습니다. 악은 사업장과 정부와 같은 타락하고 부패한 초인격적 세력 안에 있습니다.

메이첸   네. 그러나 당신은 사람이 태어날 때부터 그 마음 안에 가지고 있는 악에 관해서는 거의 말하지 않고 있습니다. 죄에 대한 당신의 설명은 죄인을 악을 범한 가해자가 아닌 희생자로 만들고 있습니다.

라우센부쉬　네. 저는 우리가 초인격적 세력의 희생자라고 생각합니다. 그러나 우리가 우리에게 있는 힘을 남용해 그것으로 세계 속에서 이기심을 영속화시키는 한 우리에게도 책임은 있습니다.

메이첸　라우센부쉬, 당신의 신학에 관해 이야기해보죠. 당신은 하나님 나라라는 개념을 모든 것의 중심에 두고 있습니다. 역사적 실재로서의 하나님 나라는 오고 있지만 결코 완전히 임하지 않을 것입니다. 그건 사회가 가지고 있는 유토피아적인 이상입니다. 당신은 마치 우리 인간이 그것을 만들어낼 수 있다고 믿으시는 것 같습니다.

라우센부쉬　저는 하나님이 이 땅에 그의 나라를 세우기 위해 우리를 그의 동역자로 삼기 원하신다고 생각합니다. 맞습니다. 우리는 하나님 없이 이 일을 할 수 없습니다. 그리고 하나님도 우리 없이 이 일을 하지 않으실 겁니다. 기독교의 핵심은 반드시 예수가 가장 큰 관심을 가졌던 것이어야 합니다. 바로 이 땅에서 억압받은 자들이 복을 받는 예수 자신의 나라입니다. 그 나라는 모든 사람이 번영할 수 있는 동등한 기회를 가질 때까지 부의 재분배를 통해 완전히 기독교화된 사회질서를 가진 나라가 될 것입니다.

메이첸　그러나 예수는 결코 제자들에게 정치적으로 행동하라고 요구하지 않으셨습니다. 절대로 그는 제자들에게 하나님 나라를 이루기 위해 사회적 질서를 전복하라고 요구하지 않으셨습니다. 예수의 가르침에 의하면 하나님 나라는 교회 안에 있으며 또 세계 안에 숨겨져 있습니다. 하나님 나라의 충만함은 오직 예수가 다시 오실 때 도래할 것입니다.

라우셴부쉬   맞습니다. 그러나 그건 그리스도인들이 어떤 정치적 권력도 가지지 못했을 때의 이야기입니다. 지금의 교회와 그리스도인들은 사회를 바꿀 수 있는 엄청난 재정적·정치적 힘을 갖고 있습니다. 만일 우리가 그 힘을 세계를 하나님 나라로 변화시키는 일에 사용하지 않는다면 우리는 그리스도의 제자로서 우리의 책임을 거부하는 꼴이 될 겁니다. 저는 우리가 하나님의 도우심으로 억압, 가난, 절망, 전쟁을 없앨 수 있다고 낙관합니다.

메이첸   라우셴부쉬, 당신은 너무 낙관적이시군요. 그렇게 하기엔 사람들에게 죄가 너무 많습니다. 그렇습니다. 교회는 많은 선한 일을 할 수 있습니다. 그리고 우리에게는 가난한 사람들에게 자비를 베풀어야 할 책임도 있습니다. 그러나 우리는 사회질서를 결코 기독교화하지 않을 겁니다.

라우셴부쉬   우리가 시도하지 않는 한 어떻게 알 수 있을까요? 게다가 사회질서는 항상 어떤 한 방향으로 발전해나갑니다. 우리 그리스도인에게는 우리의 나라가 바른 방향으로 발전해나가는 걸 도울 만큼의 충분한 영향력을 가지고 있습니다. 즉 계급 없는 평등한 사회로 나아가는 것 말입니다.

메이첸   마르크스주의처럼 들리네요!

라우셴부쉬   제가 마르크스를 조금 공부했습니다. 저는 그의 사상 중 일부는 받아들이지만 그의 무신론에는 확실히 반대합니다. 그러나 자본주의 안에 있는 내적 모순이 결국 자본주의를 파괴할 것이라고 믿습니다.

메이첸   우리의 대화를 새로운 방향으로 전환해보죠. 저는 우리가 사회윤리에 관해 결코 동의하지 못할 것 같아 걱정입니다. 왜냐하면 저는 인간 본성에 관해 비관적이지만 당신은 낙관적이기 때문입니다. 진화에 관해 이야기해봅시다. 요즘 뜨거운 주제입니다. 진화에 관한 당신의 입장은 무엇인가요?

라우쉔부쉬   글쎄요, 저는 과학자가 전혀 아닙니다. 그러나 교회가 현대 과학이 이루어낸 최상의 것과 맞설 때는 항상 지는 것 같습니다. 그것이 교의를 도덕화해야 하는 타당한 이유입니다. 그리고 형이상학을 신학의 기초로 보는 것으로부터 벗어나기 위한 타당한 이유이기도 합니다. 형이상학은 항상 과학에 집니다. 과학자들이 이 땅에서의 삶이 발전했다고 한들 그 말에 반박하는 건 우리가 할 일이 아닙니다.

메이첸   우리의 일입니다. 왜냐하면 성서가 그것을 우리의 일로 만들기 때문입니다! 성서에 따르면, 우리는 특별히 하나님의 형상과 모양대로 창조되었습니다. 우리가 겨우 다른 종(species)으로부터 진화했을 리가 없습니다.

라우쉔부쉬   제가 창세기의 창조와 타락 이야기를 문자적으로 받아들이지 않는다고 해도 당신은 놀라지 않을 거라고 생각합니다. 그리고 저는 생물학과 영성이 서로 관련이 있다고 생각하지 않습니다. 우리의 몸은 자연선택을 통해 진화했을 수도 있습니다. 하나님의 형상과 모양으로 창조된 하나님의 특별한 피조물로서의 신분에는 어떤 영향도 미치지 않으면서 말입니다. 하나님이 자연 과정을 통해 역사하실 수 있다고 생각지 않으시나요?

메이첸   물론 역사하시지요. 자연 과정은 하나님의 일반 섭리의 한 부분입니다. 그러나 우리에게는 생물학적으로는 생길 수 없는 영혼이 있습니다.

라우쉔부쉬   당신 말이 옳습니다. 그러나 창조주가 어떤 식으로든 생물학적 진화를 방해하지 않고 우리의 영혼을 우리의 진화된 몸에 덧붙일 수 없었을까요? 게다가 과학과 신학이 무슨 관련이 있나요? 과학이 본질에 관한 것이라면, 신학은 당위에 관한 것입니다.

메이첸   리츨 신학과 매우 비슷하군요, 라우센부쉬. 저는 당신이 독일의 자유주의 신학자인 알브레히트 리츨(Albrecht Ritschl)의 영향을 너무 많이 받은 게 아닌지 계속 미심쩍었습니다. 그는 과학이 사실을 다루지만, 신학은 가치를 다룬다고 말했습니다. 얼마나 편리한가요. 그렇게 해야 과학과 신학이 충돌하지 않습니다. 저는 과학과 신학이 충돌하는 걸 원치 않지만 차라리 충돌했으면 하는 바람입니다. 그게 신학이 가치로 축소되고 "사실"이 과학으로 완전히 넘어가는 것보다 나으니까요. 그건 신학을 하찮아 보이게 만드는 짓입니다!

라우센부쉬   어떻게 그렇게 되는지 모르겠습니다. 가치는 사실보다 더 중요합니다. 예수는 주로 당위에 관심이 있었습니다. 우리가 어떻게 우리의 삶을 살아야 하는지 말입니다. 그는 세계에 관한 사실을 거침없이 말하면서 돌아다니지 않으셨습니다. 그건 과학의 일입니다. 예수는 하나님 나라에 따라 살아갈 것을 우리에게 가르치는 걸 중요시하셨습니다. 하나님 나라는 자연적 질서가 아닌 사회적 질서에 관한 것입니다.

메이첸   그러나 사회적 질서도 사실을 포함해야 합니다. 오, 라우센부쉬, 당신도 믿음과 가치를 사실의 영역으로부터 완전히 분리할 수 없습니다.

라우센부쉬   저는 그것들을 분리하지 않습니다. 그저 신학은 대체로 가치에 관한 것이어야 한다고 생각합니다. 자연이 어떻게 돌아가는지에 대해서는 과학이 말하도록 내버려둡시다. 신학자인 우리는 그런 일에 관심을 갖지 않습니다. 우리가 관심을 갖는 건 하나님 나라와 그 나라의 도래입니다.

메이첸   라우셴부쉬, 전혀 동의하지 못하겠군요! 제 말은, 맞습니다. 우리는 하나님 나라와 그 나라의 도래에 관심을 갖고 있긴 합니다. 하나님 나라는 우리 안에 그리고 우리 가운데 있습니다. 바로 그것이 예수 그리스도의 교회입니다. 그리고 그것은 그리스도가 재림할 때 완성될 것입니다. 그러나 성서는 자연 질서가 어떻게 구조화됐는지에 대해 할 말이 있습니다. 예를 들면, 자연 질서는 초자연적인 현상에 대해 열려 있어야 합니다. 왜냐하면 예언자들, 예수, 그리고 사도들이 많은 기적을 행했기 때문입니다. 그렇다면, 말할 필요도 없이, 자연은 폐쇄된 인과관계의 체계일 수가 없습니다. 그러나 과학은 너무 자주 그렇다고 말하려고 하죠.

라우셴부쉬   저희 기차가 제가 내려야 할 정거장에 서서히 접근하고 있는 것 같습니다. 시간이 얼마 남지 않았습니다. 그러니까 교리에 관해 이야기해봅시다. 제가 볼 때, 당신과 근본주의자들은 지나치게 교리에 치중하는 것 같습니다. 마치 기독교가 본래 하나님에 관한 일련의 사실인 것처럼 말이죠. 저는 기독교를 주로 변혁에 관한 것으로 보지, 정보에 관한 것으로 보지 않습니다. 다시 말하면, 예수는 역사와 인간 사회 속에서 하나님을 위한 발판을 마련해주기 위해 오셨습니다. 그의 임무는 사랑을 통해 정의를 가져오는 것입니다. 예수는 사람들의 믿음으로 그들을 판단하지 않았습니다. 그는 사람들이 타자를 대하는 방식으로 그들을 판단했습니다. 그는 사람들이 사회의 약자들, 즉 가난한 자와 버림받은 자들에게 무슨 일을 하든, 바로 그것은 자신에게 하는 일이라고 가르쳤습니다. 우리는 배고픈 자들에게 교리를 먹으라고 주는 데 너무 익숙해 있습니다. 예수는 그들에게 음식과 일과 생활비를 주셨을 겁니다.

메이첸　　그러나 예수는 정치적 선동가가 아니었습니다!

라우셴부쉬　아니었죠. 그러나 그의 가르침과 모범은 우리가 정치적 선동가가 되도록 몰아가고 있습니다. 예수나 그의 제자들 중 어느 누구도 정치적이거나 경제적인 능력을 갖고 있지 않았지만 오늘날 예수의 제자들은 정치적이고 경제적인 능력을 갖고 있습니다. 그러나 교회는 그들에게 그 능력을 가지고 무엇을 해야 하는지 말해주지 않습니다. 예수는 우리에게 서로 사랑하라고, 타인들이 우리에게 해주기를 바라는 그것을 타인에게 하라고 가르쳐주셨습니다. 사랑의 법칙은 우리로 하여금 억압과 착취라는 악폐를 몰아내는 사회구조를 만들게 합니다. 그리고 모든 사람이 평등한 기회를 가질 수 있는 진정으로 민주적인 구조를 만들어내게 합니다.

메이첸　　사랑이 우리로 하여금 가난한 자들에게 자비를 베풀게 한다는 데 동의합니다. "수프, 비누, 그리고 구원"(soup, soap, and salvation)이 구세군의 좌우명이죠. 저는 그것을 존경합니다. 우리는 가난한 자들을 위해 더 많은 일을 해야 합니다. 그러나 성서 어디에서도 우리에게 정치적 혁명에 참여하라고 권하지 않습니다.

라우셴부쉬　예수가 예루살렘에 당당하게 입성했을 때 로마인들이 예수를 어떻게 생각했을 것 같나요? 누가복음 4:18에 있는 그의 목회 선언을 읽어본 적이 없나요? 그는 가난한 자들에게 복음을 주고 포로 된 자를 자유케 하기 위해 왔다고 하셨습니다. 이 말이 저에게는 굉장히 정치적으로 들립니다!

메이첸　　그러나 분명히 그는 영적으로 가난한 자들과 죄의 포로가 된 자들을 가리켜 말한 것이었습니다.

라우셴부쉬　성서를 문자적으로 해석하지 않는 사람이 지금 누구인 것 같나요?

메이첸   교리에 관해 이야기하고 싶으셨던 것 아니었나요? 당신은 교리를 망각의 지점까지 상대화시켰습니다. 당신의 신학에서 가장 중요한 것은 사회정의입니다. 성서에서 정의에 대한 원칙들을 이끌어낼 수 있지만 성서는 믿음에 관한 것입니다. 분명 하나님은 우리가 그에 대해 바른 생각을 할 것을 원하십니다. 바로 그게 하나님이 우리에게 성서를 주신 이유입니다. 바울 서신은 믿어야 할 교리로 가득 차 있습니다. 당신은 기독교에서 교의를 없애고 있습니다. 교의를 도덕적으로 설명함으로써 말입니다. 그리고 교의를 사회정치적 의제로 바꿔 그것들의 인식 내용(cognitive content)을 한쪽에 제쳐두었습니다.

라우셴부쉬   다시 말하지만, 제 관심은 예수에게 있습니다. 바울이 몇몇 교의를 만들어 초기 그리스도인들이 그것을 믿도록 주장했을 수도 있습니다. 하지만 바울조차도 그들이 어떤 삶을 살아야 하는지에 더 관심이 있었습니다. 고린도전서 13장은 사랑에 관한 말씀이지, 교리에 관한 말씀이 아닙니다.

메이첸   그러나 고린도전서 15장은 부활에 관한 말씀입니다. 거기서 사도 바울은 몸의 부활을 믿는 믿음이야말로 전체 복음의 핵심이라는 걸 전적으로 주장하고 있습니다. 부활이 없다면 복음은 없습니다.

라우셴부쉬   저는 부활을 버리지 않습니다. 그렇다고 부활을 신앙의 규범으로 세워 사람들이 부활을 어떻게 인식하지에 따라 그들의 기독교 신앙을 평가하지도 않습니다. 당신과 당신의 동료 근본주의자들은 그렇게 하죠. 당신은 부활을 정치의 죽은 몸에 새로운 생명을 불어넣게 하는 어떤 사건이나 희망이 아닌 교리로 바꿔놓았습니다.

메이첸   라우셴부쉬, 저에게 이것을 말해보시죠. 당신은 우리가 동정녀 탄생을 믿지 않고도 그리스도인이 될 수 있다고 생각하시나요?

라우센부쉬   당신의 영웅인 사도 바울도 동정녀 탄생을 믿었나요? 그는 그것을 한 번도 언급한 적이 없습니다. 만일 그가 그 교리를 믿었더라면, 분명 그것을 언급했었을 겁니다. 아닌가요?

메이첸   그는 거기에 대해 언급할 필요가 없었습니다. 왜냐하면 그것에 대해 도전하는 사람이 없었으니까요.

라우센부쉬   그러나 바울이 언급했던 것에는 도전받지 않았던 것들도 많았습니다. 그가 동정녀 탄생을 전혀 언급하지 않은 데 대한 당신의 설명은 설득력이 없습니다.

메이첸   그러나 당신이 그것을 믿는지에 대해서는 아직 말해주시지 않았습니다.

라우센부쉬   저는 당신이 하는 이단 사냥과 심문 게임에 놀아나지 않을 겁니다. 어디서나 이단을 발견하고 정죄함으로써, 당신과 당신의 근본주의 친구들은 도움을 몹시 필요로 하고 있는 가난한 자들과 억압받는 자들에게 가야 하는 관심을 항상 다른 곳으로 돌리려고 하고 있습니다.

메이첸   불행하게도, 이단은 요즘 어디에나 있습니다! 누군가는 그것을 지적해야 합니다. 당신의 자유주의 신학은 이단은 말할 것도 없고 기독교라 말할 수조차도 없습니다. 진정한 기독교는 믿음의 위대한 신조를 고백하는 일을 포함합니다. 기독교의 영속적인 본질은 교리입니다.

라우센부쉬   아니요, 아니요, 아니요! 기독교의 영속적인 본질은 하나님 나라입니다. 예수에 따르면, 하나님 나라는 신앙의 체계가 아닌 삶의 방식입니다. 하나님 나라는 타자를 도움으로써 사랑을 실행합니다. 그리고 오늘날 그것은 사회질서를 개혁해 더 이상 가난과 문맹과 절망이 없게 하는 것을 의미합니다. 사도행전을 보면, 예수의 가장 초기 추종자들은 신조를 쓰지 않았습니다. 오히려 그들은 협력하는 공동체를 만들어 모든 것을 공유했습니다. 그것이 세상에 대한 사랑의 모범입니다.

메이첸 당신의 신학 안에 있는 자유주의 과제 안에 실제로 무슨 일이 일어나고 있는지 알 것 같습니다. 당신과 당신의 자유주의 친구들은 세속적인 세계가 당신을 무지하고 보수적이라고 생각할까봐 굉장히 두려워하고 있습니다. 그래서 당신은 그들의 비위를 건드릴 수도 있는 성서와 기독교 고전의 내용을 다 희생시켰습니다. 당신은 신학을 이 세상의 자유주의 지성인들이 수용할 만한 것, 즉 사회주의로 축소했습니다. 당신의 신학은 얄팍하게 위장한 사회정치적 이데올로기가 기독교 신학인 체하는 데 불과합니다.

라우셴부쉬 저는 개인적인 대화가 될 것이라고 생각하지 않았어요. 왜 저를 개인적으로 공격하시나요? 당신은 제가 어떤 동기를 가지고 있는지 모릅니다. 당신이 먼저 그렇게 시작하셨으니, 저도 같은 식으로 대응하겠습니다. 당신은 볼티모어의 한 부유한 가정에서 자랐으며 최고의 사립학교도 다녔죠. 당신은 부유하고 권력과 특권을 가진 집안 출신입니다. 그리고 그게 당신이 아는 전부입니다. 당신은 진보적 운동으로 인해 위협을 느꼈을 겁니다. 그 운동이 당신 가족의 부를 이 세상의 가난한 자들에게 재분배하게 만들지도 모르니까 말입니다. 그들은 교육받을 기회를 한 번이라도 얻기 위해 싸우는 자들이죠.

그래서 당신은 제가 재구성한 신학에 두려움으로 반응합니다. 그리고 그것을 이단이라 부르면서 그것에 맞섭니다. 만일 당신이, 제가 그랬듯이, 우리나라의 가장 큰 도시의 가장 가난한 이웃들 가운데서 목회를 해보신 적이 있었다면, 신학과 사회 개혁에 관한 당신의 생각이 달라졌을 겁니다. 그럼 교리는 사회 체제를 구하는 것만큼 중요해

보이지 않을 겁니다.

메이첸　　제 가족은 가난한 자들에게 항상 후하게 베풀어왔습니다. 그리고 저도 자유롭고 평등한 교육이 있어야 한다고 믿습니다. 그래서 누구에게든 성공할 수 있는 평등한 기회가 주어져야 합니다. 그러나 당신은 가난한 자들에게 베풀기 위해 부자들의 것을 강탈하려고 하는군요. 성서 어디에서도 그렇게 하라는 말이 없습니다. 그리고 제가 이렇게 말하는 건 제가 특권을 지닌 집안 출신이어서가 아니라 성서학자이기 때문입니다. 그런 말은 성서에 없습니다.

라우셴부쉬　기차가 역으로 들어가고 있습니다. 남은 몇 분 동안, 하나님에 관해 이야기해봅시다. 당신은 하나님과 세계를 어떻게 보시나요?

메이첸　　당신은 제가 전통적인 칼뱅주의자라는 것을 잘 아실 겁니다. 그래서 저는 하나님을 모든 것을 통치하시는 주권자로 봅니다. 그는 일어나는 무엇이든 미리 정해놓으셨습니다.

라우셴부쉬　유럽에서 벌어지고 있는 끔찍하고 의미 없는 전쟁조차도 말입니까?

메이첸　　모든 것에서요.

라우셴부쉬　무엇을 위해서요?

메이첸　　하나님의 영광을 위해서.

라우셴부쉬　음, 사랑이 충만한 하나님의 모습 같지 않네요.

메이첸　　그는 그의 영광을 사랑하십니다. 그래서 우리도 그의 영광을 사랑해야 합니다.

라우셴부쉬　그건 예수가 우리에게 보여주신 하나님의 모습이라고 하기가 어렵습니다. 예수는 하나님이 우리의 하늘 아버지라고 하셨습니다. 그는 우리를 사랑하시고 그의 모든 자녀에게 최고를 주시길 원하십니다.

지금 일어나는 전쟁과 역사 속에서 일어난 모든 악한 일은 우리 인간이 하나님 나라에 저항했기 때문에 생긴 일입니다. 하나님은 그것을 슬퍼하십니다.

메이첸　　참 비참한 하나님이군요. 당신이 믿는 그 하나님은.

라우셴부쉬　맞습니다! 이해하셨군요! "비참하다"(pathetic)라는 말은 "열정으로 가득 차 있다"(full of passion)는 말입니다. 예수의 하나님은 자신의 나라에 관해 열심이십니다. 그 나라는 사랑으로 다스려지는 사회 체제입니다. 성서는 우리에게 하나님은 사랑이시라고 말해주고 있습니다. 그의 능력은 십자가 위에서 고난 받으신 사랑입니다. 그러나 그는 고통 당하는 자들과 함께 고통 당함으로써 그의 나라를 불러오기 위해 우리를 그의 동역자로 부르셨습니다.

메이첸　　당신은 하나님이 마치 세상에 의존하고 계신 것처럼 말씀하시네요.

라우셴부쉬　어떤 의미에서는 그렇습니다. 그는 세상에 의존합니다. 우리의 최고선은 하나님 나라입니다. 그리고 그 나라는 하나님의 최고선이기도 합니다. 하나님은 그 나라가 그렇게 되도록 선택하셨습니다. 오직 그의 나라가 이 땅에서 사랑으로 다스려지고 정의로 구축되는 사회 체제로 결실을 맺을 때에만, 하나님은 만족하실 겁니다.

메이첸　　당신의 하나님은 저를 겁나게 만듭니다. 그는 통제권을 가지고 있지 않는 분처럼 보입니다. 그 안 어디에 소망이 있는 건가요?

라우셴부쉬　당신의 하나님이야말로 저를 겁나게 만듭니다. 그는 모든 것을 통제해 그의 영광을 단단히 붙잡으려 하는 폭군처럼 들립니다. 오, 역에 도착했군요. 하나님 나라의 형제단(Brotherhood of the Kingdom)을 만나기 위해 여기서 내려야겠습니다. 이 형제단은 저와 같은 뜻을 지닌 사역자들의 조직입니다. 제가 조직의 설립에 일조를 했죠. 우리의 관심사는 사회개혁에 있습니다.

메이첸   저도 반-진화(anti-evolution) 집회에 참석하기 위해 여기서 내릴 겁니다. 제 친한 친구인 정치가이자 전 국무장관이었던 윌리엄 제닝스 브라이언(William Jennings Bryan)이 연설할 겁니다. 저는 실제로 진화에 관해 크게 신경 쓰지 않습니다. 하지만 그건 저에게 우리의 교회와 신학교에서 추방당할 필요가 있는 당신과 같은 자유주의자들에 대해 이야기할 수 있는 기회를 줄 겁니다.

분석

메이첸과 라우셴부쉬는 각자가 속한 신학 진영의 중도적인 집단을 대표한다. 대개 메이첸은 근대 근본주의 운동의 아버지로 간주된다. 메이첸도 그 일부였던 초기 근본주의는 그저, 교회와 신학교에 빠른 속도로 영향을 미치기 시작한 자유주의적 이단(보수주의자들의 눈에는 그렇게 보였다)에 대한 개신교 정통주의의 공격적인 주장일 뿐이었다. 그러나 메이첸은 후기 근본주의자들과는 크게 달랐다. 그는 반지성주의자이거나 분리주의자가 아니었다. 1920년대에 그는 자신만의 선교회를 시작했다는 이유로 장로교파로부터 쫓겨났다. 메이첸이 그들로부터 분리하려고 한 것이 아니었다. 그들이 메이첸으로부터 분리했다.

그 후 그는 웨스트민스터 신학교와 정통 장로교회를 시작했다. 그는 지적이고 사회에서 특권을 가진 사람이었으며 참된 학자였다. 1920년대에 일부 근본주의자들이 전천년주의(premillennialism)를 신앙의 핵심 중 하나라고 공포했을 때, 메이첸은 크게 놀랐다. 그들 대부분은 아니라 하더라도, 많은 칼뱅주의자들처럼 메이첸은 무천년주의자(amillennialist)였다. 그는 그리스도가 이 땅을 그의 성도들과 함께 천 년 동안 다스리기 전에는 그가 재림하지 않을 거라 믿었다. 메이첸은 천년왕국(계 20장)을 교회 안에서 이루어지는 그리스도의 영적 통치와 지배로 보았다.

라우셴부쉬는 결코 급진적 자유주의자가 아니었다. 많은 자유주의 개신교인들은 기독교 신학의 재구성을 더 간절히 바랐다. 그러나 그를 자유주의자로 부르는 이유는, 그가 교리를 하나님 나라의 일 아래에 있는 이차적인 상태로 강등시켰고, 또 하나님 나라의 일을 사회개혁으로 해석했기 때문이다. 그리고 그는 사실과 가치 사이에 만연해 있는 칸트의 이원론을 믿었다. 이원론은 종교를 근대 과학의 해악으로부터 보호했다. 그러나 그는 진정으로 예수를 사랑했고 정통 기독교의 어느 근본 교리도 공개적으로 부인하지 않았던 따뜻한 마음을 지닌 그리스도인이었다. 하지만 그는 일부 교리를 등한시하거나 무시했다. 그의 『사회 복음을 위한 신학』(*Theology for the Social Gospel*)은 삼위일체에 관해 거의 말하지 않는다. 왜냐하면 그는 도덕적으로 그 교의를 하나님 나라의 사상으로 만들 방법을 찾지 못했기 때문이다.

메이첸과 라우셴부쉬의 각기 다른 유형의 개신교는 20세기의 상당 부분에 걸쳐 미국 개신교 기독교를 분리했다. 보수주의자들은 메이첸을 따라서 진화, 사회 복음, 교리적 쇠퇴를 거부했다. 자유주의자들은 라우셴부쉬를 따라서 교리주의, 분리주의, 사회적 보수주의를 거부했다. 메이첸의 추종자들은 수많은 경쟁관계에 있는 집단으로 나뉘었다. 그들은 성서에 대해서도 나뉘었고(예를 들면, "영감"과 "무오류"가 무엇을 의미하는지에 대해) 교회 행정에 대해서도 나뉘었다. 메이첸의 정통 장로교회(Orthodox

Presbyterian Church)는 그들이 충분히 세상으로부터 "분리되지"않았다는 이유로 그들에게 자유주의라는 꼬리표를 달아준 성서 장로교회(Bible Presbyterian Church)와 분열했다. 라우센부쉬의 추종자들은 에큐메니칼 운동에 참여했고 가장 기본적인 하위 공통분모에 입각하여 주류 개신교 교파들을 연합하려 애썼다.

두 운동은 결국 다 실패했다. 자유주의 신학은 일부 자유주의 신학자들이 하나님은 죽었다고 선포했던 1960년대의 급진적 반문화 운동 후인 1970년대에 기력을 다했다. 라우센부쉬 유형의 자유주의 신학은 21세기에도 계속해서 살아남았으나 열정적인 지지자들이 거의 없다. 자유주의를 고수하는 교회들은 대부분 도심 지역에서 죽어가고 있는 교회들이다. 근본주의 신학은 분열되었다. 그리고 그들은 대중적인 무대를 버리고 분리된 문화를 가진 성서 대학, 출판사, 라디오 방송국, 선교 단체를 세웠다. 1950년대에 빌리 그레이엄(Billy Graham)은 "복음주의자들"(evangelicals)로 알려지게 되는 한 무리를 분리주의적 근본주의로부터 이끌어냈다. 기본적으로 복음주의는 보수적인 개신교 교리를 지키지만 가난과 환경재앙과 같은 진보적 사상에도 꽤 많이 열려 있다.

그럼에도 불구하고 메이첸과 라우센부쉬의 유산은 현대 기독교 신학 안에 있는 보수주의와 자유주의의 양극 안에 계속해서 존재한다. 보수주의는 교리를 기독교의 지속적인 본질로 보는 반면에, 자유주의는 사회 변혁을 기독교의 핵심 특징으로 보는 경향이 있다.

이런 많은 가상의 대화에서 보는 것과 같이, 우리는 대화 참여자들이 간과했던 공통분모를 쉽게 볼 수 있다. 개신교의 이 두 유형이 반드시 그렇게 분리되어야만 하는가? 왜 사람들은 자신이 동의하지 않는 것에 대해 반응할 때 극단으로 가는 경향이 있는가? 20세기 후반 들어 일부 기독교 사상가들은 메이첸 유형의 장점과 라우셴부쉬 유형의 장점은 연합 가능하다는 걸 보여주기 위해 나섰다.

예를 들면, 펜실베이니아에 있는 이스턴 대학교(Eastern University)의 복음주의 작가이자 연설가요 조직가인 토니 캠폴로(Tony Campolo)는 근본적으로 보수주의적인 교리에의 헌신과 사회 변혁을 위한 열정을 연합시키기 위해 쉼 없이 일했다. 근본주의자들은 자신들이 혐오하는 "사회 복음"의 범주로 그를 좌천시켰다. 자유주의자들은 낙태와 동성애에 관한 그의 전통적 견해가 지나치게 보수주의적이라고 생각한다. 그러나 그가 공개적으로 전통 기독교 교리를 방어하는 한, 어느 누구도 그의 보수주의적 신학에 대한 자격을 부인할 수 없다. 그리고 어느 누구도 가난에 대응하는 그의 자유주의적인 사회적 견해를 부인할 수 없다.

캠폴로와 같은 점점 더 많은 자유주의자와 보수주의자들이 근대 개신교 기독교 안에서의 이 양극단이 어떻게 연합될 수 있는지를 연구하고 있다. 우리는 메이첸과 라우셴부쉬가 이런 전개에 대해 어떻게 생각하는지 궁금할 수밖에 없다. 나는 그들이 기뻐하리라고 생각하고 싶다. 그들의 추종자들이 양극단으로 분리된 후 오랜 시간이 지났지만 이런 일이 일어나고 있으니 말이다.

더 읽을 책

Evans, Christopher H. *The Kingdom Is Always but Coming: A Life of Walter Rauschenbusch*. Grand Rapids: Eerdmans, 2004.

Hart, D. G. *Defending the Faith: J. Gresham Machen and the Crisis of*

Conservative Protestantism in Modern America. Phillipsburg, NJ: P&R Publishing, 2001.

21

20세기의 바르트와 브루너가
19세기의 자유주의자 슐라이어마허와
신학 방법론에 대해 논쟁하다

배경

우리의 신학자들을 대화 속으로 불러오기 위해서는 다시 한번 낙원이나 천국을 위한 훈련 장소인 연옥이라는 문학적 장치가 필요하다. 여러분은 이미 슐라이어마허를 19장의 가상적 대화에서 만났다. 그는 명망 있는 근대 기독교 신학의 아버지이자 자유주의 개신교 신학의 아버지였다.

칼 바르트는 1886년 스위스에서 태어났고 1968년 고국에서 죽었다. 그는 근본주의를 받아들이지 않고 당시 지배적이었던 자유주의 개신교에 반발함으로써 근대 신학에 혁명을 일으켰다. 그는 자유주의 신학을 근대 과학과 철학에 대한 지나치고 불필요한 수용으로 간주했다. 그러나 그는 모든 성서를 문자적으로 해석하지 않았으며 기독교가 세속주의나 자유주의로부터 분리되어야 한다고 주장하지도 않았다. 바르트는 근대 기독교 사상의 병폐가 슐라이어마허로 인한 것이라며 그를 비난했다. 이는, 바르트의 주장에 따르면, 슐라이어마허의 신학이 신 중심적이 아닌 인간 중심적이었기 때문이다. 그는 슐라이어마허가 큰 목소리로 인간에 관해 말함으로써 하나님에 관해 말하고자 한 것이 그의 실수라고 말했다.

바르트는 "위로부터"의 신학을 주창했다. 그의 신학은 인간의 종교적 경험이나 문화 또는 철학으로부터 시작하지 않고 예수 그리스도 안에 있는 신적 계시, 성서, 그리고 복음 선포로부터 시작한다. 그의 주적은 모든 형태의 자연 신학 혹은 하나님을 자연 지식으로 알려고 하는 모든 시도였다. 그는 하나님의 존재에 대한 모든 증거를 거부했다. 그런 증거는 우상으로만 인도하지, 아브라함과 이삭과 야곱의 하나님께로 인도하지 않기 때문이다. 바르트는 신학이 학문이지만, 하나님에 대한 독특한 학문이라고 믿었다. 이 학문은 그 대상인 하나님에게 적합한 그 자신만의 논리를 가지고 있다. 그의 신학에 대한 접근법은 "변증법적"(dialectical)이라고 불린다. 이는 그가 하나님에 대한 모든 지식이 신-인 대면을 수반하는 것이지, 하나님과 인간 사이의 연속성을 수반하는 것이 아니라고 믿었기 때문이다. 물론 예수 그리스도 안에서의 연속성은 예외다.

바르트 신학은 철저히 그리스도 중심적이다. 그의 방대한 『교회교의학』(Church Dogmatics, 5부로 된 14권의 책, 1936-1962) 안에 있는 모든 교리는 예수 그리스도로부터 시작한다. 이 책에서 그는 예수 그리스도를 하나님의 유일한 계시이자 최고의 계시로서 모든 것의 중심으로 삼을 것을 요구한다. 심지어 성서마저도 예수 그리스도 안에서 나타난 하나님의 인격적 계시에 종속된다. 성서는 예수 그리스도에 찬성하거나 반대하는 결정을 자아내는 도구로서 하나님에 의해 사용될 때 비로소 "하나님의 말씀이 된다." 그는 성서의 무오성을 믿지 않았다. 대신 그는 성서가 하나님의 말씀의 한 형태이며 하나님이 예수 그리스도를 계시하는 특별한 도구라고 믿었다.

에밀 브루너(Emil Brunner)도 스위스에서 태어나 거기서 죽었다(1889-1966). 바르트는 바젤(Basel)에서 가르쳤고, 브루너는 취리히(Zurich)에서 가르쳤다. 둘은 여러 번 만났고 변증법적 또는 "신정통"(neoorthodox) 신학(때때로 "위기의 신학"[theology of crisis]이라고도 불림)의 발전을 위해 협력했다. 그러나 그들이 자연 신학으로 인해 사이가 틀어지게 되었다는 사실은 유명하다. 이것은 이후 22장의 "대화"의 주제가 될 것이다.

브루너는 바르트만큼 다작하지는 않았다. 그러나 그의 글은 바르트보다 더 일찍 영어로 번역되었고 제1차 세계대전 후 자유주의 사상에 만족하지 못했던 영국과 미국 신학자들에게 인기를 얻었다. 브루너의 조직신학은 『교의학』(*Dogmatics*, 독일어, 1946-1960; 영어, 1950-1979)이라는 단순한 제목을 달고 3권으로 출간되었다. 그 책에 브루너는 필생의 업적인 『중재자』(*The Mediator*, 1927), 『신과 인간의 만남』(*The Divine-Human Encounter*, 1938), 『계시와 이성』(*Revelation and Reason*, 1941)과 같은 독일어 초기 논문을 모아 넣었다.

그는 19세기의 덴마크 기독교 철학자인 쇠렌 키에르케고르(Søren Kierkegaard)의 영향을 받았다. 키에르케고르는 하나님과 인간 사이의 무한한 질적 차이를 강조함으로써 헤겔(18장과 19장을 보라)에 반발했다. 브루너는 20세기 유대인 철학자인 마르틴 부버(Martin Buber)의 "나와 너"(I-Thou)의 만남이라는 주제와 키에르케고르의 철학을 결합해 자유주의 신학의 내재주의(하나님과 인간 사이의 연속성에 대한 강조)를 반박했다. 부버를 따르는 부르너에게 있어서 하나님은 인간과 전적으로 다르다. 하지만 하나님과 인간은 하나님이 주도한 은혜로운 만남 안에서 만날 수 있다. 그리스도인인 브루너에게 있어서, 이것은 예수 그리스도를 통해 규범적으로 일어난다.

브루너는 자연 신학에 대한 바르트의 극단적인 거부를 바로잡으려 했다. 그는 이런 극단적인 거부가 일반계시를 버리는 결과를 초래했다고 생각했다. 대신 브루너는 수정된 기독교 자연 신학(아마도 자연의 신학[theology of nature]이라 부르는 것이 더 좋을 듯하다)을 제시했다. 그에게 있어서 인간은 하나님의 형상으로 만들어진 존재이며 하나님의 형상은 계시와 하나님과의 관계성을 위한 자연적 접촉점을 형성해준다. 이 자연적 접촉점은 하나님의 말씀을 수용하고 응답하는 인간의 능력을 말한다. 이에 대응하여, 바르트는 자연 신학에 대한 그들의 변증법적 비난을 저버린 브루너를 보고 격분했다. 바르트는 자연 신학이 신학에서 사소한 역할을 감당하는 데 절대 만족하지 않는다고 생각했다. 그는 자연 신학이 다음 속담 속의 낙타와 같다고 말했다. "만일 당신이 낙타의 코가 천막 아래로 들어오도록 허락한다면, 낙타는 곧 천막 전체를 차지할 것이다."

바르트는 자연 신학, 즉 이성을 통한 "인간의 하나님 탐구"는 1930년대 독일 교회 내에서 확산되었던 나치주의에 대해 책임이 있다고 믿었다. 그러므로 그는 그의 신학에서 자연 신학을 신임하는 것을 전적으로 거부했다. 그는 자연 신학을 비난했고 예수 안에 있는 하나님의 자기-계시로 자신의 신학을 시작했다. 그에게 있어 인간과 복음 사이에는 어떤 자연적 접촉점도 없다. 성령은 인간의 마음속에 이성과는 별도인(그것과 반대되지 않는) 믿음을 만드신다. 브루너는 이에 동의하지 않았다. 그는 성령이 자연적 접촉점을 사용해 말씀을 듣는 자들 안에서 믿음을 일으킬 수 있다고 주장했다. 1930년대 바르트-브루너 논쟁은 기독교 역사에서 가장 유명하고 악명 높았던 논쟁 중 하나다. 그것은 후기 개신교 신학에서 일어난 일들의 상당 부분에 영향을 미쳤다.

이 가상의 대화에서 슐라이어마허는 칸트와 헤겔이 일찍부터 그를 기다린 것과 마찬가지로(19장을 보라) 바르트와 브루너가 연옥에 도착하기를 기다린다. 칸트와 헤겔은 천국으로 떠났으나, 나중에 도착한 슐라이어마허는 하나님으로부터 바르트와 브루너를 맞이하고 그들의 의견 차이를 그들이 천국의 지복 상태로 들어가기 전에 해소하게 하라는 임무를 부여받았다.

대화

슐라이어마허   좋습니다. 신사 여러분. 하나님은 제게 자연 신학에 대한 당신들의 의견 차를 해결하라는 임무를 맡기셨습니다. 여기서는 지상에서 당신들 사이에 수년 동안 있었던 그런 언쟁이 허락되지 않습니다. 이제 두 분 다 죽었으니, 두 분의 차이점을 평화적이고 건설적으로 해결해봅시다.

바르트   슐라이어마허, 하나님이 당신에게 이런 임무를 주셨다고요? 전혀 그럴듯해 보이지 않습니다. 당신은 신학적 미덕의 귀감이 전혀 아닌데 말이죠! 제 공부방에는 당신의 흉상이 있었습니다. 방문객들이 오실 때마다 저는 그것을 가리키며 이렇게 말했습니다. "있잖아요, 저 분도 그리스도인이었답니다." 그 말은 당신의 신학이 이상적이었다는 것을 의미하지 않습니다. 오히려 그 반대입니다! 당신은 자유주의, 심지어 배교로 이끄는 새로운 방법의 교리적 성찰에 시동을 걸었습니다!

브루너   제가 잠시 끼어들어도 될까요? 바르트, 제가 여기에 당신보다 조금 더 오래 있었으니 먼저 말하도록 하겠습니다. 당신에게 한 말씀 드리려고 기다리고 있었습니다. 바르트, 저는 이 만남이 화해로 이어지길 바라지만 낙관하지는 않습니다. 당신은 지상에서와 다를 바 없이 독설을 즐겨하시는 것 같습니다. 당신도 알다시피, 여기서 당신은 위대한 신학적 위인이 아닙니다. 좀 진정하시고 우호적인 대화를 시작해보죠.

슐라이어마허   그렇습니다, 브루너. 제 느낌도 그렇습니다. 그래서 스위스 시민인 당신의 동료에게 정중히 말하고자 합니다. 바르트, 당신이 당신의 제자들의 지나침에 책임질 수 없듯이, 저 역시 저를 따르는 자들의 지나침에 책임을 질 수 없습니다. 어떤 이들은 당신에게 예수의 부활을 믿지 않았던 반항아 루돌프 불트만(Rudolf Bultmann)에 대한 책임이 있다고 말할 수도 있을 것입니다.

바르트   슐라이어마허, 제가 졌다고 말하고 싶지만 그런 비교는 말이 안 되네요. 불트만은 저보다는 당신을 더 따랐습니다. 그렇습니다. 초반에 그는 우리와 함께 "변증법적 신학"(dialectical theology)이라 불리게 된 것을 시작했습니다. 그러나 그는 이내 신약성서를 비신화화하는(demythologizing) 연구 과제를 착수하기 위해 우리를 떠났습니다. 당신처럼 그도 기독교를 전적으로 인간에 관한 것으로 보고 있습니다. 그의 신학은 인간 중심적이죠. 제가 당신에게 말했던 것을 그에게도 말했습니다. "매우 큰 목소리로 인간에 관해 말하는 것으로써 하나님에 관해 말할 수 없습니다!"라고 말입니다.

브루너   신사 양반들, 신사 양반들, 이건 천국에서 일어나야 할 대화 같지 않군요. 두 분 다 그냥 화해하시면 안 되나요? 어쨌든, 두 분 다 신-인의 만남을 경험하셨지요. 그게 제일 중요한 겁니다. 두 분 중 누구도 완전히 성서적이거나 일관된 신학을 제시하지 못했습니다. 하지만 이제 이것들은 우리와 상관없는 일입니다.

바르트   브루너, 당신은 아직도 신-인의 만남이라는 걸 거침없이 말하고 있군요. 당신은 언제나 모든 것을 경험 중심으로 돌아가게 하는 감상적인 신학자였습니다. 그렇게 함으로써 당신은 여기 있는 슐라이어마허와 크게 다르지 않습니다.

브루너   그건 비열한 비난입니다! 당신도 알다시피 저는 슐라이어마허의 신학 접근법과 그의 결론에 전혀 공감하지 않습니다. 제가 진정한 기독교와 신학에 결정적이라고 강조했던 경험은 하나님과 개인 사이에서 일어나는 나와 너(I-Thou)의 만남입니다. 이것은 초자연적인 것입니다. 슐라이어마허의 신-의식 경험은 전적으로 다른 것입니다.

바르트 글쎄요, 제가 보기에는 그렇게 달라 보이지 않습니다. 신학은 객관적으로 주어진 하나님의 말씀과 더불어 시작해야 하고, 더불어 머물러야 하며, 더불어 끝나야 합니다. 이 말씀은 세 가지 형태를 가지고 있습니다. 예수 그리스도(계시 그 자체입니다!), (하나님의 말씀의 도구로서의) 성서, 그리고 복음에 대한 교회의 선포입니다. 거기에는 경험이 들어갈 곳이 없습니다! 단, 말씀에 의해 사로잡히고 변화되는 경험은 제외합니다. 그걸 경험이라고 부를 수 있다면 말이죠. 덧붙이자면, 여기서 말하는 변화는 경험이 아닙니다. 그것은 예수 그리스도 안에 계신 하나님 앞에 변혁된 모습으로 서 있는 걸 뜻합니다.

슐라이어마허 좋습니다, 두 분. 제 관점에서 보면 두 분의 주장도 그렇게 다르게 들리지는 않네요. 두 분 다 초자연주의자이십니다. 그리고 두 분 다 인간의 타락과 그리스도인을 전적으로 다른 상태에 두는 객관적 구원을 믿는 것 같습니다. 저는 기독교가 절대 종교, 즉 보편적 인간의 신-의식의 정점이자 정상이라는 것을 보여주려 했습니다. 그래야만 기독교가 참으로 인간적인 것이 될 수 있습니다. 이 땅에 결코 닿지 않고 우리 머리 위에서만 떠다니는 초월적인 구름 같은 기독교가 아니어야 한다는 것입니다.

브루너 글쎄요, 이번 한 번만 바르트가 말하기 전에 끼어들겠습니다. 슐라이어마허, 당신은 "아래로부터" 신학을 하려 했습니다. 그런데 다음 세기의 흐름은 그것이 이루어질 수 없다는 것을 증명했죠. 당신의 제자들인 자유주의 신학자들은 당신의 길을 따라 인간의 경험을 연구함으로써 하나님에 대한 지식을 얻으려고 했습니다. 그러나 바르트와 저는 그것이 막다른 길이라는 것을 발견했습니다. 아래로부터 시작하면 하나님의 예언의 말씀에 결코 다다를 수 없습니다. 하나님의 말씀, 하나님의 메시지는 "위로부터" 우리에게 내려와야 합니다. 그렇지 않으면, 우리는 하나님이 아닌 우리 자신에게 우리 자신에 대해 이야기하게 될 것입니다.

바르트 　당신들 모두 동일한 문제를 가지고 고민하고 있군요. 브루너, 당신은 위로부터 신학을 해야 한다고 말했음에도 불구하고, 자연 신학이 당신의 신학 속에 몰래 들어오도록 허락했습니다. 자연 신학은 이미 영구적으로 축출되었다고 생각하는데요? 자연과 문화로부터 힌트를 얻는다는 점에서도 당신은 슐라이어마허와 유사합니다. 당신이 자연 신학에 작은 손가락 하나라도 내어준다면, 자연 신학은 모든 것을 대체할 것입니다.

브루너 　제가 볼 때, 당신의 비평은 슐라이어마허와 그의 신학적 후손에 대한 것이지, 저에 대한 것이 아닙니다. 지금쯤은 아시겠지만, 제가 말하는 "자연 신학"은 자연, 문화 또는 보편적 인간 경험을 통한 "인간의 하나님 탐구"가 아닙니다. 제가 말하고자 한 것은, 우리는 하나님의 형상으로 지음을 받았고 따라서 우리는 하나님의 말씀을 듣고 그 말씀에 응답할 수 있다는 것입니다. 제가 말하는 자연 신학은 기독교 복음과 아직 믿지 않는 자연적 인격 사이의 접촉점에 관한 것입니다.

슐라이어마허 　저 역시 제 신학적 연구 과제를 "자연 신학"이라고 생각하지 않습니다. 두 분 다 저를 오해하셨습니다. 저의 책 『기독교 신앙』(*The Christian Faith*)을 읽어보기나 하셨나요? 이 책에서 저는 예수 그리스도가 우리의 신-의식에 얼마나 중심적인 역할을 하는지 거듭 강조했습니다. 그리스도인으로서 우리의 믿음은 단순히 하나님과 예수에 대한 우리의 경험을 말로 표현하려는 인간의 시도입니다.

바르트 슐라이어마허, 온종일 반대하셔도 상관없습니다. 그러나 우리는 사태의 진실을 알고 있습니다. 당신이 그걸 자각하든 그렇지 않든, 당신은 근대 문화로 하여금 당신의 신학 전체를 형성하게 하고 있습니다. 사실 저는 당신이 근대 과학과 철학을 매우 두려워해서 당신의 신학 체계 전체를 하나님에 대한 인간의 내적 의식이라는 흔들리는 기초 위에 세웠다고 말하고 싶습니다. 당신의 신학은 지나치게 주관적입니다, 슐라이어마허. 당신이 육성하고 다음 세대의 자유주의 신학자들에게 전했던 것을 저는 "문화 기독교"(culture Christianity)라고 부릅니다. 문화 기독교는 근대성과 타협하고 협상하고 조화를 이룬 기독교를 말하지요.

브루너 바르트, 이 점에 있어서 우리는 같은 입장입니다. 당신이 슐라이어마허와 자유주의 신학에 대해 하신 말씀에 대체로 동의합니다. 슐라이어마허의 신학은 전하기가 불가능한 "복음"을 우리에게 주었습니다. 그의 신학은 복음과 신학의 생기를 빨아 없애는 신학입니다. 그리고 바르트, 당신도 알다시피 저는 슐라이어마허나 자연 신학을 지지한 적이 한 번도 없습니다. 저는 저의 모든 신학적 체계를 위로부터 내려오고 우리의 삶을 변혁시키는 하나님의 말씀 위에 세웠습니다.

바르트 그러나 브루너, 당신은 자연 신학을 재도입했습니다. 자연 신학이 기독교의 모든 문제의 원인이라는 것을 인지하지 못하셨다니 유감입니다.

슐라이어마허 알겠습니다. 그런데 이 주제에 관한 토론에는 아무런 성과도 없을 것 같네요. 그래서 다른 주제, 예수 그리스도로 넘어가 보죠.

연옥에서의 이 시간 이후 우리는 그와 마주보게 될 겁니다. 사실, 저는 이미 그를 보았습니다. 바르트, 당신도 그를 보셨을 거라 생각합니다. 브루너, 당신도 곧 보실 겁니다. 이제 우리는 그에 관한 우리의 작고 사소한 생각이 실제와 얼마나 거리가 먼지를 발견하고 있습니다. 그러나 저는 예수의 온전하고 완전한 신-의식이 그를 하나님으로 만든다는 저의 생각을 고수하겠습니다. 이것이야말로 하나님의 진정한 존재를 예수 안에서 형성해줍니다.

브루너 글쎄요, 슐라이어마허, 제가 예수를 직접 만나게 된다면, 당신이 여기 연옥에서도 완전하게 회심하지 않았다고 말할 겁니다! 당신은 예수를 인간 예언자로 축소했습니다. 이는 뒤에 올 "예언자들"에게 자신을 하나님이나 하나님의 아들이라고 주장할 수 있게 하는 가능성을 열어줍니다. 만일 예수가 본질적으로 우리와 다르지 않다면, 그는 절대적이거나 유일무이한 우리의 구세주가 될 수 없습니다.

슐라이어마허 저는 예수가 처음부터 우리와 본질적으로 달랐다고 생각하지 않습니다. 그가 우리와 본질적으로 달랐다면 그는 우리의 갈등과 실패와 너무 멀리 떨어져 있는 존재가 되었을 것입니다. 저는 그가 정도에 있어서 우리와 매우 달라서, 그 결과로 본질에서도 우리와 다르게 되었다고 말하고 싶습니다. 그러나 선재, 하늘로부터 내려오심, 그리고 문자 그대로의 성육신과 같은 초자연적인 것들은—음, 우리 근대인이 믿을 수 없는 것입니다.

바르트 슐라이어마허, 당신의 가장 큰 실패가 바로 그것입니다. 당신은 근대인이 믿을 수 있다고 생각하는 것에 기초해 당신이 무엇을 믿어야 할지 결정했고 지금도 여전히 그렇게 합니다. 이 주제에 있어서 저는 브루너에 동의합니다. 복음 전체가 객관적으로 주어진 하나님의 말씀인 예수 그리스도에 기반을 둡니다. 그리고 하나님이 무언가를 드러내실 때, 그는 자신을 드러내십니다. 그의 말씀, 곧 예수 그리스도는 바로 하나님 자신이십니다. 그렇지 않다면 예수 그리스도는 하나님의 가장 충만한 계시일 수가 없습니다.

브루너　　　바르트, 여기가 바로 슐라이어마허에 반대하는 우리의 가장 큰 일치의 영역이라고 생각합니다. 그는 그리스도-중심적인 것처럼 보였지만, 실제로는 그렇지 않았습니다. 그의 모든 신학적 과제는 인간-중심적이며 교회-중심적입니다. 당신과 저는 하나님의 말씀이 하늘로부터 번개처럼 나타난다는 데 동의합니다. 그것은 하나님에 대한 인간의 탐구의 끝이 될 수 없습니다. 그것은 오히려 우리를 향한 하나님의 탐구인 것입니다.

예를 들어, 성서는 우리에게 중요합니다. 하지만 하나님이 성서를 통해 말씀하지 않으시면 그것은 그저 종이와 잉크일 뿐입니다. 동의하시죠? 성서가 예수 그리스도를 우리에게로 인도하는 한, 신-인이 만나는 바로 그 순간 성서는 하나님의 말씀이 "됩니다." 근본주의자들은 성서를 "종이 교황"(paper pope)이라고 생각하는 것 같지만 성서는 종이 교황이 아닙니다. 성서는 하나님이 우리에게 계시하신 사실들로 이루어진 책이 아닙니다. 성서는 우리에게 주어진 하나님의 말씀의 도구입니다.

슐라이어마허　　　그러나 두 분의 말씀 모두 여전히 근본주의자처럼 들립니다! 당신들은 정말로 성서-중심적이시군요. 성서가 종이 교황이 아니라는 모든 주장에도 불구하고, 당신들은 당신들의 신학에서 성서를 그렇게 다루고 있습니다. 설사 그런 일이 있다 하더라도 당신들은 좀처럼 성서의 문화적 조건과 인간성을 인정하지 않습니다. 우리 근대인들에게 있어 성서는 고전적인 기독교의 책입니다. 우리는 성서가 영감을 받았다거나 오류가 없는 책이라고 생각하지 않습니다.

바르트 저는 전 생애에 걸쳐 제가 근본주의자가 아니라는 것을 보여주기 위해 싸웠습니다! 제가 여러 번 말했지만, 성서에는 오류가 있을 수 있습니다. 우리의 믿음에는 영향을 끼치지 않으면서 말입니다. 브루너도 똑같은 이야기를 했습니다. 그러나 슐라이어마허, 당신은 성서를 고전 문학으로 축소했습니다. 그리고 당신이 원하는 대로 성서의 메시지를 재단해 근대인들이 받아들일 수 있도록 만들었습니다. 그러나 성서의 메시지는 누구도 받아들일 수 없는 것입니다. 이는 성서가 근대성과 충돌하기 때문이 아니라 성서의 메시지가 우리의 생각과 충돌하기 때문입니다. 그리고 성서는 우리를 선택하신 하나님과 우리를 구속하신 그리스도에게 절대적으로 순종할 것을 명합니다.

브루너 바르트, 당신이 말한 상당 부분에 동의합니다. 그러나 당신이 "선택하시는 하나님"을 언급할 때는 긴장되더군요. 우린 둘 다 개혁파 전통 출신입니다. 모든 인간의 전통처럼, 개혁파 전통도 교정이 필요합니다. 그렇습니다. 하나님은 인간을 선택하십니다. 네, 예수는 하나님이 선택하신 주된 대상입니다. 그러나 바르트, 당신의 상상과는 달리, 하나님은 신-인과의 만남에서 예수 그리스도를 자유로이 받아들이는 사람들만 자신의 백성으로 선택하십니다. 그 만남의 자리에서 하나님은 우리를 만나시고 우리의 결정을 요구하십니다.

바르트 아니요! 하나님의 은혜와 자비에 관해 어떤 이들을 구원의 바깥에 두는 이런 힘없는 복음을 저는 받아들일 수 없습니다. 오직 예수 그리스도만이 "버림받은 사람"입니다. 그는 모든 이들을 대신해 분노, 증오, 죽음, 심판을 지고 있습니다. 그가 우리가 받을 처벌을 대신

받았기에 우리 모두는 그 안에서 구원을 받을 수 있습니다.

브루너   바르트, 또다시 당신은 당신의 자유주의 색깔을 보여주는군요. 보편구원은 자유주의 사상이지, 성서적이나 기독교적인 사상이 아닙니다. 제가 볼 때, 당신의 "정화된 타락전선택설"(purified supralapsarianism)은 하나님의 사랑을 하나님의 예정과 조화시키려는 시도에 지나지 않습니다. 당신은 하나님이 구원에 관해서는 우리를 위해 모든 일을 다 해주셨으며, 우리가 구원을 받는다면 그건 하나님이 그 구원을 예정하셨기 때문이라는 완고한 칼뱅주의자들에게 동의하고 있지요. 그러고는 보편구원론(universalism)을 가르쳐 하나님의 명성을 회복시키려 합니다! 참으로 자유주의적이네요, 바르트.

슐라이어마허   자, 자, 자. 난투극이 벌어지기 전에 서로 떨어져 계시는 게 어떤가요? 바르트, 저는 브루너에게 동의해야겠습니다. 당신의 신학이 말하는 보편구원사상은 자유주의 사상에서 나온 이물질처럼 느껴집니다. 브루너, 당신은 이것들을 어떻게 풀어나갔나요?

브루너   슐라이어마허, 당신이 그것에 대해 질문을 해주셔서 기쁘네요. 저는 하나님이 사람들에게 그의 은혜를 거부하거나 그것에 협력할 수 있는 능력을 주심으로 자기 자신을 제한하셨다고 믿습니다. 하나님은 모든 구원을 이루십니다. 그러나 그가 구원하고 안 하고는 예수 안에 있는 그의 은총과 자비를 우리가 자유로이 받아들이느냐 마느냐에 달려 있습니다. 하나님의 예정은 자유롭게 복음을 받아들이는 모든 사람의 것이며 또 그들을 위한 것입니다. 우리는 일부 사람들이 복음을 받아들이지 않는다는 것을 압니다. 그렇기에 우리가 참으로 성서적이기를 원한다면 보편구원론은 고려 대상에서 제외되어야 합니다. 성서는 하나님의 진노도 강조합니다. 두 분 중 어느 누구도 그것을 어떻게 다뤄야 할지 모르셨습니다!

바르트　　　아니요! 저는 알았습니다. 그리고 지금도 알다마다요! 죄를 향한 하나님의 진노는 십자가에 달리신 예수 그리스도에게 부어졌습니다. 하나님은 우리가 받을 형벌을 받으셨습니다. 우리가 하나님의 진노를 겪지 않을 수 있게끔 그는 자신에게 심판을 내림으로써 자기 자신의 진노를 겪으셨습니다.

슐라이어마허　　　음, 이 주제에 대해서는 두 분 다 저와 반대 입장에 서 계신 것을 인정해야겠습니다. 바르트, 우리는 결국 모두가 구원을 받을 것이라는 데 서로 동의합니다. 제가 두 분에게 동의하지 않는 부분은 하나님의 진노에 대한 이런 원시적인 개념입니다. 하나님의 진노는 우리 안에 있는 하나님-의식(God-consciousness)의 부재에 지나지 않습니다. 우리는 우리가 하나님을 잊었을 때 그분이 진노하신다고 느끼지만, 하나님은 진노와 같은 감정을 느끼시지 않습니다.

브루너　　　대화를 마무리합시다. 우린 그저 지상에서 있었던 의견 차이를 반복했을 뿐입니다. 저는 하나님의 신학 개론 수업에 수강 신청을 했습니다. 성령이 수업을 가르치실 겁니다. 그분이 가르치시는 모든 것에 동의할 거라 확신하고 있지만 열린 마음으로 수업에 가려고 합니다. 혹시나 제가 배울 게 있을지도 모르니까요.

바르트　　　저는 잘 모르겠습니다. 모든 중요한 진리는 제 책 『교회교의학』 어딘가에 기록되어 있습니다. 저는 그냥 천국 도서관에 가서 그 책을 다시 읽어봐야겠습니다.

슐라이어마허　　　저는 성령이 가르치시는 영성 형성 수업을 신청했습니다. 그 수업과 교리는 거리가 멀어 보이네요. 교리는 지상에서도 대개 필요악으로 간주됐죠.

분석

교리에 관한 슐라이어마허의 마지막 진술에 호도되지 마라. 그는 교리에 관심이 있었다. 그는 『기독교 신앙』이라는 제목하에 방대한 교리 책을 썼다. 그러나 그는 교리를 종교 경험보다 이차적인 것으로 간주했다. 그리고 그는 경험의 렌즈를 통해 실재에 대한 새로운 이해의 관점에서 교리를 개정하는 일에 언제나 열려 있었다. 그러나 그는 때때로 교리에 대해 부정적인 태도를 가지고 있었다. 그는 교리가 종교적 경험을 말로 표현하는 시도에 지나지 않으며 그것의 개념은 본질적으로 경험인 종교와 무관하다고 말했다.

이 대화에서 독자는 바르트와 브루너가 얼마나 가까운지, 그럼에도 불구하고 또 얼마나 멀리 떨어져 있는지를 볼 수 있다. 슐라이어마허와 비교해볼 때, 그들은 매우 가깝다. 그들 모두 "아래로부터의 신학"(theology from below)을 피했다. 대신 그들은 초자연적인 신적 계시, 즉 "하나님의 말씀"에 전적으로 기반을 둔 신학을 선호했다. 하나님의 말씀은 무엇보다도 예수 그리스도가 첫 번째이며 그다음이 성서다. 둘 다 신학은 반드시 하나님-중심이 되어야 하며, 하나님은 전적으로 우리와 본질이 다르며 인간을 포함한 창조세계를 초월한다고 믿었다.

그러나 브루너는 바르트가 하나님을 너무 초월적으로 만들었다고 염려했다. 그는 바르트가 구원에 대해 말하면서 하나님의 주권성을 강조한 것을 매우 싫어했다. 바르트는 칼뱅주의자였고 자신의 신학을 "정화된 타락전선택설"이라고 불렀다. 타락전선택설은 가장 극단적인 칼뱅주의의 형태이며 하나님의 예정하심이 필연적으로 창조와 타락에 선행한다고 주장한다. 바르트는 이를 좀 더 부드럽게 표현해 하나님이 예수 그리스도를 예정하셔서 세상의 죄를 위해 죽게 하심으로 다른 모든 이들을 그리스도 안에서 구원받도록 선택하셨다고 말했다. 바르트에게 있어 예수 그리스도만이 유일하게 버림(저주)받은 자다. 왜냐하면 하나님이 모든 사람의 죄를 그에게로 옮기셨기 때문이다. 그는 모든 사람을 위해 벌을 당하셨다. 브루너는 바르트의 특별한 형태의 구원론이 고 칼뱅주의(high Calvinism)와 자유주의 모두를 크게 인정하는 것이라고 여겼다.

브루너의 신학은, 비록 그가 한 번도 인정한 적은 없지만, 아르미니우스주의(15장을 보라)에 가까웠다. 대부분의 개혁주의 신학자들에게 있어 아르미니우스주의는 여전히 조롱 섞인 용어다. 그 주된 이유는 그들이 아르미니우스주의가 무엇인지를 잊었기 때문이다. 브루너는 하나님이 자신을 제한하셔서 사람 대신 결정을 내려주지 않으신다고 믿었다. 인간은 하나님의 은혜의 선물로서 자유의지를 가지고 있으며 율법과 복음에 관해 내린 그들의 결정에 책임을 져야 한다. 그는 단동설(monergism), 즉 하나님이 구원에 있어서 유일한 활동적 행위자라는 교리를 강하게 거부했다. 확언컨대, 하나님은 그의 은혜로 모든 구원을 행하신다. 그러나 인간은 반드시 믿음을 행사함으로써 하나님의 주도하심에 협력해야 한다.

바르트는 브루너의 신학에서 슐라이어마허의 사상을 보았다. 왜냐하면 브루너는 인간이 그들 자신을 구원하는 일에 역할이 있으며 타락의 여파에도 불구하고 인간에게는 여전히 하나님의 형상의 흔적이 남아 있다고 주장했기 때문이다. 문제는 이런 하나님의 형상의 흔적이 복음과 사람의 자연적 접촉점이라는 것이다. 바르트는 이 교리가 구원에서 하나님의 주권성의 일부를 빼앗았으며 은혜의 역할을 축소했다고 믿었다. 여기에 더하여 바르트는 이 교리가 자신이 힘겹게 싸워왔던 인간 중심주의

(anthropocentrism)와 지나치게 가깝다고 생각했다.

그래서 바르트-브루너 논쟁이 오늘날과 어떤 관계가 있는가? 많은 학자들이 이 논쟁이 불필요하며 그 상당 부분이 브루너에 대한 바르트의 오해로 인해 생긴 것이라고 결론을 내렸음에도 불구하고, 논쟁의 메아리는 여러 해 후에도 신학의 통로를 따라 여전히 울려 퍼지고 있다. 20세기 후반과 21세기 초의 기독교 신학자들도 계속해서 신학 안에 있는 철학과 자연지식의 역할에 대해 논쟁한다. 바르트는 그것들이 기독교 신학에서 없어지길 원했다. 그러나 이런 그의 바람이 오히려 더 그의 사상을 이성 없는 맹목적 믿음에 기초한 신앙인 신앙주의(fideism)로 기울게 했다.

복음주의 신학자인 도널드 블로쉬(Donald Bloesch, 1928-2010)는 브루너에 대한 감사를 표시하는 동시에 일종의 바르트주의의 입장을 옹호했다. 일곱 권으로 된 『기독교의 기초』(Christian Foundations, 1992-2004)에서 그는 자신의 접근법을 "신앙주의적 계시주의"(fideistic revelationism)라고 부른다. 그는 하나님에 대한 자연 지식이나 복음에서의 자연적 접촉점조차 등한시하면서 모든 교리를 특별계시라는 기초 위에 두었다.

독일 신학자 위르겐 몰트만(Jürgen Moltmann, 1926-)은 아래로부터의 어떤 신학도 피하는 동시에 철학을 광범위하게 활용했다. 브루너처럼, 그는 인간 안에 복음을 위한 접촉점이 있다고 믿는다. 이는 인간이 미래에 대해 열린 마음을 가지고 있다는 뜻이기도 하다. 그리고 그 미래는 모든 것이 최종적으로 총체성을 회복한다는 하나님의 약속과 연결되어 있다. 그는 신학자의 신분으로 오랜 기간에 걸쳐 독일 수정주의자(revisionist)이자 마르크스주의자(Marxist)인 에른스트 블로흐(Ernst Bloch, 1885-1977)와 철학적인 대화를 나눴다. 블로흐는 성서적 종말론을 미래의 계급 없는 사회와 유사한 종교적인 유토피아적 이상주의로 보았다.

몰트만은 블로흐를 진리의 한 부분을 인식한 사람으로, 그리고 좋은 대화 상대자로 봤다. 세속 철학과 인간 경험 안에 있는 초월성의 반향에 대한 신학적 탐구를 향한 개방적인 태도는 몰트만을 브루너의 현대 신학의 사촌으로 만들었다.

바르트와 브루너는 20세기 신학의 두 거장이었다. 그들은 함께 개신교 내의 자유주의적 흐름을 뒤집었고 교회가 기독교 정통주의와 유사한 모습으로 회복하도록 도왔다. 그러나 근본주의자들은 만족하지 못했다. 어떤 이는 바르트의 신학을 "새로운 근대주의"(new modernism)라고 부르기도 했다. ("근대주의"는 자유주의 신학을 말하는 근본주의자들의 용어다.) 그건 틀린 말이다. 바르트와 브루너는 중재신학자들이었다. 그들은 슐라이어마허의 인간 중심적 자유주의와 근본주의자들의 성서 문자주의 사이에 들어갈 제삼의 길을 만들기 위해 쉼 없이 일했다. 1960년대와 그 이후의 많은 복음주의 신학자들은 이 두 명의 스위스 신학 거장들로부터 깊은 영향을 받았으며 또 여전히 받고 있다.

더 읽을 책

Dorrien, Gary. *The Barthian Revolt in Modern Theology*. Louisville: Westminster John Knox, 2000.

McKim, Mark G. *Emil Brunner*. Lanham, MD: Scarecrow, 1996.

22

바르트와 브루너,

자연 신학과 만인구원설에 관해 논쟁하다

배경

나는 이 두 신학자가 21장의 가상적 대화에 등장한 세 명의 대화 상대자 중 두 명이라는 걸 안다. 여기서도 그들은 일부 같은 주제들을 토론할 것이다. 그러나 이것은 단순 반복이 아니다. 이 대화에서 그들은 그들의 주된 차이점을 더 깊이 살필 것이다. 나는 이 두 근대 신학의 거장들이 슐라이어마허나 다른 이들 없이 단 둘이 단판에 결판을 내도 괜찮을 거라 생각한다.

칼 바르트와 에밀 브루너는 스위스에서 서로 단지 몇 마일 떨어진 곳에서 살았다(시기에 대해서는 21장의 "배경"을 보라). 바르트는 바젤 대학교에서 신학을 가르쳤고, 브루너는 취리히 대학교에서 신학을 가르쳤다. 그들은 거의 같은 나이였고 신학적 성향도 비슷했다. 그들은 "신정통주의"(neoorthodoxy)라고 불리게 되는 것을 형성하는 데 협력했다. 신정통주의는 자유주의 신학에 반대하는 신학적 운동이었으며 근본주의가 아니었다. 둘 다 성서를 기독교 교리의 최고의 출처이자 규범으로 간주했지만 성서의 무오성을 주장하는 보수적 개신교 교리는 멀리했다. 브루너는 보수주의자들과 근본주의자들이 성서주의(biblicism)를 주장하는 것은 "종이 교황"을 모시는 것과 다를 바 없다고 언급했다. 바르트는 성서의 무오성 교리를 거칠게 비판한 반면, 축자영감설에 대한 유사성은 인정했다.

이 대화에서 두 스위스 신학의 거장은 제네바로 가는 기차에서 우연히 만나게 된다. 그래서 이 대화는 연대순으로 보면 이전 대화에 앞선다. 나는 이 두 대화가 근대와 현대 신학 수업에서 유용하다는 것을 알게 되었다. 슐라이어마허를 포함한 대화(21장)는 바르트와 브루너가 자유주의적 사고와는 첨예한 차이점을 가진다는 걸 보여준다. 이 대화는 바르트와 브루너의 차이점에 초점을 두었다. 어떤 이들은 신정통주의를 단일한 신학 운동으로 생각하지만 사실은 그렇지 않다. 이 가상의 대화가 그 점을 분명히 만들 것이다.

대화

바르트   안녕하세요? 브루너 교수님! 제네바로 가는 기차에서 교수님을 만나다니 뜻밖인데요. 우리가 사랑하는 장 칼뱅의 위대한 도시에는 어쩐 일이십니까?

브루너   맙소사! 바르트 박사님, 놀랍군요. 저도 당신처럼 스위스 개혁교회 회의를 위해 제네바로 가고 있는 중입니다. 목사들과 사절단이—칼뱅도 물론이구요—"자연과 은혜"에 대한 우리의 논쟁에서 제 편에 서길 바라는 중입니다.

바르트   아니오! 그렇게 되지는 않을 겁니다. 저는 자연 신학에 대한 당신의 양보가, 비록 겉으로 보기에는 아무 문제없는 듯하지만, 실제로는 만개한 자유주의 신학으로 향하는 미끄러운 경사로에 내딛는 첫 걸음이라는 걸 그들에게 보여줄 겁니다. 그리고 그것이 독일 그리스도인들로 하여금 나치 이데올로기를 수용하게 만들었다는 것도요.

브루너   세상에나, 바르트! 아직도 그 이야기인가요? 나쁜 것이라면 다 자연 신학 탓이군요. 심지어 홀로코스트마저도요! 저는 자유주의 개신교 신학이 성서와 종교개혁가들을 따르는 우리가 온 힘을 다해 반대해야 하는 유독한 적이라는 데 동의합니다. 그러나 그 독에 대한 당신의 해독제 자체도 독이군요!

바르트 아, 취리히에서 온 작은 신학 요정의 강경한 어조라니! 음, 이에 관해 당신과 더 논쟁하는 건 시간 낭비 같습니다. 우린 이미 우리의 생각을 정했을 겁니다. 그리고 우린 하나님의 계시와 자연에 관해 다르게 생각합니다. 제가 말했듯이, 우리는 고래와 코끼리 같습니다. 둘 다 하나님의 피조물이지만 서로 만날 수는 없는 그런 피조물들이지요.

브루너 그건 당신과 루돌프 불트만에 관한 말인 줄 알았는데요?

바르트 네, 그렇습니다. 그러나 우리 둘에게도 적용되지요.

브루너 당신이 저를 불트만과 같은 범주에 두었다고 하니 기분이 몹시 상하네요. 그는 신약성서를 비신화화하려 했으며 그 과정에서 우리 주님의 부활을 역사에서 배제한 사람입니다.

바르트 음, 당신은 불트만만큼 나쁘지 않을 수도 있습니다. 그러나 당신이 복음을 위한 인간의 자연적 접촉점과 같은 말도 안 되는 소리를 계속하신다면 당신도 결국 그와 같아질 것입니다.

브루너 네, 네. 우리가 고래와 코끼리와 같다는 당신의 말이 옳을 수도 있습니다. 그러나 저는 복음의 메시지를 실존화하려는 불트만에게 찬성하지 않습니다. 그는 신학을 인류학으로 축소했습니다. 그것은 단지 우리 인간의 자기-이해에 관한 것일 뿐입니다. 하지만 우리에 대해 더 이야기해봅시다. 고래와 코끼리도 만약 그들이 하나님의 피조물이라면 함께 있을 수 있습니다. 코끼리는 물로 들어갈 수 있고 고래도 해안가 가까이로 갈 수 있습니다. 적어도 그들은 의사소통을 시도할 수 있지요.

바르트 음, 역시 생각한 대로군요. 당신은 인간 본성에 관해 매우 낙관적이십니다. 그것이 제가 당신에 관해 말해왔던 것을 드러내줍니다.

"브루너를 손톱으로 긁어보아라. 그러면 겉으로 보이는 그의 복음주의적 피부 표층 아래에 숨어 있는 자유주의적 살과 뼈를 발견할 수 있을 것이다." 오직 하나님만이 그의 말씀과의 일치를 만들 수 있습니다. 타락한 인간은 자신의 힘으로 하나님의 진리와 일치할 수 있는 어떤 내적인 능력도 가지고 있지 않습니다. 하나님이 반드시 그런 능력과 일치를 만들어 주셔야 합니다. 대화는 진리를 향한 자유주의적인 길입니다. 하나님의 길은 그의 말씀에 대한 순종이고요. 하나님의 말씀은 우리의 마음이 반드시 순종을 통해 오는 새롭게 함으로 변혁되어야 한다고 말하고 있습니다. 당신이 말하는 대화 안에서의 어여쁜 믿음은 인간의 육체를 믿는 믿음입니다. 바로 그게 당신의 인간 중심주의의 증거입니다.

브루너　또 그러시는군요. 바르트! 제 말을 또다시 완전히 왜곡하고 계십니다. 지금쯤은 아시겠지만, 저도 하나님의 말씀과 성령에 의해서만 타락한 인간이 하나님을 진정으로 알 수 있다는 당신의 주장에 전적으로 동의합니다. 그것은 하나님 자신이 일으킨 기적이요, 믿음의 기적입니다. 그러나 당신은 믿음을 가지기 이전의 인간과 믿음을 떠난 인간의 모습을 마치 물위에 떠다니는 죽은 시체처럼 묘사했습니다. 제가 볼 땐, 그들은 물에 빠지고는 있지만 수영을 조금이라도 할 수 있는 정도라고 봅니다. 하나님은 그들에게 그의 말씀이라는 구명정을 던져주십니다. 그들은 하나님 자신의 형상으로 창조되었기에 구명정을 향해 헤엄쳐갈 수 있으며 물에 빠지지 않을 수 있습니다. 자연 신학은 모든 사람 안에 있는 하나님의 말씀에 대한 접촉점만을 인식합니다. 그것은 하나님의 말씀을 듣고 반응하는 능력을 말합니다. 당신의 신학은 모든 사람을 마치 사체 아니면 물위에 떠다니는 통나무처럼 묘사하고 있습니다. 그리고 하나님이 그의 말씀이라는 구명정을 타고 오셔서 사람들을 그들의 동의 없이 소생시키시고 그의 구원의 보트에 그들을 마구 끌어올리시는 것처럼 말입니다.

바르트   브루너, 당신의 비유는 좋기도 하지만 나쁘기도 합니다. 좋다고 한 이유는 이 비유가 타락하고 부패하고 죄 많은 인간이 실제로 "허물과 죄 가운데서 죽은" 게 아니라는 당신의 생각을 잘 보여줬기 때문입니다. 그들이 수영을 조금이라도 할 수 있다고요? 그게 구원에는 인간의 노력이 어느 정도 필요하다고 주장하는 로마 가톨릭과 자유주의 개신교의 이단 주장과 어떻게 다른가요? 만약 몇몇 사람이 고군분투해서 스스로 해안가에 다다르거나 배에 오른다면 어떻게 되는 건가요? 그렇게 된다면 그들은 자랑할 것입니다. 그렇지 않나요? 에베소서 2:8-9의 말씀은 어떻게 되나요? 당신의 비유가 나쁜 이유가 여기 있습니다. 당신은 제가 하나님이 구원하심에 있어서 임의적이고 변덕스럽다는 견해를 가지고 있는 것처럼 말합니다. 절대 아닙니다! 하나님은 자비와 은혜의 하나님입니다. 예수 그리스도 안에서, 하나님은 물로 뛰어드시며 모든 물에 빠진 사람들을 구하시고 그 과정에서 죽으십니다.

브루너   아하! 바로 그겁니다! 당신이 말씀하고 있는 보편구원(apokatastasis), 즉 궁극적이고 보편적인 화해는 이단적인 주장입니다. 바르트, 당신은 드러나지 않는 보편구원론자(closet universalist)입니다. 저는 그것을 처음부터 알았습니다. 당신이 그것을 어떻게 하나님의 말씀과 조화시킬 수 있는지 모르겠습니다. 저를 자유주의자라고 비난하셨죠? 적어도 저는 당신처럼 보편구원론자는 아닙니다!

바르트   저는 제가 보편주의나 보편구원의 이단적 주장을 가르쳤다고 인정한 적이 전혀 없습니다. 그렇지만 브루너, 이것 하나만 물어봅시다. 만일 하나님이 모두를 구원하신다면, 당신은 하나님께 화내실 건가요?

브루너   절대 아니지요! 그건 하나님의 일입니다. 그러나 그는 그의 말씀에서 모든 이가 구원을 받을 것은 아니라고 하셨습니다. 그리고 성서는 종종 모든 불의에 대한 하나님의 분노에 대해 말합니다. 예수도 성서에 있는 어느 누구보다 더 많이 지옥에 대해 언급하셨습니다! 이것은 성서를 믿느냐 믿지 않느냐에 관한 문제입니다. 당신은 성서를 믿는다고는 하지만, 여기서 당신의 잠재적인 자유주의가 당신의 사고를 좌우하고 있는 것처럼 보입니다. 당신과 모든 자유주의 개신교인에게 지옥은 그저 말뿐인 협박에 지나지 않습니다. 그것은 성서적 증언이 아닙니다.

바르트   음, 브루너, 당신은 제가 어떻게 대답할지 이미 알고 있습니다. "하나님을 향한 인간의 '아니오'는 인간을 향한 하나님의 '예'에 맞설 수 없습니다." 저는 이 말을 다양한 형식으로 여러 번 쓴 적이 있습니다. 우리가 그리스도와 그의 십자가를 진지하게 받아들인다면, 우리는 죄, 악, 저주에 어떤 힘이나 실재를 실어주면 안 됩니다. 그것들은 예수 그리스도 안에서 하나님 자신의 자기-희생에 의해 극복됩니다. 사탄과 지옥과 죽음과 죄는 패배하거나 패배하지 않거나 하지요. 하나님의 말씀은 그들이 패할 것이라고 말합니다. 게다가 브루너, 당신도 성서를 "종이 교황"처럼 대하시는 것 같습니다. 근본주의자들이 따른다고 비난했던 그 "종이 교황" 말입니다. 우리는 성서 안에 있는 모든 말씀을 다 하나님의 말씀으로 받아들이면 안 됩니다.

브루너   이 토론이 어디로 흘러가고 있는지 모르겠네요. 분명한 건 당신은 저처럼 성서를 진지하게 받아들이고 있지 않다는 것입니다!

바르트　적어도 저는 동정녀 탄생과 빈 무덤은 가르쳤습니다. 당신은 그 둘 모두를 전설로 간주하고 있죠.

브루너　당신은 제가 그것들을 부인하는 이유를 알고 있습니다. 제가 그것들을 부인하는 것은 그것이 불가능한 일이라서가 아니라, 성서 증언의 중심이 아니기 때문입니다. 가장 초기의 증언들조차 거기에 관해 어떤 것도 말하고 있지 않습니다. 성서에 대한 당신의 무비판적 사용은 때때로 근본주의적 문자주의에 가깝습니다. 동정녀 탄생과 빈 무덤은 성서 메시지의 중심이 아닙니다.

바르트　저는 그것들이 성서의 중심적인 메시지라고 생각합니다. 그리고 저는 근본주의에 대한 당신의 비판을 거부합니다! 당신도 잘 아시겠지만 저는 성서의 모든 것을 문자적으로 받아들이지는 않습니다. 제가 어떻게 두 창조 이야기와 타락 이야기를 "설화"(saga)의 범주로 분류했는지 기억하세요? 그러나 동정녀 탄생과 빈 무덤은 그것들과 전적으로 다릅니다. 예수의 죄 없음과 신성은 이 두 메시지에 의존합니다. 자, 우리의 토론 주제로 돌아가 봅시다. 하나님의 말씀의 진리를 측정하는 도구로 인간의 사고와 경험을 사용하는 이런 끔찍한 실수를 당신이 어떻게 피하시는지 저는 결코 이해하지 못했습니다. 당신의 접촉점 이론(point-of-contact theory)은 구(舊)자유주의자들이 주장했던 종교적 선험성(religious *a priori*)과 굉장히 비슷합니다. 이 선험성은 인간 안에 있는 것으로서 종교적 진리를 판단해줍니다.

브루너　바르트, 그것보단 잘 아실 텐데요. 당신이 이렇게 부당한 주장을 하셨다는 게 믿기지가 않습니다. 저는 자유주의자들이 주장하는 종교적 선험성이 하나님의 말씀의 진리에 대한 규범이라고 절대 생각하지 않습니다. 그보다도, 하나님의 말씀은 하나님에 관한 우리의 모든 정상적인 인간 사고와 모순되죠.

바르트 하지만 당신도 자연 신학에 관해 이야기합니다. 그렇지 않나요? 자연 신학은 늘 종교적 선험성을 이끌어냅니다. 만일 우리가 낙타의 코 같은 자연 신학이 교회의 텐트 안으로 들어오도록 허용한다면, 낙타의 몸통은 곧 텐트 전체를 차지할 것이고 진리를 몰아낼 것입니다. 그게 바로 1930년대에 독일 그리스도인들에게 일어났던 일입니다. 자연 신학이 먼저 왔고, 그 발꿈치를 따라 문화적 순응이 바로 따라왔습니다. 그리고 그것은 복음을 나치의 이데올로기에 의해 전복되게 만들었습니다. 그런 배교에 저항하는 유일한 길은, 낙타가 처음 나타난 순간 낙타의 코를 텐트 자락 밖으로 밀어내는 것입니다. 당신은 그렇게 하지 않았습니다.

브루너 제가 보기에 당신은 여전히 자연 신학의 유형들을 구분하지 못하시는 것 같습니다. 제가 말하는 자연 신학은 당신이 의미하는 것과 전혀 관계가 없습니다. 자연 신학이라는 단어를 듣는 순간부터 당신은 파블로프의 개처럼 침을 흘리기 시작하십니다. 당신은 미치기 시작해서 주변을 빙글빙글 돌면서 당신의 가장 친한 친구들조차 물어뜯습니다. 당신은 자연 신학이 무엇을 의미하는지에 대해 듣고 싶어 하지도 않습니다. 제가 말하고자 하는 것은, 제가 이전에도 말했던 것처럼, 인간 안에는 하나님의 형상이 있다는 것입니다. 그 형상으로 인해 우리는 하나님의 말씀을 듣고 응답할 수 있습니다. 그것이 없다면 인간은 남자나 여자가 아닌 동물이 될 것입니다.

바르트 그렇다면 왜 그것을 "자연 신학"이라 부르죠? 그 용어는 단순히 어떤 것에 대한 능력 그 이상의 것을 의미합니다. 저는 당신이 그 이상을 의미한다는 것을 압니다.

브루너 네. 자연 신학은 우리가 양심이라고 알고 있는 것도 포함합니다. 이 양심이 바로 영국의 위대한 기독교 작가인 루이스(C. S. Lewis)가 『순전한 기독교』(Mere Christianity)에서 말한 "자연법칙"(law of nature)입니다. 그것은 옳고 그름에 대해 우리가 본래적으로 갖고 있는 인간 지식입니다. 우리 인간은 우리가 죄인이라는 것과 우리에게 은혜가 필요하다는 것을 압니다. 그것이 우리가 하나님 앞에서 책임을 져야 하는 이유입니다. 로마서 1장을 주의 깊게 읽고 공부하지 않으셨나요?

바르트 제가 로마서를 열심히 읽고 공부했다는 것을 당신은 아십니다. 사람들은 제가 집필한 『로마서 강해』(Der Römerbrief)가 신학자들의 놀이터에 "폭탄처럼" 떨어졌다고 말합니다. 로마서 1장에 대한 당신의 언급은 제가 바울의 요점을 놓쳤다고 암시하고 있습니다. 로마서 1장은 일반계시와 자연 신학에 대한 성서적 증명이어야 하지만 저는 그것을 거부합니다. 로마서 1장에서 바울은 인간이 자연을 통해 하나님을 알아야 한다고 가르칩니다. 그러나 그들은 그렇게 하지 않죠. 그들은 창조주가 아닌 피조물을 경배하기 때문에 하나님 앞에서 죄인이며 구원을 필요로 합니다. 누가 보아도 확실히 그들은 옳고 그름을 알지 못합니다. 루이스에 관해 말하자면, 저는 그에 대해 들은 적이 있습니다. 루이스가 성공회 출신 맞죠? 그렇죠? 음, 영국 국교회 출신들은 종종 자연 신학과 같은 가톨릭 교리를 믿기도 하죠.

브루너 이제 그만하시죠! 믿음 안에 있는 우리의 개혁주의 아버지인 장 칼뱅은 로마서 1장을 당신과 달리 해석하셨습니다. 그의 해석은 루이스의 해석과 더 비슷하지요. 칼뱅에게 있어서, 인간은 옳고 그름을 아는 존재입니다. 그러나 그들은 진리를 억압합니다. 그들이 회개한다면 모를까, 이것이 그들에게 죄가 있으며 그들이 정죄받아야 할 이유입니다. 칼뱅은 일반계시와 신 의식(sensus divinus)이라고도 불리는 신에 대한 내적 감각, 즉 하나님에 대한 가장 기본적인 자연 지식을 절대적으로 명확히 했습니다.

바르트, 저는 당신이 하나님의 말씀인 복음을 사람들의 머리에 돌을 던지듯이 던졌다는 폴 틸리히(Paul Tillich)의 말에 동의하기 시작했습니다. 당신은 이런 태도를 가지고 있습니다. "좋든 싫든 받아들여!" 아니면 독일인들이 말하듯이 "먹어, 작은 새야. 아님 죽던지." 당신은 당신의 이웃에게 복음의 접촉점이 있다는 것을 인정하지 않습니다. 적어도 저는 그들이 하나님의 말씀을 듣고 이해할 수 있다는 것은 받아들입니다. 왜냐하면 그들은 인간이지 짐승이 아니거든요.

바르트   당신이 틸리히의 그 이단에 동의한다는 건 놀랄 일이 아닙니다. 당신도 그가 가는 방향으로 가고 있습니다! 그는 기독교 신앙을 완전히 버렸습니다. 저는 그가 죽기 전에 구원받을 수 있도록 최소한 일주일에 한 번쯤은 그를 위해 기도하고 있습니다. 당신을 위해서도 기도하겠습니다. 브루너. 당신이 아직 이단이거나 배교자는 아닐 수 있지만, 당신의 자연 신학은 많은 사람을 인문주의 신학과 종교로 끌어들일 것입니다. 당신의 자연 신학은 자유주의라는 트로이의 목마이며, 반드시 거부되어야만 합니다.

브루너   아, 마침내 목적지에 도착했네요. 제네바 기차역이 저기 보입니다. 도착해서 기쁘군요. 우리가 기차 안에서 대화를 나눴다는 이야기는 하지 말아주세요. 네? 저도 말하지 않겠습니다. 취리히에 젊은 미국인 학생이 하나 있습니다. 그는 우리가 처음으로 직접 만나는 자리를 마련함으로써 유명해지기를 원하고 있습니다. 그에게 유명해질 기회를 한번 허락해주시죠. 우리는 당신 집이나 저의 집에서 만나 악수도 하고 고래와 코끼리에 관한 이야기도 하면서 카메라를 향해 웃을 겁니다. 그렇게 하면 그 학생은 신정통주의의 두 거장들을 그들이 죽기 전 마지막으로 만나게 했다는 일로 역사에 남을 수 있을 겁니다. 괜찮으시겠지요?

바르트   네. 네.

분석

21장의 "분석"에는 이번 분석에서 언급해도 적절한 몇 가지 내용이 포함되어 있다. 따라서 이번 분석은 꽤 간결할 것이다.

왜 바르트와 브루너는 이런 책에서 주목을 받는 것일까? 의심의 여지 없이, 그들이 벌인 자연 신학에 대한 논쟁은 20세기 개신교 신학에서 가장 중요하고 당혹스러운 논쟁 중 하나다. 많은 신학자와 목사, 그리고 선생들은 바르트 아니면 브루너를 지지했다. 그들 중 대부분은 둘 모두에게 공감했다. 브루너의 『교의학』(*Dogmatics*)은 신학교의 기본 신학 교재로 수십 년 동안 사용되었다. 그 책에서 그는 보편구원을 명백히 수용한 바르트가 이단과 가깝다고 했으며, 그런 내용이 들어간 장들에는 부록까지 추가하면서 바르트와의 논쟁을 계속했다.

어떤 이들은 브루너가 쓰라린 마음으로 집필했으리라고 본다. 브루너는 1950년대까지 영어권에서 바르트보다 훨씬 더 잘 알려져 있었다. 1950년대부터 바르트에 대한 관심이 브루너에 대한 관심을 앞질렀다. 바르트의 명성이 퍼지자마자, 브루너의 영향력은 신학교 교실을 제외하고는 대체로 사라졌다. 그러나 거기에서조차도 신학교 교수들은 바르트를 토론하기 위해 브루너를 종종 사용했다! 바르트는 읽기 어렵지만 브루너는 그렇지 않았기 때문이다.

바르트의 추종자들은 하나님에 대한 자연 지식 또는 사람 안에 복음을 위한 어떤 자연적 접촉점이 있다는 주장에 대해 격렬하게 반대했다. 복음은 느닷없이 치는 번개처럼 오며 사람 안에서 완전히 새로운 것을 창조한다. 이 새로운 것이 바로 믿는 능력과 믿음 그 자체다. 바르트는 온건한 개혁주의 신학자들과 목회자들 사이에서 상당히 인기가 있었다. 이는 그가 중생은 회심 이전에 온다는 것을 강조하는 데 있어서 칼뱅의 사상과 가까웠기 때문이다. 그리고 그들은 바르트가 개정한 칼뱅의 선택 교리를 선호했다. 그들이 볼 때 칼뱅의 선택 교리는 하나님의 선하심에 대해 의문을 갖게 하는 것 같았기 때문이다.

바르트에게 있어 하나님은 모든 것을 결정하시는 실재다. 특별히 구원에 있어서는 더 그렇다. 바르트도 칼뱅처럼 일말의 신인협력설(synergism)을 멀리했다. 그러나 바르트는 이중 예정(double predestination)을 멀리했으며 모든 사람이 다 예수 그리스도 안에서 선택된다고 주장했다. 브루너는 이것을 보편주의로 해석했지만 다른 이들은 그렇게 하지 않았다. 바르트는 이를 인정하려 하지 않았다. 그는 이 주제에 관해 결정적인 발언을 했는데, 그가 보편주의를 지금 가르치고 있지 않으며 결코 가르친 적도 없다는 것이다.

바르트는 그의 의도와 상관없이 온전한 신학 학파를 하나 세웠다. 그는 자신이 최종적인 결정을 하는 사람이 아니라고 자주 말했다. 그리고 그는 자신의 추종자들이 그의 저서에 근거해서 신학 분파를 만들어낸 것을 몹시 싫어했다. 그러나 어떤 경우에서건, 유럽과 특히 북미에 미친 그의 엄청난 영향력은, 특별계시에 대한 관심의 증가 및 일반계시와 자연신학에 대한 노골적인 부인까지는 아닐지라도 외면으로 이어졌다. 그리고 그것은 칼뱅주의의 갱신으로 이어졌다. 비록 칼뱅주의의 수정주의적 형태였지만 말이다. 그리고 바르트는 거의 혼자만의 힘으로 자유주의 개신교 사상에서 오랫동안 사라졌던 삼위일체 교리에 대한 관심을 부활시켰다. 바르트가 『로마서 강해』(*Der Römerbrief*)처럼 폭탄 같은 책과 후기 출판물들로 고전적 자유주의 개신교를 끝장냈다고 주장하는 것은 사실상 지나친 과장이 아니다.

브루너의 영향력은 그만큼 분명하지도 않았고 또 그만큼 토론되지도 않았다. 그러나 1950년대부터 1980년대까지 수천 명까지는 아닐지라도 수백 명의 신학생이 그로부터 신학을 배웠다. 브루너는 바르트보다 훨씬 더 독실한 경건주의자였다. 따라서 바르트는 감정을 거의 사용하지 않았다. 바르트는 종교적 감정과 슐라이어마허의 인간 중심적 자유주의 신학을 동일시했다. 비록 브루너가 슐라이어마허의 신-의식을 신학의 규범으로서 거절한 것은 사실이지만, 그는 신-인 혹은 너와 나(I-Thou)의 만남의 경험은 따뜻하게 받아들이며 장려했다. 그에게 있어서 이런 만남은 하나님의 말씀의 한 형태이며, 그 자체가 계시적이다.

브루너는 근본주의의 성서 숭배인 "종이 교황"에 대한 그의 모든 비판에도 불구하고, 성서를 신학의 최고의 근원과 규범으로 높였다. 그러나 성서의 목적은 독자와 청자를 예수 그리스도와의 신-인 만남 속으로 끌어들이는 것이다. 성서는 하나님이 개인이나 교회에 호소하기 위해 성서를 사용하는 그런 실존적인 순간에 "하나님의 말씀이 된다."

브루너의 일반계시론과 그가 공교롭게도 "자연 신학"이라 불렀던 것은 바르트의 교리보다는 칼뱅의 교리에 훨씬 더 가깝다. 그의 교리는 합리주의적 변증론의 지나침을 피하면서 다른 종류의 변증론에 문을 열어둔다. 모든 죄인은 자신을 죄인으로 안다. 그리고 그들은 하나님의 말씀을 듣고 응답할 수 있다. 그러므로 증언하는 자와 증언을 받는 자 사이에는 공통점이 있다. 우리는 그저 복음을 전하는 일만 하고 하나님이 모든 설득을 하시는 것이 아니다. 하나님은 기독교 설교가나 작가의 설득력 있는 주장을 통해 사람들을 깨우쳐주실 수 있다.

다른 방식으로 말하자면(이렇게 말하는 게 브루너가 뜻하는 바와 맞길 바란다), 모든 죄인의 마음과 생각 속 깊은 곳에는 삶에 대한 궁극적인 질문이 있다. 특별계시를 통해 답을 받지 않는 이상 그 질문에는 적절한 답이 없다. 일반계시는 질문 자체와 그에 대한 답을 이해하도록 만드는 능력을 생산한다. 그럼에도 불구하고 답은 모두 특별계시로부터 온다. 그러나 답은 낯선 모습으로 오지 않는다. 답은 정직한 탐구자의 열린 귀에 진실 되게 울린다.

많은 위대한 복음주의 및 온건한 개혁주의 신학자와 목사들은 바르트의 입장보다는 브루너의 입장을 수용했다. 브루너는 어떤 신학 학파도 형성하지 않았기에 "바르트주의자"가 있는 것처럼 "브루너주의자"는 존재하지 않는다. 그러나 그의 영향은 20세기 후반의 기독교 사상의 구조 속으로 스며들었고 많은 이들에게 복음에 대한 적절한 변증론적 접근의 가치를 알렸다. 이 복음은 예수 그리스도와의 만남 속으로 사람들을 이끄는 하나님의 말씀의 능력에 대한 강한 믿음을 겸하고 있다.

논쟁은 21세기 초에 시들었다. 많은 이들이 이를 잊고 있지만, 그것은 기억할 가치가 있다. 바르트는 자연 신학의 위험에 대해 말할 가치가 있는 무언가를 가지고 있었다. 하지만 바르트가 매도했던 위험한 자연 신학이 과연 브루너의 신학이었는지는 의문이다. 바르트는 브루너의 신학에 과잉 반응을 보였다. 바르트 앞에서 자연 신학에 대해 좋게 말하는 것은, 그 용어를 어떤 의미로 말했든지 간에, 황소 앞에서 빨간 깃발을 흔드는 것과 같다. 그러나 자연 신학에 대해 신중함을 취하거나 반감을 가지는 것은 선한 목적에 기여한다. 자연 신학에는 주님이 없고 예수 그리스도만 있다. 그리고 자연 신학은 그리스도와의 관계를 맺어줄 수가 없다. 조금이라도 틈이 보이면, 자연 신학은 순수 복음을 문화에 항복하게 만든다.

그러나 브루너는 일종의 자연 신학, 혹은 그가 자연 신학이라고 명명한 것에 대해 가치가 있는 어떤 말을 했다. 모든 인간의 마음속에는 복음을 위한 접촉점이 있다는 것이다. 인간은 말씀을 듣는 자들이다. 그것이 그들을 동물보다 더 높게 그리고 낫게 만든다. 다른 차이점도 있겠지만 중요도에 있어서는 이것과 비교할 만한 것이 없다. 이 진리는 우리가 모든 세대 속에 있는 삶의 궁극적 질문에 관해 배우는 데, 그리고 그런 질문을 다루고 대답하듯이 복음을 전하는 데 심혈을 기울이라고 요구한다. 그리고 이 진리는 말씀을 듣는 자들이 회개와 믿음 안에서 예수 그리스도를 만날 수 있도록 그들을 초대한다.

더 읽을 책

Barth, Karl, and Emil Brunner. *Nature and Grace*. Eugene, OR: Wipf & Stock, 2002.

23

20세기 신학의 거장 바르트와 틸리히가
중요한 쟁점들, 그리스도와 문화에 관해 토론하다

배경

칼 바르트의 생애와 업적에 대한 기본적인 정보는 21장과 22장 "배경"에 제시되어 있다. 그는 의심할 여지없이 20세기의 가장 영향력 있는 기독교 사상가 중 한 명이었으며 그의 영향은 21세기에도 지속된다. 1962년 그는 단 한 번의 미국 여행을 했다. 그는 여행도 하면서 프린스턴과 시카고 대학교를 포함해 여러 신학교와 대학에서 강의를 했다. 거기서 그는 각양각색의 신학자들이 참여한 공개토론회에도 참여했다.

폴 틸리히(1886-1965)는 20세기의 또 다른 신학 거장이다. 여러 면에서 그는 바르트의 반대자요 바르트에게 대응하는 인물이었다. 그의 신학은 "완화된 자유주의" 형태를 가지고 있다. 그는 근대성이 제기하는 주장을 최대한으로 인정하려고 노력했다. 동시에 슐라이어마허에서 라우셴부쉬로 이어지는 고전적 자유주의 개신교가 가지고 있는 지나치게 낙관적인 인간학을 피하려 애썼다. 틸리히는 제1차 세계대전의 깊은 영향을 받았다. 전쟁 후에 그는 실존주의를 수용했고, 실존주의로 하여금 그가 기독교 신학에 접근하는 방법에 영향을 끼치도록 허락했다. 따라서 그가 보는 인간의 존재에는 비극적인 면이 있다. 개인은 자신의 운명을 자유로운 선택을 통해 직면해야 하고 자신에게 주어진 문화와 가족을 넘어서는 자기-이해를 만들어야 한다.

틸리히는 철학을 사랑했다. 그는 자신의 신학에서도 철학에 탁월한 자리를 부여했다. 그의 "상관관계 방법"(method of correlation)은 철학으로부터 시작해서 신학으로 옮겨가자는 시도였다. 철학은 신학자에게 어떤 질문에 답해야 하는지 말해주며, 신학자는 신적 계시로부터 대답을 이끌어낸다. 대답의 내용은 계시로부터 오지만 그것의 형식은 철학으로부터 온다. 일부 비평가들은 틸리히가 신학의 내용을 실존주의 철학에 의해 결정되도록 허락했다고 믿는다.

틸리히의 신학적 창조성은 3권으로 된 『조직신학』(Systematic Theology, 1951, 1957, 1963)에서 요약되었다. 그는 다른 책도 많이 썼다. 모든 저서에서 틸리히는 신학과 철학을 연관 시키려 했다. 동시에 그는 신적 계시의 기본적인 자극에 대해서는 충실했다. 바르트는 신학에서 철학적 사변을 철저히 피했으며 가능한 한 철학에 의해 부패되지 않는 방식으로 기독교 신학을 하려 애썼다. 따라서 20세기 신학의 이 두 거장은 테르툴리아누스와 알렉산드리아의 클레멘스 같은 교회 교부들 사이에서 있었던 철학과 신학에 대한 2세기의 논쟁을 반영한다.

틸리히는 독일에서 태어났다. 제1차 세계대전 동안 그는 독일 군대의 군목으로 있었다. 전쟁 후 그는 신경쇠약으로 고생했던 것 같다. 그는 신학을 공부했고 독일 대학에서 신학 교수가 되었다. 1930년대 나치가 권력을 잡은 후, 틸리히는 게슈타포(Gestapo)에 의해 미행당했다. 그는 국가 사회당(Nationalist Socialist Party)을 전복하려는 반-나치주의자로 의심을 받았다. 그래서 틸리히는 히틀러를 반대하는 자들이 매장된 악명 높은 강제수용소인 다하우(Dachau)로 보내지는 것을 피하기 위해 독일을 떠났다. 틸리히는 뉴욕에 있는 자유주의 개신교의 요새인 유니온 신학교에서 피난처를 찾았다(1933-1955).

그의 신학은 때때로 "신자유주의"(neoliberal)라고 불리기도 한다. 이는 그의 신학이 실존주의를 과도하게 많이 반영했기 때문이다. 실존주의는 인간 본성에 대해 더욱 비판적인 태도를 가지게 하는데, 틸리히는 이를 "인간 곤경"(human predicament)이라고 부르기도 했다. 제1차 세계대전 이후 "신자유주의"는 자유주의 신학과 거의 동의어가 되어버렸다. 이는 (위에서 언급한 것처럼) "완화된 자유주의"라고도 불린다. 신자유주의의 비관적인 태도에도 불구하고, 이 사상은 슐라이어마허부터 라우셴부쉬까지 이르는 개신교 학자 모임에서, 그리고 미국과 그보다 더 먼 곳에서도 지배적이었던 오래된 자유주의와 이어져 있다. 인간 경험은 신학의 주된 원천과 규범으로 남아 있다. 그것은 성서가 아닌 철학과 문화에 의해 규정된다.

앞으로 드러나겠지만, 바르트는 틸리히의 신자유주의를 혐오했으며 그것을 시대정신에 대한 비극적인 순응으로 간주했다. 다른 비평가들은 틸리히의 사상에서 사실상 모든 이단의 주장을 발견할 수 있다고 주장했다. 틸리히는 이런 비판과 비난을 크게 신경 쓰지 않았다. 그는 대학생들을 포함해서 유럽과 미국의 지성인들을 위한 변증가가 되는 것이 그의 소명이라 여겼다.

틸리히는 유니온 신학교에서 가르쳤고 1955년도에 하버드 대학교 교수로 지명되었다. 그는 은퇴한 뒤 (1962년부터) 시카고 대학교 신학부에서 가르치며 살아 있는 위대한 신학자 중 한 명으로 존경받으며 말년을 보냈다. 그는 1965년에 "하나님의 죽음"을 주장한 신학자들("기독교 무신론자들"[Christian atheists])을 만난 직후 심장마비로 죽었다. 그들은 자신들이 틸리히로부터 그런 주장에 대한 영감을 얻었다고 말했다. 그들은 틸리히가 말한 "하나님은 존재하지 않는다"(God does not exist)라는 발언을 오해했다. 문맥에 따르면, 이 발언은 분명 하나님이 존재하는 다른 사물과 같은 유한한 물질이 아니라는 것을 의미한다. 틸리히는 하나님은 실재하시지만 존재하시지는 않는다고 했다. 왜냐하면 "존재한다"는 것은 다른 사물들과 구별된다는 것을 의미하기 때문이다. 하나님은 "물질적인 것"이 아니다.

바르트는 1962년 시카고에서 틸리히를 만날 수도 있었다. 그러나 그런 만남에 대한 기록은 없다. 둘은 서로에게 별 도움이 되지 않았다. 친구에게 보낸 편지에서 바르트는 틸리히의 구원조차도 의심했다. 만일 그들이 1962년 시카고에서 만났다면, 우리는 그들이 서로에게 무엇을 말했을지 궁금하지 않을 수 없다. 이 가상의 대화에서는 그들 공통의 친구 한 명이 바르트와 틸리히가 비밀리에 만날 수 있도록 시카고 대학교 신학부의 본관인 스위프트 홀(Swift Hall)에 있는 교실 하나를 마련해주었다.

대화

바르트 이런, 이런, 이런, 파울루스 당신인가요? 당신이 저를 만나는 데 동의했다고 해서 놀랐습니다. 우리의 신학 체계는 매우 다른 길을 취했고 서로에 대한 우리의 비평은 가끔 개인적이었죠.

틸리히 아, 존경하는 바르트 교수님, 우리가 마침내 만나는군요. 네, 당신을 여기서 만나다니 놀랍습니다. 우리들의 친구가 굉장히 설득력 있는 것 같네요. 그렇죠? 그 친구는 저에게 이런 약속을 했습니다. 만일 제가 당신을 만난다면, 자신이 가르치는 신학교의 수업 교재로 저의 『조직신학』만을 사용할 거라고 말입니다.

바르트 흥미롭군요! 그 친구는 저에게도 같은 약속을 했어요! 만일 제가 당신과 만나는 데 동의한다면, 그는 저의 『교회교의학』만 사용한다고 했습니다! 나중에 그와 잠깐 이야기를 해봐야겠군요.

틸리히 그래서, 바르트, 당신 자신을 위해 어떤 변명을 하실 건가요? 어떻게 근본주의자가 되신 건가요? 그게 바로 당신이에요, 아시겠지만. 당신의 신학은 여기 미국의 근본주의자들의 신학보다 나은 게 없습니다. 당신은 개신교 신학을 계몽주의 이전에 있던 어둠의 시대의 신학으로 되돌리고 싶어 하시는군요. 개신교 신학에는 정말 나쁜 일입니다. 당신의 신학은 우리 사회의 지성인들에 의해 무시당할 겁니다. 왜냐하면 당신의 신학은 그들로 하여금 기적이나 그 비슷한 것들을 믿게 함으로써 그들의 지성이 양보하도록 요구하기 때문입니다.

바르트   아, 틸리히, 그것은 당신의 문제입니다. 당신은 신학에 관한 모든 것을 추상적 사고방식을 지닌 지성인들이 이해할 수 있도록 만드는 데 열중한 나머지 하나님의 말씀이 철학의 범주를 넘어서 진리를 소통시킨다는 사실을 망각하게 되었죠. 당신은 탈문자화하는(deliteralizing) 데 너무 많은 시간을 쓰고 너무 많은 주의를 기울였습니다.

틸리히   그러나 당신의 근본주의적 성향에도 불구하고, 성서적 문자주의자들은 당신이 성서를 항상 문자적으로 받아들이면 안 된다고 한 것과 성서에는 오류가 있다고 주장한 것 때문에 당신에 대해 불만이 많았습니다. 당신이 말한 "설화"(saga) 개념을 기억하시나요? 당신은 창세기의 첫 11장을 역사보다는 설화로 받아들여야 한다고 했습니다. 그런데 당신은 그 설화 개념에 대해 단 한 번도 적절하게 설명한 적이 없죠.

바르트   그럼 제가 근본주의자가 아니라는 것을 인정하시는 건가요? 좋습니다! 근본주의자처럼 들릴 수 있는 위험은 있지만, 제가 생각하는 설화가 무엇인지 설명해드리죠. 당신은 제가 창세기를 진지하게 받아들이지 말자고 한 것이 아니었음을 아실 겁니다. 그리고 저는 "신화"(myth)라는 용어를 좋아하지 않습니다. 이 단어가 사실이 아니라는 인상을 전해주기 때문입니다. 설화에 대해 자세히 설명했다고 생각했는데, 분명 『교회교의학』에서 그 부분을 지나치셨나 봅니다.

틸리히　제가 『교회교의학』을 읽었다고 누가 그러던가요? 잘난 척하지 마시죠.

바르트　음, 어떤 경우든 그것을 읽으셨어야죠. 그랬다면 제 신학을 비판하는 일에 더욱 준비가 되셨을 텐데 말입니다. 아시다시피, 설화는 시공간에서 실제로 일어났지만 현대적·역사적·문자적인 표현으로는 묘사될 수 없는 이야기(narrative)입니다. 그것은 우리가 확실하게 접근할 수 없으며 이해할 수 없는 한 실재를 가리키고 있습니다. 그것은 단순히 전설이나 신화가 아닙니다.

틸리히　당신이 창세기에 왜 이렇게 관심을 두시는지 모르겠군요. 창세기는 우리의 존재에 대해 말해주기 때문에 중요하지만 우리가 창세기를 신화로 간주한다면 모를까, 창세기에는 그런 부분도 그다지 많지 않습니다.

바르트　당신과 같은 실존주의자들은 성서의 메시지를 항상 인간에 관한 메시지로 축소하려고 합니다. 인간의 곤경과 그것에 대한 해결책은 인간에 관한 메시지의 한 부분입니다. 실존주의는 그 문제를 해결할 실마리를 던져줄 수는 있지만 어떤 해결책도 가지고 있지 않습니다. 우리의 근심과 우리를 절망하게 만드는 유혹에 대한 해결책은 하나님이 예수 그리스도 안에서 우리를 위해 하신 일 안에 있습니다.

틸리히　동의합니다. 저도 해결책이 새로운 존재(New Being)의 상징인 예수 그리스도 안에 있다고 믿습니다. 이 새로운 존재는 존재의 근거(Ground of Being)와 깨지지 않는 관계성 속에서 살아가는 유한한 한 인격의 형상입니다. 다른 말로 하면, 이 존재는 본질과 실재를 재결합하는 하나님과 인류의 연합인 신인(Godmanhood)을 경험한 자입니다.

바르트   당신이 말하는 걸 당신이 이해하시는지 궁금하네요. "신인"이라고요? 그 말은 저에게 범신론처럼 들립니다. 당신은 범신론 아니면 적어도 하나님의 내재성을 지나치게 강조한 만유재신론에 빠져드는 경향이 있습니다. 틸리히, 당신의 하나님은 너무 추상적입니다. 그는 실제 인격이 아니며 어떤 것도 행하지 않습니다. 그는 "그것"(It), 즉 모든 것의 기저에 있는 원리나 힘 또는 유한한 것을 무한하게 만드는 잠재성과 유사합니다. 그것은 모두 형이상학적인 주문과 같으며 복음과 어떤 실제적인 유사성도 가지고 있지 않습니다. 당신은 좋은 종교철학자일 수는 있겠지만 기독교 신학자는 아닙니다.

틸리히   칼, 당신은 항상 당신에게 동의하지 않는 사람에게 심한 말을 하십니다. 노령이 된 지금도 그 습관을 바꾸지 못했군요! 브루너와는 완전히 화해하셨나요? 제가 기억하기에, 당신은 그를 보잘것없는 사람으로 취급했죠.

바르트   틸리히, 주제를 바꾸지 마세요. 그러나 당신이 물었으니 답하겠습니다. 네, 브루너와 저는 화해했습니다. 여전히 우리는 어떤 것에 관해서는 불일치합니다만 당신과 비교한다면 우린 완전히 닮았습니다. 적어도 그는 그의 신학을 하나님의 말씀으로 시작하지, 철학으로 시작하지는 않거든요!

틸리히   바르트, 그건 당신이 가진 오해 중 하나입니다. 철학으로부터 벗어날 길은 없습니다. 신학은 항상 철학과 더불어 시작합니다. 심지어 신학이 그렇지 않을 거라고 생각할 때도 말입니다. 철학은 신학이 답하는 질문을 제기합니다. 철학이 없다면, 신학은 그저 바람을 향해 말하는 것과 같겠지요. 신학의 소리는 아무에게도 들리지 않을 겁니다.

바르트   네, 저는 당신의 상관관계 방법(method of correlation)에 대해 다 알고 있습니다. 그러나 그것을 "수용의 방법"(method of accommodation) 이라 부르는 게 더 좋을 듯합니다. 왜냐하면 당신은 실존적 존재론으로 하여금 질문을 만들어내게 할 뿐 아니라, 신학의 답도 결정하게 만들기 때문입니다. 당신이 하나님을 "존재 자체"(Being Itself)라고 말했을 때, 하나님의 말씀에 의존했을 리가 없습니다. 특히 당신이 "하나님은 존재하지 않으신다"라고 말했을 때는 더욱 그렇습니다. 천국에서 당신은 하나님이 얼마나 실제적인지를 알게 될 겁니다. 그는 당신의 "존재의 근거"(Ground of Being)가 아닙니다. 음, 더 정확히 말하자면, 그는 그 이상이며 인격적이시기도 합니다. 하나님은 지존하시고 높음을 받는 분이십니다. 우리는 우리가 높이고 경배하는 예수와 더불어 그를 매일 경배합니다. 그나저나, 토마스 알타이저(Thomas Altizer), 윌리엄 해밀턴(William Hamilton) 그리고 "신의 죽음"(death of God)을 주장하는 다른 몇몇 신학자들이 자신들을 그리스도인으로 생각할 수 있게 만든 부분에 대해서는 당신에게도 부분적인 책임이 있습니다. 그러나 그들은 틀렸고, 당신도 마찬가지입니다.

틸리히   반대합니다! 저는 그들의 배교에 책임이 없습니다. 그들은 저와 상관없이 하나님에 대한 믿음을 저버렸습니다. 저는 하나님을 믿습니다. 당신이 하나님을 믿는 것과 같은 방식은 아니겠지만 저 역시 저만의 방식으로 믿습니다.

바르트   글쎄요, 그럴지도 모르죠. 그러나 당신의 "하나님"은 진정한 존재에 도달하기 위한 도구일 뿐입니다. 그리고 당신은 하나님의 초자연적인 힘도 빼앗았습니다. 그래서 다른 사람들은 쉽게 당신을 하나님을 부인하는 자로 생각할 수 있습니다. 어찌됐든, 당신은 "하나님은 존재하지 않는다"라고 말했습니다. 어떻게 당신은 사람들이 그 말에 대해 이런저런 방식으로 반응하지 않을 거라고 생각할 수 있나요?

틸리히   그것에 대해서는 이미 설명했습니다! 당신은 제가 하나님의 실재를 부인하는 것이 아니라는 것을 잘 압니다. 저는 단지 하나님이 "존재하는" 사물들처럼 하나의 대상이 아니라는 것을 의미한 것입니다. "존재한다"는 것은 다른 사물들과 구별된다는 것을 의미합니다. 하나님은 "물질적인 것"이 아니십니다. 그 또는 그것은 모든 것의 기저에 있으며 모든 것에 존재를 부여하는 힘입니다. 저의 유일한 관심사는 그리스도인들(그리고 다른 이들)이 하나님을 "윗분"이나 "천국에 있는 좋은 친구"로 보는 유치한 개념으로부터 벗어나도록 돕는 일입니다. 그리고 하나님이 모든 것의 기초이며 모든 것 안에 있는 힘이라는 것을 깨닫도록 돕는 것입니다.

바르트   그러나 당신은 하나님이 인격적이시라는 관념에 대해서도 신중과 균형을 취했어야 했습니다. 당신은 성서에서도 두드러지게 나타나 있는 하나님의 그런 측면을 무시했습니다.

틸리히   저는 하나님을 인간과 유사하다고 보는 어떤 개념도 피하기 위해 하나님을 "인격"을 넘어 "초인격적"이라고 한 것입니다. 사람들은 하나님을 지나치게 인격화하려는 경향이 있습니다. 칼, 당신도 그렇게 하고 있습니다. 당신은 하나님과 인간 예수를 지나치게 꽁꽁 묶어, 그 둘에게 실제적인 차이가 없어 보이도록 만들었습니다.

바르트   오. 저런, 틸리히. 저에게 "그리스도 일원론"(Christomonism)이라는 딱지를 붙이지 말아주세요. 제가 전적으로 삼위일체론을 지지한다는 걸 아셔야 합니다!

틸리히   바르트, 모순된 말을 하고 계시군요. 방금만 해도 삼위일체를 옹호하시다가, 지금은 예수 그리스도가 우리를 하나님께로 인도하는 유일한 분이라고 말하고 계십니다. 그리고 모든 교리에서 당신은 인간 예수를 성육신한 하나님으로 만들고 그분을 모든 것의 중심으로 만들었습니다.

바르트　　우리 모두가 그렇게 해야 합니다. 그는 우리를 위하시는 하나님입니다. 아시잖아요. 아버지에게로 가는 유일한 길이자 성령에 대한 우리의 유일한 지식은 그를 통해 옵니다. 그것이 성육신의 전체 요지입니다.

틸리히　　글쎄요, 지금 말한 그 성육신의 이야기는 신화처럼 들리네요. 예수는 새로운 존재이지만 존재의 근거가 되시는 하나님은 아닙니다. 유한한 어떤 것도 하나님이 될 수 없으며 유한함은 하나님을 담지할 수 없습니다.

바르트　　틸리히, 그럴 줄 알았습니다. 예수가 "새로운 존재"라니요. 말도 안 됩니다. 그게 무슨 말인가요?

틸리히　　신약성서가 기록된 때로 돌아가 봅시다. 성서 저자들은 예수에게 "그리스도"라는 명칭을 부여했습니다. 그는 예수 그리스도였습니다. 아시다시피, "그리스도"는 칭호이지 이름이 아닙니다. 그래서 오늘날 저는 그 칭호를 "새로운 존재"라고 번역했습니다. 그것들은 같은 것을 뜻합니다. 하나님이신 존재의 근거(Ground of Being)에서 멀어지거나 끊어지지 않은 한, 인간의 존재가 역사 속에 있는 예수 안에서 나타났습니다. 예수는 하나님이 아닙니다. 그러나 그는 다른 이들과 달리 하나님으로부터 끊어지지 않은 자입니다. 그러므로 존재가 가진 조건 하에서, 예수는 신인(Godmanhood) 또는 유한과 무한의 연합이라는 인간의 참된 운명을 성취하신 분입니다. 그리스도와의 교제를 통해, 나머지 우리는 새로운 존재를 뜻하는 구원을 어느 정도 이룰 수 있습니다.

바르트 　말도 안 되는 소리 마세요! 전혀 성서적이지 않습니다. 당신은 예수 그리스도의 복음을 철학으로 변질시키고 있습니다.

틸리히 　아니요. 아닙니다. 어떤 철학도 이렇게 독특하고 능가할 수 없는 방식으로 한 특정한 존재를 존재 자체(Being itself)의 현현으로서 증명할 수 없을 것입니다. 우리는 계시로 인해 그것을 알 뿐입니다.

바르트 　"계시"라는 건 무엇을 의미하나요?

틸리히 　변혁시키는 힘을 가진 것들은 다 계시적입니다.

바르트 　다 말입니까? 만자(swastikas, 卍字)를 들고 독일 기독교회를 침략했던 나치 운동은 어떤가요? 거기에도 분명히 많은 변혁이 있었는데 말이죠.

틸리히 　모든 변혁이나 계시가 다 선한 건 아닙니다. 어떤 것들은 악하죠. 만자는 강력하게 변혁하는 악의 상징입니다. 반대로 십자가는 경이롭게 변혁하는 선의 상징입니다.

바르트 　왜죠? 만일 둘 다 계시라면, 어떤 근거로 하나는 악하며 다른 하나는 선하다고 결정하시나요?

틸리히 　왜냐하면 하나는 구원을 가져오고 다른 하나는 파멸을 가져오기 때문이죠.

바르트 　그렇다면 구원은 어떻게 정의하시나요?

틸리히 　비존재(nonbeing)의 위협을 직면하는 용기를 받아들이는 것이 바로 구원입니다.

바르트 　그럴 줄 알았습니다! 말도 안 되는 철학적인 발언이 복음을 대체하고 있군요. 설명을 좀 해주시겠어요?

틸리히 　죽음에 직면할 때 세상을 현명하게 떠나게 하는 것, 그리고 당신이 받아들여졌다는 것을 받아들이는 것이 바로 구원입니다.

바르트　누구에 의해서요?

틸리히　존재의 근거(Ground of Being)에 의해서죠.

바르트　우리의 주제가 다시 당신의 비인격적이고 추상적인 하나님에게로 돌아왔군요. 당신의 하나님은 신이라기보다는 위대한 관념이나 원리에 더 비슷합니다. 어떻게 사람이 존재의 근거에 의해 "받아들여"질 수 있나요?

틸리히　당신이 받아들여졌음을 그냥 받아들이는 게 중요한 겁니다.

바르트　좋습니다. 이걸 질문해보겠습니다.

틸리히　오, 저런. 심문이 시작됐군요.

바르트　이건 당신과 모든 만유재신론자들을 위한 리트머스 시험지라고 할 수 있죠. 당신은 존재의 근거에게 기도할 수 있나요?

틸리히　아니요. 그러나 저는 존재의 근거에 대해 묵상을 합니다. 그리고 제 존재가 받아들여졌다는 것을….

바르트　…"그것"에 의해서요?

틸리히　저는 존재의 근거가 가진 초인격적 본성에 합당한 대명사가 있다고 생각지 않습니다.

바르트　분명한 건, 제가 볼 때 당신은 아브라함과 야곱과 이삭의 하나님에 대한 개념이나 예수 그리스도의 복음에 대한 어떤 개념도 가지고 있지 않습니다. 그나저나, 기사를 보니 당신이 이렇게 말했더군요. 예수가 존재하지 않았더라도 기독교 신앙에는 문제가 없었을 거라고요. 그것을 "하나님은 존재하지 않는다"라는 말과 나란히 놓아보세요. 그런 말로 당신은 자신을 이단으로 자처하시는 겁니다!

틸리히　또다시 저의 논지를 놓치셨습니다. 인터뷰하는 사람에게 그렇게 말하긴 했지요. 제 학생들, 그리고 앞으로 여러 해 동안 제 말에 귀 기울일 모든 사람에게도 계속 그렇게 말하고 있습니다. 우리의 삶을 변화시킬 수 있는 능력을 가진 어떤 사람이 1세기 팔레스타인에서 살았습니다. 그러나 만일 나사렛에 대한 기록이 그 마을 근처 산비탈 동굴에서 발견되었는데 거기에 나사렛 예수라 불리는 사람이 그곳에 살았다는 기록이 없다는 게 증명된다면, 그것은 존재의 근거(Ground of Being)와 지속적인 관계를 가지며 살았던 자, 그리고 존재 자체(Being Itself)로부터 멀어지지 않은 자에게 다른 이름이 있었다는 걸 뜻할 뿐입니다.

바르트 그러니까 적어도 당신이 새로운 존재라고 부르는 그리스도가 역사적인 존재여야 한다는 걸 인정하는 건가요?

틸리히 그렇고말고요! 그의 이름이 무엇이었는지는 중요하지 않습니다. 중요한 것은 그가 제자들에게 그리고 제자들을 통해 교회에 그리고 교회를 통해 오늘날 우리에게 미치는 영향이죠.

바르트 그렇다면 그 영향은 무엇인가요?

틸리히 새로운 존재의 가능성입니다.

바르트 그게 방금 말한 1세기의 그 사람, 그의 이름이 무엇이든지 간에, 그를 통해 온다는 건가요?

틸리히 그렇습니다.

바르트 그렇다면 제가 이해할 수 있도록 도와주세요. 그는 성육신한 하나님이셨나요?

틸리히 그건 이미 끝난 이야기 아니었나요? 아닙니다.

바르트 그러면 어떻게 그가 구원할 수 있나요? 오직 하나님만이 구원하실 수 있습니다. 그렇지 않나요?

틸리히 그는 하나님은 아니었지만, 역사에서 신인(Godmanhood)을 경험한 유일한 사람입니다. 그리고 그는 그와의 교제를 통해 신인 됨을 다른 사람들에게도 전해주었습니다

바르트 신인 됨! 네. 또 시작이시네요. 틸리히, 제가 볼 때 당신은 범신론자(pantheist)입니다.

틸리히 아니요, 하지만 저는 하나님과 세계가 불가분하다고 주장하는 만유재신론자(panentheist)입니다.

바르트 지나치게 내재적이군요. 지나치게 내재적이에요. 아브라함과 이삭과 야곱의 하나님은 초월적인 영광의 하나님이십니다. 그는 자신을 낮추시어 성육신한 하나님의 아들인 예수 그리스도를 통해 인간의 존재 속으로 들어오셨습니다.

틸리히 그것은 신화입니다. 제가 말하고자 하는 것과 같습니다. 대신 저는 그것을 근대 지성인들을 위해 탈문자화했을 뿐입니다.

바르트 그러나 만일 신인 됨, 새로운 존재, 그것이 무엇이든지, 그것을 경험한 사람이 예수가 아니라면, 우리의 믿음은 역사에 근거하지 않게 됩니다.

틸리히 전혀 그렇지 않습니다. 우리의 믿음은 우리의 존재의 근거이신 하나님과의 연합이라는 우리의 운명을 실제로 성취할 수 있다는 가능성을 보여주는 강력한 이미지에 근거합니다.

바르트 그러니까 당신은 이 이미지가 중요한 것이지, 특정한 인물이나 그의 역사가 중요하다는 게 아니군요.

틸리히 그러나 이 이미지는 너무 실제적이고 강력해서 우리를 변혁시킵니다. 그것이 가지고 있는 변혁의 힘은 그것의 역사적 실재를 가리킵니다.

바르트　그러니까 이 모든 것의 요지가 무엇인가요?

틸리히　우선 첫째로, 저는 제가 여전히 그리스도인일 수 있는지 알기 위해 역사적 탐구나 고고학의 결과를 기다리지 않아도 됩니다. 제 믿음은 역사의 세세한 증거에 근거하지 않고 특정한 한 사람이 가진 강력한 이미지에 근거합니다. 이 사람은 우리처럼 하나님으로부터 멀어지는 고통을 당하지 않았던 사람입니다.

바르트　아, 그러니까 전통 기독교 신앙이 지니는 과학적 오류에 대한 두려움이 당신으로 하여금 믿음을 역사적 사실로부터 분리하게 만들었군요.

틸리히　음, 지금 그 말씀은 일부 근본주의자들이 당신에 대해 말한 것과 정확하게 일치합니다!

바르트　그들은 잘못 알고 있습니다. 부활을 예로 들어보죠. 비록 초기에 제가 다소 약하게 이를 주장했을지라도, 저는 예수가 무덤에서 육체로 부활하신 것과 천국에 적합한 새로운 형태의 존재를 입으셨다는 것을 줄곧 믿어왔습니다. 그러나 그는 여전히 인간이었고 부활 이후 그의 몸은 더 이상 무덤에 있지 않았습니다.

틸리히　음, 빈 무덤 이야기는 저를 두렵게 합니다. 만일 예수의 해골이 예루살렘 근처에 있는 무덤에서 발견된다면 어떻게 되나요? 당신의 믿음은 어떻게 되는 건가요? 저의 믿음은 안전할 것입니다. 왜냐하면 저에게 있어서 부활은 시신의 소생이 아니기 때문입니다. 저에게 있어서 부활은 제자들의 마음속에서 그리스도를 믿는 믿음이 생겨나는 것을 뜻합니다.

바르트　그게 바로 악명 높은 이단인 불트만이 믿는 것입니다.

틸리히　글쎄요, 저는 오히려 그를 고맙게 생각합니다.

바르트　　사도 바울은 고린도전서 15장 전체를 예수의 육체적 부활에 관해서만 썼습니다. 만일 부활이 일어나지 않았더라면, 그리고 우리에게 일어나지 않을 거라면, 우리의 믿음은 헛된 것이 됩니다. 그리고 우리는 모든 사람 중에서 가장 불쌍한 자들일 것입니다.

틸리히　　그러나 저는 부활을 부인하지 않습니다! 그것을 재해석할 뿐이죠.

바르트　　그러니까 잘못 해석하셨다고요.

틸리히　　마음대로 말하셔도 상관없습니다. 그런데 당신이 말하는 믿음과 역사는 제가 말한 것과 그렇게 다르지 않더군요. 당신은 부활이 평범한 고증으로는 증명될 수 없다고 말했습니다. 당신에게도 부활은 계시가 필요한 사건이지요.

바르트　　그러나 저는 그것이 일어나지 않았다고 한 적이 결코 없습니다. 저는 그저 그것이 증명될 수 없다고만 했습니다. 적어도 저는 그것이 시간과 공간 속에서 실제로 일어났다고 믿습니다.

틸리히　　그렇게 한다고 뭐가 달라지나요? 가장 중요한 것은 우리의 삶이 변화되었다는 것입니다. 십자가에 달리신 부활하신 그리스도의 이미지는, 비록 그 이미지를 둘러싸고 있는 역사가 모호할지라도 우리의 삶을 변화시킵니다.

바르트　　아니오, 당신은 믿음을 지나치게 주관화했습니다. 당신은 믿음을 어떤 한 이미지에 의존하도록 만들었습니다. 하나님이 세상을 변화시키기 위해 단호한 행동을 취하셨다는 객관적 실재 대신 말입니다. 헌데, 그게 바로 복음입니다. 하나님이 세상을 변화시키기 위해 단호한 행동을 취하셨다는 것 말입니다.

틸리히　　당신은 제가 말도 안 되는 소리를 한다고 저를 비난하셨습니다. 그러나 당신이 방금 말한 것이야말로 오늘날 서구 세계의 거의 모든 대학 교수, 저널리스트, 과학자, 그리고 철학자들이 듣기에 말도 안 되는 소리입니다. 그들이 당신의 초자연적 신학을 믿는 것은 그야말로 불가능합니다. 하나님이 세상을 변화시키기 위해 단호한 행동을 취하셨다고요? 그런 류의 주장은 우리가 이제는 사실로 알고 있는 세계의 과학적 실재와 모순됩니다.

바르트   복음은 믿기를 원하지 않는 사람들에게 걸림돌입니다. 하나님의 말씀은 죄인들이 가진 반항심에 호소할 필요가 없습니다. 우리가 말씀을 개작해 그것이 우리에게 호소하도록 만든다면, 말씀은 그 모든 맛을 잃게 됩니다. 당신은 복음을 지나치게 축소해 그것이 가져야 할 독특함과 매력도 사라지게 만들었습니다. 당신의 복음은 기독교라는 허울을 지닌 실존철학에 지나지 않습니다.

저는 이만 가봐야겠습니다, 틸리히. 오늘 저녁 록펠러 채플(Rockefeller Chapel)에서 여러 미국 신학자들과 함께 패널로 토의를 할 겁니다. 누군가가 저에게 저의 평생의 삶의 흔적을 한 문장으로 요약해달라는 요청을 할 것입니다. 누가 그걸 제게 미리 알려주었거든요. 무슨 말을 해야 할지는 잘 모르겠습니다.

틸리히   당신이 여기서 저에게 말해준 것을 다 종합해보니, 주일학교 찬양인 "예수 사랑하심을 성경에서 배웠네"가 제일 적당할 것 같습니다. 당신의 신학의 깊이가 딱 그 정도이니까요.

바르트   좋은 생각입니다, 틸리히. 당신이 빈정대고 있다는 것을 압니다만 좋은 생각인 건 맞네요. 그렇게 하도록 하죠.

분석

정말로 바르트는 그 질문에 위와 같은 대답을 했다. 나는 설교에서 이 이야기를 수없이 들었지만 사실 좀 의심쩍었다. 그래서 그날 밤 그곳에 있었던 어느 신학자에게 바르트가 실제로 그런 말을 했는지에 대해 물었다. 그는 바르트가 정말 그렇게 말했다고 확답을 해주었다. 하지만 바르트가 그런 생각을 틸리히로부터 얻었다는 것은 매우 의심스럽긴 하다. 그렇지만 그렇게 상상하는 것은 재미있는 일이다.

바르트의 신학과 틸리히의 신학은 그보다 다를 수 없을 정도로 다르다. 앞에서 나온 슐라이어마허의 신학처럼(19장과 21장을 보라), 틸리히의 신학은 "아래로부터"의 신학이다. 인간 경험이 그의 신학의 출발점이며, 그것이 그의 신학의 주요 출처와 규범까지는 아닐지라도, 그런 기능을 한다. 틸리히에게 있어서 실존철학은 근대 신학의 행운의 부적과 같은 존재다. 실존철학은 신학의 대화 상대자 그 이상의 역할을 한다. 또 기독교 신학이 고대적인 형태로부터 벗어나고 근대적인 형태로 전환하는 것을 돕는 관점이기도 하다.

분명한 건, 틸리히는 자신이 복음을 근대 지성인들이 받아들일 수 있는 정도의 사고 형태로 전환할 뿐이라고 생각했다는 점이다. 그러나 비평가들은 그가 단순한 전환을 넘어서 말씀의 내용 자체까지 변질시켜버렸다고 말한다. 바르트와 다른 더 보수적인 신학자들은, 복음이 틸리히의 손에서 알아볼 수 없을 정도로 변했다고 주장한다.

틸리히는 "하나님은 존재하지 않는다", "예수가 존재하지 않았다고 해도 기독교 신앙은 무너지지 않을 것이다"와 같은 극단적인 신학적 표현으로 인해 이단이라는 비난을 받을 뻔했다. 그가 무엇을 의미하는지, 누가 짐작할 수 있겠는가? 분명한 건, 그는 무신론자는 아니었다. 물론 일부 비평가들은 그를 무신론자라며 비난했다. 그러나 그는 만유재신론자였다. 그는 세계(창조세계)와 하나님이 영원히 공존하며 상호 의존적이라고 생각했다. 하나님의 내재성은 틸리히 신학의 주안점이었다. 그리고 그의 신학은 결코 그리스도 중심적(Christocentric)이 아니다. 분명한 건, 그는 그리스도가 역사 속에 출현하신 걸 부인하려고 했던 것은 아니라는 것이다. 그러나 그는 그리스도의 출현을 거의 영지주의적인 방식으로 역사적 예수라는 인물로부터 분리시켰다.

바르트의 주안점은 하나님의 초월성에 있었다. 그리고 그의 신학은 철저히 그리스도 중심적이면서 예수 중심적이었다. 그는 예수와 그리스도 사이에 어떤 구별이나 분리를 하기를 거부했다. 바르트는 극단적 문자주의자는 아니었지만, 복음을 가지고 근대적 정서를 공격하는 것을 두려워하지 않았다. 그의 신학적 접근법은 "위로부터"였다. 그는 역사 속에 있는 하나님의 말씀의 실재라는 전제를 가지고 신학 연구를 시작했으며 그의 신학에서 철학을 없애려고 노력했다. 신학자로서의 경력 초기에 그는 실존주의의 영향을 받았을 수도 있지만, 1932년 이후부터 자신의 신학적 방법론의 방향을 분명히 하면서 실존주의를 포함한 철학을 『교회교의학』에서 몰아냈다.

이 두 대화 상대자는 20세기 신학의 거장들이다. 바르트는 (근본주의자들의 비판에도 불구하고) 보수주의자였고 틸리히는 자유주의자였다. 그러나 바르트는 전통적인 보수주의자가 아니었다. 그의 신학은 오래된 개신교 정통주의를 단순히 반복하지 않았다. 바르트에게 계시는 무엇보다도 행동하시는 하나님 자신이다. 예수 그리스도는 계시의 첫 번째 형태이며 성서가 두 번째이고 교회에서의 복음 선포가 세 번째다. 그러나 그는 초자연주의자였다. 그는 기적, 특히 예수 그리스도의 몸의 부활을 믿었다.

틸리히는 초자연주의에 반대하는 사람이었고, 인간의 고난에 대한 비관론의 강한 영향으로 고전적 자유주의를 누그러뜨리면서도 그 연장선상에 서 있었다. 라우센부쉬 같은 오래된 자유주의자들이 믿었던 것처럼, 그는 필연적인 진보를 믿지 않았다. 그러나 오래된 자유주의자들처럼, 틸리히에게 있어 인간 경험은 신학을 형성하는 강력한 힘이다. 바르트는 그런 인간 중심적 접근법을 거부했다.

틸리히의 신학에 관해 조금이라도 아는 몇몇 독자들은 내가 그를 자유주의나 신자유주의 신학자라고 부르는 것이 부당하다고 생각할지도 모른다. 어쨌든 그는 이 가상의 대화에서 그가 제기한 많은 주장 뒤에 숨겨져 있는 "상관관계 방법"을 제시했다. 예를 들자면, 만일 그가 바르트에게 이것에 대해 설명할 시간이 있었더라면, 그는 존재의 근거로서의 하나님은 상관관계의 방법에서 이끌어낸 분이라고 주장했을 것이다. 그 방법론에 따르면, 신학은 철학에 의해 발견된 인간 존재에 관한 질문들로 시작한다. 틸리히의 경우에, 그것은 곤경으로 판명 난 인간의 상태에 대한 연구인 실존주의적 존재론일 수 있다.

다음으로, 신학은 대답을 얻기 위해 신적 계시에 의존한다. 그런 다음 신학은 질문에 대답을 끼워 넣는다. 철학이 대답의 **형식**을 결정하는 반면에, 계시는 대답의 **내용**을 결정한다. 또는 그렇게 한다고 틸리히는 말했다. 그러나 틸리히의 많은 비평가들처럼 나도 그가 대답의 내용의 많은 부분을 철학이 결정하도록 허락했다고 생각한다. 그리고 내 생각에, 계시에 대한 그의 견해는 지나치게 넓다. 그에 의하면 거의 모든 것이 다 신적 계시로 간주될 수 있다.

바르트가 복음을 돌처럼 사람 머리에 던지려 했다는 비난은 어느 정도 맞다. 만일 그 복음이 스며들었다면, 그것은 설득에 의해서라기보다는 힘에 의해서 된 것에 가깝다. 어쩌면 이건 조금 과장된 표현일 수도 있다. 그러나 바르트는 어떤 종류의 변증학에도 적극적인 무관심을 보였다. 그는 성령이 하나님의 말씀을 듣고 이해하고 그것에 반응하는 능력도 만들어 내신다고 믿었다.

한편으로, 바르트는 이성, 어쩌면 철학도 더 잘 활용할 수 있었을지도 모른다. 다른 한편으로, 틸리히는 기독교 신학을 재구성하는 데 있어서 철학이 행하는 역할에 더 신중을 기했어야 했다. 결국, 그의 재구성은 해체와 더 가까운 것이 되었다. 자신이 한 해체로 인해 폐허가 된 전통 위에 틸리히가 세운 것은 역사적 기독교 신앙과는 전적으로 다른 구성물처럼 보인다.

더 읽을 책

바르트에 대해서는 21장과 22장의 "더 읽을 책"을 보라.

Taylor, Mark K., ed. *Paul Tillich: Theologian of the Boundaries*. Minneapolis: Fortress, 1991. 이 책은 편집자가 확장시킨 서론뿐만 아니라 틸리히의 저작들의 발췌문도 포함한다.

24

20세기 윤리학자 라우셴부쉬, 니버,
구티에레즈, 요더, 올라스키가
정의의 의미에 관해 논쟁하다

배경

다른 가상의 대화와 마찬가지로, 이 신학자들을 한자리에 모으는 유일한 방법은 천국에서 그들이 만나는 것을 상상하는 것이다. 이 신학자들 중 두 명은 이 책을 집필하던 때에도 여전히 살아 있었다. 나는 그들이 이 생에서든 미래에서든 이런 대화에서 정확히 무엇을 말할 것임을 안다고 주장하지 않는다. 그러나 나는 그들의 책을 읽었고 그들과 이야기를 나눴다. (나는 마빈 올라스키[Marvin Olasky]를 잘 알고 있고 구스타보 구티에레즈[Gustavo Gutiérrez]는 내가 가르치는 신학교에서 강연했다.) 나는 지식에 근거한 추측으로 그들이 다른 대화 참가자들에게 했을 법한 말을 그들의 입을 통해 했다. 나의 목적은 가능한 한 관대해져서 그들의 견해를 신실하고 호의적으로 나타내는 것이다.

미래에 언젠가 이 다섯 명의 위대한 기독교 사상가들이 그들의 열정인 사회정의를 토론하기 위해 만나는 것을 상상해보라. 다섯 명 모두 20세기 기독교 내에서 영향력이 있었으며 그들의 영향력은 21세기에도 지속되고 있다. 그들 중 일부는 정치가와 거물 인사, 언론계와 예술계에 지대한 영향을 미쳤다. 특히 한 명은 수많은 대통령 후보자들이 선호하는 신학자로 꼽은 분이다. 다른 한 명은 특정 대통령의 재임 기간 내내 그에게 영향력을 끼쳤다. 그들 중 한 명은 정치에 영향을 미치는 것을 전혀 원치 않았다. 그러나 그들 모두 다 하나님 나라와 정의와 사회질서를 이해하고 그것들이 어떻게 조화를 이루어야 하는지에 대해 열성적이었다.

다섯 명 모두 빈곤에 특별한 관심을 가졌다. 그들은 기독교적이 되어야 마땅한 사회 혹은 그리스도인들이 다수를 형성하는 사회에서의 빈곤은 비극이라고 생각했다. 그들 모두 가난한 자들에 대해 동정심이 많았지만 빈곤을 완화하는 방법에 대해서는 꽤 다른 견해를 가지고 있었다.

월터 라우셴부쉬(1861-1918)는 침례교 목사였고 침례교와 관련된 로체스터 신학교(Rochester Theological Seminary)의 교회사 교수였다(20장을 보라). 그의 아버지는 루터교 목사였다. 그는 미국으로 이민을 오자마자 침례교인이 되었다. 월터는 20세기 초에 있었던 사회 개혁을 위한 진보 운동의 지도자로 활동했으며 사회 복음 운동의 가장 유명하고 영향력 있는 주창자가 되었다.

그의 주요 저서 목록에는 『기독교와 사회 위기』(Christianity and the Social Crisis, 1907), 『사회질서의 기독교화』(Christianizing the Social Order, 1912), 『사회 복음을 위한 신학』(A Theology for the Social Gospel, 1917)이 있다. 이 책들은 거의 다 잘 팔렸으며 많은 이들에 의해 읽혔다. 이 책들과 수많은 잡지 기고문, 강의와 설교에서 이 독일 출신의 침례교 목사는 사회질서, 특히 사회의 경제적 질서에 급진적인 변화가 있어야 한다고 주장했다. 라우셴부쉬는 예수 그리스도의 복음이 "사회질서의 구원"과 직접적인 관련성을 가지고 있으며 온건한 사회주의가 그것을 향한 길이라고 믿었다.

라인홀드 니버(Reinhold Niebuhr, 1892-1971)도 독일에서 이민 온 부모 아래서 자랐다. 라우셴부쉬처럼, 그의 아버지도 독일에서 지배적이었던 한 교파에 소속된 목회자였다. 그는 조국의 신앙을 지켰고 미국 내에 있는 개혁주의 교파 안에서 목회했다. 니버는 1940년대와 1950년대에 미국에서 가장 영향력 있는 기독교 신학자였으며 「타임」(Time) 창립 25주년을 기념하는 표지인물로 선정되었다(1948년 3월 8일).

니버는 방대한 양의 신학과 기독교 윤리에 관한 책을 썼다. 그중에는 두 권으로 된 『인간의 본성과 운명』(Nature and Destiny of Man, 1941-1943)이 있으며, 라우셴부쉬와 다른 이들이 주창한 사회 복음 운동을 반박한 『기독교 윤리의 해석』(An Interpretation of Christian Ethics, 1935)과 같은 얇고 간결한 책도 있다. 니버는 인간 본성에 관해 비관적이었다. 그는 역사적 타락이 없는 원죄를 믿었다. 그는 이 비관주의를 사회윤리에 적용했으며 "기독교 현실주의"(Christian realism)의 가장 유명하고 영향력 있는 주창자가 되었다.

구스타보 구티에레즈(Gustavo Gutiérrez, 1928-)는 페루 출신의 신부이자 신학자다. 일반적으로 그는 해방 신학의 아버지로 간주된다. 그의 『해방 신학』(A Theology of Liberation, 스페인어 1971년, 영어 1972년)은 여러모로 "해방 신학의 성서"다. 대부분의 해방 운동가들처럼, 그는 군사적 의미에서 혁명가는 아니다. 그는 폭력을 옹호하지 않았다. 그러나 라틴아메리카의 대부분의 해방 신학자들처럼, 그는 부자가 가난한 자를 억압하는 일에 교회가 지지를 보태지 않았을까 하는 우려를 표했다. 그는 기존 교회들이 자유와 평등을 위한 투쟁에서 그들의 입장을 바꿀 것을 촉구했다.

구티에레즈는 하나님이 "가난한 자들에게 특혜를 주신다"고 믿었다. 그리고 그리스도인은 가난한 자들이 인간적으로 살아가고 생활에 기본적인 필수품이 부족하지 않기 위해 분투하는 모습과 자신을 동일시해야 한다. 궁극적으로, 그리스도인은 빈곤을 퇴치하기 위해 힘써야 하며 지상에 하나님 나라에서 누릴 평등을 미리 맛보게 해줄 사회주의적 유토피아를 세워야 한다.

존 하워드 요더(John Howard Yoder, 1927-1997)는 20세기에 가장 영향력 있는 재세례파(메노파[Mennonite]) 신학자였다. 그의 『예수의 정치학』(The Politics of Jesus, 1972; IVP 역간)은 예수를 주로 교회 안에서 대안적 사회 질서를 세우는 일에 열중하고 있는 사회 변혁가로 묘사했다. 그는 그리스도인들이 이 세상의 나라들을 변화시키거나 개혁하도록 부름을 받았다고 생각하지 않고 오히려 교회 안에서 사랑과 상호 섬김이라는 사회적으로 협력적인 삶을 살도록 부름 받았다고 생각했다.

요더에게 있어 사회질서를 기독교화한다는 것은 교회가 마땅히 가지고 있어야 할 모습으로 교회 밖의 세상에 영향을 끼치는 것이다. 그는 산상수훈을 문자적으로 받아들였으며 그것을 약화시키거나 성취할 수 없는 "완벽한 조언"(counsel of perfection)으로 만들기를 거부했다. 그의 가르침과 저술은 인류에 대한 니버의 비관론적인 견해와 상충한다. 그러나 요더는 사회 변혁을 통해 세상을 바꾸는 일을 교회가 해야 하는 일이라 생각하지 않았다. 그는 교회를 변화시키는 가능성에 대해 가장 희망적이었다.

마빈 올라스키(Marvin Olasky, 1950-)의 집은 텍사스에 있다. 그러나 그는 뉴욕 시에 있는 킹스 대학(King's College)의 학장이자 잡지 「월드」(World)의 편집자이기도 하다. 그는 자신이 만들어낸 사상인 "온정적 보수주의"(compassionate conservatism)라는 주제로 많은 책을 쓴 저자이기도 하다. 그의 가장 영향력 있는 책은 『미국인의 함께 아파하는 마음을 새롭게 하기』(Renewing American Compassion, 1996)다. 이 책은 빈곤의 근절까지는 아닐지라도 민간 자선 활동을 통한 사회 개혁과 개선을 위한 프로그램을 제시한다. 그는 정부의 복지 후생 계획에 반대했다. 그는 정부의 계획이 가난한 자들을 빈곤한 상태에 계속 머물게 만들며, 개인과 단체가 가난한 자들을 위해 온정적인 활동을 하는 것을 막는다고 보았다.

올라스키는 전부는 아닐지라도 대부분의 가난이(적어도 미국에서는) 나쁜 선택과 나쁜 정부 프로그램으로부터 기인한다고 믿었다. 그는 민간 "트램펄린 단체"(trampoline organizations)의 발전을 주창했다. 이 단체는 가난한 자들에게 직업훈련을 제공하고 만일 그들이 지원을 받는 것을 선택한다면 그 선택에 대해 책임을 지게 만들어 그들로 하여금 가난에서 벗어나도록 도와주는 단체다. 올라스키의 견해는 조지 부쉬(George W. Bush) 대통령과 그의 자문위원들에게도 영향을 끼침으로써 미국에 깊은 영향력을 미쳤다.

바로 이어지는 천국에서의 가상적 대화는 다소 쾌활하게 느껴질 것이다. 아마도 한두 명 정도의 참가자들은 여기서 묘사된 만큼 경쾌하거나 쾌활하지 않을 것이다. 하지만 어느 누구도 이 대화로 인해 모욕감을 느끼거나 기분이 상하지 않았으면 한다. 내가 이런 문체를 사용한 것은 다섯 명의 사상가들과 그들의 사상에 대한 관심을 불러일으키기 위함이다.

대화

라우센부쉬　어, 어, 이게 누구신가요? 라인홀드 니버! 당신이 여기로 올라오실 수 있을지에 대해 종종 궁금했습니다. 신학자 스탠리 하우어워스(Stanley Hauerwas)는 당신이 그리스도인이 아니라고 말했지요.

니버　월터! 만나게 되어서 반갑습니다. 네, 제가 여기에 왔습니다. 여긴 정말 사랑스러운 곳이군요. 그런데 아실지 모르겠지만, 이곳에 죄가 없다는 사실에 저는 약간의 상실감이 느껴지네요. 이곳에는 비관적으로 느껴야 할 것이 아무것도 없어요! 당신이 정말 행복하실 거라 생각합니다.

구티에레즈　실례합니다, 두 분. 제 소개를 해도 될까요? 저는 이곳에 제가 매일같이 도왔던 가난한 자들 모두가 있을 공간이 있는지 알아보기 위해 방문했습니다. 라우셴부쉬, 당신은 제게 큰 영감을 주셨지요. 스페인어 번역본으로 된 당신의 책을 읽고 당신의 사상 일부를 제 해방 신학에 접목했습니다. 그리고 니버, 사회윤리에 관한 당신의 저서도 저에게 큰 영향을 주었습니다. 여러 면에서 저의 해방 신학은 정의에 관한 두 분의 사상을 결합한 것이기도 합니다.

요더   잠깐 끼어들어서 네 분에게 말씀드려도 될까요? 저는 여러분의 저서에서 실제로 도움이 될 만한 것을 거의 발견하지 못했습니다. 『예수의 정치학』에서 저는 당신들 모두를 반박하는 짐을 지고 있는 것처럼 보였습니다.

올라스키   저는 방금 뉴욕에서 도착했습니다. 뉴욕은 제가 텍사스에서 막 이사 왔던 곳이기도 하지요. 제가 미래에 머물 곳이 어떤지 알아보기 위해 여기를 급하게 방문했습니다. 제가 이 담소에 참여하는 것을 양해해주셨으면 하는 바람입니다. 여러분은 다 신학자이지만 저는 일개 기자일 뿐입니다. 그러나 저는 여러분 중 어느 누구도 정의를 바르게 이해하신 분이 없다고 생각합니다. 저는 미국 교회를 바로잡기 원했으며 여러분의 공산주의적 사상으로부터 사태를 많이 전환시키기도 했습니다. 그리고 선한 그리스도인을 설득해 당신들이 벌인 연민의 대잔치가 있기 이전의 가난한 자들을 돕던 모습으로 돌아가라고 했습니다.

라우셴부쉬   자, 이제 자기소개가 다 끝났으니, 우리의 공통 관심사인 정의에 관해 이야기하는 게 좋을 것 같군요. 우리 모두 기독교 관점에서 사회정의에 관해 썼지만 각자 다른 입장에 도달했습니다. 마빈, 당신의 개인주의적이고 경쟁적인 견해가 지상에 만연해 있다니 슬프군요. 분명 그것은 하나님 나라에서 한 걸음 뒤로 나간 것과 같습니다.

니버　　　네. 정의에 관해 토론해보죠. 마빈, 저는 월터에 동의합니다. 당신이 주장하는 소위 온정적 보수주의의 사회적 의제가 부유한 미국인들의 마음을 빼앗았다니 유감이군요. 제가 살던 시대의 많은 부자들은 참으로 자애로웠습니다. 그들은 사회 구조를 조정함으로써 부를 재분배하려 했습니다. 만일 당신의 사회윤리가 시행된다면, 미국은 집 없는 아이들이 거리를 배회하며 구걸하고 죽어가던 때로 돌아갈 거라 봅니다.

구티에레즈　　사실입니다! 저도 이것이 이른바 온정적 보수주의의 결과가 되리라는 데 동의합니다. 일전에 천국에 있는 반스 앤 노블 서점에서 라떼를 마시면서 올라스키의 책을 읽은 적이 있었습니다. 구역질이 나더군요! 이 프로그램은 "수프, 비누, 구원"(soup, soap, and salvation[구세군의 3S 운동. 따뜻한 수프를 먹이고 비누로 씻긴 뒤에 구원을 전하는 것—편집자 주])을 떠오르게 합니다. 이건 시대에 뒤처진 행보입니다.

요더　　　저는 온정적 보수주의에 가담하고 있지는 않지만, 한 가지 면에서 올라스키에게 절대적으로 동의합니다. 기독교 정의를 실행하는 것은 교회의 의무입니다. 그건 우리 그리스도인들이 사회 전반에 떠넘겨 버려서는 안 될 일입니다. 예수는 우리를 혁명가나 사회 개혁가로 부르신 적이 없습니다. 그는 우리가 새로운 사회를 형성해 세상을 더 나은 길로 이끌도록 부르셨습니다. 우리에게는 권력으로 사회를 관리할 권한이 없습니다. 우리에게 있는 권한은 다만 그리스도의 삶의 방식에 순종하는 것입니다. 그것은 자기-희생적 섬김과 상호 간의 복종을 의미합니다.

올라스키　　존, 나를 지지해주셔서 기쁩니다만 제가 가진 기독교 사회정의에 대한 비전은 교회의 테두리에만 제한되지 않습니다. 당신의 기독교 사회정의에 대한 비전이야말로 철저하게 분파적입니다. 제 비전은 사회를 변화시키는 것입니다. 그러나 월터나 라인홀드나 구스타보가 사회를 변화시키고자 하는 방식으로는 아닙니다. 진정한 정의는 우리가 우리의 개인적인 관계 속에서 행하는 것입니다. 정의는 정부체제를 통해 일어나지 않습니다.

라우센부쉬   기독교 사회정의에 대한 자신들의 생각을 각자 설명해봅시다. 그리고 거기서부터 시작해보죠. 우린 서로를 잘 이해하지 못하고 있는 것 같습니다. 저부터 말하자면, 정의는 협력적 사회 구조를 세우는 것을 의미합니다. 이런 사회에서 사람들은 어느 누군가를 끌어내리거나 밀어내지 않고도 생활에 필수적인 물품을 다 소유할 수 있습니다. 경쟁은 예수의 정신과 반대됩니다. 그리스도인들은 진정으로 민주적일 수 있도록 경제, 정치체제를 창의적으로 조정해주는 방법을 찾아야 합니다.

평등은 민주주의의 정수입니다. 그것은 경제학에까지 이어지죠. 우리는 부의 평등을 확립하기 위해 노력해야 합니다. 그래야 가난이 없어집니다. 이는 고수입과 사치품에 세금을 부여함으로써 부를 재분배하는 걸 뜻합니다. 정부는 모든 이에게 최저생활비를 제공하는 일자리를 보장해야 합니다. 정의는 빈곤이 사라져야만 나타날 것입니다. 그러고 나서 하나님 나라가 이 땅에 임할 것입니다. 이 일이 부드러운 설득과 점진적인 개혁을 통해 일어나길 바라는 바입니다.

니버   월터, 너무 순진하군요! 당신은 인간의 마음이 죄로 충만하다는 사실을 전혀 파악하지 못한 것 같군요! 권력자와 부자는 그들의 권력과 부를 자발적으로 포기하지 않을 겁니다. 우리는 먼저 권력을 재분배하기 위해 민주주의라는 도구를 사용해야 합니다. 그러면 부의 재분배는 따라올 겁니다. 민주주의가 가진 도구 중 하나는 가난한 자에게 부유한 자에 맞설 권한을 부여해 부자가 그의 권력과 부의 일부를 포기하게 만드는 것입니다. 우리는 한 집단에 권력이 편향되지 않도록 사회에서 권력의 균형을 이룰 필요가 있습니다. 권력은 사람을 타락시키며 자유이자 평등인 정의를 경험할 수 없게 만듭니다.

구티에레즈 두 분의 말씀에 동의합니다. 월터, 사회에 근본적인 개혁이 필요하다는 당신의 말이 옳습니다. 라인홀드, 그런 개혁이 대립과 갈등에 의해서만 일어날 수 있다는 당신의 말도 옳습니다. 그러나 두 분 다 어떤 장소와 상황에서는 혁명만이 정의를 세울 수 있다는 걸 인지하지 못하는 것 같습니다. 정의는 차별화하는 부가 없어지고 사회 속에 계급이 사라졌을 때 나타납니다. 이것은 오직 혁명을 통해서만 일어날 수 있습니다. 토지는 재분배되어야 하고, 주된 산업과 천연자원은 공공으로 소유되어야 합니다. 사람들에게는 자신들의 운명을 지배할 수 있는 힘이 있어야 하며 기업들과 과두제 집권층의 변덕에 의해 지배를 받지 말아야 합니다.

요더 여러분은 그리스도가 우리를 역사와 사회를 관리하도록 부르셨다고 생각하시는 것 같습니다. 음, 그는 그렇게 하지 않으셨습니다. 신약성서의 어느 한 곳이라도 부르심을 입은 그리스도인들에게 세상으로 나가 권력이나 "부드러운 설득"을 사용해 세속 사회를 개혁하라는 말씀이 있다면 보여주십시오. 저는 정의가 가난을 극복한다는 것과 오직 부의 재분배만이 그것을 할 수 있다는 데 동의합니다. 그러나 성서의 방법은 희년제도(Jubilee)이지, 사회 개혁이나 혁명이 아닙니다. 오늘날 희년이 이루어질 수 있는 유일한 방법은 교회 내에서입니다.

우리는 그리스도인들이 교회 내에서 그들이 가지고 있는 것을 가난한 자들에게 나누어주도록 가르쳐야 합니다. 네, 우리는 다른 사람들도 도와야 합니다. 그러나 특히 교회 안에서는 권력이나 부의 어떤 불평등도 없게 해야 합니다. 교회는 서로를 섬기면서 평등한 삶을 살아가는 분리된 사회여야 하며 세속 권력에도 순종해야 합니다. 우리는 부당한 일에 협력하는 것을 거부해야 하며 그런 일에 대한 벌을 받아야 합니다.

올라스키   여러분은 핵심을 잘못 파악하고 계십니다! 하나님은 우리가 사회와 역사를 관리하기를 원하시지만 그렇다고 급진적 개혁이나 혁명을 통해서는 아닙니다. 그는 우리가 가난한 자들을 돕는 인정 넘치는 자들이 되길 원하시며 그들이 자신의 힘으로, 물론 그리스도인의 도움이 있어야겠지만, 스스로 일어나는 걸 보기 원하십니다. 대체로 사람들은 가난합니다. 왜냐하면 정부가 그들을 가난에 의존하게 만들었기 때문입니다. 만일 우리가 의존성을 일으키는 정부의 모든 복지후생 계획 프로그램을 폐지한다면, 사람들은 일자리를 찾아야만 하며 생산적인 시민이 될 것입니다. 그곳에서 그들은 자신들의 존엄성을 찾을 수 있을 것입니다.

    우리는 정부가 사람들을 돕는 사업에서 손을 떼도록 압력을 가해야 하며 그 사업을 교회와 다른 비영리 단체들에게 넘기도록 만들어야 합니다. 안전망은 계속되어야죠! 정의는 생산적이기 위한 책임입니다. 교회는 사람들이 사회에서 생산적일 수 있게 만들어주는 제도를 갖추어야 합니다. 직업훈련이 그런 제도 중 하나입니다.

라우센부쉬   오, 이런! 엉망이군요! 우리는 정의에 대해 전혀 동의하고 있지 않습니다. 우리의 진보 운동에는 많은 진전이 있었습니다만 당신의 개인주의적인 자선과 책임에 대한 이 모든 이야기는 그 진전을 다 헛

수고로 만들고 있는 것 같습니다. 당신은 가난한 자들을 일하기보다 실업급여에 의지해서 살아가길 원하는 나태하고 게으른 사람들인 양 말하고 있습니다. 실제로 대부분의 가난한 자들은 일할 수 없는 아이들입니다. 그들을 위한 당신의 해결책은 무엇인가요?

올라스키   우리는 생활 보조금을 받는 엄마들이 더 많은 아이를 가지는 것을 권하지 않아야 합니다. 몇몇 복지 후생 계획은 그렇게 권하고 있죠. 대신 우리는 가난한 아이들의 수가 줄어들 수 있게 그들에게 결혼을 권장할 필요가 있습니다. 현행 제도는 위기에 처해 있습니다. 가난한 자들이 너무 많습니다. 이 망가진 복지제도를―월터, 당신도 이것에 대해 부분적인 책임이 있습니다―고칠 수 있는 유일한 방법은 그것을 완전히 폐지하는 것입니다. 일단 그렇게 되고 나면, 선한 그리스도인들이 나서서 주변의 가난한 아이와 장애를 가진 이들을 돌볼 것입니다.

니버   마빈, 지나치게 낙관적이시군요. 당신을 칼뱅주의자로 알고 있습니다. TULIP의 첫 글자인 T를 대표하는 전적 타락(total depravity)을 믿지 않으시나요? 당신은 그것이 부자들은 아닌 가난한 자들에게만 적용된다고 생각하시는 것 같습니다. 당신에 의하면, 가난한 자들은 그들 자신의 잘못으로 인해 가난한 것이고 부자들은 가난한 자들을 돕고 싶어 안달이 나 그들의 부의 일부를 주어 가난한 자들이 빈곤에서 벗어날 수 있도록 하며, 직업훈련과 탁아시설을 제공하기 위해 대형 자선 단체를 설립한다는 거군요. 제 말이 맞나요? 무슨 근거로 부자들이 그렇게 할 거라고 생각하시나요? 아시다시피, 그들도 죄인입니다.

구티에레즈   네, 네. 마빈, 당신은 부자들에 관해 지나치게 낙관적이시군요. 부는 그들을 타락시킵니다. 우리는 부자들을 그들의 부로부터 해방시켜줘야 합니다.

요더   아니요. 그리스도인들은 세상에 더 좋은 삶의 방식이 있다는 걸 보여줘야 합니다. 더 좋은 삶의 방식이라 함은 자기희생, 즉 십자가의 길을 뜻합니다. 빈곤의 원인은 이 세상의 타락하고 악한 권력에 있습니다. 하지만 예수는 십자가에서 그 권력을 무력하게 만드셨지요. 우리는 타인을 위해 자신을 희생하는 십자가를 지는 섬김을 통해 예수의 사역을 계속해야 합니다. 저는 그리스도인들이 이런 사상을 세상에 강요해야 한다는 것만 제외하고 마빈의 해결책에 동의하는 바입니다. 세상이 멋대로 하게 내버려두십시오. 우리 그리스도인들은 타인을 자신보다 먼저 생각하는 사람들로 형성된 독립적이고 자발적인 공동체에 속한 것이 얼마나 더 좋은지 보여줄 것입니다.

라우센부쉬   그러나 그건 너무 분파적입니다, 존 하워드! 우리 둘은 평화주의(Pacifism)에 관해 동의합니다. 우리가 그것에 동의하는 이유는 여기서 예수가 가진 평화에 대한 비전을 아직 잘 이해하지 못한 분들에게 반대하기 위해서입니다. 하지만 당신 주변의 세상을 변화시키고 싶지 않으세요? 당신은 악과 타락한 권력에 관해 말합니다. 저도 마찬가지입니다. 저는 "악의 나라"(Kingdom of Evil)에 관한 많은 글을 썼습니다. 악의 나라는 권력과 자기 이익에 의해 부패한 사회 구조와 같은 것입니다.

그러나 우리는 우리의 독립적이고 대안적인 기독교 공동체 안에서만 자족한 상태로 머물면서 세상이 엉망이 되도록 내버려둘 수 없습니다. 우리는 세상으로 나가 설득을 통해 사회를 압박해야 합니다. 우리는 기업과 정계에서 힘이 있는 자리에 있는 그리스도인들에게 사회 개혁을 통해 예수의 말씀을 실천에 옮길 의무가 있다는 걸 가르쳐야 합니다.

니버   그렇습니다, 월터. 그러나 "부드러운 설득"은 많은 성과를 이루지 못할 것입니다. 그렇다고 제가 폭력을 주창하는 건 아닙니다. 극단적인 억압에 반대하는 마지막 수단으로서만 폭력을 사용하는 것은 제외하고 말입니다. 여기 계신 구스타보 형제가 너무 빨리 폭력 카드를 사용한 것 같습니다. 오히려 우리는 모든 관심 있는 시민들을 조직해서 시위와 투표를 통해 나쁜 사람들을 공직에서 물러나게 해야 합니다. 우리는 불매 운동을 통해 기업들이 가난한 자들을 위한 정의를 실천하도록 강요해야 합니다. 하지만 그 자체도 일종의 폭력이지요. 피로 얼룩지지는 않겠지만 확실히 대립적이며 유혈사태로도 이어질 수 있습니다.

구티에레즈   라인홀드, 라틴아메리카에서는 그런 일이 항상 발생합니다. 그러니 제가 너무 빨리 폭력에 의존한다고 저를 비난하지 말아주세요! 폭력은 항상 있습니다. 부자와 권력자들은 매일 폭력을 사용해 가난한 자들을 응징합니다. 그들은 시위와 보이콧을 저지하기 위해 암살단을 조직하고 비용을 지불합니다. 우리에게는 맞서 싸울 권리가 있습니다.

요더   예수는 맞서 싸우실까요? 예수가 그의 제자들에게 거리로 나가서 사회를 변화시키라고 가르치신 적이 있나요? 아니요. 예수는 십자가로 걸어가셨습니다. 우리도 그렇게 해야 합니다.

올라스키   천국의 저녁 식사 벨이 울린 것 같습니다. 뉴욕으로 돌아가기 전 천국에서 할 첫 식사를 매우 기대하고 있습니다. 그래서 지금 제 마지막 의견을 내도록 하겠습니다. 그리고 나서 저와 함께 식사를 하실지 아니면 남아서 계속 토론을 하실 건지는 알아서 결정하시길 바랍니다. 여러분은 뭘 잘 모르시는 것 같습니다. 대부분은 아닐지라도, 가난의 상당 부분은 자발적으로 생기는 것입니다. 사람들이 가난한 이유는, 그들이 일하기를 원치 않기 때문입니다.

정의는 가난한 자들이 일하도록 하며 생산적인 시민이 되게 하는 걸 의미합니다. 부는 사람들이 만들어내는 것입니다. 그것은 제로섬 게임(게임 참가자 각각의 득실 합계가 항상 제로가 되는 게임-편집자 주)이나 제한된 파이가 아닙니다. 정말로 일하기를 원하는 자는 누구든지 성공할 수 있습니다. 그러나 교회는 스스로 돕는 자들을 도와야 합니다.

라우셴부쉬　그러나 아이들과 장애자들…. (천국의 저녁 식사 벨 소리에 그의 목소리가 묻혔다.)

분석

쟁점은 "정의"다. 정의는 악명 높을 정도로 다루기 힘든 개념이다. 그리스도인들이 정의를 사회질서에 적용한다는 것은 무슨 뜻인가? 여기서 토론하거나 논의하는 정의는 분배적(distributive) 정의이지 보복적(retributive) 정의가 아니다. 다른 말로 하면, 그것은 범죄자를 처벌하는 데 대한 것이 아니라 가난한 자들을 돕는 데 대한 것이다. 가난한 자들에 대한 그리스도인의 의무는 무엇인가? 가난한 자들에 대한 사회의 의무는 또 무엇인가? 세속 사회가 가난한 자들을 도울 수 있도록 그리스도인은 무엇을 해야 하는가? 이것들이 오늘날 기독교 윤리학자들이 논쟁하는 질문들이다.

이번 상상 속 대화의 다섯 명의 대화 참가자들은 어떤 부분은 동의하고 또 어떤 부분은 동의하지 않았다. 예를 들면, 그들 모두 그리스도인은 가난한 자들에게 관심을 가져야 한다는 데 동의했다. 아무도 "가난한 자들을 무시해라"라고 말하지 않았다. 그들은 사회 다원주의자들이 아니다. 사회 다원주의자들은 가난한 자들을 돕는 일을 자연을 거스르는 것으로 본다. 적자생존이 바로 자연법이기 때문이다.

그러나 가난한 자들을 도와야 한다는 공통분모를 넘어서면 그들의 견해는 나뉜다. 가난한 자들을 돕는 최고의 방법은 무엇인가? 기독교회는 어떻게 가난한 자들을 도와야 하나? 라우셴부쉬는 가난한 자들에 대한 교회의 의무는 사회주의까지는 아니라 하더라도 사회복지 프로그램을 통해 정부가 부를 재분배할 수 있도록 압박하는 것이라고 했다. 그는 기독교 사회주의의 주창자였다. 그러나 그가 말하는 "사회주의"는 오늘날 많은 사람들이 알고 있는 것과는 다른 것을 의미한다.

라우셴부쉬는 쿠바식 사회주의가 미국이나 다른 곳에서 일어날 거라고 상상한 적이 없다. 그러나 그는 치열한 경쟁이 완화되고 협력이 증진될 수 있도록 사회질서에 변화가 있어야 한다고 생각했다. 그가 생각하는 최고의 사업은 수익을 만들어내기 위한 사업이 아닌 협력적으로 존재하면서 사회, 고객, 노동자, 그리고 모두에게 이익을 주는 사업이다. 이런 사업체의 소유권은 고용인에게 있으며 고객에게도 있을 수 있다.

라우셴부쉬에게 사랑은 모든 그리스도인이 맺는 사회적 관계의 결정적인 동기여야 한다. 그리고 교회는 하나님 나라가 땅 위에 이루어질 수 있도록 사회질서 안에 사랑을 주입하는 노력을 해야 한다. 사랑은 사회적인 협력으로 바뀐다.

니버는 사회질서 안에서의 사랑의 가능성에 관해 라우셴부쉬보다 훨씬 더 비관적이었다. 그러나 니버는 "네 원수를 사랑하라"는 예수의 명령을 글자 그대로 해석했으며 이 말씀에는 어떤 예외도 없다고 생각했다.

따라서 예를 들어 어떤 국가가 자신의 적을 사랑하고자 한다면, 그 국가는 일방적으로 무장해제를 하고 자신을 적에게 넘겨주어야 한다. 그러나 니버는 이를 나치 독일과 같은 악한 국가의 의도대로 되게끔 만들어주는 것이라고 주장했다. 그렇게 하는 대신, 그리스도인은 정의 안에서 사랑을 구체화해야 한다. 이는 죄가 있는 상태에서도 자유와 평등이 가능한 한 최대로 실현되는 걸 의미한다. 그리고 정의는 자기 자신의 것을 포함한 권리에 대한 계산을 포함한다. 때로는 갈등과 대립도 포함된다. 그는 사랑에 의해 다스려지는 사회질서는 기껏해야 실현 불가능한 이념이라고 치부했다. 다시 말하면, 그런 사회질서는 죄가 지배하는 한 성취될 수 없다는 것이다.

니버에게 그리스도인의 사회적 책임은 정의를 추구하는 것이다. 그것이 사랑에 관한 예수의 가르침에 타협하고 악을 저항하는 것을 의미할지라도 정의를 추구하는 것은 그리스도인의 사회적 책임이다. 오직 악에 저항함으로써만 우리는 공격받고 있는 우리 이웃을 사랑할 수 있다. 우리가 알고 살아가는 세상은 긴장과 역설로 가득 차 있다. 그리스도인은 정의를 세우기를 원한다. 이는 실로 부의 재분배를 의미할 수 있는데 부의 재분배는 권력자들과 부유층에게 권력과 부의 일부를 포기하라고 압력을 가할 때만 일어날 수 있다. 그래야만 권력에 전반적인 평형이나 균형이 있을 것이다. 그것이 정의의 본성이다. 사랑은 정화시키는 이념과 같은 역할을 함으로써 정의가 보복과 폭력의 해안에 좌초되지 않게 한다. 그러나 이것이, 예를 들어, 정의가 정부에 전반적인 평등을 실행하도록 강요하는 일을 멈추게 하면 안 된다.

구티에레즈는 어떤 점에서 라우셴부쉬와 니버의 의견과 일치한다. 그가 라우셴부쉬와 일치하는 지점은, 사랑과 정의는 분리되거나 서로 대항할 수 없다는 점이다. 그리고 그는 치열한 경쟁이 없고 빈곤층과 부유층 사이에 큰 격차가 없는 평등한 협력적 사회만이 기독교 사회정의의 목적이라는 데 동의한다. 그러나 그가 니버와 일치하는 것은, 부정을 타도하고 정의를 세우는 일에는 물리적인 힘이 필요하다는 것이다. 구티에레즈는 혁명에 대한 그리스도인의 정당화 가능성에 대해서 니버보다 더 개방적인 태도를 가지고 있다.

니버는 어떤 정의로운 행동이라도 완벽하지 않다고 믿었다. 정의를 세우려는 최고의 노력에도 이기주의와 자만이 물들어 있다. 구티에레즈는 그것을 강조하지 않는다. 대신 그는 미래의 유토피아에 대한 비전을 제시하는데 그것은 완벽한 정의와 사랑과 평화가 있는 계급 없는 사회다. 그런 일이 일어나려면, 자본주의는 폐지되어야 하며 사회주의에 의해 대체되어야 한다.

요더는 예수가 혁명가는 아닐지라도 사회적 급진주의자였다고 믿는다. 예수의 주된 임무는 교회 내에 대안적 사회질서를 만듦으로써 땅 위에 하나님 나라를 세우는 것이었다. 이 대안적 질서는 세상의 악과 가능한 한 연관되어 있지 않아야 하며 사랑과 협력과 상호 순종과 평화를 통한 더 나은 삶이 있다는 것을 세상에 보여줘야 한다. 그러나 교회는 어떤 것도 사회에 부과할 수 있는 권한을 가지고 있지 않다. 그에게 있어서 정의는 사람들이 자신의 소유를 타인과 공유하는 것을 의미한다. 그러나 그것은 교회에서만 가능한 일이다. 상당수의 재세례파 교인들은 의도적으로 나눔의 삶을 실천하는 기독교 공동체를 형성한다.

올라스키는 교회나 그리스도인들이 사회적 책임과 참여를 철회하는 걸 반대한다. 그러나 그는 사회주의에 반대하며 인간 성취(영적 구원을 넘어)의 핵심은 일(work)이라고 믿는다. 정의를 세우는 길은 모든 사람이 생산적으로 일할 수 있도록 책임을 지워주는 것이다. 일할 수 없는 사람들은 정부보다는 교회와 다른 비영리단체에 의해 돌봄을 받아야 한다.

올라스키에게 정의는 연민과 책임의 결합이다. 그 결과는 보편적 고용이지만 정부의 복지 후생 계획을 통한 고용은 아니다. 보편적 고용은 비영리단체가 제공한 직업훈련을 통해 일어나야 하며 일할 수 있는 능력이 있지만 일하지 않는 사람들에게는 도움을 주는 것을 보류해야 한다.

비록 그들의 의견에 중복된 부분도 있지만, 이 다섯 명은 기독교 사회 정의에 대한 근본적으로 다른 다섯 가지 견해를 대표한다. 그들 중 오직 요더만이 (교회가 사회질서가 아닌 한) 사회질서를 기독교화하자는 사상을 거부한다. 나머지 사람 중 오직 올라스키만이 부의 재분배를 위해 그리스도인들이 정부에 압박을 가하는 걸 거부한다. 오직 구티에레즈만 혁명을 주장하며, 니버는 극단적인 억압이 있는 경우에만 필요악으로서 혁명의 가능성을 시사했다. 오직 니버만 사랑이 실현 불가능한 이념이라고 생각한다. 오직 라우셴부쉬만이 교회가 사회 구원을 통해 하나님 나라의 도래를 알릴 수 있다고 믿는다.

기독교 사회정의에 대한 이 다섯 가지 시각은 현대 기독교에 중요한 영향을 미치고 있다. 소위 종교 우파(Religious Right)는 대체로 올라스키가 주창한 "온정적 보수주의"(compassionate conservatism)의 비전과 프로그램에 영감을 받는다. 라우셴부쉬에 의해 영감을 받는 (대중매체에서 자주 언급되지 않는) 종교 좌파(Religious Left)도 있다. 많은 정치인들은 니버의 기독교 현실주의에 의해 영감을 받는다고 주장한다. 의도적으로 하는 기독교 공동체 생활은 요더에게서 받은 영감을 통해 시도되었다. 그리스도인들이 사회의 정치적 음모에 관여하지 않고 교회가 교회 될 수 있도록 돕는 일에 초점을 맞추도록 권면하는 많은 목사와 저자들도 있다. 해방 신학은 라틴아메리카에서 매우 영향력이 있으며 북미에도 지지자들이 있다. 해방 신학은 그리스도인들이 급진적 사회 변화를 요구할 때 나타나는데 이런 변화는 부자와 권력자의 권력이 가난하고 억압받는 자들에게 넘어가는 일을 수반한다.

더 읽을 책

Gutiérrez, Gustavo. *A Theology of Liberation*. Maryknoll, NY: Orbis, 1988.

Niebuhr, Reinhold. *An Interpretation of Christian Ethics*. New York: Seabury, 1979.

Olasky, Marvin, *Compassionate Conservatism*. New York: Free Press, 2000.

Rauschenbusch, Walter. *Christianizing the Social Order*. Whitefish, MT: Kessinger, 2008.

Yoder, John Howard. *The Politics of Jesus*. Grand Rapids: Eerdmans, 1994.

25

20세기 신학자 불트만과 판넨베르크가
신앙, 신화, 예수 부활에 관해 논쟁하다

배경

때는 1975년 독일. 세계에서 가장 나이가 많고 가장 오래 생존해 있는 신학의 거장 루돌프 불트만이 기차에 올랐다. 그는 신학 학회에 참석하기 위해 마르부르크(Marburg)에서 뮌헨(Munich)으로 가는 중이다. 그는 이제 연로하며 따라서 가르치고 집필하는 일에서 은퇴한 지 오래다. 신약성서 해석에 대한 그의 급진적인 접근법은 1941년 "신약성서와 신화"(The New Testament and Mythology)라는 충격적인 논문에서부터 시작됐다. 아주 오래전 일이었음에도 불구하고 그의 접근법은 여전히 널리 회자되고 있으며 논쟁적이다.

불트만은 1887년에 태어나서 1976년에 죽었다. 그는 신정통주의 혹은 변증법적 신학이 형성되던 초기에 칼 바르트와 에밀 브루너에 협력했다. (바르트와 브루너에 관한 정보는 21장과 22장을 보라.) 그러나 그들과 달리, 불트만은 자신의 자유주의적 성향을 버리지 않았다. 그는 (구약은 말할 것도 없고) 신약성서의 대부분이 신화라고 주장하면서 서서히 바르트와 브루너를 멀리했다.

"신약성서와 신화"에서 불트만은 "신약성서 비신화화하기"라는 계획을 소개했다. 그러나 이 계획은 그 이름에서 이해되는 바와 같지 않았다. 불트만은 신화를 성서에서 제거하고 싶어 했던 적이 없다. 그는 신화를 신화 그대로 받아들이길 원했고, 그것을 문자 그대로 해석하기보다는 초월적 실재와 인간 실존에 관한 이야기나 상징으로 해석하길 원했다.

폴 틸리히(23장을 보라)처럼, 불트만은 실존주의의 영향을 깊이 받았다. 따라서 그의 주된 관심은 언제나 인간 실존에 있었지, 인간의 본질(즉 인간 본성)에 있지 않았다. 태어나게 해달라고 요구하지 않았음에도 혼란스런 세상에 던져져 자신의 통제를 넘어선 일에 휩쓸리고 있을 때, 하나님 앞에서 산다는 것은 어떤 의미인가? 실존주의의 초점은 자기-이해가 본래적인지 아닌지에 있다.

본래적 실존(authentic existence)이야말로 올바른 자기-이해이며 삶의 많은 부분에 나타나는 명백한 부조리에도 불구하고 그것들을 받아들이고 의미 있는 삶을 살아가려고 하는 결정을 수반한다. 무신론적 실존주의자와는 대조적으로, 기독교 실존주의자에게 있어 본래적 실존은 안전(security)을 위해 하나님만을 의지하고 자신의 안전을 확보하기 위한 모든 시도로부터 자신을 멀리하는 데에서 온다. 이렇게 하여 자기 자신이나 "군중"을 하나님의 자리에 두는 데서 오는 절망을 피한다.

불트만은 성서(그는 주로 신약성서를 다루었다)가 신화적인 형태인 예수 그리스도를 통해 본래적 실존의 복음을 담고 있다고 믿었다. 그에게 있어, 인간 실존에 대한 진실을 전하는 모든 초자연적인 이야기는 다 신화다. "신화"는 동화나 허구가 아니다. "신화"는 문자 그대로 일어났던 일은 아니지만 다른 방식으로는 전할 수 없는 인간 실존에 대한 진실을 말해주는 이야기다. "신약성서 비신화화하기"의 의도는 신약성서에서 신화를 걷어내려는 데 있지 않다. 오히려 신약성서 안에 있는 신화를 인간 존재에 관한 복음으로 해석하려는 데 있다.

불트만은 하나님이 초자연적으로 행동하신다고 믿지 않았다. 따라서 그는 기적을 믿지 않았다. 그는 현대인들이 기적을 믿을 수 없다고 생각했다. 하지만 성서에 나오는 기적 이야기는 하나님과 인간에 관한 매우 중요한 사실을 말해준다고 생각했다. 이에 대한 전형적인 예가 바로 예수 그리스도의 부활이며, 부활은 이어지는 대화의 주된 주제가 될 것이다.

볼프하르트 판넨베르크(Wolfhart Pannenberg)는 1928년 독일령이던 프로이센의 슈테틴(Stettin, 지금의 폴란드 슈체친[Szczecin])에서 태어났다. 그는 독일의 여러 대학에서 신학을 공부했으며 1960년대에는 시카고 대학교의 신학부에서 가르쳤다. 판넨베르크는 자신의 신학 경력의 대부분의 시간을 독일의 뮌헨 대학교의 개신교 학부에서 가르치는 데 전념했다. 위르겐 몰트만(Jürgen Moltmann)과 함께, 그는 "미래의 신학"(theology of the future) 또는 "종말론적 신학"(eschatological theology)이라고 불리게 되는 것을 형성했다. 이 신학은 몰트만의 책(1964) 제목이기도 한 "희망의 신학"(*The Theology of Hope*)이라고도 불린다. 하지만 판넨베르크는 종말론적 신학을 선호했다. 그의 가장 영향력 있는 책은 『예수: 하나님과 인간』(*Jesus: God and Man*, 1968)이다.

판넨베르크는 신약성서에 대한 불트만의 실존주의적 해석, 특히 부활을 신화로 보는 그의 견해를 공개적으로 반대함으로써 유명세를 얻었다. 판넨베르크는 예수의 부활을 역사적으로 입증할 수 있다고 믿는다. 불트만과 대조적으로, 그는 보편역사를 신적 계시로 간주한다. 다른 말로, 하나님은 역사 안에서 유일무이하고 반복적이지 않은 사건들을 통해 자신을 드러내신다. 그는 기적이나 초자연적인 것을 좋아하지 않았지만 그것을 피하지도 않았다.

여러 면에서 판넨베르크는 불트만에게 반대했다. 한편으로, 불트만은 복음을 주관화시키면서 복음을 인간 실존에 관한 메시지로 만들었다. 인간 실존의 중심에는 개인과 개인의 자기-이해가 있다. 그것은 "내적 역사"(inner history) 즉 역사학(Historie)에 의해 연구되지 않은 개인의 역사(불트만의 Geschichte)에 관한 것이다. 다른 한편으로, 판넨베르크는 복음을 객관화한다. 복음은 외적 역사(Geschichte와 Historie 모두) 안에서, 그리고 그것을 통해서 자신을 계시하는 하나님에 관한 메시지다. 그러므로 복음은 공식 기록에 관한 문제지, 단순히 믿음에 관한 문제만은 아니다.

대화

불트만　실례지만, 젊은이, 저 혼자서 이 객실을 사용하는 걸로 알고 있습니다. 뮌헨으로 가는 길에 책도 읽고 잠도 좀 자고 할 계획입니다. 지금 가지고 계신 승차권이 이 객실인 게 확실한가요?

판넨베르크　네. 이 객실의 승차권이 맞습니다, 불트만 교수님. 저는 교수님이 누군지 알고 있습니다. 신학 공부할 때 교수님의 사진을 여러 번 본 적이 있습니다. 교수님의 책과 논문도 거의 다 읽었지요. 교수님과 같은 공간에 있다니 영광입니다. 교수님을 방해하지 않도록 하겠습니다. 여기 보여드릴게요. 이 객실 승차권입니다.

불트만　네. 네. 알겠습니다. 음, 그럼 뮌헨에 도착한 다음 호텔에서 자야겠군요. 호텔이 기차역에서 멀지 않으니. 그래서, 젊은이. 내가 누군지 안다고요? 신학 공부하셨다고 했죠? 어떤 종류의 신학을 공부했나요?

판넨베르크　주로 조직신학을 공부했습니다. 저도 몇 권의 책을 썼죠. 아마 그중 한 권 정도는 보셨을 수 있다는 생각이 듭니다. 가장 최근에 쓴 책은 『오늘날 관점에서 본 사도신경』(The Apostles' Creed in the Light of Today's Questions)입니다. 그러나 지금까지 저의 가장 인기 있는 책은 『신학과 하나님 나라』(Theology and the Kingdom of God)이지요.

불트만　맙소사! 이제 당신이 누군지 알겠군요. 당신이 바로 최근에 사람들이 말하고 있는 급진론자인 판넨베르크군요.

판넨베르크　음, 급진론자인 것까지는 모르겠지만, 제가 바로 볼프하르트 판넨베르크입니다. 정식으로 제 소개를 드리지 못한 데 대해 죄송하게 생각합니다.

불트만　당신과 당신 친구들은 제 실존주의 신학과 신약성서의 비신화화를 반박함으로써 명성을 얻으려고 했습니다. 제 말이 맞지요? 당신은 20세기 신학 흐름에 역행하고 있습니다. 바르트, 브루너, 그리고 나─우리 모두는 실존주의 철학의 영향을 받았습니다. 실존주의 철학은 근대 신학의 행운의 부적과도 같습니다. 그것은 과학과 역사적 연구를 사용해 끊임없는 갈등으로부터 우리를 구합니다.

판넨베르크　바르트나 브루너가 당신과 연속선상에 있고 싶어 하는 것 같지는 않지만, 뭐 그럴 수도 있다고 봅니다. 두 분 다 믿음과 역사가 특정 지점에서 연결된다고 믿었지요. 하지만 그들 모두 다 교수님처럼 믿음을 외적 역사(outer history)에서 완전히 제거하지 않았습니다. 교수님의 실존주의 신학은 믿음을 지나치게 주관화시켜 세상과는 전반적으로 무관하게 되었습니다. 교수님은 믿음을 공적 영역에서 옮겨 주관적 경험과 자기-이해라는 사적 영역에 두었습니다.

불트만　그러나 그건 사도들이 했던 일입니다! 저는 그저 그들의 과제를 이어나갈 뿐입니다. 요한복음에 관해 쓴 제 저서를 읽어보셨나요? 이미 요한복음에서 요한이나 그의 추종자들은 신화 안에서 전달되는 케리그마(kerygma, 선포)를 끌어내기 위해 예수에 관한 구술 전승을 비신화화했습니다.

판넨베르크　의심할 여지 없이, 요한복음은 수수께끼입니다. 그러나 저는 요한복음을 교수님의 실존주의 신학의 전신이라고는 결코 생각하지 않습니다. 어떤 면에서 요한복음은 그리스 사상에 영향을 받은 예수 그리스도의 복음을 나타냅니다만 인간 존재와 자기-이해에 관한 것만은 아니지요.

불트만   글쎄요, 그건 당신 생각입니다. 그렇다면 요한복음이 무엇에 관한 책이라고 생각하시는 건가요?

판넨베르크   성서 전체는 미래와 역사가 예견하는 사건들에 관한 것입니다. 이는 하나님 나라라는 궁극적인 미래가 우리의 현재에 임하도록 합니다. 성서는 약속, 성취, 그리고 하나님의 권능에 관한 것입니다.

불트만   아, 거기서 잠깐. 하나님의 권능이라고요? 마치 하나님이 실제로 역사 안에서 역사하셨다고 믿는 것처럼 이야기하시는군요. 그건 우리가 실재에 대해 알고 있는 모든 지식과 위배됩니다. 우주는 자연적인 요인과 결과가 자연법칙에 의해 지배를 받는 닫힌 체제를 가지고 있습니다. 근대인들에게는 그것을 달리 볼 수 있는 방법이 없습니다. 성서는 전근대적인 세계관을 전제합니다. 천국은 문자 그대로 "저기 위에" 있고 지옥도 문자 그대로 지구 중심에 있거나 지구의 표면 아래에 있다고 말입니다. "하나님의 행동"(Act of God)은 복잡한 개념을 가지고 있습니다. 만일 당신이 말하는 것이 하나님이 자연 과정을 위배하는 걸 의미한다면, 근대인들은 그것을 이해하지도 못 하고 믿을 수도 없을 것입니다.

판넨베르크   음, 그렇게 되면 그건 복음이 아닐 것입니다. 만일 하나님이 행동하지 않으신다면, 계시는 무엇에 관한 것인가요? 저는 교수님이 뭐라고 대답하실지 알고 있습니다만 그래도 말씀해주십시오.

불트만   하나님은 개인의 내적 역사에서 역사하시지, 세계의 외적 역사에서 역사하지 않으십니다. 계시는 하나님의 결정적인 행동인 십자가에 대한 이야기입니다. 우리가 계시에서 정말로 필요한 건 예수 그리스도의 십자가와 십자가의 의미뿐입니다.

판넨베르크   "내적 역사"와 "외적 역사"를 설명해주세요. 그리고 하나님이 행동하신다는 것을 부인하면서 하나님의 행동에 대해 이야기하시는 것에 대해서도요.

불트만   아니요. 저는 하나님이 행동하신다는 것을 부인하지 않았습니다. 저는 하나님이 기적을 사용해 자연의 섭리를 거스른다는 걸 부인했습니다. 하나님은 확실히 행동하십니다. 하나님은 그리스도 안에 계셨고 또 그렇게 하심으로써 세계를 그와 화해시키셨습니다. 그건 믿지 않는 자들에게는 보이지 않는 것이었습니다. 하나님의 행동은 기적이나 초자연적인 것과는 아무런 관련이 없습니다.

판넨베르크   그럼 어떤 의미에서 십자가가 하나님의 행동인가요?

불트만   과학과 역사가 설명할 수 있는 그런 완벽하게 자연스러운 사건에서, 하나님은 자신의 아들을 속죄 제물로 삼아 은밀하고 보이지 않게 죄인들을 그와 화해시키는 행동을 하셨습니다. 그러나 거기에 기적은 없었습니다.

판넨베르크   그렇다면 부활은요? 당연히 선생님께서는 부활을 믿으실 수가 없으리라 생각합니다. 하지만 바울은 죽은 자가 부활하지 않는다면, 우리는 모든 사람 중 가장 비참한 자라고 했습니다. 이는 우리가 헛된 것에 소망을 두고 있기 때문이죠.

불트만   저는 확실히 예수의 부활을 믿습니다. 저도 그리스도인이니까요. 그러나 그것을 기적으로 보지 않습니다.

판넨베르크   네? 죽은 몸의 부활이 기적이 아니라고요?

불트만   그렇습니다. 시체가 되살아난 것과 빈 무덤이 말하는 부활은 신화입니다. 그 신화가 증거하는 영적 실재는 제자들의 마음과 삶에서 일어나는 믿음, 예수의 메시지를 믿는 믿음입니다. 부활은 객관적 역사(Historie)가 아닌 실존적 역사(Geschichte)의 일부입니다.

판넨베르크 일반적으로 그런 용어들은 역사의 동의어로 취급됩니다. 그것들을 그렇게 구분하는 건 무엇을 뜻하는 건가요?

불트만 객관적 역사(Historie)는 역사가들이 연구하는 시간과 공간 속의 일련의 사건들입니다. 거기에는 일치가 있죠. 모든 것은 자연법칙의 다스림을 받습니다. 그런 것들은 의미가 없습니다. 실존적 역사(Geschichte)는 사건 속에 있는 하나님의 행동이 숨겨진 역사입니다. 여기에는 십자가와 같은 중요한 사건도 포함되어 있습니다. 하나님은 객관적 역사가 아닌 실존적 역사의 영역에서 행동하십니다. 실존적 역사는 의미로 가득 차 있습니다. 하나님이 그곳에서 역사하시기 때문입니다.

판넨베르크 감히 말씀드리자면, 이건 다 말도 안 되는 소리입니다! 터무니없는 말입니다! 당신은 하나님이 우리를 위해 하신 일을 과학과 역사 연구가 건드릴 수 없는 비밀스럽고 난해한 주체성의 영역으로 옮겨버렸습니다. 제가 볼 때, 교수님은 믿음과 학문 사이의 갈등을 피하기 위해 그렇게 하시는 것 같습니다.

불트만 좋을 대로 생각하시죠. 왜 제가 그렇게 하는지 저는 압니다. 비록 십자가가 케리그마에 필수적인 사건이었을지라도, 신약성서 케리그마의 참의미는 분명 객관적 역사 속에서 일어난 사건에 대한 것이 아닙니다. 그러나 십자가 사건에서도, 십자가의 고난이라는 외적 사건은 복음에 중요하지 않습니다. 십자가의 의미야말로 우리에게 중요합니다. 십자가는 하나님이 우리를 사랑하신다는 것과 우리가 회개하고 우리의 안전을 위해 그를 전적으로 신뢰하면 우리를 용서해주신다는 것을 말해주고 있습니다.

판넨베르크   틀리셨습니다! 신약성서 케리그마의 참된 의미는 미래의 하나님 나라가 현재에 도래하는 일에 대한 것이 분명합니다. 그것은 역사의 주체로서의 하나님과 그의 통치에 관한 것입니다. 그것은 하나님이 종말에, 즉 그의 계획과 목적이 완성될 때, 모든 것을 새롭게 하시고 모든 것을 자신과 화해시키신다는 약속으로서의 예수의 십자가와 부활에 관한 것입니다.

불트만   20세기 대학 교육을 받은 사람들이 그걸 납득할 수 있다고 생각하시나요? 미쳤군요.

판넨베르크   예수의 부활은 전체 기독교 메시지의 핵심이 되는 사건이자 사실입니다. 역사적 탐구는 부활이 일어났을 가능성이 더 높다는 것을 증명해 보일 수 있습니다. 그것은 합리적 의심의 여지를 넘어서는 사실입니다. 증거를 보여주면, 이성적인 사람들은 믿습니다.

불트만   무슨 증거요? 아니, 잠깐만요. 어떤 증거도 있을 수 없습니다. 기적은 절대 일어나지 않습니다. 당신이 무엇을 만들어내든 그것은 환영에 불과합니다. 그러나 더 중요한 것은, 당신이 지금 중심의 자리에서 믿음을 끌어내고 그 자리를 증거로 대체하고 있다는 것입니다. 그것은 믿음의 본질이 아닙니다. 믿음은 볼 수 없는 것을 믿는 것이며 예수의 십자가의 하나님으로부터 새로운 자기-이해를 받아들이는 것입니다.

판넨베르크   좋습니다. 제가 미끼를 한번 물어보죠. 이 새로운 자기-이해는 무엇이며 어떻게 일어나는 건가요?

불트만   드디어 질문해주셨군요. 우리의 대화에 진전이 생긴 것 같습니다. 아시다시피, 우리 인간은 우리의 안전에 대한 우려로 인해 절망에 직면하고 있습니다. 그것이 인간이 처한 궁지이죠. 우리는 죽음과 우리를 둘러싸고 있는 모든 위협을 두려워합니다. 우리는 삶의 무의미함을 느끼며 부조리에 직면합니다. 그래서 우리는 우리 자신 밖에서 우리에게 안전을 주는 것을 찾습니다. 우리는 쾌락이나 궁지, 심지어 정치까지 수용하면서 절망에서 벗어납니다. 이런 것들이 우리의 우상이 됩니다. 그렇게 되면 우리의 자기-이해는 진짜가 아닌 것이 됩니다.

본래적 실존은 예수 그리스도와 그의 십자가 그리고 부활에서만 찾을 수 있습니다. 부활은 우리의 안전의 기초가 되는 그리스도를 믿는 믿음이기도 하지요. 우리는 하나님을 믿음으로 말미암아 하나님과의 관계를 바로잡으면서 안전을 얻게 되었습니다. 우리는 하나님과의 관계를 통해 수용과 의미를 발견합니다. 우리는 하나님이 우리의 확실하지 않고 불안한 미래를 돌보아주실 것을 믿습니다.

판넨베르크   실존주의 같은 허튼소리군요! 교수님은 실존주의 철학에 너무 깊이 빠져 계십니다. 구체적으로 말하자면, 하이데거와 야스퍼스의 철학에 지나치게 빠져 계십니다. 그건 현실 도피입니다. 실존주의는 영지주의입니다. 그것의 영성과 깊이 그리고 믿음에 대한 심리학적 접근은 그것이 영지주의라는 걸 말해줍니다. 그것이 진리를 공적으로 선포하는 일과 무슨 상관이 있나요? 교수님은 진리를 희생시키면서까지 신학을 과학과 역사의 비판으로부터 보호했습니다.

불트만   당신은 믿음을 역사적 탐구에 의존하게 했습니다. 그건 믿음이라고 할 수 없습니다.

판넨베르크   믿음은 이성이 참이라고 말해주는 것을 믿는 것입니다. 많은 사람들은 증거가 그들 앞에 있음에도 불구하고 믿지 않으려고 하죠. 믿음은 자신의 삶 전체를 사실 앞에 굴복시키는 것입니다. 비록 그 사실이 자기희생과 하나님에 대한 순종을 요구한다고 하더라도 말입니다.

불트만 아니요. 믿음은 증거가 없더라도 믿습니다. 믿음은 모험이자 도박입니다. 예수는 보지 못하고도 믿는 자들은 복되다고 말씀하셨지요.

판넨베르크 하지만 히브리서 저자는 믿음이 바라는 것들의 증거라고 말합니다. 증거라고 했습니다. 불트만 교수님. 증거요! 바라는 것들의 증거! 믿음은 부활과 미래를 향한 삶과 같은 역사적인 사건들을 통해 하나님이 하신 약속을 붙잡는 것입니다. 미래에 하나님 나라는 모든 이에게 드러날 것입니다. 지금 하나님에게 역사의 통치권이 있는지는 여전히 논쟁적이지만, 미래에 모든 이들은 하나님의 신성과 주권을 보게 될 것이며 또 시인할 것입니다. 지금 당장은 예수의 부활이 그것을 보증하고 있습니다. 부활은 하나님의 계획과 그의 주권적 나라의 미래적 완성이 시간에 앞서 선취적으로 일어나는 것입니다. 우리에게는 미래의 하나님에 대한 믿음이 있습니다. 이는 하나님이 예수 그리스도 안에서, 그리고 그의 승리의 부활 안에서 죽음을 정복하고 주님으로 오셨기 때문이죠.

불트만 저는 점점 이런 생각이 들기 시작합니다. 예수 그리스도가 외적 역사 안에서 그의 나라를 온 땅 위에 세우기 위해 재림하실 것을 당신이 실제로 믿고 있다는 생각 말입니다. 그건 신화입니다. 그건 하나님의 통치권을 고대적이고 원시적인 방법으로 표현한 것입니다. 예수의 십자가를 통해 세상을 자신과 화해시키는 하나님을 믿을 때, 그리스도의 재림(*parousia*)이 우리 안에서 일어납니다. 신약성서에 나타나는 종말론적 상징주의는 의심과 염려를 극복하기 위해, 그리고 하나님으로부터 오는 영원한 삶의 선물을 받기 위해 애쓰는 우리 안에서 일어나는 육과 영 사이의 전쟁을 표현하는 하나의 방식입니다.

판넨베르크   영원한 삶? 영원한 삶요? 무슨 말씀을 하시는 건가요? 죽음 이후의 삶을 믿으신다고요?

불트만   우리가 알 수 없는 것이 너무나도 많습니다. 저는 천국에 있을 가구나 지옥의 온도에 관한 형이상학적 사변에는 전혀 관심이 없습니다. 그러나 저는 죽음이 사람의 끝이 아니라는 것은 믿습니다. 저는 그것 너머로는 감히 짐작하지 않습니다. 천국과 지옥에 대한 성서적 묘사는 죽음 이후에 가는 문자 그대로의 천국이나 지옥을 말하는 게 아닙니다. 그런 성서적 묘사는 지금의 삶, 그리고 본래적 실존 대 비본래적 실존에 대한 것입니다.

판넨베르크   그럴 것 같진 않지만, 만약 교수님이 돌아가시기 전에 제가 먼저 죽는다면, 제 장례식에는 오지 말아주세요. 교수님의 말씀에는 소망이 없습니다. 소망이야말로 기독교 신앙에서 가장 중요한 것입니다.

불트만   틀렸습니다! 저 역시 우리의 신앙에서 가장 중요한 건 소망이라고 믿습니다. 그러나 소망은 시간과 공간 속에 있는 것이 아닙니다. 소망은 우리를 내적으로 변화시켜주시고 예수 그리스도를 통해 우리를 절망으로부터 구해주시는 하나님 안에 있습니다.

판넨베르크   그게 다인가요? 소망은 그저 심리적인 것인가요?

불트만   아니요. 저는 그렇게 말하지 않았습니다. 절망에 빠진 사람도 하나님 안에서 소망을 가질 수 있으며 절망을 극복할 수 있습니다. 그것은 심리적인 것이 아닙니다. 그것은 자기-이해에 관한 것이죠.

판넨베르크   저에게는 심리적인 것처럼 들리는군요. 교수님은 그저 신정통주의를 논리적 결론에 도달하게 만들었을 뿐입니다. 저는 바르트와 변증법적 신학을 애호하긴 했지만, 모든 건 너무나도 주관적이었습니다.

하나님의 말씀은 실제 역사로부터 분리되었고, 역사 안에는 하나님의 위대한 구원을 나타내는 특별한 역사의 한 줄기가 숨겨져 있는데 역사가들은 그것을 연구하거나 발견할 수 없습니다. 그건 현실 도피 아닌가요? 변증법적 신학자들에게는 용기가 부족합니다. 당신들은 과학과 역사적 탐구가 말하는 사실을 두려워합니다.

불트만   글쎄요, 적어도 우리는 우리가 여전히 그리스도인인지를 알기 위해 「오늘의 고고학」(*Archaeology Today*) 최근호를 기다릴 필요는 없습니다!

판넨베르크   한 가지 예외가 있습니다! 교수님은 모든 케리그마가 십자가 사건의 역사적 사실에 의존한다고 주장하셨습니다. 그건 일관성이 없는 주장입니다. 왜 그건 비신화화하지 않으셨나요?

불트만   지금 당신이 하시는 말씀이 저의 좌파 제자들과 비슷하군요. 그들도 제가 케리그마를 비신화화하고 모든 것을 실존주의 철학으로 환원하기를 바라고 있습니다. 결코 그럴 수 없습니다. 십자가는 시공간 안에서 하나님이 행하신 단 한 번의 불가피하고 절대적인 행동입니다. 그러나 그것은 기적이 아니기에 비신화화될 필요가 없습니다.

판넨베르크   자연주의에 대한 이런 생각은 어디서 얻게 되었나요? 교수님은 기적이 일어날 수 없다고 말하는 자연주의 철학에서부터 신학을 시작하신 것 같습니다. 그리고 그 철학에 맞춰 신약성서를 해부하셨지요.

불트만   또 틀렸습니다. 과학과 철학은 신약성서의 참된 의미를 재발견하도록 도와줍니다. 젊은이, 뭐 하나만 물어봅시다. 예수가 감람산에서 승천하신 사건을 기록하고 있는 사도행전 1장을 다뤄봅시다. 당신은 그가 문자 그대로 땅에서 들리어 거기서부터 곧바로 천국으로 올라갔다고 믿는가요?

판넨베르크   물론 아니죠.

불트만   그러나 그게 바로 제자들과 신약성서의 저자들이 믿었던 것이라는 건 인정하시죠?

판넨베르크   아마도요.

불트만   아마도가 아니라 거의 확실합니다. 천국이 감람산 "위"에 있지 않다는 것을 아실 겁니다. 그래서 과학은 우리로 하여금 예수의 승천을 비문자화하고 재해석하도록 만듭니다. 이제 우리는 예수의 승천을 신화로 간주합니다. 우리 가운데 계속되는 예수의 실재에 대해 말해주는 신화로 말이죠.

판넨베르크   승천 사건을 그렇게까지 축소하고 싶진 않군요! 그러나 우리는 그것을 문자적으로 해석하지도 않습니다. 왜냐하면 감람산에서의 "위"는 지구 반대편의 "아래"이기 때문입니다. 1세기 사람들은 그걸 알지 못했지요.

불트만   죽은 사람이 부활할 수 없다는 것을 그들이 몰랐던 것처럼 말이죠.

판넨베르크   오, 저는 그들이 그것을 알았다고 생각합니다. 죽음에서의 부활은 그때도 일상적인 사건이 아니었지요. 신약성서의 저자들도 부활하신 예수를 보고도 믿지 않은 사람들이 있었다고 기록했습니다. 그건 그때 사람들조차도 죽은 사람이 다시 살아나기 위해서는 기적이 일어나야 한다는 것을 알았기 때문입니다. 교수님이 하신 승천에 대한 설명에 대해 말씀드리자면, 음, 승천은 부활처럼 중요한 범주에 들어가지도 못합니다. 승천이 일어나지 않았다고 해도 복음에는 영향이 없습니다.

불트만   그건 제 요지가 아닙니다. 당신은 제가 과학과 철학으로 하여금 우리가 무엇을 믿을지에 대해 결정하게 만들었다고 비난하셨지요. 당신도 저와 같은 일을 했다는 것을 제가 방금 입증했습니다.

판넨베르크　승천에 대해서는 맞지만 부활에 대해서는 아닙니다. 지금 사과와 오렌지를 비교하고 계신 겁니다.

불트만　그래서 예수의 몸의 부활과 빈 무덤에 대한 증거가 어디 있나요? 어떤 증거도 보이지 않네요.

판넨베르크　증거는 초기 교회와 기독교 선교에 있습니다. 만일 예수가 부활하지 않았고 무덤도 비어 있지 않았다면, 초기 제자들은 그들이 그랬던 것처럼 세상을 뒤엎을 만한 힘이 결코 되지 못했을 겁니다. 오직 부활하셔서 살아 계신 그리스도와의 만남만이 그런 일을 가능케 했습니다.

불트만　복음서에서 상반되는 부활 기사에 관해서는 어떻게 생각하시나요?

판넨베르크　그것들은 사건 자체의 실재를 지지합니다. 만일 기사의 내용이 완전히 똑같았다면, 누군가가 그걸 고안해냈다고 의심할 것입니다. 실제로 일어난 사건들은 증언자들에 의해 항상 다르게 보고됩니다.

불트만　기차가 느려지는군요. 뮌헨 교외가 보입니다. 저기 성모교회(Frauenkirche)의 쌍둥이 탑이 보이네요. 제가 가장 좋아하는 맥주 집에 가서 흑맥주를 마시고 싶은 마음이 간절합니다. 당신을 초대하고 싶네요. 하지만 당신은 근본주의자니까 맥주를 마시지 않는 걸로 알고 있는데, 맞나요?

판넨베르크　말도 안 돼. 참 엉뚱하시네요. 교수님은 제가 근본주의자가 아닌 걸 아시잖아요! 저는 성서 연구에 대한 어떤 강한 비판도 기꺼이 받아들입니다.

불트만   당신이 어떤 사람이든 간에, 근대인은 아닙니다. 확실성이 아닌 개연성에 기초해서 복음을 믿어야 하는 당신과 당신의 추종자들이 불쌍하게 느껴집니다. 게다가 당신은 과학이 당신 몰래 당신의 믿음을 왜곡하지 못하도록 항상 자신의 뒤를 살펴봐야 하니까요. 적어도 제 믿음은 그런 것에 대해 면역되어 있습니다.

판넨베르크   기독교 신앙에서 가장 중요하고 독특한 것들을 가차 없이 내버린 대가에 면역이 되셨군요!

분석

많은 보수주의 그리스도인은 불쾌할지 모르겠지만, 불트만의 실존주의적이며 비신화화된 신약성서의 기독교는 과학 정신을 가진 많은 20세기 사람들이 그리스도인(어떤 의미에서는)이 되거나 그리스도인으로 남아 있도록 하는 것을 가능케 했다. 불트만에게 그리고 근대 서구 세계의 많은 자유주의 개신교도들에게, 하나님은 자연이라는 장갑 안에 있는 손과 같은 존재다. 자연은 불변하는 물리 법칙에 의해 돌아가며, 하나님의 행위는 탐구하는 눈과 생각에 보이지 않는다. 그러나 신자들에게 자연의 모든 것은 하나님의 행위다. 그러나 전통적이고 초자연적인 인식에서 보면 하나님의 행위는 단 하나도 없다. 하나님은 자연에 개입하지 않으시며 자연법을 거스르지 않으신다. 하나님이 바로 창조자이신데 왜 그렇게 하시려고 하겠는가? 만일 그가 자연법칙을 창조했다면, 왜 그 법칙들을 어기려고 하겠는가?

그래서 불트만의 기본 전제는 자연의 일치다. 자연을 거스르는 기적은 없다. 여기에는 부활도 포함된다. 하지만 부활은 예수의 제자들의 삶에서 실존주의적 사건만큼 실제적이다. 그러나 그것은 계시이지, 외부적이거나 관찰할 수 있는 역사 사건이 아니다. 부활은 복음의 구술 전승이 발달하는 동안 외부의 역사 사건이자 관찰할 수 있는 역사 사건이 되었다. 그리고 복음서 저자들도 그런 식으로 부활을 기록했다. 불트만에 따르면, 근대적인 해석자로서 우리의 과제는 신화의 참의미를 발견하는 것인데, 신화는 우리의 구원을 위한 예수 그리스도의 십자가의 중대성을 말하는 메시지다. 그것에 의해 우리는 믿음으로 하나님과 화해한다. 십자가에 대한 우리의 믿음은 새로운 자기-이해와 세계 안에서의 새로운 형태의 존재를 확립해 준다. 이런 형태를 본래적 실존이라고 한다. 본래적 실존은 하나님이 우리를 위해 준비해주신 미래에 완전히 열려 있는 존재의 방식이며 따라서 염려와 절망도 없다.

유럽과 북미의 학식 있는 많은 그리스도인은 불트만의 비신화화 프로젝트를 열정적으로 수용했다. 그들은 기적을 믿는 건 불가능한 일이라고 생각했지만 우리의 삶 가운데 하나님이 역사하신다는 것은 여전히 믿기 원했다.

판넨베르크는 그의 몇몇 동료들과 협력하여 신약성서에 대한 불트만의 실존주의적이며 주체적인 해석에 반대하는 것으로 유명세를 얻었다. 그는 독일 관념론과 합리주의로부터 깊은 영향을 받았다. 그는 하나님이 역사 안에서 그리고 역사를 통해 드러나신다는 것을 믿었으며, 역사적 증거에 대한 합리적 탐구는 합리적 의심을 넘어 그리스도의 육체적 부활을 참으로 믿는 믿음으로 인도할 수 있다고 믿었다. 이런 주장은 불트만의 사상에 의해 지배당하던 유럽과 미국의 신약학계에 큰 충격을 주었다. 판넨베르크는 높은 학식을 소유한 독일 신학자였지만 부활을 외적 역사에서 일어난 사건이자 입증할 수 있는 사건으로 믿고 있었다.

복음주의자들은 판넨베르크의 책으로 모여들었다. 그리고 (이 책의 저자를 포함해서) 적지 않은 사람들이 그의 밑에서 공부하기 위해 독일을 찾았다. 그들은 판넨베르크가 그들의 생각과는 다른 사람이라는 걸 곧 알아차렸다. 그렇다. 그는 부활과 빈 무덤이 역사적으로 입증할 수 있는 사건이라고 믿었다. 하지만 그는 성서 무오류설은 물론 축자영감도 믿지 않았고 동정녀 탄생도 일어나지 않았다고 믿었다. 그는 경건주의자도 아니었다. 그는 고-교회 루터주의자(high-church Lutheran)로서 "결정주의가 아닌 성례전적 영성을 믿었다. 다른 말로 하면, 회심적 경건(Conversional piety)은 그가 주장하는 바가 아니다.

일부 복음주의자들은 판넨베르크의 이런 모습에 실망했지만 다른 이들은 그를 불트만이 주장하던 회의주의와 실존주의적 믿음에 반대하는 협력자로 생각했다. 그러나 그의 신학을 깊이 연구한 사람들은 판넨베르크에게 믿음에 대한 주장들이란 항상 시험해야 하는 가설이란 걸 깨달았다. 어떤 의미에서, 그것들의 증명과 진리는 종말론적이다. 오직 그리스도가 재림하실 때가 되서야 그리스도가 처음부터 인격 안에 있는 하나님의 자기-계시라는 게 드러날 것이다. 종말이 도래할 때까지, 그리스도에 대한 믿음은 이성과 증거에 의해 논쟁되고 입증되어야 할 명제로 남는다.

불트만과 판넨베르크는 20세기 기독교 사상의 버팀목이다. 불트만은 실존주의와 기독교를 아우른 신약학계의 거장이다. 그는 많은 자유주의자에게 기쁨을, 그러나 보수주의자에게는 경악을 안겨주었다. 판넨베르크는 실존주의를 거부하고 합리주의를 신학에 접목시킨 조직신학의 거장이다. 그는 많은 보수주의자에게 기쁨을, 그러나 대부분의 자유주의자에게는 경악을 안겨주었다.

더 읽을 책

Grenz, Stanley J. *Reason for Hope: The Systematic Theology of Wolfhart Pannenberg*. New York and Oxford: Oxford University Press, 1990.

Roberts, Robert C. *Rudolf Bultmann's Theology: A Critical Interpretation*. Grand Rapids: Eerdmans, 1976.

26

20세기 신학자 헨리와 램이
복음주의 신학, 근대성, 계몽주의에 관해 논쟁하다

배경

20세기 후반기에 "복음주의 신학"(evangelical theology, 일찍이 "신복음주의 신학"[neoevangelical theology]으로 알려져 있음)이라고 불리는 신학 사상이 생겨나고 발달하게 되었다. 복음주의 신학은 개신교 근본주의로부터 진화했다. 개신교 근본주의는 19세기 후반과 20세기 초, 성서의 무오류성과 같은 매우 보수적인 개신교 교리에 있어 공격적이고 분리주의적인 태도를 가진 자들로부터 시작됐다. 일부 근본주의자들은 자신들이 규정한 가장 엄격한 정통주의에서 벗어나는 행위는 그게 무엇이든지, 명백한 배교는 아닐지라도 불가피하게 자유주의로 이끈다고 주장했다. 1920년대부터 1940년대까지, 개신교 근본주의는 더욱 고립주의적이고 반지성주의적이 되어 자신들을 주류 문화와 교파로부터 단절했다.

일부 근본주의 목회자와 신학자들은 근본주의 운동의 분파적이고 광신적인 태도에 싫증나기 시작했다. 그중 한 명인 풀러 신학교의 카넬(E. J. Carnell)은 근본주의를 "광신적 종교 집단이 되어버린 정통주의"(orthodoxy gone cultic)라고 정의했다. 이는 교리 자체보다는 근본주의자들이 교리를 다루는 태도에 대해 말한 것이었다. 헤럴드 존 오켄게이(Harold John Ockenga)와 칼 헨리(Carl F. H. Henry)와 같은 근본주의자들은 1941년 복음주의 전국 연합(National Association of Evangelicals, NAE)의 설립을 도왔다. NAE는 상대적으로 보수적이며 전환론적(conversionist)이지만 더 이상 오래된 근본주의와 동일시되고 싶지 않은 교파와 교회의 친교와 협력을 위한 산하단체가 되었다.

복음 전도자인 빌리 그레이엄(Billy Graham, 1918-)은 근본주의에서 벗어나 미국인의 주류 종교생활에 더 가까이 다가갔으며 그것으로 인해 그는 1950년대 신복음주의 운동의 상징적인 인물이 되었다. 칼 헨리(1913-2003)는 이 운동의 최고 신학 대변인으로 부상했다. 이 둘은 함께 「크리스채너티 투데이」(Christianity Today, 1956)를 설립했고 이 잡지는 신복음주의의 주된 목소리가 되었다.

헨리는 (북침례 총회[Northern Baptist Convention]로 알려진) 미국 침례교회(American Baptist Churches, U.S.A.)의 회원이었다. 그러나 그는 이 조직의 좌편향적인 신학 기류를 다소 비판적으로 바라봤다. 그는 근본주의의 편협함과 천박함과 반지성주의를 반대했지만 교리에 있어서는 항상 보수주의적이었다. 그는 「크리스채너티 투데이」의 첫 번째 편집자였으며 6권으로 된 『하나님, 계시, 구원』(God, Revelation, Authority, 1976-1983)이라는 방대한 양의 책을 포함해서 많은 저술을 발표했다. 그는 패서디나(Pasadena)에 있는 풀러 신학교와 시카고 인근에 있는 트리니티 복음주의 신학교(Trinity Evangelical Divinity School)를 포함해서 여러 복음주의 신학교에서 가르쳤다.

1980년대 즈음, 헨리는 복음주의 신학자들 중 경쟁자가 없을 정도로 정평이 난 "대부"가 되었다. 그는 문화, 주류 교파, 그리고 복음주의를 향한 복음주의 신학의 목소리였다. 근본주의자들은 그가 지나치게 보편적이라고 생각했지만 자유주의자들은 그가 지나치게 보수적이라고 생각했다. 그는 바르트와 브루너의 신학인 신정통주의(21장과 22장을 보라)가 복음주의 사상 속으로 침입하는 데 맞서 싸웠다. 신정통주의가 명제적 계시를 거부했기 때문에 그는 신정통주의가 자유주의 신학을 위한 트로이의 목마가 되었다고 생각했다. 그는 자유주의 신학자들과도 대화는 했겠지만 인간 중심적 신학은 확실히 경멸했다. 그에게 있어 복음주의자가 된다는 것은 성서를 향한 특정한 태도를 가지는 것이다. 성서는 인간적이자 신적이며 전체적으로 그리고 부분적으로 축자영감을 받아 쓰인 것이다. 그는 죽는 날까지 성서의 무오성을 강하게 믿었다.

버나드 램(Bernard Ramm, 1916-1992)은 1950년대부터 1990년까지 복음주의를 이끈 또 하나의 주된 목소리였다. 헨리처럼 그도 침례교인이었으며, 복음주의 운동을 더 광범위하게 주창하는 것이 그의 책임이라고 보았다. 그는 다수의 책을 썼는데, 그중 『과학과 성경의 대화』(*The Christian View of Science and Scripture*, 1954, IVP 역간)에서 그는 성서를 지나치게 문자적으로 해석한 것을 비난했으며 복음주의 그리스도인들이 계몽주의와 과학 혁명이 전하는 중요한 사실들을 반드시 받아들여야 한다고 주장했다.

램은 주로 성서 해석, 변증학, 교리에 관한 책을 썼다. 말년에 그는 칼 바르트 신학이 가진 장점을 격찬하는 『근본주의 이후』(*After Fundamentalism*, 1983)라는 책을 썼다. 그는 바르트 신학에 전적으로 동의하지는 않았지만 바르트 신학이 복음주의자들에게는 좋은 본보기가 된다고 생각했다. 특히, 지나친 반-계몽주의적 사고방식을 넘어서야 할 필요가 있으며 계몽주의가 가지고 있는 세속주의에 굴복하지 않으면서 계몽주의를 받아들여야 할 필요가 있는 복음주의자들에게 말이다.

헨리는 복음주의 안에 있는 보다 보수적인 무리의 영웅이었다. 근본주의 뿌리에 가까이 붙어 있고자 한 이들은 그의 지도력을 기대했다. 나이가 들수록, 헨리는 복음주의 계층의 사람들이 무오성에 대한 믿음을 저버리는 데 대한 경각심을 느끼기 시작했다. 그는 무오성만이 성서에 대한 유일하고 일관된 복음주의적 관점이라고 강하게 주장했다. 램은 보다 진보적인 복음주의자들의 영웅이 되었다. 근본주의를 탈피하고자 한 이들은 그의 지도력을 기대했다. 나이가 들수록, 램은 성서의 무오성과 같은 보수적인 믿음을 멀리했다. 반면, 원죄와 그리스도의 신성과 같은 정통주의 교리는 옹호했다.

이번 대화에서 이 둘을 선택한 이유는, 이들이 복음주의 운동의 신학을 가장 잘 대표하기 때문이다. 이 대화에는 일치도 있고 다양성도 있다. 그들은 어떤 부분에서 불일치하지만 대부분에 있어서는 일치한다. 아마도 그들이 불일치하는 가장 큰 부분은 "근대성"이라 불리는 계몽주의와 그 영향에 대한 적절한 복음주의적 태도가 무엇일지에 대해서다. 이 둘이 한 호텔의 남자화장실 문 앞에서 만난다고 상상해보라. 이 호텔에서는 지금 복음주의 신학 협회(Evangelical Theological Society)의 회담과 전국 침례교파 종교학 교수 연합(National Association of Baptist Professor of Religion)의 학회가 진행되고 있다. 헨리는 복음주의 신학 협회의 거물로서 회담에 참석하기 위해 왔으며, 램은 전국 침례교파 종교학 교수 연합의 거물로서 학회에 참석하기 위해 왔다.

대화

헨리　이 호텔의 화장실이 아주 좋군요. 그렇지 않나요? 제 말은, 우리가 이런 사치스런 호텔에서 만날 필요가 정말로 있나 하는 거죠. 대리석 선반에 천으로 만든 손 닦는 냅킨이라! 조금 지나치다는 생각이 드는 군요. 제가 월드 비전(World Vision)에서 가르치고 있기 때문에 잘 알고 있습니다. 우리 미국인들이 제3세계 사람들에 비해 얼마나 더 부유한지를요.

램   동의합니다. 다시 만나게 되어 반갑습니다, 칼. 몇 년 되었네요. ETS의 연례 모임으로 오셨죠? 저는 NABPR 연례 모임 때문에 왔습니다. 그들은 침례교 공동체와 복음주의 운동을 위해 여러 해 동안 수고한 저의 공로를 치하할 것입니다.

헨리   당연히 받아야 할 영예군요! 당신이 만들어내는 책의 양은 실로 어마어마합니다. 그리고 당신의 업적은 대개 건설적입니다.

램   칼, 당신은 항상 말을 거창하게 하는 버릇이 있습니다. 제가 만들어내는 책의 양이 그렇게 어마어마한지는 모르겠습니다. 특히 당신과 비교했을 때 말입니다. 방금하신 약간 애매했던 찬사를 그대로 돌려드리겠습니다. 당신의 저서도 대부분은 건설적입니다.

헨리   손을 다 씻고 나면, 방해받지 않고 앉아서 이야기할 수 있는 복도 구석이나 회의실을 찾아봅시다. 제 저서의 어떤 부분이 건설적이지 않았는지 당신의 입으로 직접 듣고 싶습니다. 원하신다면, 당신의 신학에 대한 제 생각도 기꺼이 말씀드리겠습니다.

램   좋습니다. 그렇게 하죠.

헨리   좋습니다. 미시간 호수가 보이는 저기 저 창가에 앉아서 이야기할까요? 여기서는 방해받지 않을 것 같군요. 당신은 어떨지 모르겠지만, 저는 항상 제 책에 사인해달라고 하는 팬들에게 시달리고 있습니다.

램   글쎄요. 저에게는 그런 일이 그렇게 많이 일어나지 않습니다. 당신은 저보다 훨씬 더 유명하시지요. 「타임」에 등장하신 적도 있고요! 거기엔 당신의 사진도 있었지요!

헨리   저는 그 글의 제목이 너무 싫었습니다. "부흥을 위한 신학"(Theology for the Revival)이었나? 하여간 그것과 비슷한 느낌의 제목이었습니다. 그 제목을 쓴 사람이 누구였든 그는 저의 신학을 전혀 이해하지 못한 사람입니다. 저는 텐트 부흥(tent revival)에 반대하지는 않지만, 텐트에서 진행되는 대부분의 모임과 제 신학 사이에는 특별히 일치하는 부분이 없다고 생각합니다.

램   그렇고말고요. 당신의 신학은 텐트 모임해서 말하는 것과 정반대라고도 할 수 있죠. 그들은 감성에 호소하지만, 당신은 항상 지성에 호소해왔습니다.

헨리   그건 복음주의의 상당 부분이 감정과 느낌에 지나치게 의존하고 있기 때문입니다. 근본주의는 말할 것도 없고요. 너무 많은 복음주의자들이 그들에게 편안함이나 영적인 흥분을 주는 것만 따르고 있습니다. 우리의 신학은 영감된 성서 안에 객관적으로 주어진 하나님의 계시의 확고한 통제를 받아야 합니다. 감정이나 경험 또는 느낌의 영향을 받지 말아야 한다는 것이죠.

램   당신이 그렇게 느낀다는 것을 알고 있습니다. 그러나 "영감된 성서 안에 객관적으로 주어진 하나님의 계시"에 대한 당신의 지나친 강조가 예수 그리스도 안에 나타난 하나님의 인격적 계시를 경시했다는 생각이 드시지는 않나요?

헨리   전혀요, 버나드. 우리는 오직 성서를 통해서 예수 그리스도를 압니다.

램   맞는 말씀입니다만, 우리가 성서의 권위를 믿는 이유는 오직 성서가 하나님의 말씀이라고 증언하시는 예수 그리스도와 성령을 체험하기 때문입니다. 객관과 주관이 그렇게 깔끔하게 나뉠 수 있나요? 저는 잘 모르겠네요.

헨리   주관론은 근대 신학의 독입니다. 슐라이어마허가 도입한 감정에 대한 강조는 무수한 이단을 만들어냈습니다. 우리는 우리의 신학을 성서라는 중요한 기둥이자 강력한 돛대에 단단하게 묶어야 합니다. 그건 오직 우리가 성서를 객관적으로 주어진, 영감 받은, 오류 없는 하나님의 말씀으로 볼 때만 가능합니다.

램　"오직 성서"라는 원칙에서 떠나려는 움직임이 근대 신학을 병들게 하고 있다는 당신의 의견에 동의합니다. 그러나 저는 계시를 성서에만 국한시키는 것은 선호하지 않습니다. 모순적으로 들린다는 것을 압니다만 제 말을 일단 들어주시죠. 계시는 성서보다 더 큰 개념입니다. 사실, 성서가 있기 전에 계시가 있었고 성서가 있은 후에도 계시는 계속 있었습니다. 우리는 성령을 책 속으로 몰아넣을 수 없습니다. 동시에, 우리는 기록된 말씀을 따라 교리를 검토하거나 만들어야 합니다. 성령은 우리를 인도하실 수 있는 분이시며, 반드시 인도하셔야 하는 분입니다. 그리고 우리는 예수 그리스도를 모든 성서를 해석하는 열쇠로 사용해야 합니다.

헨리　왜인가요? 성서는 그 자체를 해석합니다. 그것은 하나님이 명제적으로 주신 계시입니다. 우리가 객관적 해석 규칙을 따르는 한, 성서는 아주 분명합니다. 성령을 성서 해석에 주입하고, 예수 그리스도를 성서에 주입하는 순간 당신은 신정통주의로 향하는 문을 열게 됩니다.

램　그 말에는 과장이 약간 섞인 것 같습니다. 어쨌든 당신은 신정통주의를 지나치게 두려워하고 있습니다. 바르트를 보세요. 그는 성서를 매우 높게 간주했습니다. 하지만 동시에 예수 그리스도를 계시 그 자체로 보며 예수를 성서보다 더 높였습니다.

헨리　그는 성서가 하나님의 말씀이 "된다"고 말했습니다. 그게 바로 실존주의입니다. 그것은 곧 자유주의적 주관주의로 우리를 인도하게 됩니다.

램   바르트의 경우는 그렇지 않았습니다.

헨리   그의 많은 추종자들에게는 그랬죠. 어떤 경우든 우리는 성서를 상대화하지 말아야 합니다. 성서는 광산과도 같습니다. 우리는 반드시 그리고 언제나 그곳에서 교리를 캐야 합니다. 그렇게 되기 위해, 성서는 계시의 도구나 계시의 증인뿐만이 아닌 기록된 하나님의 영감된 말씀이어야 합니다. 바르트와 브루너가 그랬던 것처럼, 성서를 계시의 도구나 계시의 증인이라고 부르는 순간, 당신의 교리는 표류하게 될 것입니다. 성서는 명제적 계시에 대한 책으로 여겨져야 합니다. 성서는 생각에 호소하시는 하나님에 관한 사실을 드러냅니다. 계시는 정신적인 활동입니다. 그리고 하나님에 관한 정보를 지성에 전달합니다.

램   계시가 생각에 호소한다는 데 전적으로 동의합니다. 그러나 계시는 그보다 더 많은 것을 합니다. 계시의 주된 목적은 관계성이며 관계성의 주된 목적은 변화입니다. 하나님은 자신을 드러내 우리를 자신과의 관계 속으로 끌어들임으로써 우리를 변화시키십니다.

헨리   네. 맞습니다. 저도 계시의 주된 요지가 변화라는 데 동의합니다만, 정보 없이 어떻게 변화가 있을 수 있겠습니까? 계시는 우리를 변화시키는 사실들로 구성되어 있습니다. 우리가 그런 사실들을 터득할 때 우리는 변화됩니다.

램   그것은 닭이냐 달걀이냐처럼 무엇이 먼저냐의 문제입니다. 그러나 만일 제가 선택해야 한다면, 저는 계시의 사실이 예수 그리스도 안에서 성령을 통해 우리 삶에서 역사하시는 하나님의 인격적 계시에 비해 이차적이라고 말할 것입니다.

헨리   때때로 저는 당신이 계몽주의에는 아닐지라도 신정통주의에 너무 깊게 빠져 있지 않나 하는 느낌을 가지기도 합니다.

램   저도 때때로 당신이 이 두 주제에 관해 약간 편집증적인 태도를 가지고 있는 게 아닌가 하는 생각을 합니다. 당신이 동의하지 않거나 유해하다고 생각하는 것은 다 계몽주의 그리고/또는 칼 바르트의 신학에서 기인했습니다. 사실 저는 복음주의자들이 계몽주의를 받아들여야 한다고 생각합니다. 그들은 바르트의 신학에서 많은 것을 배울 수 있을 겁니다.

헨리   어떻게 그런 말을 할 수 있죠? 계몽주의와 바르트의 신학이 우리 기독교에 어떤 해를 끼쳤는지 보세요. 계몽주의는 자연주의, 과학주의, 회의주의만 만들어냈습니다. 계몽주의 종교는 복음과 극명한 대조를 보입니다. 그것은 인간 중심적이지, 하나님 중심적이지 않습니다. 바르트는 계시를 역사에서 들어내고 그것을 비명제적으로 만들었습니다. 그렇게 함으로써 그는 많은 이단이 생겨날 수 있는 문을 열어주었습니다. 이런, 그는 예수의 부활이 역사적인 사건이라는 것도 부인했죠!

램   그 부분은 틀렸다고 생각합니다, 칼. 『교회교의학』을 다 읽으신 건가요 아니면 부분적으로만 읽으신 건가요? 첫 권 이후부터 바르트는 부활이 육체적으로 일어났다는 그의 믿음을 분명히 기술했습니다. 그건 불트만에 반대하는 일이었습니다. 바르트는 부활이 시간과 공간 안에서 일어났던 일이라고 주장했습니다. 다만 그게 역사적으로 입증될 수 없다고 생각했을 뿐입니다.

헨리   역사적으로 입증될 수 없는 사건이 어떻게 역사적일 수 있나요? 당신은 바르트에게 너무 관대합니다. 그에게도 장점은 있지만, 대체로 그는 복음주의적 믿음에 위험한 인물이 틀림없습니다.

램   음, 여기서 우리 의견이 갈릴 것 같습니다. 역사적으로 입증할 수 없지만 역사적일 수 있는 것에 대해 잠시 말씀드리고 싶군요. 바르트의 요지는 이것입니다. 부활은 계시적인 사건이지, 일반적인 역사 속에서 일어난 사건은 아니라는 겁니다. 부활은 시간과 공간 안에서 일어났지만 어떤 자연적인 요인도 가지고 있지 않으며 전적으로 유일무이합니다. 역사가들은 일상적이고 반복되는 것들을 연구하지, 기적적이고 유일무이한 것을 연구하지는 않습니다. 솔직히 저도 부활을 입증할 수 있다고 생각하지만, 이런 점에 있어서는 바르트에게 동의합니다.

헨리   아무래도 성서의 본질에 대한 우리의 의견은 일치하지 않을 것 같습니다. 당신은 계시의 주요 요지가 정보가 아닌 변화라고 하셨습니다. 성서가 축자영감된 오류 없는 하나님의 말씀이란 걸 믿으시나요? 이런 확증이야말로 우리 복음주의 신앙의 핵심입니다.

램   아니요. 저는 동의하지 않습니다. 예수 그리스도와 그의 십자가야말로 핵심입니다. 성서는 영감된 것이지만 예배의 대상이 될 수는 없습니다. 당신이 그걸 경배하지 않는다는 걸 알지만, 성서에 대한 당신의 강조는 성서를 거의 우상으로 만들고 있습니다. 에밀 브루너는 성서에 대한 당신의 견해를 "종이 교황"이라고 묘사했습니다. 조금 가혹하게 들리긴 하지만, 왜 그런 말을 했는지 알 수 있을 것 같군요. 네, 성서는 영감된 것이지만, 성령의 인도 없이 우리는 그것이 하나님의 말씀인지도 모를 것이며 이해할 수도 없을 것입니다.

헨리   잠시만요. 지금 하신 "성령 없이는 성서를 결코 이해할 수 없을 것이다"라는 발언은 성서의 계시를 뭔가 굉장히 비밀스러운 것으로 만들고 있습니다. 성서의 진리는 공적 진리입니다. 생각을 할 수 있는 사람은 다 성서를 이해할 수 있습니다.

램   그렇다면 왜 사람들이 그것을 이해하지 못하나요?

헨리　왜냐하면 그들에게는 죄가 있으며 마음이 완강하여 그것을 깨닫기를 원하지 않기 때문입니다. 성서는 그들이 변화하기를 요구합니다. 하지만 그들은 이를 원하지 않죠. 우리의 과제는 그들에게 성서의 진리를 계속해서 보여주는 것입니다. 그리고 이성이 참이라고 말하는 것에 복종하도록 호소하는 것이죠.

램　제가 볼 때 당신은 성서를 믿는 우리의 믿음을 믿음의 문제가 아닌 사실의 문제로 만들고 있는 것 같습니다.

헨리　음, 어느 정도까지는 그렇습니다. 잘못을 인정합니다. 성서가 모든 삶에 있어서 권위적이라는 것은 적절한 전제입니다. 우리는 그것을 믿기 위해 그것을 증명할 필요가 없지요. 하지만 그것을 믿어야 할 많은 이유는 있습니다. 모든 세계관에는 그것을 시작하게 하는 전제가 있습니다. 우리는 성서로부터 시작하죠. 성서에 대한 우리의 믿음은 유례를 찾을 수 없는 가장 최고의 계시가 되어줍니다. 우리의 세계관은 다른 어떤 견해보다 삶에 대한 사실을 더 잘 설명해줍니다.

램　성서가 그렇게 한다는 데 동의합니다. 그러나 성서를 하나님의 말씀으로 알고 그것을 이해하기 위해서는 믿음이 있어야 합니다. 많은 합리적인 사람들은 그것의 권위를 보지 못합니다. 그리고 이해하지도 못하지요. 그건 그들에게 성령으로부터 온 믿음이 없기 때문입니다.

헨리　그렇다면 무오성에 관해 이야기해보죠. 성서는 하나님의 말씀이며 오류가 없습니다. 그것은 어떤 오류의 혼재도 없이 하나님에 관한 진리를 전달하죠. 동의하시나요?

램　성서에 오류가 없다는 데에는 동의합니다. 성서는 항상 하나님에 관한 진리를 전달하지요. 우리가 믿음을 가지고 성서에 접근하면, 성서는 항상 우리에게 예수 그리스도와의 만남을 허락해줍니다. 그러나 저는 "오류가 없다"라는 말을 그렇게 좋아하지 않습니다. 그 말은 성서에는 최소한의 실수도 없다는 것을 함의합니다. 그것에 대해서는 확신을 가질 수가 없네요.

헨리 아시다시피, 우리가 사용하는 성서에는 오류가 있습니다. 성서의 무오성은 성서 원본의 무오성을 뜻하는 것입니다. 우리에게 그 원본들이 있었더라면, 예언자들과 사도들에 의해 처음 기록되었던 것처럼 성서에는 어떤 오류도 없었을 것입니다.

램 그게 무슨 소용인가요?

헨리 성서가 무오하지 않다면, 성서에는 권위가 없습니다.

램 만일 원본만 무오하다면, 이 세상에는 어떤 권위 있는 성서도 존재하지 않습니다! 그게 무슨 소용이 있나요?

헨리 그 질문에 대한 답을 알고 계실 텐데요. 우리는 성서 원본을 재구성하기 위한 시도인 본문비평(textual criticism)을 수행하는데 그것의 요지는 권위 있는 본문을 세우기 위함입니다. 본문비평을 통해 우리는 원본에 더 가까이 갈 수 있습니다. 따라서 무오한 원본에 가장 가까운 역본이야말로 가장 권위 있는 성서라고 할 수 있지요.

램 네, 그렇습니다. 그러나 아무리 재구성이 잘 되어 있으며 번역이 잘 되어 있는 역본이라고 할지라도 원본에는 미치지 못합니다. 그렇기 때문에, 만일 권위가 무오성과 밀접하게 연결되어 있으며, 오직 성서의 원본만이 무오하다면, 우리에게는 완전한 권위를 가진 성서가 있을 수가 없습니다. 그래서 저는 성서의 권위를 성령에 의존하고자 합니다. 성령은 성서에 영감을 주었고 우리가 그것을 읽고 연구할 때 우리를 일깨워줍니다.

헨리 음, 당신의 접근법이 주관주의라는 몰락의 길로 들어설까 봐 걱정입니다.

램 장 칼뱅은 그렇게 되지 않았습니다. 그는 성서의 권위가 성령에 있지, 문자에 있지 않다고 가르쳤습니다.

헨리 그러나 그는 성서의 무오성도 믿었습니다.

램 바로 그곳이 계몽주의가 우리를 우리의 신학 선조들로부터 갈라놓는 지점입니다. 우리는 마치 비평 사상이 일어나지 않았던 것처럼 신학을 할 수 없습니다. 우리는 성서의 세계관이 문화적이라는 것을 이제 알았습니다. 그리고 근대적 기준으로 볼 때, 그것에 심각한 결함이 있다는 것도 알게 되었지요. 우리 복음주의자들은 우리의 신학을 근대 세계가 말하는 중요한 사실들에 순응하도록 만들어야 합니다. 그렇지 않으면 우리도 갈릴레이 시절의 가톨릭교회처럼 될 수 있으며 분명히 알려진 것도 인정하려 하지 않는 반계몽주의자(obscurantist)처럼 보일 수 있습니다.

헨리 성서 저자들이 우주를 바라보는 관점은 무오성을 포기하지 않은 원시적인 관점이었다는 것을 인정합니다. 무오성은 자연에 대한 현상학적 언어를 감안해줍니다. 그들은 단순히 그들이 보았던 것을 표현하고 있었습니다. 그건 우리가 태양이 아침에 떠오른다고 말하는 것보다도 오류가 없습니다. 물론 태양은 떠오르지 않습니다. 그러나 어느 누구도 그것을 오류라고 간주하지 않습니다.

램 오, 하지만 그보다는 훨씬 더 깊이 들어갑니다. 성서는 나타나는 것만 알려주지 않습니다. 성서는 사실인 것도 주장하지만 가끔은 "지구의 네 구석"과 같은 근대적 기준으로는 전혀 사실이지 않은 것들도 주장합니다. 그건 현상학적 언어가 아닙니다. 왜냐하면 어느 누구도 지구의 네 구석을 "보지" 못했기 때문입니다. 그 부분에 있어서는 성서의 저자가 틀렸습니다. 그러나 저는 그런 부분이 성서의 권위에 영향을 미쳐서는 안 된다는 데에는 동의합니다. 이는 성서의 권위가 자연에 대한 결점이 없는 견해를 전달하는 데 있지 않기 때문입니다. 성서의 권위는 우리의 구원에 필요한 진리를 전달하는 데 있습니다.

헨리   글쎄요, 당신이 이 두 종류의 진리를 어떻게 구별하시는지 모르겠습니다. 성서가 주장하거나 가르치는 어느 것에서라도 결점이 있다면, 성서는 신뢰할 수 없는 것이 됩니다.

램   꽤 극단적인 진술처럼 들리네요. 기준이 너무 높으신 것 같습니다. 아니면 충분히 높지 않은 걸 수도 있겠네요. 너무 높다고 말한 것은, 어느 인간의 책도 그것에 부응할 수 없기 때문입니다. 자, 여기서 성서는 인간이 쓴 책인 동시에 신적이라는 걸 잊지 말도록 합시다. 충분히 높지 않다고 한 것은, 당신의 견해가 성서가 사실을 말하는 책이라는 점에만 초점을 맞추고 있기 때문입니다. 성서는 사실뿐만 아니라 시, 비유, 지혜의 말씀과 같은 다른 많은 장르를 포함한 책이죠.

헨리   그러나 하나님의 말씀의 시적 표현에서도 명제적 진리를 이끌어낼 수 있으며 또 이끌어내야 합니다.

램   왜 그렇게 해야 하죠? 진리가 이야기나 상징이나 시를 통해 전달될 수 없나요?

헨리   그들이 명제가 될 수 있는 경우에만 가능하지요.

램   글쎄요, 그건 다소 일차원적으로 느껴지네요. 확실히 진리는 단순한 사실 그 이상입니다. 예수도 "나는 길이요 진리요 생명이다"라고 말씀하셨습니다. 분명히 그는 자신이 명제이거나 일련의 명제라고 하지 않았습니다.

헨리   그러나 예수를 명제로 만들지 못하는 이상, 예수는 여전히 우리에게 수수께끼로 남을 것입니다.

램 우리가 이에 관해 동의할 수 있을지는 모르겠습니다. 제 생각에 우리의 주된 차이점은 여기에 있습니다. 당신에게 복음주의란 주로 성서에 대한 특정한 태도를 가지는 것을 말하지만, 저에게 복음주의란 예수 그리스도의 복음을 고수하며 그 복음을 전 세계에 전하는 것을 말합니다. 성서는 우리에게 복음을 가져다주기 때문에 중요하지만 그것이 복음주의적 신앙의 중심은 아닙니다. 예수 그리스도와 구원이야말로 복음주의 신앙의 중심입니다.

헨리 당신 말이 맞습니다. 우리의 의견은 극과 극을 달리고 있네요. 제가 성서를 복음주의 신앙의 중심에 두는 건 제가 성서를 경배해서가 아니라 성서 없이는 예수 그리스도나 복음에 대해 알 수 있는 게 없기 때문입니다.

램 아이고. 중간 휴식 시간이 한참 지난 것 같습니다. 위층에 있는 NABPR 학회 모임에 가봐야겠습니다. 이 대화를 이어갈 수 있는 기회가 또 생기길 바랄 뿐입니다.

헨리 그게 무슨 소용이 있을지는 모르겠지만, 저에게 복음주의적 신앙의 진리에 대해 더 배우기 원하신다면 그렇게 해도 괜찮을 것 같습니다.

분석

복음주의는 다양한 모습을 지닌 운동이다. 복음주의 신학은 복음주의자들의 근본적인 믿음 및 실천과는 종종 다른 모습을 가지고 있다. 헨리와 램은 정형화된 복음주의 부흥운동이 주는 이미지와는 거리가 멀다. 둘 다 아주 지적인 학자였다. 램은 신학자가 되기 전에 과학을 공부했고 헨리는 보스턴 대학교에서 받은 박사학위를 포함해 두 개의 박사학위를 보유했다.

이 두 명은 20세기 복음주의 신학의 최고 사상을 대표하고 복음주의 신학의 두 진영인 보수 진영과 진보 진영을 각기 대표하기 때문에 이 대화의 참가자로 선정되었다. 헨리의 추종자들은 성서를 일관된 복음주의적 관점으로 보기 위해서는 성서의 무오성이 중요하다고 주장했다. (헨리 자신도 이것이 복음주의자가 되는 일에 필수적이라고 생각하지 않았지만, 일관된 복음주의자가 되기 위해서는 필수적이라고 믿었다.) 램의 추종자들은 계속해서 성서를 명제적 계시 그 이상의 것으로, 그리고 명제적 계시와는 다른 것으로 봤다(비록 성서는 확실히 명제를 포함할지라도). 그들은 이야기 신학을 탐구하기 시작했으며 탈근대성과 성서를 아직 체계화되지 않은 교리적 믿음의 체계로 보기보다는 "떼오드라마"(theodrama, 성서의 신학적 의미를 해석해 그 의미를 상징적으로 표현하는 기독교 예술–편집자 주)로 보는 복음주의적 견해와의 교차 지점도 탐구하기 시작했다.

이 대화는 복음주의 신학자들 사이에서 지속되는 긴장감을 얼마간 드러낸다. 헨리는 신적 계시를 정신적 활동으로 본다. 하나님은 자신을 드러내실 때, 자신에 대한 진리를 드러내신다. 이 진리는 사실에 입각한 진술이 될 수 있는 진리다. 헨리는 합리주의자였다. 그는 기독교가 참이라고 믿었다. 이는 기독교가 그것의 내적 일관성과 설득력을 바탕으로 가장 일관성 있는 세계관과 인생관으로 입증될 수 있기 때문이다. 그러나 기독교의 근본을 말할 때, 그는 합리주의자가 아니었다. 그는 두 개의 원리(axioms), 즉 하나님의 원리와 성서의 원리가 그 근본을 형성한다고 믿었다.

헨리에 따르면, 성서의 하나님을 증명할 수 있는 것이 없으며, 성서의 권위도 증명할 수 있는 것이 없다. 둘 다 단순히 전제되어야만 한다. 그러나 모든 삶에 대한 철학은 증명할 수 없는 가정으로부터 시작한다. 이런 가정은 그것으로부터 생겨난 일관성이 있는 세계관에 의해 합리적으로 검증되어야 한다.

헨리의 비평가들과 많은 복음주의자들은 기독교를 믿음의 합리적 체계로 축소하려는 그의 경향에 대해 우려를 표했다. 비록 램이 헨리를 공격한 적은 없지만, 복음주의 신학에 대한 헨리의 접근에 대해 그가 어떤 반응을 보였는지는 알아차리기가 어렵지 않다. 1972년에 램은 『차이를 만드시는 하나님: 이성에의 기독교적 호소』(The God Who Makes a Difference: A Christian Appeal to Reason)라는 얇은 복음주의 변증서 한 권을 출간했다. 거기서 그는 전제주의(presuppositionalism)와 증거주의(evidentialism)로부터 돌아섰으며 합리주의를 배척하는 이성에 겸손히 호소하기 시작했다. 기독교 진리에 대한 그의 태도는 삶의 경험에 대한 전체론적 견해와, 기독교 계시가 어떻게 다른 세계관과는 달리 삶의 궁극적인 질문을 만족시키는지에 달려 있었다. 다시 말하면, 그는 신앙주의자(fideist, 맹목적 신앙에 의한 믿음)도 합리주의자도 아니었다.

신적 계시에 대한 램의 접근법은 1961년 『특별계시와 하나님의 말씀』(Special Revelation and the Word of God)에서 제시되었다. 거기서 그는 성서의 영감과 권위를 인정했지만 무오성에 대한 흔한 보수주의적이고 복음주의적인 호소는 피했다. 그가 성서에는 실수가 없다고 믿었다고 말하는 편이 안전할 것 같다. 간단히 말하면, 그는 성서에 대한 고등한 견해(high view of Scripture)를 주장했다. 탈보수적인 복음주의자들은 램을 그들의 멘토와 모델로 간주하는 경향이 있는 반면에, 보수주의 복음주의자들은 헨리의 지도를 기대했다.

더 읽을 책

Carpenter, Joel. *Revive Us Again: The Reawakening of American Fundamentalism*. New York: Oxford University Press, 1997.

Dorrien, Gary. *The Remaking of Evangelical Theology*. Louisville: Westminster John Knox, 1998.

27

20세기 로마 가톨릭 신학자 라너가
논쟁적이지만 영향력 있는 이론들에 관해 인터뷰하다

배경

많은 이들에 따르면, 칼 라너(Karl Rahner)는 20세기의 가장 영향력 있는 가톨릭 신학자였다. 그는 1904년에 태어나서 1984년에 죽었다. 그의 신학적 산물은 심오하고 방대하다. 라너는 많은 책과 논문을 독일어로 집필했으며 그의 저술들은 즉시 번역되었다. 가장 많이 알려진 저술은 『세계의 영』(Spirit in the World, 1936)과 『말씀을 듣는 자들』(Hearers of the Word, 1941)이다. 1976년에 그는 신학에서 그의 필생의 업적을 요약한 『기독교 신앙의 기초』(Foundations of Christian Faith)를 출간했다. 23권으로 된 『신학적 탐구』(Theological Investigations)는 그의 에세이와 논문을 모은 책이다.

라너는 미묘한 신학자여서 그의 사상은 파악하기가 어렵다. 그러나 어떤 논제는 상대적으로 분명하며 그의 저술 전체에 걸쳐 다뤄지고 있다. 이는 인터뷰에서 드러날 것이다. 폴 틸리히처럼, 라너도 지성인들을 위한 사도였다. 그는 교육받은 20세기 사람들에게 가톨릭 신앙을 이해시키려 노력했다. 그가 있던 곳은 유럽이었지만 그의 책은 수많은 언어로 번역되어 세계 전역, 특히 가톨릭 신학교에서 읽히고 연구되고 있다. 그는 무신론자와 불가지론자들과 대화를 나누면서 하나님을 믿는 것이 비합리적인 것이 아니며, 오히려 인간 경험에서는 하나님을 믿는 것이 불신보다 더 합리적이라는 걸 보여주려고 노력했다.

라너는 가톨릭교회의 독실한 신자였지만, 신학에서 위험을 무릅쓰는 것을 두려워하지 않았다. 그는 성서나 전통에서 시작하지 않고, 인간 경험을 기반으로 자신의 신학적 탐구를 시작했다. 그의 신학 방법론은 "초월적 방법론"(transcendental method)으로 알려져 있다. 이는 우리 자신에 대한 경험과 우리 주변 세계에 대한 경험을 설명하기 위해 실재에 있어서 무엇이 반드시 참이어야 하는지를 알아내려는 노력을 말한다. 가톨릭 신학은 전통적으로 자연 신학(하나님의 존재에 대한 증명 등등)으로부터 시작한다. 라너는 자연 신학의 자리를 "기초 신학"(fundamental theology, 어떤 이들은 근본주의와의 혼동을 피하기 위해 "foundational theology"를 사용한다)으로 대체했다. 기초 신학은 교리가 세워질 기초를 마련한다. 정상적으로 작동하는 정신과 감각을 가진 사람은, 하나님이 모든 인간의 원초적인 경험의 필수적인 "지평"이라는 것을 알 수 있다고 라너는 믿었다. 이 지평이 우리가 바라봐야 하는 방향이며 가야 하는 방향이다.

라너는 전통적인 자연 신학과 신 존재 증명에 관심이 없었다. 그러나 가톨릭 신학자들은 토마스 아퀴나스의 신학을 규범으로 간주했고 토마스는 자연 신학을 강조했다. 그런 이유와 또 다른 이유로, 바티칸은 1970년대에 라너에 대한 심사를 시작했다. 그는 1962년부터 1965년까지 로마에서 열렸던 제2차 바티칸 공의회의 유력 인사였다. 그러나 요한 바오로 2세가 1978년에 교황이 된 이후로, 라너는 전통적인 가톨릭 사상의 수정주의자(revisionist)라는 의혹을 받게 되었다. 그러나 CDF(Congregation for the Doctrine of the Faith, 신앙교리성. 종교재판의 새 이름)의 조사로 나온 것은 아무것도 없었다. 그는 결국 이단이라는 혐의로부터 벗어났다. 그럼에도 불구하고 보수 가톨릭 신학자들과 주교들, 즉 "통합주의자들"(integralists, 종교적 확신이 정치적·사회적 행동을 지배한다는 신념을 지닌 자들—역주)은 라너가 근대 철학을 지나치게 많이 수용했다고 보는 경향이 있다. 그는 실존주의의 영향을 받았다. 하지만 두 번의 세계대전을 겪었던 유럽과 북미의 대부분의 기독교 신학자들도 그랬다.

라너는 칼 바르트와 폴 틸리히(21-23장을 보라)와 비교되어왔다. 그의 신학적 산물은, 그들보다는 많지 않을지라도 그들만큼 많다. 바르트와 틸리히가 각자 다른 방식으로 개신교 신학을 20세기와 연관지은 것처럼, 라너도 가톨릭 신학을 20세기와 연관되게 만들었다. 이 가상의 대화에서 라너는 인생의 끝자락에 와 있다. 그는 독일 뮌헨 대학교(University of Munich) 근처에 살고 있다. 바티칸 가톨릭의 한 주요 신문사가 그를 인터뷰하기 위해 기자를 보냈다. 이 가상의 대화는 꽤 보수적이다.

대화

기자 라너 신부님, 신부님도 아시다시피, 우리 독자들은 전통적인 가톨릭 신자들입니다. 그들은 신부님을 움직이게 하는 원동력이 무엇인지 알고 싶어 합니다. 로마에는 신부님이 숨은 자유주의자이자 교리 수정주의자라는 말이 있던데, 그게 사실인가요?

라너 기자님이 제 비평가들이 아닌 소문의 근원지로 바로 오신 걸 고맙게 생각합니다.

기자 오, 걱정 마세요. 우린 그들도 인터뷰할 겁니다.

라너 그러실 거라면, 제가 지금 여기서 하는 말을 유념해두시기 바랍니다. 저는 교리 수정주의자가 아닙니다. 그리고 그들이 비난하는 것처럼 근대주의자도 아닙니다.

기자 하지만 신부님은 신부님의 신학적 사변에서 무신론 철학을 사용하셨습니다. 그렇지 않나요?

라너 가장 위대한 교회 교부들도 그리스와 로마의 이교 철학 사상을 전유했습니다. 그러지 않았나요? 그리고 우리가 사랑하는 천사 박사인 토마스 아퀴나스도 그리스 철학자인 아리스토텔레스의 사상을 꽤 많이 빌렸습니다. 그렇죠?

기자 　신부님의 요지가 무엇인가요?

라너 　존경하는 기자님, 제가 말하고자 하는 건 신학은 언제나 철학과 대화를 나누고 있다는 것입니다. 이 철학이 반드시 기독교나 유신론 철학인 것은 아닙니다. 저는 새로운 것을 하고 있는 게 아닙니다.

기자 　그렇다면 실존주의 철학자들, 특히 신부님이 자주 인용한 마르틴 하이데거(Martin Heidegger)에 대해서는 어떻게 생각하시는지요? 그와 같은 무신론자의 사상을 사용하는 게 우리 믿음의 순수 진리를 변질시킬 위험을 주지 않을까요?

라너 　저는 그의 사상뿐 아니라 모든 철학자의 사상을 비판적으로 사용합니다. 저는 누구도 제 신학 구성에 지나친 영향을 끼치지 못하게 합니다. 기자님은 제 연구를 "신학적 사변"이라 부르시지만 저는 "구성"이라 부르는 걸 선호합니다.

기자 　우리 독자들에게 신부님이 실존주의 철학을 어떻게 비판적으로 사용하시는지 설명해주시죠.

라너 　20세기 실존주의 철학자들은 인간 조건을 탐구합니다. 그리고 원하지도 않았는데 이 세상에 던져진 인간 조건이 처한 곤경이 무엇인지 밝힙니다. 그들은 우리 인간이 어떻게 죽음을 향해 살아가는지, 우리의 삶이 절망까지는 아니라 해도 어떻게 염려에 의해 얼룩져 있는지를 보여줍니다. 왜냐하면 인간에게는 안전과 의미와 소망을 위한 견고한 기반을 찾을 수 있는 능력이 없기 때문입니다. 저는 인간 조건에 대한 이런 생각을 사용해 안전과 의미와 소망의 유일한 원천이 되신 하나님을 가리키는 질문을 합니다. 저는 무신론자들이 하듯이 절망이나 자기 스스로가 결정한 의미에 안주하지 않습니다.

기자 네. 그런데 왜 신부님은 그냥 가톨릭 신학이나 자연 신학에서 시작하지 않으시는 건가요? 하나님의 존재에 대한 증명 말입니다.

라너 그런 것들로는 무신론과 허무주의의 경향을 보이는 20세기 사람들을 설득할 수 없습니다. 그들이 우리의 말에 귀 기울이길 원한다면, 우리는 그들의 자리에서 그들이 가지고 있는 질문으로 시작해야 할 필요가 있습니다.

기자 우리 독자들이 신부님의 좋은 의도에 공감할 것이라고 확신합니다. 하지만 그중 일부는, 어쩌면 우리의 교황 성하(Holy Father)까지도 신부님의 그런 의도가 세속주의와의 타협으로 이어지는 것은 아닌지 궁금해하실 수 있습니다. 신부님도 파멸로 향하는 길이 무엇으로 만들어졌는지 아시지요!

라너 네, 네. 좋은 의도라. 음, 이거 하나만 말해드리겠습니다. 독자들에게도 분명하게 말씀해주시길 바랍니다. 저는 교회의 신실한 아들입니다.

기자 하지만 신부님이 처음으로 제출한 박사 논문이 세속철학의 영향을 너무 많이 받았다는 이유로 반려되지 않았나요?

라너 네, 그렇게 하셨던 신부님들과 신학자들은 우리 가톨릭이 세속주의에 항복하지 않으면서 근대 및 근대의 사고방식과 타협해야 한다는 사실을 이해하지 못했습니다.

기자 그렇다면 신부님이 어떻게 우리의 유서 깊은 자연 신학이나 전통을 통하지 않고 가톨릭 신학에 접근하셨는지 설명해주시죠.

라너 저는 제 접근 방법을 "초월적 방법론"이라 부릅니다. 그게 제가 기초 신학을 하는 방법입니다. 이 방법론은 전통적인 자연 신학을 대신

합니다. 기본 원리는 이렇습니다. 현실태가 있는 곳에는 가능태가 있어야 합니다. 다른 말로 하면, 어떤 현상을 보았을 때, 우리는 현상을 존재하게 하는 조건 또한 존재한다는 것을 반드시 전제해야 합니다. 그 조건이 보이지 않는다고 해도 말입니다. 인간 존재를 탐구하면, 인간이 된다는 것은 질문자가 된다는 것을 의미함을 알게 됩니다. 인간이 동물과 다른 이유는 인간이 삶의 궁극적인 질문을 던진다는 데 있습니다. 우리는 진리와 지식을 추구합니다. 그리고 우리는 우리가 죽을 것을 압니다. 그래서 죽음 너머의 삶에 관해서도 질문하죠.

우리로 하여금 질문하게 하고 추구하게 하며, 과학과 철학을 통해 새로운 지식을 발견함으로써 우리의 조건을 근본적으로 바꾸게 만드는 우리의 능력의 원천은 무엇인가요? 그 원천은 스스로 존재하는 무한한 지평이신 하나님입니다. 우리가 질문하는 모든 것에 우리는 대답을 전제하고 있습니다. 우리가 하는 질문은 우리가 우리 자신 너머로부터 오는 말씀에 귀 기울여야 한다는 걸 말해주고 있습니다. 그 말씀은 하나님으로부터 옵니다. 그 말씀을 듣고 그 말씀에 따라 살게 하는 우리의 능력은 우리가 그저 스스로를 의식하는 물질 그 이상이라는 걸 말해주고 있습니다. 우리는 세상 속에 있는 영이며, 성령은 이런 우리를 하나님 안에 있을 우리의 운명을 향해 끌어당기고 계십니다.

기자 와우! 뭔가 굉장히 심오하군요. 그러니까 신부님이 하시는 말씀은, 무신론은 우리가 우리 자신에 관해 알고 있는 것에 대해 일관적이지 않다는 거군요.

라너 근본적으로는 그렇습니다. 저는 하나님의 존재를 직접적으로 증명할 수 있다고 주장하는 것이 아닙니다. 하지만 인간 존재에 대한 저의 연구는 하나님이야말로 우리의 가장 원초적인 질문에 대한 유일한 답이라는 걸 말해줍니다. 하나님이 없다면 우리는 허무주의에 빠지게 됩니다.

기자   그러나 지금 말씀하시는 이 하나님은 다소 모호합니다. 어떻게 그분 혹은 그것이 기독교가 말하는 계시와 전통의 하나님과 연관되어 있는가요?

라너   그 두 분은 같은 하나님이십니다. 그러나 그를 인격적으로 알기 위해, 우리에게는 인간 조건의 질문 중 하나인 하나님 자신에 대한 계시뿐만이 아닌 그의 역사적 계시가 필요합니다. 이런 이유로, 우리가 기독교 계시 안에서 찾은 답이야말로 인간 실존이 제기한 질문의 답으로 적합합니다. 예수 그리스도 안에 있는 역사적 계시는 인간의 초월적 연구에 의해 밝혀진 필요성에 호소하고 있습니다.

기자   그러니까 지금, 인간은 초자연적인 도움 없이도 하나님을 알 수 있다고 전제하시는 건가요? 다시 말하자면, 하나님이 존재하시며 우리를 돌보기까지 하신다는 것을 알기 위해 하나님으로부터 직접적인 말씀을 받을 필요가 없다는 의미인 거죠?

라너   저는 인간에게 하나님의 말씀을 듣고 순종할 수 있는 능력이 있다고 믿습니다. 이 능력은 우리 각자 안에 내재되어 있습니다. 그것은 우리가 가진 선천적 자질입니다. 그러나 그 자체만으로는 하나님에 대한 인격적 지식이나 구원을 얻지 못합니다. 하지만 하나님은 그의 자비 안에서 모든 사람에게 "초자연적 실존"(supernatural existential)이라는 은혜를 끼치십니다.

기자   우리 독자들에게 그것에 대해 설명해주시길 바랍니다. 뭔가 모순적으로 들리네요. "실존"은 본질적으로 인간에게 속하는 것입니다. 그러나 "초자연적"이란 말은 저편에서, 하나님으로부터 와서 자연에 덧붙여진 걸 가리킵니다.

라너 맞습니다. 둘 다입니다. 초자연적이라고 한 것은 그것이 하나님으로부터 온 선물이기 때문이고, 실존이라고 한 것은 모든 사람이 그걸 가지고 있기 때문입니다. 그러나 이건 모든 사람이 지니고 있는 선천적 자질이 아닙니다.

기자 이 초자연적 실존이 하는 것이 무엇이죠?

라너 그것은 우리의 인간성을 고양시켜 하나님께 향하도록 합니다. 그것은 하나님을 인격적으로 알게 하고 응답하도록 하는 특별한 능력을 우리에게 줍니다.

기자 그러니까, 우리가 단순한 인간 그 이상이란 말이신가요?

라너 맞습니다. 하나님의 은혜로 인간은 그냥 인간이 아니게 되었습니다. 우리 모두는 하나님이 우리에게 주신 특별한 능력을 가지고 있습니다. 그 능력은 우리로 하여금 우리의 순전한 인성을 초월하도록 하며 하나님께 나아가게 하고 그의 구원하시는 은총의 선물을 받게 합니다. 저는 철학이 사물의 의미를 더 깊게 알고 이해하기 위한 탐구 속에서 이것을 가리키고 있다고 생각합니다.

기자 그렇다면 모든 인간은 이미 하나님과 관계를 맺고 있는 건가요?

라너 그렇고말고요.

기자 오, 조심하시죠! 그게 바로 보편주의라는 이단 아닌가요?

라너 전혀 그렇지 않습니다. 하나님과 관계를 맺고 있다고 해서 구원을 받는 건 아닙니다. 모든 사람은 하나님 앞에 서야 하며 하나님의 은혜에 힘입어 그의 구원을 받게 됩니다. 그러나 우리는 믿음과 사랑의 힘으로 그것을 받아야 합니다.

기자 그렇군요. 알겠습니다. 그렇다면 이것이 전통적인 가톨릭 신학과 어떻게 다른가요?

라너 형식만 다릅니다. 본질은 다르지 않고요. 대신 저는 세례 받지 못한 사람들도 하나님을 진정으로 알 수 있다고 믿습니다. 그들이 초월적 실존의 빛을 따라 하나님을 향해 간다면 말입니다. 그 여정의 언제 어디선가, 그들은 예수 그리스도 안에 있는 하나님의 역사적 계시와 만나게 될 것입니다.

기자 세례 받지 못한 사람들도 구원받을 수 있다고요? 교회 밖에는 구원이 없다는 믿음에 관해서는 어떻게 생각하세요? 신부님도 알다시피, 우리의 교회 교부인 키프리아누스는 "누구든지 교회를 어머니로 모시지 않는 자는 하나님을 아버지로 모실 수 없다"고 말씀하셨습니다.

라너 그러나 누가 하나님의 교회의 경계가 어디까지라고 결정적으로 말할 수 있나요? 교회에 정식으로 소속되어 있지 않은 사람도 하나님의 은혜와 자비로 인해 신비스런 방식으로 그리스도와 한 몸이 될 수 있지 않을까요?

기자 그런 가능성도 배제할 순 없겠죠. 그러나 세례 받지 못한 자들도 구원받을 수 있다면, 복음을 전하고 사람들을 하나인 참된 교회로 인도하는 동기가 무엇인가요?

라너 그렇다면 세례를 받을 기회가 없었고 그리스도의 가시적이고 제도화된 교회의 일부가 될 기회도 없었던 수많은 사람은 그냥 지옥으로 가는 건가요?

기자 신부님이 의도하시는 바를 알겠습니다. 그건 많은 근대인들의 관심사이기도 하죠. 그것에 대한 해답도 가지고 계신가요?

라너 네. 저는 제 신학에 "익명의 그리스도인들"(anonymous Christians)을 위한 자리를 마련해두었습니다.

기자   네, 로마에서 그것에 대해 전해 들었습니다. 그 사상 때문에 바티칸이 신부님을 조사하는 게 아닌가 싶습니다.

라너   그런가요? 그것에 대해 들은 바가 없습니다.

기자   네, CDF가 신부님에 대한 조사를 시작했습니다.

라너   그러니까, 제가 또 종교심판의 조사 대상이 되었다는 말이네요. 그렇죠?

기자   네, 그렇다고 들었습니다.

라너   훌륭한 분들이 받았던 대접을 제가 받는군요.

기자   이제 "익명의 그리스도인"에 대해 설명해주시죠.

라너   기꺼이 해드리죠. 그들이 살아내는 사랑의 삶은 그리스도에 대한 암묵적인 믿음을 나타내기에 비록 그들이 그리스도의 교회의 일원이 아니라 할지라도 그들은 그리스도의 제자들입니다.

기자   명백히 복음을 거부하는 사람조차도 익명의 그리스도인이 될 수 있나요?

라너   네. 무신론자도 익명의 그리스도인이 될 수 있습니다.

기자   무신론자도요? 정말로요?

라너   물론입니다. 사람들을 그리스도인으로 만드는 것은, 그들 속에 있는 초자연적인 실존의 빛을 따르는 데 있으며, 그 빛이 우리에게 사람들을 사랑하면서 살도록 준 능력을 사용하는 데 있습니다. 이렇게 하는 사람은 누구든지 그리스도의 명령을 준수한 사람입니다. 그렇게 하는 사람은 그리스도의 명령에 따르는 사람이며, 심판의 날에 그리스도의 것으로 인정될 것입니다.

기자   매우 급진적으로 들립니다. CDF가 신부님을 조사할 만하군요.

라너   저를 불안하게 만들고 계십니다. 그것에 대해 그만 언급하셨으면

합니다.

기자 아시다시피, 그들은 더 이상 사람들을 화형 시키지 않습니다.

라너 그걸 재미있다고 해야 하나요? 그들은 저 같은 사람을 가톨릭 신학자가 아니라고 공표할 수 있으며 학생들이 제 밑에서 공부하는 것도 금할 수 있습니다.

기자 한 유명한 사제에게 그랬던 것처럼 말이죠.

라너 네, 그는 그런 취급을 받아야 마땅했지만 저는 아닙니다.

기자 CDF가 그런 미세한 차이를 잘 구별할 수 있길 바래보죠.

라너 인터뷰로 돌아갑시다.

기자 네. 알겠습니다. 그래서 무신론자도 그리스도인이 될 수 있다. 와우! 누가 그것을 짐작했겠습니까?

라너 제발 그만!

기자 어디 보자. 오, 네. 예수 그리스도. 신부님은 그의 신성을 그저 상징으로 믿는다고 들었습니다.

라너 오, 저런. "그저 상징"이란 건 없습니다. 적어도 "실제적 상징"을 의미하는 게 아니라면 말이죠. 이런 상징은 그저 가리키는 신호뿐만이 아닌, 그것이 상징하는 실재 속에 참여하는 것이기도 합니다. 예수는 그리스도와 하나님의 실제 상징입니다. 그는 참인간이지만 동시에 하나님을 완벽하게 나타내기에 하나님의 실재 속에 참여합니다.

기자 그게 정말 칼케돈의 기독론인가요? 그리스도의 두 본성을 고백하는?

라너 저는 그 고백을 거부하지 않습니다. 하지만 두 본성을 가졌다는 건 오늘날 대부분의 사람들에게 호소력이 없는 것이기도 합니다. 현대인들에게는 그리스도가 누구인지에 대한 메시지를 전달하는 더 좋은 방법이 필요합니다. 실체와 같은 오래된 용어는 그들의 공감을 불러일으킬 수 없습니다.

기자 그렇다면 지금 말씀하신 이 실제적 상징의 언어는 공감을 불러일으키나요?

라너 네. 우리는 상징적 실재의 세계에서 살아갑니다. 교육을 받은 현대인들은 상징에 힘이 있다는 것을 압니다. 상징은 그저 다른 무언가를 의미하는 암호만이 아닙니다. 어떤 의미에서 상징은, 그게 단지 신호뿐만이 아닌 실제 상징이라면, 우리의 경험 영역 속에 초월적 실재를 가져다줍니다. 그게 바로 예수 그리스도가 하시는 일입니다. 그는 하나님이 우리 가운데 계신다는 상징으로서 하나님을 우리의 역사적 경험 속으로 끌어들입니다. 하나님의 표상이라고도 할 수 있지요.

기자 그럼 그리스도는 여전히 우리의 구주이신가요?

라너 당연합니다. 그는 진정한 구주이십니다. 모든 인간의 바람과 꿈과 완전함을 향한 열망은 그분 안에서 실현됩니다.

기자 정리해보겠습니다. 그러니까 신부님은 지금 신부님의 신학이 어떤 비약도 없이 철학에서 예수 그리스도로 매끄럽게 넘어갈 수 있다는 말씀이시군요. 정직한 세속적인 추종자들도 잘 따라올 수 있게끔 말입니다.

라너 잘 정리하셨군요.

기자 그렇다면 그리스도는 삶의 실존적 질문에 대한 답인가요?

라너 그렇고말고요.

기자 그럼 왜 처음부터 그렇게 말하시지 않으셨나요?

라너 그게 저를 유명하게 만들 수 있었을까요?

분석

라너의 마지막 반응에는 조롱이 섞여 있다. 종종 그는 자신의 철학적인 신학에 대해, 그리고 왜 자신의 신학이 그렇게 미묘한 것인지에 대해 질문을 받는다. 그럴 때마다 라너는 그저 어깨를 으쓱하며 "중요하고 학문적인 신학을 하려면 그렇게 될 수밖에 없다. 어떤 사람들은 그저 이해하지 못할 것이다"라고 말할 것이다. 그러나 그의 청중은 증거가 없으면 믿지 않는 지적인 지식인이었으며 유럽의 학구적인 엘리트였다. 세속 철학은 절망이야말로 세상 안에 있는 존재의 부조리를 면밀히 조사하여 내린 단 하나의 진정한 결론이라고 사람들을 설득시켰다.

라너는 절망을 피하는 길이 있다는 것과, 철학이 그 길을 가리킨다는 걸 보여주고 싶어 했다. 삶의 궁극적인 질문을 물을 수 있다는 것 자체가 우리가 직면하고 있는 답의 "지평"을 나타낸다. 우리는 의미를 찾는 영적 탐구에 내재된 초월적 신호(signal of transcendence)를 계속해서 따르기만 하면 된다. 그렇게 함으로써 우리는 하나님에 대한 인식에 도달할 것이다. 실제로 어떤 의미에서 사람들은 이미 하나님에 대한 전의식적 인식(preconscious awareness)을 가지고 있다. 이 인식은 하나님의 임재와 그 임재가 그들 안에 있다는 것을 나타낸다.

신실한 가톨릭 신자인 라너는 단순한 질문이나 전의식적 형태로 나타나는 하나님의 임재가 구원을 가져다준다고 생각하지 않았다. 그러나 그것은 구원으로 향하는 출발점이다. 그 길을 신실하게 따라가면서 사랑의 삶을 산다면, 이생 아니면 내세에서 고대했던 구주를 만나게 될 것이다.

그렇다면 바티칸은 왜 라너를 의심했는가? 첫째, 라너가 하이데거와 같은 세속적이며 무신론적인 철학자들에 대해 매우 긍정적이었기 때문이다. 그러나 그가 언급했듯이 그는 그들을 완전하게 혹은 무비판적으로 받아들이지 않았다. 둘째, 그가 가톨릭 전통을 전폭적으로 사용하지 않았기 때문이다. 그는 전통을 거부하지 않았지만 그 속에 빠져 있지도 않았다. 그는 가톨릭 전통이 사용하는 용어도 사용하지 않았다. 이를테면, 그는 모든 전통 교리를 일신했는데 그 새로운 모습은 종종 철학적이었다. 셋째, 라너의 비평가들과 많은 사람들은 그를 이해하지 못했다. 그들은 그가 새롭게 형성한 교리와 철학적 접근을 참된 믿음의 근대적 타협으로 오인했다. 그러나 교리에 관한 한 그는 꽤 보수적인 신학자였던 것 같다. 그가 새롭고 친숙하지 않은 표현들을 사용했다는 것을 제외하고는 말이다.

라너의 익명의 그리스도인 사상은 진보 가톨릭 사상가들을 사로잡았으며 머지않아 비기독교 종교에 대한 새로운 태도로 이어졌다. 가톨릭 위계체계는 이제 구원이 기독교 신도가 아닌 사람들에게도 임할 수 있다고 믿고 가르친다. 하나님은 그들이 가진 빛에 근거해서 그들을 판단하실 것이다. 그들이 그리스도의 교회를 알지 못하고 거부한다고 할지라도, 그들이 사랑의 사람이라면, 그들은 그리스도의 교회와 연결된 사람이다.

이것이 보편주의인가? 결코 그렇지 않다. 이것은 포용주의(inclusivism)다. 이것은 많은 개신교인이 믿고 있는 사상이기도 하다. 구원하고자 하는 하나님의 의지에는 선포된 복음에 명백히 반응한 사람들 이상으로 많은 사람이 포함된다. 복음을 결코 들어본 적이 없는 사람들도 자연과 양심에서 신적 계시에 대한 힌트를 얻을 수 있다. 그런 힌트에 대한 응답으로 믿음의 모습을 가진 삶을 신실하게 살아간다면, 그들은 구원을 받을 것이다. "익명의 그리스도인"이라는 용어를 좋아할 것 같진 않지만 개신교 작가인 C. S. 루이스도 포용주의자(inclusivist)였다.

CDF(종교재판의 새 이름)는 라너가 이단이라는 어떤 증거도 찾지 못했다. 그러나 CDF는 그가 비전통적인 용어를 사용했다는 이유로 그를 의심의 눈초리로 지켜봤다. 결국, 그는 니케아 신조와 전통 가톨릭 신앙고백과 교리를 기꺼이 확증했다. 라너는 그저 당대인들의 개념과 용어를 사용해 설명하는 걸 선호했을 뿐이다.

더 읽을 책

Marmion, Declan, and Mary E. Hines. *The Cambridge Companion to Karl Rahner*. Cambridge: Cambridge University Press, 2005.

Kelly, Geffrey B. *Karl Rahner: Theologian of the Graced Search for Meaning*. Minneapolis: Fortress, 1992. 이 책은 라너의 저술에서 인용한 글과 라너 신학에 관한 긴 해석을 포함하고 있다.

28

세 명의 해방 신학자가
인류에게 일어난 최악의 억압과
미래에 올 해방에 관해 논쟁하다

배경

나는 구스타보 구티에레즈와 로즈마리 류터(Rosemary Ruether)를 만난 적이 있으며 그들의 글도 대부분 다 읽었다. 제임스 콘(James Cone)은 만나본 적이 없지만 그가 쓴 책은 다 읽었다. 이 가상의 대화는 그들이 서로에게 어떻게 말할지를 정확히 아는 것처럼 가장하지 않는다. 이 대화의 목적은 가상적이긴 하지만 지식에 근거한 추측을 전달하는 것이다. 이 글을 쓰는 시점인 지금, 세 사람은 모두 살아 있으며 적극적인 저술 활동과 강연을 하는 중이다. 비록 내가 이 대화에서 그들이 한 말을 만들어냈지만, 그런 말이 그들이 주장하고자 하는 바와 일치하길 바란다.

로즈마리 류터는 1936년 텍사스 오스틴 근처인 조지타운(Georgetown)에서 태어났으며 후에 기독교 페미니즘의 선도적인 인물이 되었다. 그녀는 로마 가톨릭 신자며 경력의 대부분의 시간을 일리노이 주에 있는 노스웨스턴 대학교의 개릿 복음주 신학대학원(Garrett Evangelical Divinity School of Northwestern University)에서 가르치는 데 보냈다. 류터는 클레어몬트 신학교(Claremont School of Theology)와 클레어몬트 대학원 대학교(Claremont Graduate University)의 객원 교수이기도 하다. 류터 교수의 가장 잘 알려진 책은 『성차별과 신학』(*Sexism and God-Talk*, 1983; 대한기독교서회 역간)이다. 이 책에서 그녀는 성서의 여성주의적인 해석과 여성 신학을 제시한다. 그녀의 『해방 신학: 기독교 역사와 미국의 힘에 맞서는 인간의 희망』(*Liberation Theology: Human Hope Confronts Christian History and American Power*, 1972)은 해방 신학에 대해 영어로 쓰인 최초의 책 중 하나였다.

제임스 콘은 1938년 아칸소(Arkansas)에서 태어났다. 남부 시골에서 보낸 그의 유년기와 청소년기의 경험 때문에, 후에 그는 흑인 권력 운동(Black Power Movement)에 관심을 가지게 되었다. 그는 1970년부터 뉴욕 시에 있는 유니온 신학교에서 신학을 가르쳤으며 동일 기관의 찰스 오거스터스 브릭스 조직신학 석좌 교수(Charles Augustus Briggs Distinguished Professor of Systematic Theology)이기도 하다. 그의 가장 유명한 책은 『흑인 해방 신학』(Black Theology of Liberation, 1970)과 『눌린 자의 하느님』(God of the Oppressed, 1975; 이화여자대학교출판문화원 역간)이다.

콘은 흑인 권력에 강한 관심이 있었지만 인종의 화해에는 관심이 없었다고 알려져 있다(적어도 그의 경력 초창기에는 그랬다). 그의 목소리는 많은 미국 그리스도인들로 하여금 그들의 인종차별적인 태도와 특히 백인 특권에 대한 그들의 무비판적 수용을 다시 생각하도록 했다. 콘이 아프리카계-미국인 교회에 끼친 영향은 2008년 대통령 선거 기간에 알려지게 되었다. 민주당 후보였던 버락 오바마(Barack Obama)의 목사인 제러마이어 라이트(Jeremiah Wright)는 콘의 사상을 반영한 많은 설교를 했는데, 설교에서 한 그의 발언은 여론의 시험대에 줄곧 올랐다.

구스타보 구티에레즈는 1928년 페루(Peru)에 있는 리마(Lima)에서 태어났으며 성인이 된 후 대부분의 시간을 그 도시의 가톨릭 교구 신부의 신분으로 보냈다. 그는 말년에 북미 여러 대학에서도 가르쳤다. 그는 획기적인 저술인 『해방 신학: 역사, 정치, 구원』(A Theology of Liberation: History, Politics, Salvation, 1971년 스페인어, 1972년 영어)으로 인해 "해방 신학의 아버지"로 알려져 있다. 그 책은 여전히 "해방 신학의 성서"(Bible of liberation theology)로 유명하다. 구티에레즈는 라틴아메리카에서 일어나는 대부분의 빈곤이 계획된 것이며 폭력을 통해 유지된다고 믿는다. 그는 인간성을 말살시키는 가난으로부터 해방되려고 투쟁하는 가난한 자들의 편에 가톨릭교회가 설 것을 요구했다.

해방 신학에는 여러 모습이 있지만, 그들에게는 공통점이 있다. 신학은 상황적으로 그리고 지역적으로 해석되어야 가장 이상적이라는 것이다. 해방 신학자들은 유럽이나 북미의 관료집단에 의해 혹은 백인이나 남자에 의해 모든 문화권에 강요된 보편신학을 거부한다. 해방 신학자들은 하나님이 가난한 자와 억압받는 자들을 우선적으로 선택(preferential option)하신다는 것과 억압받는 자들이 하나님에 대한 특권적인 통찰력을 받는다고 생각한다. 그들은 강요된 불평등으로부터 해방되기 위해 투쟁하는 억압받는 자들과 우리를 동일시하는 것이 구원의 일부라고 주장했다. 또한 그들은 신학적 성찰이 억압으로부터 해방되기 위한 투쟁을 뜻하는 실천으로부터 일어난다고 믿는다. 그렇다면 신학은 결코 중립적이거나 객관적이지 않다. 신학은 억압받는 자들의 편이거나 그들에게 반대하거나 둘 중 하나다.

일부 해방 신학 비평가들과 관찰자들은 해방 신학을 저항의 신학으로 간주한다. 다른 말로 하면, 해방 신학은 조직신학이나 교리를 대체해서는 안 된다. 해방 신학은 혁명까지는 아닐지라도 급진적 개혁을 위해, 그리고 정치적·경제적·사회적 억압의 문제에 대한 관심을 불러일으키기 위해 사람들이 귀 기울이지 않더라도 그 목소리를 내야 한다.

모든 종류의 해방 신학은 극도로 논쟁적이다. 로마 가톨릭의 위계 구조는 교회와 사회 구조에 대한 급진적 변화를 요구하는 해방 신학자들에게 압력을 가했다. 일부 라틴아메리카 출신의 해방 신학자들은 바티칸에 의해 침묵을 강요당했다. 보수주의 개신교도들은 일반적으로 해방 신학을 이단으로 간주한다. 이는 해방 신학이 구원의 사회적 차원을 강조하고 종종 자본주의의 폐지, 지배적인 백인 문화로부터 아프리카계-미국인들의 분리, 그리고 남성과 분리되어 자기 결정의 주체가 되는 여성으로서의 완전한 자유를 요구하기 때문이다.

이 가상의 대화는 1990년 시카고에서 주최된 신학자 협회 모임에서 일어난다. 이 세 명의 저명한 해방 신학자들은 전 세계 대학의 종교학과 신학 교수들로 이루어진 청중 앞에서 해방 신학을 토론하는 패널 역할을 한다.

대화

류터   이런, 두 분을 여기서 만나게 돼서 반갑습니다. 저는 우리가 할 패널 토론을 줄곧 기대하고 있었습니다. 그런데 짐, 당신은 보통 우리 백인과 잘 어울리지 않으시는데 어쩐 일이신가요? 농담입니다. 당신이 그렇지 않다는 걸 알지요. 그리고 구스타보, 다시 만나게 되어 반갑습니다. 토론에 참석하기 위해 페루 리마로부터 먼 길을 오셨네요. 아직도 바리오(barrio, 스페인어 사용자들의 거주 지역—역주)에 있는 인쇄소 위층 아파트에서 살고 계시나요?

콘   잠시만요, 여사님! 제가 백인을 꺼리지 않는다는 건 당신도 잘 아실 겁니다. 특히 당신처럼 우리를 돕는 분들에게는 절대 그러지 않습니다. 네, 그게 농담이라는 것을 압니다. 그러나 제가 과연 당신의 여성-교회 모임에서 환영을 받을 수 있을까요? 하!

구티에레즈   로즈마리, 친절히 환영해주셔서 감사합니다. 그리고 두 분과 여기서 만나게 되어 반갑습니다. 오랫동안 이런 모임을 기대하고 있었습니다. 그러나 청중에게 잘못된 인상은 주지 말도록 합시다. 우리는 친구입니다. 우리는 모두 함께 억압에 대항하여 싸우고 있습니다. 그러니 여기서는 농담도 좋지 않은 것 같습니다.

류터　　　제임스, 제가 있는 여성-교회 모임에는 언제든지 환영입니다! 저는 다른 사람을 대변할 수 없습니다. 아시다시피, 우리는 자율적인 회중이니까요. 그러나 내일 여기 시카고에서 있을 우리 모임에 될 수 있으면 한번 방문해주세요. 약도를 드리겠습니다. 오시면 특별히 환영해드릴 것입니다. 그리고 구스타보, 네, 당신 말이 옳습니다. 우리는 단결된 모습을 보이기 위해 신중할 필요가 있습니다. 그래야 해방에 반대하는 적들이 우리가 나뉘었다고 생각하지 않을 것입니다. 분열된 당(黨)에 대해 그들이 어떻게 말하는지 잘 아시리라 생각합니다.

콘　　　음, 네. 성서에 쓰여 있죠.

류터　　　오, 맞습니다. 상기시켜주셔서 고맙습니다.

콘　　　천만에요. 언젠가 당신이 속해 있는 여성 교회를 방문하고 싶습니다. 내일은 잘 모르겠네요. 그런데 혹시 최근에 아프리카계-미국인 회중을 방문하신 적이 있나요?

류터　　　항상 방문합니다. 제임스.

구티에레즈　두 분 다 리마로 오셔서 우리의 기초 공동체(base communities)와 함께 예배드린다면 더없이 영광이겠습니다.

콘　　　그것에 대해 들어본 적이 있지만, 구체적으로 어떤 것인지요?

구티에레즈　제도화된 많은 교회가 해방과 혁명에 대해 말하는 것을 금지하고 있습니다. 그래서 우리는 억압받는 그리스도인들로 구성된 소모임을 만들어서 성서를 공부하면서 서로를 돕고 있습니다. 이런 모임에서 우리는 혁명의 상황에서 우리가 어떤 모습으로 살아가야 하며 어떤 모습으로 일해야 하는지 결정합니다.

류터   우리 여성-교회 이야기처럼 들리는군요. 우리 대부분은 여성이 성례를 집전하는 것을 허락하지 않는 주류 교회에 불편함을 느끼는 가톨릭 신자거나 가톨릭 신자였던 사람들입니다. 그래서 우리는 함께 모여 이런 것들을 어떻게 변화시킬 것인지 토론합니다. 만일 사태를 바꿀 수 없다면, 우리는 계속해서 이렇게 따로 모일 것이며 우리만의 예배를 만들 것입니다.

콘   마찬가지로, 제가 여러 해 동안 언급했듯이 이 나라에 있는 아프리카계-미국인들은 백인 교회와 백인 종교 조직과의 통합에 대해 언급하는 걸 멈출 필요가 있습니다. 그들은 항상 그들만의 방식으로 우리를 끌어들입니다. 우리에게도 우리만의 예배 방식과 의논해야 하는 우리만의 문제가 있습니다. 그래서 우리는 그들과 분리되어야 합니다.

구티에레즈   우리의 공통점에 대해 강조하기 원한다는 걸 알고 있지만, 그건 토론 세션이 시작하고 마이크가 켜져 있을 때 하는 걸로 하죠. 시작하기 전까지 몇 분이 남았는데, 두 분에게 우리의 차이점이 무엇인지 묻고 싶습니다. 저는 지금 우리의 신학적 차이점을 말하고 있습니다. 우리는 하나님이 억압받는 자들의 편에 계신다는 것과 억압받는 자들은 하나님에 대한 특권적인 통찰력을 갖고 있다는 데 동의합니다. 그리고 우리는 구원이 통전적이라는 데에도 동의합니다. 구원은 단지 개인을 천국에 이르게 하는 것만이 아닌 사회적 변화도 포함합니다. 그래서 우리가 전적으로 같은 입장에 있는 건가요? 아니면 우리의 의견을 더 모아야 할 필요가 있는 건가요?

류터   구스타보, 무엇을 염두에 두고 하는 말씀인가요?

콘   그러니까요, 그게 무슨 질문인가요? 우리는 남자고 로즈마리가 여자라는 것과 두 분은 백인이지만 저는 흑인이라는 것 외에는 어떤 중요한 차이점이 있는지 모르겠습니다.

구티에레즈 좋습니다. 이건 어떠세요? 로즈마리, 저는 당신이 하나님을 "여/신"(God/ess), "하나님 어머니"(divine Mother), "존재의 모체"(matrix of being)라고 말할 때마다 긴장이 됩니다. 하나님에 대한 그런 이름들은 기독교라고 인식할 수 없는 정도입니다. 당신이 위카(Wicca)나 여신 숭배를 하는 모습을 보이는 이교도의 영향을 지나치게 받지 않았는지 궁금하네요. 저는 교회와 사회에서 남녀평등이 이루어져야 한다고 생각합니다. 하지만 그걸 성취하기 위해 하나님에 대한 우리의 믿음과 언어를 다 바꿔야 한다고는 생각하지 않습니다.

류터 구스타보, 미안하지만 그게 바로 남미 해방 신학자들의 문제입니다. 당신들은 충분히 급진적이지 않습니다. 기독교 신학의 기본 구조는 그대로 두면서 "통전적 해방"이라는 선교에 관한 사상만 덧붙이면 기독교를 억압으로부터 자유롭게 만들 수 있다고 생각합니다. 그건 마치 억압이 전통적인 기독교에 덧붙여진 것인 양 그것만 떼어내면 된다고 생각하는 것과 같습니다. 뭐랄까, 기독교 자체가 여성에게 억압적입니다. 하나님과 교회와 구원을 완전히 재상징화하지 않고는 여성을 해방할 수 없습니다.

콘 인종차별의 문제를 잊으신 건 아니겠죠? 모든 것은 다 인종에 관한 것입니다. 적어도 미국에서는 그렇습니다. 하나님을 "우리 아버지"로 부르든, "어머니"로 부르든, "여신"이라고 부르든, 다 상관없고 하나님이 백인으로 그리고 백인과 중산층을 지지하는 분으로만 그려지면 됩니다. 제가 볼 때, 당신들은 다 너무 소심합니다. 우리는 하나님이 흑인이라고 말해야 합니다. 노예제가 아직 완전히 사라지지 않은 이런 상황에서 이 방법만이 우리를 해방시킬 수 있습니다.

구티에레즈　가난이야말로 아프리카계-미국인과 여성 모두에게 가장 근본적인 문제이지 않나요? 가난이 사회주의 혁명에 의해 극복된다면 두 집단은 다 해방될 것입니다. 저는 폭력적인 혁명이 아닌, 사회 구조에서의 피 흘림 없는 급진적 변화를 의미합니다.

류터　　우선 제임스 당신이 우려하는 것부터 말해보겠습니다. 저는 흑인 여성이 사회에서 가장 억압받는 집단이라고 생각합니다. 그래서 일부 아프리카계-미국인 페미니스트들은 "우머니즘 신학"(Womanist theology)이라 부르는 것을 만들어냈습니다. 그들은 이 나라의 아프리카계 미국인 공동체 안에서도, 자신들이 흑인인 것보다 여성이라서 더 차별받는다고 말하고 있습니다. 그들은 동포인 흑인 남성으로부터도 억압을 받고 있습니다. 억압의 가장 기본적인 형태는 성차별입니다. 모든 여성을 가부장제와 여성혐오에서 먼저 해방시킵시다. 그렇게 하면 다른 형태의 억압은 감소할 것입니다. 그리고 구스타보, 당신에게 이 말을 꼭 해드려야겠습니다. 제가 아는 몇 명의 부유한 여성들이 있는데, 그들은 가난한 남자보다 더 억압을 받습니다. 이는 그들이 남자와 남성 지배적인 사회에 절대적으로 의존하며 살아가고 있기 때문입니다. 단지 남자라는 이유로 당신은 여기 이 사회에서 특권을 누리고 있습니다. 그건 당신이 속한 사회에서도 마찬가지라고 생각되네요.

콘　　　로즈마리, 흑인 여성이 흑인 남성에 의해 억압을 받는다고 하시니 유감이군요. 하지만 당신 말에 동의합니다. 그건 사실입니다. 적어도 어떤 경우에는 말이죠. 해결책은 모든 흑인을 인종차별로부터 해방시키는 것입니다. 아프리카계-미국인 남자들은 이 사회의 의혹과 증오 아래서 살아가고 있습니다. 그 짐이 너무 커서 그들의 삶은 거의 불가능한 상태에 이르렀습니다. 그게 그들이 다른 사람들과 동족 여성들을 몰아세우는 이유입니다. 우리가 아프리카계-미국인 남자들을 짓누르는 백인 우월주의로부터 그들을 해방시킨다면, 그들은 자신의 동족에게 더 잘할 것입니다.

구티에레즈 아닙니다, 아니에요. 가난이야말로 억압의 최악의 형태입니다. 이 나라에 있는 흑인 남자들은, 인종차별이 있는 다른 많은 사회에서처럼, 주로 빈곤에 시달리고 있습니다. 그들에게 평등한 경제적 기회가 주어지면, 그들은 자긍심을 가질 것이며 여성을 통제하고 억압했던 태도와 행동을 떨쳐버릴 수 있을 것입니다. 가난은 아프리카계-미국인 남자와 백인 여성으로 하여금 인간으로서의 잠재력을 최대로 발휘하지 못하도록 막습니다. 우리에게 가장 필요한 것은 모든 사람이 인간적인 삶을 살 수 있도록 보장하는 사회 구조입니다.

류터 두 분 다 여자가 아닌 남자라서 그렇게 말씀하시는 겁니다. 만일 두 분이 여자였다면, 성차별이야말로 최악의 사회악이라는 것을 알게 되실 겁니다. 경제적 평등이나 인종적 평등도 물론 바람직하지만, 우리에게 가장 필요한 건 성 평등입니다. 이런 평등은 반드시 교회 및 교회와 관련된 기관에서부터 시작되어 사회 전반으로 퍼져나가야 합니다. 이는 여성을 비하하는 모든 성서의 구절을 공개적으로 비난하는 교회에서부터 시작될 수 있습니다. 그런 다음 하나님이 어머니로 불릴 수 있도록 예배 용어를 바꿔야 합니다. 그리고 우리에게는 하나님을 땅과 분리될 수 없는 분으로 재인식할 필요가 있습니다. 모든 위계질서는 사라져야 합니다!

구티에레즈 그렇다면 페미니즘은 그저 남성과 여성의 평등에 대한 것만이 아니네요?

콘   아닌 것 같은데요? 로즈마리, 설명해주시죠.

류터   두 분 다 여기에 대해 이미 이해했길 바랐습니다. 우리 여성들이 원하는 건 예수가 하신 일입니다. 예수는 모든 위계질서를 철폐하셨습니다. 위계질서는 억압적입니다. 그것은 위계의 꼭대기에 있는 사람들조차도 억압합니다. 그렇게 하지 않으면 위계질서는 지배 세력 안에 갇힐 수 있으며 공동체 안에서 이뤄질 수 없기 때문입니다. 저는 심지어 하나님이 창조물 "위에" 계시지 않는다고까지 말하려고 합니다. 하나님은 철저하게 창조세계와 함께하십니다. 마치 그것의 영혼처럼 말입니다. 하나님은 창조세계의 주인이 아닌 영혼이십니다.

구티에레즈   뭐라고 말해야 할지 모르겠군요. 하신 말씀을 이해하려고 노력하는 중입니다. 그러니까 하나님이 우리의 주님이 아니라 우리의 종이라고 하신 건가요?

콘   페미니스트들 사이에서 이루어지고 있는 이 모든 급진적이고 깊이 있는 생태학에 관한 이야기는 우리가 직면하고 있는 실제적인 이슈에 집중하게 하는 걸 방해할 수 있습니다. 네, 우리는 환경을 더 잘 돌봐야 할 필요가 있습니다. 하지만 그렇다고 모든 위계질서를 철폐할 필요까지는 없습니다. 특히, 하나님이 세계를 지배하신다는 위계 말입니다. 저는 바르트가 강조한 하나님의 초월성을 선호합니다. 하나님이 초월적이시고 흑인이셔야 우리가 하나님을 우리의 해방자로 삼을 수 있습니다.

류터   제임스, 하나님이 흑인이셔야 한다는 게 무슨 말인지 설명해 주시겠습니까? 그녀의 피부색이 검다는 걸 의미하는 건 아니죠? 그렇죠?

콘   물론 아닙니다. 하나님은 피부가 없습니다. 저는 자신을 억압받는 자들과 동일시하는 하나님을 말하는 겁니다. 백인 우월주의에 맞서는 이 투쟁에서 하나님은 우리의 편에 계십니다.

구티에레즈   네, 저도 동의합니다. 하나님은 억압받는 자들의 편에 계십니다. 그래서 우리는 하나님이 가난하시다고 할 수 있습니다. 그리고 로즈마리, 이미 그렇게 하고 계신 것 같지만, 당신도 하나님을 여자라고 할 수 있습니다. 그러나 우리는 하나님을 지나치게 인간화하지 않도록 주의해야 할 필요가 있습니다. 우리에게는 사람들을 억압하는 체제를 전복시킬 수 있는 하나님, 힘없는 자들을 보호할 수 있는 전사자 하나님이 필요합니다. 예수가 말씀하신 것처럼, 어쩌면 우리는 평화를 지키기 위해 부름 받았을 수 있습니다. 하지만 하나님이 힘 있고 강하셔야만 우리는 그가 우리를 위해 싸워주실 것을 믿을 수 있습니다.

류터   그건 심하게 남성 중심적인 하나님의 모습인 것 같습니다. 이래선 안 됩니다. 우리는 완전한 자유를 향한 이 여정에서 하나님을 우리의 친구이자 애인이자 견고한 동반자로 생각해야 합니다. 싸움은 사람의 일입니다. 음, 대체로는 그렇죠. 그러나 예수는 무력을 사용하지 않고도 권력을 향해 진리를 선포할 수 있다는 걸 보여주셨습니다. 예수는 위계질서에 복종하지 않았습니다. 심지어 예수는 자신이 하나님 아버지와도 동등하다고 하셨습니다.

콘   좀 현실적으로 봅시다. 사랑과 평화만으로는 악을 극복할 수 없습니다. 우리는 억압에 맞설 준비를 해야 합니다. 만일 미국의 백인 기득권층이 이성에 귀 기울이지 않고 또 우리 아프리카계-미국인들로 하여금 우리 자신의 역사의 자기-결정적 주체가 되지 못하게 한다면, 우리는 직접 행동에 나서야 할지도 모르겠습니다. 말로 자유를 얻을 수 있는 모든 시도가 실패로 돌아갔기 때문에, 돌을 들어 던지는 사람들이 있습니다. 적어도 저는 그들을 비난할 수 없습니다.

구티에레즈　　제임스, 동의합니다. 최후의 수단으로 폭력을 사용해야 하는 때가 있습니다. 바로 치명적인 폭력에 직면하게 될 때죠. 라틴아메리카에는 암살단이 있습니다. 그들은 돌아다니면서 정부를 비판하는 자들을 죽입니다. 우리 바닥 공동체에 속한 몇몇 사람들도 해방 담론을 두려워하는 정부 암살단에 의해 살해당했습니다. 폭력은 결코 좋은 것이 아닙니다. 그래도 때론 두 해악 중에 그나마 나은 편에 속합니다.

류터　　지금 저는 평화주의를 장려하려는 게 아닙니다. 저는 단지 억압으로부터 해방되기 위한 투쟁에서, 우리도 우리를 억압하는 자들처럼 되지 않도록 조심해야 한다는 걸 말하고자 했을 뿐입니다. 권력은 부패합니다. 우리는 권력을 원하지 않습니다. 우리는 우리다운 자신이 될 수 있는 자유를 원할 뿐입니다.

구티에레즈　　여러분이 라틴아메리카에 와서 가난을 직접 경험하시지 않는다면 어느 누구도 가난이라는 악을 완전히 이해하실 수 없다고 생각합니다. 그렇게 한다면, 로즈마리, 당신도 현 상황을 전복하는 일에 더 적극적인 태도를 보일 것입니다. 그리고 제임스, 당신도 가난이 우리의 인간성을 말살시키는 일에 있어서 인종차별보다 더하다는 것을 깨달을 것입니다.

콘　　그럼 저는 두 분에게 이걸 제안하겠습니다. 두 분의 피부색을 검은색으로 바꾸고 잠깐 동안 빈민가에 가서 지내보십시오. 걸어서 또는 운전해서 교외로 나가보십시오. 그럼 아무런 이유 없이 피부가 검다는 것만으로 응시받고 경찰이 불러 세우는 것이 어떤 느낌인지 알게 되실 겁니다. 두 분은 미국에서 흑인으로 산다는 것이 어떤 느낌인지 곧 알게 되실 겁니다. 당신이 부유하다고 할지라도 좋은 건 아닙니다. 제가 아는 고가의 차를 운전하는 흑인들 모두 다 일주일에 한 번 정도는 그들이 흑인이라는 이유로 경찰에 의해 검문을 당합니다.

류터   저는 두 분 다 일주일 동안만 여자가 되어보셔서 여자로 산다는 게 어떤 느낌인지 아셨으면 좋겠습니다. 여러분은 남성에게 주어지는 특권을 누리고 있습니다. 그렇기에 여자들이 무엇으로 인해 고통받는지 알지 못합니다. 남자들은 성차별이라는 악을 이해하지 못합니다. 그게 우리 여자들이 우리만의 교회를 세워야 하는 이유이기도 하지요. 당신들은 여자가 될 수 없습니다. 그러니 성차별이 미국에서 일어나는 억압의 주된 원인이라는 제 말을 믿어주셔야 합니다. 여자들은 강도를 당하거나 더 나쁜 일을 당하지 않도록 항상 조심해야 합니다. 남자들은 두려움 없이 어디나 갈 수 있습니다. 우리 여자들은 그렇게 하지 못합니다.

구티에레즈   사회자가 마이크 앞에 섰군요. 우리 마이크도 켜진 것 같습니다. 여러분과 이야기하게 되어 즐거웠습니다. 이제 청중의 질문에 답해야죠. 오, 오. 손들고 계신 분이 많군요. 혹시 우리 마이크가 계속 켜져 있었던 건가요?

분석

많은 페미니스트 신학자들에게 있어 성차별은 가장 억압적인 형태의 억압이다. 그것에 대한 유일한 해결책은 모든 위계질서를 폐지하는 것이다. 『가이아와 하나님』(*Gaia and God: An Ecofeminist Theology of Earth Healing*, 1992; 이화여자대학교출판문화원 역간)에서 류터는 죽음 이후의 삶조차도 억압적이라고 주장한다. 왜냐하면 그것은 인간이 다른 창조물보다 높은 위치에 있다는 의미이기 때문이다. 그녀와 다른 많은 페미니스트 신학자들은 고전 유신론보다 만유재신론(panentheism)을 선호한다. 하나님과 세계는 반드시 동등해야 한다. 그렇지 않으면 권위와 권력을 남용하는 위계질서의 모습이 정당화될 수밖에 없다. 그런 면에서 페미니스트 신학은 하나님의 급진적인 내재성을 강조하는 특징이 있다. 하나님은 남성도 아니고 여성도 아니시지만, 여자와 같은 애인이자 양육자이자 우리를 돌보는 친밀한 동반자다. 그는 남자처럼 힘으로 통제하는 분이 아니시다.

페미니스트 신학은 폴 틸리히(23장을 보라)의 신학으로부터 깊은 영향을 받았다. 틸리히는 하나님을 "존재의 근거" 그리고 "존재 자체"라고 불렀다. 류터는 하나님의 다른 많은 이름 중에서도 하나님을 "존재의 모체"(matrix of being)라고 불렀다. 그녀에게 하나님은 피조세계의 기본 체제와도 같다. 무엇보다 하나님은 그의 피조물들의 절대적 평등과 상호 지지를 원하신다. 그러나 "그/녀는"(s/he, 페미니스트들 사이에서 인기 있는 하나님의 대명사) 그것을 일방적으로 부과하지 않을 것이다. 그렇게 하는 것은 남자와 여자의 궁극적인 해방자이신 예수 그리스도 안에서 나타난 하나님의 성품과 반대된다.

많은 사람은 류터와 같은 기독교 페미니스트들이 혹시 남자를 싫어하는 건 아닌지 궁금해한다. 절대로 그렇지 않다. 류터는 결혼했고 자녀와 손주들이 있다. 그러나 페미니스트들은 남자가 세우고 옹호해왔던 사회적 관계 유형을 혐오한다. 이런 유형의 관계는 타인과 사물을 지배하고자 하는 힘을 부추긴다. 여성은 일반적으로 협력과 양육에 더 능하다. 류터와 다른 많은 페미니스트들에 따르면, 그런 모습이야말로 하나님의 모습이다. 하나님은 평등한 권력을 해방시켜주시는 영이다. 그는 우리를 통제하기보다 양육하고 격려한다.

일반적으로 라틴아메리카의 해방 신학자들은 제도화된 구조적인 가난과 그런 가난이 낳은 폭력을 억압의 최악의 형태로 본다. 최소한 그들 사회에서는 그렇다. 그들이 주장하는 바에 따르면, 가난이 철폐될 때까지 다른 형태의 억압은 현안이 되어서는 안 된다. 가난이 철폐된다면, 다른 형태의 억압도 멈춰질 것이다. 그들이 보는 하나님은 페미니스트 신학이 보는 하나님만큼 급진적이지는 않다. 해방 신학자들에게 하나님은 전통적인 정통 신학이 말하는 성부, 성자, 성령의 삼위일체시다. 그러나 그들은 하나님을 가난한 자들, 즉 자기 결정권과 인간다움을 쟁취하기 위한 역사적인 투쟁에서 부유한 자와 권력자에게 맞선 사람들의 편에 서 있는 분으로 본다. 대다수는 아닐지라도 일부 남미 해방 신학자들은 삼위일체를 지배력을 행사하지 않는 평등한 공동체로 묘사한다.

그러나 더 중요한 것은, 이 해방 신학자들이 도래하는 하나님 나라를 차별적인 부가 없는 평등한 부를 이룬 사회로 묘사하고 있다는 것이다. 그들은 교회가 하나님 나라의 가치와 모순되는 체계를 묵인해서는 안 된다고 믿는다. 그들이 제시한 해결책은 일종의 사회주의인데, 이 사회주의의 생산 수단은 공적으로 소유되어야 하며 대중의 이익을 위해 사용되어야 한다.

제임스 콘과 같은 흑인 신학자들은 하나님이 흑인이라고 말한다. 그러나 그들은 이런 언급이 하나님이 피부색이나 문화적으로 흑인이라는 의미는 아님을 분명히 했다. 여기서 말하는 "검다"의 의미는 "미국에서 억압받는다"는 것을 의미한다. 아프리카계-미국인보다 미국에서 더 억압받는 자들이 누가 있는가? 어떤 이들은 북미 원주민들이 미국에서 가장 억압받는 집단이라고 주장할지도 모른다(소수는 이미 그렇게 주장하고 있다). 그렇다면 이는 하나님이 "붉다"(정치적으로는 올바르지 않은 용어지만 "검다"라는 용어와 평행을 이루기 위해 사용했다)는 것을 의미하는가? 콘은 아마도 "네"라고 대답할지 모른다. 그렇다면 북미 원주민들은 어떤 이들이 이미 그렇게 하고 있는 것처럼 자신들만의 해방 신학을 발전시켜야 할 것이다. 콘은 미국에 있는 아프리카계-미국인 공동체를 대변하고 있으며 다른 억압받는 공동체들도 자신들을 대변할 수 있도록 한다. 그건 그가 그들에게 관심이 없다는 의미가 아니다. 그 정도만 해도 인종에 집착하고 인종차별에 의해 통제받는 사회에서 아프리카계-미국인들을 위한 대변인이 되기에는 충분하다.

해방 신학은 1980년대와 1990년대에 심각한 타격을 입었으며, 21세기 초반에는 그 기반과 기세를 되찾기 위해 분투하고 있다. 미국에서는 아프리카계-미국인 중산층이 부상하고 있다. 그들은 경제적인 지위의 상승과 같은 중산층의 가치를 자기 것으로 취하고 있다. 미국의 두 주요 정당 중 하나는 흑인을 대통령직 후보로 지명했으며 그는 2008년 선거에서 대통령으로 당선되었다. 한 여성은 반대 정당의 부통령 후보자로 선출됐다. 사회주의는 전 세계적으로 심각한 실패를 겪었다. 가장 사회주의적이었던 나라들 중 일부도 자본주의로 전향했다. 억압이 부재하는 새로운 사회의 모습을 가져야 했던 니카라과(Nicaragua)도 산디니스타(Sandinistas, 1979년 니카라과의 독재 정권에 맞선 반독재 무장 혁명 단체—역주)의 통치 아래서 경제가 마비된 국가가 되었다. 니카라과도 사회주의를 떠나 민주적 자본주의로 전환했다.

해방 신학의 미래는 불확실하다. 그러나 사회에 억압이 있는 한 해방 신학은 어떤 형태로도 존재할 것이다. 21세기 벽두인 오늘날, 동성애자 해방 신학과 동물 권리 신학과 같은 새로운 형태의 해방 신학이 등장하고 있다. 그러나 보수주의로 향하고 있는 전 세계적인 변화가 모든 형태의 해방 신학에 도전하고 있다. 해방 신학이 앞으로 어디로 갈지 지켜보는 일은 흥미로울 것이다.

더 읽을 책

Clifford, Ann M. *Introducing Feminist Theology*. Maryknoll, NY: Orbis Books, 2001.

Gutiérrez, Gustavo. *Essential Writings*. Edited by James B. Nickoloff. Minneapolis: Fortress, 1996. 이 책은 구티에레즈의 저술에서 인용한 글과 그것에 대한 장문의 해석을 담고 있다.

Hopkins, Dwight. *Introducing Black Theology of Liberation*. Maryknoll, NY: Orbis Books, 1999.

29

두 명의 포스트모던 신학자가

포스트모던 문화 속에서의 신학의 의미에 관해 논쟁하다

배경

"포스트모던"(postmodern)이 정말로 무엇을 의미하는지 아는 사람이 있는가? 이 용어는 1925년경부터 약 50년 동안 사용되었지만, "근대성 이후"(after modernity) 외의 의미에 대해서는 여전히 합의점에 다다르지 못했다. 포스트모던에 대해 조금이라도 알고 있는 사람들은 "포스트모던"을 모든 거대담론(metanarratives)에 대한 불신의 태도로 정의하는데 이는 포스트모던 철학자인 장 프랑수아 리오타르(Jean-François Lyotard, 1924-1998)로부터 기인한다. 거대담론은 모든 것을 설명하기 위한 목적으로 모든 것을 아우르는 이야기다. 리오타르와 다른 포스트모던 사상가들은 이런 전체주의적 세계관에 대한 의문을 부추겼다.

앞의 설명은 포스트모던이 무엇을 의미하는지를 피상적으로만 다루었다. 스스로를 포스트모던주의자라고 주장하는 일부 사람들은 모든 거대담론에 대해 의문을 갖지는 않는다. 그들은 어떤 것도 사람들에게 강요되면 안 되며 우리의 세계관도 언제든지 시정될 수 있다는 겸손함을 가져야 한다고 생각한다. 그러나 한 가지는 분명하다. 포스트모던주의자들은 계몽주의로부터 자라난 문화인 근대성에 환멸을 느낀다. 근대성은 확실성과 객관성을 소중히 여기며 이성을 권위적인 위치로 격상시킨다. 근대성에는 합리주의 경향이 존재한다.

포스트모던주의자들은 이성을 버리지 않는다. 다만 이성이 전권(全權)을 가지고 있다는 데 대해 의심한다. 그들은 객관적인 추론의 가능성도 의심한다. 모든 앎은 부분적이며 특수하다. 모든 진리에 대한 탐구는 관점에 의해 물든다. 일부 급진적인 포스트모던주의자들은 진리에 대한 주장이 권력에 대한 의지를 가려주는 가면과 다를 바 없으며 그것이 해체되어야 그 뒤에 숨어 있는 동기가 드러날 것이라고 주장한다. 그러나 모든 포스트모던주의자가 다 해체주의자는 아니다. 그들은 진리가 "저 밖에" 있다고 믿지만, 어느 누구도 완전하고 객관적으로 진리를 파악할 수는 없다고 생각한다. 특히 과학적인 원인들로만 말이다.

1990년대에 신학자들이 포스트모던 철학자들과 대화를 나누기 시작한 후부터 포스트모더니즘은 기독교 신학에 영향을 미치기 시작했다. 일부 신학자들은 포스트모더니즘을 수용했지만 다른 일부는 이를 전적으로 배척했다. 많은 이들은 중간 지점 어디쯤에서 포스트모더니즘에도 진리가 있다는 것을 받아들이지만 그것의 극단적인 형태는 거부하고 있다. 포스트모던 사상을 활용한 기독교 신학자들 가운데는 스탠리 하우어워스(Stanley Hauerwas, 1940-), 마크 테일러(Mark C. Taylor, 1945-), 그리고 스탠리 그렌츠(Stanley Grenz, 1950-2005)가 있다. 그들은 서로 아주 다른 기독교 사상가지만 그들 나름의 방식으로 포스트모던 시대의 사상과 문화를 사용해 포스트모던 시대 속의 기독교 신학과 교리를 구성하거나 재건했다.

포스트모던 신학자의 전형적인 특징은 무엇인가? 이를 일반화하는 것은 위험하다. 포스트모던주의자들에게는 공통점이 그리 많지 않다. 그들이 근대 문화에 환멸을 느낀다는 것과 전근대적인 문화로 돌아가기를 원하지 않는다는 걸 제외하면 말이다. 한 가지 안전하게 말할 수 있는 점은, 포스트모던 신학자들도 포스트모던주의자처럼 "주류"로 불리는 모든 사상을 거부한다는 것이다. 그들은 특정한 종교적 표현이 모든 사람에게 규범이 된다는 생각 자체를 반대한다. 그렇다고 해서 거기에 어떤 진리도 없다고 말하는 건 아니다. 그들이 반대하는 것은, 특정한 형태의 진리만 사회적·문화적으로 표준이 되는 특수한 지위로 높여지면서 다른 형태의 진리는 주변부가 되는 것이다.

그러나 포스트모던주의 신학은 어떤가? 무엇이 기독교 신학을 탈근대적으로 만드는가? 스스로를 포스트모던주의(비평가들은 그들을 "포모"[pomo]라 부른다) 신학자라 부르는 이들은 이론상으로 도처에 있다. 그들 모두가 동의하는 영역은 거의 없다. 그러나 한 가지는 분명하다. 그들 모두 계몽주의나 근대성에 의해 규정된 전통적인 좌우 대립 신학과 그것에 대한 반응을 피하고 싶어 한다. 다른 말로 하면, 최소한 19세기 후반 이래로 평론가와 비평가들은 모든 기독교 신학자들을 (계몽주의와 근대성에 반발하는) "극단적 보수"와 (계몽주의와 근대성을 수용하는) "극단적 자유주의" 사이 어딘가에 위치시키는 관습을 키웠다.

포스트모던주의 신학자들은 이런 관습에 대해 개탄한다. 계몽주의가 신학의 기준이 되어서는 안 되기 때문이다. 그들의 견해에 따르면 계몽주의는 지식에 이르는 기초주의적 접근법과 더불어 죽었다. 기초주의(foundationalism)란, 어떤 진술이 필연적이고 합리적인 사실로부터 논리적으로 기인하는 한 진실이라는 사상이다. "나는 생각한다. 고로 나는 존재한다"라고 말한 철학자 르네 데카르트(René Descartes)는 고전적 기초주의자다. 데카르트에 따르면, 사상이 사실로 간주되기 위해서는 반드시 논리에 의해 도출되어야 하는데, 그는 자신의 존재를 이를 위한 토대로 만들었다.

포스트모던주의 철학자처럼, 포스트모던주의 신학자도 기초주의를 기피한다. 그들은 지식에 대한 총체적인 접근법을 선호하는데, 이 접근법에서 진리는 믿음의 그물망 체계(web of beliefs)와 일관성이 있는지에 따라 결정된다. 그래서 진리는 일관성의 기능 중 하나다. 모든 사람에게는 다 믿음의 그물망이 있다. 개별적인 믿음은 전체 그물망 체계와 얼마나 일관적인지에 따라 정당화된다. 이 경우에, 그물망은 거대담론과 다소 유사하다. 급진적 포스트모던주의자에게 그물망이나 거대담론은 그것이 자신을 절대적이라고 주장하는 한, 의심할 필요가 있는 대상이다. 그것이 다른 것들을 배제하려는 데 총력을 기울이는 한, 그것은 해체되어야 한다. 온건한 포스트모던주의자에게 그물망이나 거대담론은 수용해야 하는 것이며 일관성이 검증되어야 하는 대상이다. 온건한 포스트모던주의자는 이것을 다소 가볍게 받아들이고 있다. 왜냐하면 어느 것도 절대적이거나 전체적이지 않기 때문이다.

하나님이 존재한다는 진리 주장을 예로 들어보자. 모든 포스트모던주의자들은 이 진술이 모든 진리 주장처럼 하나의 특별한 세계관, 거대담론, 믿음의 그물망 체계의 표현이라는 데 동의할 것이다. 이 주장이 그 중심에 있는 그물망과 일관적인 한, 이 주장은 참이다. 이 주장이 그 그물망 외에서도 참인지는 증명하기가 불가능하다. 급진적 포스트모던주의자는 아마도 아니라고 말할 것이다. 그는 그 주장이 그물망 밖에서는 참이 아니라고 주장할 것이다. 온건한 포스트모던주의자는 확실하게 그렇다고 말할 것이다. 그는 하나님이 그물망의 본거지 밖에서도 실재하시지만, 그에 대한 확증은 그물망 자체로부터 온다고 말할 것이다. 그물망을 만들어내는 삶의 형태를 가지지 못한 사람들은 아마도 하나님이 실재하시다는 것을 확증할 수 없을 것이다. 만일 그런 사람이 하나님이 실재하시다는 것을 확증하게 된다면, 우리는 그 확증이 그 사람(또는 전통-공동체)이 믿고 확증하는 것의 나머지 부분과 일치하는지를 질문해야 한다.

이런 것들은 꽤 위험하다. 근대성(미국에 있는 대부분의 공립학교는 여전히 이것을 가르친다)에 익숙해진 사람들은 진리 주장을 객관적인 방법에 의해 입증되어야 하는 사실에 대한 진술이라고 생각하는 경향이 있다. 포스트모던주의자들은 객관성을 거부한다. 증거로 간주되는 것과 어쩌면 논리조차도 믿음의 그물망에 의해 결정된다.

지금 당장은 이것으로 충분하다. 두 명의 포스트모던주의 신학자의 말을 들어보자. 그들은 포스트모던주의 신학의 이러저런 쟁점을 토론하고 논쟁할 것이다.

이 가상의 대화에서는 두 명의 이름 없는 현대(2008) 포스트모던주의 기독교 사상가들이 등장한다. 그들은 포스트모던주의 신학 학회가 열리고 있는 한 호텔 식당에서 점심을 먹고 있는 중이다.

대화

급진적 포스트모던주의자(Radical Postmodern, 이하 RP) 좋은 아침입니다. 시간을 보니 오히려 점심 인사를 드려야 할 것 같군요. 여기 앉아도 될까요? 우리는 상당히 많은 공통점을 갖고 있는 것 같습니다. 그것들에 관해 이야기하고 싶습니다.

온건한 포스트모던주의자(Moderate Postmodern, 이하 MP) 좋고말고요. 보자. 여기 있는 책 더미를 치우겠습니다. 방금 출판사 전시실에서 산 책입니다. 이쪽으로 앉으시죠.

RP   저의 가장 최근 책인 『신학의 유일한 책무』(Theology's Only Job)도 구입하셨군요! 그 책을 읽어볼 기회가 있으셨나요?

MP   아니요. 하지만 「책과 문화」(Books and Culture)에 실린 서평은 읽어봤습니다. 제가 읽어봐야 할 책 같더군요. 처음에는 그 책을 성서의 욥기 주석으로 생각했습니다만….

RP   네. 흥미롭군요. 그런 이야기 많이 들었습니다.

MP   농담이 아니고요. 서평이 그렇게 만족스럽지는 않았습니다만 40퍼센트 할인한다길래 한 권 사서 읽어보려구요. 저는 모든 종류의 포스트모던 신학에 관심이 있습니다. "스스로를 해체하다"(Deconstructing Itself)라는 부제가 흥미롭더군요. 한 세기 전에 헨리 처칠 킹(Henry Churchill King) 같은 자유주의 신학자들은 신학의 책무가 근대성의 관점에서 기독교 교리를 재구성하는 것이라고 말했습니다. 이제 와서 당신은 신학의 책무가 스스로를 해체하는 것이라고 하는군요. 매우 흥미롭습니다. 좀 더 설명해주시겠어요?

RP   점심 시간 동안에 제 책에 대해 설명해드리게 되면 제 책을 읽는 즐거움을 빼앗을 것 같아서 좀 그렇지만, 좋습니다. 네, 제 기본 논지를 말씀드릴 테니 그것에 관해 이야기해보죠. "신학을 포스트모던화하기"(Postmodernizing Theology)에 관한 당신의 책을 읽어본 적이 있습니다. 그래서 당신이 포스트모던주의 신학에 관심이 많다는 것을 압니다.

MP   이야기는 하되 점심은 드셔야죠? 오, 웨이터가 왔네요. 먼저 주문부터 할까요?

RP   좋습니다. 저는 샐러드와 야채 랩 샌드위치를 주문하겠습니다.

MP   저는 무정란과 햄을 주문하겠습니다. 아침을 먹지 않았거든요.

RP   저는 아침으로 그것들을 먹었네요.

MP   이제 신학의 유일한 책무에 대해 설명해주시죠.

RP   여러 세기 동안 우리는 신학이 교리와 교회의 가르침을 연구하는 것이며 교리를 구성하고 또 재구성하는 것이라고 생각했습니다. 우리는 이제 압니다. 이 포스트모던 시대에, 모든 진리 주장은 그것을 주장하는 자들의 기득권을 보호하고 타인을 억압하기 위한 권력 게임이란 것을요.

MP   정말요? 우리가 그것을 안다고요? 그게 진리 주장이란 말인가요? 만일 그렇다면, 그것도 권력에의 의지(will to power)를 위한 가면 아닌가요?

RP   잠시만요. 아직 제 말에 끼어들지 마시길 바랍니다. 말을 마치도록 해주시죠. 포스트모던주의가 모든 진리 주장에 대해 가진 의혹을 고려하면, 신학의 새롭고 유일한 과제는 스스로를 해체하는 것입니다. 우리는 돋보기를 사용해 우리 자신을 살펴야 하며 우리의 신학적 주장이 어떻게 타인을 억압하는지, 그리고 어떻게 그들로부터 우리를 보호하는지 물어야 합니다.

MP   예를 들어주시죠.

RP   네. 그리스도인은 사람이 구원을 받기 위해서는 예수를 구주와 주님으로 받아들여야 하며 그리스도인이 되어야 한다고 말합니다.

MP   정말입니까? 저는 자유주의 개신교회에서 오랫동안 그런 말을 들어보지 못했습니다.

RP   제 말을 마저 끝내게 해주십시오. 신학자로서 우리의 과제는 그런 주장을 검토하는 것이며 그것이 주도하는 권력 게임을 폭로하는 것이죠. 저는 이렇게 생각합니다. 우리 그리스도인이 그런 것을 말하는 이유는 선교사들을 세계 곳곳으로 보내 우리와 같은 자의 수를 늘리고 그들과 같은 자의 수를 줄이기 위해서입니다.

MP   "그들"은 누군가요?

RP   비그리스도인이죠. 선교사를 보내고 그런 확장을 정당화시키는 신학을 만들어내는 우리의 유일한 관심사는 우리와 같은 서구인과 그리스도인의 수를 더 늘리고 그들의 수를 줄이는 것뿐입니다. 우리는

"타자"를 혐오합니다. 그게 바로 우리가 그들을 근절시키는 신학을 만들려는 이유입니다. 중세 십자군 전쟁의 새로운 형태라고도 할 수 있지요.

MP   우리를 지나치게 "비관적인" 관점으로 보시는군요.

RP   그것이 우리의 책무입니다. 우리는 우리 자신에 대해 비판적이 되어야 합니다.

MP   자기비판적이 되는 것과 우리 자신과 우리와 같은 모든 이들이 사악한 숨은 동기를 갖고 있다고 비난하는 것은 별개이지 않나요?

RP   전혀요. 우리는 다 숨은 동기를 가지고 있습니다. 신학의 책무는 그것을 밝히고 드러내는 것입니다.

MP   다른 예를 들어주시죠.

RP   좋습니다. 다른 예를 들겠습니다. 대부분의 기독교 신학자들은 그들이 실제로 그렇게 말하든 말하지 않든 하나님을 남성으로 묘사합니다. 하나님은 불변하시고 고통을 느끼지 못하십니다. 하나님은 초월적이시며 "전적인 타자"(wholly other)이십니다. 우리의 책무는 하나님에 대한 전통적인 기독교 견해가 가부장적이며 남자와 여자 모두에게 억압적이라는 것을 드러내는 것이죠. 남자는 여자를 억압하기 위해 하나님을 전형적인 남성 용어로 묘사하는 기독교 교리를 만들었습니다. 이 모든 것은 여성을 지배하기 위함이며 남자의 기득권을 보호하기 위한 계략입니다.

MP   흥미롭군요. 하지만 당신의 의혹과 해체에 대한 방법론이 여성 신학에서도 작용하나요?

RP   물을 흐리지 마십시오. 당신이 그 문제를 제기하는 건 당신이 남자이고, 당신의 남성적이고 위계적인 신학을 옹호하기 위해서입니다.

MP   그런가요? 남자에게 좋은 게 여자에게도 좋은 거 아닌가요?

RP   다시 말씀드리지만, 당신에게는 당신 자신의 신학 외의 신학을 해체시킬 권리가 없습니다.

MP   그렇다면 당신도 남자가 만든 전통적인 신학을 당신 자신의 신학이라고 주장하시나요?

RP   네. 저 자신과 저와 같은 사람들은 여성을 억압하고 자신의 지위를 유지하기 위해 그런 신학을 만들었습니다. 지금은 그것에 동의하지 않을 수도 있지만, 그것을 만든 억압적인 전통 안에 속해 있긴 합니다.

MP   그러니까 지금 당신은 페미니스트들이 자신의 신학을 스스로 해체하길 바라시는 거지요?

RP   그들이 그렇게 하고 싶다면, 그건 그들의 사정입니다. 그러나 저는 그들의 신학을 이미 해체된 신학으로 간주하고 있습니다. 그들의 과제는 전통적이고 가부장적인 신학이 만들어낸 권력의 움직임을 폭로하는 것입니다.

MP   하지만 하나님을 "여/신"(God/ess) 그리고 "존재의 모체"(matrix of being)라고 하는 그들의 진리 주장에 대해서는 어떻게 생각하시나요? 그것도 진리 주장이자 권력에의 의지의 가면 아닌가요? 그들의 신학도 어떻게 보면 뒤집어진 전통 신학 아닌가요? 그들의 여자-교회 운동(Women-Church movement)에 대해서는 어떻게 생각하시나요? 남자도 거기서는 억압을 받는 입장 아닌가요?

RP   아니요. 전혀 그렇지 않습니다. 제가 아는 한, 남자는 환영받습니다. 제가 두세 곳의 여자-교회를 방문한 적이 있었는데 어떤 억압도 보지 못했습니다.

MP   글쎄요, 저도 한 곳을 방문한 적이 있었습니다. 저는 오히려 그곳에 남자들이 나와서 여성혐오를 회개하기 위한 제단이 있어야 한다는 기분이 들었습니다.

RP   그게 뭐가 그리 잘못된 건가요?

MP   글쎄요, 잘못된 건 없을 수도 있겠지만 저는 그 맥락 안에서 억압을 느꼈습니다.

RP   그럼 다시 가지 마세요.

MP   제 요점을 놓치셨습니다. 억압은 언제나 어떤 맥락 안에서 일어납니다. 북미 안에 있는 많은, 어쩌면 대부분의 맥락 안에 있는 여자들이 억압을 받고 있다는 것은 사실입니다. 그러나 여자-교회의 맥락에서는 남자가 억압받을 수 있습니다.

RP   억압은 지배 권력을 필요로 합니다. 하지만 페미니스트들은 지배 권력을 명백하게 거부합니다.

MP   당신은 아직 진리 주장에 관한 제 질문에 답하지 않으셨습니다. 만일 모든 진리 주장이 권력에의 의지를 가리기 위한 가면이라면, 여/신에 대한 페미니스트의 주장도 권력욕의 가면 아닌가요? 당신이 말한 해체에 대한 진리 주장은 또 어떤가요? 하나님에 대한 전통적인 교리가 남자가 쓰는 권력욕의 가면이라고 주장하는 당신도 권력 게임에 참여하고 있는 게 아닐까요?

RP   보세요. 이것이 억압받는 자들이 그들의 압제자에게 맞설 때 항상 일어나는 일이죠. 압제자들은 형세를 역전시키기 위해 반역자들에게 그들 반역자도 압제적이라고 말합니다. 실상은 그렇지 않죠.

MP   왜 제 질문에 답하지 않으시는지 모르겠군요. 혹시 당신이 진리 주장을 전혀 믿지 않기 때문인가요? 어쩌면 당신은 두 종류의 주장만 인정하시는 걸 수도 있습니다. 그것들은 다 언어 행위(speech act)에

속하는데, 일부는 억압적인 언어 행위이고 다른 부분은 해방시키는 언어 행위입니다. 이 두 개 중 어느 것도 진리 자체에 관해 말하지 않습니다.

RP   그렇다면 우리는 어떻게 이 "진리 자체"에 다가갈 수 있나요? 우리는 모두 우리의 언어 게임 안에 갇혀 있습니다. "저기 밖에" 있는 진리 자체는 우리의 이해를 넘어서 있습니다. 그래서 우리의 과제는 사람들을 "진리 자체"라는 전체 개념으로부터 해방시키는 것입니다. 진리는 그 개념조차도 억압적입니다.

MP   그렇다면 그것은 진리 주장이 아니라 언어 행위입니다. 그렇죠? 예를 들어 "하나님은 불변하시다"와 같은 주장이 틀린 언어 행위라면, 무엇이 그것을 바른 언어 행위로 만들어주나요?

RP   왜냐하면 "진리 자체는 우리의 이해를 넘어선다"라는 주장은 억압하기보다 자유롭게 해주기 때문입니다.

MP   받아들이기 힘든 말이군요. 부분적으로는 그것이 순환적인 것이라서 결국은 스스로를 해체해야 하기 때문이며, 또 부분적으로는 그것이 신학이 아니기 때문입니다. 당신은 신학을 정치로 바꾸고 있습니다. 저는 지금 넓은 의미에서의 정치를 의미하고 있지만, 그것도 여전히 정치입니다.

RP   그래서 당신의 요점이 무엇인가요?

MP   그걸 신학이라고 그만 부르고 정치라고 부르시는 건 어떤가요?

RP   거기에는 "하나님"이라는 단어가 있습니다. 정치는 그 단어를 사용하지 않습니다. 신학은 언어 게임입니다. 정치도 언어 게임이고요.

MP   당신은 지금 신학이라는 언어 게임 전체를 망치고 있습니다. 사실, 저는 당신이 신학을 한다고 생각하지 않습니다. 신학은 진리에 관한 것입니다.

RP   저는 당신이 포스트모던주의자라고 생각했습니다.

MP   저는 일부 포스트모던주의 관점에 공감하지만 당신이 주장하는 그런 포스트모던주의의 관점에는 공감하지 않습니다. 저는 신학을 해체하는 일에 관심이 없습니다. 비록 신학과 다른 학문 분야에서 일어나는 실제 권력 게임을 폭로하는 일에는 찬성하지만 말입니다. 그러나 모든 진리 주장이 단지 권력 게임이라는 말씀에는 동의할 수 없습니다.

RP   그렇다면 당신은 진짜 포스트모던주의자가 아닙니다.

MP   당신이 누구이기에 누가 포스트모던주의자며 누가 아닌가를 결정하는 건가요? 그거야말로 굉장히 비-포스트모던주의적인 모습이 아닌가요? 지금 그것에 대해 억압적인 태도를 보이지 않으셨나요?

RP   그렇게 생각하지 않습니다만 계속하시죠. 당신이 어떤 종류의 포스트모던주의 신학자인지 설명해주시죠.

MP   저는 진리가 있다는 것을 믿습니다. 그러나 어떤 인간도 그것을 완전하고 완벽하게 이해했다고 주장할 수 없습니다. 객관적인 관점이라는 것은 없습니다. 우리는 모두 편견을 가지고 있죠. 그것이 반드시 우리의 기득권 때문이라고는 할 수 없습니다. 우리는 우리의 지위 때문에 편견을 갖습니다.

RP   맞습니다. 우리의 사회적 지위가 우리의 신학을 결정합니다.

MP   그렇지 않습니다. 만일 그게 사실이라면, 당신의 사회적 지위가 당신의 해체 신학의 모든 원인이 될 것입니다. 그러니 제발 제가 마저 말할 수 있도록 도와주시죠. 우리의 사회적 지위는 우리의 신학을 결정하지 못합니다. 하지만 영향을 미치긴 하죠. 신학에서 우리는 정치로 축소될 수 없는 진리 주장을 하기도 합니다. 우리는 하나님에 대한 진리를 추구하지요. 그러나 우리는 모두 다 전통 담론에서부터 시작하며 어떤 이야기로 형성된 공동체 안에서부터 시작합니다. 그곳에는 중립지대가 없습니다. 소위 세속주의자들도 그리스도인보다 더 중립적이지 않습니다. 세속주의자들의 진리 주장도 그들의 전통과 그것을 만들고 형성하는 이야기로 인해 치우쳐 있습니다.

RP   아, 그러니까 지금 당신이 모든 거대담론을 거부하기 때문에 자신이 포스트모던주의자라는 건가요?

MP   저는 모든 거대담론에 의혹을 갖고 있습니다. 특히 그것이 다른 모든 거대담론을 물리치고 전체화하려고 하는 한 그렇습니다.

RP   그것이 바로 기독교 거대담론이 하는 일 아닌가요?

MP   아니요. 그렇지 않습니다. 참된 기독교 거대담론은 본성상 전체화될 수 없는 유일한 거대담론입니다.

RP   그것을 과거와 현재에 십자군에 의해 살육당한 유대인과 이슬람교도들에게 말해보시죠.

MP   그리스도인이라고 불리면서 예수의 이름으로 나가서 사람들을 억압하는 자들은 거짓 그리스도인입니다. 왜냐하면 그들은 예수가 중심이 된 기독교 거대담론에 반대되는 일을 행하고 있기 때문입니다.

RP   기독교 거대담론을 사실이라고 하는 것은 억압적인 일이라고 방금 말씀하시지 않았나요?

MP   그러나 무엇이 억압적이고 무엇이 억압적이지 않은지 안다고 주장하는 것도 억압적이지 않은가요?

RP   계속해서 요지를 피하시는군요. 요지는 억압받는 자를 해방시키는 것입니다. 당신은 말장난을 하고 있습니다.

MP 실제로 말장난을 하고 있는 건 당신입니다. 제발 제 말을 끊지 말아주세요. 제가 포스트모던주의자인 것은 제가 전체화하는 거대담론을 믿지 않기 때문입니다. 그리고 저는 모든 진리 주장이 실재에 관한 이야기 안에서부터 발생한다는 것을 인정합니다. 제가 그리스도인인 것은 제가 기독교 이야기를 나 자신의 것처럼 분명히 수용하고 있으며 그것으로부터 시작하고 있기 때문입니다. 동시에 그것이 모든 사람에게 있어서 객관적으로 참이 아니라는 것도 인정하면서 말입니다.

RP 상대주의적으로 들리지만 동의합니다!

MP 아니요. 그것은 상대주의적이지 않습니다. 저는 진리가 없다고 말하는 것도 아니며 모든 거대담론이 다 동일하게 참이라고 말하는 것도 아닙니다. 저는 객관적인 진리가 없다고 말하고 있습니다. 이 말의 의미는, 어떤 진리 주장도 이야기 밖에서 만들어질 수 없다는 것입니다. 이야기가 이야기 그 자체에서 나오지 않은 이상 그것을 왜곡하거나 검증할 수 없습니다. 진리는 증거에 대한 중립적인 관찰의 기능도, 질문할 수도 없고 의심할 수도 없는 기초로부터 나온 논리적 연역의 기능도 하지 않습니다. 진리는 이야기 안에 내재되어 있는 일관성의 기능을 합니다.

RP 그렇다면 한 이야기와 다른 이야기를 연결 짓는 다리를 놓는 방법이 없다는 것인가요? 그리고 다른 사람에게 당신의 이야기가 더 참이라고 하는 이야기로부터 시작할 수 있도록 설득할 수 있는 방법이 없는 건가요?

MP 근대성은 그렇게 하려고 하지 않았습니다. 근대성은 객관적인 척, 모든 이야기를 판단하는 척하기 위해 완전히 새로운 이야기를 만들어 냈습니다. 객관적 이성, 기초주의는 이른바 진리에 이르는 유일한 길이 되었습니다. 많은 그리스도인조차도 그것을 받아들였습니다. 그리고 증명된 객관적 사실들로 이루어진 근대적 이야기에 호소함으로써 기독교가 참되다는 것을 증명하려 했습니다. 저는 포스트모던주의자입니다. 왜냐하면 저는 증거 자체가 대개 이야기에 의해 결정된다고 생각하기 때문이죠. 각각의 거대담론은 무엇이 증거이고, 무엇이 증거가 아닌지를 결정합니다.

RP   그렇다면 이야기 사이의 연결고리는 어떻게 되는 건가요? 다른 이야기를 가진 사람들도 의미 있는 소통을 할 수 있는 건가요? 아니면 우리가 우리의 언어 게임 안에 갇혀 있는 건가요?

MP   저는 우리가 우리의 언어 게임 안에 갇혀 있다고 생각하지 않습니다. 하지만 동시에 저는 중립적인 언어 게임, 이야기로 형성된 삶의 형태에서 나오지 않은 지배적인 언어 게임이 있다는 것도 부인합니다. 기독교는 무엇보다도 하나님의 예수 이야기로 인해 형성된 삶의 형태입니다. 두 번째로 기독교는 그 이야기에 대한 성찰을 불러일으킵니다. 그런 성찰이 일어나는 순간, 그 이야기에 적합한 언어 게임이 만들어집니다. 교리는 예수의 이야기를 따라 살아가며 그런 문화에 적합한 언어 게임을 통해 그 자체를 표현하는 공동체 문화의 표현입니다.

    어떤 지배적인 이야기도, 문화도, 언어 게임도 다른 모든 것들을 지배할 권리나 능력을 가지고 있지 않습니다. 그리고 그것을 인정하도록 만들기 위해 그들의 믿음을 이성의 잣대에서 검증받게 할 수도 없습니다. 그러나 우리는 다른 문화, 다른 공동체, 다른 언어 게임과의 공통점을 발견할 수 있습니다. 이것들은 공통점을 발견하지 못할 정도로 다르지는 않습니다.

RP   예를 들어주시죠.

MP 하나님에 관한 질문은 대부분 이야기로 형성된 공동체와 그들의 전통 안에서 생겨납니다. 우리는 우리의 이야기와 전통이 제시하는 답이, 다른 이야기와 전통이 제시하는 답보다 낫다는 것을 보여주면 됩니다.

RP 더 낫다고요? 어떤 의미에서 그렇죠? 그 말은 중립적이고 객관적인 기준이 있다는 걸 뜻하지 않나요?

MP 아니요. 그렇지 않습니다. 제가 말하고자 하는 것은, 저는 저와 다른 세계관을 가진 사람에게 제 세계관이, 비록 불완전하더라도, 삶의 궁극적인 질문에 더 만족스러운 답을 준다는 것을 보여줄 수 있다는 것입니다. 저는 그 사람에게 제가 본 것과 같은 세상을 보도록 도울 수 있습니다. 그것을 참이라고 증명함으로써가 아닌, 인생의 경험을 더욱 잘 설명할 수 있는 게슈탈트(gestalt, 형태) 또는 유형을 제시함으로써 그렇게 할 수 있습니다. 그러나 결국 한 사람의 인생관과 세계관이 변화하게 된다면, 그것은 회심을 의미하지, 어떤 사실에 관한 생각의 변화만을 의미하지 않습니다.

RP 죄송합니다만, 전혀 이해가 되지 않는군요. 당신이 말하는 진리는 우리의 생각 밖에 있으며 전혀 포스트모던하지 않습니다. 사실 꽤 근대주의적이죠. 그게 바로 우리 포스트모던주의자들이 벗어나려고 하는 것이기도 합니다. 제가 볼 때 당신은 비판적 현실주의자이십니다. 비판적 현실주의자는 진리가 존재한다고 믿지만 진리는 우리가 이해할 수 없는 것이라고 믿는 사람입니다. 그렇죠?

MP 네. 대충 비슷합니다. 대신 저는 진리가 완전히 이해할 수 없는 것이라고 생각하지 않습니다. 예를 들자면, 진리는 계시를 통해 우리의 세계와 우리의 생각 속으로 들어올 수 있습니다. 비록 완벽하거나 완전하지는 않을지라도 말입니다. 당신은 진리가 무엇이라고 생각하시나요?

RP 진리는 사람을 억압으로부터 해방시키는 것입니다. 사람들이 억압을 당하면, 진리는 그들을 해방시켜줍니다.

MP 그것은 그저 순환 논리입니다. 누가 해방을 규정하나요? 한 사람의 해방은 다른 사람의 억압이며 그 역도 마찬가지입니다. 제가 권력 앞에서 진실을 말하고자 한다면, 저는 적어도 사실이 무엇인지를 부분적으로라도 알고 있다고 가정해야 합니다. 예를 들면, 저는 정의에 대한 개념을 가지고 있다고 가정해야 합니다. 정의에 대해서는 어떻게 생각하세요? 그것도 당신이 만들어낸 것 아닌가요?

RP 다른 모든 것과 마찬가지로, 정의는 권력을 무너뜨리기 위한 도구입니다.

MP 그러나 "무너뜨린다"는 생각도 당신 자신의 권력을 가정하고 있는 것 아닌가요? 아까 말씀드렸듯이, 당신은 중언부언하고 계십니다. 지금 보니 사람들이 연설을 듣기 위해 대강당 쪽으로 이동하는 것 같습니다. 이번 연사가 누구죠?

RP 저는 그녀의 강연을 들으러 갈 겁니다. 가서 들어보십시오. 비록 당신이 그녀가 말하는 상당 부분에 동의할 거라고 생각하지는 않지만 말입니다. 오늘 주제는 "환경 위기 시대에 하나님 그리고 생존"입니다. 그녀는 우리가 반드시 전면적인 생태 보호 운동을 통해 하나님의 구원자가 되어야 한다고 주장합니다.

MP 그녀가 "하나님"이라고 한 건 무슨 뜻인가요?

RP 무슨 그런 질문이 있습니까? 그녀는 하나님에 관해 안다고 주장하지 않습니다. 그녀에게 있어 하나님은 자연에 대한 암호입니다. 오셔서 같이 들어보세요.

MP   아니요, 괜찮습니다. 저는 그냥 가서 당신의 책을 읽고 서평을 쓰겠습니다.

분석

혼란스러운가? 포스트모던주의는 당신을 혼란스럽게 만들기 위해 만들어졌다. 어느 정도까지는 그렇다. 그것은 모든 사상을 재배치시킨다. 신학에서 그것은 근대성의 "틀" 밖에서 새롭게 사고하는 방법을 요구한다. 포스트모던주의 사상가들은 우리가 여전히 객관적 이성을 신의 위치까지 끌어 올린 계몽주의라는 숨 막히는 틀 안에서 살아가고 있다고 확신한다. 포스트모던주의자들은 계몽주의처럼 진리와 지식에 대해 모든 것을 아우르는 설명이 억압적이라고 믿는다. 계몽주의는 융통성이 부족하며 국지적인 철학과 신학이 번창할 수 있는 기회도 허락하지 않는다.

급진적 포스트모던주의 사상가는 모든 진리 주장이 억압적이라는 포스트모던주의의 공통적인 견해를 표출한다. 그를 비롯해서 많은 포스트모던주의자에게 진리 자체는 망상이자 신기루이며 거짓 신이다. 신학이 해야 하는 일은 진리 자체를 포함한 우상을 파괴하는 것이다. 역사를 통해 반복적으로 드러난 것처럼, 진리는 적을 짓밟고 희생자들과 지배사회에서 소외된 사람들을 억압하곤 했다. 따라서 그에게 있어 신학의 주된 임무는 가면을 벗고 자신의 억압적인 기질을 드러내는 것이다.

온건한 포스트모던주의 사상가와 급진적 포스트모던주의 사상가는 계몽주의와 근대 문화 또는 "근대 사상"의 헤게모니를 거부한다는 점만 제외하면 공통점이 거의 없다. 그들 중 어느 누구도 "주류" 문화, 종교, 또는 철학이 있다고 생각하지 않는다. 모든 문화, 종교, 철학은 국지적이다. 모든 사람에게서 발견될 수 있고 강요될 수 있는 그런 보편적 진리는 어디에도 없다.

그러나 이 두 포스트모던주의 사상가들은 진리가 정말 존재하는지에 대해서는 크게 불일치한다. 온건한 사상가가 "객관적 진리"의 실재를 부인했을 때, 그는 일부 비평가들이 주장하는 것처럼 진리가 존재하지 않는다는 걸 뜻하지 않았다. 그는 아무도 "객관적 진리"를 가지고 있다고 주장할 수 없다고 말했다. 마치 자신이 이해한 진리만 편향되지 않고 다른 사람들이 이해한 진리는 다 편향된 것처럼 말이다. 온건한 포스트모던주의자는 포스트모던 시대가 기독교 신학을 위해 새로운 지평을 열어주고 있다고 믿는다. 자칭 지식인과 학자들은 더 이상 다른 사람에게 해를 끼치기까지 하면서 자신들이 객관적인 진리를 갖고 있다고 가장할 수 없다. 진리는 증명될 수 있는 것이 아니다. 증명될 수 있는 것도 거의 없다. 우리는 이제 안다. 증거로 간주되는 것은 인생과 세계에 대한 자신의 관점에 달려 있다는 것을 말이다.

온건한 포스트모던주의자는 이야기가 사실에 앞선다고 믿는다. 모든 사실은 "사실에 대한 해석"(interprefacts)이다. 사실은 실재에 대한 누군가의 해석이며 이야기에 의해 결정되지는 않을지라도 영향은 받는다. 그 이야기 안에서 진리를 주장하는 이는 스스로를 발견한다. 심지어 과학자들도 17세기부터 20세기까지 있었던 과학 혁명으로부터 형성된 생각의 패러다임 안에서 연구를 한다. 어느 누구도 완전히 객관적이지는 않다. 어느 누구도 자신의 생각에 큰 영향을 끼치는 국지적인 이야기로부터 자유롭다고 주장할 수 없다.

그렇게 되면 기독교 교리는 기독교 이야기를 담화로 만들려는 시도라고 할 수 있다. 그리고 그것은 그리스도인들이 주장하는 모든 진리가 그 이야기 및 서로와 일치하는지를 확인하는 시도이기도 하다. 비록 하나님만이 진리 자체를 객관적이고 완전하게 알 수 있을지라도 일관성은 진리에 이르는 열쇠다.

급진적 포스트모던주의자는 우리가 다 이야기로부터 시작한다는 데에는 동의하지만, 진리 자체에 대한 이해에 도달할 수 있다는 데 대해서는 그리 낙관적이지 않다. 그는 진리가 정말 존재하는지에 대해서도 확신이 없다. 그가 확신하는 것은, 억압이 존재한다는 것과 세계관과 거대담론에는 억압하려는 경향이 있다는 것이다. 거대담론은 무의식적으로 믿는 자들을 권력의 중심에 두고 타자는 소외하도록 설계되었다. 모든 거대담론은 의심받아야 하며 그것에 기반을 둔 사실의 주장도 반드시 해체되어야 한다.

급진적 포스트모던주의의 문제점은 그것이 가진 순환 논리에 있다. 이 순환 논리는 모든 진리 주장이 권력에의 의지를 위한 가면이라고 주장한다. 그러고 나서 그것은 그 모든 주장을 해체한다. 그렇다면 왜 모든 진리 주장은 다 가면이라는 초기의 진리 주장은 해체하지 않는가? 그 부분에 대한 많은 특별한 변론들이 일어나고 있다. 급진적 포스트모던주의자들은 그들 자신을 제외한 모든 타자가 무언가를 참이라고 주장하는 권력 게임을 하고 있다고 생각하는 듯하다. 결론적으로, 지금 실제로 일어나고 있는 일은 정치지, 신학이 아니다. 신학은 정치를 돕기 위해 있으며, 억압받는 자들을 해방하는 일을 하는 한 "참"으로 간주될 것이다.

온건한 포스트모던주의자는 변증학과 복음주의로 인해 어려움을 겪었다. 만일 사람들이 그들의 국지적인 이야기와 언어 게임 안에 갇혀 있는 것처럼 보인다면, 복음의 진리가 어떻게 만방에 알려질 수 있겠는가? 기독교의 온건한 포스트모던주의자는 성령이 예수의 메시지를 통해 일하실 수 있도록, 그래서 사람들을 기독교의 거대담론 안으로 끌어들일 수 있도록 성령에 의지한다. 하나의 거대담론에서 다른 거대담론으로 가는 합리적인 방법은 없다. 많은 보수주의 복음주의 신학자들은 그 전략이 본질적으로 상대주의적이라고 질타한다. 반면 복음주의와 변증론에 접근하는 그들의 방법도 계몽주의에서 형성된 진리와 지식에 대한 패러다임에 의존하고 있다는 사실은 무시한다.

더 읽을 책

Tilley, Terrence. *Postmodern Theologies*. Eugene, OR: Wipf & Stock, 2001.

Vanhoozer, Kevin J., ed. *The Cambridge Companion to Postmodern Theology*. Cambridge: Cambridge University Press, 2003.

결론

서론에서도 사과드렸지만, 결론에서도 이런 가상의 대화를 만든 데 대한 사과를 해야겠다는 필요를 느꼈습니다. 고백하자면 독자들을 즐겁게 하기 위해 상당히 많은 장난조를 대화에 넣었습니다. 이런 장난조가 상상적이지만은 아닐 수도 있습니다. 과거의 신학자와 철학자들은 오늘날의 신학자와 철학자들보다 그들의 비평가와 반대자들을 모욕한 경우가 훨씬 더 많았습니다. 보고에 따르면, 루터는 자신의 스위스 출신의 대응 인물이자 토론 상대인 츠빙글리가 취리히를 보호하기 위해 가톨릭 군대에 맞서는 전투에서 죽었다는 소식을 듣고 이렇게 말했다고 합니다. "사제로서 칼을 든 것과 주의 만찬에 대해 잘못된 의견을 가진 것에 대한 마땅한 결과다." 오늘날 우리는 그런 욕설에 대해 반감을 느끼지만, 기독교 역사의 상당 부분에서 신학은 지금보다 훨씬 더 신중히 다뤄졌고, 더 격렬한 논쟁을 거쳐왔습니다.

이 결론 부분을 지금 읽고 있다면, 여러분은 책을 다 읽었거나 적어도 대부분을 읽었을 거라고 생각합니다. 여러분은 여기에 나온 모든 신학적인 의견과 논의에 대해 혼돈을 느끼실 수 있습니다. 아마도 당신은 각 "대화"에서 "누가 옳은지" 알고 싶을 겁니다. 이 책의 목적은 가르치거나 설득하기 위한 것이 아닌, 정보를 제공하고, 바라기는 즐거움을 주는 데 있습니다. 이런 "대화"를 읽은 결과로 (그리고 일부를 연기하면서), 여러분은 20세기 동안 이어져온 기독교 사상의 다양성을 이해할 수 있을 겁니다. 그래도 각 "대화"에서 누가 옳은지 알고자 한다면, 제가 동의하고 여러분도 동의해야 한다고 생각하는 사람에게 실마리를 남겨놓았다고 말씀드리겠습니다. 그러나 그런 실마리는 감지하기가 쉽지 않을 겁니다. 제 견해가 누구의 생각도 압도하지 않도록 하기 위해서입니다. 여러분이 자신의 생각으로 결정을 내리길 바랍니다.

바라건대, 이 과제가 여기서 끝나지 않고 독자인 여러분 자신이 쓰는 가상의 대화를 통해 계속해서 이어지기를 바랍니다. 이 책에서 모든 중요한 그리스도인의 목소리를 다 담을 수는 없었습니다. 누가 빠졌나요? 아마도 초기 기독교 주교이자 신학자인 요한네스 크리소스토모스(John Chrysostom, 347-407)일 겁니다. 그는 자신이 한 위대한 설교로 인해 "황금 입"(Golden Mouth)이라고 알려져 있지요. 그가 빌리 그레이엄(Billy Graham, 1918-)의 대화 파트너가 된다면 참 적절할 것 같습니다. 그들을 천국에서 만나게 해서, 설교에 대한 이야기 그리고 설교가들과 정치적 거물들의 관계에 대해 토론하게 해도 괜찮을 것 같습니다. (크리소스토모스와 그레이엄이 황제와 대통령과 맺은 관계에 대해 알고 있는 사람은 이 말이 무슨 말인지 알 것입니다.)

아마도 누군가는 중세 철학자이자 신학자인 윌리엄 오컴(William of Ockham, 1287-1347)과 19세기 기독교 실존주의자인 쇠렌 키에르케고르(Søren Kierkegaard, 1813-1855) 사이의 대화를 쓸 수도 있을 겁니다. 그들은 진선미와 같은 보편자의 본성에 대해 토론해도 되고, 하나님께도 본성이 있는지를 두고 토론할 수 있습니다. 마지막으로, 독자들이 20세기 가톨릭 신학자인 한스 큉(Hans Küng, 1928-)과 교황 베네딕트 16세가 되었던 요제프 라칭거(Joseph Cardinal Ratzinger, 1927-) 추기경의 가상의 "대화"를 쓰고 싶어 할 수도 있을 것 같습니다. 라칭거가 바티칸의 거룩한 신앙교리성(Vatican's Sacred Congregation for the Doctrine of the Faith, [Inquisition, 종교재판])의 수장이었을 때, 그는 큉을 수사했으며 큉이 가톨릭 신학자가 아니라고 선언하는 데 일조했습니다.

저는 이 책에 다른 가상의 대화들이 더해지길 바라고 있으며 또 더해진 만큼 성장하기를 바랍니다. 무엇보다도 이 책이 많은 학생과 목사, 평신도들에게 신학을 생생하게 전달해줄 수 있길 바랍니다.

신학
논쟁

교회사를 뒤흔든 위대한 사상가들의 대화

Copyright ⓒ 새물결플러스 2017

1쇄발행_ 2017년 8월 22일
3쇄발행_ 2017년 11월 27일

지은이_ 로저 E. 올슨
옮긴이_ 박동식
펴낸이_ 김요한
펴낸곳_ 새물결플러스
편   집_ 왕희광·정인철·최율리·박규준·노재현·한바울·신준호·정혜인·김태윤
디자인_ 김민영·이지훈·이재희·박슬기
마케팅_ 임성배·박성민
총   무_ 김명화·이성순
영   상_ 최정호·조용석·곽상원
아카데미_ 유영성·최경환·이윤범

홈페이지 www.holywaveplus.com
이메일 hwpbooks@hwpbooks.com
출판등록 2008년 8월 21일 제2008-24호
주소 (우) 07214 서울특별시 영등포구 양평로11, 4층 (당산동5가)
전화 02) 2652-3161
팩스 02) 2652-3191

ISBN 979-11-6129-028-7 03230

책값은 뒤표지에 있습니다.

이 도서의 국립중앙도서관 출판예정도서목록(CIP)은 서지정보유통지원시스템 홈페이지(http://seoji.nl.go.kr)와 국가자료공동목록시스템(http://www.nl.go.kr/kolisnet)에서 이용하실 수 있습니다(CIP제어번호: CIP2017019698).